# 波文

# 復刻本說明

* 本書依《波文》第一卷第一期到第一卷第五期全套復刻，為使閱讀方便，復刻本的尺寸由原書的 19×26 公分，擴大至 21×29.7 公分。

* 本期刊因尺寸放大，但每期封面無法符合放大尺寸，故每期封面皆對齊開口，使裝訂邊的留白較多。

* 本期刊為復刻本，內文頁面或有少數污損、模糊、畫線，為原書原始狀況。

【導讀】
# 充滿理想卻短命的雜誌——《波文》月刊

蔡登山

十幾年前我在臺北市松山區松河街的古文書店找舊書時，猛一抬頭看到不少香港的舊雜誌，都是我久聞其名的，包括有零星的《大成》、還有《大華》的復刊號和極為少見的《波文》月刊，雖然價錢不斐，但我毫不猶豫地買下，因為這些雜誌在臺灣的圖書館是極少收藏的，而更多的原因是它們的內容非常紮實，極富史料價值。

對於《波文》月刊即使很多收藏者，都仍感陌生，不明其內容。但我因為買過不少波文書局的翻印書籍，自然非常熟稔。再加上月刊的主編黃俊東先生是有名的書話家，我早年曾在香港見過幾次面，深知其底蘊。黃俊東（一九三四—），筆名克亮，原籍廣東潮州，出生於香港，在聯合書院中文系畢業。他曾任《明報月刊》執行編輯、助理總編輯。多年來主要研究中國現代文學和寫書評，曾長期在《明報周刊》撰寫書話專欄，後來在《星島晚報》副刊寫藝文隨筆專欄《鉛刀集》。他也是個藏書家，精於版本，不論中外書籍，只要版本好，都不惜任何代價購買，他有許多絕版書，其中有些還是海外孤本。黃俊東自述說：「不知道什麼時候開始，我就喜歡借書、買書和藏書，算起來也有二十多年了吧。……範圍頗為博雜：文學、歷史、哲學、藝術、傳記、隨筆、生物、掌故等各方面，多少都有一點點，不過最多的還是文學方面，尤其是新文學的書。」（見《克亮書話·我之於書》）他說「我患了買書病」。他的著作有《現代中國作家剪影》（香港友聯出版社，一九七三）、《書話集》（香港波文書局，一九七三）、《獵書小記》（香港明窗出版社，一九七九）。尤其是《獵書小記》寫的是他買書的經過及讀書心得，饒富趣味，很受讀者喜愛。他對於書話，有他的見解：「書話不同於書評，書評是書評家的責任，書評家知識豐富，態度嚴謹而客觀，為讀者分析內容和性質，具有引導和啟發的作用……但書話只是一個愛書人的立場，說些與書相關的閒話，有時也不免也有三言兩語的批評，但讀者不必視為嚴肅性的批評。書話所談及的無非是書的知識、消息和作者的點滴資料……並不在為讀者選擇書籍。」（見《獵書小記》）

黃俊東是書痴書迷。名作家董橋說：「十幾年前的一個晚上，我在報館門口看到他一手撐雨傘一手提了一包書，忽忽冒著風雨過馬路搭公共汽車，心中一陣蒼涼，久久百感交集。滿頭的黑髮默默熬到滿頭斑白，昏暗的排字房變成死白的植字房，驀然回首，文人書生的文化事業忽然轉為不太識字的文化企業，東叔乾乾淨淨地退休了。」讀董橋此文，不能不令人「百感交集」。怪不得董橋說，黃俊東四十幾年風雨不改，是香港讀書界著名的「書店巡閱使」。在一九九七年香港回歸前，他避居加拿大，後來又移居澳洲，如今已八十五歲矣！

說到《波文》月刊，在一九七四年八月創刊號〈就這樣開始吧！〉文中說：「《波文》月刊能夠與讀者見面，不僅是讀者和朋友們感到意外，就是編輯部同仁，也感到有些意外，因為以我們的力量，無論是經濟方面、學識方面以至在文化界和出版界的人事方面，萬萬不可能創刊這一本雜誌。我們幾位朋友中，有一位開了一爿書店，……不久之前，賣書的朋友忽然心血來潮，提出了是否可以出版一本雜誌的問題。……這個刊物就是在朋友的熱情和鼓勵之下決定創刊的，因為開書店的朋友，願意以辛苦賣書所得的錢來支持刊物的大部分經費，我們就以書店的名字來做為刊物的名字。」所以《波文》月刊的老闆就是波文書局的老闆黃炳炎，又叫黃孟甫。對於波文老闆，當時的編輯葉關琦，也就是現在鼎鼎大名的作家沈西城兄（近作有《金庸往事》、《江湖再聚——武俠世界六十年》）在二〇一四年十月二十六日的香港《蘋果日報》的〈文化界二霸〉一文中說道：「『波文』書局於皇后大道東二五二號，半爿地舖，面積二百餘呎，狹長逼仄，文史哲書籍甚夥，其中泰半是絕版書翻印。時值文革末期，神州動亂，不少思鄉人士亟欲想知內地情況，而一眾學者更奮起研究現代歷史和追尋文化實況，『波文』翻印的文史哲書籍正好填漏補孔，滿足需要，門庭若市，黃孟甫由是賺個不亦樂乎。」沈西城說一九七四年他剛從日本回來，秋天時經黃俊東介紹認識黃孟甫，黃老闆問他可有辦法從日本舊書店引入有關中國現代文學的書籍，說這些書拿來翻印可賣大錢，但沈西城沒動心，卻也加入編輯團隊。

沈西城原名葉關琦，一九四八年出生於上海，一九五二年到香港。端正小學肄業轉入天主教慈幼中學，畢業後曾在珠海學院就讀。兩年後退學赴日本留學，進東京國際學友會日本語學校進修日語。在日本期間，迷上川端康成、谷崎潤一郎、夏目漱石等的作品，因而對新感覺派有了強烈的偏嗜。在赴日前沈西城曾與也斯、小克等創辦《四季》文學雜誌。因此黃俊東在〈創刊的話〉中談到他們的編輯成員說：「我們多年來的工作，一直都與出版有關，而且幾個人的興味，幾乎同樣喜歡買書和弄弄筆頭，大家偶然碰在一起聊天的時候，不免時常交換有關書刊和文壇動態的消息，當然也少不了涉及出版的經驗。」黃俊東組成的編輯團隊還有區惠本和和莫一點。好友名作家許定銘在文章中說：「區惠本，知道的人恐怕不太多。他與黃俊東同是一九三〇年代出生的香港作家，區惠本出道甚早，一九五〇年代用筆名『孟子微』在報刊上發表文史小品，據說曾被人誤以為是曹聚仁，可見他的作品水平甚高，很受時人重視。區惠本很愛藏舊書，華富邨老家全屋堆滿書，可惜我跟他不熟，未曾得見。一九七〇年代波文書局出版文史期刊《波文》，黃俊東、區惠本、沈西城和莫一點是編輯，其時創作書社剛在鄰街，區惠本常來看書。他為人低調，除了看書、買書，少有與人交談，拍照當然更少了。」許定銘還說區惠本是書痴（我戲稱他為「人肉字典」），因當年區惠本曾為波文編輯校訂歷史教科等書。

至於莫一點現在已是香港著名的畫家，自一九八二年起，先後在香港、新加坡、澳大利亞及馬來西亞舉行多次個人大型畫展；又在柏林、東京、墨爾本、漢城、上海、北京、湖北、福建、深圳等地參加多次聯展。並出版有《一點文藝》、《一點意境》、《一點風格》、《一點靈氣》等。廣東新會人，一九四七年出生。一九六〇年深秋來香港。一九六四年隨中外著名畫家丁衍庸先生學畫。七十年代起，他撰寫了不少美術評介、古蹟探勝、名山大川記遊等文章，這些文章曾刊登在《明報月刊》、

《明報》、《星島日報》、《收藏天地》、《觀察家》月刊、《百姓》半月刊、《廣東畫報》和新加坡《南洋、星洲聯合早報》等。在《波文》月刊時他除了是編輯成員外，還擔任該刊美術之職。

主編黃俊東說：「除了名稱與書店有聯繫之外，刊物的內容完全是獨立的，並不受到書店的支配，這一點是寶貴的，因此以後出現在本刊中的文章，相信沒可能受任何人的支配。有了這種沒有背景和獨立的基礎，雜誌的內容將可以容納更多見解不同的言論。我們希望這刊物是讀者真正的園地，只要言之有物，說的成理，不做歪曲事實的報導，我們都樂於刊載。」緊接者他又提出刊物的屬性及更具體的內容範圍，他說：「我們不想學術味太重，因為這是學院式刊物的責任。如果真有理想的話，我們渴望它是一份通俗性、知識性及趣味性的讀物。文化的知識、生活的經驗、科學的深入淺出介紹、人物的刻畫、中國現代文學資料的整理和批判、風俗的闡釋、藝術的鑑賞、旅遊的報導、人生的感懷、社會現實的反映、學習的心得和經驗、世界各國的風土人情、文學的創作、書刊的評介、鄉土的回憶、遠地的通訊以至逸聞趣事、文化消息的報導等，都是我們渴望編入刊物中的材料。」

這真是一群文化人所創辦的充滿「理想」的刊物，而且在創刊號，編輯成員，都寫有文章，真是驗證了他們都是能文之士。如沈西城寫了〈藝妓之愛慕者——永井荷風〉，區惠本寫〈許氏父子兩學者——記我所知道的許壽裳與許世瑛〉，許壽裳為魯迅的摯友，人所共知；而兒子許世瑛為音韻學者，當年我在臺灣淡江文理學院上過他的「文法課」，只是當時仍是白色恐怖時期，不僅我們不知道他父親是許壽裳，連他的學經歷我們都不清楚，如今讀了此文，有些事才真恍然大悟。而莫一點也寫了〈我遊江門歸　且說江門事〉。之後，沈西城在第三、四期寫〈魯迅與內山完造〉（上、下）、第五期寫〈內山書店的今昔〉；莫一點在第二期寫〈潘天壽小傳〉、在第三期寫〈黃冑・少女・毛驢〉、在第四期寫〈「踏遍青山人未老」的吳作人〉。

除此而外在《波文》月刊占有相當份量的，莫過於「掌故大家」高伯雨（高貞白、林熙）的文章了。黃俊東也說：「在創刊號中，我們極榮幸得到文化界前輩高伯雨先生交來回憶錄大文。高先生熟諳文史掌故，與國內作家學者交遊素廣，此篇僅為一開端，日後當有精彩內容，在其回憶錄中披露。」而在第三、第四期高伯雨以林熙筆名發表〈民初絕版筆記經眼錄〉（上、下）、〈連士升在香港的一段日子〉。高伯雨（一九〇六－一九九二）原名秉蔭，又名貞白，筆名有林熙、文如、竹坡、西鳳、夢湘、大年、高適、秦仲龢、溫大雅等超過二十五個之多。他是廣東澄海人，祖父高滿華在清道光年間南渡暹羅（泰國）經商辦企業，在新、馬、泰和廣州、汕頭都有商鋪分號，富甲一方。父親高學能（舜琴）是清末戊子（一八八八年）舉人，和丘逢甲同科，後無意仕途，隻身前往日本經商，幾經奮鬥，遂成日本關東地區舉足輕重的華僑巨賈。高家屬下的商業機構有「元發行」、「元發盛」、「文發行」、「元發棧」、「綿發油廠」等等，業務範圍廣及米糧、煙葉、橡膠、電燈、電話、航運等。高伯雨是高學能的第六子，出生於香港文咸西街高家經營的元發行，他四歲喪父，長兄高繩之（秉貞）只顧著發展自己的自來水公司和電話等業務，無暇打理父親的生意，到了一九一三年高繩之又病逝，高家事業從此後繼無人便日漸走下坡。一九一三年高伯雨在廣州公益中學的附小讀書，後來又轉到德才女子學校，再轉覺覺小學。一九二三年高伯雨入澄海中學，一九二六年六月中學畢業，到日本東京打算投考早稻田大學，九月遭逢母喪，即返廣州奔喪。一九二八年冬，他赴英國讀書，攻讀英國文學，一九三二年未修完學業而回國。先任職於上海中國銀行總管理處調查部專員，同事中有唐雲旌（一九〇八—一九八〇），也就是後來號稱「江南第一筆」的唐大郎，二〇年代後期唐大郎開始給小報投稿，所作詩詞取材靈活，隨手拈來，涉筆成趣，頗受讀者歡迎。一九三六年高伯雨在南京外交部任僉事。抗戰爆發後他抵香港定居，在港期間，高伯雨編過晚報副刊，為報紙寫過稿，也開過畫展（因他曾隨溥心畬習畫，從楊千里習篆刻），更辦過文史刊物《大華》雜誌。但終其一生，可說寫稿為生，一寫就是五十多年，他曾自嘲為「稿匠」。據保守估計他一生所寫文字當有千萬字之多。二〇一二年九月香港牛津出版社出版他的《聽雨樓隨筆》十卷本，也只不過他所有著作的一小部分而已。高伯雨於一九七四年曾寫《聽雨樓回想錄》在《波文》月刊連載五期，後因雜誌停刊，文章亦告歇筆。三萬餘字才寫到小學尚未畢業，若能完成，其內容豐富當可期也。

在《波文》月刊還有位重要作家是鮑耀明，他筆名成仲恩、甘牛、傑、甘中，是著名的翻譯家。一九二〇年出生於廣東省中山縣，其祖父早年跨海往日本謀生，他在日本念完中學。抗日戰爭爆發，他返回澳門，後來再往日本，進東京慶應大學，一九四五年在該校畢業。一九六〇年任香港《工商日報》、新加坡《南洋商報》駐日特派員。一九六〇年至一九八一年任日本三井洋行香港分行副總經理。一九七六年至一九六〇年間曾任香港理工學院（香港理工大學前身）教學諮詢委員。一九八一年移居加拿大多倫多市。一九九五年我因拍攝《作家身影》紀錄片，透過香港作家羅孚之介，他從加拿大帶著一箱有關周作人的照片、手蹟到香港，在羅孚家接受我訪問拍攝，從此我們成為「忘年交」。鮑耀明是研究與收藏周作人史料的專家，一九七二年五月由香港太平洋圖書公司出版《周作人晚年手札一百封》，全是影印原信，在保存和細讀周氏手稿上很有價值；後來隨著寬鬆的文化環境和周作人研究的深人，一九九七年十月由香港真文化出版公司出版《周作人晚年書信》，編輯體例很特別，就是在年月後面先是列出周作人當日日記，然後是周氏來信，最後是鮑先生的去信。使讀者對於事情的來龍去脈一目了然，也給研究者提供了很大的方便。而二〇〇四年四月由河南大學出版社出版《周作人與鮑耀明通信集》（一九六〇—一九六六）是在一九九七年的版本上增補了六封遺信，並經王世家校讀改正了不少原著的錯訛，還增加了周氏的數張照片，可以說這是目前最好的一個版本。他其實在很早就以「成仲恩」筆名寫周作人的文章，但大家都不知他這個筆名的由來，他自己也沒說過。我是在他二〇一六年四月九日以九十七高壽歸道山時，在訃聞發現這個筆名是來自他的二子一女集成的，他的兩個兒子名福成、仲輔，女兒名德恩，各取一個字成為「成仲恩」，相當有創意而富紀念意義。在《波文》月刊第三期起至第五期就有成仲恩的〈知堂老人給我的信〉（一、二、三）的連載。

另外在《波文》月刊第一期和第五期分別有明川寫的〈豐子愷早期繪畫所受的影響〉和〈從隨筆看豐子愷的兒童相〉。黃俊東在創刊號的〈編後瑣記〉特別提到：「明川是一位豐子愷作品的研究者與蒐集者，她以動人的筆觸，探討豐先生早年繪畫所受的影響，文筆細膩，清麗可讀，讀者不宜錯過。」在第五期的〈編後瑣記〉則說：「這一篇卻是從另外一個角度來介紹豐先生的獨特之處，凡是喜歡豐先生作品的讀者，本文不宜錯過。」其實明川，就是盧瑋鑾（小思）老師，她也是我研究南來香港的中國作家的引路人，當年她帶者我去看魯迅、蔡元培、許地山、張愛玲、蕭紅等人在香港的墓地和居停之所。小思（一九三九—），生於香港，籍貫廣東番禺，香港當代著名散文作家、教育家。

畢業於香港中文大學新亞書院中文系，獲香港大學中文系哲學碩士銜。一九七三年於京都大學人文科學研究所擔任研究員。曾任香港中文大學香港文學研究中心主任，已於二〇〇二年退休。小思活躍於香港文化活動，是六七十年代《中國學生周報》的作者之一。小思多年來研究和整理香港文學及文化史料，曾捐贈超過兩萬項個人藏品（包括剪報、期刊、書籍、小冊子及論文等資料）予香港中文大學圖書館，協助成立「香港文學特藏」及「香港文學資料庫」。二〇一六年四月二十日，小思榮獲「二〇一五年香港藝術發展獎」之「終身成就獎」。她相當早就開始豐子愷的研究，一九八〇年出版《豐子愷漫畫選繹》，她著作可說是等身。

而詩人何達（一九一五—一九九四），福建閩侯人，生於北京，他在一九三〇年開始新詩創作，起初受徐志摩、郭沫若、李金髮、臧克家等人影響，後曾得到艾青指導，一九四二年進入西南聯大學習。一九四六年轉入清華大學社會學系，師從朱自清。一九四八年出版詩集《我們開會》，一九四九年移居香港，曾任香港作家聯誼會理事，一九七九年加入中國作家協會。他在在《波文》月刊第一期和第二期寫有〈我的老師費孝通先生〉和〈費孝通先生教我寫文章〉，因作者是社會學家費孝通在西南聯大的學生，因此有近距離的觀察，這兩篇文章是瞭解費孝通的為人、為學和在抗戰期間的生活，不可多得的材料。

《波文》月刊第一期和第二期刊載了日本山口大學教授岩城秀夫（Iwaki Hideo）發表於《東方學》第四輯（一九五二年七月）的重要論文〈中國戲劇評論的起源〉，由精通日文的李沆譯成中文。岩城秀夫是日本著名的中國戲曲史專家青木正兒的學生，發表的論文有〈琵琶記研究〉、〈明代宮廷與演劇〉、〈宋代演劇管窺〉及〈明代戲曲之特質〉等多篇。一九七三年東京創文社出版他的《中國戲曲演劇研究》，厚達六九〇頁。在七、八十年代他撰寫了長達四一一頁的論文《湯顯祖研究》。此文譯者李沆在《波文》月刊第四期還寫有〈書城漫步話神田〉，特別介紹神田神保町的書店。

另外由港英政府興辦，位於香港灣仔區的一所男女子官立小學，名為東院道官立小學（Eastern Hospital Road Government Primary School），曾為該校校長的容宜燕在《波文》月刊第四期發表〈話劇在香港的發展〉，黃俊東說：「戲劇前輩容宜燕先生，給我們撰寫〈話劇在香港的發展〉一文，對於香港劇運史實，有概括性和系統性的敘述，使我們知道香港的劇運與中國話劇的傳統發展是一脈相通的，而一些戲劇前輩的努力推動，無異使話劇種子得以萌芽成長。不過，作者指出劇運的推動，人才場地是最重要的因素之一，現階段的戲劇人才並不缺乏，而場地卻顯然不足，故提議設立『青年劇場』，這是急切而需要解決的問題，因為香港話劇要繼續發展，非賴年青一代戲劇工作者不可，而缺乏青年人可供使用的場地，無疑阻礙了話劇的活動和發展。作者在文章的結論，頗值得大家深思。」而在《波文》月刊第五期容宜燕又發表〈散文的朗誦藝術〉一文，對此黃俊東表示：「容先生年來專心研究朗誦藝術，早已著有專著，本文專針對散文朗誦而發，尤有新見。向來的朗誦者為了方便起見，多選韻文的詩詞歌賦和戲曲的題材，其實，散文更要朗誦，它與我們的現代生活息息相關，更值得大家去注意和去朗誦。本文雖是談散文的朗誦藝術，卻是提出最具體和最實用的散文朗誦原則。」

除此而外《波文》月刊還採用年輕學者的文章，比如後來成名的黎活仁教授，當年才二十出頭，就發表文章。黎活仁一九五〇年出生於香港，是香港中文大學崇基學院文學學士。日本京都大學文學部修士，香港大學哲學博士。日本京都大學訪問學者，多倫多大學東亞系訪問學人，後來任教於香港大學中文系，直至退休。他在《波文》月刊第二期起至第五期就連載《何其芳評傳》，可說是初生之犢，嶄露頭角。其他如也斯（梁秉鈞，一九四九—二〇一三）他曾就讀端正小學（在校時與沈西城為同班同學）及何文田官立中學，十多歲開始創作，二十歲成為專欄作家，後在香港浸會大學英文系畢業後，曾任中學教師、《南華早報》美術版編輯，七十年代參與編輯《中國學生週報》、《四季》、《文林》、《大拇指》等雜誌。也斯在詩歌、散文、小說、戲劇、文學評論、文化研究等各個領域均有成就。他在《波文》月刊第一期發表〈詩三首〉，分別是〈青蛙與蝸牛〉、〈茶〉、〈後窗〉。

而該刊值得一提的是在第三期，也就是一九七四年十月號，推出魯迅逝世三十八週年的特輯，除了封底採用刃鋒的木刻〈魯迅像〉，封底內頁採用黃永玉的木刻〈魯迅與木刻青年談訶勒惠支版畫〉、顧炳鑫的木刻〈魯迅小說「藥」插圖之一〉之外，收了梅創基的〈近代中國木刻運動是「現實主義」還是「表現主義」？——談「魯迅論美術」之一〉（第四期還有梅創基的〈魯迅先生是美術理論家、導師，還是「媒婆」和「褓母」？——談「魯迅論美術」之二〉）、濟行的〈魯迅談革命文學〉、沈西城的〈魯迅與內山完造（上）〉（第四期繼續刊出〈魯迅與內山完造（下）〉）、公嵐的〈談「朝花夕拾」〉、述史的〈魯迅・仙台・藤野——七十年前魯迅在仙台學醫的往事〉等五篇文章。其中〈魯迅談革命文學〉是魯迅在一九二九年五月二十二日在北平燕京大學的演講記錄，題目是〈談革命文學〉，當時針對郭沫若、成仿吾、蔣光慈、錢杏邨、洪靈菲等這批革命文學家，魯迅說了很多不敬的話，也許因著這個緣故，這篇講稿後來魯迅的集子裡和他的全集中都沒有收進去。似乎北平有一個刊物當時曾發表過，內容刪節了很多。此篇則為記錄的全文，是一篇很足珍貴的材料，特刊出以供研究魯迅者的參考。另外版畫家梅創基對現代中國美術界的史料整理，甚感興味，因此寫出談魯迅論美術的兩篇文章，都是相當有份量的文章。

《波文》月刊在每期的目錄頁上都標榜是「一本唯一能容納不同立場和不同見解的綜合性雜誌」，在堅強的編輯團隊及豐沛的稿源之下，照理應該是令人期望的刊物，但可能由於銷路的問題，我們在第五期的〈編後瑣記〉看到這段文字：「本刊所刊登的內容是較為嚴肅的文章，而且受了許多條件的限制，不能像消遣性的刊物那麼暢銷，那是意料中事。新年之後，我們將把內容大事革新，並且改為雙月刊。我們的工作人員太少，大家忙於生活，實在不能抽得較多時間來工作，因此改為雙月刊較為合適，待將來大家安排得出時間，當再改為月刊。新年之後的第六期革新號，將於二月中出版，敬請讀者注意。」但人們並沒有等到第六期的革新號的出現，《波文》月刊在短短的五期壽終正寢了，我們也很幸運地沒有看到被商業化扭曲的革新號，五期如此短暫，卻是一群文化人的理想實現，這未嘗不是好事，而它也留下讓人永遠追憶的身影！

# 《波文》全套五期總目錄



**第一卷　第一期**

**第一卷　第二期**

**第一卷 第三期**

**第一卷　第四期**

## 第一卷　第五期

xii / 波文

# 彼文

1

春風吹面薄於紗
春人裝束淡於畫遊春
人在畫中行萬花飛舞
春人下梨花淡白菜花黃柳花委地芥花香
鶯啼陌上人歸去花外疏鐘送夕陽
世克先生雅正　先師李叔同春遊曲
子愷畫

▶蔣紹毅（27歲）

## 令人刮目相看的 中國體操選手隊

最近，中國體操男女選手隊，拔隊前往日本橫濱、名古屋、九州一帶，進行輪迴訪問並舉行切磋性演出。由於中國自一九六二年以來即退出世界體操舞台，十二年來實力如何，一直備受世界各國之關懷與注意，是以在日本友誼性競技開始以來，日本體壇巨頭大都屏息而觀，並於事後發表真誠意見。綜合各方面意見，大致均認爲中國體操界在隔別世界舞台十二年後，水準不但沒有任何退步，反而有了新發展；甚至有人認爲中國女子體操水準跟「世界女子體操三強」（按即蘇聯、東德、匈牙利）相較，亦不遑多讓，在未來世界體壇上必有可舉足輕重的影响。

是次中日競技會中，最受人注目者，是十四歲在平衡台上有優異演出的女選手辛桂秋，她被譽爲「中國最有希望的選手」。其次是隊長蔣紹毅及王萍等，演出平衡木節目，令人刮目相看。男子選手水準雖稍遜女子，但楊明明扭身倒立，仰身後翻，亦取得觀衆掌聲不少。（其他圖片見封底裏）

# 波文

第一卷　第一期
1974年8月號

一本唯一能容納不同立場和不同見解的綜合性雜誌

## 目　錄



圖片：封面：彩圖「李叔同春游曲詩意圖」　豐子愷作
封底：「玉洞生春」　吳昌碩作　　封裏：中國體操選手隊在日本

# 就這樣開始吧！

## ——創刊的話

「波文」月刊能夠與讀者見面，不僅是讀者和朋友們感到意外，就是編輯部仝人，也感到有些意外，因為以我們的力量，無論是經濟方面、學識方面以至在文化界和出版界的人事方面，萬萬不可能創刊這一本雜誌。

我們幾位朋友中，有一位開了一爿書店，其餘的都是打工仔，平時的收入，僅堪餬口，那裏有閒錢來出版刊物。但是我們多年來的工作，一直都與出版有關，而且幾個人的興味，幾乎同樣喜歡買書和弄弄筆頭，大家偶然碰在一起聊天的時候，不免時常交換有關書刊和文壇動態的消息，當然也少不了涉及出版的經驗。

不久之前，賣書的朋友忽然心血來潮，提出了是否可以出版一本雜誌的問題。他的意見是青年人讀書的風氣逐漸在改變了，而一般人也趨向喜歡閱讀書刊的興味，如果能夠辦一個小刊物，內容是綜合性而以知識趣味為主，並以推廣讀書風氣為目的，相信可能受到讀者的歡迎。當時聽了他的話，我們幾個人都覺得是無稽之談。因為在目前，書攤上的雜誌刊物多的是，五光十色，林林總總，它們大都辦得有聲有色，而且是企業性質的經營，我們那裏有能力像別人那樣去搞出版，就算是眞的能出版，又有甚麼內容可以支持刊物的生命？何况當前的物價貴得驚人，印刷費和紙價如何能負担？我們不客氣地直向朋友澆冷水，但他滿懷信心說可設法試試。

於是，要辦刊物的聲氣忽然傳開了去，有些朋友聽了問起這件事，我們也自覺臉紅，因為這些實在是不自量力的「理想」；不過朋友們倒沒有熱嘲冷諷，有的好言相勸，叫我們不要自討苦吃，有的則非常熱心，願意幫助我們解決困難。慢慢的，我們覺得力量好像大起來了，更加興起躍躍欲試的心情。

我們時常覺得要做的事太多，而做出來的又太少，既然許多朋友熱心願給我們撰稿，不妨就這樣開始做吧！

這個刊物就是在朋友的熱情和鼓勵之下决定創刊的，因為開書店的朋友，願意以辛苦賣書所得的錢來支持刊物的大部份經費，我們就以書店的名字來作為刊物的名字。

除了名稱與書店有連繫之外，刊物的內容完全是獨立的，並不受到書店的支配，這一點是寶貴的，因此以後出現在本刊中的文章，相信沒可能受任何人的支配。有了這種沒有背景和獨立的基礎，雜誌的內容將可以容納更多見解不同的言論。我們希望這刊物是讀者眞正的園地，只要言之有物，說的成理，不作歪曲事實的報導，我們都樂於刊載。

我們尊重作者獨立的意見，更重視誠意的態度。不過我們不希望這小小的刊物成為說教的場所，而企望是大家交換意見的園地。

環顧週遭的刊物，談政治和內容無聊的相當多，因此我們這雜誌將有獨特的處理，我們不想學術味太重，因為這是學院式刊物的責任。如果眞有理想的話，我們渴望它是一份通俗性、知識性及趣味性的讀物。文化的知識、生活的經驗、科學的深入淺出介紹、人物的刻劃，中國現代文學資料的整理和批判、風俗的闡釋、藝術的鑑賞、旅遊的報導、人生的感懷、社會現實的反映、學習的心得和經驗、世界各國的風土人情、文學的創作、書刊的評介、鄉土的回憶、遠地的通訊以至逸聞趣事、文化消息的報導等，都是我們渴望編入刊物中的材料。

我們沒有甚麼高深的論調，我們就這樣開始工作，這樣期待讀者的來稿。我們相信刊物辦得好不好，完全要靠讀者的力量支持，如果你覺得我們宗旨尚可，就請支持我們，給我們來稿，給我們指導，給我們鼓勵。

這是一個起點，而路是遙遠的，我們就這樣開始吧！

# 電腦與人

吳振明

## 電腦是什麼？

電腦原名 Electronic Computer，是「電子計算機」的通俗譯名，其名之曰「腦」，乃由於它別於一般的按鈕計算機，而具有類似人類大腦的多項功能，如記憶力、資料之分析與比較、運算能力、模式認同等等，更而由於其內部電路網的組織，近似於大腦的神經細胞及神經纖維的分佈交錯，乃冠之以名「腦」。

廣義言之，電腦可分為「類比電腦」(Analog Computer)及「數字電腦」(Digital Computer)，前者較接近「的士」計程器之類的簡單計算機多於上述電腦本身，故嚴格來說，不列入電腦範圍內，只有「數字電腦」，才是眞正的電腦。

「電腦學」或「情報科學」(Information Sciences)是一門二次大戰後才發展奇速的新興學科，歷史雖短但所涉及範圍却廣，概括而論，電腦學可分為「硬體」(Hardware)及「軟體」(Software)兩大部份。前者隸屬電腦内部的線路結構，乃電機工程的範圍，後者是電腦的應用，所涉範圍更廣，主要有「程序設計」(Programming)，系統分析、系統操縱、人工智慧(Artificial Intelligence)，編譯程序設計 (Compiler)等等。電腦學本身是一門大學問，要在短短數千字内對這門學科作個澈底的深入淺出的介紹，實在沒有可能。本文主要是從「情報管制學」(Cynbertnatics)的觀點去試析一下電腦與人腦的異同。

## 從一篇未完的演講稿說起

西方科學的最大成就可歸納為二點：(一)探索自然的奧秘藉以征服自然，自然環境一旦能控制，人類的生存環境便可改善；(二)運用這種自然科學的知識，仿製某些接近人類官能而又補人類官能不足之機器，去取代人力，如火車加速我們步伐的緩慢，電話來代替我們耳朶的不靈，望遠鏡和顯微鏡來補助我們視力範圍的淺窄等等。自二次大戰後，一門叫「情報管制學」的學科便隨着西方科學的第二種成果而誕生。這門學問主要是以數學模式去探討機械性能與人類性能的異同和試探以機械來取代人力的可能性。在這方面獲致顯著的成就要算是美國幾位數學家：羅拔・溫納(Rorbert Wiener)，約翰・馮・紐曼 (John Von Neumann)，克勞岱・尙儂(Claude E. Shannon)，華倫・威華(Warren Weaver)等。溫納的「情報管制學」、尙儂的「傳訊的數學原理」已成為這門學科的經典著作。而馮・紐曼終其後半生去研究電腦與人腦的異同。一九五五年馮・紐曼受耶魯大學的邀請去發表一連串有關電腦與人腦異同之演講，翌年因患骨癌而入院留醫，他仍在病中撰寫演講稿，終於一九五七年病逝，演講始終未能如願舉行，但那份未完成的演講稿却由大學當局出版為小册子，名曰「電腦與腦」。本文目的主要介紹馮・紐曼的理論。

## 電腦與人腦的比較

電腦的全個系統可分為三大部份：「輸入系統」(Input Device)、「中央資料處理系統」(Central Processing Unit)、及「輸出系統」(Output Device)；而「中央資料處理系統」又可分為：(一)存儲系統(Memory)，控制系統(Contol Unit)及「運算系統」(Arithmetic Unit)三部門。「控制系統」相等於人腦的神經中樞，「存儲系統」乃名符其實的記憶，相等於人的記憶能力，「運算系統」酷似人的思考、決策和計算能力，而剛才提及的「輸入系統」和「輸出系統」並不隸屬電腦本身，但却是「電腦系統」内兩個重要部門，正如我們的五官並不是腦子本身，但却和腦子有連帶關係。「輸入系統」可比喻我們的眼睛和耳朶，把外界的視聽訊息輸入大腦去，而「輸出系統」就是我們所發出的聲音(語言)手勢等等，藉以向外界傳達内心的思想。

為了進一步去了解電腦的功能，筆者先要打個比喻。一位計算專員負責替人計算各種算題：首先他要向外間接收算題，然後計劃計算的方法和編排計算程序，到計算好後，把答案寫在紙上，交還給外間去。其計算工作的三個過程，正等如電腦系統的三大部份：他接收算題等如電腦的「輸入系統」，進行計算等如電腦「中央資料處理系統」，把答案交到外間去等如電腦的「輸出系統」。這位計算員又可比作圖中的機械人(見圖一)，他先把從外間不斷輸入的算題放在地上的木箱裏，然後依次序把每項算題放在掛牆上的那個信箱般的框格去，貼在牆的左邊是一座機器，他只要把算題依次序塞入該機器去，計算程序便自動運行，計算好後答案便自動溜出來，該機械人便拾起計算答案，把它放入地面上的漏斗去，答案便會輸送到外間去。從這個簡單的比喻，我們可想到電腦的「中央資料處理系統」内的「存儲系統」近似圖中牆上的框格，機械人本身就是「操縱系統」，那座用來運算的機器正是電腦的「運算系統」。但至於如何把算題放進「存儲系統」內，又如何控制機器本身去運算，又如何把答案輸出，這些步驟的編排，稱為「電腦計算程序設計」(Programming)，該程序是要依照一種「電腦語言」(Programming Language)，去進行設計的，現因篇幅關係，暫且不表。

馮·紐曼及其他「情報管制學」專家透過對人類大腦機能活動的研究，來進行去改良「電腦」的計算功能，而另一方面又通過電腦的結構藍圖去對大腦的神經中樞活動作進一步的了解。他們發現電腦和大腦最相似之處就是以一種「有」與「無」(或0與1，或「開」與「關」的二進制電脈冲去傳播訊息。電腦的「存儲系統」是由無數的「鐵氧體」造成的記憶磁圈(Core)所構成，「鐵氧體」可帶有「正」和「負」兩種剩磁化狀態，當在外加入磁場時，它只能保持其中的一種狀態：或「正」或「負」。若在外加入方向相反的磁場時，它便會從一種磁化狀態轉變到另一種磁化狀態去(例如從「正」到「負」)。因此，這個磁圈的兩種狀態便代了電腦存儲系統的0與1的二進制了。(見圖二)

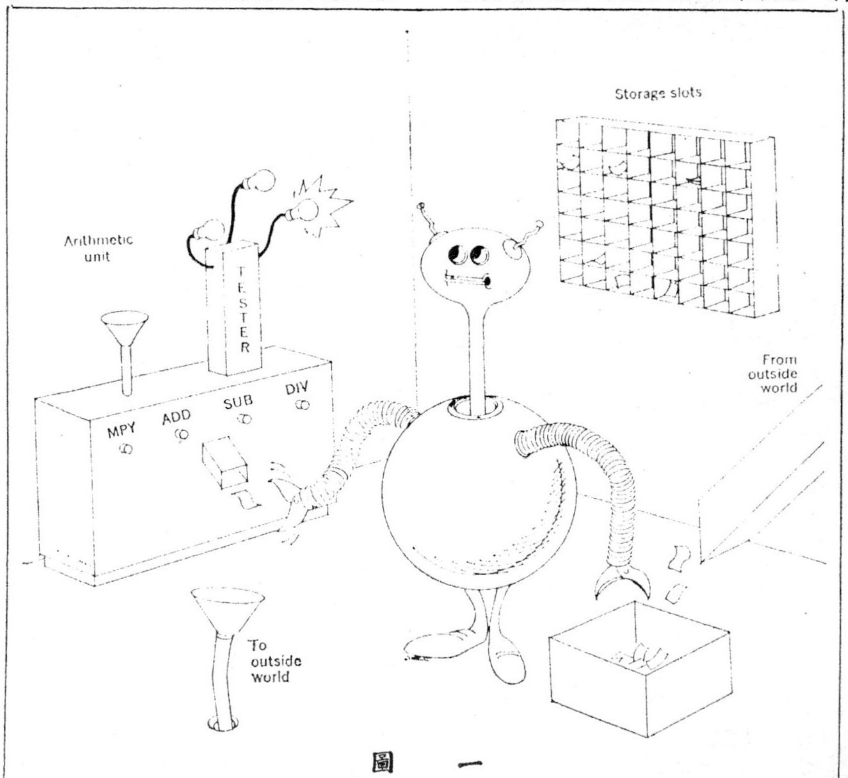


圖 一

由於電腦只能以0與1的方式去存貯和運算資料(包括字母與數字)，因此一切資料輸入電腦時，均以0與1的形式儲存在磁圈內，例如A字以11000001，B字以11000010，4字以11110100，5字以11110101的方式儲存起來。換言之，一切資料在存入電腦的「存儲系統」時，其「編譯器」(Compiler)將之編譯為一連串的0與1，以便電腦去執行運算的過程。(「編譯器」如何去進行編譯工作，因篇幅關係，在此不表)。

人類的大腦亦主要是靠脈冲(Pulse)去傳播訊息，不過這種脈冲却是神經脈冲——一種由神經細胞發出的脈冲。電腦的存儲系統由無數個磁圈所構成，而人腦却由無數的神經原(或神經細胞)(Neuron)所構成，神經原是由神經細胞核和原生質做成的，而每個神經原的邊緣有些突起狀(Axon)，一個神經原突起狀與另一個神經原突起狀相接的地方，稱為「突觸」(Synapse)，一旦當神經原的突起狀受到外來刺激時，神經原便發出一個脈冲，而這個脈冲便沿着突起狀，再透過突觸傳播到鄰近的一個神經原，鄰近的神經原接到脈冲後便會發出同一的脈冲，再傳至另外的一個神經原去，訊息便以脈冲從此神經原到彼神經原的方式傳遞開來，一直傳至大腦的其中某一官能去。

人腦內部訊息的傳播亦是像電腦一樣，依照二進制的「有」與「無」或0與1的方式去進行。當神經原的末端受到一定程度的刺激時才能產生脈冲，這時神經纖維便處於興奮狀態，當脈冲過去一段相當時間後，它便回復正常狀態。神經原處於「興奮」狀態之際，表示有脈冲訊號(等如電腦的1)，處於「正常」狀態時則無脈冲訊號(等如電腦的0)，人腦內的一百億個神經原，透過神經纖維銜接起來構成一個傳播脈冲的通訊網。

當我們把電腦與人腦作深一步的比較時，我們便發覺後者在結構上比前者精細得多，儘管前者運算的速度如何快。人腦內的神經原多達一百億個以上，但最大的電腦(如IBM 370)的存儲系統內的磁圈頂多不過幾十萬，人類有思考能力和抽象的思維，但電腦却沒有。電腦優勝於人腦的地方在於計算的準繩和快捷，人腦的神經原以每秒數十公尺的速度把脈冲傳遞至鄰近的神經原突觸去，但電腦的脈冲却以相等於光的速度去進行訊息的傳遞與運算，人類需要五分鐘去完成的一項運算，電腦頂多費時五十份之一秒，此乃電腦勝於人的地方，但劣於人的地方在於它缺乏思考能力與抽象的思維。

電腦並非有自動運算的能力，其運算程序(Program)中每一項「指令」(Instruction)都要經過人的愼密設計和編排，而電腦只不過以高速度去執行運算過程，而此運算過程又往往要重複無數次，電腦會不厭其煩地去重複同一運算的過程，而每

```
      MASTER NG
      N=0
      ISUM=0
      WRITE(2,100)
  100 FORMAT(5X,13HTHE DATA ARE:)
   10 READ(1,101) NUMBER,NUM
  101 FORMAT(I3,I1)
      WRITE(2,102) NUMBER,NUM
  102 FORMAT(1H0,5X,I3,I1)
      IF (NUM.EQ.1) GO TO 200
      IF (NUM.EQ.3) GO TO 200
      IF (NUM.EQ.5) GO TO 200
      IF (NUM.EQ.7) GO TO 200
      IF (NUM.EQ.9) GO TO 200
      GO TO 10
  200 ISUM=ISUM+NUMBER*10+NUM
      N=N+1
      IF (N.EQ.10) GO TO 300
      GO TO 10
  300 WRITE(2,103) ISUM
  103 FORMAT(1H ,5X,33HTHE SUM OF FIRST TEN ODD NUMBERS:,2X,I6)
      STOP
      END

END OF SEGMENT, LENGTH   135, NAME  NG
```

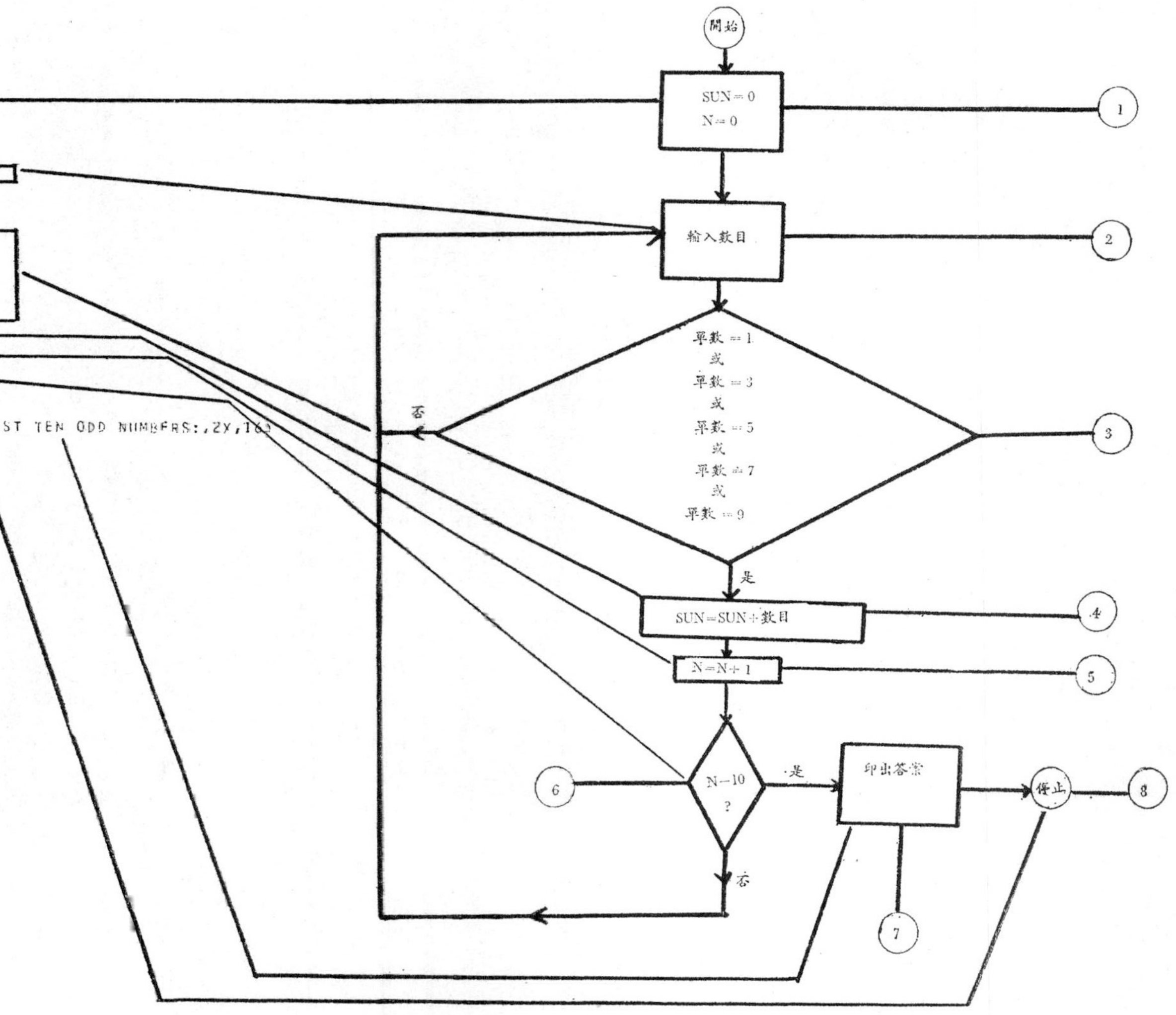


圖三 程序流動圖

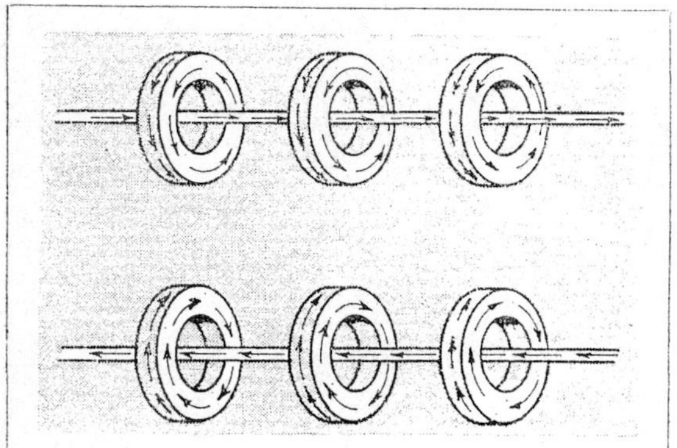

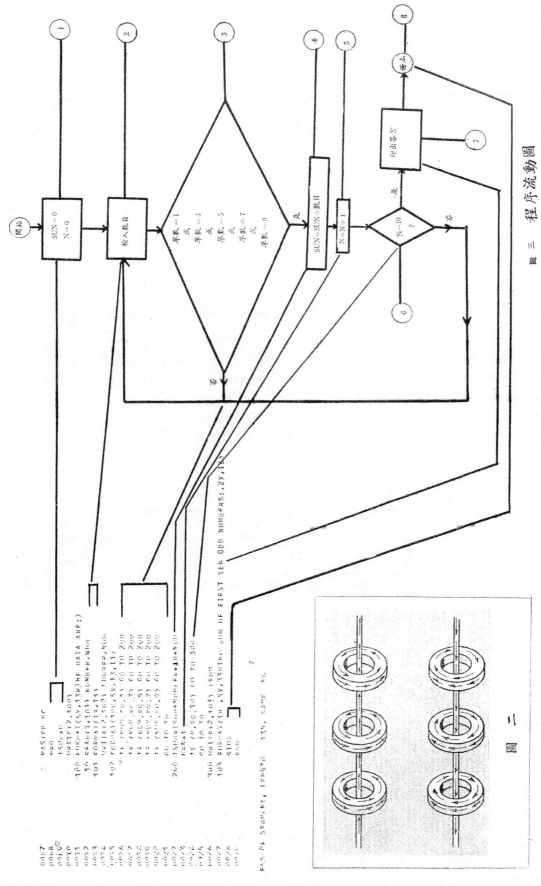

圖二

```
THE DATA ARE:
 1672
 1593
  360
  258
 1657
 1140
   28
  170
  171
 6853
 3617
 1462
 1000
 1111
 1306
 1281
 2120
 2173
THE SUM OF FIRST TEN ODD NUMBERS:     20[illegible]
```

圖三：計算結果

一次都做得這麼準繩而絕無錯誤。

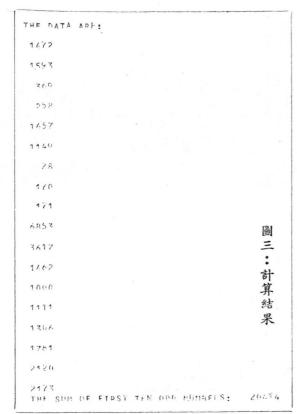

隨便舉個簡單的例子。例如有數十個數目，而這些數目中有些是单數，有些是雙數，我們只想利用電腦把這堆數目中最先的十個單數數目加起來，於是我們便設計一個程序，由電腦去執行，設計這個程序最先步驟是要繪製一個「程序流動圖」（Flowchart）（見圖三），然後再依圖中的每一個步驟轉譯為電腦語言。我們先設 SUM（總和）和N為0，N是用來核算電腦重複運算的次數，每當電腦運算一次時，便將一個數目加入 SUM 去，然後N之值便增加1，到N之値等如10時，即表示腦已加了十次，便自行停止。圖中的八個程序中，①是先設 SUM 和N為0，②是把數目輸入電腦的「存儲系統」去，③是驗算這個數目的個位是否1，3，5，7，或9，（即核驗它是否單數），若是的話，便將之加入 SUM 內，否則的話便再重複②（即再另行輸入一個新的數目），每當一個數目加入 SUM 時，N之値即增加1，⑤是驗算N之值是否等如10，若是的話便把答案印出來，程序自行停止，否則便重複第②至⑥之程序，直至完畢為止。

由這個簡淺的例子，我們知道程序的編排是人腦設計出來的，設計好後才交由電腦去執行，若程序設計錯誤的話，電腦便執行錯誤，假如上述例子的第②和第③步驟錯誤地互換的話，則電腦永不能把數目相加起來，因為在每重複一次一次運算的，SUM 之值被消為0，正確的答案永遠加不出來。

在整個運算程序設計好後，我們便要將程序中的每項指令用「電腦打孔機」穿孔在電腦咭上，因為唯有以此法，方能把指令與資料輸入電腦去，然後每張咭依次序放入「孔眼讀咭機」（Card-Reader）時，咭上有孔代表1，無孔代表0，電流通過咭上的孔時，把孔眼轉換為電腦所能理解的二進制脈冲，存儲入磁圈內。假如咭上的孔打錯的話，則存入錯誤的資料或數據。

由上述例子看來，人的智慧高還是電腦的智慧高？讀者可自行判斷。不過一般外行人士誤以為電腦乃一具萬能的機器，只要去學懂按鈕掣之後，一按開關，電腦便會運算自如，此乃最大的錯誤。

## 何謂「電腦化」？

自電腦發明後，社會流行着 Computerize（電腦化）一詞，此乃一切的工作操作、數據運算全由電腦處理而不需人手，於是一切的資料文件，如銀行存摺、支票、收據、賬單、學生選課表等等，都要依照電腦的輸入統系而設計，例如輸入的資料要先打在電腦咭上，才能「輸入」電腦的存儲系統去。在未將資料打在咭上的，我們先要把電腦咭劃分為數項目（Field），每一項目用來存儲些什麽數據，而所存儲的數據又佔多少數位，到計劃好後才把資料放入去，於是剛才所提及的支票、賬單、學生選課表等等都要依靠電腦咭上個別項目數位多少而設計出來的。就拿學生註冊時所填的選課表為例、每個學生要在他的選課表上填上學生編號、姓名、科目編號、性別等等。若我們在電腦咭上只留七個位給學生編號（由第一至第七行），三十個位給姓名（第八至卅七行），七個位給科目（第卅八至四十四行），一個位給性別（以0代表男性，1代表女性）。假若某一學生姓名長度超過三十個字母時，便一定要將之縮為三十個字母，否則電腦會將那些超出第三十個字母以外的字母誤認為科目編號，於是一切錯誤百出。當全校學生填好選課表後，我們便把表格上的資料以學生編號為次序，存儲在「磁碟」（Magnetic Disk）內，將來某學生要退修某科的話，電腦便靠該學生編號作為「資料探取鑰」（Direct Access Key），把該學生的資料從「磁碟」裏找出來，將之修改或刪去等等。

假如未來的社會作全面性電腦化的話，則我們不論在商業上的賬目收支、貿易往來，在學校註冊選科、圖書借出交入等等一切文件，全受制於電腦咭模式的桎梏中（現時中學會考的「是非選擇題」則全為電腦改卷的程序而設計）。在此情況下，人類的身份便會被貶為一些電腦認可的數據，每當我們要翻查或更改自己的紀錄時，便要填上自己的編號，自己紀錄的號碼，性別的號碼等等一連串電腦所認識之號碼，一個電腦化的社會就是由一堆號碼所支配的社會，一個全依照電腦咭模式設計出來的社會。

在一個由電腦統治的世界，我們感到矛盾的是，電腦的製造都仿效人類的大腦和神經中樞的結構，但人類却受制於電腦之下，我們的感性、思考能力和抽象的思維，被轉化為一堆堆電腦運算程序的指令，那麽這個未來的世界將會是個恐怖的世界。

# 聽雨樓回想錄

高伯雨

## 前　記

二十多年前，故友馬叙倫先生到了香港，住在馬寶道七十七號的四樓，有一天我去拜訪他，他說上一年他的自傳「我在六十歲以前」出版了，要送我一部，可惜在旅途中不能多帶書，待寫信去上海叫人寄來。我說不必了，遲些兒香港的書店一定有出賣的，我去買一冊，請他題個字送給我，豈不是很方便。馬先生同意了，就談到他寫這部書的動機，無非是想把他未踏進老年時代的生活歷史留下一些鴻爪。他又笑着對我說：「貞白，你也該寫寫自傳了，你雖然未到五十，似乎尚未有資格寫，但你在四十以前的確經歷過不少滄桑，正如張宗子所說：『飢餓之餘，好弄筆墨，昔生王謝，頗事豪華，鷄鳴枕上，夜氣方回』，五十年來，總成一夢，把它一一記錄出來，也是個人的歷史啊。」我也笑着說：「到五十歲還有八、九年那麼長，以往的四十年白過了，一個人活了四十年，當然做過許多壞事，也做過許多好事，如果專寫自己的好事，又從而渲染增飾之，未免自欺欺人。至於做過的壞事，把它掩蓋得密不通風，絲毫不透給人家知道，似乎有失坦白。有此兩者，都是失眞，亦不足觀矣！」

我和馬先生的交情在師友之間，若嚴格說來，我還要尊稱他做「太老師」呢。所以我們在閒談時，我總是表示出隨時受教之意。馬先生也領會我的意思，有時便以尊者的態度教我。他聽我說有此「二難」，便笑道：「這有何難，不自我吹牛就好了，即使有時免不了要誇張，只要誇得得體，不要使人難於接受，這便是寫作的技巧。至於自己的壞事，如已改過，或能知過而懺悔，如日月之食焉，人皆見之，有何不可？」

馬先生這一番話是一九四八年一月所說的，轉眼廿二年，馬先生在北京謝世了，他希望我寫自傳，我始終沒有執筆，辜負了他的好意。前幾年，我的最小的女兒在英國來信，叫我寫回憶錄，她說：「爸爸，您總是給人家出版回憶錄，又鼓勵人家寫回憶錄，您為什麼不自己寫一部給我們看看都好呀！」另一個在加拿大的女兒也有此論調。我給這兩個頗喜弄筆墨的孩子（尤其是那個小的，她在眞光中學念書時，就不管功課怎樣緊，都要抽空兒寫她的長篇小說，總共寫了六七十萬字）回信，帶些「自卑感」的成分說：「像我這樣的一個寫稿匠，誰愛看我的回憶錄呢？寫了也沒有人肯替我出版啊。除非我不用賣文為活，有閒功夫時就寫一些，積聚起來，待有餘錢時才自己印行。」小的女兒居然來信鼓勵，叫我「一於如此」，待將來她出錢，為我印刷成書，不管有沒有人看，留為「家庭歷史」，也是值得的。

這樣，我寫回憶錄的「雄心」又增加一些了。但仍然不免覺得好笑，這也許是孩子們的孝心，逗老子歡喜吧，我還未到七十四歲，不必急急。（其時正要印包天笑先生的「釧影樓回憶錄續編」，包先生寫他的回憶錄時是七十四歲，所以我認為到七十四歲時才欣然命筆不遲也。）

去年冬間我在波文書店和它的老板黃孟甫兄談天，不知怎的他會談到寫回憶錄的事情，他對我說：「高先生，您為什麼不寫部回憶錄呢？以你生活經驗之豐富寫出來一定有人要讀的。」我聞言吃了一驚，心想：怎麼和我的女兒們所說的有點相似呀。於是我開玩笑地答道：「除非你肯給我出版，我可以考慮。」怎知此言一出，惹下大禍，黃先生一口答應了，我不便反口，只好作語言上的添注塗改（弄筆桿的人，時要添注塗改，講說話，似亦應如此也。）說：「茲事體大，過了年我們商量一下，要怎樣寫才好，我認為最好先寫一部分，出版後，如果還有人要看，不罵為荒唐，那時候再行續寫不遲。」這樣便「塗改」了一下，又「添注」了一下，擋住「大禍」。

年已過了，虛增一歲，更有資格寫回憶錄這一類的書了，而黃先生也和年一樣，歲月迫人而來，每逢見了面就提起這件事。我是最講究信用的人，答應了沒有不做的，恰好這時，黃先生正計劃出個雜誌，他約我見面談到他的抱負，並說希望我的回憶錄就登在他的雜誌上，然後再印單行本。我為了支持朋友，更不能推辭了。

一九七四年六月三十日，記於聽雨樓中。

## 香港南北行街

我是在香港出生的，那所屋子到今天還屹立在文咸西街，但早已非我家之物了。我每逢經過那裏，總是想起我七歲以前在這房子曾過了很快活的生活，到今日雖然已是六十多年，房子已為陳姓所有，而且改建為前後截的屋宇了，但我對它還記得很清楚。當一九四五年十二月我從澳門來香港時，就是先到這裏的二樓歇腳，把行李放下，其時它的主人陳漢華兄要招呼我住在四十年前我誕生的那個房間，我答應了，但後來改變了主意，推了他的好意，仍住到般咸道陳子昭兄家中，那是因為子昭兄說在他家裏起居飲食較為方便。

文咸西街俗稱南北行街，當我出生時，可說是南北行街的黃金時代，我家開設在南北行街十號的元發行，以字號老、業務大為此中「老大哥」，南北行行檔推它「話事」。（即惟其馬首是瞻之意。）元發行的對面就是元發棧，二樓住着我的父親、母親，三樓四樓是表伯陳春泉一家人所住。元發棧的正門在文咸西街，後門在永樂西街，後來出賣了才改裝為兩所房子的。樓下和二樓的後半部都是貨倉。

我的父親名學能，字舜琴，母親姓楊，是在香港出生的，出身微寒，十四歲就脫籍嫁為我父的第七姨太太。他的第四姨太太住廣州，第五、六、八都在香港，第三的已在廣州死去了，第二的在暹羅，人稱平妻，因為她是祖母在暹羅娶她的，待以嫡禮，她的壽命最長，十多年前才逝世，也九十多歲了。

舜琴公一共有子女廿四人，我的母親所生的就五個，在家妻中算是最多，大概是年青貌美，善於伺候人意，故為我的父親所寵愛，給她的私已特別多，這不止在姊妹中招人所忌，就是遠在家鄉澄海的那個嫡母林氏，一提到我的母親就牙癢癢的，其妒意頗也不淺呢。

在排行中我是第十七，因此我在小時候人們就叫我做「十七」，也有一些人叫我「十七少」。一直到我回澄海居住，嫡母說廣州人那種男女合排的方法不合「古制」，應該分開男還男，女還女才是，於是我改排為第六，家中人叫我為「六少」，那時我已經十二歲了。和我同一生母的是兩個姊姊，一個排十四，一個排十六，十六的早死，我對她毫

曾勸高伯雨寫自傳的馬叙倫

無印象；兩個弟弟，一排廿一，一排廿四，廿四是遺腹，只有他一個是在廣州出生的。

我對於父親的印象不深，他死時我才四歲，但只有一件事使我到現在還記得淸淸楚楚，那就是他買了一隻鳥給我玩。大概是他死前半年吧，我見窗外有麻雀飛，就鬧着要買一隻來玩，恰巧元發行的一個夥計過來回話，父親就拿了一些錢叫他帶我去買。我記得那夥計長得肸肸的，人們叫他做「肥乾」，我叫他永乾兄，後來稍大，我才知道他姓蔡，是澄海城內西門人。我們下樓時，永乾兄說：「麻雀有什麽好玩，不如買一隻鸚鵡吧。」

結果鸚鵡買回來了，它是粉白色的，鎖在鐵架上，掛在窗前，對正元發行二樓我父親辦公廳的兩個窗，有時我看見父親憑窗閒眺，也望着鸚鵡，似有愛屋及烏之意。父親死後，我仍住在這所屋子裏，不過不是二樓，高升到四樓了。這時我已有五六歲，稍懂人事，問到我那一頭白鸚鵡，人們說「放生」了，我也不覺得可惜。我早年對於父親的印象只有這一點點。後來有人說我父之死是那頭白鸚鵡尅死他的，因為它每日下午三點鐘就朝着我父的辦公廳叩頭，白為不祥之色，怎經得起它這樣咒它的老主人呢，所以父親就不得不被它咒死了。迷信的人有他們的一套，豈不可笑？

父親謝世那一年，先帶了我的母親到暹羅視察生意，然後又往新加坡，回到香港不久，又要去日本游玩，順便看看開在神戶的商店文發行。起程之前，他要帶我的母親同去，我的母親說，最好還是過了年才去，如果一定要去，還是帶六奶去吧。為什麽母親要「讓賢」呢？後來我長大到二十歲，她

才對我說，日本之行，她很不想的，一來已經懷了「羅白」（即廿四弟，他出生時肌肉白如雪，故小名羅白，即蘿菔也），旅行不方便；二來，父親已經答應買皇后大道的一座商業樓宇給她，父親和母親都很喜歡這幢房子，因為它就在元發行後門之右，樓下鋪面是租給燒臘店名叫「有記合」的（這商店開了也有五十多年，七八年前才不見它的影子，聽說搬到同一路的另一房子了），如果能買到手，將來樓上做住宅，來往更方便了。母親要等候那個業主從鄉間回來時成交，所以不想出門，但父親堅持要她一起去，他說六奶不慣出門，經不起風浪，還是她去的好。母親不得已只好暫時放棄她的希望，等回來後再接頭買那座房子了。

## 父親去世

怎知這一去，父親便死在神戶，那所房子沒有買到手，還招來很多辱罵。原來父親急於要往日本最大的原因是要戒烟，視察生意還在其次。到一九二三年，先父的一個隨身僕人蔡瓊（澄海人，從小就跟隨先父，後來升為元發行的職員，已於一九一六年退休）對我說：「二老爺決心要戒烟，是因為受到刺激，一怒才往日本的。有一次他從廣州回來，上岸時，有一班『雜差』搜查他的行李，發見其中有鴉片烟膏，其時二老爺已先坐轎子回到行裏了，差人便把押行李的僕人拉到差館。香港是不禁烟的，差館的人立刻把那個僕人釋放。二老爺知道了很惱氣，說自己不好，染上這種壞嗜好，有失斯文，便立心把嗜好戒除，但又怕在此種環境中很容易又再染上。後來聽說日本烟禁很嚴，便下了破釜沉舟的決心，馬上要往神戶。然而二老爺操之太急，一到神戶就開始不吸烟了，這樣就引起其它疾病，終於無法挽救，死在異域！」

父親戒烟戒得太驟，那是事實，他的病越來越重，初時延請日本的醫生來看，後來認為中國人還是適應中醫，以中醫治療為是，但日本沒有好的名醫，跟隨在父親左右的只有我母親一個是親人，其餘不過是一些淸客和元發行的職員，而我的母親年紀也很輕，只有廿二歲（虛歲），什麼都不懂，當然不能出什麼主意。後來父親患病的消息到了香港和汕頭，家人着了慌，便打電報往上海請名醫往日本救急，聽說請了夏應堂醫生，以每日一千兩的診金請往神戶，來回旅費和在日本的食宿另計，從動身之日起就按日致送診金。夏醫生到神戶也無法可施，萬金不能買命，父親已入彌留狀態了。

我的大哥繩之（名秉貞）這時正在汕頭規劃創設電燈、自來水公司，電燈公司已完成八九，即可發電，自來水公司剛開始建水塔，敷設水管，一時未能趕往神戶，後來聽說父親病危，才帶了潮汕一位姓秦的名醫趕往，但七叔父暉石（名學修）另有野心，一聽到先父有病便搶先一步往神戶去，大哥要從汕頭來香港轉船往日本，就遲一步，到達時父親已去世，等他來見最後一面就收斂了。

神戶的華僑很多，還有一所中華會館，安設中國的各種「神」，所以中國華僑在神戶死後，衣衾棺槨，不必從日本之俗。中國的有錢人，很重視死後那一所「大屋」——棺材的，認為死者既然「生存華屋處」，死了也應有「華屋」附身，才不失身份，於是什麼柳州木呢、楠木呢便造成了價值鉅萬的名貴棺材，為富豪服務。更有些富人，年未老就先買好了棺材、墓地，以待日後「榮遷」。先父死時不算很老，只有五十三歲，但在六十年前已列入老字輩之內了，他從來不預先買壽材和立生壙的，一旦客死日本，臨時怎能找到一口名貴的棺材給他舒舒服服的躺下去呢？從中國運一口去是來不及的了，暫時草草成歛，待回國後重新再歛，那是忌諱的。辦喪事的人為了壽材這問題傷透腦筋。

後來這問題獲得解决了。有一個寧波商人，上海、神戶都有生意，他半年住上海，半年在日本，年紀已老，他就定製了兩口壽材，一放在上海，另一口就放存神戶，以便死在那裏就可以「就地取材」。也是先父洪福齊天，那個寧波人兩月前在上海死了，剩下在神戶的「華屋」沒有用場，於是便讓了過來。

小時候我聽見人說，先父那口棺材很是「威水」，差不多有一個人那麼高，長方形，漆得很光亮，下面四角，各釘有鐵製的把手，以便移動時可以揪起來的。我為了好奇，很想開開眼界，但一直等了六七年後我回到澄海，才嚷着要看一看來滿足我的願望。當時我一句潮州話都不懂，家裏的人也不懂廣州話，只有一個年已五十的老僕人蔡剪平（他本是大哥請來管理鵪鶉的「師爺」，大哥死後，降而為僕役了）還能聽幾句廣州話，他對嫡母說：「六少要去看看二太爺的棺材呢。」嫡母聞言忽然傷感，弔下眼淚來，對剪平兄說：「想不到他年紀小小，還知道有個已死的父親，過了幾天就要去瞻仰了。」便叫剪平兄帶我到北城外厝柩的一所破屋，看看父親的棺材，所謂高如成人之說，只是過甚其詞，大抵四尺高是差不多的。潮州人迷信風水，找不到佳壤，往往停棺數十年不葬。先父死後十四年才入土，已是安葬得早的了。

七叔父趕往神戶問病，表面上看來是情深如手足，但骨子裏却不是那一回事。後來母親告訴我，七叔父到了神戶，就叫她向父親說，他已患病，生意大權不可一日無人掌管，不如把大權暫時交給他，待父親好後才交回，即使父親有不測，那麼公家生意的大權由他接手，也是合情合理的。但母親沒有答應，只對他說：「七少，大權之事，不如等大少來了才提吧，老爺的病雖然未見起色，但也不致馬上有事，等大少來了，你們叔侄再商量不遲。」（大少指我的長兄繩之，他和二哥秉衡都是嫡出，家妾皆稱之為大少，二少，尊之也。）

她這些話也是實情，但七叔父以為她得寵於先父，必定言聽計從，故此走「內線」，希望有些收穫，怎知被母親一席話像冷水般淋下來，他含恨在心，後來和大哥扶柩還鄉，七叔父就在嫡母跟前說了很多母親的壞話，在船上那十多天，簡直是受盡折磨和淩辱，聽說大哥對她的態度還好，其它的人就變了一個樣子，把母親當作罪大惡極，害死親夫的犯婦，非拿她償命不可了。

運棺村回汕頭的那一艘船，是從香港租來的一艘五六千噸的貨輪，汕頭、日本之間沒有直接航行的船隻，並且三四千噸以上的船，也不能駛進汕頭港內，只好停泊在港口的媽嶼附近，那是因為港內水淺，不能容大船出入之故。母親在船中舉目無親，又語言不通，只有跟隨她的一個貼身僕婦是廣府人，還可以得到一點安慰。母親自嗟命苦，雖然嫁得一個富商，養下四個兒女（一個早殤，尚有一個未出生），自以為下半世可以安安樂樂過了，豈知只過了八年多的幸福生活，又遭此大故，還被人說是謀害丈夫，圖吞家產，眞是有冤無路可訴，幾次想跳海自殺，但又因為已懷了胎，不好害了一條小生命，只好含悲偸生，待小生命產下後如何再作打算。一九二六年我已成人，再到廣州省視母親，她對我說，當在船上萬分絕望要輕生時，有一晚夢見觀世音菩薩對她說：「你這樣年青死去，你的三個兒女豈不是沒有照料？即使高家還有其他姨太太，她們肯負起照顧教養之責，難保她們不虐待你的兒女啊，你死得眼閉嗎？何況你已經懷了五個月胎了，將來產下來的又是男孩子，你便有三男一女，高家的家產你就要佔十分之三了，你還愁沒有好日子過嗎？」

母親說，因為有「神」的指示，她才提起勇氣做人的。按照道理，她那麼年青就守寡，應該要再嫁才是，但在我們這個十足封建的家庭，即使做大婦的相當開通，准許這班少妾下堂而去，也必定給予微小的「遣散費」而留下她們所養的兒女的。她們都是性情良善，安份守己的人，出身雖然有點寒微，但個個都循規蹈矩的，叫她們留下自己的親骨肉而去，良心上自有不忍，所以她們都願意留下。當然她們自己亦有打算，她們都有兒有女（只有八姨太太沒有生育，她嫁過來還不到一年，父親就死了。據母親說，八姨太太劉氏因自己年事已長，「監硬」要父親娶她的，父親本來就不喜歡她，為了救她出火坑，大開方便之門，有錢佬多個姨太太吃飯是不計較的），如果要再嫁，未必就能夠找到一家像高家這麼富有的門戶，即使有，也不一定像在高家那樣與大婦分開居住，沒人管束，天高皇帝遠，自由自在。故此她們不想離開高家是可以理解的。（我的嫡母在某一些事情上還算頗為明理。當父親的喪事辦完後，她的悲憤稍平，便叫表伯陳春泉問奔喪到家的那五個少妾，願留還是願去。到父親死後第四個年頭，長兄繩之在汕頭死了，遺下四個少妾，個個都有兒女，嫡母又是這樣，徵求她們的意見。）

## 奔喪到故鄉

高家死了一個家主，澄海、廣州、香港、暹羅都要開喪，因為先父在這四個地方都有家眷，但開得最熱鬧的當然是澄海，除了暹羅那位平妻沒有來澄海，只在「番邦」主持喪禮外，其它都到齊了。我也和八叔父，和幾個庶母，兄弟姊妹們，陳春泉表伯、陳殿臣表兄一班人從香港趁船往汕頭，轉入澄海縣城。

當父母親將往日本前，母親徵求得父親的同意，把我寄養在春泉表伯家中，十四姊則寄在八叔父家中，廿一弟寄在六叔父家中，由他的三姨太太照料（八叔父只有一位姨太太，她活到一九七〇年才在香港逝世，八十多歲了）。所以父母親就放心出門旅行了。

我當時只有四歲，什麼都不記得了，但給我最深印象的只是我在海輪上暈船暈得很厲害，不斷的嘔吐，帶我的傭婦罵我道：「你的褲都嘔濕咗咯，冇得換了。」

到開弔那一天，我也披麻帶孝，俯伏靈前，只覺得有趣而已。

老家忽然來了這麼多人，原有的兩所屋子是住不下的，臨時在文祠前的照壁旁邊一條小巷，租了一幢小房子，容納從廣州、香港而來的我們這一批「省城人」（當時澄海老家的人都叫我們為「省城人」，十分歧視，且亦輕視）。的確也容易招惹老家的人反感的。我們一羣人浩浩蕩蕩到了，隨身行李，日用雜物，無一不遠勝老家的人，即以僕從之多，也非嫡母和她的媳婦們所及。每個姨太太都有自己的貼身（廣州稱為「近身」）女僕，還有一名打雜女僕，此外，每個孩子都有「乾媽」或「濕媽」（「濕媽」是乳母，「乾媽」只是帶孩子的保母而已），還有婢女等人。這種排場，在老家的克勤克儉家風中是沒有的。她們的確比老家的人享受些了。

辦妥喪事後，嫡母說，她們既然要留下來，那麼就不要回去省城香港了，和我們一起生活。

此言一出，把幾位姨太太都嚇到魂飛天外。廣州的房子很大，建築精美，可說得是富麗堂皇，住慣這樣舒適的大屋，忽然要住起小地方的小房子，既沒電燈，又無自來水，你說多麼不方便，不舒服。但嫡母的話是有權威性的，誰都不敢反抗。象姨太太彷徨無計，只好推舉四姨太太向大哥和春泉表伯請求，請他們向嫡母講人情。大哥現在是一家之主了，嫡母愛自己的長子，當然也聽他的話。(一)

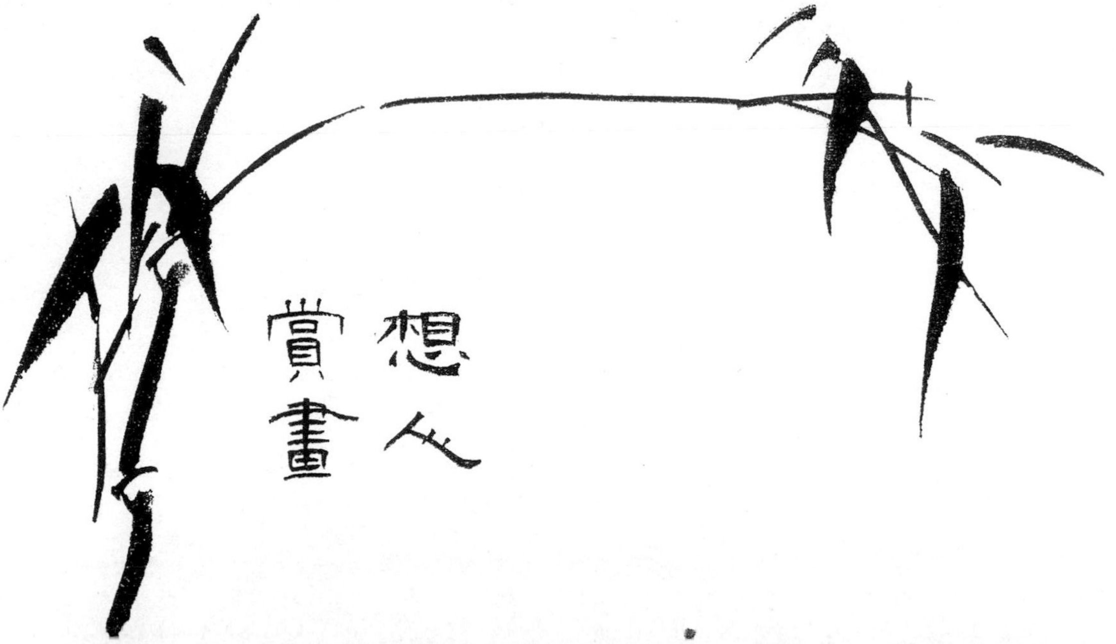


# 豐子愷早期繪畫所受的影响

明　川

## 崎嶇小徑上學步

浙江北部的石門灣，是一個典型的江南水鄉，有着非常顯明的四季氣候，人們過着安樂、閒話桑麻的恬淡鄉居生活。豐子愷①就是生長在這個「詩趣畫意，俯拾即是」的地方。他的老家在河岸旁邊，他看慣的是遍地桑麻、小橋、流水、大樹、長亭的自然野趣。可是，並不像王冕般一開始便描繪自然。觸動了他「畫」的意念的，却是一幅幅印在「千家詩」每頁上端的木板畫。

豐子愷曾把自己的漫畫分成許多時期，那也讓我把他童年繪畫歷程分成「印畫」和「放畫」兩個時期吧！

「印畫」時期開始在他七八歲，進入由他父親當老師的私塾時候。私塾裏，讀完「三字經」，便讀每頁上端印有木板畫的「千家詩」了。他總覺上面的圖，比下面的字來得有趣，興緻一動，便從家裏開的染坊店討來些紅藍顏料，溶在小盅子裏，用筆蘸了，把一幅「大舜耕田圖」塗得一片紅一片藍。可是，由於紙薄色多，顏色一下子滲透七八頁紙。第二天，讓父親看見，捱了罵，如果沒有母親和大姊的勸住，手心也會捱一頓打。七歲的豐子愷哭了，但並沒有因此止住了塗畫的心意。幸而管他的女僕—紅英，為他想出個好主意：用習字簿撕下來的紙張，蓋在圖畫上，印着描出。第一幅印成的是人物畫譜裏柳柳州像。雖然，這次還是弄汚了畫譜，惹來大姊一場責罵，但他已經踏上了「印畫」路途，也許，應該說一個畫家的生命，就在此時孕育了。他的「印畫」技術一天比一天進步，紙張由習字簿紙改成雪白的連史紙，着色也由單色變成複雜配色。到了十一二歲，一部人物畫譜早已印全了，跟着要印的是芥子園畫譜。最初，他畫畫是為着自己好玩。慢慢，他的畫在同學中間流行起來；居然像病人向醫生掛號一般，依着次序向他要畫，還得送他一些玩意兒作報酬。通常，這些孩子們交易，總在私塾裏偸偸地進行。為了怕先生罵，他們會在下午，先生出外去吃茶的時候，才把藏好的畫具和畫拿出來弄，只有如此，成年人的阻壓就給他們避過了。直到有一天，大概，註定「印畫」的緣已了，一件同學間小爭執，意外地逼他闖開「放畫」之門，把維持了五六年的「印畫」工夫拋棄。但，事實上，五六年來的印描着色，已經成為他跨向前一步的基礎。而這一步，就由兒童世界跨進成人世界裏，他的畫被大人們認許了。

雖然，十一二歲的當兒，豐子愷的「印畫」就得到女僕人、母親、姊姊，當過肖像師的管賬先生等成年人的鑒賞和稱讚，但他們畢竟都是家裏人，又怎及得上外邊人—尤其是老師的欣賞呢？原來，自從豐子愷的父親因為肺病死後，他便換了另一所私塾去讀書。天天下午也照例為同學們印畫。怎料，有一次，兩個同學為了爭他的畫，便相打起來，事情鬧大，老師追查之下，才發現這個學生的「天才」，就要他放大一張孔子像，好掛在板壁上，讓學生早晚拜上一拜。在受寵若驚和驚魂未定的情況下，他竟然把任務担承了。但把畫譜上的人像，放成同自己身體差不多大的畫，實際比印畫困難得多。幸而他的大姊教了他一個基本的放大方法，不但使他渡過難關，更令他在學校奠定了「畫家」的地位。當孔子像畫成之後，大家都說畫得出色，而為學校畫成領隊出操的大龍旗後，他的「畫家」聲譽便更高了。家裏的老媽子看到哥兒這麼了得，心中不禁一動：「希望他能給我畫個容像，死了掛在靈前，也沾些風光。」於是天天催促着。怎麼辦？說不會畫，有傷畫家體面。答應了就得想辦法。最後，還是大姊給他出主意：向會畫肖像的二姊丈借來放大用的玻璃九宮格，放大尺、米突尺、三角板，再請教些畫的秘訣。然後，依着一張老婦人照片，稍把下巴改尖些，居然畫成一幅八九分像的肖像畫。從此，為親戚畫容像，就變成他的義務生意了。等到日後他認為：「假如我早得學木炭寫生畫，早得受美術論著的指導，我的學畫不會走這條崎嶇的小徑。」他已在「放畫」小徑上摸索了四五年，直到遇見李叔同，才算撥開雲霧。②

## 藝術心靈的開拓

十七歲的豐子愷，離開故鄉，到城裏進入中等學校去，許多新學識等着他努力吸收，再沒工夫去弄「放畫」了。雖然在回鄉渡假時，可能還會有一兩樁放畫生意要幹，但畢竟熱狂已過。何況，正在此際，在學校裏又學到一種新的畫法—臨畫。翻開商務印書館出版的「鉛筆畫臨本」③，看一筆描一筆。不許印，也不許用放大尺或格子，全憑目力來測量，腕力來摹寫。臨畫當然比放畫困難吃力得多，可是描成後的成功和歡欣，也就跟着大得多了。這對當時的他來說，是由「兒戲」進步到「眞刀眞鎗」的境界，也悟到畫道的廣大。在整個習畫過程中，印「芥子園畫譜」，臨「鉛筆畫臨本」，其實都同在一個層次，距離「眞刀眞鎗」和「悟道」的日子尙遠。此時，他的藝術家心田，仍是荒蕪，但開拓者的足音已近了。

提到豐子愷的藝術、為人、思想，就必要提及李叔同。這位我國最早留學日本研究美術④，又把西洋藝術有系統介紹到中國的一代大師，在繪畫技術上，究竟對豐子愷有多大影響，可以尋到的痕跡並不多，因為李叔同在藝術方面的影響和成就，音樂比繪畫大得多。三十九歲出家之前的油畫作品，現存可見的恐怕極少⑤，從見到的兩幅：「裸女」和「花卉」，也看不出師生的關連來。可是，李叔同給予豐子愷一些比繪畫技術更重要的東西：一個藝術家的心靈。

十七歲的豐子愷到杭州浙江省立第一師範學校去，開始接受中等教育。作為預科生，他第一次見到李叔同，就被他那「溫而厲」的表情，修養很深的美術家風度、事事認眞的做人態度所征服。李叔同教他們音樂：唱歌、樂理、彈琴，他就愛上了音樂。到二年級時，李叔同教他們圖畫，本來已經愛繪畫的他，自然更有如魚得水的契合。這個畫法跟臨畫有了很大的差異，而且很具挑戰性，因為李叔同要他們對着石膏模型，用木炭寫生。多年來，學生們慣了幼稚的臨摹教授法，一下子自然無從着手。班上四十多人，竟沒一個描得像樣。李叔同只好示範畫了一幅，再把範畫揭在黑板上，讓學生看樣臨摹，就只有豐子愷和少數同學，依石膏頭像寫生。從此，他對寫生發生了濃厚的興味，恍然大悟：「那些粉本原是別人看了實物而寫生出來的。我們也應該直接從實物寫生入手，何必臨摹他人，依樣畫葫蘆呢？」⑥於是，他的畫進步了—技術上進步了。

師生都住在學校裏，接近的機會多，做學生的常去請老師教畫和日文，做老師的也常把學生叫到身邊，鼓勵他。漸漸，老師的一言一動，恰似本活的書，豐子愷細心誠意讀着。他心田上野草開始芟除，前途的雲霧消散，他已經決定了自己人生態度。尤其李叔同出家以後，雖然師生見面機會少了，但彼此的心却更接近。豐子愷深深浸染在弘一大師的莊嚴認眞，眞誠坦蕩精神中。他接受大師給予的一切影響，養成美好的情操。弘一對他說：「我們要學着包容一切，這樣方能養成不分親疏厚薄的愛心，才能平靜地看世界。只有如此，人間才有無限的美麗展開；佛陀在內，不在外，在你的靈性中間；你的靈性有美可圈可點，世間自然有美皆備，無美不收。」⑦豐子愷明白這就是「藝術的心」，他深信「有藝術的心而沒有技術的人，雖然未嘗描畫吟詩，但其人必有芬芳悱惻之懷，光明磊落之心，

而為可敬可愛之人。若反之，有技術而沒有藝術的心，則其人不啻一架無情的機械了。」⑧跟老師一樣，他用「與天地造化之心同樣深廣的心，去看天地有情非有情的一切物類」，肯定「藝術家所見的世界，可說是一視同仁的世界，平等的世界。藝術家的心，對於世間一切事物都給以熱誠的同情。」⑨這是多麼重要的開拓工夫！李叔同，完全為他做妥了！

## 意韻的萌發茁壯

雖然，他認為「藝術完全是心靈的事業，不是技巧的工夫。」⑩但却並不代表忽視技術上的訓練，他努力認眞學習木炭素描、美術理論。隨時隨地做着人體自然動態的速寫。他跟一個朋友都嫌畫室裏的模特兒姿態不自然，因此，互相注意和批評對方的姿勢，在晤談之中，他發現朋友有一個很好的姿勢，便立刻叫朋友不要動，石化得如畫室裏的石膏模型一般，讓他拿起紙筆來描寫。⑪不過，他所學的都是西洋畫技術，在未來的日子裏，他用毛筆繪畫的一切有情及非有情象相，却帶着濃厚的中國畫味，這就必須談到近代提倡文人畫最力，而又有特殊風格的畫家陳師曾給他的影響了。

陳師曾的繪畫藝術成就很高，畫的內容包括了山水、人物、花鳥之外，「有時也作風俗人物畫，常常喜歡用速寫或漫畫的形式為舊社會勞動人民記錄貧困景象，如拉人力車的，淸道掃街的、賣雜物的小販和乞丐等，畫面上還題着諷刺的詩文，寓意深遠，耐人尋味。」⑫他早年曾經留學日本，雖然不是專門研究西洋畫，但受洋畫意念的影響也不少。⑬回國後，就在李叔同主編的「太平洋畫報」上發表小幅簡筆畫。例如「落日放船好」、「獨樹老夫家」、「野航恰受兩三人」、「層軒皆面水」，都給年青的豐子愷很深刻的印象。⑭這些「寥寥數筆，餘趣無窮」的簡筆畫影響力，深深藏在豐子愷的記憶裏，一直到差不多十年後，便像種子逢春一般，萌發茁長出來，成為他的漫畫第一期：「古詩新畫」的面貌。一九二三年他為OM社出版的「我們的七月」中，發表了漫畫「人散後，一鈎新月天如水」後，便引起了鄭振鐸的注意。⑮由於新創刊的「文學周報」需要插畫，就請編輯胡愈之去向他要些乘興落筆的小畫，並代他定了「子愷漫畫」的標題，從此，便邁開腳步走向繪漫畫的藝術大道。⑯儘管許多人認為中國漫畫的始創者是他，但他却一直認為陳師曾才是始源⑰，如此，我們實在不難尋出他們藝術技巧上關連。

同時，他自小便愛讀詩詞，早得着詩詞的意境美，再加上他用藝術的心眼去觀照世界，然後把自己的感情移入，更化為趣意自然的筆調，就正與陳師曾所提倡的「含有文人之趣味，不在畫中考究藝術上之工夫，必須於畫外看出許多文人之感想」的文人畫相契合了。⑱他強調「所作的畫，不專重畫面的形式美，而寧求題材的詩趣」⑲是一種繪畫與文學握手的表現，不就正是文人畫「在意不在象，在韻不在巧」的要求麼？所以，正式對他日後畫風有重大影響的第一人，應該是陳師曾。

## 夢二的觸動

在浙江省立第一師範學校畢業後的豐子愷，跟同學吳夢非、劉質平合辦了「上海專科師範學校」⑳。日間，一方面講授西洋的藝術理論，一方面也自修研究西洋藝術。夜間到夜校去繼續學習日文㉑。但外邊有一個奇異而多彩的世界吸引着他——這吸力同樣曾經吸引過他的老師：弘一大師。終於，他決定去日本走一趟，學些看些在國內看不到的東西。一九二〇年㉒他拜別了弘一大師，放下了妻女，到一個完全陌生的環境去，吸取新的空氣，鑄造自己。前途怎樣，是不可預測的，他就如此到達日本東京了。

在東京，他住在離神保町不遠的下宿裏㉓。進入川端洋畫學校進修西洋畫，又到私辦的音樂研究會去學小提琴㉔。有空就去逛藝術館、博物館、畫廊，神田舊書店，也努力學日文和英文。毫無疑問，他在盡量利用每一分鐘去吸收一切新鮮的知識。但如果只是這樣渡過十個月，那麼對他來說，仍不能算有很大的收穫。直到有一天，在舊書攤上碰到一冊「夢二畫集春之卷」，事情就改觀了。

夢二是指日本畫家竹久夢二㉕，其實豐子愷對於這個人可以說所知不多㉖，但對他的作品，却一見傾倒了。追尋原因是他倆藝術的心境很相似，看他夢二的批評和讚歎吧！「其構圖是西洋的，其畫趣是東洋的。其形體是西洋的。其筆法是東洋的。自來綜合東西洋畫法，無如夢二先生之調和者。他還有一點更大的特色，是畫中詩趣的豐富。以前的漫畫家，差不多全以詼諧滑稽、諷刺、游戲的主題。夢二則摒除此種趣味而專寫深沉嚴肅的人生滋味。使人看了概念人生，抽發遐思。故他的畫實在不能概稱為漫畫，眞可稱為『無聲之詩』呢。」㉗「日本竹久夢二的抒情小品，使人胸襟為之一暢，彷彿苦熱中的一杯冷咖啡。」㉘「寥寥數筆的一幅小畫，不僅以造型的美感動我的眼，又以詩的意味感動我的心。」㉙令他深深

竹久夢二素描畫

感動，給他啓發最多的是夢二「畫的簡潔表現法，堅勁流利的筆致，變化而又穩妥的構圖，以及立意新奇、筆畫雅秀的題字。」㉚正因如此，他毫不諱言自己許多畫題是模仿夢二的，例如「Classmate」，「!?」。而許多畫材靈感也受夢二的觸動，再加他那悲天憫人的心眼所體察到的社會實況，便繪出引起讀者悲感衆生相，例如夢二畫一個死去的兵士身旁，草地上開着一叢野花，畫題是「戰爭與花」，就有他一幅「戰地之春」和「燕歸人未歸」。

在畫的技巧方面，由於他倆都先受西洋畫技術訓練，所以在構圖、素描上很合純粹繪畫的形式，而夢二又喜用毛筆㉛捕捉内涵豐富的題材，這很適合豐子愷的個性，故接受夢二的影响也最顯明。夢二畫的簡筆畫，人物多沒畫上眼睛，豐子愷認為這正合中國「意到筆不到」的原則，於是便全部接納了。到今天，我們都認為「人物沒有眼睛」是他的畫法特點之一，在當時，這種特點倒引起不少人的驚異㉜。

讀過豐子愷的畫的人，都會承認，許多畫，如果除去了畫題，雖不至完全失去意思，也會把效果削弱不少，這足證明他下題目的功力。他自己曾說：「這種畫的畫題非常重要，畫的效果大半有了畫題而發生。……故看這種畫的人，不僅用感覺鑑賞其形色的美；看了畫題，又可用思想鑑賞其意義的美，覺得滋味更加複雜。」㉝下畫題，在「古詩今畫」時期，他顯然受了陳師曾的影响；在「兒童相」、「學生相」、「民間相」、「都市相」、「戰時相」時期，就受到夢二的不少啓示。

十個月的時間實在太短，他還沒搜購得第二本夢二的畫冊㉞，便要回到中國來。以後，繪畫漫畫佔了他大部份的事業時間。他的多讀書，勤寫生、時刻用藝術的心、常新的詩意，使畫的技巧日臻化境；畫的内容豐富而生動的反映民俗可喜、戰爭悲酷、社會不平、兒童純眞；表達方法也比夢二更含蓄惹人深思。例如「戰地之春」和「燕歸人未歸」兩畫，畫面中就不寫兵士屍體，只畫上一頂軍帽在鐵蒺藜旁，這比夢二的畫上屍體，顯得更凄清更無限了。

回國以後，他並沒有急急發表作品。對於他，繪畫是一條漫長的道路，該用平靜耐心的態度，步步向前。　　一九七四年六月二十八日初稿

①為了行文方便，敬稱從畧。

②以上一節，參攷資料是：
「辭緣緣堂」一「緣緣堂隨筆」（人民文學出版社　一九五七年）
「學畫回憶」——「緣緣堂隨筆」
「我的學畫」一「藝術趣味」（開明書店　一九三四年）

③據吳夢非「五四運動前後的美術教育回憶片斷」（「美術研究季刊　一九五九年第九期）當時在浙江兩級師範教畫圖的是日人吉加江宗二，教法跟小學差不多，注重臨摹，所用教材是商務印書館出版的「鉛筆畫範本」和「水彩畫範本」。「我的學畫」文中寫作「鉛筆畫臨本」，今依豐文。

④據吳夢非「五四運動前後的美術教育同憶片斷」：李叔同與曾延年是我國留學日本研究美術最早的人。

⑤據「五四運動前後的美術教育同憶片斷」一文：「李先生曾作油畫『裸女』一幅，此畫現存於葉聖陶先生處。另外，有油畫『朝』等數畫。一九一八年他在杭州西湖虎跑寺出家以前，將作品全部贈送給當時的北京美術學校保存。」並將「裸女」製版隨文刊出。又據陳慧劍「弘一大師傳」（三民書局　一九六九年）「弘一大師行誼大事年表」「註二」：「弘一大師出家前贈北平國立美專之油畫二十餘幅，今據該校前教授儲小石先生談，這一批油畫已全部失佚，所存一幅由雪地中檢出，為儲小石先生珍藏三十餘年，此幅畫，題名『花卉』，是弘一大師的西畫作品。」「註三」：「弘一大師尚存之油畫『花卉』，其出處由星加坡廣洽法師提供，該畫已印於拙著『孽海花魂』散文集之首頁。」故「裸女」及「花卉」尚見，但弘一大師的油畫作品是否全部失佚？為甚麼會失佚？則是待攷的疑問。

⑥據「懷李叔同先生」一「緣緣堂隨筆」

⑦「弘一大師傳」

⑧「新藝術」一「藝術趣味」

⑨「美與同情」一「藝術趣味」。

⑩「新藝術」一「藝術趣味」。

⑪「自然」一「緣緣堂隨筆」。

⑫胡佩衡「陳師曾和他的畫」　一九五八年人民美術出版社出版的「陳師曾畫選」序。

⑬胡佩衡「陳師曾和他的畫」和容天圻「陳衡恪與文人畫」（「庸齋談藝錄」　台灣商務印書館　一九六一年。）二文都說他在日本專習博物學。

⑭豐子愷「讀畫漫感」一「文學」第六卷第一期，一九三六年。

⑮鄭振鐸「子愷漫畫集序」一「小說月報」第十六卷十一號，一九二六年。

⑯豐子愷「我的漫畫」一「緣緣堂隨筆」。

⑰豐子愷「我的漫畫」一「緣緣堂隨筆」。豐子愷「教師日記」（萬光書局）一九四一年。

⑱陳師曾「中國文人畫研究」中華書局，一九二八年。

⑲豐子愷「音樂與文學的握手」「小說月報」第十八卷第一號，一九二六年。

⑳吳夢非「五四運動前後的美術教育同憶片斷」。

㉑據 " Biographical Dictionary, of Republican, China" By Howard Boorman.

㉒據 "Biographical Dictionary of Repulqican China" 說他是一九二一年春天到東京，逗留了十個月。翁靈文「篤佛樂道的豐子愷」一文（明報月刊第83期，一九七二年）說「後在浙江省立第一師範學校畢業，隨卽東渡日本，入東京川端洋畫學校，時期是一九一九年到一九二一年之間。」但因為一九一九年他的長女陳寶出生。一九二〇年次女林先出生，而林先出世時，他已身在日本（見「東方雜誌」三十卷十六號「取名」一文。）如果他只留在日本十個月，則很可能是在一九二〇年年底動身。

㉓豐子愷「東京某晚的事」一「緣緣堂隨筆」。下宿是日語名詞，一種較廉租的住所或宿舍。

㉔豐子愷「記音樂研究會中所見之一」、「記音樂研究會中所見之二」一緣緣堂隨筆。

㉕竹久夢二：一八八四年一一九三四年。日本岡山縣邑久郡本庄村人。早稻田實業學校本科三年畢業，苦學自修成功，鎔東西畫法於一爐。四十九歲赴歐洲，五十歲歸國，五十一歲病逝。畫集有：「春之卷」、「夏之卷」、「花之卷」、「旅之卷」、「秋之卷」、「冬之卷」、「京人形」、「白風之卷」、「都會之卷」、「紅燈之卷」、「夢二畫冊」、「夢二抒情畫選集」、「出帆」等。

㉖豐子愷「談日本的漫畫」一文中（「宇宙風」第二十六期，一九三六年。）說「竹久夢二是現存的老翁。」「這位老畫家現在還在世間，但是沉默。」其實，夢二早已在一九三四年逝世，且死時才五十一歲，不能算是老翁。

㉗豐子愷「談日本的漫畫」一「宇宙風」第二十六期，一九三六年。

㉘豐子愷「漫畫淺說」一「小說月刊」第十六卷第十一期，一九二五年。

㉙豐子愷「繪畫與文學」一「繪畫與文學」開明書店，一九三四年。

㉚豐子愷「繪畫與文學」

㉛竹久夢二有許多毛筆畫作品，但也有不少油畫和炭筆作品。豐子愷却幾乎完全用毛筆。

㉜豐子愷「我的漫畫」一「緣緣堂隨筆」。文中說「有人看了我的畫，驚駭地叫道：『噫，這人只有一個嘴吧，沒有眼睛和鼻頭。』」

㉝豐子愷「繪畫與文學」。

㉞據豐子愷「繪畫與文學」一文，當時他手邊只有夢二「春之卷」一冊。回國後才收到他托友人黃涵秋替他買到的「夏之卷」、「秋之卷」、「冬之卷」、「京人形」、「夢二畫手本」。

# 我的老師費孝通先生

何　達

那是一個很不平常的日子。

就在那一天的晚上，費孝通先生給我留下了一個非常深刻的印象。不滅的印象。美好的印象。

像那樣的場合，一個人一生能夠遇上幾次呢？

在那樣的場合，一個人的勇氣，熱情、以及品質、學養，全集中在一個火炬上燃燒，在生命的危險中燃燒。

我想，曾經當晚在現場看到費孝通先生的人，都可能對他有更深一層的了解，多過那些只讀過他的文章與著作的人。

就是那一個晚上，覺得費孝通先生跟我們的距離，突然近了。突然有一種想向他傾吐心事的念頭，雖然跟他有比較接近的關係，還在一年多之後。

★

那一天，是一九四五年十一月二十五日。

這是一個在中國學生運動史上，有一定的重要性的日子。一個規模宏大波瀾起伏的運動，要從這一天講起。

這一天的黃昏，昆明市的許多青年學生和一些市民，滙成一股洪流，陸續地走向雲南大學的校門。但他們的脚步，被門旁張貼的一張佈告攔住了。

原定在雲大至公堂舉行的反對內戰呼籲和平的時事座談會，被昆明市軍警當局明令禁止了。

這個座談會，是昆明國立西南聯合大學、國立雲南大學、私立中法大學和雲南省立英語專科學校等四校學生自治會聯合召開的。這時候，八年抗戰的創傷未復，而政府當局，不顧全國人民對和平、團結的熱烈期望，調動大軍進行內戰。人人懷着一顆沉重的心，來到會場，看到無理禁止集會的明令，更加憤慨了。

將近下午七點鐘的時候，距離雲南大學不遠的西南聯合大學新校舍的大草坪上，已經聚集了五千多人，這都是從雲南大學門前轉移到來的學生和市民。四校聯合召開的時事座談會，臨時轉移陣地，改在這裏舉行。

這一天晚上，有幾位教授，被邀請到會上演講，其中一位就是費孝通先生。

座談會開始不久，電燈突然熄滅了。大家都知道這是怎麼一回事。幾支臘燭，像螢火似地燃點在台上，會仍然繼續開下去。一位教授講完了，另一位教授跟着上台。

不久之後，校舍外面的槍聲，突然响了起來，有時疏，有時密，那子彈就簌簌地呼嘯着飛過會場的上空。會場有些騷動了。一些帶有特殊標誌的特務，又在推波助瀾，發出怪聲，企圖擾亂會場，但在負責維持秩序的同學們的努力和到會羣衆的合作之下，會仍然繼續開下去。

這是一個不平常的聚會，羣衆們坐在地上，而四周响着槍聲，子彈就在會場上空，穿梭來往。聯大新校舍內，分佈着低矮的平房。四周的圍墻，只有一人多高。圍墻之外，是一片高低起伏的小丘亂崗。會場的羣衆多麽容易被流彈所傷。

這時，輪到費孝通先生演講。他一走上講台，四周槍砲大作，密集的槍聲中夾雜着小鋼砲的响聲，在低空中飛過的子彈，給會場羣衆帶來巨大的威脅。有些子彈擊中了房屋的墻壁、屋頂。許多坐在草坪上的聽衆，把身體後仰或傾側，貼近地面躲避流彈。

但是，費孝通先生却站在會場中約三尺多高的講台上，直挺挺地立在子彈橫飛的夜空之中。

這時候，如果是你，你該怎麽辦？有些人已悄悄地離開了會場。但是，費孝通先生，在槍砲的嘈雜轟响中，提高了洪亮的聲音，大聲地叫道：

「在這個沒有太陽、也沒有月光的晚上，我們呼籲和平。和平絕不會給槍砲打得碎的。我們要用呼籲和平的聲音，壓倒外面的槍聲！」

會場羣衆，發出了熱烈的掌聲。費孝通先生的吶喊聲更加响亮了，他大聲的叫着：

「我們要用我們呼籲和平的掌聲壓倒槍聲！」

會場中又爆發了更加熱烈的掌聲。

就這樣，會場中的掌聲，和圍墻外的槍聲，此起彼伏。我們就在槍砲的威脅之下，把會繼續開下去，不散、不止。而這一個晚上的時事座談會，就這樣地揭開了「一二・一運動」的序幕。

★

就在這個晚上，我們把聯大新校舍上課下課敲擊作响的一截鋼軌，從柱子上摘了下來，丟在旁邊的池子裏。

我們罷課了。

第二天，昆明大專學校，和除去兩個情形極其特殊的中等學校之外，包括雲大附中、聯大附中、昆華商校、昆華工校、女子師範、昆華女中、天祥中學等等三十多間大中學校相繼罷課，成立了「昆明學生罷課委員會」，向政府當局展開了頑强英勇的鬥爭。

到了十二月一日的上午，就發生了震動中外的

「一二・一慘案」，而反對內戰，呼籲和平的呼聲，也就從昆明展開，遍及於國內各大都市。這就是中國學生運動史中的「一二・一運動」。

關於「一二・一運動」的種種，這裏沒有篇幅細講。在這個運動中，費孝通先生是始終跟學生們站在一起的少數教授之一。

★

我在一九四二年考進了昆明國立西南聯合大學。在學校中，我先後讀了兩個學系。一個是歷史系，一個是社會系。

選讀歷史系的目的，是要了解人類歷史的縱的發展。後來轉到社會系，又想看看人類社會的橫切面。在學校中，所得非常有限，但終究走了一段探索眞理的路程，並且結識了幾位終生不忘的師長。費孝通先生，就是其中之一。

費孝通先生是當時國際著名的社會學者，在調查研究中，做了一些工作。他的見解，他的理論，是否能夠滿足我們的要求，是另外一回事，在當時，的確非常喜歡上費孝通先生的課。

其中原因之一，是因為在費先生講課時，常常引用日常生活和社會現實中一些具體事物作為例證，從這些看似平凡瑣碎的事例中，引申出許多道理，以小見大，深入淺出。

但比這更重要的是，費孝通先生上課時，經常採取共同探討的方式。費先生時常提出一些問題，促進大家的思考。同時也鼓勵大家發問，包括對他不同意或不滿意的批評。而對於那些暫時不能解決的問題，也不強求結論，保留起來，再進行更深入的探索。

當時也有一些同學，很怕上費先生的課，他們太相信權威，而且習慣了那科注入式塡鴨式的教育，他們在上課時，振筆急書，把教授所講，照單全收，奉為經典。在上費孝通先生的課時，他們不知道如何記筆記。在大家展開爭論時，頭緒紛紜，他們更加無從下筆。

雖然如此，當他們漸漸地習慣了這種方式，漸漸嘗到了這種方式的甜頭，他們也覺得大有收穫了。

在社會系時，每年都有費先生的課，跟費先生的接觸也漸漸頻繁了起來。四年級時，費先生在研究院開了一門「文化論」的課，研究院的同學，每週都在費先生家裏進行討論。費先生叫我去替他們紀錄。這一份紀錄，如今還帶在身邊，沒有整理。如今也沒有整理的必要，變成了一叠紀念品了。

★

回首前塵，跟費孝通先生在一起，不知不覺也學到一些東西。其中值得一提的，就是不怕暴露自己的思想。只有把心中所想暴露出來，才容易發現自己思想與見地的錯誤。

直到如今，有許多知識分子，還是守口如瓶，惜墨如金，難得表示一下自己的意見，深怕說了錯話，被人恥笑，或者被人駁倒。有些人更把自以為是的意見，封閉在自己的心中，他們旣沒有講出來，別人也無從駁倒。於是他們的意見，自然也就「完整無缺」，永遠被自己「視若珍寶」了。

費孝通先生對訪問者發表談話

如今重讀費先生的舊作，當然可以發現其中有許多錯誤。但一個人要勇於暴露自己的思想，這原是費孝通先生自己的主張。在他的「鄉土重建」的「後記」中，對他這種態度，說得很是明白。

他說：「其實我所規畫給自己所做的工作早就超過我的能力。如果為了我自己打算，最好是等自己的思想長成了，好像樹上的果子結得熟透了，再摘下來，給人家啃，不致於生澀難堪。但是我不想這樣做，反而願意這樣生澀澀地拿出來，甚至給人吐棄了也甘心。那是因為我相信，思想這個東西是社會性，不但得之於社會，而且只有在社會中才能成長，並不能關了門讓它坐大……」

他又說：「每個人的經驗決不能是完全的，是否可以互相補充？把各人的經驗會合了，是否大家可以求得一致看法？……我忠實的記錄下我思考的結果，這結果是從我自己的經驗和我聽到和談到的許多別人的經驗和思想中所思索出來的。我把這結果用文字記錄下來，也不過是供給別人思索時的參考。……」

根據我個人跟費孝通先生相處的經驗，費先生是不怕批評的。我們有時對他提出的異議，有許多時候，實在是受了他的鼓勵。記得我在主編「清華周刊」時，周刊曾經刊載過批判費孝通先生的長文，但費孝通先生並沒有把我當作「異己」。

費孝通先生像許多在舊社會長大的知識分子一樣，有過許多錯誤的想法、看法。但我始終相信他對國家民族的熱愛，和勇於暴露自己以及探求眞理的眞誠。　　一九七四・七・卅一寫於香港

# 我遊江門歸　且說江門事

## 同鄉旅行印象記之一

莫一點

### 「小澳門」成工業中心

最近，筆者曾跟旅行團，到江門市、肇慶七星岩和新會一帶旅行參觀。首先抵達江門市，我們住在「江門華僑旅行社」，它是一幢戰前的建築物，樓底高，而且通爽，專門用作接待海外華僑和港澳同胞。

江門市，過去是屬於新會縣，而現在已是省轄了。它位於西江的下游，水陸交通四通八達，是個重要的貨物轉運站。

解放前，四處林立着烟館、賭館、妓寨等，所以有「小澳門」之稱。況且，盜賊和惡霸等無法無天，胡作妄為，專門欺凌弱小，橫行無忌，以致昔日的治安風氣極壞。

在江門旅行期間，總是喜歡到街頭逛逛，細心觀察一下現時江門市的情況。那裏的單車比其它的交通工具特別多，尤其是上落班的一段時間，單車的鈴聲响個不停，原來江門市的工人，如果返工的地方超過一公里的話，每月就可獲得兩元人民幣作為修理費。

街上貼滿了「大字報」及「宣傳畫」，「大字報」的書法根底不錯，而「宣傳畫」的技法也相當純熟的，據説他們都是業餘的美術愛好者；整天都有大量的羣衆站在街上閱讀，看不到有警察維持秩序及巡邏，但他們的紀律都是相當好，還有些羣衆在街頭互相討論國内外形勢。晚上的江門市，除了市中心一帶之外，其餘的地方都黑漆漆，雖然這樣，但因治安好，所以人來人往，趁熱鬧啦、看戲啦、上百貨公司啦，尤其是常玉路及長堤附近，在戲院散場時，簡直水洩不通，晚間的茶樓及冰室亦經常滿座，那裏亦有不夜天的食檔。在江門市小住了五晚，一點兒也看不到有不愉快的事件發生。

早上的江門中山公園，無論男女老幼，都集中在這裏做早操、玩劍、耍太極、打羽毛球等體育運動。晚上則坐滿乘凉的市民，有些奕棋、打撲克等，作為他們工餘的消遣，不過他們絕不賭博。公園的最高部份，可凭欄遠眺江門市一帶的風光，那鱗次櫛比的房屋、工廠，四處可見，那條長約十公里的長堤，人車來往如鯽，熙熙攘攘，蓬江上的輪船傳來陣陣的汽笛聲，無怪人們稱讚這個地方在短短的二十多年，已發展成為一個中等工業的中心。而我們此行，最終的願望，是認識一下江門市的工廠、醫院和學校的一般情況。

幼兒院的小朋友表演籃球

### 人民醫院　設備齊全

首天參觀的第一個地方，是北街人民醫院，該院的規模不大，但設備亦算齊全，已多次成功地完成了斷肢再植的手術，不獨能夠應付全市病人的需要，而且還能照顧鄰近縣市的病人。同時並把院內一部份醫務工作人員，投身到農村去，還經常派出巡迴醫療隊到工廠、農村為工人、貧下中農治病，更負起培養赤脚醫生的任務。現時每個工廠及生產大隊，都有保健站、衛生院，為羣衆定期檢查身體及對付農村裏的常見病和多發症。

首先我們參觀該院的婦科及婦產科，這個部門的病床幾乎滿座，她們所患的病有乳癌、子宮瘤、胆石症和流產等。筆者曾訪問了兩個農村婦女，一個是妊娠期患上心臟病，幸好由農村的保健站及早

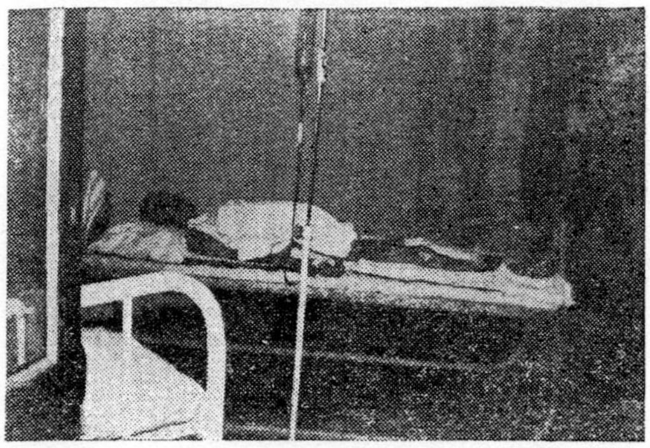

跌下蒸酒器的病人

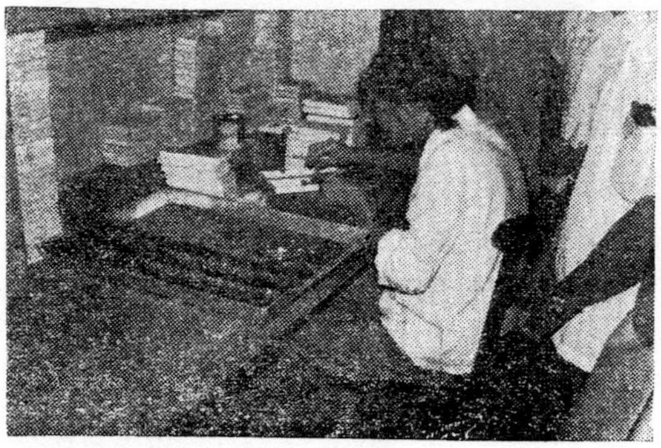

女工把中藥麻醉劑裝盒

發覺，馬上將她送院長期治療，她現時已痊癒並已產下麟兒。另一位婦女是在分娩後，發覺產下嬰兒的尿道閉塞不通，出生後不夠三小時，就替他動手術，後來他的小便已恢復正常。在外科的病房，有一位中年病人，他是個製酒工人，不慎跌進製酒容器裏，幸得及時被工友將他救起送院，其時，他已處在休克的狀態，因為他全身百分之九十六的皮膚已告損壞不全，皮開肉爛，只有頭頂上的小許地方沒被燙傷。該院曾出動了所有中西醫療技術人員和中西藥物，日以繼夜的搶救，終於使他脫離危險期，現在仍然在該院接受治療。我們之中，有些胆小鬼看後口呆目瞪，筆者曾問醫生可否拍攝病人的照片，他很友善的表示歡迎，並請特別照顧他的護士把病床推近一些給筆者拍攝。

隨後，我們轉身再去手術室，剛巧當時正進行兩台手術，切除子宮瘤及胃潰瘍切除手術。在未入手術參觀室前，工作人員替大家穿上一套白色的衣服和戴上白帽，各人懷着戰戰兢兢的心情，小心奕奕地步入一個用玻璃隔着的手術參觀室，玻璃距離手術床只有三四呎，因此清晰的看到病人在接受手術時所有的過程，筆者亦一一的將它攝入鏡頭。醫生告訴我們，兩台手術都是用中藥麻醉的。我們之中，沒有一個是醫生或醫院界人士，因此，對中藥麻醉比較陌生，他們為了滿足各人的好奇心，便帶大家到中藥提煉室參觀，那裏有許多製造儀器和製成品。該院所用的中藥麻醉劑，都是由中藥提煉室負責的，每２ｃｃ可麻醉病人八小時。該室製藥師還展示了許多不同性質的中藥給我看，可惜筆者是門外漢，有不少藥物的名稱也記不起了。製藥師還告訴大家，他們現時提煉的中草藥，仍然在不斷研究的階段，仍需在某些方面進行改良及提高。在該院參觀至此，已告一段落，我們不但大開眼界 ， 還增進了許多醫學上的知識。

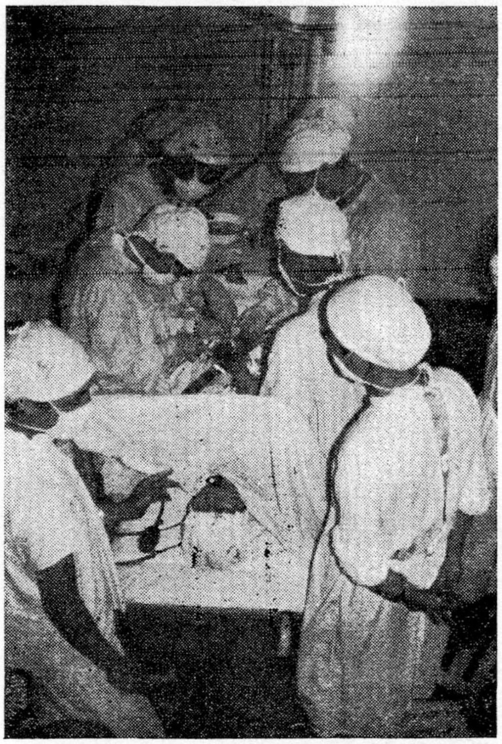

醫生正在進行切除子宮瘤手術

為了輕鬆一下各人的神經，第二個參觀的地方是江門市郊的東湖了。那裏以前是一幅爛地，後由江門市工人將它開闢成一個供人游泳及划艇的休憩風景區，目前正在興建一座地下冰室。東湖四面環山，綠樹叢生，湖中築有一條長堤，兩旁種滿垂柳，還有曲橋及茶亭，非常別緻，置身其中，亦一樂也。

### 籐器廠操作機械化

第三個參觀的地方是工業學校，那裏所有學生都是從農村或工廠方面抽調出來的男女青年，邊學邊做，學習過程從理論到實習，分機械和土木工程兩大類，三年畢業後，仍回原來的單位工作，在學習期間，薪金由所屬單位付出，他(她)們將會是未來農業機械化的接班人。

第四個參觀的地方，是江門籐器廠，該廠專門生產各類型的籐器工藝品及日用品，還大量出產籐蓆，都是外銷的，製成品美觀、堅固、耐用。從前這個行業，一般是靠工人的雙手，現在他（她）們已半機械化操作了，該廠工人們發明了許多代替人手的機器，如大小幼條機、打釘機等。在未有幼條機之前，所用的籐心都要靠人力一條一條的拉出來，這樣，往往有些工人會拉致內傷，而目前有了幼條機，只需二人或三人控制便可，只要一邊把籐條放入機內的小孔，跟着便從另一方走出二十多條圓圓的籐心出來，既方便快捷，又不用力。

第五個參觀的地方是江門化工機械廠，該廠的廠房，大得令人吃驚，產品由普通機器發展至巨型輪船推動機，雙軌二十噸吊車，强力發電機及巨型的搾糖機等。

值得一提，是目前工人的待遇及福利問題，一個普通的工人，每月的薪金四十元人民幣左右，男女同工同酬，每天工作八小時，每月有四天假期，另有時節新年的假期，醫療服務全免，因工受傷不能工作或年老退休者，照發薪金百分之七十，另工人家屬生病時，得醫生簽紙證明，可向廠方支取津貼百份之五十，婦女的生產有薪假期為五十六天。大部份工廠都設有運動場、閱讀室、托兒所、工人宿舍等，托兒所每月每個初生嬰兒收費一元半，單身工人的住宿費用每月只收一元，有家庭的工人，兩房一廳只收二元五角的租金，在廠內膳食者，每人每餐只收一角五分。

## 幼兒院看精采表演

第六個參觀的地方是江門第一幼兒院，該院距離「僑社」不遠，我們的汽車剛剛抵達上址時，就聽到小朋友們的熱烈歡呼聲「歡迎叔叔！阿姨！」下車後，由該院的老師帶領我們到校園、課室和音樂室參觀，小朋友還表演了精采的籃球賽、拔河、游泳、舞蹈、唱歌、話劇及樂器，他（她）們無論比賽甚麽和表演甚麽，顯得十分認眞，一絲不苟，天眞活潑得逗人喜愛。他（她）們上學時，所穿的衣服顏色都沒有統一的，據悉，國內的中、小學及幼兒院，在節約的大前題上，不要求學生的服裝一式一樣，只要清潔齊整便可。該院是全日上課，通常是父母返工時，把兒女送到該院，到放工時才把他們的子弟帶回，每月學費連膳食只收一元五角。

我們在江門市花了五天的時間參觀參觀上述的工廠、學校、醫院，晚上還觀看了一部最新的科技教育片「地震」和江門市運輸宣傳隊，為我們表演的文藝匯演。之後，便拜別了江門市到肇慶七星岩，本來，那裏有許多風土人情，旅遊勝地、歷史文物，但因篇幅所限，只好留待下次再詳細介紹。我們在鼎湖山住了兩晚後，再度移師到新會參觀。

## 葵鄉新會香氣四溢

葵鄉新會，距離江門市不遠，當踏足會城時，如處身於一個花園裏的感覺，道路的兩旁，種滿葵樹和白蘭樹，香氣四溢，家家都在花叢中，街道寬闊整潔，眞使你從心底裏喜歡它。

解放前，會城與江門市的情況差不多，解放後不久，當局提出要綠化新會，將它變成一個模範縣城，實行「四變」新會，所謂「四變」，就是：「荒山變菓山，稻田變糧倉，河流變魚塘，農村變花園。」本來，我們事前打算參觀人民公社的，但剛好現時農忙，惟有改遊「小鳥天堂」。

筆者夫婦攝於「新會勞動大學」門前

新會的圭峯山上，有個人工築成的「玉湖」，「玉湖」旁邊有個廣濶的果園，所種植的水果品種很多，其中有增城掛綠，是從增城移植過來的，還有白果樹，有來自印尼的油梨，日本的沙梨，菲律賓的芒果，柬埔寨的雞蛋果，馬來西亞的檳榔、榴槤，並有北方的蜜桃及紅棗，茶坑的甜橙（茶坑是梁啓超的故里）不勝枚舉，尙有橙、柑、桔、檸檬的果木互結姻緣，即一棵樹可長出四種生果。今年的荔枝收成好，每斤一角二分至三角不等。

## 勞動大學注重勞動

百果園旁邊，有座新的建築物，它就是「新會勞動大學」了，校園前後，栽滿果樹，那嫣紅的荔枝滿佈樹上，搖搖欲墜，隨手可摘，令人垂涎三尺。門外的「新會勞動大學」的六個紅色大字，是周恩來遊新會時，親自書寫的，又在二樓的會議廳，看到董必武、周恩來、葉劍英、郭沫若、沈鈞儒等人的親筆詩及題句，其中，董氏的詩道：「圭峯新會秀，綠化呈奇觀；蓄水能發電，花菓遍羣山。」周總理寫道：「工農結合，城鄉結合，體力勞動與腦力勞動結合。」

當參觀該校時，所有課室都空着，沒有學生上課，起初以為放假，後來，才知道剛才在菓園見到的工人，就是該校的學生，他們是下放到圭峯山的幹部，他們學習時間佔百份三十，其餘的百分之七十便是出外勞動了。

由於行程只有八天，參觀的地方不算多，就筆者所見，中國是個發展中的國家，一切都靠「自力更生」。然而，有人認為八天的時間太倉猝了，看不到甚麽。不過，筆者每次回去總有新的體會，中國的工農業的確有顯著的進步，人民的生活也不斷在改進中。

旅遊隨筆

# 浮光掠影說泰國

孔良媞

## 貨車如花轎

到了泰國境內首先接觸到的就是車。泰國的日本車極多，計程車極爛，漂亮的名牌汽車也有，但都比不上像花轎一樣的貨車搶鏡頭。

泰國的馬路又直又平，日本車足以勝任。我們乘的是劉蘭英的小跑車，好像也是日本車，在公路上跑起來有騰雲駕霧的感覺，過小橋的時候，人人都騰離座位，幾乎撞到車頂。

「車要撞得，人要打得」才能在泰國開車。這是吾友遊泰三日的結論。現在看來一點兒也不錯。我起先還不明白計程車怎麼全像從劏車舖裏借來的，自己乘過幾次以後，完全明白。車龍可以一排就是幾個路口，於是司機就從斑馬線上開過安全島，橫過馬路，開過斑馬線，鑽進小胡同，走了一段路後，再穿出胡同，重施故技，回到大路上。在美國住久的尹姊正好坐在司機旁邊，嚇得矇住眼睛不敢看。

在交通混亂的時候分秒必爭，要是不捨得自己的車，就得當心爆血管。至於為了爭路打架，可以聽聽導遊的描述，他說：「諸位不必花那麼貴的票價去看泰拳，你們只要在上班時間出來走走，十九可以看到免費的泰拳，拳拳到肉，絕不花假，不過當心自己也打上一份。」

吾友朱玲家裏開的是輾米廠，有許多貨車天天往來泰北和曼谷送米。她的伙記經手買了一輛新貨車，亮相的時候，活像新娘花轎，車頭五色齊全，還有大銅釘帽閃閃生光，車身畫得像七色紋龍一樣，車尾擋泥板上還有「別吻我」和西部搶手的畫像，當然也不是黑白的。所有色彩圖畫由伙記集體創作，弄得她啼笑皆非，只好建議他結婚時用它去接新娘。

我在公路上看到的大貨車，還隱約有我們戲台上大將的味道。一張花臉，一頭彩球和閃爍生光的帽子，正是貨車正面最佳的描寫。從公路那頭沙塵滾滾的開來，給人威風凛凛的感覺。

## 樣樣要議價

人家說泰國是女人去的地方，因為什麼都要討價還價。

計程車是三銖落旗，但是我們沒坐過一架落旗的計程車。一攔到車子，第一件事就是講價，起碼七銖到八銖，否則它一踩油門就走，活像香港的紅白牌。還好朱玲會說泰文，否則我們毫無講價的餘地。

買東西也是一樣，我和尹懷文兩個晒得像泰國人那麼黑，咧着嘴跟着朱玲，由她打頭陣去講價錢，講到差不多的時候，我們就講國語了。

泰國的東西，最出名的就是泰絲了。但是據一個裁縫說，泰絲不但難做而且難「服侍」。由於絲質柔軟，做出來衣服的欵式有限，大多是無袖的，穿一次就得洗，洗完還得平舖陰乾，用溫熨斗熨挺，才能穿，我聽了就頭大，雖然它只賣廿元港幣一碼，我都沒動心。倒是泰布，顏色鮮艷，易洗快乾不要熨，我看了就喜歡，大約要九元一碼。

牛肉乾和燕窩要到中國城去買。我們碰上一個潮州司機，他用潮州話和我們攀談，並且指點我們買牛肉乾和燕窩的老字號。我們在中國城邊上下了車，只見人頭湧湧，車水馬龍，喧鬧之聲不絕於耳，好一付熱鬧的景

泰國的街景

象。摩肩接踵的走了一段路，發現自己腳背出奇的髒。買完東西叫車子離開了。中國城在泰國人的印象裏是個髒亂的地區，我現在所能記得的只有陰沉的店舖，迎面而來的灰塵和人氣，嘈雜的語聲，印象實在很差。城裏比較光亮的舖子，只有金舖。

人家說泰國的金子比較便宜，要我別忘了弄兩隻金戒子囘來。我看來看去都覺得不對勁，欵式實在太差。聽一個朋說，那時候泰國的九九金還比香港的貴，我馬上打消了買戒子的念頭。

倒是在酒店的商場裏看到泰國製的電銀首飾，欵式價錢都比本港的好。可惜我在最後一夜才發現這些商店，所以雖然連第二天吃早飯的錢都花光了，還是買得不過癮。

## 中國菜出色

我們住的是「印德拉」酒店，據說開幕時請到泰后來剪綵。講起泰后，我想她絕不是曼谷人，我在曼谷見到的泰國人，一百個倒有一百個是古銅色皮膚的，泰后眞稱得上雪膚花貌標準美人。泰皇倒黑得出奇。

酒店裏有歐式和美式早餐，全是自助式的，歐式卅銖，美式五十銖。我每次都提歐式，因為它有五種水果和芝士卷，全是我喜歡的，還可任飲鮮榨果汁，清早起來，大吃水果，眞一樂也。後來我才知道泰國最低薪的公務人員每月只有四百銖，大學生大約有一千銖，平常他們一頓飯只花三銖到四銖，吃的是白飯和酸辣汁菜肉雜燴，才覺得自己是和一般人生活完全脫節的遊客。

曼谷嘗到的三種中國菜全比在香港的好。在我們每人花了七十銖在酒店的中國餐館裏吃中式自助餐，有蝦餃、燒賣、脆皮鷄、乳豬、燉肘子、烤鴨及各種熱菜。點心比我在香港所吃的任何一間茶樓都考究，熱菜工料十足，甜品蓮子湯用的是鮮蓮子，清香可口。大家覺得十分意外，邊吃邊讚，聽侍者說，厨子是香港去的。

有一家北方館子叫「楓葉」，在那兒可以吃到手切麵和很道地的北方菜。尤其是酸辣的菜，因為酸辣佐料在泰國很容易買到。它的價錢比香港的京菜館高，但是在泰國能吃到不走樣的北方菜，也就不計較了。這家館子還供應北京烤鴨，鴨子是泰國的，不過師傅是北京人。

潮州火鍋在泰國的夏天仍然很受歡迎。我們去一家著名的店，店名有「美」字，裏面裝璜陳設都不如那家北方館子，算是將就的了，但是菜很精美。白菜新鮮到吃起來有甜味，其他豬肉，大蝦等絕非冷氣貨，另有一股鮮美的味道。六個人吃夠了只花了二百五十銖，比起香港來，當然是便宜的，但是當地人就不是我們這麼吃法了。它的生意很好，可以用「常滿」來形容，但是一般人進來多只叫幾碟菜肉而已。

我們還開車到一間海鮮館子去。那間館子，平時在海邊上，漲潮的時候，大概就在海中了。館子裏供應黃油羔蟹，活蝦，蠔，魚和一種青殼的貝類，據說各種海鮮應有盡有，但我們吃了幾種已經飽

泰國街頭的賣蔗攤子

了。要不是劉蘭英帶路，我們絕對找不到這家在沿海公路邊上的小館子。

## 應富而不富

照我的看法，泰國應該是個富國，土是紅的，地廣人稀。但是我見到的曼谷附近農村，居然沒有自來水設備，必須用大水缸盛雨水飲用。家家戶戶的屋簷下都有一條水管直通幾個大瓦缸。建築得精緻的別墅都自建水塔。連出名的芭池雅海灘，淡水都得由各酒店自行設法，有的用雨水，大部份都用海水過濾。

鄉下人可以靠幾株椰子樹過一輩子。椰子水可飲，椰子肉足以裹腹，葉子和樹桿可搭房子，需要錢用的時候，便摘些椰子去賣，三銖一個，賣他幾十個也夠了。小孩子可以餵以芭蕉代奶粉，什麼都解決了。天即使肯養人，人何必那麼辛苦，我想這是一般人的想法，所以泰國不會有一年三造的稻田，應富而不富。

在街上看到的人似乎都很開心，擺個小攤子烤香蕉，串茉莉花，賣生芒果，三銖四銖一單生意，一個黃昏十幾單買賣就不愁挨餓。

然而它也有辛酸的一面，自從美國兵減少到曼谷渡假以後，出租妻子和她們的雜種孩子成為嚴重的社會問題。軍警貪污，權力鬥爭和學生的自覺運動，使懶散的泰國人心悸。熱烘烘的太陽，懶洋洋的下午和香噴噴的食物，只是我們遊客的世界，要不是有泰國朋友肯從實相告，我們還看不出那黝黑笑臉後面的憂慮。

# 許氏父子兩學者

## ——記我所知道的許壽裳與許世瑛

・區惠本・

大約是一九二五年左右吧，北京「京報」副刊向當時的名流學者徵求「青年必讀書」，要他們每人介紹十種書給青年們作為必讀的書。當時很多的學者名流都照着自己的主觀見解開了一個書目。但是最惹人注目的是魯迅先生的回信，他在那表格中這樣寫道：「從來沒有留心過，所以現在說不出。」在這兩句話之後，魯迅先生還加上幾段附註，勸青年少讀「中國書」（指的是中國舊籍），多看外國書，「少看中國書，其結果不過不能作文而已，但現在的青年最要緊的是『行』而不是『言』。只要是活人，不能作文算什麼大不了的事。」

### 魯迅啓蒙開書目

魯迅先生答問「青年必讀書」的時候，才只是五四運動之後幾年，新文化的書籍出版得很少，還沒有夠資格成為青年必讀的書，所以魯迅先生不肯隨便的向青年介紹。而那些古籍，並不是一般青年所急切要讀的。但是，若是一個專治國學的青年，那自然又當別論，所以當他的好友許壽裳的兒子世瑛考入清華大學，專攻中國文學，又請教魯迅應該看些什麼書時，他便開了一張書單，書目如下：

「唐詩紀事」（宋人計有功著）
「唐才子傳」（元人辛文房著）
「全上古秦漢三國魏晉六朝隋唐文」（清人嚴可均輯）
「全上古秦漢三國魏晉六朝隋詩」（清人丁福保編）
「歷代名人年譜」（清人吳榮光編）
「少室山房筆叢」（明人胡應麟著）
「四庫全書簡明目錄」（清人永瑢等著）
「世說新語」（南北朝時宋人劉義慶著）
「唐摭言」（五代王定保著）
「抱朴子外篇」（晉人葛洪著）
「論衡」（東漢王充著）
「今世說」（清人王晫著）

以上所列書目，所包門類甚廣，魯迅先生並加上必要的說解，指出選書的用心，如以吳榮光的「歷代名人年譜」為例，指為「可知名人一生中之社會大事，因其書為表格之式也。」於「世說新語」，指出本書的特色是「晉人淸談之狀」，而葛洪「抱朴子外篇」是「論及晉末社會狀態」等，這是其一；還有就是指出一些通行而可用的本子，如「唐詩紀事」說是有「四部叢刊本，又有單行本」，「少室山房筆叢」，有「廣雅書局本，亦有石印本」，這是二。以上的書單，有目錄書，有論述一代思想風俗的名著，還有如「唐摭言」、「今世說」之類，是前人筆記體裁的優秀作品，對於中國文學史的研究，有一定的參考價值。

### 水木清華才俊美

這張書單的承受者許世瑛先生，日後也成了文名甚著的語文教授，曾經在國內與台灣幾所大學任教，並已於年前在台北因病去世。

許世瑛先生字詩英，浙江紹興人。五歲時由魯迅任啓蒙先生。他在浙江省立中學畢業後，考入清華大學，原預備讀化學系，後因眼太近視，於實驗工作有所不便，乃改入中國文學系。因初意在科學，故專攻語言學。一九三五年卒業大學時，畢業論文為「文始研究」，由劉盼遂教授（研究「論衡」一書的專家）指導。畢業後與同窗硯友李嘉言（著「古詩初探」等書）同考入清華研究院，由合肥劉叔雅（文典）指導，為「校勘學」研究，並修習王了一（力）的「高本漢研究」、「等韻研究」、「語言學」，陳寅恪的「元微之、白居易、劉禹錫詩研究」、「世說新語研究」等課程，奠定了他日後研究「漢語語法」及「世說文學」之路。

詩英先生先後任教於國內著名大學，如北京之輔仁，時在陷日時代，而輔仁因藉教會庇蔭，仍為正義所在。後應高芴之（鴻縉，已故）之邀，到台北師院（時仍未改大學）任教。不久其尊人壽裳先生在台北遇害，因送父骨灰到上海，鹽城孫蜀丞（人和）聘為暨南大學教授。不久時局變遷，仍回台灣。先後任台灣師範大學、台灣大學中文系教授、淡江文理學院中文系主任等職。

詩英先生是音韻學者，他早年所寫的「等韻一得研究」、「由王念孫古韻譜考其古韻二十一部相通情形」、「段玉裁古十七部諧聲補正」、「段氏說文註所標音韻辨誤」等篇，論旨深入，為治音韻學者所推重。到台灣後，仍從事音韻文法研究，一九五二年趙友培創辦「中國語文」月刊，以「培養青年閱讀及寫作能力，幫助教師增進語文教學技術，評介語文書刊及文藝著作，灌輸教育哲學及歷史與文藝知識，研究中國語文教育問題及革新計劃」為宗旨，這是台灣唯一的專以「中國語文」為研究對象的雜誌，詩瑛先生在其中長期撰寫「文法講話」，這就是後來由台灣開明書店刊行的「中國文法講話」一書（列為「開明青年叢書」之一）。全書分十四章，從語言字詞的定義講起，到詞類，句子的分析，歸結於句和詞的轉換，句法的變化。書中吸收前人之長，折衷衆論，啓發新知，包括語法文法，溝通文言白話，是一部綱舉目張、提要鈎玄、有裨初學的書。

詩英先生寫作甚勤，發表在「中國語文」月刊的長篇連載，還有「常用虛字法淺釋」，似未聞有單行本問世。在「大陸雜誌」與「淡江學報」上，亦經常有論文發表。他還有幾篇論文，是專從語文學的觀點來討論「世說新語」一書的。

許壽裳素描像

詩瑛先生有志寫「中國語音史」，惜齎志以歿。夫人初婚民俗學家郭立誠，後離異，繼娶華珊，為清宗室寶熙孫女。

詩英先生尊人許壽裳，亦為著名的傳記作家，學者與教授。他字季茀，號上遂（在「莽原周刊」撰稿時都署此名）。一八八二年生，一九四八年在台北遇害，得年六十六歲。

### 父出章門留日前輩

季茀先生早歲肄業於杭州求是書院，從平陽宋平子（恕）問學。平子是清末的振奇人，以「六齋卑議」見重於世（此書單行本收入「敬鄉樓叢書」）梁任公稱許其人為：「東甌布衣識絕倫，梨洲以後一天民」（見「飲冰室文集」：詩中八賢歌）他識解精銳，斥宋學之空疏，擯漢學之繁瑣，學惟求是，無論新舊。季茀先生受益良多，未幾束裝東渡，留學日本。他在東京讀書的時候，認識了章太炎先生，與魯迅兄弟，錢均甫（家治）、朱逖先（希祖）、錢德潛（玄同）、朱蓬仙（宗萊）、龔未生（寶銓）同執贄於門下。太炎先生時寓東京牛込區新小川町二丁目八番地同盟會的機關報民報社中，他們八人，每星期日至民報社聽講說文，許先生後來回憶說：「章先生精力過人，博極羣書，思想高超，而又誨人不倦，我們八個人希望聽講，而為校課所牽，只有星期日得空，章先生慨然允許於星期日特開一班……時間每星期日上午八——十二時，師生席地環一小几而圍坐，師依據段玉裁說文注，引證淵博，新誼甚富，間雜詼諧，令人無倦，凡四小時而無休息。我們聽講雖不滿一年，而受益則甚大……。」在章太炎的門下，他和魯迅兄弟交往最密。以章氏學脈而論，他是古文學家；以魯迅的好友這一點說，他與新文化運動的淵源也極深。

季茀先生歸國後，歷任浙江兩級師範學堂教務長、教育部參事、江西教育廳長、北京女子高等師範學校校長、大學院參事、秘書長、中央研究院文書處主任、西北聯大、華西大學等校教授、台灣編譯館館長、台灣大學中文系系主任等職。他與魯迅交誼的深摯，數十年如一日，彼此關懷，無異昆弟，著作關於魯迅的，即有「亡友魯迅印象記」、「魯迅的思想與生活」、「我所認識的魯迅」等。

季茀先生晚年，在台灣主持編譯工作。當時台灣被日軍强佔了五十年之久，日人以雷霆萬鈞的力量，推行日語日文，年青的一代對祖國的語文已經相當隔膜。光復以後，由於台灣同胞的熱愛祖國，對於中國語文的學習，掀起了一個奔騰澎湃的狂潮，為了滿足台灣同胞當時迫切的需要，季茀先生自己率先寫成「怎樣學習國語和國文」一書，列為「光復文庫」第一種，由台灣書店發行，書中特別指出中國文法和日本文法的不同，以避免深受日本文影响的當時的台灣人民，撰寫了日本式漢文，而不是貨眞價實的道地國文。

季茀先生專攻文學、聲韻、訓詁之學，但他為學不拘師說，不墨守任何一家。他的字，別有風格，頗負盛名，不但以楷書為隸篆，且以楷書寫金文甲骨文，頗有晉唐人風致，而有時則枯削如瘦金體。在西北聯大任教時，他曾為城固郊外博望村張騫墓（張騫封博望侯）前親手書丹一整篇的「重修博望侯張騫墓碑記」。

### 著書論魯迅與李越縵

他對傳記文學的研究，極有心得，除所寫魯迅回憶書籍外，戰時在重慶出版的「讀書通訊」雜誌上，寫有不少傳記文學的論文。專著如「章炳麟傳」，由上海勝利出版社出版。還有「不朽集」，一名「中國歷代名人傳」，香港也有翻印本問世。「俞樾傳」及「傳記研究」，稿成待刊。

他極重鄉賢李越縵（慈銘）的文章，用力於「越縵堂日記」甚深。李氏生有異才，於學無所不窺，尤長於史學及詩。他科名蹭蹬，到庚辰（一八八〇）五十二歲始成進士，晚年做御史。李氏畢生劬學，心得甚多，所寫日記，不但卷帙繁重，內容也極為豐富，我們讀了，能夠窺見清季大事的底蘊，以及各種人物的遺事軼聞，這是官文書上萬萬看不到的。日記起於甲寅（一八五四），時二十六歲，至甲午為止，歷時四十一年，可說是沒有間斷，共七十二册，尙有八册，傳藏於樊樊山處，樊到死不曾交出。魯迅曾贈與先生「越縵堂駢體文集」四册，先生得之大喜。他晚年有「越縵堂日記選片釋」之作，可惜亦未刋佈。

日本作家奇行錄：

# 藝妓之愛慕者—永井荷風

沈西城

## 卷前語

大凡作家，多少有點兒「奇癖」，中國的固不必說，就算是在日本，染有「奇癖」者亦大不乏人，隨手拈來，皆可錄之成書，供人談佐。這兒所輯錄者，多半是蟄居日本時所搜集得來的資料，東之高閣久矣，近日以還，閒居家中，順便取來稍加整理，雖是消閒野史，但倘能換一角度來看廣被膜拜日本作家的另一面，蓋亦有助吾輩對東洋文學的某種了解也。

## 少年時代的荷風

荷風小時，對井原西鶴的小說發生了異常的興趣，尤其是西鶴的「好色五人女」，因為手邊的板本多缺字，荷風便在每日回學校途中順便溜到上野圖書館去借閱小說的善本。西鶴乃江戶時代的大文豪，本名平山藤五，所著「好色五人女」及「好色一代男」等，對性的觀念，肆意發揮，自成體系，自江戶以還，一直就廣被民間所擁戴。荷風以稚子之年，愛誦此「兒童不宜」之書，天生早熟，實在已甚明顯；此外荷風又酷愛近松門左衞門的戲劇，諸如「傾城佛之原」及「傾城壬生大念佛」等描述妓女生涯的歌舞伎劇，在在皆使稚子之心漾起了漣漪，對處身「對人歡笑背人愁」境地裏的妓女，自然而然地產生了無比的同情與愛慕。

荷風既然同時受到了江戶兩大文豪及戲劇家的感染，除了潛移默化外，當然想到要把「尋幽探秘」之欲圖來付諸實行了。恰巧那時，荷風有個朋友的父親在吉原（妓女麕集之地）開了一爿名曰「金港堂」的書店，荷風便巧立名目，借了訪友之藉口，每天都往這書店逛去。「金港堂」之庭園，樹木扶疏，站在廊簷下，透過築山泉水，可窺吉原遊廓之諸種繁華；荷風每天黃昏時分，佇望其五光十色之風采，藉以止渴，日長時久，究非辦法，於是省吃儉用，把零用錢積存起來，待機到吉原探去。十九歲那年，荷風終於獨個兒往吉原尋歡，算是遂了宿願。事後荷風對「破了童貞」一事，銘記於懷，曾有詩云——「楚腰纖細堂中輕」；初生之犢對男女間事，多少是染有抒情意念的。自此之後，荷風即日夕浸淫聲色，出道少年，不久已成歡場老手，出入花叢，了無懼色矣。

那時正值明治時代，物價尚未波揚，花街柳巷，雖為風月無邊，一擲千金無吝惜之地，消費亦極其有限；何況荷風素以俊美聞於時，所需支出，當為力所能負担耳。大概那時一趟冶遊，一元五十錢便可足夠；荷風迷戀鶯歌燕聲，寧可以麵包代飯，安步當車，再加上自雙親處得來之零用，痛加節省，倒也可買數夕銷魂。於是乎吉原遊廓幾無處不印有荷風之足跡了。荷風晚年嘗作豪語云——「此地果有難以抗拒之魅力也。」

現代的青年中大概再難有如荷風那般有著多姿多彩生涯的人物了。荷風因戀妓女之關係，連帶及便對一般流行於花柳界之藝術如落語（相聲）、舞蹈、音樂等，都一併兼收並蓄，著意鑽研。寄情聲色而又不忘進修學問，可謂荷風治學的基本原則。既然沒有一般學者的拘謹，那就大可跟凡夫俗子一樣，每晚流連舞榭歌台，待晚歸被拒門外，不惜借醉踰牆而入；而事實上，這種種平常人常歷的事，荷風也了無虛偽地做了，一直到了他成名之後，還一再持續着，荷風的可愛之處，正在於此；雖然目下仍有許多評論家在說到他時，總認為過於「矯情」，近乎「佯狂怪誕」也。荷風的一生怪行，多如

永井荷風的手稿和插圖

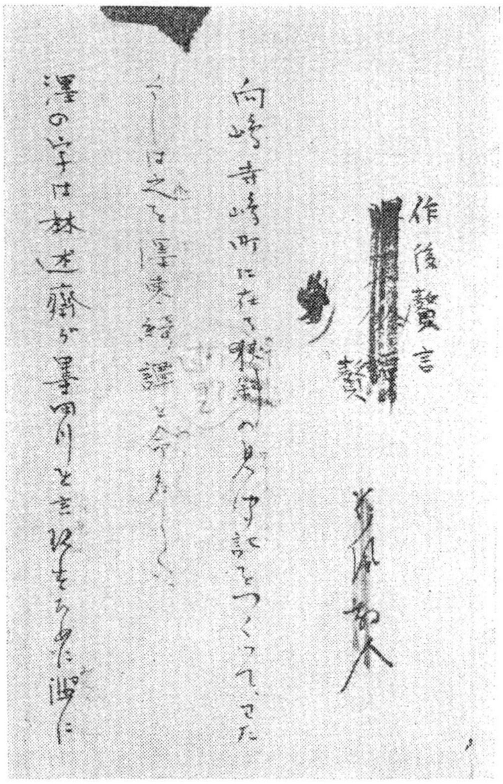

永井荷風的筆跡

晚年的永井荷風

恒河沙數，從表面看，似乎不負責任，然而究其根原，却又律己殊嚴，正如他自己說過：「我從小就有潔癖，不在人前醉酒，不犯處女，不與良家婦女發生關係，以此三條為規則。」（錄自「放談」一書）就手邊所存資料看，荷風確是言行相符，可謂「君子」也。下面且抄錄一則有關他年青時「拒愛」的故事，來作一個具體的證明吧！

## 荷風的君子風

前面說過，荷風深嗜落語一類民間藝術，因拜落語家三遊亭夢樂為師。時夢樂綣戀一女藝者曰立花家橘之助，貌美而麗於豐姿，惟徑行放蕩不羈，與諸色人等皆有過從，關係實不尋常；一夕偶見荷風俊朗之概，竟起染指之心，値夢樂不在時，即向荷風挑之，勸酒殷殷，且又投以妙目，圖一併吞而噬之也。荷風正襟危坐，任憑挑之而不應。立花大怒，謂下人曰：「這人眞乃混蛋，祇會唯師父命是從。」可見荷風為人處世常持本身原則，稍有違悖，即不為也。從這點看，荷風的基本思想，當如一般明治時代的作家一樣，深受中國儒家思想的影响，難怪他在「西瓜」一書裏云——「日常的道德，在不知不覺間，常受儒家思想的指導。」可謂肺腑之言。

## 一段短暫的愛情生活

荷風一生接觸的女人可謂不少，其中最膾炙人口者，莫如跟八重次（即藤蔭靜樹）的一段離合緣。八重次原為新橋藝妓，體態輕盈，步姿妙曼，且又美於容顏，荷風戀之甚深。其時，荷風放洋歸國不久，正任慶應大學文科教授，且又為「三田文學」之主腦人物，名作如「美國物語」，「法國物語」，「濹東綺譚」，「比腕勁」等早已相繼登塲，替他博得文名不少，惹起了文壇上某程度的轟動；由乎此，名作家與藝妓之戀，也就成了人們閒談的材料。本來「流言蜚語」，最為一般道德家所忌，但荷風一方面既自承執着固有儒家思想，另一面却又躭樂江戶時代頹廢的詩情，以繼承放蕩之「文人氣質」為己任；此消彼長，故此對這類閒語，也就淡然置之了。荷風在「大窪多與里」書信集中說——「南畫之中，我最愛以色彩為主的明末淸初的沒骨畫。詩亦如此。明末淸初的詩，大都纖細佳麗，頹廢的味道最好。我所以喜歡晚唐的小杜，也是這個道理。」對杜牧的推崇說得如許明白，無怪乎樂於要做「十年一覺揚州夢，贏得青樓薄倖名」的人物了。

話又說回來，當時荷風對八重次之追求，大可以「空前激烈」喻之。戀愛期間，荷風不顧父母、師友反對，每日必到新橋探訪八重次，之後又必相偕依偎銀座之小酒館內，耳鬢廝磨，說不盡的郎情妾意。有時天色已晚，荷風便留宿八重次家里，待翌日黎明，方才拖着蹣跚腳步，回大學裏去；這種毫不掩飾的「挾邪遊」，反而使得荷風文名蒸蒸日上，不多時，已成為人所共知之風流才子了。不過，荷風之於這段情，却是持以珍貴之心的，他愛護它，要想佔有它，這兩股思潮的匯合，便生了「結合」的果實。大正三年，荷風跟八重向人們宣佈了婚訊，但一般人對此才子遊女式的愛情，從開始時，即抱不予以信任的意念，果然，還不到半年，荷風眞如衆所料地變成了薄倖郎。有關這段婚姻的短壽，局外人如我們者，即使明白內中點兒道理，也大都限乎猜測，要了解箇中來龍去脈，莫若一聽八重次的說法——「我不是祗滿足於一個人的人，即使有此一人，也不會就此嫌棄了另外的女人也；荷風常如此說。」從這兒看，兩人之離異，得歸咎荷風的「浮滑」。後來八重次大概再不能忍受荷風「浮滑」的態度，祗好一走了之。八重次去後，荷風並不追尋，於是短暫戀情一如黃鶴，去而不返了。

## 壁櫃裏的偸窺者

昭和二年間，荷風又戀上一個名阿歌的女人。阿歌乃是麴町藝妓，年雖方二十一，出落大方的風韻，是令荷風見之心折。甫相識不久，即便出金五百元替阿歌贖了身。荷風一生為人吝惜，予人多有「一毛不拔」的惡劣印象，惟對女人而言，似又疏財仗義，雖然最後目的還是要把「受恩者」據為己有。依照荷風所說，阿歌貌不太美，祇是稚年便涸風塵，能善解人意，故悅之。

荷風跟阿歌的戀情自也屬「曇花一現」，惟其間生活，也頗有可記者，現茲分述如下：阿歌跟了荷風後，除日夕玩樂，便一無所事，日長時久，難免寂寞，遂借了荷風之力在麴町三番町開了一爿叫做「幾代」的小酒店。這命名涉及男女情事，意極不純，但是荷風偏又樂此不疲，還把親筆所寫的俳句橫匾，掛在入門處，以示各方來客。荷風素有藏春畫癖，每遇善本，必戮力蒐集，視之如瑰寶；他的臥室，天花板上例必嵌一鏡，晚上對鏡「自慰」，狀至愜意。此外，他又是標準偸窺狂，喜窺看男

永井荷風所繪的畫

女間之情事。有人說由於要獲得偸窺自由，荷風特意資助阿歌置了那爿酒館，那麼他就可以安枕無憂地藏身壁櫃，看遍天下情事矣！還有來自里巷之說云，荷風染有嚴重之變態心理，許多時，無故拔掉牙齒，要阿歌試銜着；凡此種種，都不會是吾輩正常人所能想及的吧！荷風還有一種特殊的性格，迄今仍為人之語柄，那便是他的吝惜。吝惜本屬美德，但過於節儉，在冶遊場合，至為不合。荷風每於遊畢，必自寫賬單，除去個人應付欵項，餘者分發友儕要求照數攤還，倘有不與者，必屢寫信催之，這種錙銖必較之作風，使得荷風徒貽友輩之訕笑而已。

荷風跟阿歌之戀，情景也是如往昔一樣地「無疾而終」，據資料上說，那時阿歌神經已欠健全，而荷風那浮滑及歇斯底里的病態且又告復發，對阿歌突然有了莫名的憎恨；事實上是否如此簡單，那就不得而知了。惟以筆者看去，荷風自始至終都深受頹廢的浪漫主義所影响，對愛情早有着「騎士」式的態度；他渴求愛，却又怕受其負荷，於是到了某項不能忍受的階段時，逼得棄之。然而在另一方面，則又未能忘情舊愛，雖然明知鴦夢難再圓，絲連藕斷，餘情猶未了。戰後（第二次大戰），荷風與阿歌亦曾相往還，在現存荷風寫給阿歌的信中，有着約見的指示，其文云——「來信拜誦，蒙賜紅襯衣，至可忻感。電車還是以國營電車最便；京鐵電車線，因無人力車及汽車之故，當以國營電車至本八幡為最佳。乘人力車及汽車至拙宅，皆在百元左右。本八幡車站在亦川前一站。我在十二點前後必在家也。自車站至拙宅行須二三十分。餘言後談，此覆。

阿歌小姐

壯吉拜　十二月一日」

壯吉為荷風之名，在對離異已久的情人信中，還用如斯親暱之簽名，可見荷風着實可稱「騎士」而無愧。

### 柏拉圖式的戀愛

荷風對浮世繪一類板畫，嗜愛甚深，最為人所熟悉的記載，莫如寫在「江戶藝術論浮世繪之鑑賞」裏的一段話，此處因篇幅所限，暫且不引，却不表示卽忽畧其重要性也。

荷風自與阿歌分袂，旋卽跟築地藝妓八重福相往還。大正八年，荷風有文記其事云——「多年孤獨之身邊，突然間猶如春之歸來也。」春天，指的當然是新的情人了。這羣情人中，包括有新富町的八郎，帝劇女演員初瀨浪子，白鳩銀子，伊藤智子，電影明星田村百合子，新橋藝妓鈴乃及赤坂藝妓山兒等等。這時荷風已貴為文壇重鎭，他所結交的自然都是社交界的「名角兒」了。此輩「名角兒」身份雖彼此不同，却都保有一種共通特性：那便是肉感的、感覺的、膚白肌腴，面長而襯着瓜子臉型；換言之，卽如浮世繪美人的再現。對荷風說來，理想的女性大概祇有兩種，一為善良之淫女，二為淫蕩之聖女。「淫」與「善」在荷風的心目中蓋皆具有着同等的地位，甚或於某時，「淫」「善」化作一體，無可界限矣！

荷風跟新橋名妓山勇的一段柏拉圖式戀愛，乃是繼八重次後又一段傳誦一時的佳話；據山勇回憶所云，荷風每週必有一趟直接到家裏來玩；來時，山勇又例以啤酒及麵食招待。荷風笑語曰：「啤酒，麵食跟阿勇，三者若並全，他皆無足論耳。」當時山勇戀歌舞伎壽美藏，荷風啞外之意，自不能接受；山勇每遇抑鬱事，又輒喜哭求於荷風，荷風撫伊背說：「幸勿過慮，此乃人生也。」

### 晚年的畸行

上面輾轉寫了一大堆有關荷風戀愛的事蹟，自己也覺闌珊；末了轉筆欲借晚年荷風的諸種畸行來作一總結。

荷風晚年，性情更為詭異。他說：「倘要養妻妾，則要供食，而衣服亦不能不置，因之，亟需化錢；如僱女傭，物必會失；反正死之將近，要家來何用！」這種癡念，不獨說說為然，在日常與人往還中，亦不時無忌地表現出來。譬如：閒居友輩家時，眼見小孩子因餓甚而哭泣，却絕不把自己所儲之米飯與之食，寧可夜裏偸偸起來造飯自嚐。又或有人替他清理房屋，荷風知道後，必慌忙奔回家中，當着清潔員面前卽開始計算賬單。從這兩個例子看，荷風晚年歇斯底里症候已愈來愈嚴重，而他那副恥與人往來，把自己閂在陋屋裏的癖性，更使他與戰後的日本漸形隔離。據昭和三十四年（一九五九）「讀賣新聞夕」刊所載云——「荷風過着奇人無異的生活，不喝酒，但好香烟及甜食，每日往附近一帶購大量糖果之事蹟，成為人所皆知之美談也」。此外，荷風的戀金狂與每日以胡蘿蔔作常食的事，因早為世人知，此處姑畧去不談。綜觀荷風一生，勿論生活思想，與藝妓始終有着不可割裂的關係，本篇着墨於其「情史」，其故卽在此。

## ·圖片說明·

### （一）封面彩圖：「李叔同春游曲詩意圖」 豐子愷 作

豐子愷先生，浙江石門鎭人，現年七十六歲，是我國近代一位多才多藝的漫畫家。他早歲曾赴東京學習繪畫。回國後致力於傳播西洋藝術、文化及音樂等工作。

「李叔同春游曲詩意圖」，不但畫面清新、開朗，而且用筆簡練，線條流暢，充份表現出他個人獨特的風格。在此我們謹向慨然惠借製版的收藏家葉星先生致謝。

### （二）封底：「玉洞生春」 吳昌碩 作

吳昌碩，又名俊卿，別號苦鐵、破荷、大聾、缶廬等，浙江省安鄞吳村人，生於一八四三年，卒於一九二七年。是我國近代最傑出的詩、書、畫及金石家。

由於他長期不倦地觀察大自然間的花木，所以他筆下的一花一葉，都表現出物體的內在美和充滿生命力，特別是中晚期的作品，眞達到氣韻生動、風格崢嶸的境界。

「玉洞生春」，構圖奇特，筆墨古拙、渾厚、古樸，是吳昌碩一幀很好的作品，値得我們欣賞和學習。

# 舉世注目的中東產油國

本刊資料室

## 中東的範圍

「中東」地區包括一些什麽地方呢？

現在一般是指歐、亞、非三洲連結的地區，主要是亞洲西部一帶，所以又稱為西亞。

「中東」這個名稱的來源，是過去歐洲人以歐洲為中心，按距離歐洲的遠近，把東方各地，分別稱為「近東」、「中東」、和「遠東」。（英文為「Near East」、「Middle East」、「Far East」）

不過，「中東」地區的範圍，沒有明確的劃分，特別是「中東」和「近東」沒有嚴格的界限。

現在，一般所説的「中東」，包括：阿聯、巴勒斯坦、叙利亞、伊拉克、約旦、黎巴嫩、也門、南也門、沙地阿拉伯、麥什哈特阿曼、阿曼、佐法爾地區、土耳其、伊朗、科威特、巴林、卡塔爾等國家和地區。「中東」地區總面積為七百多萬平方公里，面積畧小於澳大利亞，人口有一億多人。「中東」地區大多數是阿拉伯國家，居民大多數是阿拉伯人，他們多數信奉伊斯蘭教的。

「中東」是歐、亞、非三洲交通樞紐，戰畧位置非常重要。「中東」還擁有極為豐富的石油資源，石油蘊藏量約佔整個西方世界的百分之六十以上，一九六九年「中東」石油總產量就有六億三千多萬噸。因此，「中東」地區長期以來是世界強權國家侵畧和掠奪的對象。

## 伊　　朗

以阿拉伯半島為中心，東自阿富汗起，西迄非洲之摩洛哥，是為中東中之中東。伊朗，古名波斯，素為物質富庶之地，其鄰與伊拉克相接壤，為僅次於沙地阿拉伯的世界石油第二產量國家。中東戰雲再起，伊朗備受世界人士所注目，其故卽在于此。圖中所示之巨大油井，伊朗國內隨處可見，而世界各國郵船，紛沓而至，益添波斯灣繁忙之象。

## 也　門

阿拉伯實施石油禁運政策，造成中東諸國地位日漸水漲船高，此刻世界各國經濟得以充分發展與否，全憑中東諸國的照顧，其影响世界局勢，可謂至深且巨。位於沙地阿拉伯鄰近的也門，亦因之得附驥尾，成為舉足輕重的國家。也門為一純粹阿拉伯風之國家，境內近乎「天方夜談」式的建築物，不可勝數。人民生活亦多維持傳統習慣，惟行政措施，早已採用共和政制，是為也門步向現代文明的首要里程碑。

## 利　比　亞

利比亞面臨地中海，跟波斯灣沿岸諸國，北非之埃及、阿爾及利亞、摩洛哥、突尼西亞等，並稱為阿拉伯國家。利比亞土地肥沃、油量甚豐、政制穩定，為一著名之「安樂窩」。

## 阿爾及利亞

阿爾及利亞隸屬阿拉伯石油輸出會員國，為一共和制國家。其最高指導者法利·蒲美頓，身兼革命評議會議長及首相二職，縱橫捭闔、揮洒自如，使得阿爾及利亞在此中東戰爭中掙到不少有利條件。阿爾及利亞多沙漠，天氣乾燥；境內油井密佈，在在顯示出其深厚之生命力。

## 沙地阿拉伯

在這次中東戰爭再起中，論角色吃重者，除了埃及外，莫如沙地阿拉伯。沙地阿拉伯為中東諸國中石油蘊藏量最富盛之王國，其所行政策，不獨對中東諸國有「舉足輕重」之力，抑對世界局勢亦具同等功效。中東戰火重燃後，沙地阿拉伯力持溫和政策，逐步推進，使得世界各國雖因缺乏石油陷水深火熱中，受害還不至過烈。其所以持此政策，正在於沙地阿拉伯欲使國內於短期內即可進展至現代化之故；而在同一方面，國內石油藏量雖豐，也終有枯竭之日，沙地阿拉伯人精打細算，焉會不「物盡其用」！

## 阿都達比

在阿拉伯，有一個這樣的說法在散布着——「再過卅年後，阿拉伯石油即會枯竭。」因之，在這惡事未來臨之前，把阿拉伯發展成為現代化國家，乃是中東諸國的共同目標；這個共同目標帶來震動全球的中東石油政策的可能，自不能加以抹煞，祗是石油政策影响世界深重，那是我們切身體會得到的。圖中阿都達比的石油漠視了現今世界上的混亂，烘烘的燃燒着，顯得驕傲而茁壯，難得的還是那個「隔岸觀火」之人，悠閒而又自得，大概身在福地，才會如斯有閒情吧！

## 巴　　林

巴林境內沙漠特多。「沙漠梟雄」一片內，主角彼得奧圖所穿服式，即為其流行服裝，不論街頭巷尾，男女老幼皆衣此，尤以執政者為然，蓋以此多能表現出阿拉伯民族主義之魅力。巴林亦為阿拉伯石油輸出國機構成員，然而勢孤力弱，當無如埃及與沙地阿拉伯之如許受世界諸國之看重了。

## 埃　　及

提起埃及，總使人連帶想起沙特總統。對阿拉伯人民說來，他是一個標準的救世主，替失去面子的阿拉伯賺回不少可歌可泣的土地。埃及原為一文明古國，歷史久遠，其中尤以「金字塔」一類雄宏建築，至今仍為人所樂道，不過，此等傳統風氣，現已逐漸遞減，正如沙地阿拉伯一樣，國內一切，均以現代化為標準，主要街道，歐化十足，令人置身其地，面對「金字塔」，再難有思古之幽情。

# 足球的發明和變化

穆逸

中國古代的足球遊戲

原始時代的兒童，對於光滑圓潤的鵝卵石，就已深感興趣。他們把它拋來擲去，可以玩上整天，而最精巧的玩法，就是擲子。一把可以抓住的幾塊小鵝卵石，一塊拋，拋向天空，其餘擲在地上。隨拋隨檢隨接，可以擲出許多變化。這種玩意，可以一個人玩，也可以幾個人玩。幾個人玩，含有比賽的性質，更特別有趣。

把石子拋來拋去，如果不準，便易發生危險。於是有人發明彈弓，一根小樹椏，椏上繫上一條帶子，便成彈弓了。以彈弓投擲小石，既遠又準。這種東西，用來獵取小鳥，可說非常之妙。

石子太硬不好玩。這種東西，尤其是在兩個人以上玩時，最易失誤把人打傷。於是就有草球，係以草結成繩，然後再纏繞成球。皮球有兩種，一種是利用猪狗等動物之胃，洗淨，晾乾，吹氣膨脹而成。一種是利用貓狗等皮革，去毛，晾乾，縫成球形。然後，再在其中塡滿羽毛羊毛。

## 羅馬時代的玩球風氣

皮球自發明之後，就不脛而走，地球上只要有人之處，差不多就有人玩它。古埃及、希臘、羅馬等國對於玩球的興趣，濃厚得無以復加。各民族各時代，對球的玩法各個不同。但不管怎麼玩，方式不外兩種。一種是一個人同時玩幾個球，一種幾個人同時玩一個球。幾個人同玩一個球，普通的分成兩組，互相對抗。

古羅馬玩球風氣之盛，可說超越以往各代。在羅馬，經常有職業球隊作球賽表演。羅馬軍隊，差不多除戰鬥之外，就是打球。凡有羅馬軍隊駐紮之處，那裏球風就很快便會興盛起來。說西方世界的玩球興趣，是羅馬人一手培植起來，也絕不為過。

至於東方世界，球風之盛也不亞於西方。中國、印度、波斯，對於玩球，不但民間愛好，而且成為宮廷遊戲。

球的玩法，隨着時間的進展，越來變化越多。有在陸上打的，有在水裏打的，有走着打的，有騎在馬背上打的，有徒手打的，有用棍子或拍子打的。至於身體和球接觸的部分，有限定用手的，有限定用足的，有限定用頭的，有限定用肩的。

用脚踢球的運動，無論東方或西方，早在兩千年前已經流行，而現時所謂「足球」，是在十九世紀英國帕布立克學校列入體育課為始，一八六三年，成立足球協會，制定規則以後，成為一項正式的國際性競技項目，並於一九〇四年創設「國際足球聯盟」。

## 中國是足球故鄉

在幾千年前，中國創始了現今世界上最狂熱的「足球」運動。幾十年前，首次發現並推崇中國是踢足球的老始宗的是英國人。

先說在一九四八年，第十四屆倫敦奧運會出版的宣傳小冊中，初次披露說：「中國皇帝最先發明足球遊戲。」一九四九年五月，英國作家在一篇題為「足球遊戲的焦點」的文中，說明球是用八片皮革所縫製的。在這篇文中，並把中國古代的蹴鞠（足球的古稱）與英製足球繪圖相比較。但在以色列召開的亞洲體育史學會議中，開始討論「古代中國踢球運動及其遺蹟」時，在尤里奧研究報告書中，提出三項疑點：①中國的足球（蹴鞠）是一種踢的運動，不能視為與現代足球同一類型的運動。②中國蹴鞠運動，到唐朝由實體的蹴毬，改進為氣球的史實，尚存懷疑。③把擊毬（馬球）視為蹴鞠的替身。

為什麽中國古時的足球稱「蹴鞠」呢？據說為蚩尤二字之合音，相傳公元前二六九七年，黃帝戰勝蚩尤後，斬下蚩尤的頭顱，在祭壜內踢來踢去，慶祝勝利。轉過來看西洋足球，在公元一〇一六年英國被丹麥佔領，到一〇四二年丹麥人才被逐出英國本土。英國老百姓，仍挖掘丹麥人的墳墓，找出丹麥人的頭骨踢來踢去，以發洩怨氣仇恨。

漢朝末年的貴族少年，走馬打獵，飲宴之後，即舉行馬球競賽。那時又演變出策馬杖擊的運動，當時稱為「擊鞠」。五代花蕊夫人宮詞裏說：「自敎宮娥學打球，玉鞍初跨柳腰柔；上棚知是官家認，遍遍常贏第一籌。」連宮娥女侍在馬背上打球都有，風氣之盛，可以想見。

唐朝蹴鞠的方法，是以高及數丈的兩枝竹竿，裝置於地面，並將網子掛於竿上作為毬門，分成兩隊比賽，必須將毬從網的上面踢過，才能得分。蹴鞠技術，到唐代已達高峯，那時並出現明星球員韓永義，他踢球無論肩、背、胸、腹均能運用自如。另一明星球員張芬，一蹴即可超過塔的一半高度。晚唐時，已由實體笨重的鞠，改進為吹氣的氣毬。這從歸氏弟子「嘲皮日休詩」中的記載可以證明：「八片尖皮砌作球，火中燀了水中揉，一包閉氣如常在，惹踢招拳幸未休。」

描述最精采的該是水滸傳第一回中所云：「也是高俅合當發跡，時運未到，那個氣球騰地起來，端王接個不着，向人叢裏直滾，到高俅的身邊，高俅見那氣毬來，也是一時的胆量，使個鴛鴦拐，踢還端王。」宋朝宰相李邦常自謂要：「賞盡天下花，踢盡天下毬，作盡天下官。」

翻閱我國足球演進史，公元前廿三年漢成帝嗜蹴鞠，並曾普設蹴壜。公元八七四年，唐僖宗時，除設兩修竹為球門，並改進為氣球。公元九〇七年宋朝已有足球團體的組織，稱為「圓社」。最後一次歷史記載為：元武宗喜蹴鞠，當時並有周佺其人善鞠。

## 女子足球盛事傳

我國古代的女子足球運動，盛行於唐宋時代。那時的球用皮革製成，中間充氣，叫做氣毬。

足球踢法有多種：第一種，個人獨踢，形式像踢鍵子一樣。第二種叫做「白打」，白打是兩班人不用球門對踢的意思。唐代詩人王建有詩云：「宿粧殘粉未明天，總在朝陽花樹邊，寒食內人長白打，庫中先散與金錢。」寫的便是宮女踢足球。

婦女足球運動，到明末清初還有。在王譽昌作的「崇禎宮詞」中有一首宮詞，是描寫明代宮廷中婦女踢足球的，原文如下：「錦罽平舖界紫庭，裙衫風度壓娉婷，天邊自結齊雲社，一簇彩雲飛便停。」（錦罽，草名，種在球壜作界線。齊雲社是宋代的足球會的名稱。）在這首宮詞下，作者加注說：「宮眷喜蹴鞠之戲，田貴妃風度安雅，衆莫能及。」可見明代時，連皇宮裏的后妃也愛踢足球。我們知道，崇禎很愛看踢足球，在宮廷中常常舉行足球賽。清初的李漁也有一首描寫婦女踢足球的詩：「蹴鞠當壜二月天，香風吹下兩嬋娟，汗沾粉面花含露，塵拂蛾眉柳帶烟。翠袖低垂籠玉笋，紅裙曳起露金蓮，幾回踢罷嬌無語，恨殺長安美少年。」

可是在現代，女子足球運動反而式微了。

明　代　打　毬　圖

# 中國戲曲評論的起源

岩城秀夫　　李 流 譯

本文作者岩城秀夫（Iwaki Hideo）爲日本山口大學教授，是研究中國元明戲曲的知名學者，二十年來發表的論文包括「琵琶記研究」、「明代宮廷與演劇」、「宋代演劇窺管」及「明代戲曲之特質」等多篇，最近正從事明代李開先的研究。一九七三年東京創文社出版他的「中國戲曲演劇研究」，厚六九〇頁。

本篇原題「戲曲評論之發生」，刋於「東方學」第四輯（一九五二年七月），文中援引元明曲論處，文字及斷句與北京中國戲曲研究院所校刋的十冊「中國古典戲曲論著集成」（一九五九年版）畧有出入。譯稿現全依岩城氏的引文及句讀，惟文中有誤譯及草率的地方，則請作者及讀者見諒。

——譯者附識

在中國，戲曲評論的起源，和戲曲發展史的研究一樣，同是値得探討的重要問題。本文以「錄鬼簿」、「太和正音譜」、「香囊怨」雜劇及「曲品」等為中心，試圖追尋其發生的過程。

「錄鬼簿」（元鍾嗣成撰）關涉到曹本及天一閣本二版本的問題（有關兩種版本的差異，詳見吉川幸次郎博士的「元雜劇研究」），在論述中我們暫時採用曹本。這書原是戲曲作者的順序表一類的著作，但亦有多少戲曲批評的成分；因為書中除收錄了大部分元代雜劇作家，並於人名下列舉其作品外，在下卷則主要就散曲來品評，對作者一一加上挽詞，而在作者的名下亦不時出現一些評語。例如在宮天挺項下有：

文章筆力莫能敵，樂章歌曲特餘事耳

的稱語，挽詞中又讚賞他的文筆詞章：

志在乾坤外，敢嫌天地窄，更詞章壓倒元白。

對鄭光祖的批評，一面指出他技巧上的缺點：

惜乎！所作貪於俳諧，未免多於斧鑿。

一面在挽詞中說：

乾坤膏馥潤肌膚，錦繡文章滿肺腑，筆端寫出驚人句。

解䋲騰今是古，詞壇老將輸伏。

以上的一類記載，無疑是有關戲曲的批評，但正如上例所顯示，它的批評對象僅屬歌辭，對戲曲並未作全面性的考察，所以很難把它看作戲曲評論。「錄鬼簿」的作者鍾嗣成有至順元年(一三三〇)的自序，可知書成約當此時。這裏我想介紹一下約在七十年後明寧獻王的「太和正音譜」（有洪武三十一年、即一三九八年的自序）。

但嚴格說來，這部書亦非戲曲評論的著作，只是在性質上和「錄鬼簿」畧有不同。它的記載雖然以有關散曲的為多，但亦包括了雜劇十二科及羣英所編雜劇這兩項重要考察。雜劇十二科是將雜劇的內容加以分類：

一曰神仙道化
二曰隱居樂道又曰林泉丘壑
三曰披袍秉笏即君臣雜劇
四曰忠臣烈士
五曰孝義廉節
六曰叱奸罵讒
七曰逐臣孤子
八曰撥刀趕棒即脫膊雜劇
九曰風花雪月
十曰悲歡離合
十一曰烟花粉黛即花旦雜劇
十二曰神頭鬼面即神佛雜劇

這類的分類法，前所未見，不單僅就曲辭方面着眼，而是以戲曲的內容乃至題材為考察對象，考慮到趣味中心的轉移。對雜劇的演出，寧獻王更有如下的叙述：

雜劇俳優所扮者，謂之倡戲，故曰勾欄。趙子昂曰：

「戾家子弟所扮雜戲，謂之行家生活，倡優所扮者，謂之戾家把戲。戾人貴其恥，故扮者寡，今少矣，反以娼優扮者，謂之行家，失之遠也。」或問：「其何故哉？」則應之曰：「雜劇出於鴻儒碩士騷人墨客所作，皆良人也。若非我輩所作，娼優豈能扮乎？推其本而明其理，故以為戾家也。」關漢卿曰：「非是他當行本事，我家生活，他不過為奴隸之役，供笑獻勤，以奉我輩耳。子弟所扮，是我一家風月。」雖是戲言，亦合于理，故取之。

就戾家為良、行家為娼優一問題，吉川幸次郎博士的「元雜劇研究」及青木正兒博士的「中華文人畫談」都有精確的考證，暫且從畧。無論如何，這裏有與所謂娼優戲劇和良人戲劇的雜劇上演有關的議論，無疑較「錄鬼簿」有了進步。

至於羣英所編雜劇，只將元代五百三十五本，明代三十三本和古今無名氏雜劇一百一十本的戲曲排列於作者的名下，既未附有評語，對作者亦無說明，僅於以評論元明散曲家為主，並及雜劇作家的「古今羣英樂府格勢」一項中附加評語，而其批評態度全以歌辭為中心。對以劇作知名的白仁甫，有云：

白仁甫之詞，如鵬摶九霄。

風骨磊塊，詞源滂沛，若大鵬之起北溟，奮翼凌乎九霄，有一舉萬里之志，宜冠于首。

明顯地是就歌辭的巧拙來立論。對關漢卿則云：

關漢卿之詞，如瓊筵醉客。

觀其詞，語乃可上可下之才，蓋所以取者，初為雜劇之始，故卓前列。

亦大抵採用了散曲為中心的看法，將他與張小山等多位散曲作家並列批評，越發令人感到其以歌辭為趣味中心的事實。

在這裏我想反過來再看看「錄鬼簿」，但在前此提及的曹本和天一閣本中，這回我們將採用後者，亦即寧波范氏天一閣舊藏的明鈔本「錄鬼簿」。我們分別選用曹本和天一閣本的原因，不外由於天一閣本的上卷收錄了賈仲明補作的挽詞。根據賈仲明的自序，這些挽詞是寫於永樂二十年（一四二二），上距鍾嗣成自序的寫成日期至順元年（一三三〇）有九十二年，而從「太和正音譜」序文的寫成日期洪武三十一年（一三九八）算起，亦經過整整二十四年。這期間對戲曲見解的進步，想來應有更明確的表現。

賈仲明的挽詞，和曹本鍾嗣成的挽詞究竟有多少差異呢？它大部分的批評仍以歌辭為中心，但在一些地方却顯示對戲曲的結構抱有關心。

例證之一是「關目」一詞的散見各處，像說陳寧甫時云：

兩無功錦綉風流傳，關目奇曲調鮮。

說王伯成有

貶夜郎關目風騷

對武漢臣有

老生兒關目眞

對王仲文有

不認屍關目嘉

等述評。關於「關目」一詞，吉川幸次郎博士曾在「元雜劇研究」書中說（三二二頁）：

所謂「關目」，狹義方面好像指一件事情發生

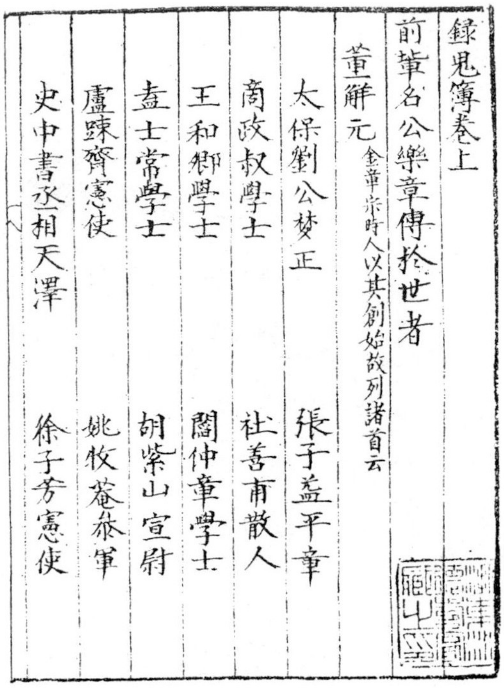
錄鬼簿卷上
前輩名公樂章傳於世者
董解元 金章宗時人以其創始故列諸首云
太保劉公梦正　張子益平章
商政叔學士　杜善甫散人
王和卿學士　閻仲章學士
盍士常學士　胡紫山宣尉
盧疎齋憲使　姚牧菴參軍
史中書丞相天澤　徐子芳憲使

**明抄本**（天一閣舊藏）**「錄鬼簿」書影**

的「起頭」而言；但在廣義方面，似乎可以概括由這個「起頭」而後，一件事情發展下去的全部情形。（譯註：這幾句是採自鄭清茂譯本，一九六〇年台北藝文印書館初版，二〇〇頁）。

如上所記，這淸楚是指演劇的結構言。上引諸例，可以看作其對每齣戲劇的結構的批評。如此一來，從挽詞中可以窺見對演戲劇的趣味的中心，是從歌辭轉移到結構。「關目」以外，意義雖不甚明確，但可目為涉及劇情批評的地方，像趙明道下云：

范蠡歸湖手段高

趙子祥下云：

傳奇樂府時新令，錦排場起玉京。

想來也是關於結構方面的批評。

與寧獻王並稱的周憲王，並未留下像「太和正音譜」那樣的著述，僅在他寫的雜劇「香囊怨」（盛明雜劇二集所收）中有若干類似戲曲批評的話，值得注意。

該雜劇是叙述妓女劉盼春與書生周恭的一段悲戀，靑正兒博士的「支那近世戲曲史」有云（二〇三頁）：

此事本於當時在開封發生之事實，明梅禹金「靑泥蓮花記」卷六有載其事，並謂：「異事在宣德七年，周藩誠齋為傳奇曰香囊怨，且自序以表其節。」雖此自序於今本「盛明雜劇」及「奢摩他室曲叢」中俱缺，但當存於梅禹金所見之舊本。

「靑泥蓮花記」一書雖未得見，但若據上文推想，「香囊怨」應寫於宣德七年（一四三二）稍後，約在「錄鬼簿」的賈仲明序文寫成後十年。

在該雜劇的第一折中，扮演盼春的「旦」連珠地提數三十多齣雜劇，而扮周恭的「末」却對此作極簡單的批評：

〔油葫蘆〕（你教我）做一段清新甚傳奇，（我數與伊，我待要做一箇）諸葛亮掛印氣張飛。〔末〕（這雜劇忒莽撞）、〔旦〕我做箇）王鼎臣風雪漁樵記。〔末〕（這雜劇忒孤寒、〔旦〕。（我做箇）關大王獨赴單刀會。〔末〕（這雜劇也不甚雄壯）

以上是部分的引文，雖屬脚色的科白，事實上亦可當作周憲王對雜劇的評語看。應該注意，這些評語大致都如上述一般，是就演劇整體所給人的感受來作批評的。例如對「包待制雙勘丁」的評語是：

這雜劇有寃屈。

就「李太白貶夜郎」和「蘇子瞻遊赤壁」言，則為：

這兩箇雜劇都是遭貶的。

都是以內容為中心來立論。至於對「管寧割席」、「劉弘嫁婢」及「秋胡戲妻」的「文飾」評語，明顯是有關言語方面；但這樣的批評僅限於此三雜劇。餘外，對「玉盒記」有「十分好關目」的記述，亦堪注意。在這裏還可大體看到把戲曲分類的意識，上引的清新甚傳奇外，又出現勸朋友的傳奇，存陰隲的傳奇，貞烈婦的傳奇，風月傳奇和花旦雜劇諸稱。這一切僅屬戲曲的一部份，分類既非其本來目的，其所提項目也一定未經整理。但是由此可見某戲屬某類這一點，比之「太和正音譜」的雜劇十二科，反可說是較有價值的資料。

總括來說，以上諸書作為戲曲評論的萌芽來看，很有一觀的價值。接着，我想提到呂天成的「曲品」。

（上）

# 唱唐詩的故事

羅倫

古代的詩歌，原是可以配着管絃唱的，如詩經上的一些作品、屈原的九歌、魏樂府等。唐詩的格律雖然嚴緊，但是也有好多能唱的。「集異記」上就有一段唱唐詩的傳說。

唐朝開元年間，除了李白、杜甫等名詩人以外，還有不少著名的詩人，像王之渙、王昌齡、高適三位詩人，在當時可以說是齊名的，從詩的藝術上說，也都差不了多少，當時的人也很難品評他們究竟誰高誰低。

有一個初寒的冬天，下了一點薄雪。王之渙、王昌齡、高適三位詩人一同來到旗亭吃酒，正在吃得興高采烈的時候，忽然來了幾位帶着奏樂藝人的歌女，她們的態度很大方，舉動也很雅緻。三位詩人趕緊避開了席位，躲到旁邊圍着爐子去烤火。

樂，奏起來了，歌女也準備演唱。王昌齡便向高適、王之渙說：「我們在詩壇上同樣有名聲，誰也定不出誰甲誰乙，今天，可以看看歌女們唱誰的詩？唱誰的詩多就算誰是最優秀的詩人！你們同意不同意？」

兩位詩人同意了王昌齡的意見，就聚精會神的聽歌女演唱。

一位歌女：打着節拍唱起來，唱的是：

寒雨連江夜入吳　平明送客楚山孤
洛陽親友如相問　一片冰心在玉壺

王昌齡一聽是唱自己芙蓉樓送辛漸的詩，高興得拍起手來，同時說：「一絕句」。又一位歌女上來了，她唱的是高適的詩：

開篋淚沾臆　見君前日書
夜台何寂寞　猶是子雲居

高適聽到唱了自己的絕句，也高興的直拍手，在牆上劃了個記號說：「一絕句」。

第三個歌女唱：

奉掃平明金殿開　强將團扇共徘徊
玉顏不及寒鴉色　猶帶昭陽日影來

王昌齡情高意濃地說：「又一絕句」。這時王之渙可着急了，就對兩位詩人說：「這不過是潦倒中的歌女，所唱的也不是陽春白雪的佳音」。用手指着歌女中樸素大方的一個說：等她唱出來仍不是我的詩，我就終生不和你們爭高低了，如果是我的詩，你們就得……」

果然，那個歌女唱了起來，唱的是王之渙的凉州詞：

黃河遠上白雲間　一片孤城萬仞山
羌笛何須怨楊柳　春風不渡玉門關

王之渙聽了，大為笑樂，就調諸昌齡、高適道：「看，不是我吹牛吧？」三人哄堂大笑。

那幾個歌女不知他們笑什麽，走過來問道：「不曉得諸位為什麽這樣大笑？」

王昌齡說明了情形，幾位歌女爭着向他們施禮，並請他們一同去吃酒。

# 佛教影响下的中國魔術

慧 庵

近來有一套名爲「驅魔人」的電影在本港上映，據説相當賣座，因此古老的魔術又變時興，成爲人們茶餘飯後的話題了。

魔術起源是非常古遠的，今日倫敦皇家博物舘藏有一件古代埃及文獻，是用埃及文寫在蘆紙上面，說有某魔術師在國王面前斬下鵝頭，又把鵝頭恢復原狀。這個紀錄是六千年前的，恐怕要算得上是世界最古的魔術文獻了。

從文獻上考察，中國魔術在公元前西漢時期，當時是以「百戲」的骨幹成份出現的。在西漢會合外賓的大規模藝術活動場面中，它成為主要組成部門之一。在我國藝術和國際藝術交流史上，魔術佔了光榮的一頁。

## 東漢已有善眩人

據「史記・大宛傳」載：「武帝元封三年（公元前一〇八年），安息以大鳥卵及黎軒善眩人，獻於漢。」善眩人卽是魔術家。稍後一點，「後漢書・西南夷傳」上也記載着：「永寧元年（一二〇年），撣國（緬甸）王雍由調，復遣使者詣闕朝貢，獻樂及幻人。」但這些傳入的魔術的內容和形式，都缺乏詳細的記載，比較有着具體的記載和有顯明影響的，却應以隨佛教東來天竺（印度）魔術為較多。

佛教從後漢傳入以來，在佛教的理論和經典中，給我國的魔術家在原有的基礎上以豐富的想像和理解的題材，而若干佛教的神異傳說，對我國魔術的內容塑造也有所啓發，同時對於藝術裝飾演出形式方面也給予了一定的影響。

印度古代有蓮花的信仰，梵文中對於紅白青黃蓮花各有它的專用的名詞。而我國魔術中出現了一些用蓮花作題材的節目，探源明變，有許多是受了佛教影響的，尤其是受了高僧佛圖澄（二三二——三四八）所傳的神通故事影響這是更為明顯的。在這些影響成為魔術上創作題材的，可舉出幾種作為例證：

一、鉢内生蓮——佛圖澄在晉永嘉四年（公元三一〇年）來到我國洛陽，他以天竺的高僧在中土宏揚佛法，毅力宏偉。「高僧傳」裏記他的「鉢内生蓮」流傳尤廣。傳說裏他用一個空鉢，灌上清水，頃刻之間，發芽生枝，開出美麗的蓮花。後世把這一神通故事作為題材，運用魔術的手法來模仿表現。最初的形式，也是從盆裏或小缸裏變出蓮花，有灌水的或不灌水的；以後又發展為「水裏生金蓮」的節目，即在一盆水裏變出金色的蓮花。這兩種形式，都久已佚傳，到了清代只保留下一種「茶內生蓮」的表演——用茶杯倒上滾熱的茶，把一粒蓮子投下去，一會兒就舒葉展瓣，開出小小的花朶。形式的大小雖有不同，衍變的痕迹，還是可以推尋的。

二、九蓮寶燈——「九蓮燈」也是運用蓮花的形式來表現的。魔術師拿一幅紅氈，向觀衆檢示兩面後，忽然在氈中變出一串蓮花形的串燈，一共九盞，連在一起，每盞都有燭火燃燒，宛如九朶琉璃蓮花穿在一起。從形式上看，完全和西藏佛教法事中所用的長明串燈相同，當然是在佛教藝術影響下創造出來的。這一節目，現在還有，但為了製作的簡便，已不採用蓮花的形式，改用較為簡單的燈型，名稱也由「九蓮燈」改為「九連燈」了。

三、金蓮寶座——這是一種比九蓮燈更為龐大而複雜的魔術。魔術師施術變來一座周圍八尺的法台，台上更有一層蓮台，金碧輝煌，台間嵌置明燈一十六盞，光芒耀射，蓮台上站着妙好莊嚴的觀音大士的立體塑像。此術在六十年後還有人能演，它是一種佛教藝術形象化的魔術，是毋庸置疑的。

四、口吐蓮花——這一魔術最初的形式，是魔術師對着粉白的牆壁噴上一口清水，壁上就忽然現出朶朶紅蓮，接着再噴出第二口清水，蓮花便突然隱去。後來在技法方面有所發展，能現出四色蓮花或四種顏色不同的其他花卉，改名為「口吐四花」。佛教故事裏有噀酒滅火、噀酒上壁成「維摩問疾像」五色相渲的傳說。口吐蓮花正是這類故事綜合佛教繪畫所形成的。

## 驚人的呑針本領

以上僅就佛教的蓮花題材的影響所形成若干節目而言，還有就是「口内食針」的魔術，也與高僧鳩摩羅什的神通故事有關。鳩摩羅什是古西域龜兹人，綜合「晉書」卷九十五和各種典籍的記載，說他當着僧衆，顯示過呑針的神通：「聚針盈鉢……引匕進針，與常食不別。」針當係縫衣用的針，匕即現在的匙子。針當成平常的食物來吃，當然會引起人們很大的驚異。到了宋代吳自牧的「夢粱錄」裏，我國魔術家就本着這種故事提示下，正式出現了「食針」這一節目的名稱。這種食針魔術的表演，藕斷絲連地作為祕術心傳，後來更有所提高，不但呑針還加上了呑線，即是在食針之後再吃下一條線，最後將線從口裏吐出，所有的針竟一一穿在線上。食針已是很奇幻了，穿在線上當然更為驚人。

# 「紅樓夢」劇本溯古

·蕭爽·

「紅樓夢」出版於１７９２年。由於它很快就流行全國，並獲得廣大的愛好，所以只過了一二十年，就有人拿它的故事寫作昆曲的劇本了。

這第一個劇本就是仲雲澗編的「紅樓夢傳奇」。比仲作稍晚的，有荊石山民的「紅樓夢散套」和陳厚甫所作的也名為「紅樓夢傳奇」的一種。

仲雲澗的「紅樓夢傳奇」是整本戲，共有五十六折。它的全部情節，是連清嘉慶時人所編的「後紅樓夢」也包括進去的。仲雲澗在「凡例」裏會說明他的理由，認為前書的寶黛結局令人「悒快於心」，如果拿到舞台上去演將會使四座失歡，所以必須把「後紅樓夢」的大團圓也包括進去，讓大家看了之後，歡歡喜喜地散場。他的這些話，的確反映了當時觀衆的一種感情。這部作品對於反面人物也作了一些刻劃；當時的士大夫不滿意他以副淨去飾鳳姐，以丑去飾襲人，我們現在却可以看出他的處理是適當的。

依據不完全的文獻，仲雲澗的這部整本戲，似乎並沒有被那個班子拿去整本演出過，通常只是摘演它的一折二折或三、四折；且不一定是綵排，可能多數還只有清唱。荊石山民的「紅樓夢散套」，是一個一個可以各自獨立的散戲（共十六套），自然更便於摘演了。大概一百多年來，昆班演出的紅樓戲，都是根據這兩部作品的唱白工尺（荊石散套已譜好了工尺）作成腳本的。王季烈編輯的「集成曲譜」，收入仲雲澗的「葬花」、「扇笑」、「聽雨」、「補裘」四折，清末通行的「葬花」昆曲唱本，全據荊石岷散套，可以看出這種情況。陳厚甫的「紅樓夢傳奇」，也是整本戲，六十折，演出情況不詳。

在這三個劇本之後，還有「醒石緣」、「三釵夢」、「十二釵」、「鴛鴦劍」、「紅樓新曲」、「紅樓夢」等，也都是傳奇（見周貽白的「中國戲劇史」附表），但因為傳本稀少，已不能十分知悉它們的內容，也不知道後來的昆曲班是否曾加以利用過。

大概在清朝的同治末年和光緒初年之間，昆曲的紅樓戲還常有演出，梅蘭芳的祖父梅巧玲就曾演過某一折，飾的腳色是史湘雲，以後隨着昆曲的衰歇，紅樓戲的歷史就中斷了。清末皮黃戲全盛時期，北京有票友用皮黃編了「葬花」、「摔玉」兩戲，一度試演，沒有成功。

民初，話劇出現。當時話劇的編劇者十分注意那些具有羣衆基礎的中外名著，自然更不會放過紅樓夢。在差不多相近的時期內，「春柳社」便出現了四個以紅樓夢的故事為題材的腳本。馬絳士編的「鴛鴦劍」，歐陽予倩編的「王熙鳳大鬧寧國府」，馬二編的「夏金桂自焚記」和冥飛絳士合編的「晴雯」。這些劇本由於當時的條件限制，當然很難說得上健全，但它們有一個共同的特點，為那些文縐縐的昆腔劇本所不容易達到的，就是可以將反面的典型盡情刻劃。予倩的「王熙鳳」是六幕劇，以鳳姐拷打興兒起，以尤二姐吞金自殺終，在相當的程度上寫出了王鳳姐的潑辣、陰險和邪惡。

改琦的紅樓夢插圖

以皮黃的形式演出紅樓戲，應該說是從梅蘭芳開始的。時間大約在１９１５年，劇名就是那個「黛玉葬花」，編劇的不止一個人，也包括梅蘭芳自己在內。這個劇本，基本上是根據了仲雲澗的「紅樓夢傳奇」中的「葬花」一折而加以豐富、變化的（稍後他又編演了「千金一笑」。差不多同時，歐陽予倩也在上海演出了他和楊塵因、張冥飛等合編的「黛玉葬花」，「晴雯補裘」、「黛玉焚稿」等）。這是皮黃戲演出紅樓題材的最初情況。

在這些早期的劇本裏，還可以看出晴雯和皮黃劇都有以晴雯的故事為主的單獨劇本。仲雲澗的傳奇有五折戲是寫晴雯的。事實證明、他留下來的傳唱最廣的四折戲中，晴雯的戲是佔了二折（「扇笑」、「補裘」）。荊石山民的散套，被後來昆班演出次數較多的兩折戲中，晴雯戲也佔了一折（「痴誄」）。這多少可以說明，當時的觀衆對於這一性格堅强的人物是怎樣的歡喜了。

# 詩三首　梁秉鈞　駱笑平插圖

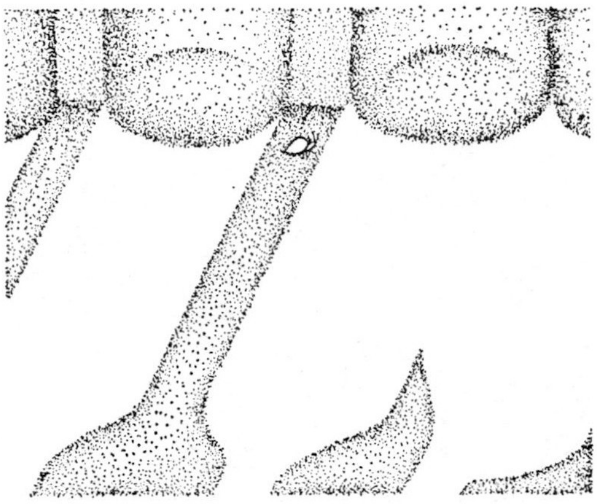

## 青蛙與蝸牛

在黎明的昏暗中倒一杯開水
水溢出杯外
這窗旁的水漬
或許是昨夜的酒和雨

牆角有一頭青蛙
與屋內流轉的早晨
一同在昏暗中輕顫
它不知什麼時候
隨淅瀝的雨進入屋內
現在又悸動尋覓出路

杯中的水仍在
窗旁的雨漬却漸隨微光消散
我打開門，拍拍牠的背
把牠趕向青草叢中
回頭時看見門跟處黏着昨日的蝸牛
排在一列空酒瓶旁邊

## 茶

沒有一張臉孔
從茶杯里泛上來
只是茶葉梈子豎着
說友人來訪
數暖棕色茶上的點點燈光
靜默中飄滿眼睛
一雙雙夏夜的星
從天的前門來
又自雲的後門去了
彼此相隔了這麼多浮泛
沒有靜下來
對飲的一刻
偶然的相見相感
猶似遙遠的茶香飄忽
手只獨自舉起
杯中的影子幌動
茶香中總有苦澀呢
杯底的茉莉瓣
或聚或散成圖

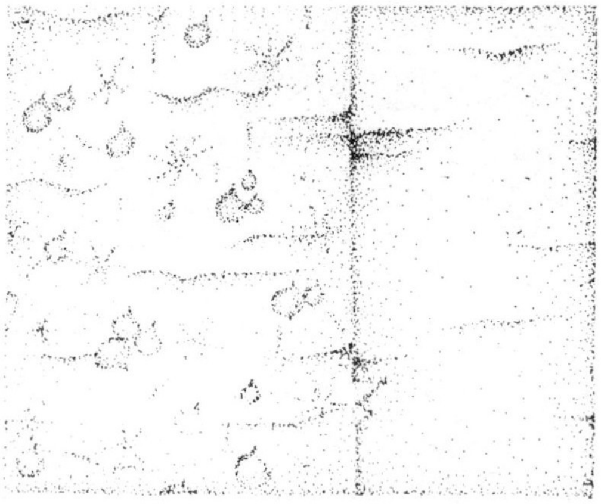

## 後　窗

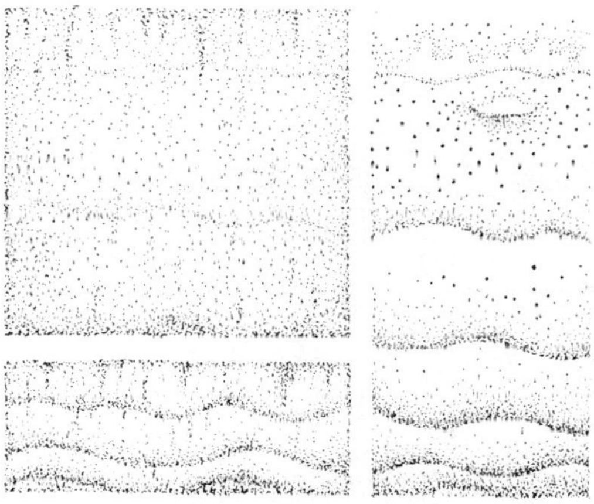

從搭着濕地拖的後窗望出去
雨滴偶然無聲
從橫伸的沙玻璃滴下
灰濛濛的海上
一艘渡輪經過
是午後的幾點鐘呢
化學工廠的旗幟帶着雨的重量垂下
起重機的黃臂
緩緩舉起來打一個呵欠
窗玻璃乾燥的這面蒙滿灰塵
另一面是雨的濡濕
連接廣大的海洋
在這一刻籠罩的雲霧叫人相信
對岸也不過是同樣的房舍
俯首只見小舟和車輛
無聲同泊於堤的兩旁
近岸處湧動深淺兩色波濤

## 殘廢者

・馮振乾・

### 瞎　子

沒有光，失掉了顏色，
被擯棄在太陽的王國之外；
生活：爬行在黑色網罟裏。
喧噪與歡笑，
躍動與喝彩，
聽着世界美的讚語，
痛苦於孤獨與崎嶇。

### 聾　子

假如我是上帝，
我將閉放所有生靈的耳朵，
而不幸，這宇宙。
是口死寂的棺材。
人與人如一江浪花，衝撞，
擁擠；匆匆的分散、幻滅。
我用大聲質問所有的人，
為人間的冷寞窒息。

### 啞　子

人人像冬眠的蛤蟆，
祇會凄慘的苦笑，
和抽噎的哭泣。
大家互相做鬼臉，
而且做得如此呆癡。

·散文·

# 時間之旅

扎克

## 一

時間像一隻飄鳥，在生命之旅途上飛翔。

我負荷着命運的行囊，在漠落的、飄泊的人生途程中，去尋找生命的眞諦和歸宿。

我知道，這無疑是一個非常現實和切身的存在問題。對於存在來說，眼前的風光，耳聞目見的世事，以及種種過去的往事或未來的願望，凡是存在於我們生存的世界中，或是保存在我們的心靈的憧憬與懷念中的東西，都可以說是有它的存在。因此，在現實生活中，無論是鳥語花香的東西是遙遠的。我又知道，我的希望也是和我所存在的世界，與我的身心同樣眞實的，雖然未來的願望還沒有實現的。……像這些存在的東西，不管它們是屬於過去或未來的，難道它們也不是存在我們的心靈世界中嗎？

然而，為什麼它們現在已經不存在於客觀的世界中呢？這是為什麼呢？

## 二

時間是無情的，水流花落，物是人非，一切東西都隨歲月而逝去的。

人類的生命，綻開在嬰兒的啼笑中，而隨着由童年、眼前風物，或是凶殺殘暴的社會事象，這些都是非常眞實的存在着。然而，有好些存在的東西，彷彿像夢一像，似眞而幻，似虛而實，像我們逝去了的童年，充滿幻想的青春戀情，以及常常出沒在我們心靈中的期望的未來人生。這些東西，它們的存在，或存在於我們的過去，或存在於我們的未來。而且，在一個意義之下，都可說是已經不存在，或至少是現在還沒有不存在的。對於這些問題，我也發生過懷疑的。我想：難道我是在作夢嗎？

然而，我相信我這樣想的這個存在問題，我是不會作夢的。我知道，我的記憶是那麽眞切和新鮮的，雖然過去少年、青年、壯年，以至於老年。這一切都可說是由無而至有，由有而復歸於無的。因此，我也知道，一切凡存在的東西，都是由未存在而至於存在，又由存在而至於不存在的啊！

然而，像這種生滅流轉的世間現象，我又不知道，究竟是一種「春榮秋實」的現象呢？或是像詩人說的「人事有代謝，往來成古今」的現象呢？我畢竟是還沒有了解的。可是，我却知道，一切世間的生滅流轉，都是在時間之流中輾轉而逝去的。時間永遠是不會饒人的，它帶來一切希望，也將携走一切憧憬。人類的生命歷程，永遠也只是一道時間的旅程而已。

在人類生命歷程中，人生的歸宿和眞諦，究竟又是什麽呢？這當然有很多說法的。像佛家所說的，有三世輪廻，以為人是有前世、現世和來世的。然而，這種說法是否眞確，姑不必論。但是，從存在世界來看存在，我想人生的一切都應該從現在做起，一切當下即是。因為，一切當下是過去和未來的橋樑，我們站在這橋上，不只可以回顧過去，更可以瞻望將來的遠景。

時間永遠是像飄鳥一樣，從遠遠的地方飛來，而又將飛到更遠更遠的旅程去。然而，這更遠的更遠的是在什麽地方呢？我此刻還不知道，我相信很多人也同樣不知道的。

短篇創作

# 天亮前的兇殺

·劉一波·

深夜，靜悄悄的高尚住宅區必列弗街後巷。一會兒，那兩條黑影在四十二號後梯停下。

其中一個叫漢民的忽然猶疑起來：「維多，想想吧，有可能嗎？」

維多揚揚手，不耐煩地說：「還想個屁！」

他們一言不發的拐上後梯。當抵達二樓，漢民又停下來，怯怯望着維多。

「幹嗎？你這胆小鬼！」維多罵道。

「我不是怕，我只是想……」

維多扯住他說：「這是你的機會啦！上面一層就是啦！」

「給我一支烟吧！」漢民乞道。

「還抽個屁！」

維多扯着漢民，在黑暗中繼續向上去。不一會，止於一扇漆着發亮的黑油的門前。

這時，月亮躲進雲堆，大地更暗了。

維多悄聲說：「站到我背後去。」

漢民如命的做了。維多敲了兩下門，門「呀」一聲打開，伸出一個女人頭來：「啊！你們來了。」

「怎樣？」維多壓低聲音問。

「在客廳。」那女傭答。

他們閃身進去，門輕輕掛上。維多掉過頭來對漢民說：「記着，別像女人似的扭扭揑揑。」

「給我一支香烟吧！」漢民伸出手，再一次乞求道。

維多狠狠盯了他一眼，拉着他走向客廳。

客廳，一盞水晶燈吊在中央，但沒有燃亮，燃亮的只是牆上那兩支好看的壁燈。柔和光色投在淺綠色的地毡上。主人黃光咬着古巴上等雪茄，斜倚在擺放着線裝書的矮枱上，悠閒地欣賞從咀裏噴出來的一個個烟圈。透過帷幔吹進的夜風，輕盈、舒服，也冪冪掀起他鬆綁着的睡袍的一角。

他今年已四十開外了，却顯得那樣年輕、精力充沛。最使人發生好感的，是他寬厚的臉孔永遠流露着仁慈的感情。當他聽到走廊的腳步聲，知道那個時候已經到來了。他輕描淡寫地瞥了一下名貴腕錶，慢慢站起來，時間配合好極啦，夜訪客剛巧出現眼前。

維多整個人變了，變得如此恭敬，笑容滿臉。

維多介紹道：「這就是我的朋友漢民。」

「啊啊！」黃光微笑着是那麼溫柔，那麼使人覺得他是個上上的好人。

維多跟着轉過頭對着漢民道：「這就是億萬富翁黃紳士啦。」

「那裏那裏。」黃光謙虛地說。客氣地招待他們坐下：「請抽支。」他遞給漢民一支雪茄。

漢民忽然不想抽烟了。他搖搖頭，心忽然突突地跳動起來。

「抽吧！」維多打個眼色，示意他接下。

漢民伸出手，忽然又縮回，他忽然感到很恐懼，那顆可惡的心像要撕裂胸膛跳到外面去。

「天啊！究竟是怎麼一回事。」他想，更覺害怕了。

維多眼見這情勢，乃對黃光解釋：「他是第一次，先生。」

「啊！太好了。」

黃光全不介意的瞇起眼睛望着漢民，眼睛中有一種奇異的東西。碰着這眼睛，漢民感到一陣顫慄。

「喝杯茶好嗎？」黃光先生挨近他輕聲問。一陣濃郁香水味湧進漢民鼻子。

「不！」

漢民悚然站起，倒退一步。維多黑着臉，直着眼睛走過來，一手按他坐回椅子。

「不不，不要忙，我們來聽聽音樂。」黃光說。走近櫃式的唱機，扭開掣，柔美的音樂傾瀉出來，彌漫整個廳子。他支着下頷，靜聽片刻，然後以優雅姿勢來回走動，然後止於客廳中，很陶醉似的道：「柴可夫斯基的天鵝湖，多麼美妙動人啊！」

然而，在這般的環境，如此深夜的訪客，實在太不協調了。

音樂旋律無休止地顫動着，也不適合主人此刻的要求。於是他把唱機關掉，坐回椅子上，緩緩地說：「早幾天，維多把你的遭遇告訴我，希望能夠幫忙你。當然我一直做着社會福利工作，每年捐出許多錢，經常向社會各界人士呼籲，希望每一個不幸者都獲得溫暖，難道對你這一點幫助還會吝嗇嗎？」他稍為停停，順手拿起放在矮櫃上的雪茄燃着，噴出一口濃郁的烟，瞥了漢民一眼。漢民低着頭，彷彿一個等待最後判決的囚犯。對於這個可憐者，黃光先生表現是那末慢條斯理，他繼續說：「當然，我是一個有體面的人，這是一件不得已的事情，你們晚些來總是好……」

「先生，」維多打斷他的話說：「一切我已經跟他說了，是他親口答應的。」

「啊啊，那是最好的了。」他興奮地站起來，從袋裏拿出一張紅色的、極具誘惑的一百元，遞到漢民的面前：「請到浴室洗個澡吧！」

漢民怔怔望着眼前的東西，那東西逐漸變大、變大、變大，把他整個腦袋塞得密密實實。他吃力伸出手，一寸、一寸、一寸地接近，大豆般的汗珠滲滿額角，當手指快接觸到那鬼東西，他的手觸電似的突然縮回，兩個噁心的字眼「下流！」閃電般掠過他的腦海，不知從何而來的力量，他倏疾的以整個身軀向黃光撞去，只聽見「唉吔」一聲，黃光跌倒椅上，維多撲過來搶救已不及，漢民一閃身已像一陣風般消失在走廊。

不知奔跑了多少時間，也不知跑到甚麼地方，他停下來，揉着胸膛喘氣。

天星碼頭鐘聲飄來三响，夜更深，寥寂天空散佈幾顆寒星，愛丁堡廣場靜得悽凉，那個噴水池，那些多角型的凉亭，都在夜中無聲無息。惟獨躺在行人隧道旁的幾個流浪漢，於冷冰的夜的胸脯輾轉反側；是痛苦掙扎還是做着黃金夢幻？

漢民疲乏地蹌踉着走到銅像面前，仰首看了這個富裕的巨人的尊容一會，便在它的腳旁坐下。對面滙豐銀行的巨影，在淡淡月色斜照下，籠罩了半個愛丁堡花園，這雖然有着某種意義的解釋，可是跟一個不幸命運無關。漢民闔上眼睛，立即就聽見產後孱弱的愛妻的痛苦呻吟，還有初降此世的女兒的飢餓的喊哭。他記得，他跟維多踏上這一條路時，曾對妻說，他今夜會找到一些錢，很快便回來。現在妻一定滿懷希望地等着他回去。

他又想起那個可憎的黃光，還有維多，然而不能全怪他，如果不是自己失業了多月，如果不是自己找上了他……唉！總之是可恥！

他清楚記得，他找到維多時，他也處在困境中，維多當時就說：「老實告訴你，老大被出賣啦，判了半年監，那個檔口沒有啦，我正在找人借錢哩！漢民，你說，我有甚麼辦法幫忙你。」他還掏出幾張押票給他看，好證明他的環境如何惡劣。

漢民沒有見他許久許久了，找他時想過；正當職業旣然沒有，暫時撈點偏門總也可以渡過目前的悲慘。誰料連一向不屑一顧的見不得光的工作也沒有。最後一線希望宣告破滅，正要轉身往回去時，維多叫住他，說：「有了。」

「是甚麼？」漢民又興奮又心急地回過身問。

「不知你願不願意。」維多攤開手，聳聳肩。

「你說。」漢民握着他兩肩，眼睛閃着感激的光。

「如果你肯做，不但你有救，我也有救啦！」

「別嚕嚕嗦嗦，快說！快說！」

「………」

「………」

於是，為了錢，他下了狠心，跟維多走上這一條路，準備屆時閉上眼睛，把自己當妓女似的讓這個所謂名流玩個痛快。

他也沒有忘記維多的「一言為定」的警告。

可是……可是……

「下流！下流！」

他厭惡地吐了一口涎沫，睜開眼睛，還是那些冰冷的多角型的凉亭，那個噴水池、那個大陰影。他閉上眼睛，又看見那張大大的一百元，那雙閃着異樣光彩的眼睛，那音樂、那輕輕走動的腳步聲，還有維多恭恭敬敬的樣子。漸漸，漸漸，他睡着了，他夢見自己坐在一堆黃金頂上，還有許多美女，她們向他歡呼、撒花、獻酒，維多也在那裏，他顯得那麼渺小，不敢望他……

快樂的夢境，突然一變，他夢見自己脫光了衣服，躺在軟軟的彈弓床，黃光正一面脫衣服，一面淫猥地望着他笑，他大吃一驚，醒了過來，然而比夢中更可怕的，是他看見面前的維多，他已經追踪而至了。與維多一起的還有三個惡狠狠的打手。

維多氣呼呼的迫近，駡道：「當時我怎樣對你說，你知道嗎？黃光那傢伙不是好惹的，你看！」他側着頭，指着半邊被打腫了的臉：「我替你受罪啦！」

「饒恕我！」漢民的聲音似哭。

維多吆喝一聲「打！」

漢民想逃避，但已被踢倒，如雨的拳頭，落在他的臉、胸、肚、脇……痛得他叫不出聲，他想反抗，但身體軟得像棉花，沒有氣力，忽然，在模糊視野中，看到大約距離右手一尺地方有一塊拳頭般大的石頭，他忍着痛苦吃力地移動身體，盡量伸長了手，在維多及他的打手還沒阻止前迅速地抓住那塊石子，石子一到手，他立即就有了力量，一個翻滾站起來，電光火石般向站在最近他的維多回擊，只見維多痛苦地倒退幾步，掩着流血的臉大叫，那三個打手見狀，即亮出小刀，向漢民衝去…………

當天上午七時，有許多人圍着看一個死屍，有人嘆息地說：「好殘忍啊！左胸刺一刀，胃部刺一刀，喉嚨刺兩刀，一共四刀。」

# 記張恨水

天行

本文原刊上海春秋雜誌，作者天行，即史天行，熟諳文壇掌故。近來海外研究張恨水者，頗不乏人．故特予轉錄，以供參考。

著名章回小說家張恨水，安徽潛山籍，計其所作，聞已達五十餘種之多，張於民初曾在蘇州殖邊學校讀書，以貧不能卒學，一度加入話劇團，（當時稱為文明戲）演出於蘇州民興劇社甚久，後來往長江一帶各碼頭，頗負盛名，暇則投稿各報，博微資以養家。旋得友人之介，入蕪湖皖江日報為編輯。民國九年北上，任益世報助理編輯。民十三年任職世界日報，開始寫其處女作「春明外史」，而其成名之作，則為「啼笑姻緣」。張幼年亡父，事母以孝聞，有一弟，名牧野，生平嗜烟，並酷愛美術，嘗與其弟在北平合辦華北美術專科學校。民二十四至二十五年之間，曾任上海立報及南京人報編務，抗戰後入川，居重慶附近北碚之塔子溝，除任新民報主筆外，兼為各大報寫稿，是時成有「八十一夢」、「虎賁萬歲」、「蜀道難」等諸說部，皆含有抗戰史實，風行大後方，國內各作家無出其上。性喜詼諧，出言往往使人發笑，有人問彼恨什麼水？彼即答云：並不是第三種水。更有人詢彼張恨水三字可對什麼？彼答：可對周樂山。（周亦一作家，後附逆被殺。）勝利後曾來滬，居住不久，有見之者言，張妻已蒼蒼成老人矣。近年任北平新民報經理，寫作不輟，滬上有新聞報之「紙醉金迷」，立報之「人跡板橋」，大晚報之「馬後桃花」，讀者羣衆，仍是不衰。張不僅擅寫小說，小品文亦稱能手，出有「山窗小品」及「旅行小品」二書，讀者亦交口稱譽，蓋其文字綺麗，風格別具也。英文程度亦甚高，云皆由自修得來。偶作小詩，委婉動人！如絕句哀宋人云：「直把臨安當汴梁，西湖歌舞又平常；城門閉後開言路，痛哭傷心話靖康。」又如哀明人云：「但教馬阮不高封，三鎮何難共建功？不及滿清多爾袞，尙知可法是英雄。」

張恨水暇時喜弄盆栽

予初識張於秦淮河畔，狀類小商人，如不經人介紹，決不疑及為鼎鼎大名之張恨水。張健於談，發聲如洪鐘，若習京劇，可唱大花面，甚為出色，惜面部不大，未免減色耳。有一妾張姓，名新紅，為歌女出身，操京語極流利，嬌小玲瓏，確為尤物。

聞張恨水得名之始，乃「春明外史」一書，張學良讀之醉心，乃召之私邸長談，優禮有加。迨後得錢芥塵之介，發表「啼笑姻緣」於新聞報，從此大走紅運，成為婦孺皆知。

張對於新文藝書籍，讀得甚少，前年張在平編新民報副刊，有人抄襲魯迅所作「風箏」一篇投之該報，張亟為披露，且加好評，譽之為十餘年來，所僅見之難得佳作，後經人舉發，張不覺失笑。

有人謂張曾愛女作家謝冰心，不成乃取名恨水，然乎否乎，非局外人所能妄猜，然聞之張之知友云：張愛讀冰心文字，却為事實，愛極則恨，想亦近情，質之恨水，以為如何？

# 我看「日本行」

陳之懷

芝青女士原名葛青凡，爲星馬頗負時譽女作家，夫婿馮列山爲南洋名報人，年前自南洋商報退休後，夫婦相偕遊歷中國、日本、歐洲等地，所至多有遊記發表。——編者

近年要在香港找一點有關日本文化的中文書籍，可眞不容易。卽使是日本版吧，待要尋覓時，也是往往「碰壁」；原因之一，自然是此地缺乏售賣日本書籍的專門書店，其由之二，卽在運遞的滯遲；一本好的日本書，在此間少得可憐的日本書店，通常都是獨付闕如的，你要賣時，書店的人祗好寫信到日本去要，這一來，費去時日且不必說，價錢也會令你咋舌不已。為這緣故，港日兩地，除了那些商業化的「觀光」外，在文化上言，一路上就顯得隔涉，多年以來，已難得看見一兩本有關日本的中文專書面世矣！

邇來偶逛書店，看到芝青女史所著的「日本行」被擱在玻璃橱窗裏，起初還以為是「陳年宿貨」，取來一看，才發覺是今年五月甫初版的新書，當卽買下來帶回家細讀。

有關日本的中文書籍，如果記憶沒錯，崔萬秋氏曾經以「日本見聞記」及「東京見聞記」為題，出版過兩部專書，談的雖然都是有關日本的事，可是時光荏冉，當日被引為新鮮的美談，而今大都已成陳跡，與諸「日本行」來作比較，那麽後者就顯得更新鮮生動，在在洋溢着新的氣息了。芝青女史在「前言」裏云——「這次重遊日本，由於時間的限制，重心偏於文化和歷史方面。對於社會現象，尤其是有關工業和經濟方面，因接觸有限，所以叙述不多。」芝青女史是留日學生，戰前在日本留學，對日本的文化自有其一定的了解，捨經濟不談，也便正是她的聰明處。作者貴乎「自知」，寫自己熟知的事，這就更易豐富著作的內容。「日本行」雖然有少許觸及日本的經濟生產情況，如「松下電器」、「日立造船公司」等，惟都僅限於訪問介紹，並無片言隻語旁及評騭，大可以記叙文視之。

「日本行」的重心，除去一部份描述旅遊所見，諸如「金閣寺和銀閣寺」及「二條城」等外，餘篇皆著墨於日本的歷史；這個部分雖然缺乏主觀的說話，但資料蒐集之廣，可見芝青女史着實化了很大的工夫，比方說「武士道與切腹」那卷，開頭便說：「日本早期的文化，全部是接受中國唐代的，同時也間接接受了印度的佛教思想。因之日本人的人生觀和中國並不相同。」這就完全否定了中日人民思想大同小異的觀念；又在提到「切腹」時云——「原來日本人認為鯉魚是一種强毅不屈的魚類，鯉魚受了刀傷，能堅毅忍受，直到死去一動也不動。因之有人說，日本人的切腹自殺多少和鯉魚有關。」這個說法自然要比「切腹」源自我國戰國時代齊國田横部下五百壯士集體刎頸自殺的老話，來得使人入信，蓋在每年五月節，日本人例必升起繪有鯉魚的旗幟，以期孩童能像鯉魚那様堅强不屈的勇武精神也。

還有一章提到日本人的姓氏問題，饒有趣意。平時看日本人的姓氏，諸如犬養、三鬼一類，難免稍感滑突，祗覺人畜不分，鬼氣森嚴，滿身都是疙瘩；現在讀了芝青女史鴻文，對自己先前的幼稚與誤解，不覺汗顏。大概「多讀一葉書，可增一分事」，以此喩「日本行」，總是錯不了吧！

# 梁實秋的人和書

國英

梁實秋是一個有特殊風格的文體家，他的小品與翻譯，可稱為「二絕」。近日他的新作如「看雲集」與「雅舍小品續集」，已陸續出版。暑日多暇，重讀他的幾本舊作，有如諫果回甘，份外值得品味。

梁實秋生於京華，早歲在清華學堂肄業，與聞一多、饒孟侃等同學，後放洋留學，入哈佛大學研究院研究，歸國後，曾任上海時事新報編輯，並用「秋郎」的筆名發表小品文，又著「罵人的藝術」一書。他先後在光華、復旦、中國公學、暨南等校任教。在暨大任教時，並且担任外國語文學系主任。他為人沉實，常常勉勵暨大學生努力研求學問，受到他的影响而有志學問的，為數頗衆。

梁實秋所最擅長的是文學理論與批評，著有「偏見集」、「文學的紀律」等書。他與胡適、徐志摩、聞一多等人，同為「新月社」社員。抗戰時入川，以餘暇寫「雅舍小品」，頗負時譽。

「雅舍小品」收文三十四篇，論人說事，觀察入微。其中以人為話題的就有七篇。有「孩子」、有「女人」、有「男人」、有「詩人」、有「醫生」、有「客人」、更有「乞丐」，他描寫風趣，雅而不俗，其中有你、我的影子。他道「人」之短，目的不在挑剔，而在使我們攬鏡自照，有則改之，無則付諸一笑。

書中寫「事」與「物」，充滿至理明言。他有時也喜歡抛抛書袋，摭拾典故，但是用得天衣無縫，不覺累贅。而一般文人的嘆老嗟貧、傷時感逝等陋習，作者並未習染，因此書中都是積極向上有益世道人心之作，沒有傷感氣息，沒有官樣文章，痛快淋漓，令人叫絕！

梁氏近二十多年設教台北，任台灣大學與師範大學等校教授，課餘大部份時間從事翻譯工作。他譯有古羅馬的一位苦修哲學家瑪克斯（ Marcus Aurelus ）的「沉思錄」一書，正像梁氏在序文中所說，這本書的存在，是人間的瑰寶之一。書中的金言玉語，貫串全書，在薄薄的一百二十頁譯文中，無句無字，不是閃爍着如日月經天一樣的智慧。古人曾說：「青山洗眼，流水洗耳。」如果一個人心靈上有了瑕翳，只有睿智才能去盪滌乾淨，那麼這本書就是了。

在台灣教讀的日子，梁氏最得意之舉，無過於把莎翁全集譯成了。據說他在年輕時代，就已立志要譯完莎翁全集，後來，環境的變遷和生活的顛沛，他的譯述計劃一直延擱。他翻譯這套全集，抱定「存其眞象」為主旨，譯文斟酌再三，方始定稿。現在三十七集的莎翁戲劇集中譯，已全數完成，從此莎翁在東方，除日本的坪內逍遙外，又多一位知已。（按在此之前坪內逍遙曾把莎翁全集譯為日文）

梁氏晚年自上庠退休後，曾赴美旅遊訪問。著有「西雅圖雜記」一書，內收短文二十三篇。他訪美所歷，實不限西雜圖，也到過紐約、華盛頓等地。書中記述訪美見聞，從入境在海關發生的豆腐乾風波寫起，直寫到美國的植物、風景、牛奶場、超級市場、美術館、白宮、嬉皮、美國的吃等等，有見聞，有感想，深入淺出，生動有趣，其中言婉而諷之處，更令人擊節讚賞。

# 作為翻譯家的蘇曼殊

黃屬文

年輕的一代，恐怕很少人知道蘇曼殊這個人了。然而，蘇曼殊確是個很有才華的文人，和柳亞子、章炳麟、章行嚴這些鼎鼎大名的文人同時。蘇曼殊的成就，大抵是經過他的知已朋友——柳亞子和柳無忌父子的表揚，因為他們做了很多搜集考證和編輯的工作，才搞出了最初的一本蘇曼殊文集。

## 筆名與身世

中國現代作家中，魯迅的筆名是最多的（計有一百多個），但蘇曼殊（原名玄瑛，或作元瑛）筆名之多，却很少人知道了。

曼殊好用假名，他的筆名計有蘇非非、印禪、蘇湜、蘇文惠、阿英、燕子龕、燕子山僧、燕影、雪蜨、沙鷗、蠢蠶、糖僧、曇鸞、阿難、淚香、南國行人、行行、孝穆等等。他化名所含的意義大致上可分三類：一類象徵他的出世學佛思想。他不但有佛學思想，而且眞正在廣東省惠州金堡慧龍古寺中落髮為僧，並曾投廣州長壽寺贊初大師，受足三戒。後來因不耐和尚清苦生活，乃又還俗，仍自稱「博行和尚」。曼殊的另一類筆名大致與女人有關，諸如「春蠶」、「雪蜨」、「淚影」之類。曼殊曾有「情僧」之稱，一生為情所困，愛過好幾個女人，尤其是他的名著「斷鴻零雁記」中所記之靜子姑娘，靜子不一定眞正是他的情人，但他所描寫的那種愛情，看來有他自己的影子在內。此外曼殊跟他的英文老師、西班牙人莊湘博士的女兒也有過一段不平常的友誼；但曼殊這個人很怪，在他短促的一生中，雖然有過好多個女朋友，而且後來到了上海，還喜歡涉足妓院，叫妓女飲酒作樂。可是，他無論是交女朋友也好，或者「狎」妓也好，却從不曾跟女人發生過肉體關係，這是很奇怪的一點。曼殊嘗自言：「身世有難言之恫」，這句話表面上指他的出身。他父親名蘇傑生，是廣東省中山縣人（舊名香山縣）繼承祖業，在日本橫濱開萬隆茶行。曼殊是他的側室日本女人河合子所生。故曼殊是中日混血種。其後他父親經商失敗，他隨父回到廣東家鄉（河合子仍留居日本），備受家人的歧視。所謂「身世有難言之恫」，是指他的童年生活之不愉快，但筆者懷疑跟他的性機能不正常有關，說得更明白一些，可能他患了陽萎症，否則一個正常的青年，不會見色而不動心，動心而不作進一步行動。祗有生理上有這種缺憾的人，才會使人覺得痛苦，而又不便向人明言。所以，才說是「有難言之恫」。曼殊之所以喜以女人為寫作對象，也可能是一種心理上的昇華作用。如果祗是因為母親是日本人，及回廣東後，遭到家人的歧視甚至虐待，這有什麼不可對人言說呢？曼殊的第三類筆名，則象徵他的生活，諸如「南國行人」「行行」及「糖僧」之類。曼殊一生好漫遊，足跡遍東南亞各國，如印度、錫蘭暹羅等國都有過他的遊蹤，他尤其喜歡杭州西湖。春秋二季總喜歡流連西子湖畔，前後總去過七八次以上。本來他還想去意大利學畫，並遊歷歐洲各國，因經濟上有困難，故未能如願以償。曼殊最愛吃糖，「糖僧」之名，最足以表現對甜品的愛好。曼殊愛吃的甜品有摩樂登、可可糖、八寶飯、羊羹（日本糖果）以及長沙之牛皮糖（他曾在長沙明德學堂教過書）。說到吃糖，曼殊簡直是愛糖不愛命。有一次柳亞子送他麥芽塔餅二十個，他一次食盡，以致肚痛生病。又一次食冰數斤，食湯包盡數籠、食鰒魚、盡數器，吸雪茄烟數十支。凡一切好吃的食物，他都愛吃。甚至無錢時，將口中鑲的金牙，取下換雪茄。其貪口腹之慾，簡直到了瘋狂的程度。他之患胃病短命而死，跟他的飲食無節制有絕大關係。他生於一八八四年九月二十八日，死於一九一八年，祗活了三十五歲，如果他的生活不是那麼無規律，他决不致於如此短命。有人說：他故意用狂食來摧殘自己的健康。但據我看未必如此，大抵還是中了舊文人才子的惡習太深之故。

曼殊給人的印象彷彿祗是個浪漫文人而已，其實，他是個具有民族思想的愛國志士。他在日本加入同盟會，從事民族革命活動，與同盟會的革命志士十分接近。回國以後，所往來的朋友多是開明人士，如章士釗、陳獨秀等。他的國學根柢，還得章炳麟的啓發。

這裏可舉三事證明曼殊是個熱烈的愛國者：第一：曼殊在香港時，聞保皇黨腐惡猖獗，十分憤慨，決心為國除蠹，想用手槍殺保皇黨首腦康有為。其好友陳少白聞訊，力加勸阻，始未見諸行動。第二、曼殊在日本時，與劉師培及其妻何震本屬好友，平日常在一起，且何震還從曼殊學畫（曼殊擅繪畫)，說得上是曼殊的女弟子，但他一聽到劉師培親袁世凱，為袁的稱帝行動張目，他非常痛恨，不齒劉夫婦之為人，與之絕交者數年。第三、袁世凱竊國稱帝時，他曾以個人名義，撰文聲討，力斥袁世凱之荒謬行動。儘管留傳下來的詩文，很少見正面鼓吹愛國的文章，但從上述三項具體行為看來，至少可以說曼殊是個有血性、明是非的知識分子。

## 曼殊的文學成就

曼殊生性慧敏，才華橫溢，詩、文、小說、繪畫無一不能，無一不精，無一不有表現。其中文學習時間，祗不過數年，而造詣竟如此之深。他學國文，是在廣東香山縣家鄉讀私塾時開始的，其後到上海祗是從章太炎和陳仲甫諸人多所觀摩而已。他的小說「斷鴻零雁記」或「碎簪記」，故事動人，文筆簡練優美，令人盪氣迴腸，讀而不厭。以言詩歌，則境界高超，才氣逼人，感情豐富，如被人廣泛引述之「春雨樓頭尺八簫，何時歸看浙江潮，芒鞋破鉢無人識，踏遍櫻花第幾橋」。這樣瀟洒飄逸的詩句，最足以代表曼殊的性格和身世。他的詩大多咏身世，讚美人之作，佔了絕大部份，且傷感氣味很重，愛國憂時之作所佔比例很少，偶有涉及國事之作，亦屬於消極厭世的性質。例如：「流螢明滅夜悠悠，素女嬋娟不耐秋，相逢莫問人間事，故國傷心祗淚流」。又如過平戶延平誕生處（延平卽民族英雄鄭成功）「行人遙指鄭公石，沙白松青夕照邊，極目神州餘不盡，袈裟和淚伏碑前」。雖表現愛國思想却也是充滿了傷感的情調，而缺乏慷慨激昂，令人讀後產生消極的情懷。他創作的小說，也多限於寫男女私情，自己的愛情生活，儘管文筆十分優美高雅；但是，給讀者的感受也祗限於文筆的欣賞及對小說中主角之無限同情而已。所以，他的小說大抵是「言情小說」，而非社會小說。「曼殊大師全集」編者稱讚「曼殊性情奇，行止奇，思想與文章藝術尤奇。其詩之纒綿，直追香草美人之蹤，雅似屈平之愛國。其文之雄健，直入古昔大家之林，渾如荆公之奔放。精硏梵典，則玄奘以後，一人而矣……」這些話未免讚得太過。筆者祗能同意一半。同意的是「曼殊性情奇，行止奇，而文章藝術尤奇，其詩之纒綿，直追香草美人之蹤」。不同意的是說曼殊「雅似屈平之愛國，其文之雄健，直入古昔大家之林，渾如荆公之奔放」。曼殊是位愛國志士，不容否認，但他的愛國思想，表現於文章的，可謂很少（翻譯詩歌小說除外）。曼殊的文章，婀娜則多的是，雄健則頗少見。至少在「曼殊大師全集」中所搜集的詩文中，不曾發現代表他的雄健的作品。曼殊留給後人的文學遺產，除了技巧之外，思想方面就很少什麼偉大的成分。不能與魯迅相比。而且他的出世的人生觀，還會給讀者帶來消極和厭世的影响。曼殊的作品，多屬於文言。在今天白話文已成為普遍的表現方式之時，曼殊的文體，値得學習的地方也並不多。

筆者最欣賞的，是曼殊那種率眞的性情。這在他給朋友的信與他的繪畫這兩方面　，表現得很突出。

先談曼殊給朋友們的書信。在有關曼殊的全集和選集中，書信所佔的份量都比較多，書信最能表現一個人的性格和文學修養。這裏且舉出兩則：

致葉楚傖柳亞子朱少屛書（民國元年三月日本）

楚傖亞子少屛三公無恙否？別後蜷臥舟中，今晨抵長崎始覺，不圖疲倦至於斯極也！晚上趁急行車，後日二時，可以寧家。沿道柳眼花鬚，各無聊賴，小住彌月卽歸。「天涯何處無風雨」，海上故人，毋以為念——曼殊書於紅燒牛肉、鷄片、黃魚之畔。

致劉三書（民國元年四月上海）

錙三伉儷侍者：星期六，又經東渡，前約竟不能如願，奈何？比來女郎索畫過多，不得已，定下新例：每畫一幅，須以本身小影酬勞，男子卽一概謝絕。吾公得毋謂我狂乎？秋末歸來，再當奉叩，此請雙安。二十一日曼拜。

按劉三為劉季平，上海人。為曼殊好友之一。從上述兩信中，不僅可以看出曼殊的率眞性格，也可以藉此知道曼殊的繪畫，有相當的造詣，否則，怎會有許多仕女向他求畫。而他之好接近異性，亦可於此寥寥短簡中窺見。說到曼殊的畫，曾有這樣的一個故事：他曾允替趙伯先作荒城飲馬圖。後來他從日本歸來時，趙伯先因黃花岡之役失敗，憤懣嘔血死，但他仍履行前諾，作荒城飲馬圖，託朋友焚於伯先墓前，且從此不再作畫，以謝亡友，此與古人「墓門掛劍」相似，可見曼殊受古書影响之深，也可見曼殊是個很重然諾的人。

## 外文修養與譯作

就翻譯作品方面，蘇曼殊倒是表現得很愛國的。他是最早翻譯英國詩人拜倫詩作的人，也是最早把法國大作家囂俄（雨果）的名著節譯成中文的人。他一生最崇拜拜倫。他是首先翻譯拜倫「哀希腊」長詩者。他那用中國古體詩翻譯的「哀希腊」，連後來馬君武與胡適的同詩譯作，也不及他。可以看出曼殊的中英文字的修養功力之深。曼殊不但精通英文，而且精通日文、梵文和法文。有梵文、法文和日文各方面的著作。他的「慘世界」就是從法文翻譯出來的。他的英法文主要是在香港從西班牙人莊湘博士奠定的，梵文看來是在遊歷印度與錫蘭（現改稱斯里蘭卡）兩國時學的。他對梵文的評價很高，認為世界的文字應以梵文居首，中文次之，歐西文字皆不及中梵文與中文之精密偉大。他且用梵文寫過好多書，還編輯過梵文典，可見曼殊的梵文程度之高。曼殊的日文是在日本打下的基礎。他出生於橫濱，後來又在日本讀過陸軍預備學校及早稻田大學。先後又在日本居留數年。

曼殊在諸種外文之中，似乎以接觸英文的機會最多。他先後在蘇州，長沙、南京以及蕪湖及南洋等地做過多年的英文教員，又在上海國民日報當過英文翻譯，日夕與英文接觸。因此，他在英文方面的翻譯特別多。

曼殊的英文翻譯，可分作兩方面來說，一是由英譯中，另一是中譯英。這兩方面的都以詩歌較多。漢譯英詩計有：

留別雅典女郎四章……拜倫
贊大海——六章………拜倫
去國行——十章………拜倫

哀希腊——十六章……拜倫

答美人贈東髮毯帶詩示彈琴人——六章——拜倫

星耶峯耶俱無生——三章——拜倫

集有拜倫詩選，為曼殊最早之譯詩。最初由日本三秀堂印行，定價五角。

頰頰赤牆靡——四章——彭斯

去燕——四章——宗易特

冬日——四章——師梨（按師梨後來通譯作雪萊，與拜倫濟慈，同為英國浪漫派詩人）

題沙恭達羅——一章——瞿德（瞿德後來一般通譯作歌德）

樂死——並序——四章——陀露哆（印度女詩人）

上述各詩收入泰西名人詩選。

曼殊對拜倫有特別愛好，他愛拜倫幫助希腊愛國志士的求國家獨立的豪邁氣概，更愛拜倫的追求自由與愛情的熱情：「拜倫以詩人去國之憂，寄之吟詠，謀人家國，功成不居，雖與日月爭光可也。」見拜倫詩選自序又其題拜倫集。

秋風海上已黃昏，獨向遺編弔拜倫，
詞客飄蓬君與我，可能異域為招魂。

此外，曼殊所撰之英文「海潮音自序」，亦盛讚拜倫之詩與人。曼殊所譯拜倫詩，皆用文言，或為五言，或為七言，或為四言。音調鏗鏘，不失原意。曼殊自謂：他的譯詩是「按文切理，語無增飾，陳義悱惻，事辭相稱」。他的譯詩，確能做到為他自己所說的上述各點。

其次，再說曼殊的漢詩英譯。無論英詩漢譯或漢詩英譯，在翻譯工作中，都是最吃力而不討好者，而漢詩英譯尤其難之又難，蓋詩之為詩，貴在神韻與意境，此二事用外國文表現出來極難，有時且無法表達。試舉一例：李白之「白髮三千丈，愁緣似箇長」，為神韻與意境最高之作。任何外國文均難以表現原文之氣氛。蓋任何一種文字，都有文字本身所引起的聯想，而譯成外國文，在閱讀時，就覺得有所隔，無法引起同樣的聯想。又如李清照之「尋尋覓覓，冷冷清清，淒淒慘慘戚戚……」原詞之神韻與意境美妙之至，然一讀林語堂之譯文，則索然無味矣。此非關林氏之譯筆，平心而論，林譯具見功力，非尋常翻譯工作者所能辦到。故翻譯者本人非詩人，切勿輕易嘗試譯詩。曼殊是詩人，因此所譯中國古詩，除做到信與達之外，還能兼顧一雅字，而且多少還保持一點神韻與意境。但與原中文詩比較，仍有「霧裏看花，終隔一層」之感。

曼殊英譯漢詩，為數不少，茲舉曹操短歌行一首為例：

對酒當歌，人生幾何？
譬如朝露，去日苦多！
慨當以慷，憂思難忘；
何以解憂，唯有杜康！

曼殊英譯如下：

Here is wine, let us sing,
For man's life is short,

穿洋裝的蘇曼殊

Like the morning dew,
Its best days gone by,
Bat though we would rejoice,
Sorrows are hard to forget,
What will make us forget them!
Wine, and only wine.

此譯詩之妙，妙在譯詩形式，與原詩完全相同，（原詩八句，譯詩亦八句。）再譯詩意義，亦完全脗合原詩，且最合英詩體例，容易為英文讀者所理解與接受。可謂譯詩上上之作。

有一點不能不指出的：曼殊若干首英譯漢詩，查與西人所譯的完全相同。茲就已經發現的有下列各首：

詩經「關睢」篇與 James Legge （中文姓名為李雅各）所譯者完全相同。

詩經「氓」章，亦與李雅各全同。

「陶潛歸田園居」與英人Charles Butt所譯者一樣。

按此詩尚有Arthur Waley及Amy Lowell 以及Taloy & Yong譯文。唯內容有若干不同。

陶潛責子詩亦與Charles Butt所譯全同。此詩另有 Arthur Waley、Gladys Yang and H. Y. Yang（楊憲益夫婦），以及亡友耿亮兄譯文。

張籍節婦吟，與 Herbert Giles 所譯全同。此詩另有 Henry Hart 譯文， 題為 「A letter」以及Fletcher 譯文。

杜甫石壕吏與 Herbert Giles 所譯全同，此詩另有 Fletcher 及 Crammar-Bying 譯文和 Amy Lowell等人譯文。

此外，李白秋浦歌、李白送友人，以及杜秋孃金縷曲等等都有其他譯者，與曼殊所譯完全相同。

於此，發生這麼一個問題：究竟誰鈔襲誰？曼殊有若干漢詩英譯作品，則為不爭的事實。所以，在把中國古詩譯成英詩這件事上，曼殊有其一定的貢獻，這一點，幾乎也是可以肯定的。

·報告文學·

# 秘密的中國

德·基希著　　立波譯

基希是著名的德國（原為捷克人）報告文學作家，他那在輕快的笑談間夾着逼人的嚴肅的風格，他的淵博的知識和豐富的正義感，的確使他不負他的盛名，使他可以成為三十年代新起的中國報告文學者良好的模範。

全書共二十三篇文章，描寫了昔日上海、北京、南京三處地方的社會狀況。這中間有榨取中國的帝國主義者的醜態笑劇，有受難的中華民族的悲劇，基希帶着充分的理解，和熾熱的同情，描寫了我們的國家和人民。在我們的國家和人民被人恣意宰割放肆欺侮的時候，基希的這種同情和理解，的確曾令我們感動過。

這書在一九四〇年，曾由周立波譯出，上海天馬書店出版，但絕版多年，許多讀者想找來一讀，都無法找到，本刊特予轉載，以供參考。

據譯者說，本書根據 Michael Davidson 的英譯重譯（譯本也早已絕版）。書中的注釋，大多數為譯者所加，但也有幾處因無法知道原文而沒有譯注，如第一篇中的菜單，卽為一例。

德·基希

## 吳淞廢墟

在這裏，黃海變成了揚子江，但是這變化很難看出來。江流是一片汪洋，像流到略克斯哈文（德國漢堡的設防海港。）附近的易北河（德國的大河，流入北海。）一樣。現在，波浪還是擾亂着旅客們的消化作用；現在，江邊不是江邊，還是遼遠的海岸。

輪船剛剛轉入側面河路，旅客們都跑到了甲板上，在船的右舷伸出手臂，手指，眼睛，開麥拉和望遠鏡。揚子江和黃浦江的會合處，形成了通到大商業市場，揚子江流域的門戶。

自從正月末尾以來，吳淞，吳淞炮台灣這名字，像一枚有强烈爆發性的炸彈的不吉祥的營營之聲一樣，在天空和海底電線中匆匆的反覆着。在國聯，在俱樂部的安樂椅上和社會裏，都以同樣的效用，到處傳說它。

現在，我們靠在欄杆上，把眼睛或望遠鏡集中於吳淞，那就是它本身，無可置辯的。頂甲板上的日本太太和紳士們在互相的指示那些掩蔽着人的屍體的房屋的屍體，快樂的指出破壞工作中比較奇異的佳作。不到幾天以前，這沿海的許多炮台，並不是這麼無遮無蔽的顯露的，它們還有水門汀和混凝土的障壁。

客船在吳淞口沒有停留很長久，還沒有圍攻者和被攻者留滯在那裏的一半長久。輪船一點鐘走不到八里，因為河面塞滿了船隻，江心應該站一個站崗的巡捕指揮交通，這有着許多對照的交通。在這裏，世界最大的無畏艦碰到了世界最小的漁船。美國旗艦 Houston排水一萬噸，它的每一尊炮都比擁擠在它四周的每一艘舢舨要大許多，舢舨的風帆是張在枝條編製物上的烟草色的布片，幾千年來，民船墨守着懷孕的龍一樣的樣式，畫在它們的旁邊的眼睛，恐怖的望着意艦Trento，它們的小刀一樣的槳葉，像要截開它的肚皮一樣。不列顛軍艦 Cornwall正要施放一個巨大的弩炮，投射物是一架飛機。像蛋黃樣的黃色的渡船，來往於兩岸。與其說是船不如說是房屋的有五層樓的檸檬色的船隻，向揚子江飛駛而去。它們的搭客被那船尾幾乎被它們觸着了的日本的裝甲巡洋艦，弄得無家可歸了。

河岸上沒有被毀壞的建築物，祗是那些有外國國旗在風裏鼓脹着的屋宇。殼牌油，美孚油，德士古的銀色油池，沒有被炸毀；Nordisk 電報機公司的紅磚建築物，在那屋頂上，丹麥人很有思慮的繫了他的十字架的，沒有被炸毀；電力站，因為它是捷克斯拉夫的 Skoda工廠的建築物，它的角樓上，有一個藍色的圓錐橫在紅白相間的條紋中的標記，沒有被炮毀。此外，到處，沒有一樣東西沒有被毀壞。

船隻慢慢的駛過荒地，它們都遠遠的落在那些沿着江邊回碼頭馳疾而去的華麗的汽車後面。國聯調查團的團員們斜靠在那些華麗的汽車裏，他們在這座剛被創造的新的龐培（意大利古代都市，在那卜勒斯東南十三哩，西曆七十九年維蘇維爆發時被覆沒，近年被發掘了。），調查了一個早晨，要在一個恰當的時間，趕回用午膳。

是大家週知的事，日本人在最後通牒裏要求上海市長制止抵制日本貨，解散救國會，逮捕抵貨領袖，担保殺害一個日本僧人的賠欵。一九三二年一月二十八日，這個最後通牒，準確的被接受了。可是那晚上十點半鐘，日本海軍陸戰隊開始佔領了從公共租界起通過中國地界，却為外國巡捕所管轄的許多馬路。

日本人希望就在這同一天，不僅佔領閘北，這鄰近的人烟稠密的中國工廠區，而且要佔領一直到吳淞口的黃浦江全岸。第二天早晨，東京電訊社報告佔領了吳淞。可是，錯了，日本軍隊侵入閘北（表面上他們是祗打算去搗毀抵貨委員會總會所在的中國神廟的。）沒有很遠，中國十九路軍就很快的阻止了日本人的前進。戰爭在一條二十五個啓羅米突的陣線上展開，而且延長了七個禮拜。好幾萬死者和傷者，好幾萬房屋，是這次戰爭的代價。沒有俘虜，一律殺毋赦。到三月四號吳淞才被佔領。

從租界上的房屋裏，你可以像從包廂裏看戲一樣的憑觀戰事。晚餐以後，你佩好你的胸巾，走到窗邊，烟火的展開，在一種有趣的變化中進行。它們從裝甲巡洋艦上急冒出來，從飛機上突然撲下，從巨炮射出，火燄和鋼鐵從天上噴下，在同一刹那間，火燄鋼鐵和炸毀物的碎片又噴到天上去。一刹那間——人們的生命和人們的房屋被毀的一刹那間的遊戲！

因為從半夜到早晨五點鐘，在馬路上走是違法的，你得在十一點半鐘趕到賭場和跳舞場去，在那裏你一逕留到五點鐘就是。

在白天，實際上你是一點也看不出鄰近在不斷的發生着恐怖。當炮彈在天空交織着的時候，當整個一條條街道在燃燒，小孩們埋葬在倒塌的房子下面的時候，當許多人家在逃竄，而且，一次又一次，一次又一次的，男子和女人不斷的倒斃在地上的時候，船舶，電車，黃包車，都照常行駛，影戲院照常開映，商店也都營業，海關職員都坐在辦公室裏，報紙也都出版。

國聯調查團的團員們在視察戰地以前，遲延了了很久時候，這樣，日本人可以稍為把戰場收拾一下，像 Nestroy 的 Holof rnes 的話 Shaff. ts do Leichenweg. ikann do Schlampereinet leiden（把那些屍體移開吧，我看不慣這齷齪。）這的確是不大雅觀——一堆堆被殺死的中國男女，被砍掉手腳，嘴裏塞滿了東西的屍體。這種光景很容易敗壞從國聯來的紳士們的胃口，這些紳士要赴許多宴請，茶會，午館和晚宴的。剛剛視察了閘北和吳淞，他們就在華懋飯店飲讌。雖然上海實際上是在中國，不在日本，但是宴會還是佈置戰爭的人佈置的。有十六種酒類和香檳，有奥布曼雪茄（來自哈瓦那，裝在雕成的玻璃管子裏，市價每枝一元六角）還有一張豐富的菜單：

日本公使設宴為國聯調查團團員洗塵。

## 菜　單

Oeufs de Beluga gris Perbes
Consomm,e double en Tasse
Paillettes d'or
Turbotin Amdassade
Coeur de filet Armenonville
Pommes jete,e Promenade
Petits pois fins
Asperges froides Sauce Vincent
Dindonneau au Parfum des Gourmers
Salade Gauloise
Mousse Glace, Cathay
Corbeilles de Mignardises
Cafe'filtre

在江灣跑馬廳的馬匹，騎手，賭金計算員，馬票售票人賦閒的六個禮拜中，賽馬場看到了許多巨大的，激動的競技，但是這種競技和整個這次戰爭一樣，沒有起點，沒有結束，也沒有贏得的錢物。跑馬場沒有遭受過重的損傷，它的摧毀，在日本軍閥看來並不重要。

但是，譬如，勞動大學在他們看來就很重要了，中國一切學校，圖書館，和印刷所都是一樣。這一切通通毀盡了。江灣的勞動大學正像商務印書館編譯所以及它那規模無比的舊印刷所一樣的被炸毀了。日本的槍手，出於純粹無聊，把大學的創設者的塑像用做了槍靶，它的石做的頭被打得滾到了沙裏。在國聯調查團團員到來以前，像身已經從像基上拉下，而且被搗成了碎塊，這樣，他們不會看見這種多餘的破壞文物的蠻行紀念物。祗有當你在戰地徒步徘徊的時候，你也許可以碰巧看到這位大理石雕成的學者的殘骸，散在垃圾堆裏的撕碎了大學註册簿和學生筆記簿的當中。

德國人創辦的同濟大學也被炸毁了，校舍獨立在廣漠的郊野上，這決不是一個偶然的炸彈所能觸到的。日軍描準了這裏，日軍並沒有顧忌黑——紅——金色的旗子，因為這大學裏的學生是中國人。一個飛機炸彈落在工學院，生理學院，大禮堂，醫學院，和教授住宅等都遭了海軍槍炮的亂擊。為了好玩，却也帶着德國人的周密，一切炸彈空壳，現在都被豎立在足球場的中心，就好像九柱戲的柱子一樣。

愈近炮台，大自然和人間廬舍被炸毁得愈無遺漏。木屋殘存物不是木板，而是一些碎片；石屋的殘存物不是石頭，而是一些塵埃。沿着日本人企圖在那裏搭橋的吳淞小河的田野，變成了滿是炸彈坑穴的田野，沒有一塊方場沒有被毁壞，就是在住宅之穴前，在稻田邊上的菜園裏磚砌了的棺材，也被炮火炸開了。

吳淞是海軍炮隊的目標對象，從江中，在很短的距離之內，日本的水雷驅逐艦和淺水巡洋艦轟擊炮台的炮塔戍軍，中國並不想損害它的商港裏的船舶，並不想由於危害任何歐洲船隻，使自己遭受歐洲的公然敵視，所以吳淞炮台並不轟擊那吳淞港裏的船隻，正像虹口的日本人進攻根據地，因為是在公共租界的邊界上，中國人沒有從閘北去攻擊一樣。吳淞只好聽憑毁滅，沒有任何眞正的自衞。

有着紅色太陽和紅色太陽光線的日本國旗，在吳淞的屍體之上飄動着。在中國人退走以前，他們將炸藥播植在裝甲的貯藏室，塞進炮筒和大炮裝置中，把扣子一按，一個地震埋掉了炮台，現在，許多大炮的鋼管，彎曲的，殘廢不全的挺立在那裏。

旗子上的太陽像是一個圓的創傷，從那上面，鮮血向四圍流出。

---

## 「靶子許」的刀槍劍戟

·小許·

自從中國武術團在這裏表演之後，武術的用品突然引起了許多中外人士的興趣。有些百貨商店也特別安置了刀槍劍戟的陳列櫥窗和售賣部。這使筆者想起了北京的「靶子許」來。

「靶子許」是北京市盔頭生產合作社的社員，他的原名叫許壽昌，「靶子許」是他的綽號。他專做舞台上用的刀槍劍戟，在戲劇界中很受好評。

許壽昌從十四歲起就學做靶子。他做活之外，性好鑽研，在二十歲的時候，試用生驢皮包製竹刀、竹劍，克服了過去刀劍過重，沒有彈性、易裂、易斷等缺點。

為了把產品做得逼眞，他又研究了各種靶子的刷錫技術，改進用水銀搓錫粉的操作方法，使刀槍習面老能保持光亮，如同眞刀、眞槍一樣。

做工精細也是「靶子許」的一個特點。他知道演員們愛惜靶子跟自己愛惜工具一樣，因此就在一些劍靶上用銀箔罩漆，讓這些地方長期保持鮮艷的光澤。

「靶子許」的技藝非常熟練，他能夠按照演員們的愛好，製作各種各樣的精美武器。


**·各地區發行者·**

| | | | |
|---|---|---|---|
| 星馬婆： | 東亞文化事業有限公司<br>星加坡大坡大馬路167號 | 羅　省： | 東方公司<br>民智書局<br>文華書店 |
| 日　本： | 東豐書店（東京）<br>朋友書店（京都） | 波士頓： | 中西公司<br>華美書局 |
| 澳　門： | 文新商店 | 加拿大： | 明星書店（蒙特里爾）<br>華厦貿易有限公司<br>香港百貨公司（多倫多） |
| 紐　約： | 友聯圖書公司<br>中僑圖書文具公司<br>友方文化事業公司<br>東方書店<br>香港書店<br>友誠公司 | 倫　敦：<br>印　尼：<br>泰　國：<br>越　南： | 東寶海外文化有限公司<br>集源公司<br>曼谷青年文化服務社<br>衡記書店 |
| 三藩市： | 亞洲書店<br>新生圖書公司 | 寮　國： | 永珍集郵公司書報部 |

# 文化消息一束

本刊資料室

## 台灣中研院選出新院士

中央研究院於七月十六日選出了八位新院士，使院士的總數，由原來的七十六位，增加為八十四位。

中央研究院院士是終身名譽職。

八位新院士是：數理組的周文德、周元燊、生物組的張伯毅、郭宗德；人文組的張光直、余英時、方豪、蔣復璁。其中人文組的數人，香港人對之較為熟稔，特為介紹如下：

張光直：考古人類學家，台灣人，四十三歲，台大畢業，美國哈佛大學博士，曾在哈佛大學、耶魯大學任教，現任中研院史語所兼任研究員，美國耶大教授兼系主任，他研究考古學，卓然成家。曾以英文著「中國考古學」等書。

余英時：研究中國歷史很有成就的學者，安徽人，他是香港中文大學新亞書院校長。這位四十四歲的歷史學家，是美國哈佛大學博士，曾任密芝根大學副教授，哈佛大學教授。著作有「漢代交通史」、「方以智晚節考」等書。

方豪：政治大學教授兼文理學院院長，浙江人，六十四歲，對中西交通史、宋史、台灣史及中國天主教史的研究，很有貢獻，他畢業於保羅神學院，曾任浙江大學、復旦大學、輔仁大學、台灣大學、政治大學教授。著作有「方豪六十定稿」、「宋史」、「方豪他定稿」、「短簡一束」、「給中年人」等書。

蔣復璁：國立故宮博物院長，浙江人，七十六歲，是一位目錄學專家，他曾任國立中央圖書館館長二十三年，主持故宮博物院十年，他畢業於北京大學和德國柏林大學圖書館學院，曾在清華學校、北大、師大、輔大等校任教。蔣氏著作有「圖書與圖書館」等書。又專攻宋史。

## 存台檔案將加整理

中央研究院歷史語言、近代史兩研究所，國史館和故宮博物院的負責人，已於七月間在台開會，會同有關專家組成一個檔案編纂委員會，從事國家檔案的保存工作。

負責籌劃的人士包括屈萬里、黃季陸、蔣復璁、王聿均四人。

歷史語言研究所所長屈萬里，日前在歷史研討會中，曾報告中央研究院歷史語言所等幾處的檔案收藏數量。

中研院史語所藏有明清檔案凡三十一萬餘件；近代史研究所藏清道光至民國初年外交檔案三十餘萬件、清光緒到民初的經濟檔案五十餘件；國史館藏民國以來各機關檔案六萬五千餘宗；故宮博物院藏清代宮中檔奏摺、軍機處檔案摺三十七萬件；黨史編纂委員會檔案（包括會議紀錄）十三萬五千多件。

## 列寧著述風行世界

據聯合國教育、科學及文化組織UNESCO為調查世界閱讀愛好而每年出版一次的「譯本索引」所載，列寧著作的譯本以三八一種獨佔鰲頭，其次是聖經，有二一五種，然後是獲得驚人成就的伯莉頓小姐著作，有一六五種。依順序而下是，卡爾・馬克思，其著作譯成一四八種版本，偵探小說家阿嘉斯亞・克里斯蒂有一四四種。

最慘的莫過於嘗與列寧力爭前茅的莎士比亞著作，如今其譯本已降至第十六位，甚至低於佐治亞斯，石門南和帕爾・巴克等小說家。不僅如此，英國還遭受另一打擊，他們的文學驕傲查爾斯・狄更斯在過去名單上贏過七十七種外文譯本，然而，這一次，甚至是「奧立佛・特威斯特」和「大衞・科柏菲爾」這樣的名著，UNESCO的調查人員連一種新譯本都找不到。

## 世界最古青銅文化在泰出土

掌握世界最古的青銅文化的線索，很可能是操在泰國偏僻小鄉村網汕村的手中。不過在那裏工作的考古學家，都有點感到沮喪，因為有一批尋寶者，為了搜求暴富，曾不惜利用一切手段搶奪土地。

在乾燥細微的棕褐色土壤下，曾出現了萬政古代陶器，那是一種具有特殊風格的白陶器，上面有很多條細緻的紅漆裝飾，這些陶器的年代，已超過六十世紀，它們已成為世界各地富有收集家，爭相羅致的名品。

在廿年以前，泰國當局早就知道有這種陶器存在，但當時對它們並不重視，那個時候，很多無知鄉民曾使用在地中所發現的罐、壺來盛飼養公豬的膿水。

到了一九六七年，這些古罐，有一些由泰有關當局寄給美國賓夕法尼亞大學，這間大學則使用新發展的加熱發光方法（Thermoluminescence Process）來判定其年代，用這種方法檢驗的結果是它們的年代從先前三五五〇年至四四三〇年不等，那就是說，這些陶器大概已有了六千四百年的高齡。

自這個消息傳開後，立即使考古學家大為震動，照以前一般學者的看法，東南亞的文明，是從中國或印度傳來，可是這些古罐的年代，至少比亞洲其他地區所出土的古罐，早了二千年。

近東的底格里斯河與幼發拉底河一直到目前，均認為是世界文明搖籃地，但在那裏迄今所出土的古器，却在泰國所發現青銅人工製品與陶罐遲了二千五百年。

賓州大學的戈曼教授，於今年二月間開始跟泰政府進行了一項考古發掘計劃，他曾這麽說：「實際上陶器和青銅一起在泰國被發現，就是泰國有這蓬勃的青銅文化之一個很好證據」他接着說「這些青銅陶器，很可能是世界上年代最老者。」

戈曼與乃披西挖到十呎至十五呎深，他們先發現紅白色陶器，接着又發現一種精良光滑的黑色陶器，這種黑陶器相信年代更遠。

儘管最好的東西，人家已拿去了。可是最近幾個月來，各地的旅客還是如泉水般向網汕湧來，為的是希望能得到一件珍貴的紀念品。

## 汶萊發現宋代墓碑

新加坡「南洋商報」於一九七二年十二月十日發表考古學者陳鐵凡、傅吾康（德籍漢學家）合著的「星期論文」，題為「汶萊發現的有宋泉州判院蒲公之墓」。對於了解中國古代同南洋各地的往來，有參考價值，摘要轉載如下：

今年春天我們花了一個多月的時間遍訪東馬——砂勝越、沙巴以及汶萊。

我們知道，馬來西亞最古遺物，僅存馬六甲的一塊明代黃維弘夫婦的墓碑——那還是一九三三年重修的。這幾年我們雖獲得上百件的一八五〇年的文物，而為前人所未發現者；然而却沒有一件超過淸代以前的。我們萬沒有料想到在訪古旅程的最後一站——汶萊邦，竟發現一塊七百一十年以前的華文古碑。——這對東南亞華文史、中外交通史、回教東傳史……都具有相當重大的意義。

這次的發現，首先得感謝汶萊博物館長夏日富丁先生及其同僚的指點與協助。因為他們老早就發現這一座華人古碑；可是因為年代久遠，文字漫漶，無法影照。這次我們用中國傳統拓榻的方法，才把這塊碑石上的文字顯露出來。因此把它攝成照片，星馬各報大都刊載這條新聞。

這塊碑石，上刻兩行大字，右旁一行小字，排列如下：

「有宋泉州判
院蒲公之墓
景定甲子男「應」？甲立」

碑的尺寸：
高度——卅八又二分之一吋
寬度——十六吋；
厚度——上：四又二分之一吋；下：四吋。

不久，新加坡大學中文系主任饒宗頤教授就寫了一篇文章，題為：「汶萊發見宋代華文墓碑的意義」。

饒氏說：「東南亞各處所見的華文古碑碣文物……惟汶萊此碑為南宋之物，故其價值最高。」

又說：「過去蒲氏文獻，只有泉州出土的明永樂蒲日和碑，……今此汶萊又出現宋末的蒲氏墓碑，時代更在其前，尤為難得，這不能不說是很重要的發現。」

## 台女作家劇作演出

台灣女作家，「地氈的那一端」、「武陵人」、「給你瑩瑩」等書作着張曉風女士新作「自烹」一劇，於八月九日至十一日在港作首次盛大公演。該劇藉春秋時期一段故事編織而成，但全劇充滿現代悲劇意識，表達人類靈魂深處的沉痛。劇力萬鈞，充滿哲理。是次演出，由港基督教協進會傳播部及青年部暨信德影音播道委員會合辦。

按張女士曾數度來港，主持基督教文藝寫作班「地氈的那一端」一書，在港亦深受讀者歡迎。

## 女文字改革者的遭遇

據七月十日本港工商日報所刊台化八日中央社電，國民大會秘書處今天發佈消息：江蘇籍國民大會代表袁行潔（女）附共有據，經政府查實依法通緝，並註銷國民大會代表資格。

國民大會說：袁行潔江蘇省武進縣人．．．．隨其夫葉南赴美，嗣與中共方面勾搭，去年六月又偕同葉南前往大陸公開發表演講，路經香港時又接受「文匯報」記者訪問，發表荒謬言論，經國家安全機構查證屬實，內政部已依法註銷袁行潔的國大代表資格，於七月二日通知國民大會。

查袁行潔即袁曉園，為已故名報人葉楚傖之媳，曾著「漢字現代化理案與方案」，年前到國內旅行，並有北遊見聞長文，在本港新晚報「下午茶座」版連載。

## 珍貴帛書在馬王堆古墓出土

國內湖南省長沙馬王堆漢墓的發掘，是近年考古學界的一件大事。所出土的文物，報刊已有報導。最近日本考古學界一行，訪問中國，與考古研究所所長夏鼐及考古學家王冶秋等晤談。夏、王兩位對墓中古文物，有更詳細的透露。

據夏鼐說，馬王堆三號墓出土的帛書，已知內有「戰國策」、「易經」、「左傳」、「道德經」等約十萬字。在出土時，帛書由於多年受潮，已經黏作一團，現在正一枚一枚地剝離並予以裝裱，所以尚未完全探明內容。帛書上的字體為五公厘見方的隸書，字體比過去發現的同時期文字為優。

王冶秋說，這份帛書原藏於長約五十公分、寬約三十公分的塗漆小箱中，箱裏原再有一個圓形小箱，帛書藏其中。由於水浸，出土時情況頗為惡劣，經用中國舊法剝離，然後裝裱。復原以後，可成高三十公分、長四公尺的絹製長卷，全文約十二萬字。

除上述各書，還有「相馬經」及中國古時醫學書籍「脈經」。（「脈經」為中國學者為方便介紹而起的名字）

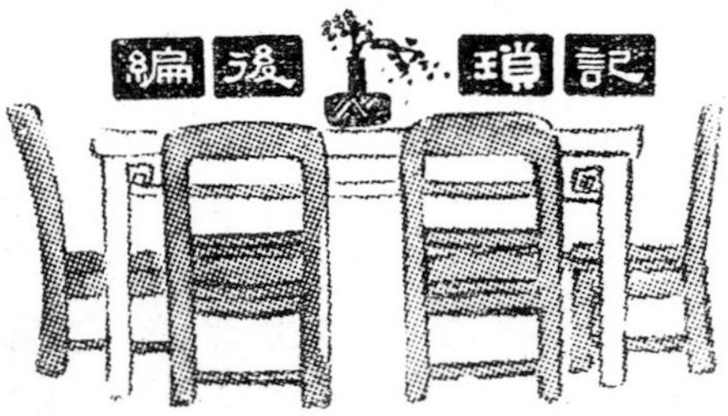


「波文月刊」從籌備到正式面世，不過是兩個月短短的日子。從約稿、策劃到奔走印刷所接洽等項，都是在極匆忙中進行。幸好工作一經開展，總算順利進行，雜誌也能如期創刊。在此我們不能不對與我們初次合作的排字公司，致以衷心的感謝。製版公司方面，百忙中為我們趕工，在此亦應特別一提。

當刊物要籌辦時，我們曾向旅居海外、在各方學有專長的廣大學人徵集稿件，幸蒙他們的愛護，踴躍賜稿，使我們極為感動。這些大塊文章，可稱篇篇精采，但因篇幅關係，有些收到稍遲，我們當儘速於近期發刊。

本刊的性質是一個綜合性的刊物，內容學術性與趣味性同樣注重，不作偏頗。因此，我們極希望這一類稿件，源源惠賜，俾光篇幅。

在創刊號中，我們極榮幸得到文化界前輩高伯雨先生交來回憶錄大文。高先生熟諳文史掌故，與國內作家學者交遊素廣，此篇僅為一開端，日後當有精采內容，在其回憶錄中披露。

中文大學電腦部吳振明先生為本刊特撰「電腦與人」專稿。吳先生是一位專治電腦科學的青年學人，他以生動有趣的筆法，介紹最新的科學知識，值得一讀。

海外學人所最關注的民族學與社會學家費孝通先生，他的為人與在抗戰期間的生活，現由他在西南聯大的舊學生何達先生加以追憶，對這一代學人的為人與為學，有很公允的記述。

本期有兩位女作家的力作。其中如杜艮媞小姐寫有泰國記遊的散文。她的記行文中，除了描述泰國的風光之外，對泰國社會的種種內情，有很深入的報導。另一位是明川小姐有關豐子愷繪畫的專文。作者是一位豐子愷作品的研究者與蒐集者，她以動人的筆觸，探討豐先生早年繪畫所受的影响，文筆細膩，清麗可讀，讀者不宜錯過。

其他如新詩、散文、小說等等，各具特色，但限於篇幅，不及一一介紹。本刊將續刊出各類精彩文章，但編者見聞有限，約稿範圍容有未周，至望各地讀者，踴躍賜稿，並望不吝賜教！


# 波文月刊

第一卷 第一期

一九六四年八月號

Po Wen Monthly

Vol. 1 No. 1 August 1974.

出版兼發行者：波文月刊社
香港皇后大道東252號
電話：5-753618

社長：黃孟甫

編輯：波文月刊編委會
區惠本 葉關琦
莫一點 黃俊東

主編：黃俊東

美術：莫一點

排版者：忠誠排字植字公司
香港灣仔船街34號二樓
電話：5-270842

承印者：四海印刷公司
灣仔聚賢里4號4樓

總代理：波文書局
香港皇后大道東252號

總發行：同德書報社
九龍砵蘭街269號
電話：3-962751

每月十五日出版・零售每冊港幣二元正

▶黃惠梅（19歲）

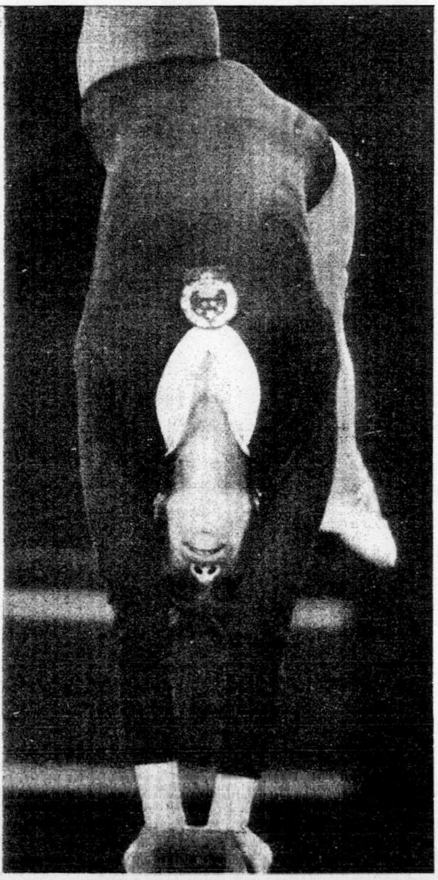

◀寧小琳（20歲）

中國最年青的
女選手辛桂秋
（14歲）
▼

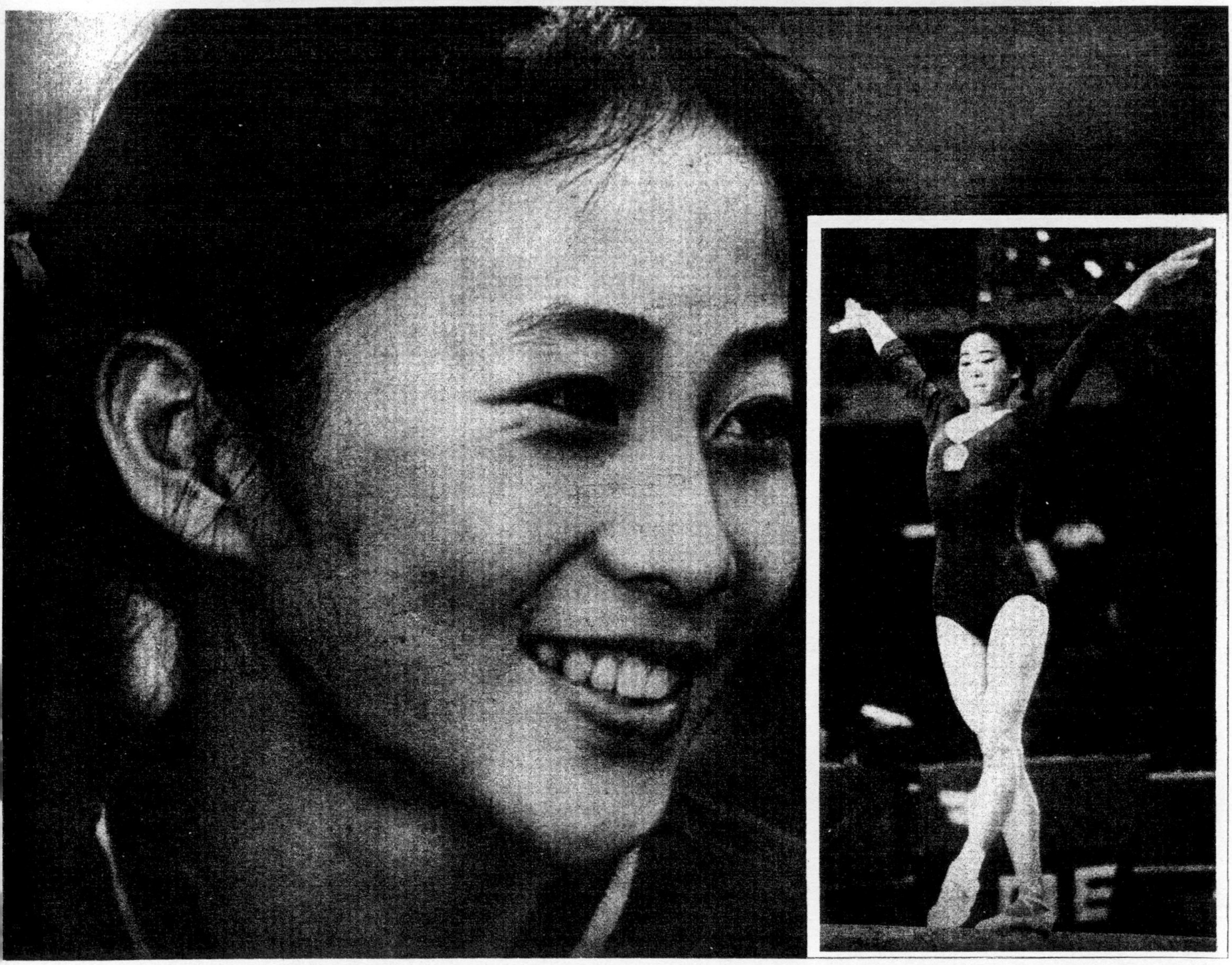

玉洞生春 吴昌碩 作

# 坡文

**2**

# 茅盾小說「子夜」插圖

（續見封底內頁）

葉淺予作

圖一：「她們先怠工麼？混賬東西，給她們顏色看!」

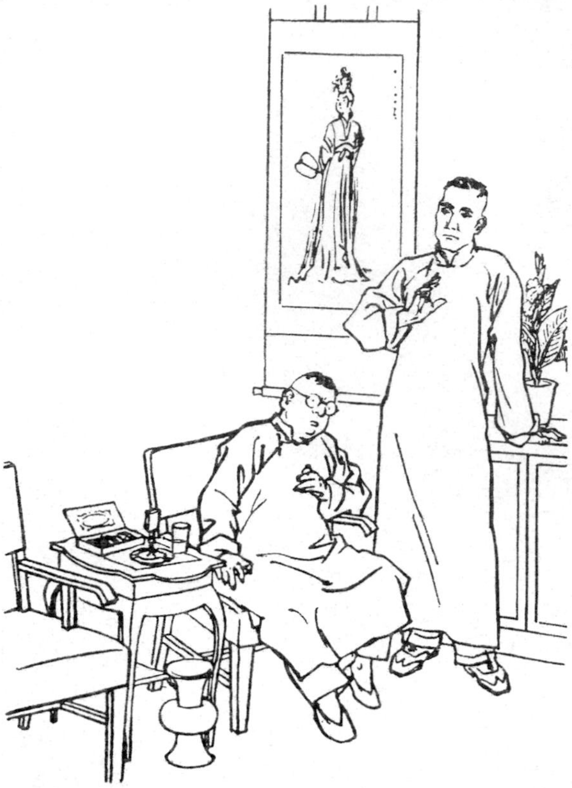

圖二：「沒有危險，竹齋，一定沒有危險！」

圖三：他們三個人的臉現在都是鐵青青地發光，他們下了決心要用一切可能的手段從那九個廠裏榨取他們在交易所裏或許會損失的數目，這是他們唯一的補償辦法！

圖四：「剛才我收了你的銅牌子，現在我把這個換給你罷！」

# 波文

第一卷　第二期

1974年9月號

一本唯一能容納不同立場和不同見解的綜合性雜誌

## 目　錄



圖片：封面：彩圖「朝霞」　潘天壽作
　　　封底：「無量壽佛」　潘天壽作
　　　封裏：茅盾小説「子夜」插圖　　葉淺予作

# 抒情詩的近代傳統

翺 翺

按：本文作者現在美國南加州大學任教比較文學及中國文學。

## I

所謂傳統，以廣義而言，當然牽涉到詩三百以降的詩史演變；以現代批評術語而言，傳統牽涉到文學以外的文化與社會；以艾略特派的觀點而言，古今之分並非就是如此這般的一刀兩截，而有着一種互相作用，在「神木」一書的序言中，艾略特強調着「批評家的其一責任……是穩健的看待文學，及把它整體地看待；」①所以傳統本身只是在這個整體裏的一種延續，一個歷史性的源流，夾乎於力圖新穎或沉於陳舊之間，而「此種歷史意義，也就是無限與暫限，及無限與暫限一起的意識，遂做成了所謂傳統性的作家。也就是說同時使一個作家準確地警覺到他在時間裏的本身位置，及他本身的當代性。」②五十三年以前，中國詩界革命，開始了「新詩」、「白話詩」或「現代詩」等令古文衞道者咬牙切齒的術語③；胡適之是唸歷史的，在「談新詩」一文中，他對傳統史觀的態度和艾略特的是一種很好的比較④；特別在文體方面，他指出：

> 我們若用歷史進化的眼光來看中國詩的變遷，方可看出自三百篇到現在，詩的進化沒有一回不是跟着詩體的進化來的。三百篇中雖然也有幾篇組織很好的詩，如「氓之蚩蚩」「七月流火」之類；又有幾篇很好的長短句，如「坎坎伐檀兮」「園有桃」之類；但是三百篇究竟還不曾完全脫去「風謠體」(ballad)的簡單組織，直到南方的騷賦文學發生，方才有偉大的長篇韻文。這是一次解放。但是騷賦體用兮些等字煞尾，停頓太多又太長，太不自然了。故漢以後的五七言古詩刪除沒有意思的煞尾字，變成貫串篇章，便更自然了。若不經過這一變，决不能產生焦仲卿妻木蘭辭一類的詩。這是二次解放。五七言成為正宗詩體以後，最大的解放莫如從詩變為詞。五七言詩是不合語言之自然的，因為我們說話决不能句句是五字或七字。詩變為詞，只是從整齊句法變為比較自然的參差句法。唐五代的小詞雖然格調很嚴格，已比五七言詩自然的多了…………這是三次解放。宋以後，詞變為曲，曲又經過幾多變化，根本上看來，只是逐漸刪除詞體裏所剩下的許多束縛自由的限制，又加上詞體所缺少的一些東西如襯字套數之類。但是詞曲無論如何解放，終究有一個根本的大拘束；詞曲的發生是和音樂合併的，後來雖有可歌的詞，不必歌的曲，但是始終不能脫離「調子」而獨立，始終不能完全打破詞調曲譜的限制。直到近來的新詩發生，不但打破五言七言的詩體，並且推翻詞調曲譜的種種束縛；不拘格律，不拘平仄，不拘長短；有什麼題目，做什麼詩；詩該怎樣做，就怎樣做。這是第四次的詩體大解放。這種解放，初看去似乎很激烈，其實只是三百篇以來的自然趨勢。自然趨勢逐漸實現，不用有意的鼓吹去促進他，那便是自然進化。⑤

胡先生花了很大的篇幅及力氣去解釋詩體在傳統裏的源流和自然演變，可是，比胡先生早九年前，王國維就早已很簡明的說過：

> 四言敝而有楚辭，楚辭敝而有五言，五言敝而有七言，古詩敝有律絕，律絕敝而有詞。蓋文體通行既久，染指遂多，自成習套，豪傑之士，亦難於其中自出新意，故遁而作他體，以自解脫。一切文體所以始

寫「談新詩」時代的胡適

盛終衰者，皆由於此。

故謂文學後不如前，余未敢信；但就一體論，則此說固無以易也。⑥

可是，比王國維早二百二十八年前，顧亭林就已經說過：

三百篇之不能不降而楚辭，楚辭之不能不降而漢魏，漢魏之不能不降而六朝，六朝之不能不降而唐也，勢也。用一代之體，則必似一代之文，而後為合格。⑦

胡適之的「自然」與「不自然」，王觀堂的「新意」，以至顧亭林的「勢」都是指出「文體」（genre）劃分時期」(period)的歷史意識，而此種變化，總括一句，是勢窮而變，亦即是王國維指出的一成習套，豪傑之士皆需自成新體，以自解脫；時期的劃分，是無可避免的，明顯地，文體的新舊更顯著地操縱了時代的劃分性，可是，傳統歷史意識的演變並非純粹來自「不自然」而至「自然」，更不能把「自然」或「不自然」去造成建立新體的理由，再進而劃分時期——或是劃分傳統，從三百篇到現代詩，不是因為現代詩（或三百篇以後的樂府）比三百篇進步，也不是三百篇或樂府已有無新意而進展成現代詩，主要的進展原因在於時代性與題材性的不同感受與選擇（譬如，我們均常談到的現代詩的某種晦澀表現乃是來自現代人於現代複雜社會內的一種心理過程等等），傳統應該是一個有機性名詞，桑間濮下的情愛複雜心理並不遜於汽車電影院內的柔情蜜意，所以傳統的劃分只是一種歷史演變過程的特徵，而這些特徵的彼此關係絕不能作一種好壞的比較，所以，如果說騷賦體的煞尾字太不自然，五言古詩刪除了這些沒有意思的煞尾字，便更自然了⑧，實在是一種牽强的誤解，本文無意追溯五言詩與騷體的傳統關係，自不欲在此追究騷賦以降的五言傳統，但以類推，則現代抒情詩雖然在語言方面能打破傳統而自立（其實也沒有打破傳統，胡適不是也寫過一本「白話文學史」而標榜白話傳統嗎？），但在抒情本質及附質，應該是與三百篇以降的抒情主流合而為一，並無衝突的。在這兒，我企圖大胆的把傳統——並利用它的有機體——重新扯回考古性（archaeological）定義，把人類從古至今的演變傳統歸納成一種有機體的文學傳統——它是一個人，出生的那一天就被賦與一個名字（姑且名其姓氏曰傳統），它有着它的嬰孩期、青春期、青年期、成年期等等，但無論以那一種時期那一種姿態，它仍是擁有那名字的那個人，無論它老年時期多會說話，它的嘴巴仍舊是那副嬰孩時期就已生長的牙齒。

在這兒，我不得不重新提出艾畧特在「傳統與個人才具」裏對傳統的看法。艾畧特這篇文章名震寰宇。當代批評家均視為壓卷之作不是沒有理由的⑨，因為艾畧特奮然指出數點前人未言或未敢言的地方，在傳統討論的範圍內，它們包括了（一）個人與前人的關係，（二）傳統的歷史意識，（三）詩人與過去的關係主要仍是來自「心靈的遞變」。我認為艾畧特這篇文章特別具有意義——特別是在中國現代詩發展傳統的討論裏有舉一反三之效；我們回顧中國新詩，尤其是五四胚胎時期的初步成就，與現今現代詩的大潮流相比之下，頓有一種見拙之感⑩。無可置疑，當代詩人的個人成就早已超越前期詩人，中國詩人在語言、表現技巧及現代思潮的接受均比前人更勝一籌，可是我們的重點却並非在乎今人與前人的比較，艾畧特提醒我們說：

當我們推崇一位詩人時，其中一項在此過程中令我們知曉的事實就是，我們堅持着他作品中某些方面異於旁人的傾向。在他的作品的某些方面或部份中，我們虛僞地找出那些是個人的，那些是這個人的特質。我們安詳地處於詩人與他前人的異處，特別是他的前期詩人；我們竭力去找出一些不同點以達到我們的快感。假使我們能去除這些偏見而去接觸一位詩人，那麼無論那兒我們都不止會發現出最優秀的，而且他作品裏最個人的部份可能就是他的前輩們，那些逝去的詩人們最威猛地造成他們不朽的地方。我並不是指易受感動的青春期，而是臻至完善的成熟期。⑪

我們可以更進一步的闡釋，今人與前人的比較徒足令人傾向於個人式的英雄崇拜，而所謂「個人式」實在卻是「個性式」的一種傾向，一說到個性式，更是犯艾畧特的大忌，因為我們的一代宗師力主的就是一種「個性減除」( depersonization)，雖然我不完全同意心靈成了白金(platinum)之說，但我却完全同意於個人才具與傳統的關係，艾略特隨後指出：

> 沒有詩人，或任何藝術的藝術家，可以單獨擁有他全部的意旨。他的意義，他的評價正是他與死去的詩人及藝術家的關係的評價。⑫

最令我們注意是最末一句「他的評價正是他與死去的詩人及藝術家的關係的評價」，這句話的要字(keyword)是「關係」，因為惟有傳統的關係才能把現代或古代的時期觀念銜接，很可惜，胡適之對傳統關係的認識僅限於「影响」方面，在「談新詩」裏，他說「我所知道的『新詩人』，除了會稽周氏弟兄之外，大都是從舊式詩、詞、曲裏脫胎出來的。沈尹默君初作的新詩是從古樂府化出來的。」⑬，跟着他舉出沈尹默的「人力車夫」，指出「稍讀古詩的人都能看出這首詩是得力於『孤兒行』一類的古樂府的」。以後是他自己的詩——「詞調很多，這是不用諱飾的」，以及傅斯年、俞平伯、康白情等「也都是從詞曲裏變化出來的」詩人。在這兒，胡適符合了艾略特所謂詩是一個「生存整體」(living whole)的看法，但是他忽視了艾略特所力主的詩從「情感」(emotion)進入「感覺」(feeling)的階段，艾略特說：

> 詩人的職務不要去找尋新穎情感，而是去利用那些日常的使它們成為詩，去表達那些根本就不在眞實情感內的感覺。⑭

如果以胡適之先生「戲台裏喝采」的新詩為例，他那首「送任叔永回四川」的第二段及第三段：

> 你還記得，我們暫別又相逢，正是赫貞春好？
> 記得江樓同遠眺，雲影渡江來，驚起江頭鷗鳥？
> 記得江邊石上，同坐看潮回，浪聲遮斷人笑？
> 記得那回同訪友，日暗風橫，林裏陪他聽松嘯？
> 這回久別再相逢，便又送你歸去，未免太匆匆！
> 多虧天意多留你兩日，使我做得詩成相送。
> 萬一這首詩趕得上遠行人，
> 多替我說聲『老任珍重珍重！』⑮

這首所謂新詩和詞調比較，似則似矣，可是如果我們以論詞的標準來說它是一首壞詩卻不可以，因為它根本便不是一首詞，可是我們以論詩的標準來說它是一首壞詩也不可以，因為它太似詞，而不像詩，無論怎樣，它到底是一首壞詩，因為詩內雖然以日常情感為題，在表現上卻並未能在緊密的藝術過程裏(intensity of the artistic process)表達出詩人的感覺；由此看來，那些「脫胎自舊詩詞」的白話詩並非一定就能進入我們在上面討論的傳統裏面，更不用說下面我們要建立的現代抒情傳統了。

所以，如果我們從傳統定義裏討論「過去」以及「現在」所能牽涉的關係時，或者，說得更明顯一點，那些古文學與現代文學，或是近期文學(如五四)與當代文學的可能關係時，我們不得不重覆回到本文開章明義第一段所引及艾略特的歷史意識，在這兒，我再詳盡地複錄在第一段裏艾氏說過的話，也許，就是本文對傳統觀念的最好按語了：

> 傳統是一項更廣濶而意義重大的事情，它不能被繼承，假使你要它，你必得出盡九牛二虎之力，首先，它牽涉到歷史意識，此種史觀對任何一個年過廿五歲而仍要做詩人的人是不可缺少的；這種歷史意識不但對「過去」知覺其「過去性」，還知覺其過去的現在性；這種歷史意識驅使作家不但以他當代精神的神髓來寫作，更以歐洲自荷馬以降的一種感覺來寫，在此感覺裏面，他本土的整套文學有着一種並存的存在力，及並存的體系。此種歷史意識，也就是無限與暫限，及無限與暫限一起的意識，遂做成了所謂傳統性的作家。也就是說同時使一個作家準確地警覺到他在時間裏的本身位置，及他本身的當代性。⑯

## II

如果我們用批評視覺的大網企圖去在詩的海洋裏撈出抒情的水族時，則網罟將因負荷過重而無法昇起；誰都知道，中國是一個抒情的民族，毛詩大序就開章明義的指出：「詩者，志之所之也。在心為志，發言為詩。情動於中而形於言，言之不足，故嗟歎之；嗟歎之不足，故咏歌之；咏歌之不足，不知手之舞之，足之蹈之也。」⑰，在這兒，音樂性在抒情詩內的重量是顯而易見；所謂抒情詩，就是我們常用的名詞 lyric，亦是溯源自希臘語 lyra(樂器)，或是古希臘語 melic，或 mele (風調)，中國這方面的古代傳統與西方頗為接近，中國古代孔子說的「不學詩，無以言」更標明了詩在邦交或社交上的用途，艾畧特在「詩的社會功用」裏亦指出詩可能有着一種刻意的社會用途，而此種目的在它早期原始的形式裏更為顯著，譬如用作驅邪使鬼的符咒宗教用途裏⑱，中國詩經內的周頌及大雅不是多屬於宗廟祭祀及歌頌先人的詩篇嗎？而在中國，詩之組成過程被述為從志而言而嗟歎而咏歌而舞蹈，則最後歌舞的階段已與原始階段——心志——保持了一大段距離，我認為這段距離的存在有着它顯著的重要性，因為從這段距離開始，詩人從容地開步掙脫了「詩言志」的禮教及訓誨束縛，正式獨立了一種屬於情感方面的抒情範圍，這種「掙脫的機會」與古希臘悲劇內的合唱（chorus）脫穎而出的情形一樣，我們應當記得亞里士多德記載裏有關作者利用合唱的歌詠以連接不同的場景，做成一種構成戲劇整體性（integral）所必需的分子，但演變至後，這種合唱竟自成一體，與情節的牽連不起作用，更不用說後來它本身的宗教性與社會性的湮沒了。

上面所說的這一種「掙脫」，在二十世紀開始二十年的中國（即是大約一九一五年至一九三五年間），浪漫文學幾已操縱了整個抒情主勢，李歐梵先生更稱說「中國在十年之間（一九二〇——一九三〇）塞進了歐洲一個世紀的浪漫主義，這十年的中國文壇，我可以大言不慚地統稱之為中國的『浪漫時代』」⑲。其實李先生何用自謙曰大言不慚，我們在閱讀胡適之的「文學改良芻議」的八不主義及陳獨秀文學革命的三不主義之餘，亦何嘗不警覺到（正如李先生在他那篇文章內引出的）梁實秋先生在「現代中國文學之浪漫的趨勢」內所歸納的：

> 情詩成為時髦，這是事實，但為什麽會有這種事實呢？我們中國人的生活，最重禮法。從前聖賢以禮樂治天下；幾千年來，「樂」失傳了，餘剩的只是鄭衛之音；「禮」也失掉了原來的意義，變成形式的儀節。所以中國人的生活在情感方面似乎有偏枯的趨勢。到了最近，因着外來的影响，而發生所謂新文字運動，處處要求擴張，要求解放，要求自用。到這時候，情感就如同鐵籠裏猛虎一般，不但把禮教的桎梏重重的打破，把監視情感的理性也撲倒了。⑳

可是，我們亦應同時警覺到「粗糙時期」進入到「精緻時期」之別，朱自淸先生就是一個令人佩服的評論者，因為他眞確地擁有全盤的歷史的透視，他曾

詩人戴望舒

經特別指出新詩的初期是一個解放的時代，解放從思想起頭，人人對於一切傳統都有意見，都愛議論，於是無分文類，作者們均見仁見智，以個人所關心的事物而作明白的具體訴述。可是發展到後來：

> 民國十四年以來，詩才專向抒情方面發展。那裏面「理想的愛情」的主題，在中國詩實在是個新的創造；可是對於一讀般者不免疏些。一般讀者容易了解經驗的愛情；理想的愛情要沉思，不耐沉思的人不免隔一層。㉑

而朱自淸在這兒所謂的沉思，是指哲理性的沉思作為出發，在抒情詩的領域裏，亦即就是我們不能忽視的「想像力」因素，也是柯立列治（Coleridge）所强調的所謂「想像力的組合精神」（The Shaping Spirit of Imagination），我認為浪漫思想是毫無疑問的在五四早期時為一原動力，但是在不斷進步的新詩運動裏，流於空洞表現和苦悶宣洩的吶喊的創作都必將送入博物館裏和北京人陳列一起，它們的價值除了告訴我們一點歷史觀念外，在現代詩的抒情傳統內毫無位置可言。

是的，詩只有不斷的進化才能使今日的現代詩能夠達到如此輝煌的成就，不是這樣的話，它對一如過往墮落的民族最終流於湮沒，我們回顧五四新詩，往往對其分成門派，樹其主義，朱自淸在「新文學大系」裏的「導言」末尾，就曾籠統的分成三大派系，他說「若要强立名目，這十年來的詩壇就不妨分為三派：自由詩派，格律詩派，象徵詩派」

㉒，以後的詩選編輯或文學史家亦因循而依此類分，此後五四詩人看來自成門戶，有如河水井水，你是那派，我是那派；此種劃分雖然常在詩選裏為一無可奈何而亦是無可避免之事，但如果我們稍能再精細審量詩人作品的質素，則自非派系或主義所能控制了。在這兒，我沒有反對詩風或詩派本身的獨立觀念，但我認為這種分野只適宜於作一種進化性的方向，朱自清寫了「導言」的派別後，也有悔意，後來他在「新詩的進步」一文裏，就重新從進化性的觀點去解釋這派系之分，他說：

> 這幾年來我們已看出一點路向。「大系詩集編選感想」裏我說要看看啓蒙期詩人「怎樣從舊鐐銹裏解放出來，怎樣學習新語言，怎樣找尋新世界」。但是白話的傳統太貧乏，舊詩的傳統太頑固，自由派的語言大抵熟套多而創作少，（聞一多先生在什麼地方說新詩的比喻太平凡，正是此意。）境界也只是男女和愁嘆，差不多千篇一律；咏男女自然和舊詩不同，可是大家都泛泛着筆，也就成了套子。當然有例外，郭沫若先生歌詠大自然，是最特出的。格律詩派的愛情詩，不是紀實而是理想的愛情詩，至少在中國詩是新的；他們的奇麗的譬喻——即使不全新創的——也增富了我們的語言。徐志摩，聞一多兩位先生是代表。從這裏再進一步，便到了象徵詩派。象徵詩派要表現的是些微妙的情境，比喻是他們的生命；但是「遠取譬」而不是「近取譬」。㉓

「白話的傳統太貧乏，舊時的傳統太頑固」確是一針見血，可是當時的詩人大都忽畧了如此重要的語言問題，我們在此又不能不抱怨於胡適所謂的白話入詩，或者是我手寫我口的誤盡蒼生理論了。梁實秋亦指出「口裏說甚麼，筆下便寫甚麼，那不見得就成為文藝作品……用白話創作文藝是很對的，但不是一般人口頭說的白話。有時候，引車賣漿者流口裏所說的白話，一字不易的記載下來，也滿有趣味，但那只是作者手裏偶而要形容某一類型性格而引用的一種技巧，並不能成為文藝創作的正常的工具。」㉔，梁實秋所堅持的是白話文必需具備藝術的條件。比梁實秋更詳盡分析白話在詩的缺憾是葉維廉的「中國現代詩的語言問題」㉕，我認為這篇論文在新詩發展史裏有着它獨特的重要性，主要是它本身的建設性，它不但指出白話詩取代古詩後所發生的反效果㉖，當然葉氏是以有別於白話詩的現代詩眼光來看白話所設的陷阱，而事實上五四詩人亦早陷網羅。但他所力主的蒙太奇效果——兩個經驗面，彷似兩錐光，同時交射在一起。讀者追隨着水銀燈的活動，毋需外界的說明，便能感到畫面上的對比和張力——却是五四以來知性詩人所力求的意象，所不幸的是，他們大都陷入了白話語言上的陷阱，造成了語言上無法避免的散漫組織（discursiveness），譬如，馮至的十四行詩一首內的：

> 我們安排我們在這時代
> 像秋日的樹木，一棵棵，
>
> 把樹葉和過遲的花朵，
> 都交給秋風，好舒開樹身。
> 伸入嚴冬；我們安排我們
> 在自然裏，像蛻化的蟬蛾。㉗

我們可以說上面一段是內心的獨白（Interior monologue），而景象方面，則有「我們」、「秋日」、「樹木」、「樹葉」、「花朵」、「秋風」、「樹身」、「嚴冬」；從秋日的樹木到嚴冬為止，我們看到了一種進展（Progression）的單元，而此種進展的組成仍是來自上述一連串的景象急促躍入畫面裏，做成了印象性的蒙太奇，我說是印象性的（Impressionistic），因為詩內早期所建立起的個人與樹木的分別獨立意象，已因蒙太奇的效果而交溶、組合，形成了一幅印象性的畫面，直接呈現出人與物間的水乳交融狀態。

抒情詩在哲理方面的優秀表現並不能掩飾其在象徵方面的窘態，我常覺得白話語言在顯淺陳述如康白情那種「牛呵！草兒在前，鞭兒在後」的表現自可控制自如，但在象徵方面却尚未到火候，因為中國古詩除了有限幾人如李義山等正式運用象徵外，其他大部份均止於意象的境界，象徵不同於意象，因為象徵往往需要意象來達成它本身的意義，而象徵本身並不代表任何某一種意義，因為象徵本身就是一種意象，由於此種意象的運用才賦予某種現實其多層意義，我們一談到中國的象徵派，便馬上想及李金髮——這位白話詩中象徵派的「開山鼻祖」，事實上，李氏在歐留學，尤其初期在法國，喜愛法國象徵派詩人作品是顯然的，但李金髮本人究竟「象徵」到什麼程度呢？我們先讀他晚年寫的那篇「文藝生活的回憶」的第一段吧：

> 不過我在三十年代，確曾在貧弱的中國文壇，翻起一些波浪，有些人稱我為詩怪，有一部份人公認我為中國象徵派的創始者

。有書為證的，是鄭振鐸編的世界文學大綱，把我詩選了十九首，以作這派的代表；一位蘇雪林女士，還寫了一篇分析我詩的文章，說我的思想的來龍去脈，比我自己還明瞭。實在我的詩是弱冠之年的一種文字遊戲，談不上什麼思想，有些還是幼稚的幻想，笨拙的技術，如今自己看了還覺得難以為情，那裏能登文學史大雅之堂呢。㉘

（未完）

---

註①見艾畧特著「神木」（The Sacred Wood）一書，瑪安公司出版，倫敦，一九六九，第十四頁。

註②同上，見「神木」一書內「傳統與個人才具」（Tradition And Individual Talents）一文，瑪安公司出版，倫敦，一九六九，第四十八頁。

註③在此稍錄一段林紓的「妖夢」，讀者自可見其咬牙切齒之態：「遂並轡至一廣場之上，有高閣，大書曰，白話學堂。門外大書一聯云，白話通神，紅樓夢，水滸，眞不可思議；古文討厭，歐陽修，韓愈，是甚麼東西。康觀之，汗出如瀋。髯曰，校長元緒，教務長田恒，副教務長秦二世，皆鬼中之傑出者也，試入面之。遂投刺延見。入第二門，匾上大書斃孔堂。又一聯云，禽獸眞自由，要這倫常何用；仁義太壞事，須從根本打消。康怒極，謂髯曰，世言有閻羅，閻羅又安在？髯曰，陽間無政府，陰間那得有閻羅。已而元緒出見，則謙謙一書生也。田恒二目如貓頭鷹，長喙如狗。秦二世如歐西之種，深目而高鼻。左右元緒而出。談次，問名未竟，二世曰，足下思康，思鄭康成耶？孔丘尚是廢物，何況鄭玄。田恒曰，鄭玄作作死文字，决不及活文字，非我輩出而提倡，則中華將被此腐儒弄壞矣。而五倫五常，尤屬可恨，束縛至於無旋轉地步。康不期發聲問曰，倫常既不可用，對用何人為師？田曰，武則天聖主也，馮道賢相也，卓文君賢女也。無馮道則世無通權達變之人，無文君，則女子無自由之權利。且不讀水滸，世間無英雄，不讀紅樓，則家庭無樂事。汝以為何如者。時元緒點首稱賞不已，康氣如結轖，興辭而出。髯亦微笑同行。行可三里許，忽見金光一道，遠射十數里，路人皆辟易，言羅喉羅阿修王至矣。金光濃處，見王身長十餘丈，張口圓徑可八尺，齒巉巉如林，直撲白話學堂，攫人而食。食已大下，積糞如邱，臭不可近。康竟霍然而醒……」見「中國新文學大系」第二冊「文學論爭集」，附錄「妖夢」，林紓著。香港文學研究社，重印，第四三五、四三六頁。

我在這裏錄出「妖夢」一段主要是帶出當日文言白話之爭，及文體新舊之別，研究五四運動或五四文學的書籍大都有致力於這方面的史實研究，譬如，「妖夢」內之人物大都有所影射，譬如元緒就是影射北大校長蔡元培。林琴南這篇小說原發表於新申報，我因在國外，一手資料已無從獲得，但在二手資料方面，也許是手民誤植，影射人名已異，如在「新文學大系」裏是元緒、田恒、秦二世。在李何林編著的「近二十年中國文藝思潮論」裏却是「如妖夢一篇，用元緒影北大校長蔡元培佣陳恒影陳獨秀，用胡亥影胡適；內容齷齪，有失學者器度。」。（第四十五頁），李輝英編著的「中國現代文學史」（香港，一九七〇）內是「妖夢一文，林紓又用元緒影射北大校長蔡元培，用陳恒影射陳獨秀，用胡玄影射胡適，內容齷齪，更為有失一個重視倫常者的風度。」（第十三頁）。李何林書成於一九四六年，李輝英書成於一九七〇年（雖然他的講稿會比書成年代早，但亦多於一九四九年以後了），所以鑑定取捨之間應該以李何林或「新文學大系」為準。本文因不着意於新舊文學之爭論及其過程，只就其對傳統意識方面稍加申述，自此遂一筆帶過，關於五四的史實資料，讀者可自參閱周策縱先生著的「五四運動史」（哈佛大學出版，一九六〇），特別是第十一章「文學革命」。資料參閱方面可另參考周先生的另一書「五四運動研究資料」（哈佛大學出版，一九六三）。

註④在這兒，我認為艾畧特的傳統範圍比胡適的博大而柔韌，也許是文學運動的本質往往相異，換句話說，文學革命的目標大都不盡相同，五四運動的基本本質是對抗的、陽剛的，創新的，反古的。也許，這就是艾畧特常常自稱為「

古典大家」（classicist）的原因吧。

註⑤見胡適之「談新詩」，「中國新文學大系」第一冊，「建設理論集」，香港。三二四，三二五頁。

註⑥見王國維「人間詞話」，台北，一九五三，第三七頁。

註⑦見顧炎武「日知錄」卷二十一。此處轉引自朱東潤「中國文學批評史大綱」，台北開明，一九六八，第二九九頁。

註⑧見註⑤胡適一文。第三二四頁。

註⑨當然，以艾略特的當代名氣而樹敵無數自是意料中之事，艾略特身為美國作家而藐視美國文學傳統就是夠使美國學者們吹鬚瞪眼，譬如，現代美國批評家史丹利・愛格・海曼（Stanley Edgar Hyman）在他那本「武裝視覺」（The Armed Vision）裏就有專文討論艾略特批評內的傳統，海曼呱呱大叫艾氏輕視本土作家，他更指出艾略特傳統的最大弊病在於它本身的遺漏，艾氏不但對當代作家毫不在意，而且更極少垂顧於美國任何時期的某一作家。這一點已足以傷透愛國批評家的熱心了。海曼更說，看呀，F・O・瑪菲遜（F.O. Matthiessen）古道熱腸花了無數力氣寫了一本「艾略特的成就」（The Achievement of T.S. Eliot），把艾氏放入美國的清教徒傳統，與霍桑、占姆士等人互相媲美，而艾略特本人則妄視全部美國傳統，言下之意，大有指責艾氏感恩不圖報。其實，艾略特的傳統傾向古典、道德、倫理及社會的實用等一點沒錯，但如把艾氏放入清教徒的南瓜火雞羣中，恐怕他避之唯恐不及。

海曼一文見葡萄酒出版社簡本。

一九五五年，紐約，第五十七頁

註⑩怎樣才能抽出五四新詩的代表作往往是最頭痛的事情，詩選家早已焦頭爛額（台灣現代的詩選家們又何嘗不是如此！），不過，我個人心目中的代表作，自然不會包括「嘗試集」之類的新詩在內。

註⑪見「傳統與個人才具」，艾略特著「神木」，瑪安公司出版，倫敦，一九六九，第四十八頁。

註⑫同上。第四十九頁。

註⑬「談新詩」一文，源自註⑤，第三二六頁。

註⑭見「傳統與個人才具」一文，「神木」第五十八頁。

註⑮見「談新詩」，第三二七頁。

註⑯見「傳統與個人才具」一文，「神木」第四十九頁。

註⑰見「毛詩大序」，此處轉引自朱東潤「中國文學批評史大綱」台北，開明，一九六八，十二頁。

註⑱見艾略特著「詩的社會功用」一文，於「論詩及詩人」一書（On Poetry And Poets），午日出版社，一九六六，第四頁。讀者並可參閱艾氏對詩的訓誨作用的意見，並與我們的「詩教」及「美刺」等用作一比較研究。

註⑲見李歐梵「五四運動與浪漫主義」一文，大學雜誌第五十三期，台北，一九七二年。第十四頁。

註⑳梁實秋：「實秋自選集」，台北，一九五四年，第八頁，此處轉引自李歐梵一文，見註⑲，第十三頁。

註㉑見朱自清「詩與哲理」一文，「詩與感覺」，台北啓明，一九五七年，第十五頁。

註㉒見朱自清「導言」，「中國新文學大系」第八集，香港。第八頁。

註㉓見朱自清「新詩的進步」一文，「新詩雜話」，上海一九四七，第九頁。

註㉔梁實秋「文學因緣」，台北文星，一九六四，第一六〇，一六一頁。

註㉕葉維廉譯「中國現代詩選」，見導言，愛奧華，一九七〇，第十頁。

註㉖葉氏指出了四項顯著的差別：（一）雖然這種新的語言也可以使詩行不受人稱代名詞限制，不少白話詩人却傾向於將人稱代名詞帶回詩中。（二）一如文言，白話同樣也是沒有時態變化的，但有許多指示時間的文字已經闖進詩作裏。例如「曾」，「已經」，「過」等是指示過去，「對」指示未來，「着」指示進行。（三）在現代中國詩中有不少的跨句。（四）中國古詩極少用連接媒介而能產生一種相同於水銀燈活動的戲劇性效果，但白話的使用者却有意與無意間插入分析性的文字……對整個蒙太奇的呈現效果和直接性都毀掉。

註㉗見馮至「十四行集」，香港文心書店出版，一九七一，第五頁。

註㉘李金髮「飄零閒筆」，台北僑聯出版社，一九六四，第一頁。

何其芳在他的書齋中

# 何其芳評傳 (一)

黎活仁

## (一)墜入文字魔障的童年

何其芳（一九一二——），四川萬縣人①，他的家離萬縣城約五六十里，一九一二年正是辛亥革命成功後的第一年，然而這個現在稱為「舊民主主義革命」的運動並沒有給中國帶來徹底的改革，就是革命發源地的四川，也是依舊如昔，政治與民生一點沒有好轉；何其芳七八歲時一家為避土匪，在萬縣城住過，後搬到湖北，在那裏過了兩年流離的日子，到匪患稍息，然後回鄉，仍住在縣城裏。

他童年所進的學校仍是舊式的私塾，讀經書，念古文，唐詩和作試帖詩（清朝考科舉的一種詩體，每篇限十六句，每句五字，除開頭兩句和結尾兩句，都要對仗工整，而且平仄極講究。）他的祖父很守舊，仍堅信帝制和科舉會恢復，辛亥革命後十三四年，也就是他十三四歲那年尙請一個老秀才教他這一套。由於私塾生活和家庭生活的暗淡，養成異常孤寂的性格，宅中樓上木箱裏的書，就是他終日相隨的伙伴，在十二歲那年起養成了在假期中自己讀書的習慣，初迷於小說，常常從早晨讀至深夜，有名的「三國志演義」、「水滸傳」、「西遊記」和「聊齋誌異」等都在這時讀完，此外就是「昭明文選」和「唐宋詩醇」（選的是李白、杜甫、白居易、韓愈、蘇軾和陸放游等六家。），後者在十四歲那年暑假讀完，是他第一次接觸詩歌，深喜李杜的作品。在與詩文開始接觸時，已有唯美的傾向，他說：

> 我從童時翻讀着那小樓上的木箱裏的書籍以來就墜入了文字魔障。我喜歡那種錘鍊，那種彩色的配合，那種鏡花水月。（「刻意集」：「夢中道路」）

十四歲時請求家長讓他上中學，後來在一位長輩的援助下，十五歲時得上萬縣城的初中學校，學校裏的學生年齡相差很大，從十五到廿四五都有，入學一個月後，與他同宿舍的同學以他年小，並不介意他的存在而談論策劃與校外的人聯絡，攻擊當時的校長，校長解職後而新來的，因派系不同，又並非學生原擬定的人選，於是學生再發動一次風潮趕走新校長，惹來軍閥的干涉，這年九月，他親目覩侵畧萬縣的英軍與軍閥楊森的軍隊交戰。

在這所中學過了一年半，接受了白話文和讀到「紅樓夢」。初級中學是三年制的，往後的一年半是轉到另一所學校完成的，陌生的環境和寂寞的生活，使他又重新把課外時間消磨在文學書籍裏，在這所學校中他喜歡幾何和英文，幾何的老師講得非常明晰，使他感到不但不枯燥，反而覺得那種邏輯和推理的精密好像有着吸引力；教英文的老師很認眞負責，他說所識的一點英文知識都是從這位老師得來，英文的課外讀物是安徒生童話，他並未把它讀完，但其中的「小美人魚」、「醜小鴨」和「賣火柴的女兒」都有很深的印象，在他的「星火集」裏那篇「一個平凡的故事」中說：

> 漢斯・安徒生的「小美人魚」是第一個深深感動了我的故事，我非常喜歡那用來描寫那個年輕的公主的兩個外國字：beautiful和thoughtful。 而且她的悲劇的結果使我第一次懂得自我犧牲。不知這三個思想（美、思索，為了愛的犧牲）是剛好適宜於我嗎還是開啓了我，我這個異常貧窮的人從此才有了一些可珍貴的東西。我幾乎要説就靠這三個思想我才能夠走完我的太長，太寂寞的道路，而在這道路的盡頭就是延安。但它們也限制了我，它們使我不喜歡我覺得是誇張的情感的事物。這就是我長久地對政治和鬥爭冷淡，而且脫離人羣的原因。我乖僻到不喜歡流行的，大家承認的，甚至於偉大的東西。

此外，當時讀得更多的是五四以後的新文學作品，由於理解和趣味的限制，喜歡的作家很少，冰心是其中之一，在「寄小讀者」、「往事」、「繁星」和「春水」與及泰戈爾的「飛鳥集」和「新月集」②等的影响下，開始用一個小本子寫起詩來，體裁是當時流行的小詩體，不一定都押韻，也不一定字數整齊；那個中學是位在江邊，黃昏鄭躅頹垣上，月夜散步於校園的花樹影下，又或者深宵江濤的怒號，都引起一點感觸，他把這些都捕捉起來，塡滿了一本，他說「一直沒有給誰看過，後來自也也覺得幼稚吧，偸偸的燒掉了。」（「關於寫詩和讀詩」、「寫詩的經過」）。

十五歲上高中，更加為新詩着迷，把能找到的新詩集都拿來讀，（新文學大系「新詩」那一集有一新詩集繫年表，可參看。）那時新詩壇正流行着「豆腐乾詩」，他的詩習作也全部變成那樣的形式，塡滿了三個本子，部份那時以為不壞的，用筆名發表過，後來也不滿意，也全部燒掉。

高中只念了一年，二十歲失學一年就上大學，失學的一年多讀了一些翻譯作品，克服了外國小説和戲劇裏，衆多人物的名字令人覺得頭緒紛紜的弱點。

---

註①小何其芳生於一九一二年。資料參看：

a、作家小辭典——何其芳　讀書十三期　北京　一九五八

b、何其芳簡歷及其寫作　現代作品選講　萬曼編著　武漢湖北人民出版社　湖北　一九五六

日文的著述也是無誤的，參考：

a、何其芳「預言」の世界（何其芳「預言」的世界　新島淳良　早稻田大學「教養諸學研究」第十四號　日本

b、「夜歌」の成立——「文藝講話」まえの何其芳（「夜歌」的告成——「文藝講話」前的何其芳）新島淳良　中國文學研究第2號　日本一九六一

c、何其芳の詩と詩論（何其芳的詩和詩論）現代中國詩人論　秋吉久紀夫　飯塚書店　日本　一九六四

尙有其他，玆不贅引。一九七一年美國哥倫比亞大學版 Howard L. Boorman 編 Biographical Dictionary of Republican China「中國人名辭典」的何其芳傳誤作一九一〇。

註②「還鄉日記」「街」說「：我十五歲時進了縣裏的初級中學。」在「一個平凡的故事」知道他十四歲開始作上中學的請求，但不是那年入學，新島淳艮「何其芳『預言』的世界」作十四歲入學則早了一歲。

註③參考：「中國詩年表」，今村與志雄編，載「詩，民謠集」（日本平凡社刋　一九七二）

冰心：「繁星」（文學研究會叢書　商務印書館　一九二三

「春水」新潮社刋　一九二三

泰戈爾：「飛鳥集」（文學研究會叢書）鄭振鐸譯　商務印書館　一九二二

「新月集」（文學研究會叢書）鄭振鐸譯　商務印書館　一九二三

# 有關徐志摩的一些看法

## ——從「海洋文藝」第一卷第三期中一篇評論文章說起

李長城　郭芳琳

最近看到海洋文藝第一卷第三期中一篇評論文章，題目是「徐志摩與新月派」，作者是余惠（以下簡稱余君），不禁使我們想到評論者所應持的評論態度問題。我們覺得作為一個評論者，應要有評論良心，評論眞誠，絕不能憑不足的資料來評論一個作者或作品。胡亂的拉扯或盲目的推論，都不是一個文學評論者所應有的態度。

綜觀余君的整篇文章，疑點很多。單以他的說法，徐志摩簡直一錢不値，不是具有單純信仰的詩人，是一個具有資本家剝削思想的銀行家。但光從余君所引的資料來看，是沒法使我們可歸結到徐志摩的面目根本就是如此的，而且我們看過徐志摩的生平資料（如年譜）①和他的作品後，發覺很多地方，都表現這位二三十年代詩人是個信仰很單純，熱切地追求着「愛」，「自由」和「美」的實現的人；當然，徐志摩家境富有是不可否認的事實，他「濺着跳着」地過人生，也給他部份作品帶來了淺薄的毛病，但我們就不能因而抹殺他的其它好處，我們要求的是客觀的評論態度。

為了淸楚地提出我們的疑點，為了便於討論，我們以分點的方式來談，先引余君引過的資料和他的論點在前頭，然後提出我們的問題來。

### 第一：徐志摩初期的抱負

> 「在二十四歲以前我對於詩的興味還不如我對於相對論或民約論的興味，我父親送我出洋留學是要我將來進『金融界』的，我自己最高的野心是想做一個中國的 Hamilton」。（見猛虎集自序）

余君翻開了美國歷史，查出了 Hamilton 是「美國獨立戰爭時期的政客」，「表表大資本家的利益，親自帶兵鎮壓過農民起義。」幸運的他勉強還知道 Hamilton 曾對美國有甚麼貢獻：「如果說他曾經起了甚麼作用的話，就是為了擴大資產階級的利益，韓密爾敦 (Hamilton) 提出了一連串類如設立國家銀行，保護關稅，鼓勵發展工業等措施，客觀上促進了美國生產力的發展。」

其實，從上列所引的資料和徐志摩在美國攻讀的學系來看，我們只能看出他初時是對政治學、社會學發生最濃厚興趣，經濟學只屬其次，他最喜愛的相對論（Principle of Relativity)，是德國著名的數學家和物理學家愛因斯坦所寫的，是本談物理學中「力」與「運動」二者皆為相對者的書籍；而民約論（Doctrine of Social Cocial Contract）是法人盧梭所寫，其內容大約說國家的建立，應基於人民所締造的契約，是本講政治的書籍。其次，徐志摩在北京大學所修讀的是法科政治學，後赴美國克拉克大學是攻讀銀行和社會學，在哥倫比亞大學深造時，仍是硏習政治，所以縱使徐志摩想效法 Hamilton 的地方，恐怕只不過是他的政治抱負吧！而且徐志摩準備進金融界，是他的父親徐申如的意思呢？

### 第二：徐志摩爲甚麽會由想做一個 Hamilton 轉成爲詩人？

> 「在二十四歲以前，詩，不論新舊，於我是完全沒有相干，我這樣一個人如眞會成功一個詩人——那還有甚麽話說？
> 但生命的把戲是不可思議的！我們都是受支配的善良的生靈，那件事我們作得了主！整十年前我吹着了一陣奇異的風，也許照着了甚麽奇異的月色，從此起我的思想就傾向於分行的抒寫。一份深刻的憂鬱佔定了我；這憂鬱，我信，竟於漸漸的潛化了我的氣質。」（見猛虎集自序）

在這裏余君執着徐志摩那句「我們都是受支配的善良的生靈」，便說是傳敎士的口吻；還說支配着徐志摩的，就是金錢，論據就是徐志摩乃銀號老闆的兒子。余君這種說法，委實是有點牽强。其實，徐志摩那句「我們都是受支配的善良的生靈」，必須連接着上一句「生命的把戲是不可思議的」來了解，這兩句話的意思，不外說出徐志摩自己興趣的轉變或心態的更換，對他來說也有點意想不到吧了。所以他那「我們都是受支配的生靈」一語，絕不是傳敎士的口吻，正確點說，只不過是帶點宗敎意味的一種想法。

余君又說徐志摩為銀號老闆的兒子，所以支配着徐志摩的就是金錢，這種說法，簡直就有點胡亂拉扯了。試問一個銀號老闆的兒子就是否必定為金錢支配，我們相信身為銀號老闆兒子而不為金錢支配的，大有人在，余君這種武斷的推論，是一位文學評論者應有的態度嗎？余君更認為徐志摩之所以放棄其原有興趣（指銀行、經濟學），轉變為詩人，乃因他本身就覺得「做一個銀行家或是財政部長太花力氣而沒有那樣的需要。這位由金錢支配的『生靈』既不需要耕田，也不必做工，更不必營營逐逐去找個甚麽『為稻粱謀』的職位。要講名氣地位，捷徑之一是自己編織一頂桂冠戴在頭上。」試看，做詩人是否説做便做得成？如果自己沒有文學氣質，要自己編織一頂桂冠戴在自己頭上，恐怕比登天還難；而徐志摩之所以變成詩人的眞實原因是否就是為了「名氣地位」？關於這兩點，我們願意客觀地以資料來揭示這個問題：郁達夫在「志摩在回憶裏」一文中很清楚地說：「而尤其使我驚異的，是那個頭大尾巴小，戴着金邊近視眼鏡的頑皮小孩（指徐志摩），平時那樣的不用功，那樣的愛看小說——他平時拿在手裏的總是一卷在有光紙上印着石印細字的小本子——而考起來或作起文來，却總是分數得得最多的一個。」②小孩時代的徐志摩已經是熱愛文學的了，所以後來他能成為詩人，是跟他本身具有文學氣質有很大的關係；至於他由原初的興趣轉變為詩人，純是因他在康橋唸書的那幾年，受到數位文學家的薰陶所致，如威爾士、狄更生、曼殊菲爾等，就是使他的文學本質由潛藏狀態轉為表現狀態的人，徐志摩受他（她）們的影响是很顯然的，難怪他在「吸烟與文化」一文中說：「我不敢說康橋給了我多少學問或是教會了我甚麽。我敢說的只是——就我個人說，我的自我的意識，是康橋給我胚胎的。」③他從這時開始翻譯外國小說，開始寫詩。關於這方面的證據，在他的「猛虎集自序」，「我所知道的康橋」和他的翻譯小說的序文中都有詳細的記載，我們不便在此一一列舉。

**第三：徐志摩的性格**

> 「眉，我的眉，怎樣好呢？霎那間有千百件事在方寸間起伏，是愛，是慮，是瞻前，是後顧，這筆上那能寫出？眉，我怕，我眞怕世界與我們是不能並立的，不是我們把他們打毁成全我們的話，就是他們打毁我們，逼迫我們的死。……眉，我恨不得立刻與你死去，因為只有死可以給我們想望的清靜，相互的永遠佔有。」（見愛眉小扎）

若單從余君的觀點來看，徐志摩這段說話，不過是「為了要把陸小曼弄到手。」為了要達到目的，「便狠狠地認為不能與世界並立，要把世界『打毁』（只為了『成全』他們這一對男女。）」余君這個論點，是硬將一副醜惡的心腸强加在徐志摩身上。我們需要的，不是謾罵式的推論，而是客觀的事實，而且余君對徐志摩這段話根本就曲解了；我們試靜心再讀一讀上面所引那段「愛眉小扎」的話，就可看出徐志摩和陸小曼不是要打毁全世界成全他倆，他們只深覺得這個世界不適合他們，所以他倆寧願一死以謝絕這個世界。况且，單憑上述這點點的資料更不足以整觀徐志摩的品性，他是否是一個自私得忍心連世界都打毁的人呢？我們可以再引一些其他作家對他性格描寫的資料來看。郁達夫在「志摩在志摩在回憶裏」說：「當時的文人學者，達官麗姝，以及中學時候的倒霉同學，不論長幼，不分貴賤，都在他的客座上可以看得到。」④這處足見徐志摩是一個十分好客的人，他那好客的性格，和善的態度，使我們很難相信他是一個自私得可怕的人。當然，我們也不要相信郁達夫一面之辭，可是其他人如趙景琛、何家槐、陳夢家、沈從文等對徐志摩的為人，都認為他是和善與誠懇的。我們試看沈從文在「三年前的十一月二十二日」一文中說：「我以為志摩智慧方面美麗放光處，死去了是不能再得的，固然十分可惜。但如他那種瀟灑與寬容，不拘迂，不俗氣，不小氣，不勢利，以及對於普遍人生方彙百物的熱情，人格方面美麗放光處，他既然有許多朋友愛他崇敬他，這些人一定會把那種美麗的人格移殖到本人行為上來。」⑤從這段文字看來，徐志摩的人格是怎麽樣，相信也可得到一個較客觀的剖示了。

**第四：徐志摩詩的眞正面目**

> 「陰沉，黑暗，毒蛇似的蜿蜒，
> 生活逼成了一條甬道：
> 一度陷入，你祇可向前，
> 手捫索着冷壁的黏潮，
>
> 在妖魔的臟腑内掙扎，
> 頭頂不見一線的天光，
> 這魂魄，在恐怖的壓迫下，
> 除了消滅更有什麽願望？」
>
> （生活——見猛虎集）

余君認為徐志摩「宣揚的是『除了消滅更有甚麽願望？』那麽其用意便十分可驚了。」更說：「他們（包括徐志摩）眞的沒有動機麽？大概不能那麽天眞。」不錯，徐志摩大部份的詩是充滿感傷情調，一片灰白，但這只是詩人的一種眞情流露、直抒胸懷的表現，我們怎能說徐志摩是蓄意引導別人走上歧途呢？當然，我們也承認他的作品對後人有一點影响，有好的，也有壞的。而且徐志摩有部份詩篇是含有政治理想的，如「嬰兒」這首詩，矛盾在「徐志摩論」中說過：「在技術上，這首嬰兒是幼稚的；然這在內容，却是『言之有物』，而且沒有感傷的色調。……他所謂『苦痛的現在』就指直奉軍閥的混戰以及國內從民元以來的生民塗炭，因而他所盼望的『潔白的肥胖的活潑的嬰兒出世』就暗指新的政治，新的人生。」⑥因此，如果我們談論徐志摩的詩的時候，只偏重在詩人的感傷情調，而抹殺詩人對現實社會的要求，那太抹殺了詩人的整個生命，是種很不公允的評論。

徐志摩是位充滿理想的詩人，他一生都在追求他的單純信仰：「愛」，「美」和「自由」，在他的詩集裏，我們可常常品味到他追求理想的殷切和激情，如「這是一個懦怯的世界」（見「志摩的詩」），是最直接地寫出了詩人的理想心聲。

余君又引了「一小幅的窮樂圖」的詩，跟着便說：「這首詩是徐志摩回國初期寫的。是他少數接觸到社會的詩作之一。大概那個時候他仍未曾爬得那麼高，所以收在『志摩的詩』初印本中。到了一九二八年，『新月書店』重印這本詩集時，由徐志摩自己把這詩删去。……删掉這首詩，只能是：在要投靠新統治者的時候，卽使如此淡然的沾上現實的邊，也得趕快掩埋起來。」是的，這首詩的題目定得不好，容易令人產生誤解，但從徐志摩的做人態度來看，他是不會拿窮人來開玩笑那般凉血，而他重印「志摩的詩」的時候，的確是删去了部份詩篇，不只是「一小幅的窮樂圖」一首，內裏有十四首是完全删去的，也有部份删去的。至於為甚麼要删掉這些詩篇呢？我們很難下斷語。蔣復璁在「石虎舊夢記」（自由談第十五卷第五期）中說過：「志摩的作品，以在北平這幾年為最多，我與他住松館，所以詩的本事大體知道。書首有『康橋再會吧』一詩，這是志摩留別劍橋的詩，是白話詩的處女作，文言氣息很重，他很不滿意，要想删去，我硬為編入。」⑦可見徐志摩删詩其中的一個原因，就是他覺得那些詩寫得不好。當然，我們不能肯定徐志摩删去「一小幅的窮樂圖」的眞正原因，但也有上述的可能，而余君硬說是徐志摩為「要投靠新統治者」，那未免不能令人信服。

在此，我們應該給徐志摩的作品來一個品評。倘若我們細心讀一下他的詩，便不難覺察到他的詩有一種很濃厚的「美感」，這種美感，在他那種精巧的文筆和纖細的刻劃下表現得淋漓盡至：我們願意先講一下他寫景的筆調，他在描寫景物方面，委實有他獨到之處，在他的詩中，很多都是一幅幅幽美的圖畫。這些幽美的圖畫在他的詩句中交串着，如果沒有一副清靈的腦袋，一手佳巧的筆法，是沒法寫得成功的。倘使我們用兩個字來形容徐志摩寫景的境界，那就是「美」和「巧」了。「海韻」（見「翡冷翠的一夜」）就是一首很恰當的例子。

這詩的句法是整飭的，音調是鏗鏘的，如細意地觀賞一下詩的內容，那「美」和「巧」就會顯示出來。詩分五段，每段本身就是一幅圖畫，這五幅圖畫都有不同的景象，由淺而深，直至女郎在海濤裏失蹤，美麗生命的殞落，代表了圖畫的終結，詩也在此結束了；還有，這五段詩是表現了五段時間，由黃昏到黑夜，這種安排就是一種巧妙的加揷，同時在五幅美麗的圖畫中，以自問自答的方式，表示出那散髮女郎死前的矛盾心情。還有一首「半夜深巷琵琶」（見「翡冷翠的一夜」），却另有格調，它表現了一種中國風味的幽深曲調。

話得說回來，徐志摩的詩雖然不少寫得精美，細緻，但對於反映當時社會的實況，對人生的體驗，無疑是淺薄的，故此如果站在「寫實」這個角度來看，志摩的詩是太淺白了，這是因為他那種生命形態影响所致。正如朱自清說：「他（指徐志摩）是跳着濺着不舍晝夜的一道生命水」。⑧他的詩就是跳着濺着，所以顯得不深入，其實他的生活始終都是跳着濺着，他似乎是一個沒有重量的人，他富於幻想，富於對理想追求的熱望，生活上偶然的挫折，對他來說，只不過是一兩次的不夠運氣，所以很輕易的他便忘懷了，他將自己的一切都放在「美」，「自由」及「愛」的追求中，人生的波折，社會的實況似乎都是次要的。在這種心態下，他的詩缺乏描寫社會實況或反映人生的內容，想是必然的了。

---

①：徐志摩全集第一輯五四一至六七〇頁（傳記文學出版社印行）。

②：見前書第一輯三七七頁。

③：見前書第三輯二三八頁。

④：見前書第一輯三七九頁。

⑤：見前書第一輯五一五頁。

⑥：現代作家論—姚乃麟編二六二頁。（上海萬象書屋印行）。

⑦：徐志摩全集第一輯六一〇頁。

⑧：中國新文學大系導論選集，現代詩歌導論二八九頁。

倪貽德

## 兼談中國詩書畫的結合

老畫家潘天壽晚年積極從事創作，不斷產生的新作，越來越引起人們的喜愛和重視。他的作品總是那樣富于吸引力，耐人尋味。例如他所常畫的荷塘一角，清新古艷，朝露如滴，晴光照映，一種高曠爽朗的秋氣，沁人心肺。他也常愛繪寫黃山之松，筆勢縱橫，墨瀋淋漓，表現出「鬖髿萬葉青銅古，屈鐵交錯虬枝舞」的古厚濃郁的意味。還有一種處於花鳥畫和山水畫之間的構圖，可説是採取了自然一角的特寫：深谷之底，溪流潺潺而過，岩間石隙，冷艷的朵花叢生，把觀者引入一種水流花香的幽勝境界中。在他的山水畫上表現了畫家自己所説的「偶然睡醒抹破紙，墨瀋滯宿任驅使」，「一點一劃不在規矩中，不足相繩醜與美」那樣的藝術成就。

這樣的藝術成就是植根在民族藝術傳統的土壤之中的。在潘天壽的作品，可以看出是繼承了青藤、八大、石濤、石谿，以至近代的吳昌碩等的優良傳統，而又創造了他獨自風格的。特別是吳昌碩，對於他更有深遠的影响。在他的「憶吳缶廬先生」一詩中，就這樣的備加推崇：

「月圓每憶斫桂吳，大布之衣數莖鬚，文章有力自折叠，情情彌古伴清癯；老山林外無魏晋，驅蛟龍走耕唐虞。即今人物紛眼底，獨往之往誰與俱？」

吳昌碩作品的主要特點，就是創造性地熔詩、書法、篆刻於一爐，表現出古拙厚重的金石氣。①潘天壽在筆墨技巧上的追求，也正是循着這同一道路的。也在書法上有深厚的修養，但和吳不同的地方是，吳於古篆專攻石鼓，草書學鍾繇；潘主要寫漢隸、魏碑，旁及篆籀，行草出入於王道周、倪鴻寶等的流派，又把這諸種書法融會變化為各種新的字體。同時，他早年對金石篆刻也作了刻苦鑽研，把秦漢印鉢中的線條、結構等的處理方法，和書法結合起來，運用到繪畫的筆墨中，使筆墨具有「屋漏痕」「折釵股」「無垂不縮、無往不復」②等等的效果，表現出凝煉、樸質、厚重、古拙等等的藝術性。

除了書法與篆刻之外，潘天壽在舊詩方面也有較深的修養。正如繪畫一樣，潘詩也具吳（昌碩）詩的氣息。吳詩主要受韓愈、黃山谷（宋、江西派詩人）等的影响，以散文入詩，好用僻典，一方面是樸素雄厚，氣魄大，同時又生僻古澀，佶屈傲牙，這是和他的繪畫、書法的風格完全相一致的。「讀潘阿壽山水障子」一詩就表現了這樣的特點。

「龍湫野瀑雁蕩雲，石梁氣脉通氤氳，久久氣與木石門，無罣碍處生阿壽。壽何狀兮欣而長，年僅弱冠才斗量。若非農圃并學須爭强，安得園菜瓜果助米糧？生鐵窺太古，劍氣毫毛吐，有若白猨公，竹竿教之舞。咋見畫人畫一山，鐵船寒壑仙飛湍，直欲武家林畔築一闕，荷簣沮溺相擠攀。相擠攀，靡不可。走入少室峯，蟾蜍太么么，遇着吳剛剛是我。我詩所說太荒唐，讀者試問倪吳黃。只恐棘辣叢中行太速，一跌須防墜深谷。壽乎壽乎愁爾獨。」

讀了這首詩，再看前面所引潘的「憶吳缶廬先生」一詩，可以看出其間一脈相承的意味。但潘對古代諸大家的詩也作了廣泛的研究，因而也接了多方面的影響。例如「流香澗」。

「絕壁千尋一澗花，依香隨水膩流霞，幽深彷彿羅浮路，料有仙人萼綠華。」

就接近於楊（誠齋、南宋詩人）詩的風格，具有細膩清新，在平凡的事物中找出詩味來的特點。又如他的山水畫的題詩：

「賺得空山與水隈，老松疏竹復寒梅，霜餘雪後眞個好，徑自靑藤雪個來。」

則又帶了一點恬靜淡泊的味道。但有些題畫詩中又有較為粗獷豪放的一面：

「俯水昂山氣絕群，誰曾於此駐千軍？萬家樓閣參差起，半入晴空半入雲。」

「浪淘沙盡幾英雄，倒海潮聲歲歲同，鐵板銅琶明月夜，何人更唱大江東？」

把這些詩和他的許多畫對照起來看，確使人感到他的詩中有畫，畫中有詩。「畫中有詩」，其涵義應有兩個方面：其一，畫家在自然觀察中，不一定先作視覺形象的記錄，而只是馳騁想像，把自然中的感受升華為詩的意境，然後以這種詩的意境作為「繪畫的動機」(Mative)，經過反複的形象思維，以具有金石氣的筆墨力透紙背地凝固到畫面上去。當然，實際的情況是遠為複雜微妙的，有時可以從幾首不同的詩中的意境交織在一幅畫上，有時也可以把一首詩的意境根據不同的形象組織而變為化諸種不同的構圖，等等。例如曾在「美術」發表的「初晴」，使我們既聯想起「流香澗」一詩中的美妙詩句，也滲入了畫家另一首詩「畫松」中的詩句「霜雪干溜殷周雨，黑漆層苔滴白雲」的那種蒼古而潤濕的感覺；而「流香澗」的詩境，畫家又常以各種不同的構圖去表現它。這些全在於畫家興之所至，靈活運用。其次，詩的特殊的造句法和詞滙、音韵的運用法，由於彼此的道理是相通的，也能巧妙地融化到筆墨、線條、布局中去，使線的交錯，轉折，筆墨色彩的濃淡、枯潤有更多的變化，更增加畫面的韵律感與節奏感。這樣，詩的風格又豐富和加强了畫面的風格。

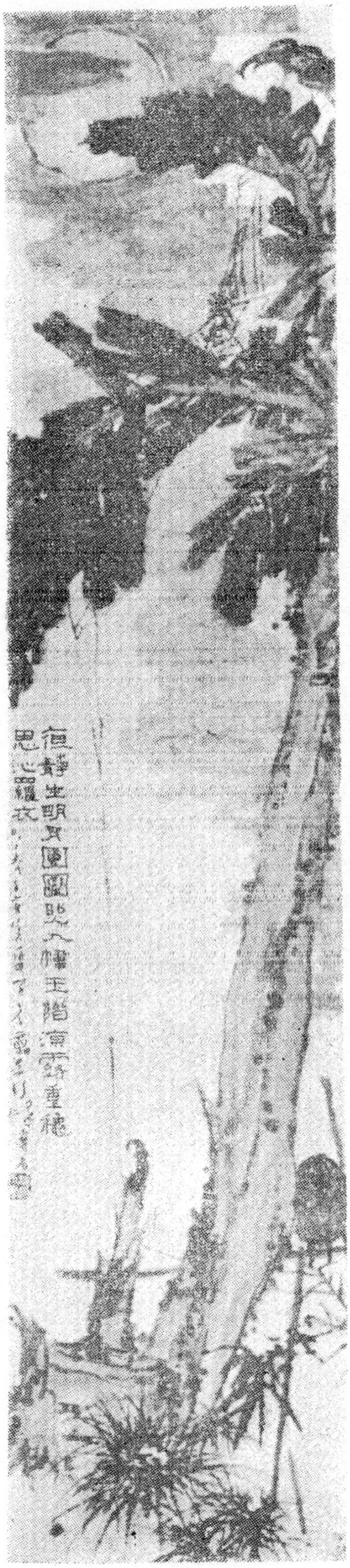

秋夜　潘天壽作

當然畫家不必一定同時是詩人，即使沒有詩創作，也可能在畫上表現出詩的意境；有時也可以吸取別人的詩詞的意境作為繪畫創作的內容，開拓出新的意境、新的風格。潘的作品「小蓬船」就是一例。

「小蓬船，裝糞來，驚起水鳥一大片，搖碎滿河星，搖出一卣煙。小蓬船，裝糞來，櫓搖歌响悠悠哉，搖過柳樹雲，融進桃花山。」

這首大躍進中的浙江民歌眞是寫得美極了，它表現了引人引勝的詩意畫境，引起了老畫家的思想感情的共鳴，他以簡練的筆墨，在平淡中表現出清新的具有時代氣息的畫面。

在國畫上，詩、畫、書法、篆刻的結合，不僅體現在內在的相互融會貫通上，而且也表現在畫面的形式格局上，這就是詩文題跋、印章和繪畫部份的配合關係。題跋在畫上的作品用也是多方面的：畫中雖然可以有詩，視覺形象有時不盡能完全表達出詩的思想感情，詩文的題跋恰恰補充了這種不足；正時由於這樣的補充，更加充實了繪畫的內容，使觀者在欣賞時，從整體到局部（畫的部分與題跋的部份），再從局部到整體，經過反複參證的欣賞過程，詩性畫意和造型美的統一，就更豐富了觀者美感的享受，啓發更多想像，這就不僅要求詩與畫的藝術質量，同時也要求書法的藝術質量；特別還要和印章配合起來，使畫面眞正達到完整的表現。（這僅是指中國面而言，并非一切繪畫都應如此），在潘的許多作品上。可以看出他隨着不同的題材不同的繪畫形象，以各種變化的字體，或簡或繁地作了出色的題跋；有時對畫畫各個分散的部分作了巧妙的聯繫，有時加强了虛實的關係，有時在整個結構中起「開閉」③的作用，特別是在較大的山水畫上，題跋在畫的部分穿插着，由於畫家的書法和畫法互相影响，融合滲透，所以兩者就能取得有機的聯繫，既有變化又是統一的。總之，題跋和畫的部分巧妙配合所產生的各種藝術效果，千變萬化，各盡其妙。

這裏再舉他的作品「花卉」作為一例來談談。畫家在這幅畫上，以濃重的宿墨間以幾種清艷的色彩，用結合篆隸魏碑之筆，畫出山間石隙中生長出來的幾種野生植物的雜花，它給人以剛中有柔、挺拔向上的美感。但此畫除了野花之外，其他什麼也沒有，而畫面的上部全是空白，下部的枝幹又都通向畫面之外，在構畫上似乎還不夠完整，但畫家却早有計劃地在畫面的上右方與左下方的空擋處，以抑揚頓挫的優秀書法作了巧妙的題跋落欵，兩處互相呼應，與畫的部份形成有機的聯繫；構圖上就有開有閉，有張有弛，使觀者引向到一種較之現實更高的美妙境界中去。以繪畫為中心結合着詩，書法，篆刻的綜合性的藝術修養和表現方法，是圖中畫——特別是近代優秀的文人畫的主要特點。正是由於具有這樣的特點，才能達到「似與不似之間」的藝術境界。這種特點在潘天壽的作品上也是很明顯地表現出來的。「若非農圃幷學須爭强，安得園菜瓜果助米糧？」吳昌碩不是早就以生動的比喻得出其中的道理了？

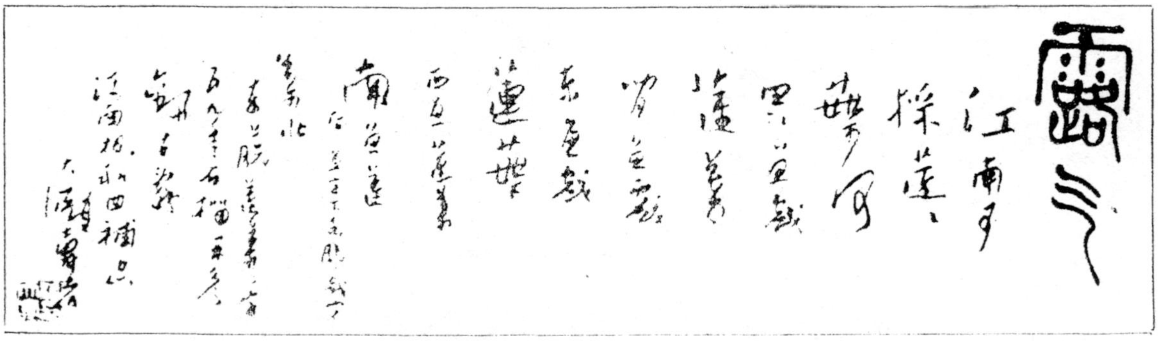

潘天壽題畫的筆跡

附注：①「金石氣」係泛指古代一切銅器、石器、陶器，以及石碑、泉幣、印鉢、漢畫象石、磚等等的造型、銘文、紋樣、線條、色彩等所給予人們的總感受。

②「屋漏痕」的含義是：筆墨應表現像屋漏痕那樣慢慢地流滲下來，到了一定的地方又留住了的效果。「折釵股」的含義是：畫上的線條應像金釵折彎後所呈現出來的圓中有方，方中有圓的感覺。「無往不復，無垂不縮」的含義是：每一筆都應做到恰當的控制。這些藝術要求不能僅僅理解為追求筆墨趣味，而是既要求表現眞實感——體積感、質感、深遠感，——又具有簡練概括的藝術性的表現技巧。

③在構圖法上畫幅的四邊應有關住的地方，也應有開出去的地方，這是和虛實的處理相聯繫着的。近代諸大家在題跋時特別注意於這方面的經營安排，可能是從秦漢印鉢的研究中體會得來的。秦漢印鉢是古代勞動人民由於當時對印鉢的大量需要，積累了很多藝術經驗，在一個限制的小範圍內，把幾個字的線條和結構作了精心的處理，更由於經過千百年悠久時間，在邊緣處呈現剝落殘缺，有的地方連，有的地方斷，這恰恰符合於構圖法上開閉法則，因而使人感到更美，實際上并不是殘缺本身的美。

# 潘天壽小傳

莫一點

畫家潘天壽，原名天授，生於一八八九年，浙江省寧海縣人，他的老家在雷婆頭山下，所以在他的書畫作品上，常署有「雷婆頭峯壽者」。他自少就不大喜愛説話，終日沉迷於讀書和寫字。少年時還畫起畫來，並得到同鄉徐撫九、楊東陸和嚴遠軒等人的啓發，嚴還擅長於指頭畫，曾誘導他對指頭畫的興趣。由於他長期在書桌和畫堆上過活，少不免有點兒像個「書獃子」，而且他行動上有些呆頭呆腦，因此朋友見到他，都取笑地叫他「阿壽」。他聽見不但沒有生氣，反而覺得這個名字非常切合他那木吶的性格，無怪早期的作品，都自署「阿壽」。

潘天壽十七歲時，曾在浙江第一師範學校讀書，當時的校長是藝壇前輩經亨頤（子淵）先生，他寫得一手好裴，還對藝術教育不遺餘力，特聘從日本歸來的藝術大師李叔同先生任教。潘天壽和漫畫家豐子愷都是他們一手先後培養出來的。

潘天壽寫畫時的神態

潘天壽到了上海後，認識了近代最杰出的金石、書畫家吳昌碩先生，他對這個年輕的後起者十分器重，常請他回家聊天，有時談得興高采烈時，還畫畫給潘天壽看，可是他一直沒有正式跟隨吳昌碩學畫。他的畫主要是受前人如陳白陽、徐天池、八大山人、石濤、金冬心、吳昌碩等人畫風所影響，尤其是後者對他早期的藝術創作，產生頗大的影响力。他常常憑着不拘束的性情，由個人的興趣出發，橫塗直抹，如野馬奔馳，不受韁勒的態度來畫畫，他曾説：「世人談山水，開口輒四王，筆筆窮殊相，功力深莫當。我懶不可藥，四王非所長，偶然睡醒抹破紙，墨瀋滯宿任驅使……漫言一點一劃不在規矩中，不足相綱醜與美。」

潘天壽在上海過了一個相當長的時期，仍然一直屈屈不得志，只當個小教員，所得的報酬，僅可餬口，因此精神抑鬱，滿腹嚕囌，後來還一天比一天散漫，且疏於作畫和喜歡白天睡覺。無怪這時期的作品，都呈現出一片冷僻、枯澀的景象。當時，有許多朋友都怪責他過於懶散，自暴自棄，可是他不但沒有砌詞掩飾自己的壞習慣，反而在朋友面前坦誠地說：「我是懶呀！當一個窮教員，美術事業沒有出路，國家沒有前途，朋友見面都是唉聲嘆氣，一切興緻和勁頭從那兒來呀？」他曾稱自己為「懶壽」、「懶禿」和「懶道人」，相信是由此而來的。

抗日戰爭不久，他曾跑到重慶，任「重慶國立藝術專科學校」校長，當時，林風眠、關良、丁衍庸和趙無極亦在該校任教，課餘經常共同研究及交換創作的經驗，並在重慶舉行「獨立畫展」，因為他們各人在繪畫的風格上各有所表現，所以當時很受人們的注重。

解放後，他被選為全國人民代表大會的代表，「中國美術協會」的副主席（主席是已故的何香凝女士）和浙江分會主席，又是「浙江美術學院」的院長。一九五八年還當選為「蘇聯美術院」名譽院士。

烟帆飛運　　　潘天壽作

據悉，那時候的潘天壽，如蛟龍得雲雨，以至心情舒暢，畫興勃發，不但勤於作畫，而且還經常到全國各地進行寫生，畫出了許多富於生活氣息的作品來。他曾多次在北京、上海等地舉行畫展，都深受歡迎。在觀衆的要求下，每次畫展都曾兩度延期閉幕。更被譽為齊白石、黃賓虹逝後現代畫壇第一人。

到過杭州遊覽的人，都看到「浙江美術學院」南山路那幢寬廣的院址，學院再過去十幾步，就是景雲村，那兒有一座半新舊的洋房，院子裏花樹遍地，用篆書寫上「瓶廬」兩字的鐵門，就是潘天壽的住所了。

一九六四年十二月中旬，香港大會堂也舉行過一次極其隆重的「潘天壽畫展」，記憶所及，大部份的展品都是一九五八年後所創作的，其中有四五十幀是六呎以上的巨幅，如「烟帆飛運」、「黃山松」、「松鷹」等，無論題材、構思、筆墨、題跋、印章，都渾然一體，特別是他的用筆，一點一劃都是神完氣足，力能扛鼎，極有氣勢，流注着一股誘人的潛力。筆者在欣賞之餘，滿以為他一定是個跋扈飛揚、不可一世之士，誰知後來從朋友處看到他在畫室作畫時的近照，原來是個頭髮短禿，戴着一副老花眼鏡，樣子安詳，正是個典型虛懷若谷的讀書人。

一九七一年的冬天，潘天壽以八十二歲的高齡去世。他遺留下來許多出色的作品和著有「中國繪畫史」、「歷代院畫考」、「域外繪畫流入中土考」等書，供給後人欣賞和研究。

總結來說，他畢生的成就，是在學習過程中，能絕去依傍，不受古人所局限，在破常規中向「奇處」下工夫，喜用「造險」、「破險」的手法處理畫面的構圖，走一般人認為難走的藝術道路，因而形成了他那清新、雄渾、奇特的個人繪畫風格。

寫完潘天壽，順帶一提本期所刋「潘天壽的畫」一文的作者倪貽德，他是一個西洋畫家和藝術評論家，又是作家，去年已在國内逝世，享年七十二歲。　　七四年八月十九日

## ●圖片說明●

**封面彩圖：「朝霞」　　　潘天壽作**

這是潘天壽常畫的荷花，單從畫面看來，雖然是荷塘一角，但視覺上似乎有無限的天地，全畫清新古艷，朝露如滴，霞光照映。

潘天壽畫荷花，往往別出心裁，常用淡紅渲出花瓣後，再以朱紅在花瓣上鈎勒，這樣可收到挺秀姿媚的效果，為前人罕用的畫法。

**封底：「無量壽佛」　　　潘天壽作**

這是一幀潘天壽早期不可多得的人物畫，下筆大胆，揮灑自如。只嫌功力稍嫩和未有他個人繪畫的特色。（莫一點藏）

**封內頁：茅盾小説「子夜」挿圖　葉淺予作**

畫家葉淺予，生於一九○七年，浙江省桐廬縣人，中學時代開始自修繪畫，一九二七年在上海找到了畫廣告的職業，從此決定了以後的藝術生活。不久又從事教科書及小說上的揷圖工作，同時還開始創作漫畫，一九四二年日寇發動太平洋戰爭期間，困居香港。一九四九年後，任「中央美術學院」國畫系主任，至在「文化大革命」運動中，出了問題，近況不詳。

# 聽雨樓回想錄

(二)　　高伯雨

**前文提要**：作者奔喪到故鄉，嫡母命衆人辦妥喪事後，不必回返省、港。衆姨太太徬徨無計，只好請求作者大哥和春泉表伯向嫡母講人情……。

彭泉表伯則是香港元發行的經理，替高家掌管香港的生意大權，嫡母對他當然要賣個面子。姨太太們託他們兩人正是理想不過。

結果反應很好，嫡母答應放行了。原來春泉表伯向她說，衆位姨太太都年輕，不慣住在鄉下裏，而且省城的屋子有那麽大，沒有人去居住，豈不荒廢了，雖然三哥帶着一個侍妾住在省城，但也不過他們兩人而已，住得人少也不是辦法呢。況且澄海現在沒有屋子，待將來蓋好了，再叫她們回來不遲。如她們到時不肯回來，一切由他負責，非迫她們回來不可。

表伯這番話倒也合乎情理，嫡母不能把他駁倒，於是我們這一批「省城人」就在先父喪事過了百日後，就仍回香港廣州居住了。父親是九月十七日（農曆是八月十四日）故世的，潮州喪禮，人死後足一百日，才算辦妥大事，所以我們離開澄海時，當在農曆十一月底了。母親是住慣香港的，要她去住廣州，她覺得很不慣，堅持仍要在香港，但四庶母對她說，還是回去廣州好，五奶、六奶、八奶都在廣州，如果她一人住香港，不免寂寞，何況下個月母親又要臨月了，沒有人照應，也是不好的。後來母親還是聽從四庶母的話，一起到廣州了。

## 寄居表伯家裏

母親往廣州居住，但我和十四姊、廿一弟仍在香港和前一樣，因為春泉表伯和伯母都喜歡我，留我住在他們那裏，這固然是理由，而最大的理由還是他們認為我的母親年紀那麽輕，要照顧四個孩子，未免辛苦，不如由他們分勞一下，到我們長大一些再交還給她。

春泉表伯的家就在元發棧，佔了三樓和四樓兩層，住的人不多，只有表伯、伯母、殿臣表兄和他的第三姨太太，殿臣兄的長子景炘、長女月娥，連同我只得七個人，而親戚僕婦、婢女也有十來個之多。我從四歲起住在這裏，一直住到七歲，計足起來也有三年了，生活過得很愉快，無他，表伯母疼愛我，把我當作她的兒子一般看待。表伯也是很愛我，每逢下午從辦公廳回來，就問：「十七在哪裏？」於是伯母便命人把我帶到他跟前，讓他看看。他那時已經六十多歲了，身材很高大而壯碩，步行時好像獅子一樣有威嚴，迷信相命的人說他是獅形，所以會發財。的確，他是發了財的，他在發行差不多五十年，由職員升到經理，自從我的祖父謝世後，他掌握了元發行的大權，三十年間，也積聚了家財數百萬，成為富商了。

春泉伯名叫德輝，也是澄海人，年青時在澄海縣城替人幫傭，生活當然不十分好，而且也沒有甚麼出路，想發財也不容易。後來我的祖父從暹羅到了香港，開設元發行後，業務蒸蒸日上，有一年回鄉，表伯往拜見表叔（即我的祖父），請求他照拂。祖父見他人很誠樸，相貌堂堂，便帶他到香港，這大約是在咸豐初年，公元一八五六年前後，割香港已有十五六年了。表伯的相貌雖然很好，但沒有念過書，一個字都不識。那是不要緊的，百年前中國的商店，不必用到文墨好的人，只要那人懂得做生意，賺起錢來，比飽讀詩書的才子高明得多呢。後來表伯在南北行中，聲譽日起，凡做南北行生意的，沒有一個人不說他是個了不起的人。人們常說：「瞧，春泉太爺一個大字都不識，只會在支票上簽陳春泉三字而已，但銀行就付款了。值得他發財！」

春泉伯母不是潮州人，而是廣府人，聽說是南北行商人鄧姓的婢女，大概表伯在鄉間時因為家境貧窮，沒能力娶妻，到了中年，生活改變了，才娶了伯母，也許是已有妻室，後來死了，才把伯母扶正，殿臣表兄是她所養的，後來殿臣兄中了舉人，要回澄海謁祖，在屋子面前豎立旗桿，她得親自行禮的。據說伯母本來是天足的，只因殿臣兄中了舉，已是「貴人」了，做「貴人」的母親而是一個赤腳大仙，未免有失身份，面子要緊，不妨吃些苦頭，於是叫人來替她纏腳。正是臨老入花叢，怎能纏成蓮花般的小腳呢。無非捱了許多痛楚，纏成不大不小的「金蓮」，在人前充貴婦（封建時代，婦女以纏足為貴，只有勞動的婦女和人家的侍妾才天足的，故潮州人亦以「赤腳」稱侍妾，卑視之也。）

我在表伯家中住了四年，到七歲那一年跟大哥大嫂回去澄海，住了八個月左右，又再出來，這次不住在表伯處，而是回廣州和母親等人同住了。這是很令我失望的，因為表伯一家人都很愛我，我對他們當然發生了感情，對於自已的母親反而不見得怎樣可愛，只有怕而已。

## 上　　學

一九一〇年我算是五歲了，其實還只是四歲，這一年的下半年我開學了。在未開學的前一年，表伯母很耐心的每日教我認方字，在短短的半年左右，我也認識了方塊字一百多個，故此伯母就叫人通知我的母親要為我「開學」了。

我約畧還記得，開學那一天，天還沒亮就被人叫醒，帶我的傭婦替我穿起一領很漂亮的藍紗長袍，加罩一件馬褂，更在頭上戴了一頂紅纓的瓜皮小帽，成個「小秀才」的樣子。我之為表伯母寵愛，似乎招到她的孫女月娥的妬忌，她比我大八九歲左右，長得肥肥矮矮，粗眉厚唇，沒有一些兒清秀之氣，又懶於讀書，表伯母不大喜歡她，所以月娥對我當然也有反感。她應該叫我做十七叔的，但她恃着自己大我七歲，不肯下於人，乾脆叫我「十七」，我反而要叫她「二妹姊」。後來她嫁給我的大姪伯昂為妻，應尊稱我為「叔公」了，但她似乎心有不甘，永遠不肯這樣叫我。按照潮州的規矩，她是我的姪媳婦，理應叫我做「六老叔」，她只是取巧叫一大半，叫我做「六老」，其實我那時不過十三四歲，着一個老字未免使人不舒服，反不如叫我「十七」好了。

月娥見我開學，知道我已被困入書房，不在家中了，便取笑我道：「好了，今日鎖起馬騮，看你回來後還會不會像甩繩馬騮那樣的跳來跳去，討人厭！」的確，我是有些頑皮的，伯父母寵慣了，也許得罪了許多人，今日關在馬騮籠裏，受猢猻王管束，知道情形有點不妙，便哭着不肯去。月娥就乘機恐嚇我道：「十七，你因住，那個陳老師好惡的，動不動就拿戒尺，籐條打人。你這樣頑皮的馬騮，以後有得你慢慢捱砂籐之苦。」（廣州人叫鞭打人的籐條為砂籐，大概以其出產在砂勝越之故）。

表伯母因我哭着不肯去，一面罵月娥多事，叫她閉嘴，一面哄我，還說不要怕，陳老師很「好相與」（即很和善之意），而且撈哥也在那裏和你一起讀，老師不會打你的，撈哥可以照應你。所謂撈哥，即是月娥的長兄景炘，他比月娥大兩三歲，現在要為我「開學」的那個陳老師，租了八叔所住的房子的二樓開私塾，教十多個兒童念書，景炘早已在那裏跟陳老師了。景炘也是被他的祖母驕縱慣了的，常常逃學，陳老師對他很客氣，從來不責罰他的。（撈哥的撈子，得解說一下，潮州人叫小孩為「奴仔」，常省為「奴」，廣府人學潮州話由於發音不正，把「奴」字念成像廣州音的「撈」字，景炘小時，他的祖母疼愛他，叫他為「奴」，但又叫不正而成為「撈」，從此家人即稱景炘為「亞撈」，傭人們稱他作「撈官」。）

我開學是一個大日子，先一天已把我的書案和背椅搬往塾中了，書案是油作大紅色的，一陣陣的油漆味令人很難受，這是我的外婆所送的（此為廣州俗例），我一直用了它做讀書工具凡七八年之久。為甚麼兒童上學，必定由他們的外婆送椅桌，我沒有考究，潮州就無此俗。當我到了書塾時，帶我的傭婦把我從她的背後放下來，另一個男傭人把我的書包和拜「聖人」的香燭元寶「薄撐」，逐一從挑盒中拿出來，安排好了，就帶我走近「聖人」的神位前行禮。這時孔子的神位前已擺滿了祭品，燃着香燭了，老師指揮帶我來的傭人們教我向「聖人」行三叩首禮，然後向老師叩一個頭，遞上一封「利市」。於是陳老師便帶我到我的書案前，抱我坐在高背椅上，男傭人就在我的屁股後面放了一包紅紙包着的「薄撐」（是一種薄餅，皮極薄，包着甜的、鹹的餡子）。

陳老師翻開擺在案上的「三字經」最後那一頁「揚名聲，顯父母，光於前，垂於後」這幾句，用硃筆圈了，教我讀，又把着我的手掌，教我寫書格中這十二個字，口中念念有詞，不知說的是甚麼，這樣就算是「開學」了。老師吩咐我，每日來上學，先向「聖人」神前作個揖，然後到老師面前叫一聲，作個揖，放學時也是這樣。我唯唯如命，安坐在椅上，認「揚名聲，顯父母」那幾個字。那時天氣寒冷，小孩子的尿又特別多，我第一天到書塾，怕老師，怕同學，不敢問他們小便的廁房在哪裏，撈哥的書桌擺在騎樓前，離我的座位稍遠，我想去找他帶我往小便，又因為要經過老師面前，未免害怕，只好強忍着，待撈哥行經我面前才開聲，帶我去解決。

怎知左等右等都不見撈哥前來，真使我忍到不能再忍了，到最後關頭，我就不顧三七二十一，自我解放，頓時滿褲子都是熱辣辣的泡尿，把長袍的下半身都弄濕了。我還是屹坐不動，也不作聲，只是忍耐着，等候救兵。不知等了多久，撈哥行往廚房小解，打從我案前經過，我連忙告訴他要小便，他就抱我下來，拖着我一同去。我說，我已經「賴」了（廣州話叫不正常的拉在褲子中為「賴尿」，賴恐即拉之變音也）。撈哥向我背後一看，果然是濕了一大片，近屁股處的藍色長袍，也染了一大塊紅色，原來尿侵入包「薄撐」的紅紙包裹，紅紙包脫色，又侵入我的長袍。撈哥告知老師，要為我辦理善後工作，於是帶我上三樓八房的細嬸處，替我脫去長袍，換過濕了的褲子，又洗滌屁股大腿一番，我到此才覺得整個人舒服了。

細嬸問我為甚麼要拉尿不出聲，幸虧是拉尿，如果是賴屎，那還了得？這位細嬸是八叔父蘊琴公的姨太太，蘊琴公很寵愛她，自從討她回來後，就不再尋花問柳，而她也洗盡鉛華，一心主持家政，而且也絕少外出應酬，甚至麻將牌也不摩一下，我的十四姊當時就是住在她處，由她教養。

未到下午放學，細嬸就叫傭人下樓通知陳老師說我不上學了，橫豎今天不過是開學，並非正式讀書，明天才到書塾吧。細嬸又吩咐我，以後如果肚餓，要大小便，可以向陳老師告個假，上來這裏，她的傭人為我安排一切。我說我不敢對老師說，怕他罵我，請她叫人下去對老師說吧。這件事便解決了。此後我每逢有所急，就走去對老師說上三樓，老師不單沒有責怪我，還怕我年紀小，走上三樓不放心，指派一個年紀較大的同學陪我一起走。

「三字經」這種書，在舊日小孩子初上學時是必需讀熟的，它是一年級的教科書，一定要把它讀完的。在今日的幼稚園學生不必讀它了，如果强迫他們讀，還要背誦出來，自然就有一批教育家齊聲指摘虐待兒童了，那確實是虐待兒童的，我就曾經此苦。記得上學不久，老師教我讀「三字經」，每天約讀六七句左右，他一邊讀，一邊捉着我的手指頭指着書本上的字，叫我跟着讀，讀了兩三遍之後，他教我讀給他聽。我一字不錯的讀了。老師很歡喜。有一次他教我讀到「昔孟母，擇鄰處，子不學，斷機杼」，除了母、子、不這三個字外，各字皆筆劃繁多，四五歲的小孩子要認識它，還要背誦出來，並不是一件容易的事，老師教我讀了幾遍，還未能上口，他生氣了，但沒有責罵我，只是把書一推，叫我回到自己的書案去讀。我對那幾個難讀的字的音完全不知，老師讀過後我就忘了，回到坐位，更沒有印象，叫我如何讀呢？急起來索性一哭。其時將近放我回家吃早飯了，老師見我哭，就先放我走，我連忙把書放入書包，辦好了那些作揖禮節，上三樓細嬸處吃飯。

細嬸問我為甚麼哭，是不是給先生打了，我說不是，便拿出書來，指着那幾句說：「我唔會讀。」細嬸笑了，便教我讀，一直教了十多次，然後解釋這幾句給我聽。這是孟母三遷的故事，她講解淸楚，故事也深印在我的腦中，我自己讀多一兩遍便熟了。

我小時候第一次上學的事情，只能記得這一點點，至於同學的名字，老師叫甚麼名，我一概不知，不過同學中倒有一人給我的印象也很深的。這個同學的書桌就在我一旁，我們常常覷着老師瞧不見，或老師去小解，我們便「過位」談天了。有一次下午放學，我不等候傭婦來接我，便跟着這個比我大兩三歲的同學到他家玩去。原來他也是住在南北行街的，就在元發行這一邊，相隔不過三四個舖位，字號叫甚麼，我不知道，跟着他一直到帳房耍玩。我們玩的無非是畫公仔，他畫一個，我也畫一個，比賽誰畫的好，不知不覺，玩了個多兩個鐘頭，簡直沒有想到回家去。

帶我的傭婦是新上工不久的，名叫巧姐，她接不到我吃了慌，上三樓間，沒結果，連忙回家告知主人，於是派了十多個人把南北行街，永樂街一帶找尋我，巧姐還走到永樂街口近三角碼頭處來回走着，希望會碰到我，但枉她走到腳都酸了，也看不到我的影子。她失望回家，剛走到元發行附近，忽見我在一家商號的門前和我的同學在游戲，她一把拉着我說：「亞姆在等你呢，還不回家去？到底你走到甚麼地方玩了。」我沒出聲，只是跟着她走。

當我到了元發棧三樓，一眼看見亞姆（即表伯母，潮州稱伯母為姆）怒氣冲冲的站在廳上，我還不知她是為了我「走失」而生氣呢，忙上前叫了她一聲，巧姐已把發現我的經過一五一十的告知她了，巧姐還說：「我喺海皮唔知行了幾多勻了，如果重搵唔倒十七少，我就跳海都唔得掂。」（意謂我在海岸邊走了很多次了，如果還找不到十七少，即使我跳海自殺也不得了。）

伯母見了我後，忽然臉色一沉，大喝「拿砂籐來！」一個婢女馬上遞到。她接過了手，恶狠狠的在我的腿上猛抽了三五下，我一聲都不哭，正在此時，表伯回來了，他還未進門，便高聲問找到十七未，後來見伯母正在鞭打我，一個箭步搶上前，奪去她手中的撣子（廣州人叫鷄毛帚，責罰小孩子時則叫砂籐），怪責亞姆不該這樣對我粗暴，一面又把我拉到他身邊，問我痛不痛。其實亞姆打的並不怎樣痛，我也沒有哭出聲，被表伯這一問，我反而撒嬌哭起來了。原來表伯最疼愛我，他每天從元發行回過來住宅，必定問我在甚麼地方。他的生活頗有規律，天剛亮就起床，吃一大碗冰糖熬燕窩做點心，到元發行辦公才七點左右，到九點鐘是他吃早餐的時候了，和一班職員共進，吃的是潮州粥，以鹹雜菜、花生米為助，有時也回家吃，午餐十二點，晚餐六點都是在辦公地方吃的，下午三四點之間，他又回家吃半碗燕窩。每吃燕窩必定問人們：「十七有沒有？」亞姆就會對他說：「十七吃過了。」我沾表伯之光，從小時就日食燕窩二碗，吃到我討厭。在表伯家中陪他老人家吃燕窩的只有我一人，在家中算是榮寵之至了。

那時候的燕窩並不像現在那麼貴，聽說最好的那一種，每斤不過五六十元，元發行不單自己在暹羅辦來，而客人寄賣的也很多，拿些回來享用，大概不用花許多錢吧。到底燕窩這種名貴的高級滋補食品，是不是眞的營養價值很高呢？根據專家的化驗，證明它是含有些維他命、蛋白質的，但含量並不很多，豆腐、鷄蛋所含的比燕窩還高出好多倍，既然豆腐和燕窩所含的營養成分差不多，我們何不多吃豆腐，犯不上花大筆錢買燕窩呀。不過豆腐是賤價之物，甚麼地方都可以花兩三個銅錢便買到，而燕窩乃產自番邦，幾經辛苦才運到中華，是矜貴之物，其滋補之力，豈豆腐、鷄蛋能望其項背哉？時至今日，還有很多人相信燕窩可以養顏補肺，具有無上滋補的威力，眞令人大惑不解。

中國人食燕窠始於何時，我沒考究過，但在淸朝初年已是席上之珍了，名貴的酒席皆稱為「燕席」，而魚翅不與焉。乾隆皇帝生平最喜歡燕窩，他每天早上三點鐘就起床，先吃一碗糖熬燕窩，以後兩頓飯，肴饌中大都有燕窩熬鴨和以燕窩為材料的菜。他的御厨有名張東官者，曾以製燕窩一道菜為他所贊賞，立即賞以「貼士」三兩銀子。三兩貼士，出手並不算濶綽，但那是皇帝之賜，滿朝大臣都不容易得到的，以厨子而輕易得之，是乃無上之榮幸也。

我從五歲起就在陳老師號讀了三年書，只是讀完了一部「三字經」，一部「千字文」，半部「天子重賢豪，文章教爾曹，萬般皆下品，唯有讀書高」。（這是「幼學訓蒙詩」開頭的幾句）這三部書是當時的「幼稚園」的初級高級必讀的，我在這個「幼稚園」計足時日，只讀了兩年，而高級必讀的一部書我竟然沒有讀完，可知我當年讀書並不是怎樣上緊的了。

「幼學訓蒙詩」和「三字經」、「千字文」這些書是小孩子初上學時的必修科，大概在一年内便要讀完，然後讀「千家詩」、「大學、中庸」、「論語」、「孟子」。讀到「大學、中庸」，已是小學一年級程度了。幸運得很，我在陳老師處並沒有機會升上小學一年級，「幼學訓蒙詩」讀了一半就輟學了。

## 隨大兄回鄉

老實說，我家並不是甚麼詩禮之家，也沒有甚麼像樣的讀書人，在陳家也是如此，當然沒有人重視我的學業，另一個原因則是我的年紀還小，關在書塾，無非是託老師看管一下之意，讀書不讀書是無關大計的。這就是三部幼稚園必讀的課本三年沒讀完的原因了。剛讀「幼學訓蒙詩」正讀得有趣的時候，我的大哥繩之忽然來香港了。大哥在香港住了幾個月，便帶我回澄海，那時我剛滿六歲，就此丟下了「訓蒙詩」不讀了。

隨大哥、大嫂回鄉，是我一生記得最清楚的一件事，在未動身前那一個月，和到汕頭後的一段時間，我歷久不忘，到今已六十年，每一閉目凝思，前塵往事，好像電影一一映在我眼簾，可說是我早年的一件快樂的事。大哥為甚麽要來香港，我在另一章會詳細說及，現在只說我跟他回去的事。

大哥這次來香港，隨行的人頗不少，除大嫂子之外，還有他的第五姨太太，他的長子鈺恩（後來以伯昴為名）。兩個婢女，兩個男僕人：一名俊宜（不知姓什麽），一名黃海。他們到了，照例住在元發棧二樓前座，即是我出生的地方。前座只一房一廳，後座地方較大，前有一房，其後即作為貨倉裝貨。我的母親的房間在前座，自從父親逝世後，二樓便丟空，但在丟空期間，亦有人來住一個短時間，前乎大哥者，我記得有四哥，他在父親死後第二年從暹羅回澄海，路出香港，和一個暹羅侍妾同住在這裏。緊接着就是辛亥革命，住在廣州的四、五、六、八庶母，和我的母親都來香港「走亂」（即避亂之意。「走亂」一名詞，在廣州人口邊掛了差不多二十年，每逢內戰，有錢人家就紛紛避到香港），她們中有一小部分住在元發棧二樓，有些住在西營盤七間。

西營盤是香港西部一個地區，大概過了水坑口沿皇后大道東，一直到堅尼地城這一帶都可以指為西營盤。所謂「西營盤七間」，不過是我家專用的名詞，所指是在皇后大道東那七座房子。在我們家族中連西營盤三字都不要，只叫「七間」。當時住在七間的有六叔、七叔、八叔。七間的房子都是四層高的，樓下出租為商店，每一位叔父都佔用一層到兩層不等，其餘盡租給人家居住，多數是親友，亦有元發行的職員，例如前文提到的那個蔡永乾便是。「七間」的房子是元發行產業，到一九二二年全部出賣了，前幾年我經過該地，見到有幾座已改建為石屎樓了。（過了水坑口朝西走，不久即到了一個斜坡，斜坡下是公厠，七間的第一間即在斜坡之側，六叔居此。再向上走，就是西營盤國家醫院。我小時候偶然也到六叔家中游玩，總是愛坐窗前看斜坡上的來往行人。）

當我奔喪回故鄉時，還不懂得大哥是甚麽，現大哥大嫂到了香港，還是住在我所住的地方，斷沒有不去見他們之理的。我去見他們當然是亞姆等安排好了，用不着出門，只下一層梯級便到了，大哥大嫂見了我都很歡喜，但彼此語言不通，不能講話，要講也得找人來繙譯。大哥還好，勉强可以講六七成，大嫂就一句都不懂。更有那個比我大七八歲的姪哥鈺恩也是和他的媽媽一樣。但兩叔姪都是小孩子，碰在一起，雖不懂話，也玩得不亦樂乎了。

大哥那裏不知為甚麽有許多玩具，花樣之多，我從未見過，眞使我目迷五色。我也不客氣，抓了過來，逐一玩之，一到放學便溜到二樓大嫂處玩，連晚飯也在她處吃，還指定要五姐餵我。到了大嫂等出門游玩，也放我一天假，不必上學，和他們一起出游了。這樣的不知過了多少快樂的日子，有一天大嫂問我，我旣然這樣歡喜她，她就帶我回潮州，以後可以和她在一起好不好？我一口答應了。

這樣的胡裏胡塗我就跟大哥大嫂到了家鄉了。到我年紀較大第三次回澄海時，大嫂才對我說，（那時大哥已謝世五年了），我跟她回去並非是說走就走的，首先徵求表伯、亞姆的意見。這兩位老人家雖然有點不捨，但到底不是自己的骨肉，不便說好還是不好，要派人去廣州問我母親。我的母親贊成此舉，她才敢帶我回去的。我想當然啦，大哥是一家之主，他開句聲，誰敢反對呢。

我要回潮州的消息傳播出來後，各房的細嬸紛紛買東西來送給我，作為送行之禮，她們所送的無非是玩具，堆積起來有一兩籮，至於鈺恩的就更多了，大哥更買了很多西洋用物、玩物帶回去，分贈家中各人，所以二樓的大廳堆滿一箱箱的東西，看來眞開心。大哥又問我要甚麽衣服，我說要一套西裝，氈帽，還要一支手杖，扮成一個番鬼佬。大哥答應了，就派了一個夥伴帶我到德祥（開設在皇后大道中，近年已移至萬宜大厦了）定造了兩套西裝，順便在公司（大約是永安、先施罷）買硬領、領帶、襯衫、帽子、手杖，還要了一雙白色的手套。我那時候，只有水手裝可穿，現在有西裝了，滿心歡喜，拿了硬領等物回到大嫂處，就由她為我收起。至於那根手杖呢，卻是成人用的手杖，比我高出一個頭，不止是「齊眉杖」，而且是過頭杖了。好得俊宜有頭腦，他替我斬去了手杖的下半身的一大段，我拿在手裏，恰恰相稱，我搖搖擺擺的在大嫂面前作番鬼佬欺負唐人狀，用這支哭喪捧來追打婢女，惹到人們大笑。

回鄉的日期到了，我們登上「海壇」號輪船的頭等艙。這也是我第一次坐頭等艙位，先前奔喪回鄉，坐的是大艙，因為人多，行李多，擠在一起易於照應，而且那艘船又是元發行代理的貨船，並非客船，沒有頭等艙位的。本來表伯和亞姆都很疼愛我的，一旦要離他們而去，我總會有些依依不捨之意罷。 （未完）

# 費孝通先生教我寫文章

何　達

若說我每次拿起筆來，就想起費先生，那就不眞。

但費先生有一句話，我眞是常常記在心頭的。

有一個晚上，夜已深了，人已靜了，我從費先生家裏出來，分手時，費先生說：

「你的筆還沒有拿穩，要好好學習。」

費先生的聲調好誠懇，好鄭重，好像是在送一個遠行的人。

當時，這句話就像一根釘子一樣，釘牢在我的心上。到如今，二十六年了，想起這句話，那心還會輕輕地顫動，好像那天晚上一樣。

到如今，我的筆還是沒有拿穩。有的時候，倒是很順手；有的時候，仍是很艱難，寫出來的東西，老使自己不痛快，要改了又改，塗了又塗，或者重新寫過。

這就如費先生，常常描迹的那種境界。費先生常常說寫文章很辛苦，常常要 Struggle 。這個字，費先生是常常用的。

仍然記得費先生說這個字時候的神情和手勢，好像眞是在掙扎着要抓住甚麼不容易得到的東西。

費先生的意思是說，要表達自己的思想感情，常常要很努力地也很費力地去尋找一個恰當的有效的表達方式。

這種努力，這種掙扎，當時還並不大懂，現在可眞是懂了。不知道有多少次，一篇文章老是寫不出來，幾天，幾十天，就是找不到一個滿意的表達方式，不知如何寫法。

因此，我也就常常記起費先生對我說的話：「你的筆還沒有拿穩，要好好學習。」

★

費先生自己很會寫文章。

當時國內許多雜誌報紙，經常可以看到費先生的文章。

很多人喜歡看他的文章。他寫的書籍，也一版再版，讀者很多。

而且，費先生寫文章，是不怕人家打斷的。

有時候，到他家裏去找他，看他寫了一半的文章，正放在桌子上。我們怕打擾他，他連忙說：「不要緊，我寫文章是不怕打斷的。」

他熱情地把我們留下，起勁地跟我們談，一下子，誰也不記得他剛才正在寫文章這件事了。

他的文章，生動活潑，深入淺出，由近及遠，以小見大，說服力與啓發性都很強。不管你同意不同意他的看法，但他的文章，大家都喜歡看的。

有些時候，他還寫得很美，美得像一朵朵嬌艷的鮮花。

這還是昆明時代的事了。有一次，我和聞一多先生，走過南區。看見費先生一篇文章，被同學剪下來貼在壁報上。

聞先生笑着對我說：「我們都說費先生這篇文章，寫得太妖冶了。」

妖冶？為甚麼？

「費先生是一個學者，文章不應該寫得這麼漂亮，」聞先生微笑地解釋着。

這當然是一種玩笑，不過也可以由此想像得到那篇文章的文采與風姿了。

費先生喜歡跟我談寫文章，是在戰後的清華園裏。

他對我說：「寫文章不只是能夠發表自己的見解，而且還可以交到許多朋友。」

他說：「我之所以注意到你，就是因為看到你在『觀察』雜誌發表的那篇文章。」

★

他是指那一篇「令人醉的詩和令人醒的詩。」

這時的「觀察」雜誌，是當時風行全國銷路最廣的雜誌。這本雜誌，有個習慣，每期首頁右上角框框內刋明雜誌的「傳統」，內有一條：「本刋在任何情形之下，不刋載不署眞姓名的任何論文。」

而左上角的框框內，就登載本期作者的姓名和出處。那一期，在我的名字底下就註明「清華大學學生」。

那是一篇在朱自淸先生堂上的習作。戰後復員，朱自淸先生開了一門「中國新文學討論及習作」。在堂上，我一次交自己寫的詩，一次交我個人對詩歌的看法。朱自淸看了我這篇習作，替我刪改了一些，讓我抄好，介紹到「觀察」雜誌發表了。

在這篇文章裏，朱先生幾次告我，他最喜歡的是這幾句話：

> 如果我們說，一種詩使人「醉」，一種詩使人「醒」，那麽前者，要的是「夠味兒」，「味兒」要玩，我們說「玩味」；後者要的是「夠勁兒」，「勁兒」要用，我們說「用勁」。顯然，朗誦詩之所以被某些人輕視，正因為它不是「玩味」的詩。「玩味」要有「閑」。朗誦詩，活在行動裏，它是屬於在「行動」着的人們的，它要「夠勁兒」。前一種詩，是可以「想」出來的。後一種詩，却要「活」出來，要在「行動」中產生出來。

現在把這一段引出來，一方面表示我到現在仍然是這樣想。一方面也附帶說明朱自淸先生也很同意我這種看法，否則，他就不會把這篇文章介紹給「觀察」雜誌了。

那篇文章，寫於一九四七年九月九日，那時候，局勢動蕩得很，在文章的結尾，我說：

> 今天，大地在翻身，樹根草皮在翻轉，潛在的壓抑着的生命的海，奔騰洶湧地「醒」轉來，……
>
> 我們看見，在這激流一般的時代，每一個「醒」來的「行動」的人都容光煥發，每一個有責任的人，都帶着一雙不安猶豫無可奈何的眼睛。在這時代的洪流裏，個人的存亡，詩的有無，都無關重要。然而只要人還活着，作為一個眞正的「人」活着，他必然是一個對現秩序的「抗議者」。一個响亮的聲音，必然是戰鬥的聲音。同樣，只要詩還存在，還被寫作，他必然是「沉重，粗獷，倔强而嚇人！」

這樣的論調，在當時，有許多教授是不能同意的。然而至少，在朱自淸先生之外，也獲得了費先生的同情。這大概就是我和費先生的關係比較接近的原因之一。

★

就是這樣，此後，我就常到費先生家裏。有一次，我帶了兩篇剛寫好的文章給他看。

許多人教過我寫文章，但都沒有人像費先生那麽特別。事前，事後，都沒有人這樣教過我。而直到如今，我也沒有這樣教過別人。

那天晚上，費先生對我說：「我不看你的文章，等一會兒，我們吃過了飯，你把文章唸給我們聽。」

我就在他的書房裏翻書。大約過了半點多鐘。費先生進來了，費師母跟費小妹也進來了。

他們坐下來，要聽我唸。我沒料到費師母和費小妹也來聽的。

我坐在費先生寫字枱的位子上。費先生坐在對面的窗旁，費師母坐在我左手邊的墻旁，小妹坐在師母的身邊。

對於我說，這也是第一次的新經驗。在昆明時代，馮至先生就告訴我，寫完了文章最好要大聲地讀出來，他自己就是這樣。許多文章，看的時候，不能發現的問題，一讀就發現了。而且，要讀起來很順口，看的時候，才會很舒服。

在這時候，我是第一次出聲讀自己寫好的文章。我讀了兩篇。

第一篇，順利地通過了。費先生聽完了，就點頭，說好。

第二篇，讀完了。費先生說，有三個地方要改。

他指出那三個地方，並且說明為甚麽要改。

照費先生的意思改了。他叫我把這兩篇文章交給系主任，請系主任介紹給「觀察」的編者，後來也先後在「觀察」發表了。

發表了之後，起了很大的反响，也收到一些讀者的信。一篇文章眞是交到許多朋友。

第一篇文章，「觀察」編者，給開了一個欄目，叫做「生活與文化」，還在文首，寫了大約三百字的按語：「讀者：我們在此向讀者推薦這篇文章。初初讀過去，這僅僅是一篇極其輕鬆的描寫學生生活的文字，但是深一點看，這篇文字裏面，包括的問題很大，牽涉到我們的國家有無前途。我們今日所處的社會，正在高速度的轉變之中。在這個轉變的社會中，學生站在最前線，他們舉起時代的大纛，喊出時代的聲音；他們向前邁進，推動整個的社會，反抗舊的勢力，建立新的理想。我們都瞭解今天的學生為甚麽『變』了，但我們很少瞭解今天的學生究竟怎樣在『變』。我們都看到他們在學生運動中所表現的勇敢與堅定，但我們看不到他們在實際生活裏所表現的理性與進步。這篇文章雖然是一篇很短而且是一篇輕描淡寫的文字，但他報告着在轉變中的學生的眞實情形。我們今日不僅應當努力了解學生，我們並且應當努力縮短青年人與中年人之間的距離。我們希望這篇文字能引起讀者廣泛的注意。」

這一篇文章，只有兩千字，寫於一九四八年四月二十四日。該年暑期，我路過上海，看到「中學生」雜誌用了這篇文章作為徵文的題目，要大家寫讀後感。後來又遇到了「中學生」雜誌的編者葉聖陶先生，他說他們雜誌以前也沒有這樣做過。這一切都使我覺得，寫文章有時也是一樁嚴肅的事業，並不只是個人的愛好了。

★

當時我的另外一篇文章，費先生就搖頭。

他說：「這篇文章，要從新寫過。」

我的文章標題，叫做「一件小事」。費先生說「這可不是一件小事啊。你們初學寫文章，往往不懂得抓題材，有許多很好的題材，都被浪費了。這樣的事情，是不應該忽畧的，應當多加一些材料，好好寫出來，讓大家都知道。」

從這時起，我才知道自己根本就沒有對於題材的敏感。曾經在不値一寫的題材上，浪費了許多筆墨，而許多應該大書特書的題材反而漏掉了。

這篇文章，我寫了三次費先生才通過，內容擴充了又擴充，比原來的文字長了一倍。

但是標題，我換了幾個費先生都搖頭。

有一天下午，費先生就教我怎樣擬定標題。他把自己的著作一本本拿了出來，指那些自己認為好的標題給我看，並且說明一個好的標題對於一篇文章的重要性。

簡單地說，一篇文章的標題，首先要引起讀者的注意與關懷，但又不能過份，叫讀者看完文章的時候，感到失望。一方面要包涵文章內容的要點，但同時又要有一些懸疑，能引起讀者追尋探索的興趣。標題原來也是藝術。

當時我便把費先生書內的一些標題默記在心。如今我的記憶裏，只剩下一條了，那就是在他的「重訪英倫」中的一篇文章的標題：「原本是負了氣出的門。」

這篇文章，寫成了之後，就是因為沒有找到一個適當的標題而不能寄出去。

費先生不但重視這篇文章的內容，也很重視這篇文章的標題。

一次又一次，我想到了一個新的標題，跑去告訴他，他聽了總是搖頭。

★

有一天，我到費先生家去找他。他病了。費師母告訴我費先生睡着了。

這時，聽到費先生在臥房裏叫我。我進了臥房，費先生眞的是在床上躺着。

我告訴費先生，我又想了一個標題。

我把這標題告訴了他。

他一聽，就連聲說好，並且立刻很興奮地坐起身來靠着墻坐着。

當時，我覺得很新鮮。為甚麽他對我一篇文章的標題，會那麽動感情。

這是他對我個人的關懷麽？是對我個人的偏愛麽？

不。都不是。

從他看到我那篇「令人醉的詩和令人醒的詩」，到我想好這一篇文章的標題，這期間他所最關切的仍然是國家民族的前途。而他對我的關懷愛護、教導、指責與協助，實際上就是他對國家民族的熱情波濤中的一點一滴。

而在那激流一般的年代裏，許多人也就通過了語言、文字，把自己的理想與熱情，匯流成一片汪洋的大海。

在費先生教我寫文章的過程中，他的批評，删改，甚至對於一個標題的愼重的選擇，讓我深切地體會到寫文章的社會意義。

★

一九四九年的年底，看到他一篇標題「我的這一年」的文章。開頭說：

「一九四九年，在我是一個『學習年』。在這一年中看到了多少一生中沒有看見過的事，聽到了多少一生中沒有聽到過的事。不但如是，就是平素常見常聞的，在這一年中也顯示出了以往沒有顯示過的意義。一個富於生命大千世界莊嚴地在我眼前展開……」

一九七二年，本港的港大、中大的同學曾回內地參觀訪問，見到了費先生，都說費先生很精神。

最近又看到一篇趙浩生教授的錄音訪問，費孝通先生很高興地說了很多話。

這篇訪問很長，費孝通、吳文藻、謝冰心三位老學者，都解釋了許多問題。最後這次聚會結束在費先生的開懷大笑中，他說：「總括一句話就是我們覺得現在活得更有意思了！我自己現在只有一個問題，就是太胖了。」

# 我對歷史的體驗

曹懋績

曹先生是一位資深的歷史研究者，憑着他讀歷史和教歷史多年的心得，給我們撰述有關歷史的問題，相信必爲讀者所歡迎。這祇是一個開場白，以後每次將爲本刊撰寫歷史上一件值得提出來研究、商榷的人或事，都是人所未嘗言的，也可以說是歷史的翻案。 ——編者

## 爲什麼要讀歷史

讀歷史的人很多，曉得怎樣讀的人似很少；教歷史的人很多，曉得怎樣教的人似也很少！

歷史是記叙過去了的人物及過去了的事。過去了的人物及過去了的事，讓它過去就算了，還要理它作甚？而人偏要化那麼多精神去寫它、教它、讀它，就是因為它對人的現在和未來太重要了。它對國家的興亡，事業的成敗，個人的得失，有絕大的作用。它像一面鏡子，給人省察，好作修正；它像一具南針，給人指引，好趨吉避凶。

現在的一切，就是過去一切的果，同時也就是未來一切的因。有什麼的因，就有什麼的果。為了要明白因果以預知其變化，人纔不得不注重歷史，否則便根本不必理它。讀歷史是為了檢討過去，來把握現在，以計劃未來。所以，讀歷史决不祇在的知，而必須更進一步去求明。可惜一般教的或讀的多祇重視那個知字，而疏忽了這個明字。

世人讀歷史最大的錯誤是祇重記憶而不重思索，祇曉得苦苦去記，不曉得苦苦去想，正所謂捨本逐末。不知道人苦苦去記的都載在典藉，有書可查，用不到勉强去記；而要想的，則書本上可沒有載，全得靠自己去思索。思索才是讀歷史要致力的重點。

我們知道歷史有所謂五何或五 W ，就是何人 who、何事 what、何時 when、何地 where、何故 why。我們要注重的是第五項，這是我們讀歷史的最大理由，可惜教或讀的多祇重前四項而忽視末一項。歷史考試問的多是：何人、何事、何時、何地，很少問何故的。讀者祇要能死記這四項，就不愁不合格，就不愁成績不好。這種毒素不祇見於歷史一科，而且傳染給文學一科。像向作者生平，要答他的生卒年份和藉貫、履歷；對他的風格、地位、貢獻、影响，反若等閒。我國文化之所以先進而落後，恕我大胆說句，知識分子不曉得怎樣教和讀歷史是最重要原因之一。

我們讀歷史，是要從它那裏得到啓發，否則根本便不需讀它！

## 歷史的可信性

歷史是後人用文字記載下來的。寫歷史的人都是學者，他們的記叙應該是可信的吧。但，依我的經驗，我覺得可信的程度實在是大有問題。不說歷史都是後代人的追憶，都是憑傳聞或參考別人的記錄做資料，就算是當代的人，甚至是親處其境的目擊者，或身預其事的一分子，所記也未必盡是可靠，何況多是以耳作目的？

我說得太過份麼？那就請看看現實的例子：當社會上有一件意外的事發生，一定有許多記者去親自採訪，而翌日的報章也必定有詳細的記載。你試

買多幾份報紙來閱讀，必會發現各家的記載都不一致而必有多少出入。例如不久前，哄動一時的實生銀行刦案，有家報紙載的是刦匪一人，另一家却說三人，第三家又說是四人；而人質有說是八人，有說是十人，也有說是十一人。記者都是親自實地採訪的，而所報道則各各不同，讀者應該信那一家的好呢？

須知人是會有錯覺的，會有疏忽的，會精神分散的，請試拿一斤瓜子數數看有若干顆，你數三次，可能每次所得的數目都不相同呢。由此可知，歷史的眞實性決不會是百分之百的。再舉一個例子：有三個文人，相偕去某一地方遊覽，回來各寫一篇遊記，內容一定各有出入，寫歷史也是一樣的。

歷史所記叙的事固未必盡眞，歷史所記的人更未必可信。君不見報上所登載有些名流，滿口仁義道德，個個都是正人君子似的，這是他們自吹自擂。儘管其中有你熟悉的，知道他說的是一套，做的是另一套，你决不會信任他，但報章上別人對他們的頌揚，都說得他們的學問、品德行徑是毫無瑕疵似的，那些不知底細的人，便會信以為眞了。然則歷史上的人物，難道就不會有這樣的？當然，今人不需要巴結古人，但渲染古人以自彰，又何嘗沒有。例如：二次大戰日本投降後，就有很多小漢奸罵較大的漢奸以掩飾他自己的了。

住在香港的人，都可以自由地讀最左的共產黨和最右的國民黨報紙。左報說台灣政權就沒一個是好人，沒一件是好事。相反，右報說大陸政權，也是一樣。其間可信的究竟有多少？便祇有天知道。報紙如此，歷史就不會如此嗎？雖然報紙寫的是現在，主觀性較濃；歷史寫的是過去，客觀性較高，不可相提並論，原則上却沒有什麼不同的。一套廿五史，除了四史外，幾全是帝王敕撰的。奪了別人的天下，寫前朝的歷史，便沒法不有隱瞞及誇張的了。

歷史是人寫的。人不是機器，是有思想、感情的。一有思想感情，便一定有偏見及成見，因此對任何事都沒法絕對客觀了。就算是純粹客觀吧，也未必是正確的，這是因各人的立場不同，以致影响了觀點之故。例如拍攝照片，相機攝得的當然是純粹客觀了，但因攝者站立的角度不同，攝得的結果便有差異，就算同一角度吧，若焦距、或曝光、或光圈改變了，結果也不會相同了。

## 事實未必是真相

事實應該就是眞相，我說事實未必就是眞相，不太玄麽？但，如果你能把事情詳細的分析，深入去觀察，你便會發現有些事實不過是表徵，所謂明修棧道，暗渡陳倉呢。例如：以前有一位大名鼎鼎，全國稱頌，國際也知名的大慈善家，他一生不知捐過多少善欵，做過不知多少的善事，是絕對無可否認的事實，但如果你深入去觀察，眞相可不是做慈善，而祇是為他的成藥做廣告。我揭露眞相，絕不是要否定他的功德。祇要是善事，於世人有實益的，眞相如何，犯不着問，我不過舉個例來證明我的說法吧了。周公恐懼流言日，王莽謙恭下士時，若使當時身便死，千秋眞僞有誰知。如果將事實作為眞相，豈非寃枉了好人而便宜了壞人？文徵明「滿江紅」：拂拭殘碑，勒飛字依稀堪讀。慨當初倚飛何重，後來何酷。果是功成身合死，可憐事去言難贖。最無辜，堪恨更堪憐，風波獄。豈不惜，中原蹙。且不念，徽欽辱。但徽欽既返，此身何屬。千載休談南渡錯，當時自怕中原復。笑區區一檜又何能，逢其欲。如果將事實作為眞相，豈非把罪惡全歸在秦檜身上？未免太不公平吧！所以，能明白事實未必是眞相，是讀史者必須具備的條件。

## 如何讀歷史

歷史是所有學科中最難讀的，因為它的牽涉面太廣了，太複雜了，讀者實在不容易分辨出它的眞或僞，正或誤。如果沒有高度的知慧，敏銳的眼光，邏輯的頭腦，他的判斷就有問題。讀歷史的第一個難題是要分辨它的眞或僞，第二個難題是要判斷它的正或誤。能解决這兩個問題，讀歷史才會有所得。然而，要解决這兩個難題，可眞不易呢。

歷史是人寫的，而人總是有缺點的，有時會盲目人云亦云，有時貪高興以逞一時之快，有時想哄動世人以嘩衆取寵，有時因愛惡而有意歪曲事實，有時因不敢反傳統而任由它訛傳下去。寫歷史的人和製造歷史的人與事雖沒關係，但歷史是他寫的，他的史才、史識、史德如何？對他寫出來的歷史是極有關係的。每個人的出身、環境、教育、修養、信仰、交遊、閱歷都不同，這一切又都影响他的思想和他對人對事的觀點。所以，了解寫歷史的人，是讀歷史者的先决條件。條件具備了，還要看他所寫的合不合人性人情，合不合道理，和有無可能性。凡有問題的，都不可輕信。雖然古今來許多理所必無的會事所或有；無可能性的會成為事實，但必須深入考證，這樣讀歷史，才可以說是庶幾了。

# 中國的武術運動

蔡龍雲

中國的武術，是一項搏鬥技巧的體育運動，也是一項技擊與舞蹈相融合的古典式的藝術體操。它的歷史在我國非常悠久，早在原始公社的氏族社會裏就已經以「角抵戲」的形式出現，作為軍事體育教育。「述異記」裏說：「秦漢間，蚩尤耳鬢如劍戟，頭有角（指有角的金屬兜）。與軒轅鬥，以角觝人，人不能向」。漢造角抵戲，蓋其遺制也。「史記」說：秦二世在甘泉宮曾召集了許多人，作「角抵戲」。足見這項軍事體育在兩千多年以前就有了。

## 兩千多年的歷史

武術是戰鬥的產物。甲骨文、篆文、金文都是把武術的「武」字從戈從止。彝文從戊，戊是斧類，也屬於兵器。在春秋戰國時代，武術中的技擊術和擊刺的劍術已很普遍流行，「趙文王喜劍，劍士夾門而客三千餘人。」（莊子）。「漢書、司馬遷傳」裏也說：「司馬氏在趙者以傳劍論顯。」荀卿則說：「齊人隆技擊。」足見武術中的技擊術在當時是被作為軍事搏鬥技巧中的特種技巧來看待；而且劍術在當時就有了「理論」的指導。到了漢代，「劍論」更進一步豐富了它的內容，在兵伎巧十三家中載有「劍道」三十八篇；徒手技擊也有「手搏」六篇。

## 武術在晉代的發展

晉代，武術一方面仍然保持着它的「擊」、「鬥」面貌，一方面却開始和雜技藝術揉合。「通鑒」裏面對「走戟」注云：「今鄉悼民，兩手運雙刃，坐作進退為擊刺勢。」又云：「擲刀空中，高一、二丈，以手接之。」「環身盤戟回轉如縈。」這和今天的戲劇中的「打出手」及「飛叉」等技巧非常相似，很可能也就是這些雜技的前身。

## 「擲劍入雲，高數十丈」

唐代的遊俠之風非常盛行。「弓摧宜山虎，手接太山揉，酒後競風采，三杯弄寶刀。」（李白詩），「俠客不怕死，怕在事不成。」（元稹詩），「壯士性剛决，火中見石裂，殺人不迴頭，輕生如暫別。」（孟郊詩），李白還有「少年學劍術」，「殺人都市中」的詩句。武術不僅是軍事體育，而且也在羣衆中流傳開來。在晉代，「獨異志」裏說裴旻是將軍的劍舞中就有「擲劍入雲，高數十丈，若電光下射，漫引手執鞘承之，劍透空而入。觀者千百人，無不驚栗。」這更接近了近代戲劇中的「寶劍入鞘」的那種技巧。

在唐代，武術和舞蹈揉合起來，舞蹈藝術除了文舞、武舞那種集體的舞蹈之外，也還有涼州、綠腰、蘇合等等的所謂「軟舞」，於劍器、胡騰、達摩等等所謂「健舞」（「樂府詩集」）。

### 杜甫的「劍器行」

杜甫的「劍器行」說：「㸌如羿射九日落，矯如羣帝驂龍翔。來如雷霆收震怒，罷如江海凝清光。」這是指劍舞。（按「劍器」非劍，是一種武舞的名稱，「女伎雄粧，空手而舞。」見「正字通」。作者此說誤）。元稹的「胡騰醉舞筋骨柔」也像今天「醉酒拳」的情形。

### 少林寺的達摩拳壁畫

我們從健舞中的「「達摩」一類來聯想到後來的「少林拳」，從少林寺中的所謂達摩畫在牆壁的「羅漢拳壁畫」來聯想到在南印度的舞王濕婆神殿上的一百二十二幅「健舞的姿式」就可以證明武術運動在唐代開始了新的藝術道路。當然，像中國的摔角、散手（拳擊）、擊劍等等搏鬥形式的運動項目，不在這種藝術形式之列。

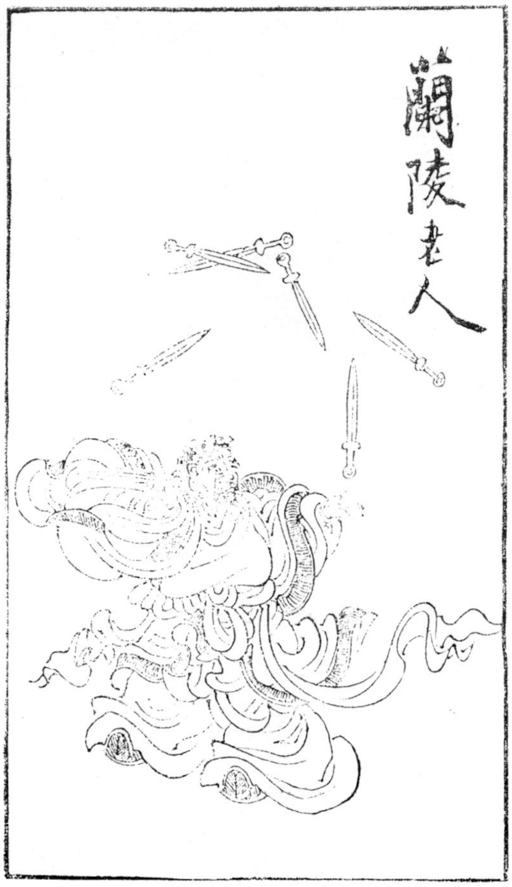


採自「劍俠傳」 任渭長作

### 科學的武術運動

中國武術中的古典式的藝術體操，它包括着查、花、炮、洪及華拳等五個主要拳系，而每個拳系中又都有着幾十種項目一一也即是套路。這些拳系都是有着共同的訓練的基本方法，像華拳拳系的基本訓練分為腿部的、腰部的、力量、柔韌等幾個方面，拿腿部訓練來說有壓、搬、懸、踢、劈五種方法，這說明武術運動並不是沒有完整的系統的一套科學的方法。在這些拳系的套路中幾乎都包含着平衡、跳躍、滾翻、旋轉及伸展動作。這對發展肌肉的力量和柔韌性，增强骨胳韌帶器官等都有益處。

中國武術對培養身體品質及思想品質的科學道理很多，在這裏限於篇幅關係，不再多談。

中國武術有着悠久的歷史和多種的運動形式，也有科學的訓練方法，在廣大的羣衆愛護和支持之下，相信能繼續向前發展。


**·各地區發行者·**

星馬婆：東亞文化事業有限公司
星加坡大坡大馬路 167 號
日　本：東豐書店（東京）
朋友書店（京都）
澳　門：文新商店
紐　約：友聯圖書公司
中僑圖書文具公司
友方文化事業公司
東方書店
香港書店
友誠公司
三藩市：亞洲書店
新生圖書公司
羅　省：東方公司
民智書局
文華書店
波士頓：中西公司
華美書局
加拿大：明星書店（蒙特里爾）
華厦貿易有限公司
香港百貨公司（多倫多）
倫　敦：東寶海外文化有限公司
印　尼：集源公司
泰　國：曼谷青年文化服務社
越　南：衡記書店
寮　國：永珍集郵公司書報部

# 也談我國古代足球

·南宮望·

古代人踢足球
（選自明王恩義著「三才圖繪」）

有這樣一個故事：唐代有一個書生，特地等到宰相看足球賽的時候去「晉謁」，想借此一顯身手，以博重用。當宰相閱讀他的自荐信時，他有意截獲一球，「用肩妝」、「倒膝」、「頂頭」、「盤拐」等花樣，渾身舞弄了一番，直到宰相看完信還沒有停止。宰相大為賞識。由此看來，古代足球的踢法和毽子的踢法有相近的地方。

但現在玩毽子遠不及古代玩足球來得豐富。古代踢足球，人數從一人、二人、三人到十人；球的數目從一個到兩個（最初是熟皮裹塞軟東西，後來是用牛膀胱等做胆囊）；球門可以在兩丈左右的高處，也可以在平地上挖窟窿，球門的數目可以多到十二個；球場有的是高台，有的是院落；踢法可以射門競賽，也可以作技術表演。

二千多年間，它受到了上自皇帝，下至黎民百姓的熱愛，以及詩人、史家、畫工、稗官等的贊頌和描述。愛足球的皇帝，見於正史或野史的就有一大批：漢劉邦的親老子因為沒有足球踢要辭掉「太上皇」不幹；漢成帝因為沒有足球踢而鬧情緒，臣子們趕緊獻上棋類遊戲；唐太宗、唐玄宗是足球名手，唐玄宗在「國際競賽」中還出過風頭；宋太祖，宋太宗和他們的四個臣子可稱為球場六友，有六人「蹴鞠」的圖像；明宣宗朱瞻基把看球作為「行樂」，至少算得上是個「球迷」。皇帝如此積極，王公大臣自然不會落後；漢霍去病遠征時還修築球場；馬援的第三個兒子修的球場比街道還長（但不知街道有多長）；和唐太宗是郎舅關係的駙馬公柴紹的球藝曾博得彩禮；宋代的趙普相爺和「打瓜招親」的鄭恩就是上述六友中的二友。詩人杜甫的「十年蹴鞠將維遠」，大概是指自己練了十年，並不是「有空時也喜歡踢幾腳」。因為唐代的進士們必須能參加足球賽，非平日痛下功夫不行。寫「水滸」的施耐庵，寫「隋唐演義」的褚人獲，關於足球的描述都很細緻動人（見「水滸」第二回），足見都是內行。

至於廣大黎民百姓，雖然沒有記述，但從「戰國策」（齊策）「臨淄甚富而實，其民無不吹竽、鼓瑟，……蹴鞠者」；裴松之注「三國志」，「年興金革，上以弓馬為務，家以蹴鞠為學」；以及宋代陶枕上有少女踢足球的風俗畫來看，可以斷言他們是足球的愛好者。假使再從詞人、墨客的著述的字裏行間去尋味，那些在四周喝采，在暗角裏擲毛、縫球的無一不是黎民百姓。

我國二千年前就有了足球是不容置疑的，史書的記載確鑿可證。由於這些記載，使我們知道了祖先在體育運動方面的輝煌成就。然而對古代足球的探索還只是開始。

究竟它是怎樣發生、發展和衰亡的，還缺乏系統的了解。其他如具體規則、場地設施、各種活動的關係（如馬球、毽子），也都沒有弄清楚。寫到這裏，不能不提到漢初「蹴鞠新書」。這部二千年前出版的已告世界上最早的足球叢書，本身的文化價值和它的二十五篇論著的史料價值，都是無法估量的，但可惜這書失傳了。

# 幾種明刻版畫畫譜

郭味蕖

在我國版畫遺產中，有幾種明刻版畫畫譜值得我們提出來研究和學習。

畫譜對於初學繪畫的人是有着一定的積極作用的。畫譜的創作者，都是一時的名畫家，通過他們在長時間的實踐鍛煉中的經驗，把歷代名家的繪畫理論，和在技法表現中用筆用墨用色的具體方法，風格情調，有力的做了系統的整理，進而通過圖版形象和文字記述傳授畫學上的成就。

在過去的年月裏，人們想看到幾幅名畫家的繪畫原作，或得到為臨摹稿本，極不容易。畫譜的出現，無論對於研究民族繪畫藝術或是繼承傳統技法來說，都提供了有利條件；並且我國繪畫，多是用紙或絹素來描繪，難以流傳，這樣易絹素為棗梨，也是使名筆書畫永留世間的唯一法門，何況版畫畫譜的製作，又必須是名畫家和名雕版家精誠合作的產品。所以說版畫畫譜除了給初學繪畫的人作為繼承技法的橋樑以外，它雕版本身，就是一種極可珍貴的富有藝術性的版畫作品。

畫譜出現在版畫圖書中，是很早的。宋景定年間（公元1260—1263年）刋印的「梅花喜神譜」，便是宋伯仁撰的兩卷梅花畫譜。作者以粗壯的筆毫，作了對梅花開放和蓓蕾的各個時期的描寫。宋氏在叙文中說：「余於花放之時，不厭徘徊於竹籬茅屋邊，諦玩梅花之低昂俯仰，分合卷舒，圖寫花之狀貌，得二百餘品。……」可見作者在創作時，是通過了對客觀現實的具體觀察，加以綜合、提煉、簡化的藝術手法，從而達到了對梅花眞實形象的概括性的描寫。

明代萬曆前後，版畫畫譜隨着雕版插圖的發展，也曾風起雲湧的盛極一時。

萬曆三十一年癸卯（公元1603年）武林顧炳纂「歷代名公畫譜」（一名「顧氏畫譜」）前有余玄洲序，金陵朱之蕃序。顧炳是當時名花鳥畫家鈎花點葉派創始者周之冕（字服卿）的學生。對於山水花鳥畫技法，極有根柢。這部畫譜，是在顧氏「選摹告畫，縮小尺幅；彷彿筆意，頗費經營」的精神中完成的。其中所收的圖版，自晉、唐顧愷之、陸探微、吳道玄、李思訓以至宋、元、明季各大家，都一一臨摹，並於每幅的背面，倩交游諸公題句並簡述畫人傳略。顧氏在臨摹各家的時候，能掌握原作者在繪畫創作上所具有的典型風度，使人一望而知是某家筆法。如圖版中所臨的閻立本「斗茶圖」，黃筌「雀棘圖」，郭熙「行旅圖」，摹寫逼眞。又如仿李公麟的「洗象圖」，象身純以墨染，用刀紋刻出輪廓與人物線描，黑白相映成趣，仍繼承元明時期的風格，是我國版畫遺產中的代表作品之一。刻工的刀法也能相稱。厚重中有流利，施之棗梨，還能不失各家矩矱。

宛陵汪君於萬曆四十年壬子（公元1612年）用白棉紙初刋「詩餘畫譜」（一名「草堂詩餘意」），原本之「草堂詩餘」擷取其尤粹者百篇，倩良工為之作圖。據黃冕仲的跋文說：

「宛陵汪君，復出『詩餘畫譜』見視。」可知編者是汪姓。刋工雖未署名，然一望而知為徽派名手。刀工細膩而不甜滑，線鋒遒勁而不板滯，勾斫頓錯處，奏刀極為老到，確是精作。繪畫者署名王鍹，字佐堂，臨摹工力極深，筆力也極蒼勁。每幅圖版，典型的表達了各個時代名手的筆氣。有的在畫面上顯明題着「仿梅花道人」「仿王叔明」「仿蕭照」，看來也的確是擁有各家的技法蹊徑，使人理解到某一時代，某一畫家的風格氣勢。又在每幅畫圖的背面，倩書家用各種字體書寫原詞，使畫幅和詞意相得益彰的發揮出了更大的感人的情趣。其中如寫秦少游的「春閨」「冬景」「贈妓」；賀方回的「春景」；僧仲殊的「秋日」；歐陽永叔的「夏景」「冬景」；蘇子瞻的「春別」「佳人」與「中秋」諸幅，在鐫工和畫工方面，都達到了爐火純青的地步。

「柳外輕雷池上雨，雨聲滴碎荷花聲。小樓西角斷虹明。欄杆倚處，待得月華生。燕子飛來窺畫棟，玉鈎垂下帘旌。凉波不動簟紋平。水精雙枕，旁有墮釵橫。」

這是歐陽永叔的「夏景」一首。永叔的詞，一向悲惻纏綿，風襟爽朗。畫家王鍹，在創作構思時，深深體味了詞中的現實意義，為了充分表現「雨聲滴碎荷聲」的意境，在構圖中着重布置了荷池上

「詩餘畫譜」中的「中秋」

的雨中風光。女主人公剛剛離開了水晶雙枕，步近欄杆；從侍兒的張盖徐行中，彷彿可以聞到雨聲。作者有意的把畫樓按置在畫面的東北角，在西北角處，給予極大的空白天空，這樣雖然沒有把斷虹畫上去，使人可以在心目中創作出斷虹的形象。池荷經雨，在晚風招展的姿態上，也給以許多變化。通過圖版的表現，可以使人意味到夏晚雨後剛剛睡起的少婦的迷惘心情，從而突出的表達了詞句中的思想情感。又如寫秦少游「冬景」一幅，繪畫者以郭熙的筆法着重描寫了詞句中「無寐，無寐，門外馬嘶人起」的境界，使讀者體味到了驛亭曉行、月明風緊的情味。

萬曆四十八年庚申（公元1620年）新安黃鳳池手輯「集雅齋畫譜」（一名「唐詩畫詩」或「六如畫譜」），蔡元勛（字冲寰）寫圖，劉次宗手刋。畫譜分八集，一、五言唐詩畫譜，二、六言唐詩畫譜，三、七言唐詩畫譜，四、梅竹蘭菊譜，五、古今畫譜，六、名公扇譜，七、草本花詩譜，八、木本花鳥譜。這是一部版面很大，圖文並茂的巨製，是畫工和雕工親密合作中完成的一部「詩中有畫，畫中有詩」的版畫名作。

繪圖者蔡冲寰筆力勁健渾樸；刋工劉次宗，看來也是在安徽虯村黃氏一家門徑中的高手。用刀剛健柔美，有力的補足了畫筆的不足。無論是山水、花鳥、人物，在表現方面都達到了很高的水平。畫家在構圖中，并獨具慧心的體現了唐詩人的詩句內容，和中心的思想情感，以生動的畫筆，表達了作品的思想主題。例如在圖版中所描寫的唐常建所作「十五夜望月」一詩。「中庭地白樹栖鴉，冷露無聲濕桂花；今夜月明人盡望，不知秋思在誰家。」

畫家體味了詩人秋夜望月懷人的情感，以簡單的畫面，展開了詩的意境。構圖以近岸遠水為背景，正中一株在秋風中杈枒的枯樹，旁邊襯扎上一株枝葉濃密的桂樹，在樹的前後，站着年齡各不相同五個人。這些人有的在袖手徘徊，若有所思，有的在仰望枯樹上的昏鴉。已宿的寒鴉，被這一羣人的到來所驚覺，有的正飛旋在樹頭，不敢棲止。遠處雙峰缺處，月亮正圓。通過這幅圖版上人物的面貌表情和肅殺的環境氛圍，使讀者感到了游子遠離故鄉，在秋夜桂花樹下，望月懷遠的情思。畫家正有力的表現了通過桂花樹月和烏鴉的凄厲所襯托的悲涼境界，使人物悲秋的心情，更加顯明的表達出來。這是詩人畫家精神合一的產品。通過畫面上的人物形象，和背景處理的調合統一，獲得了高度的藝術效果。在明代雕版畫譜的作品中，以上三種，可以說是典型的代表。正如鄭振鐸先生所說：「萬曆一代版畫之盛，諸畫譜作者，當為功臣之首。」

自從這些畫譜出版以後，其它諸作，便相繼刋行。如萬曆中金陵荊山書林刻印，周履靖所編輯的「夷門廣牘」中，有「畫藪」一卷。其圖版中人物花鳥蘭竹草虫，應有盡有，刻工亦精。并附刻文嘉、王世貞、孫克弘、王穉登等四十餘人的題跋。其中如「畫人物論」等，對人物畫筆法和比例分寸做了深入的探討，是研究人物畫的重要理論。

天啓七年（公元1627年）出色的藝術家胡正言（字曰從）編印「十竹齋畫譜」、「十竹齋箋譜」，創造了「餖板」「拱花」的套印技術。畫譜中的竹譜梅譜，全用彩色套印，使雕版技法，又提高了一大步，奠定了餖版套印技法，也是劃時代的成就。清初李漁、沈因伯、諸昇等所合作的「芥子園畫傳」也是在明代畫譜盛行的影響下刋印完成的。

總之，明代版畫畫譜的發展，是明代版畫雕版印刷的新的發展。它對繪畫藝術的傳播，起了一定的作用，這應當肯定。當然，畫譜這一形式，在功能方面，也有它的局限性。倘若一個學畫的人，成年累月的鑽到畫譜裏面去，不能自拔；只是墨守成規，終年不敢越出古人一步，忽視對客觀現實物象的深入研究創造，那一定會被陳規所束縛住的。但版畫畫譜，從版畫藝術的成就來說，是我國版畫史上珍貴的遺產，我們應該好好進行研究。

# 秘戲圖與明代版畫

。述史。

秘戲圖的起源，果在何時何地，至今尚無確實的考證，不過可以認為其濫觴當在原始時代。我們只消看現在下層階級那些並不會畫的人，在便所的牆壁一帶所畫的那些男女的奇怪的形象，便可以推測出來。跳舞的起源，也不外是男女求性的刺激。他如宗教和文學，其起源亦皆懷胎於猥褻的思想。原始民族之生殖器崇拜，更如實地把這種事實表現出來。所以秘戲圖的產生及其流行，一定是在很古的時代，決不是近世的事，這是很顯明的。

關於秘戲圖之有文獻可考者，為漢成帝將紂王擁妲己作長夜之樂，畫於屛風之上，後世遂以此認為秘戲圖之始。但那畫的內容如何，其表現到何種程度，書上所載，畧焉不詳，至今無從查考。另外在別的書上，也有談到紂王作奇巧以娛婦人的事的。所謂奇巧，大約就是一種淫具。明朝的郎瑛，在他著的「七修類稿」上說，紂王之不道，可以說就是因為他的淫惡。如秘戲圖淫具二者，決不是應該錄以示人的東西，後人之所以書此，僅是要使人知道淫為萬惡之首，而有所鑑戒，不再為惡而已。由上看來，我們可以知道漢人之作秘戲圖，多是將紂王與妲己的春宵行樂的秘戲圖，作為題材的。

要之，秘戲圖的起源，雖說始於漢成帝，但在他以前，自然也早就有了。如宣帝在位時，廣川王戴（景帝之孫）曾命當時第一流畫家，在他居處的周圍，繪男女交合之圖，招至王族近親在那室中大張筵席，仰觀壁畫，相顧而笑。此事曾戴「漢書．廣川惠王傳」。所以秘戲圖的嚆矢，見於典籍者，與其說是成帝，不如說是漢朝的廣川王，還要來得正確些。

自漢以降，便有齊的廢帝東昏侯，因愛潘妃，遂作金蓮使潘妃在那上面行走，他在旁邊看着取樂，說潘妃是步步生蓮花。他又在潘妃的各室中，描出許多猥褻的畫，日夜與潘妃在其中行當我們發掘漢魏以降的古墓，往往可以發現這一類的畫，甚至及於男色的都有。這些大都是把它放在棺材的四角，以防狐兎穿穴，傷害屍體。如「雲谿臥餘」上所載，可資參證：

「路史」載何俊有記曰：今人稱顧陸之筆，然此特東晉間人耳。予家乃有漢人畫，此世之所未見，亦世之所未知者也。其畫非縑非楮，乃畫於車螯殼上，乃是姑蘇沈辨之至山東賣畫買回者。聞彼處盜墓人，每發一墓，則其下有數十石，其畫皆作人物，如今之春畫，間有男色者。畫法與隸釋中有一碑上所畫之人，大率相類，其筆甚拙，顧陸尚有其遺意，至唐則漸入於巧矣。夫車螯者蜃也，雉入大水為蜃；雉有文章，故蜃亦有文章，登州海市卽蜃氣也，但不知墓中要此物何用。余觀北齊邢子才作文宣帝哀冊文冊云：攀蜃輅而雨泣。王筠昭明太子哀冊文曰：蜃輅峨峨。江總陳宣哀冊文云：望蜃綵而攀標。齊謝眺敬王后哀冊文云：懷蜃衞而延首。則知古帝王墳中皆有之，蓋置於柩之四邊，以防狐兎穿穴，其畫春情，亦似厭勝，恐蛟龍侵犯之也。

至於秘戲版畫㳙於明代隆慶朝，至萬曆朝而極盛，在構圖上，繪畫人物上，尤其是在木刻技藝上，均臻上乘。萬曆以後，也許是應社會上之要求，漸漸流於粗製濫造。到了清代，坊間流傳的便專是為誨淫而作，不堪寓目。因此這類版畫的鼎盛時期前後不過七十年左右。這個時期的版畫製作者刻意追摹當時著名人物畫家的筆法，趙孟頫、唐寅、仇英等大家的作品都是他們的範本。在木刻的技藝上，他們特別出色，當時的「十竹齋畫譜」卽為他們的傑作之一。明代社會風氣敗壞，出版的穢書最多，同一個時代刊行的秘戲圖冊也最多，卽因此故。

最有趣的一點是，中國這些版畫，在明末淸初大量流入日本。對於日本的「浮世繪」版畫發生了深厚的影響，早年著名的浮世繪作家菱川師宣卽為一例。在德川幕府時代，中國的「風流絕暢」圖曾經日本全部單色翻印，但每一張圖均經日本人改頭換面，尤其是將中國風味的背景改以日本風風味的背景，而冒充為日本本身的製作。

已故荷蘭漢學家高羅佩（R.H.Van Gulik）曾著「秘戲圖考」，此書西文書名為“Erotic Colour Prints of the Ming Period”，可見是以研究明代秘戲版畫為主體的。

# 葉淺予繪「子夜」插畫　　半園

現代文學所描寫的現代社會現象，是複雜多樣的。畫家為現代文學作品插圖，自然要運用許多新的技巧，才能表達出現代社會的面貌。茅盾所著的「子夜」是現代文學經典著作之一。它主要描寫二十世紀三十年代之始，在中國最大都市上海所發生的一些事故。葉淺予生活在當時的上海，他又是留心觀察生活的畫家，對都市的各種現象，是最熟悉不過的。他具有優秀的新的寫實技巧，由他去為這本巨著作插圖，描畫當時都市的複雜多端的面貌，眞是最適當不過的了。

「子夜」的主人公——吳蓀甫，是一個世家之子。在大都市上海，他成為一個民族資本家。他原是一個機警、果斷、有魄力、有雄圖偉畧的中年人。他有一番振興中國工業的心願，可是在小說的開始，敘述他的事業正在走紅的時候，也就是他受到當時國內政局動蕩和國外投資家壓抑得透不過來的關頭，正如小說中所描寫的，「一種鐵青色的苦悶和失望，在他的紫醬色的臉皮上泛出來。」小說從他的父親——「吳老太爺」，因為逃避兵燹，迫得從隱居二十五年的鄉間遷到都市，於抵埠之日因不堪都市煩囂之擾，飽受刺激而死開始，直到吳蓀甫拿了全部資本在公債市場上孤注一擲，傾家蕩產，走上末路為止，所經過的時間僅兩個多月，而那兩個多月內的世事滄桑，充滿了許許多多賺人熱淚的變故，工業凋敝，家庭離散，其間穿插了一些都市荒淫的生活，給小說家敏銳的眼光觀察出來，形容得淋漓盡緻。

葉淺予為這本數十萬言的巨著僅僅畫了十五幅插畫，然而已使我感到滿足。首先使我感佩的就是他的造型能力。他為小說的角色塑造出最具體的形象，那些形象是那麼活生生的，使人一看就知道他們的個性、甚而出身、社會地位等。吳蓀甫的形象出現在許多幅插畫中，但是我們可以在圖一、二、三（原書圖二、八、十）中看到他較清楚的容貌，他那種剛强、自負的性格在他的姿態和眉目間完全表達出來。在圖四（原書圖五）裏，畫家為那青年屠維嶽刻畫出一副看來是胸有成竹、不屈於淫威的形象，他使吳蓀甫也認為是可造之材。最令人傾倒的是畫家在圖五（原書圖四）中為「土皇帝」曾滄海父子所塑造的那副無賴相。

在這些插畫中，巧妙的構圖，為畫中的情節創造出相應的氣氛來，使主題更形突出。我相信這是畫家構圖方面經過一番深思熟慮的結果。例如在圖三裏，吳蓀甫、王和甫、孫吉人三個「實業家」面臨着失敗的邊緣，眼看着黝暗的日子就要降臨，而又顯得並無辦法。三個人木然呆立着，全幅的構圖以垂直線支配着畫面重要的地位，一看就是一種肅穆的情緒壓在讀者的心頭，這種氣氛的創造是很成功的，因為它已使這三個面面相覷的人顯得分外是走投無路的樣子。又如在圖六（原書圖十三）裏，正當那些「實業家」已日暮途窮的時候，他們唯有用荒誕的生活去試圖解脫心頭上的煩悶。他們把交際花徐曼麗擬上那杯盤狼藉的檯上，看她「跌在誰的一邊，就是誰的流年好」。這幾個中年人今天已像小孩子捉迷藏般亂做一團，這動盪的一團正好和那靜靜的黃浦江與及遊艇上直線的欄杆和電線作一個對比，而那倚在欄杆上冷眼旁觀的海員和竊竊私笑的僕役又正好給這個荒唐的場面作一個諷刺。

葉淺予的插畫是用中國的白描畫法來畫的。外國書籍的插畫也有用單線來描畫的，但那是外國畫。中國畫用中國民族特有的線條和筆觸，就運用落筆的剛柔波磔來表現物體的形狀和性質，人物的表情和動向等。當然，葉淺予先生是吸收了西洋畫法的一些長處的，例如風景的遠近法和人體的結構法等，但他主要地保留了中國畫的風格。請看在圖九（原書圖三）裏，那位「雷參謀」在向他的舊情人——吳蓀甫太太道別的場面，這位脈脈含情的吳少奶奶在紫籐花下，彷彿把我們帶到一張獨幅創作的圖畫的意境裏。一幅國畫當然可以把窗內所應見的什麼東西都刪割掉，因為那些在構圖上是不需要的。畫家僅留下他認有構圖價值的一隻鸚鵡。又如插圖七，那簡直一看就如我們曾在什麼舊小說所見到的繡像，但是細看下去，那又顯然是廿世紀三十年代的東西。那兩個老頭子好像要對樓上那個懷春少女有些什麼「陰謀」，使人一看而會意。

葉淺予的「子夜」插畫，是達到國際水平而又具有民族風格的作品，它為「子夜」這本巨著生色不少。

# 唐代的「馬球」

文治

「波文」創刊號上有一幅「明代打毬圖」，看了很感興味。根據古書上的材料，馬球在中國古代十分流行。

「馬球」是一種騎在馬上集體玩的球藝，它原是古時從北方少數民族那裏傳來的。據古書上的記載，名稱不一，或稱「擊鞠」，或稱「擊球」，或稱「打球」，其實都是同一個意思。

「馬球」的球大約如現在的飯碗那樣大小，用柔軟的熟皮做成，裏邊緊塞了軟質的東西，擲在地上有些彈性。這種球的玩法是：玩球的人騎在馬上，馬在球場裏馳騁，玩球的人在馬上以棍棒擊球，表演擊球的球藝。「馬奔愈速，擊愈命中，始稱高手」（「唐語林」卷五）。賽球時，參加賽球的人，雙方都騎在馬上互相爭逐擊球，以擊中球的次數的多少，評分勝負。參加比賽的人數，少的可以兩人，多的可以多至數十人。

玩「馬球」的風氣，在唐代曾經盛極一時，上自皇帝貴族，下至平民百姓，幾乎都會玩馬球。而有閑階級者因為有錢，玩的排場就更大，花樣也更多。他們為了玩「馬球」，特意修築球場，非常講究。據「隋唐嘉話」記載，當時就已經有以「油洒地以築球場」，就像今天的柏油馬路一樣。這種球場，在宮中也有的，唐敬宗李湛就曾經於「丁未擊鞠於中和殿，戊申擊鞠於飛龍院」（「唐書」卷八「本紀」）。宣宗李忱的球藝，在當時算是很高的，「唐語林」卷七上說：「宣宗弧矢擊鞠，皆盡其妙。所御馬，御勒之外，不加雕飾，而馬尤矯捷，每持鞠（球）杖，乘勢奔躍，運鞠於空中，連擊至數百，而馬馳不止，迅若流電。三軍老手，咸服其能。」

「馬球」的球風在唐代確是很迷人的，玄宗李隆基在上朝完畢之後，總喜歡以此取樂，高祖的兒子元吉，沉溺於「馬球」就更加厲害，他曾經跟人說：他寧可三日不食，却不可一日不「擊鞠」，他眞夠得上算是個「球迷」。在當時的宮庭裏，還養了一批專門表演「馬球」的女伎，她們在表演「馬球」的時候，不僅人和馬都要細細裝飾，而且還有很大的樂隊以樂調相和。每一次表演，所花費的金錢常以萬計（「唐書」卷一三三「郭英義傳」）。

由於唐代的帝王對這種「馬球」有特別的喜好，所以當時宮中的侍臣和一般的讀書人，也都迎合着統治者的心理，學習這種球藝。到後來，統治者甚至把這種玩「馬球」的技藝，也當作了取官的一種標準。「太平廣記」卷二八九「陳僕射條」就記載了陳敬瑄、楊師立、牛勛等以打球來爭三川（四川的東、西、中三部），由此可見唐代的「馬球」之盛，已不是消遣的玩意那麼簡單了。

# 中國戲曲評論的起源

岩城秀夫　李沆譯　（下）

現在我們得見的「曲品」版本有兩種，一為「曲苑」所收（無論初印、重訂或增補，三本俱屬同一系統），一為「彙刻傳奇」所收。兩相比較，可見其編輯的次序畧有差異。就上卷而言，二書雖同為傳奇作者的評論，但「曲苑」本以「古人傳奇總目」為中卷，「彙刻傳奇」本則不設中卷，只得上下二卷。兩者在體裁上的差異如下：

| | 苑曲本 | 彙刻傳奇本 |
|---|---|---|
| 上卷 | 傳奇作者評 | 同上 |
| 中卷 | 古人傳奇總目 | 不設中卷 |
| 下卷 | 舊傳奇評 | 舊傳奇評<br>新傳奇評 |
| （附錄） | 新傳奇品<br>新傳奇評 | 古人傳奇總目<br>新傳奇品 |

然而王國維的跋有云：

> 「新傳奇品」五頁，則高奕所續成，此本誤編在中卷之下下卷之上；卷末之「新傳奇品」當入「曲品」下卷。

可知他見到的「曲品」是三卷本，而「新傳奇品」則似置於中卷及下卷之間。至於他認為該入「曲品」下卷卷末的「新傳奇品」，想來應是「曲苑」本附錄中收入「新傳奇品」內的新傳奇批評。如依據王氏的意見將「曲品」整理，就變為如下的順序：

| | |
|---|---|
| 上卷 | 傳奇作者評 |
| 中卷 | 古人傳奇總目 |
| 下卷 | 舊傳奇評<br>新傳奇評 |
| （附錄） | 新傳奇品 |

但正如劉世珩在跋文中所指出，呂天成的「曲品」自序（萬曆三十八年、一六一〇）原云：

> 倣鍾嶸「詩品」庾肩吾「書品」謝赫「畫品」例，各著論評，析為上下二卷，上卷品作舊傳奇者及作新傳奇者，下卷品各傳奇；其未考姓字者，且以傳奇附，其不入格者擯不錄。

則原本「曲品」應該只有二卷，而王氏對此亦似未抱懷疑。同樣地，若照劉世珩跋文所述：

高晉晉所編「古人傳奇總目」「新傳奇品」，則為傳奇品二卷。則中卷的「古人傳奇總目」，當然亦不宜置於「曲品」本可當作本來的面目看。據劉世珩的意見，由於「曲品」之中；而「彙刻傳奇」的二卷，可以想像其未整理的地方甚多。對此問題，王國維亦就寫本的流傳缺點有所指摘，謂「此書誤字纍纍」。

此刻我無意特別討論此等問題，我們的興趣中心，是放在「曲品」二卷所見的戲曲批評的態度，以及作者呂天成的身上。

根據王驥德「曲律」（有萬曆三十八年的自序）卷四的記述，呂天成字勤之，號鬱藍生，別號棘津，是餘姚人。自幼即嗜聲律，雖是家學淵源，但接受母家親戚孫氏的影響較大。他母親的伯父孫如法是個進士及第，因上疏激怒神宗，被貶為潮陽尉，從此閉門不出，於經史諸子外專志聲律。祖母之弟孫鑛字文融號月峯，光緒二十五年的「餘姚縣志」（卷二十三）有記載說：

> 孫鑛字文融，萬曆二年會試第一，當入翰林，為張居正所阻，授兵部主事……漢官自主事迄南大司馬，爛然有聲。

月峯亦擅詞曲，對沈璟的只論平仄，他始為陰陽辨別之論。天成的祖母孫氏愛好藏書，於古今戲曲無不購存，所以天成得以博覽各種戲曲。他自己所作的傳奇，始工綺麗，才藻燁然；後從沈璟遊，才一改風格，稍事質樸，但於宮調、字句、平仄間守律甚嚴。「曲律」一書列舉其作品有：

神女記　金合記　戒珠記　神鏡記
三星記　雙棲記　雙閣記　四相記
四元記　二媱記　神劍記

若加上短劇，當有二三十本之多，但現今無一流傳。至於他寫「曲品」的動機，據自序說是因為友人王驥德的「曲律」只重曲法，對作品殊少品評，於是他遂把舊稿整理成書。上卷分舊傳奇作者為神妙能具四品予以批評，其次把新傳奇的作者分為上中下，再細分作上之上、上之中等合共九品來評價。下卷是就作品來批評，分類倣照上卷。

現在我首先引述下卷開首的一節：

我舅祖孫司馬公謂予曰：「凡南劇第一要事佳，第二要悅目，第三要搬出來好，第四要按宮商協音律，第五要使人易曉，第六要詞采，第七要善敷衍——淡處做得濃閑處做得熱鬧，第八要各腳色派得勻妥，第九要脫套，第十要合世情關風化。持此要以衡傳奇，靡不當矣。

提到戲曲的分類有云：

括其門數大約有六：一曰忠孝，一曰節義，一曰風情，一曰豪俠，一曰功名，一曰仙佛。元劇門類甚多，南戲止此矣。

這個說法恐怕是對「太和正音譜」的雜劇十二科有感而發的。兩相比較，這裏確比前說減少半數，亦有將以前二項合歸一項的，像忠孝一項畧等於十二科中的忠臣烈士和孝義廉節兩項。由於兩書都沒有在各項分類下列舉所屬戲曲的實例，單就名稱字面比較，很難做得精確。不過若就雜劇十二科中的鏺刀趕棒一項，字面的意義似指無賴流氓或暴刀團體，與此相當的南戲部門並不存在。元曲中常見的如水滸劇一類，在南戲中是不怎樣被重視的；這從其未能足以構成一類或可窺知吧。

以下就「十要」順次來考察：

## 一、事佳

「曲品」中獲得「事佳」評語的作品有「趙氏孤兒記」、「金印記」、「千金記」等。「趙氏孤兒記」是復仇的故事，敷衍元劇「趙氏孤兒大報讎」而成，趙氏一名則見於史記的晉世家及左傳。「金印記」講蘇秦的成名，「千金記」述韓信故事而加揷項羽之事蹟。從這些例子歸納得出「事佳」一語的意義：指戲曲以史實為題材，而其內容為出色的故事，並且當中所發生的事件都能給人一種盛大輝煌的感受，說得上有偉大時代的氣象。「事」一字在「事佳」以外，見於事奇、事俚等用語，像評「埋劍記」為事奇，評「還魂記」說事甚奇，「殺狗記」說事俚。綜合這些來看，所謂「事」是指戲曲本身的題材或內容。在十要中把「事佳」放於首位，無疑由於對它最為重視。以往從題材及內容來批評戲曲的，只限於上文畧提及的周憲王「香囊怨」雜劇內所見的一鱗片爪。「錄鬼簿」的作者鍾嗣成和「太和正音譜」的作者寧獻王，都是以曲辭為評賞中心的。賈仲明的挽詞有用到關目、手段及排場等辭語，與此雖稍有相通，但和題材及內容是畧有不同的。

然而這情況的形成亦有其理由，因為無論是「錄鬼簿」或「太和正音譜」，它們的對象是雜劇而非南曲，但「曲品」的對象却是南曲，所以自然亦產生相異的批評。南曲比雜劇顯然較為長篇，充塞於一幕的內容比較上顯得單純，但數幕重疊演來，戲劇就變成複雜而有趣；由此就不得不考慮故事本身是否出色的問題。反過來說，規限於四幕的雜劇每幕都有高潮，所以由起頭乃至事件的全部發展，趣味一直在變動，而故事的內容本身就較為次要了。

由此觀之，賈仲明的提及關目，在雜劇方面而言，大致已盡其所能，而接近到批評的極限也說不定。

## 二、悅目

「曲品」載錄的戲曲雖無一被加上悅目的評語，這稱謂大抵是指有趣的意思。幕數多達三十至五十的南曲，一幕幕發展下去，其搬演的展開方式若能吸引觀衆的興趣，就可被稱為悅目。這想來是針對前項事佳的缺點——因為敍述大時代故易流於刻板沉悶——而加以補救。換句話說，除了有大時代的背景外，更須符合有趣的要求。

## 三、搬出來好

在這裏令人感到戲曲批評終於進展至整體性的考察。戲曲的原來目的是上演於舞台，為免產生不良的演出效果，古來的作者一定在腦中對演出問題加以考慮，但如這般明確予以指出，則前所未見。而評「牧羊記」的「梨園演之最可玩」，評「趙氏孤兒」的「搬演亦可」等話，亦顯見並不單着眼於曲辭了。

## 四、按宮商協音律

中國戲曲的本來特色是先要符合歌劇的要求，所以唱的部分必須叶音律是理所當然的。「琵琶記」一項有云：

詞隱先生嘗謂予曰：「東嘉妙處，全在調中，平上去聲，用得變化，唱來和協。至於調之不倫，韻之太雜，則彼已自言，不必尋數矣。

「荊釵記」亦云：

詞隱稱其能守韻，然則今本有失韻者，蓋傳鈔之譌耳。

此曲在一析中，只能用一宮調，南曲則可混用兩種以上的宮調，所以宮商的適當調和變成重要。而且原曲原則上以唱開演，用白來附帶，因此對宮商的配置及音律的調和方面也很重視。

再者，第三項的「搬出來好」必然着重動作方面，但不論在舞台上如何留神於動作，若疏忽於宮商亦不成，故此項包含警惕之意。

## 五、使人易曉

這是要求演劇淺易明白，不論言語或劇情，均要令觀衆容易理解，亦即是考慮到通俗化的問題。像這樣進一步照顧到觀衆的心理反應，正表現出其對戲曲已有全面性的考察。

## 六、詞采

用易使觀衆理解的言語來上演戲曲，固然是必要，但由此往往會產生一種危險，就是戲曲的流於庸俗。為了補救這弊端，就要把言語修飾。「彩毫記」得到「詞采秀爽」的評述，並不單由於它的曲辭美麗，它的對白也用駢體來寫啊！餘外，就言語來作批評還在幾處見到：例如「香囊記」的「詞工白整」，「孤兒記」的「其詞太質」，以及「連環記」的「詞多佳句」等是。畢竟，所謂詞采，是指言語的精彩而言。

然而將詞采置於十要的第六位，正表示出曲辭的美麗並非最重要。這個觀點，與「錄鬼簿」及「太和正音譜」將雜劇當作散曲同類事物來看待，顯然大相逕庭。

## 七、善敷衍——淡處做得濃，閑處做得熱鬧。

所謂善敷衍，就是將幕與幕與幕間好好地連繫起來。從好處說，是將主題加以種種潤色；從壞處言，是無中生有虛構情景；總括說是把場面支撐起來。為使戲劇有趣味，是不必太執着於現實的。換言之，淡白的地方宜於寫成濃厚，寂靜的場面應要傳達出熱鬧的感覺。

## 八、脚色派得匀妥

南曲和元劇不同，出場的腳色大都演唱，所以活躍的不限一人，各腳色都宜得到表演的機會。這是首次考慮到舞台效果，亦可見其對整體性的演劇已有自覺。

## 九、脫套

擺脫舊套，就是警戒不可陷入八股窠臼。像說「玉魚記」謂：

前段摹倣琵琶，近套可厭。

評「屍屢記」云：

第嫌用禪寺為套耳。

或是結構摹倣以前的有名作品，或是其中襲用一定的禪寺為背景，結果走上與舊作的同一趨向，理應避忌。

## 十、合世情關風化

除以上九個必要事項外，最後尚附加符合世情一項。元劇給人的印象多為反映現實生活的戲劇，像「殺狗勸夫」那樣的戲即甚合世情。但南曲的情況不同，它有很多歷史劇，登場的中心人物差不多全屬歷史上的著名人物，因此戲劇有輝煌的內容是很普通的事。這從取材同於「殺狗勸夫」的「殺狗記」的被看作例外，因而被評為「事俚」一點看來，就可以了解。但歷史劇雖有光輝的內容，亦不能不理會切合世情的要求，因為上演時要對觀衆有所交代。至於關風化，是警惕戲劇不能違背倫理道德。這個說法，和「琵琶記」第一齣的「正是不關風化體，縱好也徒然」，正好是同出一轍。

以上將概括「曲品」對戲曲批評的根本態度的十要，大體作了一個說明；從這裏確實顯示出戲曲評論的一個方向。該書著錄自元末迄當時的戲文不少，據此亦可得見明曲的大勢。這是呂天成的功績，只可惜他的批評仍嫌過於抽象，例如「荊釵記」時說：

以真切之調，寫真切之情，情文相生，最不易及。

評「金印記」說：

# 偶　感

浩泉

## 一

没有一尺平靜
没有一室安寧

當她的手指滑過琴鍵
窗外警車悽厲的叫聲
刺殺了柔美的倚音

## 二

歲月停留在她的容顏上
時間看守着她的美貌
陽光，在她的皮膚上紮了營

一九七四年八月

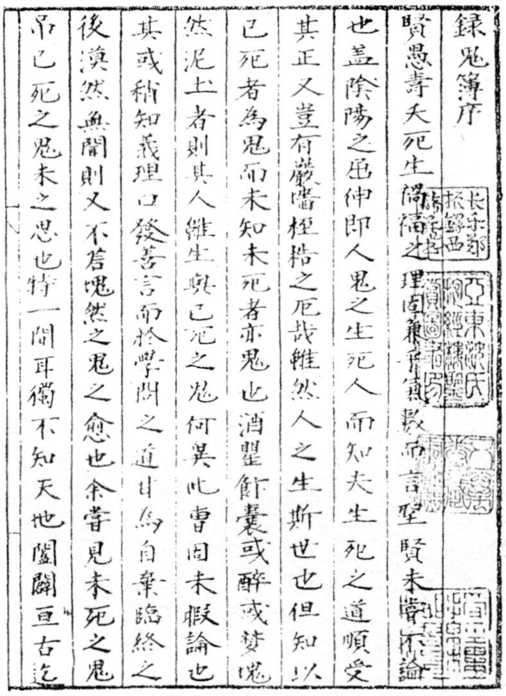

錄鬼簿序
賢愚壽夭死生禍福之理固兼乎氣數而言聖賢未嘗不論
也蓋陰陽之屈伸即人鬼之生死人而知夫生死之道順受
其正又豈有巖牆桎梏之厄哉雖然人之生斯世也但知以
已死者為鬼而未知未死者亦鬼也酒罌飯囊或醉或夢塊
然泥土者則其人雖生與已死之鬼何異此曹固未暇論也
其或稍知義理口發善言而於學問之道甘為自棄臨終之
後漠然無聞則又不若塊然之鬼之愈也余嘗見未死之鬼
弔已死之鬼未之思也特一間耳獨不知天地開闢亘古迄

天一閣藍格寫本**錄鬼序的書影**

季子事佳，寫世態炎凉曲盡，眞足令人感喟發
憤，近俚處×具見古態。

都不無使人有隔靴搔癢之感。「琵琶記」向來被人推為文辭派的魁首，即從結構方面看，蔡邕離去後的家園情况與牛氏一族的華麗生活的相互對比，甚得結構之妙。對此呂天成有說：

其詞之高絕處，在布景寫情，眞有運斤成風之
妙。串插甚合局段，苦樂相錯，具見體裁。可
師可法，而不可及也。

批評雖云精到，但表現方式仍屬抽象。

不過，「曲品」雖有上述的缺點，但亦無妨於它成為戲曲評論書中第一部體裁完備的作品。

以上從「錄鬼簿」起說到「曲品」，考究各書有何共通的地方。若單就戲曲作片斷的評述，可能尚遺漏不少應引的書：屢次提及的「曲律」即其一例。這部書正如呂天成所說一樣，是把重點放在音律上的，所以這裏避免把它正面引用。

最後我想總結一下：隨着元劇到南曲的轉移，曲辭中心的批評漸漸變為較精密的全面性鑑賞，到了「曲品」時代，戲曲評論的完整形態才可說是初次達成了。

·隨筆·

# 東瀛飛絮錄

胡洛人

### 我與日本作家的情誼

七二年秋天，獨個兒往日本、舉目兩茫茫、終日逛街來作自遣。有個黃昏、偶爾讀報，看到「朝日新聞」晚刊登載了一段有關香港新雜誌出版消息，作者姓名不具，頗有點兒神秘，於是乎撩起了我一探究竟的決心。跑上「朝日新聞」報館，找到文化版的編輯池田昌二先生，道明原委，要求賜助。池田氏翻開「稿之來源」部一查，看了約有五分鐘的光景，絲毫沒半點兒頭緒；打電話問副編輯，隔了會，回上話來道，是稿為一個名叫做竹內實的作家所撰寫。我本欲親自跟竹內先生用電話聯絡，奈於日語不管用，舌頭弗靈，惟有央求池田氏再盡一下地主義務。

電話駁通，池田氏跟對方說了一會，按着話筒對我說「你可以講國語」。雖然國語早已生銹，總比日語好，勉强說去，意外地對方聽得明明白白。彼此約好明天（禮拜日）見面，是我到他家裏去。

竹內氏的家居那時還在目黑大岡山，近來卻已消遙到京都小倉町去了。從蝸居出發，要驚動三班車子，先自明大前到澀谷，然後在澀谷乘山手線至目黑，再從目黑換車直放目的地。到了大岡山車站，稍站了會，竹內氏踏著高屐一搖一擺的來了，是一個胖胖的人，個子不高，步伐剛健有力，尤其是面上紅光，使我懷疑他已灌飽黃湯。從車站出來，轉彎抹角走了一程，他的家總算在望。兩層木造屋，髹上猪肝紅；門前沒有想像中的庭院，稍微令我失望。進門脫鞋，赤腳踏梯而上，梯盡見門，推開，便是書齋，書目繁多，地上堆積得一場胡塗，幸好傍角落還有一几二椅，可供歇腳。屁股還沒坐熱，酒已奉上，才呷了口，太太已送進佐酒佳饌；兩人對坐小酌，笑談風生，不知日暮。窗外有虫鳴，屋角有風聲，不倦我兩話意，打從中國談到日本，政治文學，音樂繪畫，皆無有不可成題目者。逸興遄飛，太太往來端空盤，此際入夜已過矣。竹內氏挽我吃晚飯，固辭並道晚安。一路摸黑至大岡山車站，醉意更可掬。

以後，時相過從，通常都是我去找他麻煩，攪奪他的時間，結婚時候，硬拖他作我證婚人；他寄來賀電，祝我倆「生死同穴」，中日習俗不同，可見一斑。邇來收到他的新作「茶館」，因而想及往昔一塊兒喝茶聊天的情形，今兩地路隔，未知何時重晤焉！睹「物」思人，不如無此「物」也。

### 歌麿風呂

晚上路過新宿歌舞伎町，被巨型霓虹燈所惑，駐足而觀，得見「歌麿風呂」四字。推門進內，玻璃門後有一櫃台，裏面佇立一穿和服「媽媽生」，年四十餘，濃粧厚抹，老態難掩。遊女諸輩，早墮風塵，見老客易，雖得助裝扮，反教人有「東施」之感焉。「媽媽生」生成一副「未老先衰」面孔，堆起笑容、煞像河東獅吼，令人凜然。我被延入一小會客室，裏面已有兩人早我先在，其一似學者先生，另一則似色中餓鬼；侍浴女郎還不曾來，學者先生已急得跺腳頻頻追問「老媽媽生」矣。眼看即要「擇人而噬」之際，「啪達」木屐聲响，一麗人穿洋服翩然而至，手執木籤，柔聲問：「誰是第一號」，我還不曾看手中木籤，學者先生即已搶先道：「是我、是我。」俄而，會客室祇剩下我獨個兒，雖有音樂聲稍可驅悶，寂寞難耐，況我又怕在此中坐落日，香輦未歸，豈不慘淡收場？要去問時，已聽得人語，心知等待中的人兒已來，慌忙正襟危坐，備接蓮駕。這女人，年紀很輕，衣了奶白和服，說話中帶有京都口音，芳名志乃。志乃體態撩人，有飛燕輕靈之勢，與人拭背按摩，著力均勻，輕重徐疾，皆有法度。浴畢並肩坐於床沿，問及風呂歷史，志乃淺笑不語。室中燈光泛紅，窗門緊閉，牆壁舖陳黑白瓷磚，與地作淺藍，相映成趣；浴盤離地不高，約三吋餘，盆底深陷地板，坐進去時，頗有陷落之感覺。浴盆旁有小塑膠椅，備人作擦背時坐用，抑又方便女郎之工作也。室內陳設工具皆作為「風呂」時用，設備可稱現代，惟東洋味盡失，與諸江戶天正年代相比較，不啻雲泥耳。其時風呂形式繁多，藥湯、白湯、桃湯、於人體皆有裨益；今之所謂風呂，徒具風呂之形，不具風呂之實，益且亂以名人之名如歌麿著作號召，可謂「無行」極矣。

本文作者與日本作家竹內實合照

## 天字第一號大作家——井上靖

川端康成死後，東洋人對井上靖即抱有不滅期望，認為第二個可獲頒諾貝爾文學獎者，捨其誰屬。日本文壇諸翁多作如是觀，其理由為：安部公房怪誕，作風歐化、不足表示東洋傳統；大江健三郎仍嫩，非得讓他過了四五十以後，方値一捧。如此一來，井上靖聲名如日中天，應稱德高望重耳。

邇來，崔萬秋氏在「星晚周刊」，譯介井上氏舊作「死與戀與波」，使我不禁要想起在日本時跟井上氏的一段交往來。大概是七三年春天吧！那時我為香港一家報紙寫通訊稿，編輯先生希望我能把日本各類文化消息，生活動態反映到香港來，為這緣故，我決定拜訪井上氏。然而，予與井上氏素昧平生，斷無無故拜訪之由，於是乎就拜托朋友岡本想辦法。辦法一拖便是半過多月，好不容易弄出來，不外是覓得井上氏家裏的電話號碼，岡本意思是要我打去直接聯絡便可，可是外鄉人總有顧忌，致遲遲未能決也。過了一天，我搖電話請示池田昌二先生，碰得巧，出差去矣。受惑於岡本的打氣，最後還是決定「自己事自己做」，不打算旁靠他人了。電話掛去，接聽的是女人嗓音，問明來意，井上氏便來聽了；音量低，似乎宿眠未醒，我表示身份並道來由，對方靜靜聽著，最後才迸出一句話：「最近在趕寫長篇，暫不能見客，最好隔兩星期後，勞你再來一個電話。」兩星期甫過，搖電話去接洽，回報是旅行未歸，囑兩星期後再賜電。兩星期後，再打去，井上氏親自接聽說原則上可以接納訪問要求，但最好有一個熟人相偕而來；問他可認識朝日新聞池田先生，回說依稀還記得。掛上電話，即跑去報館找池田氏，同業說他外遊仍未歸。

這事一經拖延，結果無疾而終，此刻讀崔氏譯著，想及過去，唏噓不可禁耳。

# 黃　大　仙

談錫永

踏過胡騎的牧野
千里萬里黃萎
乘風歸來
只酷陽仍似火
人已與家鄉隔世

你愴然尋問
兒時的伴侶何處
水泉何處
成草何處
放牧的羊羣何處？

曾攀折過柳條
揮向白雲千卷
藍天無盡，草原無盡
歲華已沒入
無邊無盡底

於是你迸發一腔
憂鬱的火
噴向巉巖亂石
百千牙角騷然奔動
羊群復活了！

而你
是否鄉愁凝固你
凝固成一尊
枯木土石
帶失落的悲涼
吞咽千百年的烟火

烟火儼然黃昏霧
霧裏有流星霍霍
對流星許願的人
默許些甚麼呢
你可曾細聽——
那瑣細的願望如塵
輕烟飄得起
他們只不過希企
風波裏有坦途
一航直駛
波濤的上上中中下下
指點都憑你

塵世紛紜的傾訴
或都倦聽了，木然
凝坐着，彷彿
烟聚爲雲，雲幻爲羊
你是漠漠冥冥的牧者
也許
爲羊群你會
凄然灑淚
清夜裏
月色入廡時

**散　文**

# 栽　培　小　拾

少怡

還記得，是好多年前，我喜歡欣賞向日葵，而我的一個姊妹刼熱愛種植芭蕉。

在工作辛苦得喘不過氣的時候，揀一塊空地撒幾把花種，或是插幾根柳條，又圍起一道籬笆，本是快樂的事情。

但是，誰曉得，種下了第一棵樹，自己的一顆心兒就被帶到了樹的生命裏邊。於是盼望的日子就來了，日夕牽掛，總是盼望這一棵樹能夠迅速長大，轉眼間就綠葉婆娑，披上青春的盛裝。

也許一片光禿禿的高山的脚下，沒有多少値得人留戀的地方，除了幾堆奇形怪狀的岩石，草地只是穿着一件破爛的衣裳……因此，我就把它刨了出來，鬆了土壤，打了洞穴，開始把一些果木斷斷續續的種了上去。

我把每一株果木的小苗都拴上了一個編號牌，在我看來，這些編號就是它們次序的名字了。

過了一些日子，小苗兒果然扎穩了根，挺直了身子，顯得好不驕人！我高興極了，心裏想：這些名字都禁不住氣息地活起來了，好像懂得我已經走近它們身邊，當我在叫喚着其中的一個錯掉了的編號，旁邊的小荔枝樹竟在輕風中搖了幾搖。

從前，遠方的人們把樹林造在公路的兩旁，連綿不斷，一條林蔭大道幾乎要繞地球幾圈長。這些樹木也是防禦風沙吹襲的好戰士，保持了空氣的清新，改善了水土的流失。但是，我種植的果木刼是要它們結果子。

「一切都為了收成。」這是我心裏計劃。我不想再去看花了，希望多吃一點苦頭，在這些小苗兒還剛剛從睡眼惺忪中覺醒的時候，去準備好它們將來開花結果的日子。

荔枝和柑桔到底是開花結果的象徵，從它們的小苗兒時代開始，一片片新的葉子就將從新的枝條上抽出來，接着就是青春煥發，彷彿波浪滿天，一層綠蔭披着一重陽光。

但是，自然界的植物，有時也很使人傷透腦筋；我這裏的一株生長得滿有快樂的龍眼，刼在一場狂風暴雨過後，突然的死亡了。龍眼死了，我開始有些兒不安，好像喪失了一個很要好的朋友，心裏總是哀悼不已。

生命在老年枯萎，顯出了鷄皮鶴髮的年齡，一會兒死去了——這倒是大自然的一條規律。然而，我這株像孩子一般的龍眼死了，刼使我在它天然的地獄旁邊憤怒了好幾天。這時候，我同樣把它的編號除了下來，放在我的陳列室裏，並且撒上幾朵紙

# 江　上　黎　明　（小詩二首）

未　央

## 長江睡了

長江睡了。
水波呼呼，
是她的鼾聲，
船來船往，
是她辛勞的夢，
而那點點燈標，
則是不倦的神精。

長江睡了。她像母親
在夢中却哺育自己的兒女。

## 江上黎明

黎明的江是柔和的，
反霧籠罩着她：
像一位神奇的少女，
披戴着稠密的面紗。

江中長鴨的汽笛，
是她的高音揉唱；
霧裏拍拍的槳聲，
是她的脚步兒輕響。

花，作為追憶。

後來，我才曉得：世界上沒有不死的樹木，就怕人們好好地去栽培。老樹千年常綠，小樹瞬息陣亡，或是撒種不長苗兒，種樹不結果子，誰都會感覺這需要改變。人們種花希望花開，種果希望結果，有一線風景，又象徵着甜蜜的來臨，心裏頭才會溫暖。

但是，我又覺得種花沒有種果好。花雖然一開千朶萬朶，滿園緋紅粉白，又黃又紫，香飄十里；可知道有了一園果子，半空上就像萬盞彩燈齊亮，不光風景怡人，收穫在望，還給生命填滿了無限氣息呢！

很多時候，種上一棵荔枝，它長大了，結出果子來，但只是一樹艷紅；而種上幾棵柑桔，它們長大了，結出果子來，也只不過燃燒着幾樹火燄。然而我想：「一顆珊瑚難以照亮一個大海，幾把火炬難以把黑夜趕走」，實在要多種一些果樹，或是園子裏種滿了，就把它們種上斜坡；斜坡種滿了，就把它們種上山頂，這樣，它們長大了，結出果子來，就是萬紫千紅，有如太陽掉下山崗，光芒萬丈！

高山流水，往往給人很多的啓發。山高，雲顯得低了；水長，一聽就知道是波浪不斷。這時候，人們就跑來爭着浮雕高山和流水之間的圖畫了。這種浮雕，可不是舉起彩筆，也不是琢磨石板，更不是繡花，而是把生命帶進山野去，一代一代的傳下來。這該是一種熱潮吧？你看，一座正在做夢的高山，要把它從未來的早晨中叫醒，就不是幾片彩霞，幾陣春風可以叫芳草編織出一塊天堂。然而，人們就從荊棘叢中先打出一條道路，搬走岩石，劈開泥壁，漸漸地才種上許多果樹。等一個年代過去了，死亡的谷地，就岸然出現了綠色的園牆，或是罕見的果子爬山大道。這當兒，流水的旁邊，不築起樹幹排成的小徑，就是白雲下面，也架起綠葉的橋樑。夏天時節，這些果樹就給人們蓋起無數的天然的「避雨亭」，下面又是個兒童玩耍的樂園：桃樹、李樹沿着小澗水旁邊的梯級生長，小孩子們只要把鞦韆一盪，就從這岸邊跳過那岸邊去了。

當變色草的花兒盛開，就是秋天的季節了。在滿山的果樹綠蔭底下，流水會變得溫柔起來；那些掛在企壁上的小泉流，自然也變成人們心目中的小瀑布了。這一霎間，你可以看到落葉的舢舨在小澗水輕輕搖曳；；大的竹葉還像一隻小艇，總是帶給人無窮無盡的啓示。

假如水池裏的魚兒又躍出水面，幾隻小羊站在石頭上向你眺望，一羣鴨子向你慢慢游來，顯然就更詩意了。

我想：我的果園就應該是這樣……。一塊果園，也往往是一個音樂廳：流水的聲音和鳥兒的啼叫唱成了一線，會叫人永遠忘却疲倦，彷彿耳邊總是有和平的呼喚在連續不斷。

## 扮小孩

小戴

老編吩咐扮「兩小無猜」中的一小。

我隨即想到：該扮「妾髮初覆額，折花門前劇」的小女孩？還是扮「郎騎竹馬來，繞牀弄青梅」的小男孩？

小女孩小男孩都可愛。可是，我太老了。

不過，我很願意永遠是小孩子。

小孩子不需要坐辦公廳，不需要負責任；小孩子做錯了事，所有人都原諒；小孩子有什麼「功績」，大人會自動把它誇大起來。

我常常對朋友溯說我小孩子時候的故事，無論他們是否樂意去聽。

我告訴他們記憶裏的第一個夢。

我告訴他們綉有白雪公主和七個小矮人的裙子。

我告訴他們被輾死的小花貓。

我告訴他們第一天上學的感覺。

我告訴他們我和阿哥合作的頑皮勾當。

當我說完童年底小故事，有時候會驟然地懊惱起來。當我開始回憶，開始不斷地重覆那些童年故事，豈非證明：那些日子離我很遠很遠了；那就是說，我永遠再不是一個小孩子。

而我很着緊擁有小孩子所擁有的一切。

無奈的是，每一個階段總會過去。

如今，我只能重讀童年讀過的童話，只能在裙子的腰後打一個蝴蝶結。這是聊可彌補渴望和眷戀的方法。

有時候，也在母親面前扮小孩，母親是喜歡的，兒女永遠長不大才好！

有時候，也在男朋友面前縮縮鼻扁扁嘴，男朋友不敢說討厭，女朋友撒撒嬌是理所當然的。

至於在其他人面前裝小，我看不大好，人家會反胃的呢！

## 那天早上

小魚

那天陽光很燦爛，典型的香港冬日。

她自衣袋中掏出新買的派克原子筆，遞向他道：「送你。一『筆』勾銷。」

他的反應果然和她料想的一樣。「請你——別這樣……「他說。和她料想中一模一樣，她覺得很滿意。然後也學他仰躺在草地上。

無論以後隔了多久，當她一想到那個冬日早晨，總最先想到那片軟柔的草地，和煦的太陽。所以那個「回憶」還是很美麗的。

其實那天也應該會是個美麗的回憶，她是故意逃課去赴約的，地點也是她挑的，她知道那個時候的小公園不會有很多遊人，她認為這個地點時間與氣氛是最適宜「話別」，明天機場的場面一定很亂，他的母親妹妹親戚一大堆必定會有一番婆婆媽媽，她討厭那些瑣碎的事。

一切程序都很理想。陽光，還處草地上一對年老的外國夫婦，細微到幾乎聽不到的市囂聲音，都帶點離別的惆悵味道……她自己快要感動得流淚了。

他的手在她的頭髮上，一下一下輕撫著，她在慢慢而又細心體味著「別離」的滋味，她要記住這一刻，她想，今天所發生的，都會成為她今生最美麗的回憶之一。

那對外國夫婦走過來，木無表情地經過他倆身傍。怎麽他倆望也不望我們一眼？她想，管他！我們一定很刺激他們，使他們更覺得自己青春不再。她一直望著那對老人，期望他們羨慕的眼光，直到他們走遠仍沒有回頭望她一眼。她剛才那份惆悵的情緒忽然消失了，代之而起的是一陣不平。

頭上那隻手滑下她的後頸，四周仍然靜悄悄，但公園裏只剩下他們兩人，對方喃喃說著寫信什麽的，她發覺這一切像極了那一部小說裏的情節，終於彆不住笑了出來，越笑越利害，居然一發不可收拾。望着對方的眼睛由驚愕變成憤怒，還是止不住笑。

「他一定以為我神怪有問題。」她懊惱地想。「一個美好的回憶無端端破壞了」。

# 「災難的歲月」

黄時樞

**戴望舒著・一九四八年年二月初版・星羣出版社刊行**

戴望舒先生在「示長女」一詩中曾說，「也許因為你爸爸詩句最清新」。（頁七五）的確，我們讀「望舒草」，「我的記憶」等詩集，不免有清新的感覺。但現在這本詩集却並不如「雨巷」一樣了。原因是這詩集中起初幾首詩，正如過去戴先生有些詩一樣，並不太清新（這與所用文體有關）。而其餘這幾年所寫的詩，並不是說不流利，絕非如此，而是作風變了，變得令我們懽欣，苦說是清新，亦是另一種清新了（這或許是由於變了的緣故）。

這詩集中起初幾首，如「古意答客問」，「燈」，「秋夜思」等等，都繼續着過去的詩風，而更「象徵派化」，並不令我們喜歡，本來象徵派諸詩人中以戴望舒先生最少這種文字的毛病（其清新即由於他無此毛病而來），而到底亦所不免。這毛病是：文言句子（並非引用成句）與白話句子的相雜文言句法與白話句法的相混。白話文固非不可用文言。但用法不同。有人完全寫文言，祗是偶然將「之」換成「的」，或者用上一個「了」字。這種文體固然未必好，但讀時還不會有難讀，牽強，不自然之感，有時還可傳達某種情調。另一種是：用白話句法，但辭彙中不妨採擇文言，還有，偶或引用一二句文言的成語，或，更稀有的，採用一次文言文的結構。但若一首詩，有幾句用文言，有幾句其一部分使用文言，其餘部分又用白話，而且所用文言文中的字，其用法往往與過去文言文中的不同，這樣雖可使人有新奇之感，但當好奇心過後新鮮感覺便無，祇覺這種文體妨碍了情思的表露了。今隨手抄幾句在下面：

孤心逐浮雲之炫燁的卷舒，
慣看青空的眼喜侵閾的青蕪。（頁一一）
已矣哉，
採擷黑色大眼睛的凝視
去織最倚麗的夢網！（頁一五）
曦陽高照，蜇蚓不復浴其光，
帝王長臥，魚燭永恆地高燒
在他森林的陵寢。（頁一六）

值得注意的是，一九三六年五月十四日所作的「小曲」以後幾首，都有些哲學的意味在。戴先生似乎以為天下芸芸衆生都是癡愚的多，即使不是狂妄。他們一生碌碌，所作所為，徒勞無功。他們不明白人的能力與限制。戴先生以為自己有個宇宙，與衆迥異。

樂在其中，樂在空與時以外，
我和歡樂都超過一切的境界，
自已成一個宇宙，有牠的日月星，
來供你鑽究，讓你皓首窮經。（頁二五）

戴先生在不少地方流露他自己有卓越之處。——我們不是對他不滿，他的詩確有好的地方。我們祇是解釋。——我們看到了這首四行的小詩：

我思想，故我是蝴蝶・・・
萬年後小花的輕呼
透過無夢無醒的雲霧，
來振撼我斑斕的彩翼。

但抗戰使戴先生改變了他的詩風。一九三九年元旦寫的「元旦祝福」已是讚美抗戰之作。一九四〇年五月三日寫的「白蝴蝶與一九四一年六月二十六日寫的「致螢火」固看不出與抗戰有什麽關係，而一九四二年四月二十七日的「獄中題壁」以後作，便都是與抗戰有關了，至少是訴說了痛苦，或者表露了一個受苦的靈魂對於光明的渴望。

他的詩風變了，文言的成分減少到幾乎沒有。平常的事物亦寫入詩裏。

桌上一定擺上了盤和碗，
親手調的羹，親手煮的飯，
想起了就會嘴饞。（頁六六）

但他的詩與田間、艾青等的詩當然不同。他所以轉變，因為他失却了曾有過的東西（見「過舊居」）。戴先生「示長女」：

我們曾有一個安樂的家，
環繞着淙淙的泉水聲，

冬天曝着太陽，夏天籠着清蔭，
白天有朋友，晚上有恬靜，
歲月在窗外流，不來打擾
屋裏終年長駐的歡欣，
如果人家窺見我們在燈下談笑，
就會覺得單為了這也值得過一生。（頁七三）

他失却了他心愛的東西，所以恨侵畧的日本人，他被日本人關在獄裏過。他受過刑。他想他會死去，而

當你們回來，從泥土
掘起他傷損的肢體，
用你們勝利的歡呼
把他的靈魂高高揚起，（頁四七）

或者他等待着勝利，

你們走了，留下我在這裏等，
看血污的舖石上徘徊着鬼影，
飢餓的眼睛凝望着鐵柵，
勇敢的胸膛迎着白刃，
恥辱黏着每一顆赤心，
在那裏，熾烈地燃燒着悲憤。

「把我遺忘在這裏，讓我見見
屈辱的極度，沉痛的界限，
做個證人，做你們的耳，你們的眼，
尤其做你們的心，受苦難，磨鍊，
彷彿是大地的一塊，讓鐵蹄蹂踐，
彷彿是你們的一滴血，遺在你們後面。（頁五八、九）

他等待，祈求着勝利，渴望着

幾時可以再看見朋友們，
跟他們遊山，玩水，談心，
喝杯咖啡，抽一枝烟，
唸唸詩，坐上大半天」。（頁五四）

或者

幾時可以一家團聚，
拍拍妻子，抱抱兒女，
燒個好菜，看本電影，
回來圍爐談笑到更深（頁五四、五）

等等他心愛的事情。

從這些詩中我們可以看到他依舊忘不了「一個臨海的園子」，以及「海鳥的彩翎，貝殼的珠色，潮汐的清音，山嵐蒼翠，繁花的繡錦」等等。這類過去他所心愛的常寫在詩中的意象在這些詩中依舊有時呈現。一個詩人若是個眞實的詩人，所寫的一定不會與他的生活脫離。——再聲明一句，我們並不對戴先生不滿，我們祇是解釋。——戴望舒失却了他心愛的事物，於是他恨，恨日本。他愛，愛「永恆的中國」並寄與一切希望。他等待抗戰勝利，重得失去的他心愛的事物。在抗戰期中，他失去它們，但他並未失去他運用文字的才能。我們可以說，他的「等待」（其二），「我用殘損的手掌」諸詩，確比一般泛泛的抗戰詩好得多。現在我們抄錄「我用殘損的手掌」作為結束，而再看一看現實如何轉變了一個詩人，而可以轉變到怎樣的程度。

我用殘損的手掌
摸索這廣大的土地：
這一角已變成灰燼，
那一角祇是血和泥；
這一片湖該是我的家鄉，
（春天，堤上繁花如錦障，
嫩柳枝折斷有奇異的芬芳）
我觸到荇藻和水的微涼；
這長白山的雪峯冷到徹骨，
這黃河的水夾泥沙在指間滑出；
江南的水田，你當年新生的禾草
是那麼細，那麼軟・・・現在祇有蓬蒿；
嶺南的荔枝花寂寞地憔悴，
儘那邊，我蘸着南海沒有漁船的苦水・・・

無形的手掌掠過無限的江山，
手指沾了血和灰，手掌黏了陰暗，
祇有那遼遠的一角依然完整，
溫暖，明朗，堅固而蓬勃生春
在那上面，我用殘損的手掌輕撫，
像戀人的柔髮，嬰孩手中乳。
我把全部的力量運在手掌，
貼在上面，寄與愛和一切希望，
因為祇有那裏是太陽，是春，
將驅逐陰暗，帶來甦生，
因為祇有那裏我們不像牲口一樣活
螻蟻一樣死・・・那裏，永恒的中國！

●短篇創作●

·劉一波·

黑夜四合起來，大地靜寂了。

一線月華透過殘破木門，射進黝暗屋子。

屋內很空虛，發出陣陣霉臭味。屋角一疊飯碗早倒了，因沒人料理，積滿塵。灶上那個瓦煲，不知什麼時候，不知給什麼東西碰歪，水一滴滴從破了半截的壺咀漏出，流滿地，幾個蟑螂在潮濕的地上爬來爬去。

他坐在那張破爛籐椅癡癡望着，一切似乎未曾發生過，然而事實又發生了。

多奇怪啊！他不願想，也不懂想。腦袋就像一塊攤開的白紙，無言、無字。他的視線慢慢移到屋角那張板床，那張板床是他與妻同睡的，還有可愛的小寶。

他遲頓的思維忽然閃過一絲的光，他記起了，小寶每晚都要爸爸媽媽陪着才肯睡，一個陪着都不行。小寶是可愛的，每天早上起來，總向爸媽道早安。

可是現在，床是空的，原本潔白的被單，枕頭都變得黑黑髒髒，散發出令人嘔吐的氣味，還有他一身髒衣服，髒軀體，也散出令人難聞的氣味。

他害怕那張床，每天他就那麼的坐在這張破爛籐椅上，癡癡熬到天亮。一天復一天，瘦得只剩下一副皮骨，陷下去的眼珠，像兩個深洞，很可怕。他的樣子衰老得像過了一百年、一千年、一萬年。

一陣輕輕的夜風吹進來，他覺得精神好些。忽然聽到小寶的哭聲來自床上，他霍然站起，撲到床上去，一面忙急地撥開凌亂的被褥，一面驚喜地喚：「小寶，小寶，小寶。」

可是那有小寶的蹤影。

「不會的，我明明聽到她哭。」他喃喃自語，對自己的耳朵深信不疑。

他把被褥枕頭全拋到潮濕的地上，拉開給蟑螂咬破了一個個洞的床蓆，連床板也翻轉了，還是找不到小寶。

在把床板翻轉時，看見近牆那隻床腳下遺有妻的一隻繡花拖鞋，是妻深愛之物，起初妻在山下那個街市一個小販攤檔看見，很是喜歡，但又捨不得錢買，每次路過，都忍不住走近看上幾眼，然後不捨的離開。許久許久，妻一角一角的省下了錢，才在一天的上午把它買了回家。後來穿得後面出現了兩洞，前面的帶子也鬆了，還是捨不得丟掉。

看見這隻繡花拖鞋，他更加相信妻與小寶一同回來了。

一抹笑影在他鬼似的臉上出現，使他有了人的活氣。

他放下床板，床板跌回床框，發出一聲巨响，空虛靜寂的屋子陡地震動了一下。

他打了自己一個咀巴，罵道：「我眞蠢，怎麼想不到，她一定故意躲起來跟我開玩笑，從前她不是最喜歡這樣嗎？唉！我眞蠢。」

他說着，爬到床底去找。床底有許多紙屑，竹片及一個個粘在一起的塵球。還有一小堆一小堆的坭，這些坭是小寶爬下床底用竹片畫公仔時造成的。

他小心地撥弄着每片紙屑，竹片，看完又看，，然後放下。他又一分一分的把泥堆撥開，彷彿非洲人在河沙裏淘金。因為在他的意識，一片紙屑，一塊竹片，一堆小小的泥沙，都是妻與小寶藏身之所。

他又跑到厨房去，厨房有一個破水缸，有幾個積滿油漬的火水爐，有一個蛆虫滿生的地拖，一個半倒下碗櫃，地下已成了泥濘，發出泥臭。他把頭探進破水缸，嗅了又嗅，再把幾個火水爐倒企，最後把那半倒下的碗櫃扯下，那個蛆虫滿生的地拖也給他撕開了。

然而，還是找不到妻與小寶的蹤影。

他抹抹臉上的塵積，轉身走出厨房，看見門口左邊一個生了銹箱子，這個箱子是小寶拿來裝泥公仔的。他開心地笑，指着箱子道：「啊啊！你們原來躲到箱子裏去！」

他一個箭步，伏到箱子的面前，輕輕掀開箱蓋，他覺得有一陣黑氣從箱中升起，迅速消失於空中，他大叫道：「你們逃出來啦！」

他風似的跳起來，去追他想象中的黑氣——妻與小寶，從屋內追到厨房，從厨房追回屋內，捉迷藏般團團轉，有時笑，有時叫，有時乞求……碰得屋子裏的東西乒乒乓乓。

時間過得快，又半夜了。月亮隱沒西去的羣山，大地變得更幽暗了。遠處有鷄的啼叫，有幾聲犬吠。

可是他還是不停的奔跑，奔跑，奔跑……

漸漸、漸漸，他感到疲倦，想睡。但他不願睡，他用手掌擊自己的咀巴，他有點不耐煩，他大聲叫妻的名字，還有可愛的小寶。

木門突然搖動一下，是被夜風吹着。他戛然停止，盯着那扇還在夜風中微微擺動的木門，一絲笑影又出現他枯槁的臉頰：「你們等等我，不要跑出去。」隨着，他旋風似的衝出外面。

外面，狹狹的長巷，飄忽在神秘夜色中。妻的背影，披肩的秀髮，隨着跑動波浪似的起伏着。他清楚看見，她拉着小寶向巷口奔去，小寶還回頭對他扮了個鬼臉。

他內心有着說不出的激動，氣喘喘的叫：「等等我，等等我。」

然而，當他用足氣力追上前，妻與小寶又在眼前消失。

倚山而建的木屋區，浸沉朦朧夜色中。他奔過一條小巷又一條小巷，最後軟弱地坐在山下那塊平滑的石旁。天亮時他向每個路過的行人詢問妻與小寶的下落。

但在這個木屋區的人，大部份都認識他，都知道發生在他身上的悲劇：他因為窮，借下貴利無錢還，而他的妻又長的美，被迫賣肉還債，他的妻乃在一個夜間，當他睡着的時候，抱着小寶跳海死了。

有些人，不願他太傷心，搖搖頭走了過去。

有些人，老實告訴他，他的妻與小寶已經死了，是他親手為他們殮葬的，然而他不信，而且發脾氣罵道：

「你欺騙我，你這渾蛋！」

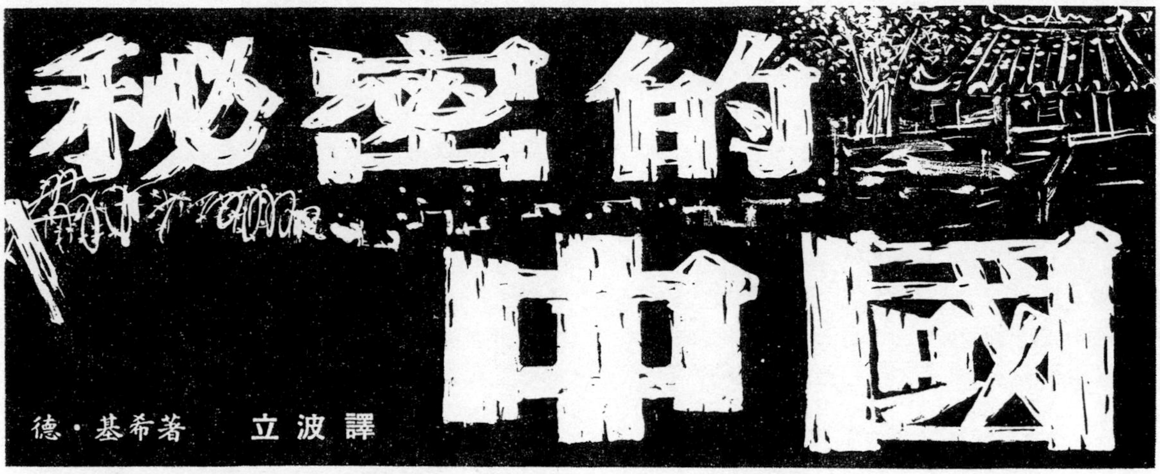


# 一個罪人的喪禮

張繼貴死了。張繼貴是拆白黨，保護團的領袖。但是這個團體却不能保他抵抗他的胃癌。知道死快要降臨到他了，他在幾個禮拜以前走到普陀的特別神聖的佛寺去，拿了二萬五千兩銀子獻給主持，作為一筆捐欵，一筆贖罪或赦罪的費用。神聖的「老大」對他很冷淡，「錢不清爽」。張繼貴胃患着癌病，心裏害怕到極點，只得離開佛寺，錢還是在他口袋裏。

只有神聖的「老大」，普陀的主持，可以給張繼貴這樣一種侮辱。但另一方面，除了普陀的住持，張繼貴也不會送錢給任何人，他不是給與者，而是受取者——上海虹口區知道而且害怕張繼貴，而且永遠不會忘却他。一區的秘密團體的最高領袖被送到他的墳墓去的時候，是帷幕揭開的那種稀有的時候之一，黑暗中的人物在陽光中行走。在這個時候，許多相信中國的地下的犯罪組合，是純粹無稽之談的外人會增長一點見識。

是怎樣的一個喪禮！城市的整個區的人，連不參加的在內，堵列在許多馬路上。前面三個包着頭巾，留着鬍鬚的印度塞克教徒，騎在馬，擎着長矛——是的，甚至於還有一個歐洲副捕頭和他們一道騎着馬走。三個印度點綴人物的參與喪禮，管家們給他們每人十元銀幣，那位白種人，則給十五元。

要一個虹口的歐洲平民做送葬者，跟在靈柩後面走，是不可得的。有一個我很熟識的美國人M君，是他們很想出一百元請去担任這種角色的人物中間的一個。M君常常可以為了三杯白蘭地，或是一英兩鴉片烟去幹任何不名譽的勾當，他有着在法官面前，巡捕手裏和牢監裏面的豐富的經驗，而且沒有一個體面的人物願意和他發生任何關係。可是却輕蔑的拒絕了僅僅跟在靈柩後面走一走，去裝飾這位中國紳士的葬儀的邀請。

就是沒有M君，喪禮也夠風光了。印度執戟儀仗兵和歐洲副捕頭之後，是穿中國衣服，戴頂尖帽的中國騎者。於是，像平常一樣，却又遠遠的超過了平常的。跟着一列人物，有色的紙紮人物比眞的人物大，有三四碼高，模擬着神，龍，犬，裏面坐着美麗的女人轎子，僕人，馬匹——唔，簡單的說，模擬着將要適當的陪伴死者到陰間去的一切人物。十四個音樂隊奏着樂，跟在這種祭禮的後面走。

× × ×

靈柩由三十二名夫役抬着，這人數是第一等葬禮的規定數目。（第二等十六名夫役，第三等八名夫役，第四等，四名夫役；根本沒有等級的，由一個人把屍體拋在田野，在那裏讓狗和貓咬着吃掉，或者被拋在一個歐洲人的門前，他得把他埋掉。）

緊跟在靈柩後面走着的，常常是亡者的長子。在張繼貴的場合，長子不走路，他被人抱着。

親族們穿着白衣，披着最下等的麻布，作為哀悼的標識。他們的車輛綿延不斷的縱隊殿押着行列，供奉們從鴨綠路的喪家走到新聞路的揚州會館。僧人們在那裏祈禱着，（並不像普陀的富裕的住持，關於錢的清爽不清爽的問題可以那樣斤斤較量。）他們擊着鼓，吹着笛子，唱着祈禱文，香煙向天空飄起。

遺體停在死者的揚州同鄉的上海館裏，要一直停到風水先生對於星宿經過長久的沉思默察之後決定了最利於營葬的那一天，在這一天，眞正是最吉利的一天，在揚州降生的已故的張繼貴，會被運回揚州去。

上海的任何闊人走到他的墳墓去都會像一位上海地下的王子一樣風光的。但是地下的王子和上海其他闊人們不同的地方是在我們——你們記得嗎？——在十四個音樂隊和三十二名靈柩的夫役之間所畫的那兩行星星上面。這兩行星星代表兩千黨徒，兩千拆白黨的黨員，一個「互相結托」的徒黨的兩千永遠忠實的分子。關於這種永遠忠實的連帶關係，他們今天——只有今天在公衆之前——藉着實實在在排成一個圓圈，一個拉得很長的，向前移動的白色的圓圈，提供了一個圖解。他們，所有他們兩千人一道，扶持着一條連成一個圓圈的白色帶子。

用着可尊敬的公民——他們自己感到他們是可尊敬的公民——的有閑的步伐走着，可尊敬的虹口的盜賊們，盜賊首領張繼貴的徒弟們，從單行在平民的面前走過，用他們的悲傷和他們的白色的帶子，連結在一起。父親把他們指給他們的孩子看：看那裏！那裏那些人，那些沿着白色的帶子裏走着的人們，那就是他們！他們吸我們的血，他們向我們勒索貢物，他們是保衛强者的團體，强者是屬於他們或是保護他們的。他們走了，牢牢的記着他們，而且提防他們，他們是背後的刀子。

張繼貴死了的那事實，並沒有變更甚麼，一位新的領袖補上來了。這一次不能是長子，他還只有六個月大，而這也就是不能跟着靈柩走，却要人抱着走的緣故。新的領袖已經選定了，是死者的一個親戚，他名叫曹夢龍，目前他要看管張繼貴的財產，他的公館和他的羣妾，而對於我們，在曹夢龍的下面和在張繼貴的下面，一切全一樣。在八月十五中秋節，在五月初五端午節，黨徒走來，把你的票據給你看，替你規定的稅額，你是沒有話說的。差人來告訴你要付出的數額，而且不給你收條，而你得付出被索取的數目，他就把你交付給他的數目收受了，要不然，事情會對你們都沒有好處，想一想背後的刀子。

像當然的事項一樣，按照規矩的繳納你的贖金，而每發生一件事體的時候，又會給你規定一種並非當然的事項的不規則的付欵。如果你在賭場裏面贏了錢，如果你所賭注的小馬在獨得賭注的賽馬中得了勝利，如果你買了一張中彩的彩票，如果你有一個親戚饋贈了你甚麼東西——片刻也不要想事情可以秘密起來。你逃不了向保護團應納的贏得的財物的捐稅。沒有一個人是在他的偵探部的刺探範圍以外的。遲早，一個嫉妬的愛人，或是為了報復你，或是你害她的情敵，會告發你。沒有甚麼事情瞞過了這個秘密團體。

這兩千人並不是單單靠着這種直接的貢物來過他們的舒服的生活的，並不是單單靠了這些，張繼貴和他的忠實的徒弟們去購置他們的公館和他們的姘頭和他們的汽車的。比那徵收貢物更有利益的（但這還不是最有利益的，那還沒有出現，）是毒害人民的事業。秘密的彩票，擅自設立的賭窟，兒童的秘密販賣，都收入巨額的金錢——但是比這些還要好些的鴉片信託組合，是罌粟種植者，鴉片買客，批發商人和零賣商人的種種組合。

從四川那種遙遠的省份的罌粟花田，一直到這近邊有恒路的鴉片烟槍，是一路為着保護團舖滿捐稅的保護團，的確能夠與以保變，因為巡捕——虹口屬於公共租界——是它的工具。

法律也一樣。自己是拆白黨的黨徒的法官們不是和其他的黨徒一道在白色的帶子的裏邊走着嗎？有一個我很熟，他叫關華新，今天我沒有看見他。在前淸時，關華新已經是一個四品官；到民國他變得更有權力了，他是保護團內部的一分子，同時是一切重大審判的法官。現在，掙到了幾百萬，他作為一個正義的忠僕，辭官歸隱了。

這種源泉已經豐盛的可靠的流溢了幾百年。但是在這種現代的事業上還有剝削和毒害人民以上的事體。人民被鎮壓着，每一個反叛的圖謀，是的，每一個趨向組織的行動，都被淹在血水裏，而每一個有點過激思想的嫌疑的人，都要被處死。

在政治上，保衛團也盡着它們的作用。譬如：每當統治者下令勦滅革命黨人的時候，保護團快捷的担當了劊子手的職務。不錯，在法租界的×××統率之下，賄賂着法國人，吸乾了中國人的血的一個和它匹敵的秘密團體，「青×幫」，在南市、和「公共體育場」屠殺的工人和學生，比拆白黨在虹口的馬路上和附近閘北的馬路上所能屠殺的，要多得多，但是閘北和虹口也是死了幾千赤色黨人。

藉着這種行為，他們可以得到中國政府的信任，同樣得到外國紳士們的信任。藉着這種行為，罪惡的匪黨們證明了他們是社會的柱石。國家再也不會在他們的團體的秘密事業上，騷擾這些有用的公民。當他們殯葬他們中間的一個時候，他們可以用騎者，用音樂隊，誇耀的出現於公衆的前面。

# 文化消息一束

本刊資料室

## 中國武術代表團訪美

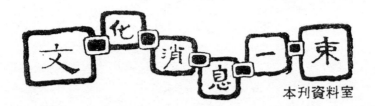

中國武術代表團七月二日到七日在紐約訪問期間作了四場表演，每場都受到觀衆的熱烈歡迎。

約有一萬七千人觀看了中國武術團的表演。運動員們表演的拳術、刀術、槍術、劍術、棍術等各種中國傳統體育節目，深深地吸引了觀衆，博得了觀衆不斷的掌聲。有的觀衆連聲說：「這是一種舞蹈，一種藝術，美妙極了。」表演結束時，一些觀衆久久不願離去，等着向中國運動員表示祝賀。

在武術團訪問期間，阿爾巴尼亞、毛里塔尼亞、巴基斯坦、羅馬尼亞等幾十個國家常駐聯合國的代表和朝鮮民主主義人民共和國常駐聯合國觀察員觀看了表演。

中國常駐聯合國副代表莊焰七月三日晚為中國武術代表團訪問紐約舉行招待會，紐約各界友好人士一百多人出席了招待會，對來訪的中國武術運動員表示熱烈歡迎。

中國武術代表團七月二日結束了在舊金山市的訪問和表演，乘飛機到達紐約繼續進行訪問。

武術團自六月二十六日到達舊金山後，在舊金山共進行了四場表演，受到了一萬二千多名觀衆的熱烈歡迎。在武術團到達舊金山前，各場表演的入場券已預售一空。有許多觀衆是從美國西部一些其他城市趕到舊金山來觀看表演的。當表演結束後，觀衆熱情祝賀表演成功，不少人要求運動員簽名留念。

武術團在舊金山時還進行了參觀訪問，並在怕克利為加利福尼亞大學的二千多名學生作了表演。

當中國武術代表團二日到達紐約時，紐約州州長代表、州長特別助理斯圖爾特·沃爾什，美中關係全國委員會會長查爾斯·約斯特和紐約市音樂和戲劇中心執行理事諾曼·辛格等人到機場迎接，並分別致詞，歡迎中國武術代表團前來紐約訪問和表演。

（圖為紐約時報所刊中國武術團廣告）

## 「粵東詩話」作者逝世

「粵東詩話」著者屈向邦字沛霖，番禺沙亭人，年八十歲，於七月底在柯士甸道漫步時為汽車傷足部，送入伊利沙伯醫院療傷，至八月十日以心臟老病突發逝世。屈先生商量舊學，培養新知，詩古文詞，為世所重，北伐軍興，任國民革命軍總政治部文書，北伐勝利後，淡於政治，庽滬與葉遐翁、王秋湄、易大岸、關春草諸子結文社以吟詠自娛，又鑒於廣東自張曲江而後，風雅之道，蔚然大觀，而代多作者，僻處嶺南，自成風氣。

因撰著「廣東詩話」一書，廣為介紹，由龍門書店出版。

## 楊聯陞的北遊

旅美漢學權威楊聯陞教授夫婦，八月十三日偕同夫人銙繆往中國訪問。在北京時，由僑委員負責人廖承志接見。

按楊聯陞久任美國哈佛大學教授，在國內時畢業於清華學校。著作有關中國經濟史者甚夥，其論文與專著甚受中外學人重視。楊氏除用英文著述外，近年在台復刊的「食貨」雜誌，亦有執筆撰文。楊字蓮生，門弟子遍中外。今香港中文大學新亞書院校長余英時博士，即為其得意弟子。楊氏夫人繆銙，為前浙江大學繆彥威（鉞）教授之妹。繆彥威為文史學者，曾著有「詩詞散論」（開明版）等書問世。

## 美籍中國學人返國近聞

八月間，美國微波物理學家，美國約翰·霍甫金斯大學應用物理研究中心副主任任之恭教授和夫人及家人，美國加里福尼亞大學伯克萊分校工程學系主任田長霖教授和夫人劉棣華，台灣教育部長，前清華大學校長梅貽琦夫人韓詠華等，先後到北京觀覽、探親。並已取道香港返美。按：任之恭有女在國內就讀。韓詠華亦有不少親屬於國內。其妹韓權華，為衛立煌（已故）夫人。衛立煌當日離港北上，據說與韓權華勸說有關。

## 百年老報在港休刊

英文「中國郵報」八月十七日在該報頭旁，刊登「終結」兩字，並且宣佈該版是最後的一版，「中國郵報已死亡」。

「中國郵報」是香港最老牌的英文報紙，創刊於一八四五年二月二十日。近年來該報的股權百分之六十由無線電視廣播公司擁有，另有百分之四十屬「南華早報」。中國郵報的公司秘書稱，結束的原因是由於「長期的財政虧損」。

該報在今日的最後一版裏刊登了宣佈結束的文章，以及港督麥理浩致該報表示惋惜的一封函件。

在終刊最後的一篇文章內，編者表示中國郵報是本港最古老的報紙，宗旨是「為香港發言」；它的編輯曾經因直言而下獄，這是該報引以為榮的。此外是為求溝通歐亞的文化，以及反對貪污，在這些努力中有時成功有時失敗。

文章表示：「正如已宣佈過的，我們是因為『純經濟原因而結束。即是說，付錢讀我們報紙或刊登我們廣告的人不夠多。我們在最後的喘息中埋怨這點，將是不夠風度。然而這是值得仔細思考的。這是一個放任的社會，但假如香港要眞正繁榮的話，我們的生活除了『純經濟』考慮之外，還應具有更多的東西。」

## 鄭州商代城牆遺址的新發現

中國河南省文物工作者近年在鄭州市商代城牆遺址內，發掘出大面積商代夯（音坑）土台基和成堆奴隸們的頭骨。

鄭州商代城牆遺址，是中國目前發現最早的一座古城，距今已有三千五百多年。這座古城周長七公里，是商代奴隸興建。為了了解古城內各種遺跡、遺物的分布和埋藏情況，河南省博物館在一九七三年夏天開始進行考古鑽探和發掘工作。經過一年的努力，在古城內東北部一帶發現了大面積的商代夯土台基，這片夯土台基東西長約三百米，南北寬約一百五十米，面積為四萬五千平方米。從發掘的地層迭出關係和結構來看，這片夯土台基屬於比安陽殷墟早的商代前期。夯土台基是用土分層夯築起來的。

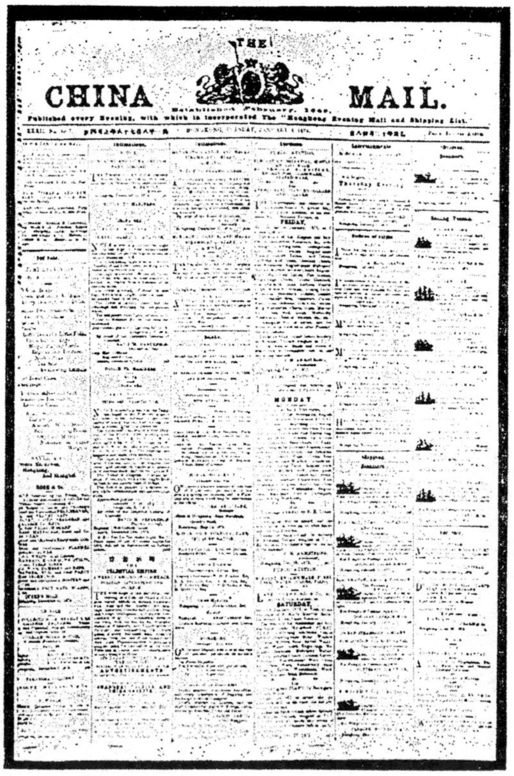
THE CHINA MAIL.

左圖爲創刊於一八四五年二月二十日的「中國郵報」

# 波文書局 Po Wen Book Co

香港皇后大道東二五二號地下 Tel. H-753618
252, Queen's Road East, G/F., Hong Kong
P.O. Box 3066, Hong Kong

## 周恩來評傳 嚴靜文著 波文書局1974年初版

大22開本462頁（附珍貴圖片多幀）報紙普及本H．K．20.00

嚴靜文先生是著名的政論家和中共問題研究者，其論文常見於各大報刊上。「周恩來評傳」是嚴氏近年來的力著，是世界上第三本周恩來傳記：亦是第一本以中文撰寫的周恩來傳記。本書都四十餘萬字，四百餘頁厚，為中國現代史的重要著作，內容謹嚴、生動、兼趣味盎然。章目如下：

**導言：**

| | | | |
|---|---|---|---|
| 第一章 | 年方十二兩易父母。 | 第二章 | 南開時代的周恩來。 |
| 第三章 | 戀愛與婚姻。 | 第四章 | 留法四載從未入學。 |
| 第五章 | 國民黨的大紅人。 | 第六章 | 北伐風雲裏的神秘人物。 |
| 第七章 | 南昌暴動與南征。 | 第八章 | 「左傾盲動時代」的當權派。 |
| 第九章 | 與國際派化敵為友。 | 第十章 | 赤都瑞金的主人公。 |
| 第十一章 | 反圍剿失敗與長征。 | 第十二章 | 長征途中陣前易帥。 |
| 第十三章 | 被奪軍權改任統戰。 | 第十四章 | 西安事變的謀主。 |
| 第十五章 | 遭毛疑忌奮起反抗。 | 第十六章 | 八路軍與新四軍。 |
| 第十七章 | 武漢時間的周恩來。 | 第十八章 | 從武漢到重慶。 |
| 第十九章 | 神秘的東南之行。 | 第二十章 | 在重慶的日子。 |
| 第廿一章 | 國共軍事談判。 | 第廿二章 | 厭惡已極的談判任務。 |
| 第廿三章 | 兩個婆婆的童養媳。 | 第廿四章 | 毛劉相爭、周翁得利。 |

**附錄：**

一、評介兩部周恩來傳記（許芥煜著「周恩來」CHOU EN-LAI, CHINA'S GRAY EMINENCE）和李天民著「周恩來」）。

二、周恩來生平大事年表。（世界上唯一較完備的周恩來年表。）

**龍蟲並雕齋瑣語** 王了一著・波文書局・1973年重印（據觀察社1949年版）・195頁8.00

王了一（王力）出身於清華大學研究院。留學過法國，返國後歷任國內著名大學的教授。早年翻譯過不少法國文學作品，但他的聲譽遠不及後來對於音韻學和語言學的研究。令人感到意外的是抗戰時期，他為「觀察」雜誌寫了很多出色的小品文，並出版了這部博得好評的「龍蟲並雕齋瑣語」。曹聚仁在「文壇五十年」中評論本書：「他所寫的比吳稚暉的更凝練，比魯迅更活潑，比周作人的更明朗，可以說是自成一家。」

**五四運動之史的評價** 陳端志著・生活書局1935年・418頁。

要目：第一編導言——從西方文藝復興說到東方文藝復興。第二編東方文化停滯之史的動力：①東方與西方的阻塞；②孝的宗教之發展；③述而不作的一貫精神；第三編西力東漸與東方的沈淪；④鴉片戰爭前的中國社會經濟；⑤資本主義侵略的序幕；⑥國民經濟不振的原因；裏應外合的日禍；第四編、趕上歧途的民族運動。⑧原始暴動的演進；⑨民族運動之曲線的發展；⑩民族運動之曲線發展（續）；⑪變例的民族運動中的奇蹟；第五編劃時期轉變的來臨；⑫扳轉時代的動力；⑬啓蒙工作的回顧；⑭啓蒙工作的回顧（續）；⑮革命主力的轉移；第六編轉形期中社會現象的逆轉，⑯瀕於絕境的社會經濟；⑰瀕於絕境的社會經濟（續）；⑱國民經濟廢墟上的社會文化；⑲國民經濟廢墟上的社會文化（續）；第七篇・結論・本書於抗戰前後出版，故流通極少，只有周策縱教授在其所著的「五四運動史」中給予本書極高的評價，並大量徵引本書的文字。本書為研究中國近代、現代史、文化史、五四運動史、新文學史的巨著。

**康有爲譚嗣同思想研究** 李澤厚著・ 上海人民出版社1958年・295頁 12.00

**中國傳統思想批判** 蔡尚思著 棠棣出版社1950年・215頁 12.00

要目：傳統思想的創立——周漢的儒家、傳統思想的演變——宋明的理學、傳統思想的掙扎——清末民國的舊派、孔學的眞面目、大同主義不出於儒家考、程朱派思想的批判、陸王派思想的批判、宋明理學相同的缺點、道統的派別和批判、封建派與資本派的合流、等。附：自記——我的奮鬥與轉變。

**中國傳統思想總批判補編** 蔡尚思 棠棣出版社1950年・106頁 8.00

要目：梁漱溟思想的評介、馮友蘭思想的批判 附專論：馮友蘭論儒墨批判、錢穆的復古論、賀麟的復古論、等。

**我們的讀者遍天下**

世界五大洲有越來越多的讀者利用函購辦法，向本局購書和享用本局的各類文化服務。請把你的地址寄給本局，你就可以每月收到油印圖書目錄。

○○○○○

**函購辦法**

一、讀者專賬：凡海外讀者一次匯存本店港幣三百元即可開戶，每三月照來往情形結算一次。

二、未開戶者：可來函指定所要之書，加上郵費，寄來足夠支付之欵項，本店即把書掛號平郵寄出。

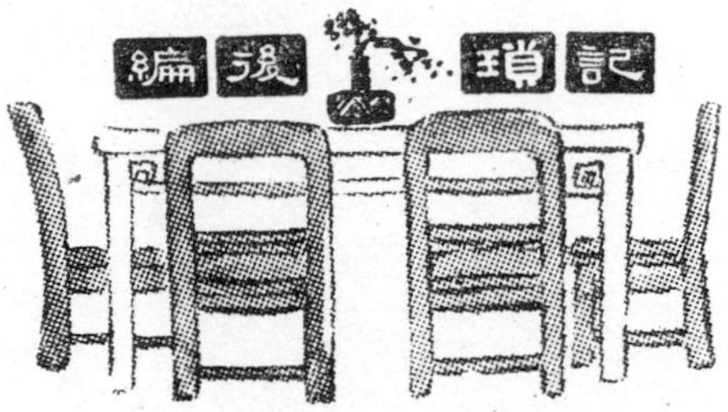


●本刊在匆促的短期間籌備之後，突然出版了創刊號，因為經驗的不足，以及一些特殊的原因，未能大力宣傳，以致知道這箇新雜誌的讀者並不很多，但在知道的一小撮讀者中，反應倒很熱烈，認識我們的朋友們，有不少坦誠地提出了寶貴的意見，指出我們應該改善和注意的地方。在此，我們要特別感謝。

●我們在扉頁上聲明本刊是「一本唯一能容納不同立場和不同見解的綜合性雜誌」，我們深信這是最難得的獨立性刊物的表現，唯有眞正由自己來辦的刊物才能發揮這種自由的意見，有些心氣薄弱的政治信仰者，當然不會同意我們的做法，因此看到一些與他們觀點不同的文字，也就有些微詞。其實我們的宗旨和處理稿件的方針在「創刊的話」已經説得一清二楚。

●發刊之後，最令我們感動的是讀者們紛紛投稿，有的直接送到波文書局轉交編輯部，有的打電話垂詢投稿的手續。在此我們再聲明一下：歡迎大家賜稿，不過本刊是一本小雜誌，實在沒有篇幅容納大塊文章，因此請大家合作，不要寫得太長，寫得精簡，一樣令人愛讀。由於我們是業餘的工作者，暫時沒有編輯部的地址，因此稿件可寄波文書局轉交編輯部。

●在投來的稿件中，不少是青年人的作品，我們覺得是一種好現象，我們將盡量予以發表。譬如本期中大兩位同學寄來了一篇評論徐志摩的文章，他們認為文學評論在文學園地中，作着極重要的地位，因為它可以幫助讀者欣賞作品，更可以促進文學作品創作水準的提高，如果評論不客觀和太偏激，反會令讀者產生誤解，信僞迷眞，後果是不堪設想的，基於這點，他們對近期海洋文藝中一篇評論徐志摩的文章表示了異議，我們覺得應給予他們表示意見的機會，至於觀點方面，我們相信讀者會自行判斷的。以後如有種種不同觀點的文章，只要値得讀者參攷，我們同樣樂於發表。

●這一期的稿件，已發排的竟然多了一倍，不少文章迫得抽起，下次才能編入了，本來有一個消閑性的專輯「鬼話連篇」，也被迫延在下期才能刊出。

●創刊號中我們最先報導了令人刮目相看的中國體操隊，在亞運會裏，事實證明中國體操隊果眞一鳴驚人，令人刮目相看。


# 波文月刊

第一卷　第二期

一九七四年九月號

Po Wen Monthly

Vol. 1 No. 2 September 1974.

出版兼發行者：波文月刊社
香港皇后大道東252號
電話：5-753618

社長：黃孟甫

編輯：波文月刊編委會
區惠本　葉關琦
莫一點　黃俊東

主編：黃俊東

美術：莫一點

排版者：忠誠排字植字公司
香港灣仔船街34號二樓
電話：5-270842

承印者：四海印刷公司
灣仔聚賢里4號4樓

總代理：波文書局
香港皇后大道東252號

總發行：同德書報社
九龍砵蘭街269號
電話：3-962751

每月十五日出版・零售每册港幣二元正

# 茅盾小說「子夜」插圖

葉淺予作

圖五：「我原說的，虎門無犬種！」

圖六：「你跌在誰的一邊，就是誰的流年好，本月裏要發財！」

圖七：「趕快拋出去呀——」

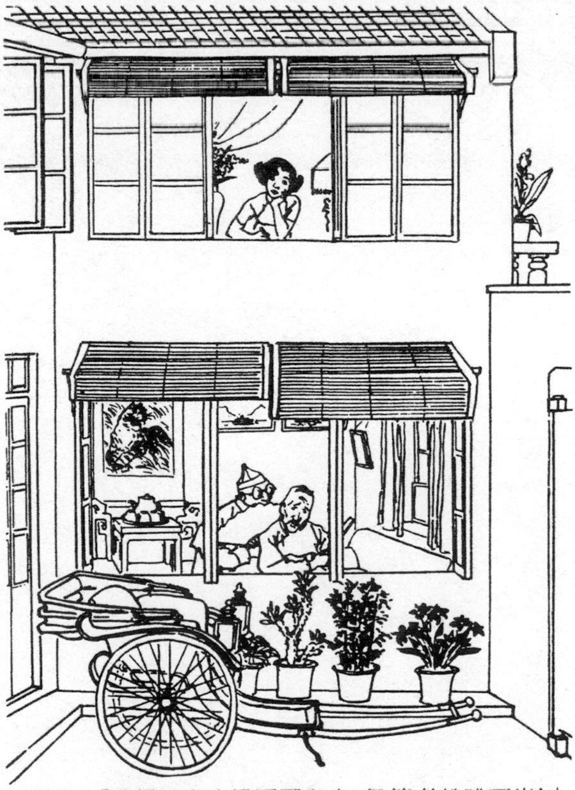

圖八：「我們用女人這圈圈兒去，保管老趙跳不出！」

無量壽佛

潘天壽 作

# 波文 3

# 黃胄畫選

← 漁船

黃胄 作

↓ 三驢圖

黃胄 作

# 波文

第一卷　第三期
1974年10月號

一本唯一能容納不同立場和不同見解的綜合性雜誌

## 目　錄



圖片：封　　面：彩圖「學文化」　黃胄　作
　　　封　　底：「魯迅像」　刃鋒　作
　　　封面內頁：黃胄畫選：「漁船」、「三驢圖」
　　　封底內頁：「魯迅與木刻青年談珂勒惠支版畫」黃永玉　作、「魯迅小說『藥』插圖」之一　顧炳鑫　作

# 近代中國木刻運動是：「現實主義」還是「表現主義」？

## ——談「魯迅論美術」之一

·梅創基·

## 一

魯迅先生不但是現代中國著名的文學家，甚至有人說他也是位卓越的思想家。而且，他與中國現代的美術界有過極密切的關係；特別是，由三十年代開始迄至現在，在中國美術佔有重要位置的創作木刻運動（以下簡稱「木運」），由萌芽到成長，推動和發展，是有過不可磨滅的功勞，是絕對不可否定的事實。

可是，他在當年對美術方面的翻譯整理和介紹，以及書信來往和談話內容，直到今天還成為許多人評介美術文章的理論根據；甚至成為中國內地和海外某些文藝團體的固定看法或標準。形成一成不變的歷史經典工作，是否是一種好現象呢？卻是值得深思的。

近年來，由於筆者想對「新傳統」的中國美術作些整理和研究工作。較廣泛的接觸到不同的美術思想理論，無意中發現了一些問題，使筆者懷疑在許多有關魯迅與美術有關的文章和著作中，他們所說的魯迅在美術中的種種主張，是否就是魯迅自己真正所要表達的方向，正是筆者本文要提出來商榷和討論的目的。

鑑於目前許多有關魯迅的文章，大多數提不出較具體的新觀點。更有些研究魯迅的學人意圖「翻」魯迅的「案」，可惜拿不出具體而有力的「證據」，不容易站得住脚。魯迅在文學方面有極高的地位，那是不容置疑的，不過目前由於政治的關係，魯迅的思想被重視和偶像化，也許是他自己所意料不到吧。

「魯迅全集」發表的「表現主義」木刻：羅道夫的自畫像

本文不想涉及魯迅的文學和思想方面，筆者僅站在版畫專業的位置，從不同的角度來看魯迅所論的美術，提出一些值得商榷和討論的問題，打算分篇提出來與讀者討論。

## 二

近代中國的木運，是由魯迅先從外國的作品翻譯發表及收集中國民間藝術加以整理的「介紹式」的「倡」，加上成立「木刻講習班」和交談及書信來往「褓姆式」的「導」下所誕生的。

木運的出現正值於近代中國美術最多姿多彩的三十年代。當時圍繞在魯迅週圍的美術青年，大多是不滿意他們所學的作為「新傳統」的正統「學院派」。今天看來，他們不滿現實和强烈的反叛性，所以具有前衛性和革命性的一面。但是，也不能否認當時的左翼聯盟也起了一定的影響力和催化作用，木運就在這種形勢下展開了。

從一九三五年開始，民族危機一天天的嚴重，青年木刻工作者很快就投入了這一抗敵救亡運動，走向一條與民族共存亡的道路。一九三八年在延安成立了「魯迅藝術學院」，美術才開始形成了另一個體系，以辯證唯物論為主導思想的所謂「現實主義」的藝術觀。開始自覺的走向一條民族風格特强的道路。

「魯迅全集」所發表的表現主義大師：柯克西加的自畫像

五十年代的中國，因為受蘇聯的影响，接受社會主義的「現實主義」創作路線。結果事與願違，中國木刻也如其他姊妹藝術一樣，誤入了「自然主義」的歧途。五十年代末六十年代初，中蘇交惡，一股强烈的民族自尊心驅使下，又建立新的民族風格，才比以往表現了較生動活潑的「革命」的「浪漫主義」，實際上更多的還是鄉土的歌頌。中國木運由魯迅所倡導開始，經過了一段漫長而曲折的道路，終於有了一定的收成。

## 三

就目前可資參考的文章，基本上都把魯迅當年所倡導的木運視為面向勞苦大衆的「普羅現實主義」。到今天為止，幾乎成了唯一的「定案」。

就胡蠻著的「中國美術史」現代中國美術部份中所云：「魯迅本人是一個新現實主義者。因此，他也提倡新現實主義的美術。」①

專門研究魯迅的木刻家張望，在一九四七年所寫的「魯迅先生與美術」一書中說：「魯迅先生這位不朽的巨人，他畢生高提起『現實主義』的旗幟奮勇前進……」②。在他一九五五年所寫的「魯迅對人民美術的重大貢獻」一文，也如此說：「……魯迅創作思想是唯物主義的觀點出發的，是建立在現實生活的基礎上的。」③

木刻家兼理論家力羣，在他所寫的「魯迅先生怎樣指導木刻創作」中云：「使人感到他（指魯迅）熱情而負責，眞誠而嚴肅，雖三言兩語，也包含着現實主義的藝術觀點和實事求是的精神。」④像這種類似的例子眞是不勝枚舉。

在「八年抗戰木刻選集」內，葉聖陶的序中承認了：「我國的一些作品脫不了模仿」⑤。跟在後文的「中國新興木刻的發生與成長」的文章內，只承認當時模仿標榜「現實主義」的蘇聯⑥。角度雖然有異，結論只有一個，就是「現實主義」。

## 四

中國木運眞是「現實主義」嗎？葉聖陶所說的「模仿」，就只限於西方「現實主義」的蘇聯嗎？不然，在胡蠻著的「中國美術史」中就有如下的透露：「……嚴格的說，由於青年美術家的未貫澈羣象觀點，在技巧上在理論上的修養不充分，以致於西方的美術沒有作批判的吸收，甚至受了一些不好的影响如後期印象派，表現派等作風。在版畫上，也曾有追求西方現代名家的作風……然而這些缺點正被克服着。」⑦

在當年木運直到今天仍然佔有重要地位的木刻家李樺，他所發表於一九五八年的木運資料，在文前的按語聲稱：寫於一九四五年，保持原貌未予刪改。文中提到：「在一九四〇年後……由於先天不足，木刻工作者常苦悶，建立了繪畫現實主義自覺要求。」⑧

站在歷史的觀點，眞正的由辯證唯物論為主導思想的「現實主義」藝術觀，應該是從延安的「魯迅藝術學院」和一九四二年毛澤東發表「在延安文藝座談會上的講話」才開始的。李樺的說法基本上是合理的。

魯迅所倡導的早期木運並非完全是「現實主義」，而是有極濃厚的「表現主義」，其實是有許多因素所形成的。

首先，魯迅本人固然是有目標和宗旨，從來卻沒有提倡甚麽「主義」這類口號或固定於某一種看法。唯物論也好，「現實主義」也好，都是後人硬性加在魯迅的頭上的。科學和生物學是有一定的公式或定律，種瓜一定得瓜。藝術是很特殊的東西，客觀效果不一定是主觀的願望所設想的。即使主觀想是「現實主義」，也可能會產生「表現主義」。也就是說，「種瓜可能會收豆的」。

魯迅所翻譯介紹的美術理論和作品，唯物的唯心的，寫實的不寫實的，兩方面都有。資產階級的唯心主義藝術理論在反封建的目標下，是「明知故犯」，美術作品則「不知不覺」的介紹給中國美術界，最多的反而是「表現主義」。

囚徒的幻想　　李樺　作

當年魯迅介紹給青年藝術工作者借鏡的作品中，今天被某些理論家說成是有「人民性」的西方藝術家之中，大家並不陌生的德國女版畫家凱綏・珂勒惠支，「一個人的受難」的作者比利時的麥綏萊勒，「士敏土」的作者德國的梅斐爾德，德國的喬治・格羅斯，還有計劃而沒有出版的挪威畫家的蒙克版畫集等，只要對西方現代藝術畧有認識的話，都不難看出他們當時都屬於北歐的「表現主義」的藝術家。⑨

此外，英國的比亞兹萊更特殊。根本是位徹頭徹尾的主觀唯心的資產階級的藝術家，作品充滿了「病態美」。今天據說還發現他當年還畫過不少「春宮圖」。他對現代嬉皮士的繪畫藝術影响最大，竟然也在魯迅所介紹的藝術中品之列。⑩

在三十年代裏，對西方現代藝術翻譯介紹最賣力的是油畫家倪貽德。倪氏所寫的「現代繪畫概觀」和「續集」自然少不了「表現主義」的理論及作家和作品。其次，就應該輪到魯迅。

魯迅翻譯日本的坂垣鷹穗所作的「近代美術史潮論」，其中不少是「現代畫」。在「最近的主導傾向」這一章內，「北方系統的先驅者和德意志」內，所談所發表的作品都是「表現主義」的藝術，並附有精彩的畫頁。⑪

「壁下譯叢」也是魯迅所譯的。這本文藝理論很多介紹「表現主義」的文章，其中片山孤村三篇中，有一篇是專門談「表現主義」。⑫對於「表現主義」都有詳盡的介紹，因為篇幅有限，筆者不打算引用。

老實說，魯迅不可能不對「表現主義」會有過認識，作為他的讀者，青年的木刻工作者也不可能不會受到感染，產生過潛移默化的作用。

## 五

據記憶所及，曾經看到國內出版的某期「美術」月刊中，有次接待德國藝術家，中國接待的畫家向他們表示：魯迅先生很欣賞柯克西卡（O. Kokschka）等人的作品。當時看到此項消息，筆者十分驚奇。因為O.K（卽柯克西卡）是當今最出名最老的「表現主義」大師。

1934年出版的創作版畫圖彫刻後所發表的示範作品之一

那時才下雨呢？　　賴少其　作

在一九六一年二月十二日到十四日，北京曾為蒙克（Munch）開過版畫展。挪威大使在開幕時也有講話。中國方面表示，魯迅很愛蒙克的作品，並收集已出版的畫集。⑬其實蒙克是位「表現主義」的最有代表性的重要畫家。

因為工作關係，筆者最近大量翻

閱和收集三十年代的雜誌和畫報。當時所發表的木刻作品，絕大部份是屬於「表現主義」的作品。作者是李樺、賴少其、唐英偉等。其中李樺和賴少其當年追隨過魯迅，在今天中國內地畫壇仍然居有很高的地位，「表現主義」的畫風尤為强烈。在中國內都不曾見到過，形成了本文的「有圖為證」，希望這一事實不要被隱瞞下去。

更奇怪的是，中國內地在五十年代末，由於學術氣氛比較開放。借了百花齊放和探討新的表現形式，老一輩的木刻家賴少其和沈柔堅便把「表現主義」表現出來。賴少其的「江南春雨」便是其中一個例子⑭。沈柔堅訪問蘇聯的水彩作品「紅塲一角」，那細碎的筆觸，沒有水彩特色的强烈色調。所產生的閃礫動盪的意趣，頗接近O.K（即柯克西卡）的畫法⑮。很可以視為過去所受的影响，不知不覺的流露出來。

回顧三十年代的中國，處在半封建半殖民地的社會，經濟不景氣，又經常打內戰，日本帝國主義入侵形成國難當頭。這樣動盪不安的局勢，又同德國「表現主義」所產生的時代背景非戰主義、和平主義、人道主義、民主主義、反資本主義的物質文明的第一次世界大戰時代極為吻合。在中國產生「表現主義」的作品並不奇怪。而且，中國傳統繪畫本身就包涵有若干表現主義的成份。

再說魯迅眞正推動「現實主義」，更應該介紹法國含有「普魯東主義」成份，描寫平民階層的「現實主義」大師貝爾培（Coubet）。蘇聯的現實主義版畫作品，都是歌頌建設和鄉土。木刻是嚴謹細密的西方傳統木口木刻，而日本和中國是明快的木面木刻。中國青年木刻家當時都是憤世忌俗和不滿現實，蘇聯的「現實主義」在當時的中國不論在表現的題材，風格和製作技術都是行不通的。即使五十年代初，由於學習蘇聯的那一套，使中國木刻走了一段不必走的寃枉路。

在藝術理論來講，「現實主義」的「現實」是唯物的「客觀現實」，「表現主義」的「現實」是唯心的「主觀現實」。「表現主義」的口號是「不是客觀的再現，而是主觀的表現。」「現實主義」所倡的是有「人民性和健康」的情緒。早期木運的面向勞苦大衆很可能是小資產階級的「人道主義」精神。同魯迅做後設理論的「專家」們，就把「人民性」和「人道主義」精神，連同「主觀現實」一道混為一談。所以就把當年的魯迅和青年木刻家被錯誤的當成具有「人民性」的「現實主義」。所餘下的差異就是健康與不健康。只要不滿現實，不是積極的走向「槍桿子出政權」的鬥爭，那種不滿和反叛的精神似乎已經很難談得上是健康的了；譬如，珂勒惠支的版畫作品就是一個很好的例子。故此同魯迅所作的後設理論很難相信眞實的程度。

在近代中國美術思想上而言，徐悲鴻的古典寫實主義，大體上可以列入近代美術批評家所下的界說的「模仿學」。則林風眠是「情緒學」⑯，劉海粟是康德（Kant）的主觀唯心論，魯迅所倡導的早期木運是濃厚的「表現學」。在發展的角度，是進了一步，是件好事。是否如此，再讓時間去考驗吧。

---

①胡蠻：「中國美術史」，第二〇一頁，一九四八年，「羣益出版社」。

②張望：「魯迅論美術」，第二四四頁，一九五六年，「人民美術出版社」

③張望：「魯迅對人民美術的重大貢獻」，美術，十月號，一九五五年，第十二頁，人民美術出版社。

④力羣：「紀念魯迅先生誕生七十五週年特輯」，第十四頁，美術，一九五六年十月號，人民美術出版社。

⑤抗戰八年木刻選，第六頁，中華全國木刻協會編選。

⑥同右，第十頁。

⑦胡蠻：「中國美術史」，第一九七頁，一九四八年，「羣益出版社」。

⑧李樺：「抗日戰爭時期國統區的木刻運動史料」，美術研究季刋，一九五八年第三期。

⑨見張望：「魯迅論美術」畫頁，一九五六年，「人民美術出版社」。

⑩同上。

⑪「魯迅全集」第十五卷，第一五〇頁到第一六三頁，一九三八年，魯迅先生紀念委員會編印。

⑫魯迅：「壁下譯叢」，第三十七頁到第五十四頁，上海北新書局印行，一九二九年。

⑬「美術」雙月刋，一九六一年第二期六十頁，「人民美術出版社」。

⑭見「美術」月刋一九五九年十二月號彩色畫頁，人民出版社。

⑮發表於「美術」雙月刋，六二年第四期，彩色畫頁。

⑯參考林風眠：「中國繪畫新論」，一九四六年，北平正中版「藝術叢論」，富壤畫房重印。

⑰見劉海粟‥「歐游隨筆」，第五十一頁，中華書局，一九三五年。

# 魯迅談革命文學

·濟　行·

魯迅一生是鬥士，這種偉大處是值得人們來學習。他於一九二六年從北平南下，一九二九年又回到北平一次，那時國內正流行所謂革命文學，提倡的人是郭沫若，成仿吾，蔣光慈，錢杏邨，洪靈菲等，所以魯迅在北平應燕京大學演講，題目就是「談革命文學」，對這批革命文學家，說了很多不敬的話，也許因着這個緣故，這篇講稿後來魯迅的集子裏和他的全集中都沒有收進去。似乎北平有一個刊物當時曾發表過，內容刪節了很多。此篇則爲紀錄的全文，是一篇很足珍貴的材料，特刊出以供研究魯迅者的參攷。

（演講時間是一九二九年五月二十二日，地點在北平燕京大學。）

「這一年以來，我沒有和青年諸君說甚麼話。因為革命後，言論的路反而狹小，往往不是過激，便是反動。這種帽子隨便給人的頭上戴，於大家無益而有害。這一次回到北平，幾位舊日相識的友人要我到這裏來講幾句，情不可卻，只好來了，但因為種種瑣事，終於想不出講些甚麼。

說到講的題目，我本想在車上可以想定當，但因為道路壞，汽車跳起來有一尺多高，無從想起。我於是偶然感到，外來的東西，單取一件，是不行的，有汽車也須有好道路，一切事總免不了環境的影響。文學——在中國的所謂新文學，所謂革命文學，也是這樣。

中國的文化，便是怎樣的愛國者，恐怕也大概不能不承認是有些落後。新的事物，都是從外面侵入的。新的勢力來到了，大多數還是莫名其妙。北平還沒有這樣，譬如上海租界，那情形，外國人是處在中央，那外面，圍着一羣翻譯，包探，巡捕，西崽……之類，是懂得外國語，熟知租界章程的。這一圈之外，才是許多老百姓。老百姓一到洋場，永遠不會明白眞實情形，外國人說 yes，翻譯道：『他說要打你一個耳光』，外國人說 no 翻出來卻是『他說把你去槍斃』。要免去這一類無謂的寃苦，首先是要求其知道得多一點，衝破這一個圈子。

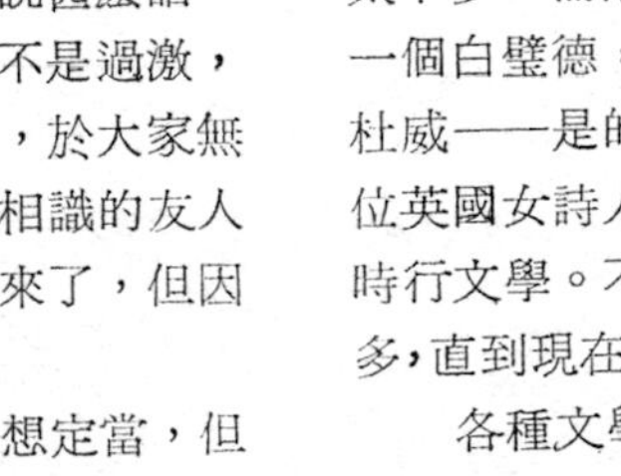

在文學界也是一樣，我們知道得太不多，而幫助我們知識的材料也太少。梁實秋有一個白璧德，徐志摩有一個泰戈爾，胡適之有一個杜威——是的，徐志摩還有一個曼殊斐兒，他到那位英國女詩人墳頭去哭過——創造社有革命文學，時行文學。不過附和的，創作的很多，研究的卻不多，直到現在，還是給幾個出題目的人們圍了起來。

各種文學，都是應環境而產生的，推崇文藝的人，雖喜歡說文藝足以煽起風波來，但在事實上，卻是政治先行，文藝後變。倘以為文藝可以改變環境，那是『唯心』之談，事實的出現，並不如文學家所預想。所以巨大的革命，以前的所謂革命文學者還須滅亡，待到革命畧有結果，畧有喘息的餘時，這才產生新的革命文學者。為甚麼呢，因為舊社會將近崩壞之際，是常常會有近似帶革命性的作品出現的，然而其實並非眞的革命文學。例如：或者憎惡舊社會，而只是憎惡，更沒有對於將來的理想；或者也大呼改造社會，而他要怎樣的社會，卻是不能實現的烏托邦；或者自己活得無聊了，便空泛地希望一大轉變，來作刺激，正如吃了很多魚肉油膩的人，想吃些辣椒爽口；更下的原是舊式人物，但在社會裏失敗了，已想另掛新招牌，靠新興勢力獲得更好的地位。

希望革命的文人，革命一到，反而沉默下去的例子，在中國便曾有過的。即如清末陳佩忍等組織的「南社」，便是鼓吹革命的文學團體，他們嘆漢族的被壓制，憤滿人的凶橫，渴望着『光復舊物』。但民國成立以後，反而寂然無聲了。我想，這是因為他們的理想，是在革命以後，『重見漢官威儀』，峨冠博帶。而事實並不這樣，所以反而索然無味，不想執筆了。俄國的例子尤為明顯，十月革命起初，也曾有許多革命文學者非常驚喜，歡迎這暴風雨的襲來，願受風雷的試練，但後來，詩人葉遂寧，小說家梭波里自殺了，近來還聽說有名的小說家亞倫堡有些反動。這是甚麽緣故呢？就因為四面襲來的並不是暴風雨，來試練的也並非風雷，卻是老老實實的『革命』。空想擊破了，人也就活不下去，這倒不如古時候相信死後靈魂上天，坐在上帝旁邊的詩人們福氣，因為他們在達到目的之先，已經死掉了。

中國，據說，自然是已經革了命，——政治上也許這樣罷，但在文藝上，卻並沒有改變。有人說，『小資產階級文學已抬頭』了，其實是，小資產階級文學在那裏呢，頭也沒有，那裏說到抬。這照我上面所講的推論起來，便是文學並不變化和興旺，所反映的便是並無革命和進步——雖然革命家聽了也許不大歡喜。

至於創造社所提倡的，更澈底的革命文學——無產階級文學，自然更不過是一個題目。這邊也禁，那邊也禁的王獨清的上海租界裏遙望廣州暴動的詩，pong, pong, pong, 文字逐漸大了起來，只在說明他曾為電影的字幕和上海的醬園招牌所感動，有摹仿「十二個」之志而無其才和力，郭沫若化名麥克昂所作的「一隻手」是很有人推為佳作的，但內容說一個革命者革命之後失去了一隻手，所餘的一隻還能和愛人握手的事，卻未免失得太巧。五體，四肢之中要失去其一，實在還不如一隻手，一條腿就不便，頭自然更不行了。只準備失去一隻手，是能減戰鬥的勇往之氣的。我想，革命者所不惜犧牲的，一定不只這一點，這還是窮秀才落難，終於中了狀元諧花燭的老調。

但是這些卻正是中國現狀的一種反映。新近上海革命文學的一本書的封面上，畫着一把鋼乂，這是從「苦悶的象徵」的書面上取來的，乂的中間的一條尖刺上，又安上一個鐵鎚，這是從蘇聯的旗子上取來的，然而這樣合了起來，卻弄得既不能刺，又不能敲，只能在表明作者的庸陋——也正可以做那些文藝家的徽章。

從這一階級走到那一階級去，自然是可能有的事，但最好是意識如何，便一一直說，使大家看去，為仇為友，了了分明。不要腦子裏存着許多舊的殘滓，卻指着自己的鼻子道：『惟我是無產階級！』現在的社會既然神經過敏，聽到『俄』字便要氣絕，連嘴唇也快要不准紅了，對於出版物，這也怕，那也怕；而革命文學家又不肯多介紹別國的理論和作品，這樣只指着自己的鼻子，臨了便會像前清的『奉旨申飭』一樣，令人莫名其妙的。

對於諸君，『奉旨申飭』大概還須解釋幾句纔會明白罷。這是帝制時代的事。一個官員犯了過失了，便叫他跪在甚麽一個門外面，皇帝差一個太監來斥罵。這時須得用一點運動的錢，那麽，三言二句就完了事，倘若不出這錢，他便從祖宗一直罵到子孫，你跪着領受，不能走開。這算是皇帝在罵，然而誰能去問皇帝，究竟他可是要這樣地罵呢？去年，據日本的雜誌上說：成仿吾是由中國農工大衆選他往德國研究戲曲去了，我們也無從打聽，究竟是這樣地選了沒有。

所以我想，倘要比較地明白，還只好用我的老話，『多看外國書』，來打破這種種的把戲。這事，對諸君是不很費力的。關於新興文學的英文書或英譯書，即使不多，然而所有的幾本，一定較為切實可靠。多看些別國的理論和作品之後，再來估量中國的新文藝，便可以清楚得多了。最好是介紹到中國來；翻譯並不比隨便的創作容易的事，然而於新文學的發展卻更有功，於大家更有益。一個人多懂一種外國文，譬如一個房子裏多開一個窗，不但可多吸新鮮的空氣，也會把黑暗逐出去的。」

一九二八年在上海景雲里寓所攝

# 魯迅與內山完造（上）

沈西城

魯迅先生去世迄今近四十年矣，歲月匆匆，音容宛在，其使人追懷憶念，固不待言；挽近讀得有關于魯迅的書，證之以小澤正元氏之「內山完造傳」，頗多發明，自忖若論先生思想筋脈，當非區區之力可為担當，抑且近代諸家亦多有所記載闡發，不佞淺見，豈非井蛙之觀天乎？一念及此，唯捨正途弗屆，改以先生與內山氏之間的一段交往關係，來稍作敘述，拙拙蕪文，當無足觀，不過自家覺得寫時多少用了點心思，付諸棗梨，似不為過；長日無俚，寫作自遣，此文即在此種環境下孕育過來者也。

晚年的內山完造

**初次見面**

一九二七年十月三日，魯迅自廣東到了上海，下榻於共和旅館；越二日，即五日下午，魯迅偕許廣平女士往北四川路魏盛里內山書店購書。許著「魯迅回憶錄」云——「我們在大革命失敗以後，於一九二七年十月三日到達了上海，過了兩天，即十月五日就去到北四川路的一個淺小胡同叫魏盛里的一間日本書店……當開始去到書店的時候，第一次買了四種共四本書（值十元二角），我是同去的。我們的樸素的衣著，並不打動人，魯迅還似乎帶些寒酸相。」正是由於衣著寒酸，惹起了店里夥計的注意，還道這不速來客，大可能是偷書賊呢！據內山書店職員王寶良云——「平常來買書的大部分是日本人和一些西裝革履的日本學生；來了，也不過買一兩本書。因此，每天的營業額最多不過二三十元。」（見「魯迅先生與內山書店」）魯迅衣著單樸而出手濶綽，買書四本，幾佔書店整日營業額之一半，毋怪店裏中人要來加以側目，恐防是偷書矣。魯迅逝世後，王寶良君又回憶當日情況云——「兩人（指魯許）進了店，由於衣著樸實，尤其是魯迅先生寒酸更甚，店中日本夥計便叮囑我道小心此人，可能是偷書賊呢！」以衣著取人，遍處皆然，人情世態，本便酷涼凄淡，於魯迅又何有異哉！

五月的拜訪內山書店，魯迅並不曾碰着內山完造，「魯迅回憶錄」云——「事實是，魯迅頭一天到內山書店，並沒有見到內山先生。魯迅買去四本書之後，這是在十月八日由旅館搬到景雲里寓內的事了，經過了又一次到書店買書，店員向內山先生報告了這位不尋常的來客，經內山先生有意識地探出是誰之後才招呼起來的。」

內山完造回憶當時的情景云——「有一天、那位先生一個人跑來，挑好了種種書，而後在沙發上坐下來，一邊喝著我女人送過去的茶，一邊點上烟火，指著挑好了的幾本書，用漂亮的日本話說：『老板、請你把這些書送到竇東安路景雲里××號去。』現在，那屋子的門牌已經忘掉了，當時，我立刻就問：『尊姓？』一問，那位先生就說：『叫周樹人』『啊——你就是魯迅先生麼？久仰大名了，而且也聽說是從廣東到這邊來了，可是因為不認識，失禮了。』從那時候起，先生和我的關係就開始了。」（見「魯迅先生紀念集」）

關係一經打開，彼此相往密切，「回憶錄」云——「因為居住的近便，魯迅每每散步似地就走到魏盛里了。內山書店特辟一片地方，設了茶座，為留客人偶叙之所，這設備為一般書店所沒有，是很便於聯絡感情，交接朋友的。以後魯迅樂於利用這設備，幾乎時常地去，從此每去必座談。後來又作為約會朋友的地點，那是在書店搬到北四川路底坐北朝南的一間具有樓房的地方，是比較後來的事了。」自初次見面以至後來發展成「忘年之交」，據資料上看，還是先由乎內山完造對魯迅的敬仰之情而起頭的，魯迅見著對方誠懇，再加以其時自身處境多所不便，而內山書店旣有茶座設備，可資利用來作為歛友之地，故此也就樂於相往還了。這看來兩人間關係，其之所以發生，多少仍是基於互惠原則的。完造方面，借了魯迅之藉藉名來滿足個人的精神空虛，而魯迅方面呢，則恃了完造書店的諸種關係，於接待朋友，交換稿件，可有種種的方便；易言之，雙方交往，完造所得乃是精神上的塡補，而魯迅則可獲物質上的便利也。

## 頻密的往來

完造是日本人，平日來往的朋友，除了中國人之外，日本人自然要佔了一大半；由於經營的是書店，跟文化界中人攀上關係的緣故，日常到書店來的，多是一些日本知識分子。這些知識分子素慕魯迅大名，現在知道了魯迅原來是內山完造的朋友，便都要求介紹相見。查「魯迅日記」中對見過面的日本人大多記下姓名，但間亦有例外者，如橫光利一之面晤署去不提，即是一例。這些日本人大多都是完造所介紹，面晤地點如果不是內山書店，便是在書店後面千愛里完造的家裏，但有時候「稍費時間的，或須守秘密的，就另找地方，陪去別處。」（見「魯迅回憶錄」）

大概是五四年的春天，北京人民文學出版社魯迅著作編輯部為了搜集跟魯迅有過來往的日本人的種種資料，寫信去問內山書店的老夥計王寶良君，信上面列了「魯迅日記」裏所記的五十五個日本人的姓名，並塡上見面的日子，要求知道這五十五人之畧歷，職業與及來訪的目的，信裏云——「以上五十五人中是否大半都是內山君介紹的？抑或是內山君宴客時跟魯迅同席者？」王先生接了信，想了又想，還是搞不大通，祗好原封寄呈在東京的完造，乞求援手。完造把信仔細看了一過，竟然發覺自己所介紹跟魯迅會晤的著名作家、學者都不曾概括在內，由此可見，憑了完造薦引相見的日本人，數目確是更僕難數耳。

來訪諸人中，良莠不齊，雖然大部分都是懷了仰慕之心，一少撮人仍然是意圖籠絡，異心別具的，即如詩人野口米次郎，便是典型好例。一九三五年十月末，野口訪印度途中經上海，完造受朝日新聞之托，代為薦引。「魯迅日記」十月廿一條目記其事云——「二十一日晴。午朝日新聞支社仲居君邀飲於大三園，同席有野口米次郎、內山二氏。」內山完造在「上海漫語」，「兩邊倒」，與及「花甲錄」中，亦有論及這事云——「會談至末，野口陡地說起『若果中國之政治家和軍人不能使中國人安居樂業，像印度把政治與軍事委托英國一樣，中國不是一樣可以政治軍事委托日本嗎？』魯迅聽了，極鎭靜地回答『到了這地步，便是感情問題了。反正要喪掉家財，與其被强盜所奪，毋寧讓敗家子花費殆盡；反正要被殺，與其被外國人所殺，究不若死在自家人手中。』野口聽了默然，對話至此而終。」後來野口發表文章，有意歪曲，魯迅於此，一直耿耿於懷，大有「魚骨鯁喉，不吐不快」之感。一九三六年二月致增田涉信中有云——「和名流的會見，也還是停止為妙。野口先生的文章，沒有將我所講的全部寫進去，所寫部分，也為了發表緣故，而沒有按原意寫。長與（善郎）先生的文章，則更加那個了。我覺得日本作者與中國作者之間的意見，暫時尙難溝通，首先是處境和生活都不相同。」嗣後許廣平女士對這話加了註腳云——「以境遇與生活的不同，而要求有共同的語言是不可能的，魯迅並非不知中、日兩國友好的重要，但在當時日本帝國主義企圖併呑整個中國的時候，這種友好就

跳出高牆　　米啓羅　作

魯　迅　畫　像

沒有基礎。」（見「魯迅回憶錄」有關中國跟日本問題，魯迅還說過了一番寓言意深重的話——「我認為中日親善的調和，要在中國軍備到了日本軍備的水準時，才會有結果……譬如，一個懦弱的孩子和一個強橫的孩子二人在一起，一定會吵起來，然而要是弱懦的孩子也長大強壯起來，則就會不再吵鬧，而反能很友好的玩著。」（見「魯迅先生紀念集」二輯）兩方實力相若，彼此可相互牽制與互為利用，均勢方可持久，而友情也大可得到某程度的進展，從而尋求更深了解，和平迄此始可造成。跟日本人頻密的往來，在魯迅而言，是為了尋求對日本的進一步了解，雖然這在當時來說，收效並不太好。

## 提倡木刻

魯迅對木刻版畫，造詣甚深，除了對青年們進行孜孜不倦的敎導外，即使自己亦無時不設法搜購各式有關木刻書本，如浮世繪，北齋之類，增加個人此門藝術的認識；那個時期，藝術之於中國，往往受厄於舊勢力中，不要說版畫這類較偏僻的技術，即如國畫、書法、亦不曾得到多大的舒展。魯迅對此痛心疾首、決定帶頭提倡，經通過完造的薦引，請了其末弟嘉吉到來上海授技法。一九三一年八月十七日起，一連六天，大夥兒在長春路完造創辦的日語學會講堂里，通過魯迅的翻譯，學習了基本的技法。

參加此趟講習班的，主要都是上海美術學校的學生，大約各方面省籍的人都有，人數剛為十三人。他們從日本人小學校的文見店那兒，買來「淺薄」顏料，聚精會神地學習黑白木板畫之彫刻技能與印刷的方法。每天兩小時的講習，正是來也匆匆，去也匆匆，學生們都像怕時間自手縫兒溜走似的，緊張得連「小解」的時間也暫捨去。

在講習會開始之前，事實上魯迅已舉辦過一個版畫展覽會。一九三零年十月得了完造之助力，在北四川路狄思威路購買組合樓上，舉辦了版畫展覽會。展出作品約七十餘幀，與會者多為日本人，而中國人則極少。據資料上云，兩日的來客，約為四百人左右。「魯迅日記」一九三零年十月四日條目云——「四日晴。今明兩日，與內山君同開版畫展於購買組合第一店樓上。」從以上情形看來，首屆覽會開得並不成功；但是魯迅之心不死，一九三二年又在老靶子路日本人基督敎青年會，舉辦了第二趟的展覽會。展列作品，以法國小說插圖為主，可是由於上海事變之緣故，觀衆比前趟更少。第三趟開在北四川路底千愛里四十三號一個本人家裏的以魯迅所收集為主力的德蘇原板木刻畫展，觀衆羣中包括了小學生團體，才算得到了期望中的成功。這以後，在一九三五年與三六年間，還舉辦了兩個「全國木刻流動展覽會」，所得效果，都要比以前的大得多。　　（未完）

·書園·

# 談「花朝夕拾」

公嵐

魯迅的「朝花夕拾」共收十篇散文，十篇皆寫成於一九二六年。

這十篇皆是記述作者以往的生活，以記述兒時生活者最多，如「二十四孝圖」、「五猖會」、「父親的病」、「從百草園到三味書屋」、「無常」等皆是記兒時的生活片段和所見所聞。這些記述過往生活的文章，不同於當時一般用感傷的筆調追懷既逝歲月的偸閒小品之類，而仍如魯迅的雜文一樣，包含着豐富的社會意義和强烈的戰鬥精神。

首先，這些文字在所記述的過往生活本身都是有意義的。如「二十四孝圖」控訴了封建時代道德的虛僞、殘酷和野蠻，文中指出了「陸績懷橘」的虛僞取巧，「老萊娛親」的裝佯肉麻，「郭巨埋兒」的殘酷無理，這誠然都是「以不情為倫紀，誣蔑了古人，教壞了後人」。文中也表現了這圖對兒童的幼小純潔心靈的虐殺，幼年時代的魯迅當知道了「郭巨埋兒」的故事之後，不但自己不敢再想做孝子，也怕父親做孝子，並且對年老多病的祖母產生了敵意，「總覺得她和我不兩立，至少，也是一個和我的生命有些妨碍的人。」「父親的病」控訴了庸醫害人的罪行，敗鼓皮丸以及平地木、梧桐葉、經霜三年的甘蔗，原配蟋蟀等奇怪的藥引終於把父親的病耽擱了。

「五猖會」表現了封建家教的嚴酷無理，用非常含蓄的筆法控訴了封建家族制度。「阿長與山海經」以親切的文字追述了作者的保姆長媽媽，寫出了這個勞動婦女的憨直、樸厚的性格和熱誠，仁慈的心靈；「我的保姆，長媽媽卽阿長，辭了這人世，大概也有了三十年了罷。我終於不知道她的姓名，她的經歷；僅知道有一個過繼的兒子，她大約是青年守寡的孤孀。仁厚黑暗的地母呵，願在你懷裏永安她的魂靈！」

這段文字充分表現出作者對幼年時保姆的無限眷愛之情。「無常」記述了民間藝術（演戲、迎神）中創造的一個無常鬼，這鬼活潑詼諧，通人情，爽直，愛發議論，「鬼而人，理而情，可怖而可愛」，人們非常喜愛他，因為他能勾攝惡人的魂，鐵面無私，不論貧富一律同等待遇，「難是弗放者個！那怕你，銅墻鐵壁！那怕你，皇親國戚！」其對無常的愛，正反映了人們對黑暗不平的人間的厭倦與痛惡，「若問愚民，他就可以不假思索地回答你：公正的裁判是在人間！想到生的樂趣，生固然可以留戀；但想到生的苦趣，無常也不一定是惡客。」

其次，在這書中的文章，除記述過往生活以外，還聯絡當前現實，對當前現實中不合理的事物和現象加以無情的攻擊。如「二十四孝圖」一開始就攻擊了反對白話者：「我總要上下四方尋求，得到一種最黑、最黑、最黑的咒文，先來詛咒一切反對白話，妨碍白話者。……妨害白話者的流毒卻甚於洪水猛獸，非常廣大，也非常長久，能使全中國化成一個麻胡，凡有孩子都死在他肚子裏。只要對於白話加以謀害者，都應該滅亡！」

「五猖會」諷刺了當時北京的市政：「神像是五個男人，也不見有什麼猖獗之狀；後面列坐着五位太太，卻並不『分坐』，遠不及北京戲園裏界限之謹嚴。」再如「狗、貓、鼠」中戲當前現實的諷刺就更多，裏面諷刺了「總不肯掃淸土匪或撲滅敵人」以便「常保着御侮保家的資格」的中國官兵。這部分文字雖是記述主要事物的順筆一提，但却有直接打擊敵人的作用。

而最有名的有「藤野先生」和「范愛農」記述了兩個人物，前者是作者的老師，後者是作者的朋友。兩篇文字均表現出了作者對師友的敬愛之情。那個具有國際主義精神的醫學者藤野先生，若干年後還不能使魯迅忘懷，魯迅是這樣懷念着他：「但不知怎地，我總還時時記起他，在我所認為我師之中，他是最使我感激，給我鼓勵的一個。有時我常常想：他的對於我的熱心的希望，不倦的教誨，小而言之，是為中國，就是希望中國有新的醫學，大而言之，是為學術，就是希望新的醫學傳到中國去。他的性格，在我的眼裏和心裏是偉大的，雖然他的姓名並不為許多人所知道。」范愛農的悲慘遭遇：失業、寄食、流浪，落水而死，是魯迅深感悲痛的，魯迅另外還寫過題名「哭范愛農」的詩。魯迅以悲忿的心情記述了這個倔强的為舊社會所殺害了的不幸的知識分子，小說「孤獨者」中的魏連殳就是以范愛農為基礎創造的。

「朝花夕拾」對研究魯迅的生活經歷來說，更加是一本非常有價值的參攷書。

# 魯迅・仙台・藤野

## ——七十年前魯迅在仙台學醫的往事

・述　史・

當我在多年前開始讀到魯迅的回憶文章「藤野先生」時，便對魯迅在仙台醫科專門學校求學時的老師——藤野先生的思想為人感到十分欽仰。魯迅在他的作品「藤野先生」內提到的，「在我所認為我師之中，他是最使我感激，給我鼓勵的一個。……他的性格，在我的眼裏和心裏是偉大的，雖然他的姓名並不為許多人所知道」，他所敬慕的這位藤野嚴九郎先生，身世如何，在我想來，知道的人的確不多。現在根據一些近年發現的資料，畧加介紹。

藤野嚴九郎先生在明治七年生於福井縣本莊村。藤野一家，祖祖輩輩都以醫生為業；先生的祖父和父親，認為家傳的古醫法有嫌不足，便前往江戶和京都，研究蘭學。先生在解剖學已在日本十分發達之際，還抱着幾本線裝書，就是他祖父和父親辛苦得來的手抄本。藤野一家的家風重視學問，先生進入小學校的同時，還在一個叫野坂的人的私塾中，學讀漢文。其後，他在福井中學、愛知醫專畢業，暫任保險公司的指定醫生，但因難捨好學之志，又前往東京，在東京帝大的大澤岳太郎教授的身邊專攻解剖學。這個時期，先生治學非常勤勉，晚年的體弱，以及高度近視，都是這個時期死讀造成的原因。不久，在明治三十四年，經大澤教授的推薦，前往仙台醫專担任講師。魯迅進入醫專，是三年以後，明治三十七年的事，計算起來，當時先生三十一歲，魯迅二十四歲。

仙台醫專時期的先生，可以說是在他一生中最優越的境遇。那個時候的先生的形象，正如「藤野先生」所描述的那樣，但另外還有幾段軼事。據在仙台醫專比魯迅低九班的半澤正二郎提起，直到現在，醫專的校友會一開會就要提起「老良」，指的就是藤野先生。人如其名，是位非常嚴格的先生，評分嚴格，經常有學生落第；但是，他也有人情厚道，情愛甚深的一面。

老人擊狗圖　錢召作

他是個善惡分明的人，很不喜歡不用功的學生，但對於專心向學的學生卻非常照顧。和魯迅同期、現在仙台開設外科醫院的薄場實，一直在他身邊充當實習醫生，所以對魯迅的記憶雖然不多，對於藤野先生却記得不少事情。

上堂的情況，正如「藤野先生」所寫的那樣，滿臉認眞的先生，沒有一絲笑意，只是一個勁兒地在黑板上繪圖。第一堂課總是要說，「解剖腑分這門學問，最初入門學醫的人，不可須臾離的東西。」話裏面夾雜着早年他所學的漢學。還有，每到考試的時候，總是把他不喜歡的學生叫到黑板前面，讓他在黑板上答題。有一次，他從口袋裏掏出個小紙片，遞給學生解答。那學生大叫道：「先生，這是西裝店的收據，」全場大笑，可是先生紋風不動，「對不起，這個才是試題。」

一九二七年魯迅在香港　新波作

到了二年級，添教的霉菌學的講義使用了幻燈片，有了多餘的時間，便放映幾張時事的片子。那時正是日俄戰爭的高潮，幻燈上便出現了給俄國人做偵探而被捕的中國人、在本國人的環視之下被槍斃的場面。當時，日本級友們都叫起「萬歲！」這樣的聲音强烈地刺激魯迅的耳朶。「嗚呼，無法可想！但在那時那地，我的意見却變化了。」甚麼變化呢？未見提及，但寄托於醫學的夢想是幻滅了。懷着無底深淵般的絕望和寂寞，魯迅下定了拋開醫學、離開仙台的决心。那是二十四歲的時候。

那時的心情，在「吶喊自序」裏寫着，「從那一回以後，我便覺得醫學並非一件緊要事。」凡是愚弱的國民，肉體的健康和不健康，毫無意義，那只能做為示衆的材料和看客。「所以我們的第一要著，是在改變他們的精神。而善於改變精神的是，我那時以為當然要首推文藝，於是提倡文藝運動了。」

魯迅對藤野先生說明了轉學的事，但並沒有直言其中眞相。藤野先生聽了很悲哀，但沒有說甚麽。他原來對於魯迅、對於中國的新醫學的發達頗所期望，因此頗感難過。藤野先生在魯迅臨走的時候，送給他一張寫着「惜別」的照片，魯迅也說今後寄照片和信件給他。就是這樣，仙台的學醫生生活僅有一年多，便終結了。

魯迅離開仙台以後，先生一直在仙台醫專任職到大正四年，那一年，醫專昇格為醫科大學，先生因為沒有學位，只得用「自願解職」的形式辭掉職務。其後，先生在東京的醫院裏工作了一個時期，就回到故鄉本莊村開業。可是，最親愛的夫人首先謝世，家庭內風波迭起，不久長子又在戰塲病死，與親朋的關係又不融洽，凡此種種，使得他在晚年非常凄凉，一九四五年八月十一日（停戰前幾天），因腦溢血逝世。晚年的藤野先生的言行，周圍人們曾經拚湊成集，載在一九六三年十二月的「福井新聞」，這裏掇拾數段。

我常常想，藤野先生的格外愛護一個異國的青年，固然不是從個人底私心出現，即不同於一般庸俗的「師生關係」那樣，要把自己的弟子揚宗耀祖、獵取功名的衣砵傳人，而是照魯迅所說的「為中國」、「為學術」：但是，魯迅本人的敏慧的資質，端正的品行，以及尊師重道（這裏的「道」即指「眞理」），虛心向學的精神，和實事求是的科學頭腦，正是一個嚴肅認眞，一絲不苟的教師所樂於教導和摯愛的。在藤野先生所教過或認識的青年學生之中，像魯迅那樣正直傑出的，恐怕是平生僅見的吧。只有藤野先生那樣偉大的教師，才會眞正了解愛惜魯迅那樣正直傑出的學生；也只有魯迅那樣正直傑出的學生，才會深深地認識到藤野先生的偉大和可敬：他們兩人眞可說是一代難逢的道義師生和異國知己了。

**本刊訂閱辦法：** 本刊逢出版日期為每月十五日。海外訂閱全年港幣卅元，包括平郵郵資。本港全年二十四元，郵資免付。

**訂　閱　處：** 波文書局或香港郵箱三〇六六號
Po Wen Book Co,
P. O. Box 3066, Hong Kong.

# 知堂老人給我的信

成仲恩

尺牘是文學中特別有趣味的東西，因爲比別的文章更鮮明的表現出作者的個性。詩文小說戲曲是做給第三者看的，所以藝術雖然更加精鍊，也就多有一點做作的痕跡。我不善寫信，自己的真相彷彿在心中隱約覺到，總不免還有做作，這並非故意如此，實在是修養不足的原故，然而因此也愈覺得別人的尺牘之佳妙，可喜亦可貴了。　——知堂

**一九六〇年六月三日**

——前奉手書，敬悉一一。茲有瑣事奉煩，因前信曾說有煎餅可得，欲請費神買鹽煎餅一盒寄下，雖曹君允為代辦，唯此項物品，恐未能勝任，故不揣冒昧，特此奉託，幸祈見諒是幸。先生如有事見委，亦祈弗客氣。

**一九六〇年七月三十一日**

——十九日手書敬悉。接收食物有限制之說似不確，因惠賜第一次煎餅在六月廿六日收到，第二次的照例於七月中可交付了，然竟不至，則似原因當別有所在，唯如此恐第三次所寄亦難望交到了。命寫字，昨適閑暇，因塗抹兩紙，另封寄出，字愈寫愈難看，但此有語病，一似從前的字尚寫得好一點，實在乃是本來便不行，並不是近日始也。

**一九六〇年八月十二日**

——承蒙兩次惠賜煎餅，終於未達，似已付洪喬矣。谷崎君的一件未知託付何人，是否係中島氏，頃公事已畢離去，煎餅亦無甚麼消息，似與煎餅緣慳之故，但谷崎君之厚意仍甚感激，希便中再為道謝，時節已過立秋，此地中午尚熱，但早晚已有秋意矣。

再：適寫信未發，又得八日手書，所云日本小說集係別一種，由商務出版，記小兒豊一處有一部，當代在書堆中一找，或可尋得。至於「語絲」前兩月尚有合訂本兩三冊，乃已售給舊書店了，現在手頭已沒有，特此道歉。該刊物係是報紙半張八折，亦是平常小報，就是專門譏刺打架，遂至浪得虛名耳。又及。

**一九六〇年八月十八日**

——承賜下之福神漬，已於今日收到，且只估價七角，付關稅一元另幾分，由此可知前此之煎餅蓋悉付諸洪喬矣。下午又承派人送下谷崎君所惠賜之煎餅一盒，喜出望外，乞便中再為致意於谷崎君，代致謝意。

**一九六〇年八月三十日**

——手書奉悉，命題書名，難違遵命，寫呈如別紙。知又寄出煎餅，再之已甚，其可三乎，恐遂亦付之東流耶。覩前此福神漬寄到無誤，似米穀食在禁寄之列，唯第一次居然免稅寄達，亦疑莫能明也。每月准寄一次之說，亦未確，因此兩次均已在期限之外，只能有疑，但總之可請此後無須再試矣。

**一九六〇年九月一日**

——手書奉悉，承賜櫻干，好物至為難得，特預致謝。唯鹽煎餅迄無消息，殆米麵食不許郵遞也。命為守岡君寫字，附上乞收，但實在不行，換紙再寫反正仍是一樣，所以只能是這樣罷了。

**一九六〇年九月二日**

——昨日方寄一信，今日收到煎餅，但不知係第幾次所寄了，同時稅關有一通知，云有魚干則因為超過一月進口一次的規定，已決定退回了。由此知道食物的確有限制，但櫻干既已寄到而又退回，可否請再付郵，改寄同地點「周信子」收，或者可以罷。其實煎餅如早日付給，則兩個包裹也就不會碰在一起，亦只適逢其會罷了。

**一九六〇年九月十四日**

——得手書，知在蒐集拙作，感與愧併。從前只用姓名，近始改別名，亦止遐壽，啓明、知堂耳。附呈小書二冊，「黃薔薇」係五十年前譯（見「夜讀抄」中小文），「笑話選」則絕版後增訂者，唯現在紙荒，恐此書又復絕版矣。此書中所取笑話，皆有編者姓名，與一般隱名編輯者不同，即其態度是誠實的，故可珍重。

**一九六〇年十月十三日**

——七日手書拜讀。承賜寄好吃之物，至感嘉惠，且看稅關如何發放耳。命寫舊詩，茲以曲園舊箋（係曲園後人用舊版新印者亦已廿年前的事了）寫一通，聊以塞責，祗有墨而無寶也。該箋疑用的是洋紅？恐不能付裱，裱了怕滲。「兩條血痕」適有一冊，但已破舊，另郵寄呈，祈察收。

**一九六〇年十月十六日**

——七日手書誦悉。小包一個則於十四日已到達，內係福神漬及磯自慢，皆甚佳妙，多謝之至。唯月餅尚無消息，亦未知稅關如何發落也。前寄自壽詩，因紙不佳，再寫一枚，改用日本紙，雖其拙劣如舊，唯以紙故猶茶之「熱得好」耳。

**一九六〇年十月廿二日**

——七日寄出之福神漬，已於十五日到達，唯所寄月餅則迄無消息，似已付之浮沉，與前此數次之煎餅均已送給了稅關的執事諸公耳。由是可知凡屬點心類皆不能郵寄，但亦偶有寄到者，則似漏網之魚，不以為例者也，特此奉聞，以後請無再寄點心之類，盛意至可感，但徒費亦屬可惜耳。有在港友人日前寄扇面來屬寫字，乃亦蒙稅關退回，至以何理由不准進口，則未能明白，但此尚有通知，至於月餅及前此之煎餅則併通知亦未有也。

**一九六〇年十月三十日**

——昨得廿四日手書敬悉一一。月餅既付洪喬，豈知奈良漬亦同此運命，當時滿以為奈良漬實是磯自慢及福神漬之筆誤也。聞大丸開幕，想更便利，唯別無甚欲得之物，因點心類既不能進口，其餘副食物亦不知孰為禁品，唯該店倘有罐頭「蒲燒」尚乞酌量購寄，餘則不敢望也。此地天氣漸涼每早只有零上三五度，但尚未至零以下則尚屬幸事也。

**一九六〇年十一月十五日**

——五日手書奉悉。惠寄蒲鉾，甚感盛意，唯計期本已可達，今無消息，恐又落洪喬之手矣。以後此項食物，擬請免寄，因徒然勞民傷財也。命寫書名，容緩圖之，以「瀷東綺譚」四字甚不易寫，雖然反正寫不好，急切去寫更是不成耳。

**一九六〇年十一月十八日**

——剛寄一信，因郵包已寄出將近兩星期，尚無消息，恐已付浮沉了。不意昨日傍晚忽然得到通知，急乘公共汽車往總局領出，紅白蒲鉾居然落掌，費神至可感謝，對於海關之特與放行，亦不能不表示謝意也。日前曾去信詢問稅關，關於郵寄食物有何種規定，是否凡點心類悉不准進口，（但前曾准許煎餅進口）副食物類有何限制，庶幾得有所遵循，不知肯明予指示否耳。

**一九六〇年十一月二十日**

——前奉書諒達覽矣，蒲鉾已經過十三日，已無望矣，乃忽然賁臨，殊出意外，雖尚未開函，而得此珍品，甚感佳惠。前有乞食詩云：買得一條油炸鬼，惜無白粥下微鹽。有此美味佐餐，惜未獲得前此惠贈之奈良漬等品，以佐之耳。

**一九六〇年十一月廿八日**

——命題書名，勉强寫訖附呈，反正醜媳婦只是這一副相貌也，祈諒之。前承寄蒲鉾收到謝謝，今乞再賜寄一罐，以周信子名義送下，至感佳惠，蒲燒可請從緩矣。前致函海關有所請教，問何物在所禁寄，究竟點心及副食物中什麼不准進口，唯尚未蒙賜覆，看從前煎餅亦時予時奪，似並不規定米穀製品在所禁止耳。

**一九六〇年十二月一日**

——手書敬悉。題字承蒙放免，唯信到之日適已付郵矣，請一笑置之可也。蒲燒承賜下兩罐，至感嘉惠，但尚未入手，迄未敢信其必能入手，姑靜以俟之。索寄蒲鉾之信適値寄出，得無笑其貪得無厭乎？稅關至今尚無覆信，或付之不理，亦未可知，不然則因理由太多，難以條示之故歟？

**一九六〇年十二月九日**

——前得廿四日手書已閱十日，而蒲燒始於今日到達，但不至終於浮沉，則尚要感謝海關也。海關近有覆信，云點心及副食物原則上均不允許進口，原則上三字增註了又塗去，又復增添，似很費苦心者，因此可見其偶或允許者係不依照原則，故我云應當感謝也。至於承先生惠寄該項食品，其應感謝更不必說了。

**一九六〇年十二月十日**

——昨日寄信，有一事擬奉託，但不好意思提出，因而中止了。今又重復提出來，前承賜肉體的食糧，現欲更請賜予精神的食糧是也。有夏目的兒子寫漱石一書，說是很好，願得一讀，先生在東京有相識的書店，能為費神「取寄」乎？

**一九六〇年十二月十日**

——七日手書奉悉，承賜奈良漬及蒲鉾，不勝感謝。唯未知能過得「關」否耳。前請代購求精神之食糧，其中有夏目伸六一書，頃已蒙北大友人代為借出，得以看到，所以已可不必買了，獅子文六之作則仍乞「取寄」，如新潮文庫無有，則換買「角川昭和文學」本亦可。　　　　（未完）

# 現代新聞報導和小說

愛德華·格魯斯門著　張偉傑譯

近十年來，一種風格引起爭論的新聞報導頗為盛行。這種新聞報導運用小說的技巧，但其中社會細節的比重卻比大多數現代小說大得多。本文是格魯斯門先生對「現代新報導文」的成就和局限性的一些見解。愛得華·格魯斯門以前是「哈伯斯」雜誌的編輯，曾為許多刊物撰寫論文和專評，包括「世界」雜誌，本文就摘自其中。　——編者附註

選編文集一般總是表示這些選文即使尚未實際獲得廣泛的承認和名望，也即將被廣泛承認。有時候，如同那種稱作「新新聞報導文」（New, Journalism）的寫作，起初被認為是奇怪、浮華甚至危險的東西，竟這樣快就變得可以承認，並且開始有永垂不朽的危險，也實在太令人驚訝了。

選集編者當然不會作如是觀，更何況他正好是新潮流的崇拜者和創造者，又喜歡擺出辯護人的架勢，措辭激烈，急於進行新的論戰，取得新的成就。湯姆·鄔爾夫正是這樣的人物，他原來就和新新聞報導的寫作與出版大有關連，現在又收集了許多作家（包括他自己）近十年中發表的一組作品。在哈伯斯和羅出版社出版的「新新聞報導」一書中，鄔爾夫發表了長篇序言，敘述了這種現象形式的家世（看來幾乎是偶然的，但實際上也是出於歷史的必然）並且論及其既已有了根基，可能會順應文學史的趨勢。

鄔爾夫在他的序言中一再提出了一種吸引人的、並不很深奧的理論：大約十年前，「偉大的美國小說」的主張不再能控制追求名利的作家的雄心和讀者的想象了。鄔爾夫引用了一句很符合他性格的有名比喻：「小說不再具有它享有了九十年的至高無上的地位了。」這大部分是小說家自己的過失，因為他們放棄了現實主義的高原——忠實詳盡地描寫社會、風俗和各種行業——這曾使那麼多人那麼長久地對小說那麼興趣盎然。

然而，如果小說家自願告退，他們的敗局已定，野蠻人會乘機而入，取而代之，貯藏起錢財、名氣和妒忌，來從事超現實主義的、復古主義的、超理智主義的小說家已經不屑落筆的現實主義寫作。起初，這些暴發戶是曼赫頓報紙的特約撰稿人，諸如傑美·布雷斯林、狄克·斯加普、蓋·塔利斯和鄔爾夫本人。不言而喻，他們能置身於一大堆極為有趣而重要的素材之中，並且全部為他們獨家使用。鄔爾夫回憶道：

「六十年代早期，我來到紐約時，我不能相信我看到的伸展在我面前的景象。紐約是個笑面迎人的羣魔聚會之所。對有錢人（他們看來像過河之鯽那樣多）說，這是二十年代以來最野蠻、最瘋狂的時期……這是個龐大的狂歡節。然而，真正使我驚奇的是作為一個作家這一切幾乎全能為我所用。我盡快地寫出一篇篇文章，論述我所見到的驚人景象，就在我眼前沸騰、叫喊着，令我嘆為觀止——這就是紐約！——與此同時，我明明知道某位雄心勃勃的小說家也有志於此，準備大筆一揮，

湯姆·鄔爾夫

諾爾曼・梅勒

傑美・布雷斯林

寫完這整個奇妙的景象。已經是如此現成，如此成熟——一聲令下……然而卻一直沒寫出來。使我大為驚奇的是，紐約仍舊是報人的金礦。」

足以完成這些奇妙功蹟的樸實優秀的小說並沒有人寫出來，更不必說能將這一切昇華為神話的傑作了。

與此同時，昔日的新聞記者接受了「新報人」的稱號。他們並不因為享有獨家報道權的驚喜而躊躇滿志，卻繼續前進，直接深入到舊金山埋伏區的嬉皮士集會、黑手黨、荷李活錄音攝影場，當然還有越南。他們的作品深受民衆歡迎，終於也引起了保守的編輯和文學界權貴的關注。鄔爾夫對於這些人懷着無限的輕蔑：「這種新風格的報導異軍突起，絕無師承，……在文學界引起了一陣喪失地位的恐慌……因為新聞報導漠視文學界形成已近一世紀的等級界線。」這種新的排位又由杜魯門・卡普特和諾爾曼・梅勒所確定。他們以小說家成名，卻好像轉變了立場，卡普特撰寫了「血腥兇殺」——堪薩斯一宗連環兇殺案的詳盡報道；而梅勒則寫了「黑夜部隊」——反對越戰的一次羣衆抗議示威的經歷扎記。

卡普特將他這本暢銷書稱之為「非虛構的小說」；而梅勒這本書（雖然不是暢銷書卻贏得了稱讚）的副標題則是：「當小說寫的歷史，當歷史寫的小說」。鄔爾夫把這兩本書的部份章節編入選集。他讚揚新新聞報導的立論大致基於這一事實；一種開始不過是新聞記者的雕蟲小技的寫作方法，能夠贏來著名的小說家並將無情地「掃蕩作為文學主力的小說。」

對鄔爾夫來說，新新聞報導不言而喻，理應被承認是一種文學，因為特稿作家一直利用着前輩小說家被後人反覆使用過的工具：諸如享利・詹姆士的觀點、意識、內心獨白、閃現往事、揭示性格的說話之類。看來，上述種種，新新聞報導作家均加採用，不過他們的奇特方法是全部用來報道「事實」，如同優秀的新聞記者應做的一樣。

布雷斯林等人「衝破了傳統新聞報道的局限」，採用了小說家的技巧，並且有所改進，創造出「讀起來像小說」的作品。這使資深報人（他們的信條是新聞報道不應帶上個人色彩）和文學權貴（他們懷疑正在遭人侵吞）感到為難而且大為惱怒了。根據鄔爾夫的想法，卡普林和梅勒叛變後，一種眞正的體裁混亂和價值危機爆發了。

這場危機遠未解除。這使鄔爾夫聯想到十八、十九世紀英國和法國對現實主義小說的長期鬥爭。當時的權貴嘲笑並警告這種小說；他們將享利・費爾定，巴爾扎克，查理・狄更斯的作品說是「讀起來太簡單」，「腐朽的語言」、「煽動羣衆」。某些由於新新聞報導受到損失的人也發出同樣的怨言，控告這種寫作的動機是因襲老式「黃色」新聞的卑劣傳統，煽動情緒，居心叵測；而且這些所謂新報導文作家（他們的敵人則把他們叫做假新聞記者）歪曲或者揑造事實，破壞新聞報導的道德云云。

第一套攻擊——新新聞報導是「低級生活」——一點沒有使鄔爾夫煩惱。他表示，旣然這種體裁如同以前的小說一樣與勞苦大衆休戚相關，就有着遠大錦繡的前程。另一種指控——新新聞報導必須「製造素材」，或者直接了當說，必須說謊——鄔爾夫則予以嚴辭駁斥。他和他的忠於現實主義的同事們進行周密的研究和徹底的查訪，無論事件的撰寫安排是如何地不依常規，他總是使那些企圖挑剔其中與事實眞相故意大有出入的文字的批評家們無懈可乘。

鄔爾夫的理論，暫時談到這裏。選集中的文章是否具有他所宣稱的份量呢？第一個印象是選文的形式之多。鄔爾夫在同一個規章之下，隨意將迴然不同的作品組合起來，只除了文學批評、科學專論和純小說。例如：卡普特的撰文，是隱而不露的，他的風格很嚴謹；而與此相反，梅勒則處處把自己作為主角放在最前面，文筆華麗，强有力地領導着讀者包圍了白宮大廳。佐・麥克金斯對尼克遜選舉的描寫，如同撲克面孔，冷酷無情；但與地獄使者電單軍團一起飛馳、幻想着肯塔基大馬賽的赫恩特・湯帕遜，卻是狂熱有趣的，時時會令人鼓掌喝采，除了他自己吸毒喝酒後對一些天眞的瘋狂玩意的狂熱反應之外，並不裝出還要報導別的內容。羅伯特・克里斯朶迦用平舖直叙的散文講述了一個年青女孩為了獻身給一種在六十年代頗有影響並且迄今仍有存在的意識迷惑以致絕食而死（「貝絲・安和微生物體」）；而湯姆・鄔爾夫自己寫的「電動淸凉劑的試驗」旨在敘述作家肯・凱賽逃避毒販的過程，讀起來像錄入新力牌磁帶錄音機的一個妄想狂患者的胡說八道。還有許多其他作品，風格迴然不同，但不洽缺點或優點方向，變化不大。

瓊・蒂地安

為了便於爭論，如將所有這些題材都稱之為新新聞報導結論如下：一般讀者對每篇文章的興趣很高，並且不存在「懷疑眞實性」的問題，因為無論所描寫的事件或情感如何離奇，都是確實發生過的新新聞報導與「老」新聞報導，在眞實性方面有着共同的特點。

這種報導的能力及其已有的各種成就是否證實了鄔爾夫的熱情讚揚和充滿信心的豪邁宣稱：新新聞報導是「美國文學學半個世紀以來第一個新的指導方針」呢？他說這種初具雛形的形式具有幾乎能為所欲為的潛力，這種見解固然先進，但是否有充分的根據呢？

大約十年之前，菲立普・勞史在一篇哀嘆小說低落的散文中曾經寫道：「美國的現實正在超越小說家所能作出的最狂熱最激動的想象。」從那時以來，這句話常常被人引用，像是後來的新新聞報導的先聲。或者用鄔爾夫的話來說，那恰恰是驚人的事實堆疊起來「像小說一樣」。究竟這樣的報導文是新的還是年青的還是恰恰十年前就出世的，是次要的細節。馬克・吐溫在「苦行記」和「天眞旅客遊記」中僅僅講過了事實（帶上了一些「誇張」）就把報道寫得出類拔萃了——事實上，他是把這些書的章節，幾乎筆迹未乾，就送去報舘發表。我們還聯想起其他一些先輩作家，例如海明威的斯摩爾尼書扎和喬治・粵威爾描寫英國煤礦工人和西班牙內戰的作品。

無可辯駁，出版商也最淸楚，新新聞報導從小說那里奪走了興趣超出廢話和標題的讀者的關注和忠誠。批評家、美學家、鄔爾夫又恨又怕的「權貴們」不得不加以注意，時而謹愼、時而輕率地予以默許、評述或承認。然而即使那些承認新新聞報導的成績，承認它在文學戰線中地位的人，也會立即斷言說新新聞報導能寫的，小說已能寫得更好。桑尼爾・威士特的小說「蟬的一天」中對南加州一意孤行的極端分子的刻劃，比瓊・蒂地安對他們在當地垮台的叙述要明確得多。梅勒在他第一部小說「裸者與死者」中對於為幾哩荒地毫無意義地作戰的士兵們的卑敝和友愛的描寫，就比赫爾二十年後在「堪薩」中描寫得更為可怕和有力。至於濃厚的寫實手法，在一個角色的思想的社會性探索，德萊塞的「美國的悲劇」就勝過卡普特的「血腥兇殺」。

這樣的苛評，雖然寫時不免流露嫉恨，却是無法辯駁的；無論如何他們又遺漏了一個要點。不必否認小說對此無能為力；而且多年來不再竭力拼湊暢銷的消遣書的小說家們仇視自己的體裁，故意打爛故事情節、插入乏味的自我陶醉的自傳片段、尖酸取笑他們那些慘淡經營的卽將出現的神話。他們中年青的新手則效法年老的大師，往往寫了一、兩本書後就洗手不幹，改行搞電影、寫廣告、教書、或者當了記者。

但是如果數十年前過早宣布過的小說的讓位現在終於到時候了，可能理由並不是某種特定的體裁在兩世紀後表現突出，而是讀者最近往往向小說既要求現實的描寫又要求創作的人物和虛構的故事，現在這些讀者對於紙上文字的信任、興趣和尊重發生了全面動搖。他們設法尋找一個神話，讓讀者從中認出他生活過的時代，而又改變了形式。援引一個較遠的例子，二十年代司各特・費茲吉羅德的「大亨小傳」也許就被人這樣談論過：「瞧！（我們中某些人）就是這樣生活的！」——但是「大亨」從未生存過，他只存在於和美國有關的想象出來的神話中。

大批受過教育的人現在到電影院去看他們的生活神話般地重新創造出來。此外，他們待在家裏，收聽立體聲音樂，或收看電視。這樣形成的生理習慣，不適應閱讀白紙黑字的小說所需要的專心致志了。新新聞報導也只是紙上文字，但由於它着量事實並隨意借助其他媒介，因而具有容易消化的優點。它合乎一般口味，又緊張刺激，反映事物迅速，與讀者關係密切，緊緊抓住思想意識和現代工業狀況的趨勢神經質的小說家對此避之唯恐不及。它有能力運用和錯用語言，如用一個野蠻人使用一種新工具。這也會顯得歡暢和豪放。

新新聞報導也許眞的像騎兵一樣，來得正是時候，將寫作從更現代化的媒介的搏殺中挽救出來，方法就是加入這些媒介。然而，有人懷疑新新聞報導不會有二百年的光榮前程。也許，它只是文化墮落時期一個猛烈而短命的閃電，一個流行文藝的同義詞：插入目前的現實，鋒芒畢露，卻不能創造出滋養自己的神話。對於任何關心寫作的人，這種前景是令人沮喪的。然而，事情會有不同的結果，卽使新新聞報導永遠產生不出它的「戰爭與和平」，希望會有一個「名利場」。

## 畫片說明

**封面彩圖：「學文化」　　黃胄作**

這是黃胄描寫喀什噶爾、好漢人民公社的婦女學習文化的一個小景。

「學文化」，無論構圖、筆、墨，都顯出黃胄個人的繪畫風格。由於他長期不倦地寫生、創作，因此對掌握人物的形象、服裝和捕捉當時的神情、動態，均逼眞自然，樸實可愛。

**封底：「魯迅像」**木刻套色版畫　**刃鋒作**

**封內頁：「漁船」、「三驢圖」黃胄作**

**封底裏「魯迅與青年談版畫」黃永玉作**

黃永玉是湖南人，生於一九二四年，他的老家在湘西。一九四八年至五一年，曾在九龍荔枝角的九華徑和香港灣仔區的半山上居住過。他能作舞台和服裝設計，能寫文章，能木刻、油畫、水彩、木雕等。不過幹得最出色的還是版畫。本期所刊的一幅比以往清新、明快，是他匠心獨運之作。

黃永玉現居於北京，早些時，他參加了北京飯店的創作小組，和他一起創作的還有宗其香、彥涵等。目前他還在嘗試畫水墨畫和用麻紙畫粉彩畫，畫得最多的題材是紅梅。

**封底裏：魯迅小說「藥」插圖 顧炳鑫作**

顧炳鑫是個比較著名的中國版畫家，又是插圖能手，他曾在華東美術出版社担任插圖及美術設計的工作。

# 民初絕版筆記經眼錄

林 熙

筆記這種書，可說是閒雜的書，讀起來不必費腦筋心思，只覺得醰醰有味，所以為一般人所喜愛。中國歷代的筆記，多如烟海，打開藏書記一類的書一看，筆記就可以佔了很多頁數，足見其數量之驚人。六十多年前，中華民國肇造，坊間所印的筆記書，更是層出不窮，各種性質的都有，其中有一種最具特色的，就是記清朝皇室的故事，因為滿清已經垮台，隨便詆毁汚蔑，可保無事。又以清亡不久，讀者對於清代的一切，比較有深印象，所以能接受，書局看中了讀者的心理，便請一批才子閉門造車，製造了很多掌故筆記來應市。像這一類的筆記，在出版後十年間，還有二版、三版重印的機會，以後就不為讀者所喜，不再翻印就絕版了。當然，這種書是沒有什麼學術價值的，只能列為筆記中的下駟，絕版之後，大概只能在國內的規模宏大的圖書館才能見到了。（據所知，日本幾所著名圖書舘，收藏中國出版的這一類筆記很齊全，在中國的圖書舘認為無甚價值而不入藏者，日本的圖書舘盡量收藏之，眞「大海不擇細流」也。又日本一些大圖書舘，也有收藏民國初年上海出版的鴛鴦蝴蝶派雜志全份的，這更是難得。）

我自民國九年（公元一九一〇年）以來，就喜歡購買書局出版的筆記，不論是明朝或清朝初年出版而經翻印的，遇到了就買，二十年間，積存已有數千種，自一九三七年移居香港後，這批書先後在上海、汕頭、北京、廣州散失了，現在叫我說出它們的名稱，我想只能記得十之三四而已。暑中無事，因憶及所藏的這一類書，畧作記述於此，或有原書已不在手，只憑記憶，或有在一九三七年後，在香港、上海、廣州、重新收購的。所謂「民初」，以民國元年至十六年（公元一九一二年至一九二七年）為斷，其在十六年以後出版者，不與焉。

**(一)南巡秘記**　許指嚴著。這部筆記可說是民國初年銷路最好的一種。好銷路的原因就是雅俗共賞，文字淺顯（雖以文言寫成，但當時的讀者是能接受這一類的文言，而不嫌其艱深的），而所記又極有趣，有引人入勝，手不忍釋之感。所記是乾隆帝下江南游玩的「秘史」。全書共十則，計1、惺子僧、2、水劇場、3、幻桃、4、野叟曝言全稿、5、無法國母、6、一夜之喇嘛塔、7、獨一無二之孔雀翎、8、靑芝岫、9、一箭雙鵰、10、海寧陳墓拾聞。書出版後，讀者爭購，出版商見可以賺錢，又要請許指嚴作補編，所收約二十則，計有：烟花三月、小霸王案、西域邪咒、祀灶唱曲、無遮大會、盜玉馬、硃印孽緣等篇。

我所讀的所謂清代掌故筆記，以此書為始，那時年僅十二三歲，偶然在書齋的一個書厨中發現此書，翻開看了七八頁，越看越有味，把例常功課都丢下，把這兩冊讀完了。自從有了從這部書得到的「知識」，也就居然和人家談清代故事，例如乾隆皇帝寵信和珅，乃係他做皇子時調戲父皇雍正帝的妃子，被她髮梳傷了額角，後來妃子為其祖母賜死，轉生為和珅。到乾隆帝登位後二十年，一日發見和珅的面貌很像那個賜死的妃子，心中一動，叫他近前親自檢查一下，果然額上有硃痕（大意如此），從此便寵信他。

這部書可說是集荒唐之大成，只能當小說讀，即在小說中亦為下駟，且有導人發生對史事的誤解，既經絕版，當然不再會為禍人羣了。作者許指嚴，武進人，當年在上海有「掌故家」之稱，但他的掌故只是講故事，而非學術。他又曾僞造「石達開日記」（上海世界書局出版），居然亦能騙人一時。

**(二)新世說**　易宗夔著。所謂「新世說」之名，仿「世說新語」之例，記清代到民國初年名人的嘉言懿行，條目悉遵「世說新語」原編，每事必注明徵引所自。作者為湖南湘潭人，民國初年任衆議院議員，齊白石在北京，彼與郭人漳提携甚至。書首有作者自序一，末有蔡元培跋，民國七年（一九一八年）在北京出版。

**(三)新語林**　陳灨一著。作者江西人，楊士琦的表姪。書的性質與「新世說」相同，但此書只記民國開國後數年及清末十餘年間之事。篇首楊士琦序云：「陳表姪藻青，年少積學，廣記博聞，嘗好為小說家言，近仿劉臨川集為新語林……雖僅以一二十年間見聞所及，排纂而表著之，而網羅無遺，一時才士文人，冷語佚事，具見是焉。戊午五月既望，泗州楊士琦序。」文成不數月，士琦即暴死上海。

此書於每一記事後，即詳注人物之爵里別號，頗可參考。陳君早歲負才名，在北京政界中幹幕僚工作，一任張學良秘書，一九五六年死於台灣。書分八卷，後序者為袁思亮。我所得的一部是民國十一年九月初版的，書分三冊，價一元二角，上海文明書局代售。

**(四)畏廬瑣記**　林紓著。本書無序、跋，民國十一年八月初版，十八年三月五版，我的一冊是「二十三年四月國難後第一版」。所謂「國難」，指一九三二年一月二十八日淞滬抗日戰爭，商務印書館工廠被毀也。記得一九三二年以前我所買的這部書，不叫「畏廬瑣記」，而叫「鐵笛亭雜記」，「國難」後不知何故而改此名，既無出版說明，故無法知道。作者以古文譯書享盛名，但學術非其所長，故書中有涉於歷史、掌故這方面的事情，無不「烏龍」百出。

**(五)求幸福齋隨筆**　何海鳴著，上海民權出版部發行。作者湖南衡陽人，民國二年癸丑反袁戰爭，何海鳴在南京對抗袁軍，失敗後逃往日本，後來在北京辦報，並時寫小說。此書是彙集他在「愛國報」所刊的文字而成。篇首有作者小影一幀，自題詩其旁云：「垂死春蠶猶作繭；再來秋雁已無聲。」他別號一雁也。書有自序一篇，另有毛亞俠、貢公諤、王血痕、鄺摩翰序四篇。

**(六)求幸福齋叢話**　何海鳴著。共二集，大東書局印行。著者自言民國八年春間，在北京主持「又新日報」，與王小隱、顧紅葉、屈孤鴻等友人日事冶游，特在報上闢一專欄名叫「佳人佳話」，每有所感，即信筆書之。

何海鳴早年是革命家，後來不得意，潦倒北京，窮極無聊，因為寫過些小說，便登廣告教人寫小說，居然也有幾個求名心切的青年去領教。後來此路不通，也就收起招牌了。一九二四年他主編的一個「華僑旬報」，看看不能支持下去，他就登出啓事，賣字來籌欵，作報社經費，當時我也匯了六塊錢請他寫一對聯，另外四塊錢買他的「海鳴詩存」。凡買「詩存」的人，贈他寫的斗方一頁。我收到他的寫件後也裱好了保存起來，事到如今快五十年，他所寫的聯句「江山連暮雨；身世隔殘虹」還記得清清楚楚，因為這兩句頗能切其身世也。（他年青時即具革命思想，曾任漢口「大江報」主筆，在文字上作反清宣傳，被關在牢裏三個月。他又和一班年青軍人組織文學社，秘密結合作革命行動。）

**(七)分類筆記大觀**　貢少芹纂。上海國華書局出版，凡四冊，共分十編；（一）歷代軼事、（二）清乘補遺、（三）民國軼聞、（四）社會瑣志、（五）武俠紀異、（六）巾幗遺聞、（七）金粉小志、（八）方外談叢、（九）怪異述聞（十）游覽隨筆。作者為：貢少芹、許指巖、林琴南、李涵秋、李定夷等十餘人。

**(八)蠡叟叢談**　林紓著，上海新申報館出版。民國六七年間，胡適、錢玄同等提倡語體文，北大教授林紓竭力反對，但在文字上又敵不過胡、錢等人，林琴南只好化名寫小說來罵胡適、陳獨秀、蔡元培、錢玄同。手段甚為卑劣。他罵新文學家的文字，多在上海「新申報」發表（他的學生張厚載因林助反對新文學，介紹老師為「新申報」副刊撰文，致被北大開除。張時為該報北京通信記者也），「妖夢」等篇，即收在其中。書標明初集，但二集、三集卻沒有見到。初集凡三十二則。

**(九)此登臨樓筆記**　范烟橋著，上海中孚書局出版。這部書可說是個人所寫的筆記的篇幅最多者，每部似乎有十冊以上，日久忘記了。篇首載范烟橋（范君在一九六七年後才逝世，前此尚時為香港三家報館寫文字）四十歲造象，及鴟夷室著書圖等銅版。范君喜歡在的書中揭載小影，是一個大塊頭。為此書作序者倒也是時著名的文士，計有：包天笑、章太炎、葉楚傖、吳湖帆、金松岑、周瘦鵑、嚴獨鶴、王西神等人。所記皆為名人軼事及掌故為多。

**(十)雲片**　趙眠雲著，鄭逸梅為之編輯印行。書分甲乙編，甲編為「心漢閣筆記」約百餘則；乙編「新輶軒志」所記皆台灣生番風俗，無足觀。

**(十一)止室筆記**　陳籙著，作者是民國初年一個大官，此書記民國三年奉袁世凱命，交涉外蒙問題經過，是一種有關政事的隨筆，與消閑筆記不同，讀者閱之，所付出的精神腦力，百倍其他筆記也。作序者有：陳毅、王景岐、吳廷燮、林琴南等。陳氏福建閩侯人，留學法國，一九三八年，梁鴻志在南京組偽府，任陳籙為「外交部長」，下一年在上海寓所被刺死。　（上）

# 聽雨樓回想錄

（三）　　高伯雨

**前文提要：作者的母親去了廣州，他自己則寄居在港表伯的家中。五歲那年開始入學讀書，但不久便輟學，適值他大哥來港，數月後便隨大哥大嫂一起回故鄉。**

但我一些都不留戀，反而希望早日跟隨哥嫂回去。原來大哥將起程之前，買了很多西洋玩具，準備到家後分給弟姪們的，這批洋玩藝中，有火車、電車、汽車、洋囡囡、火船，五光十色，令人見了生愛，我尤其愛那座路燈，一支燈柱，上有橫支，作T字形，橫支盡頭之下，有燈胆兩個，按一下鈕，就大放光亮，和眞的電燈一般。另外一件可愛的名叫「千人震」，一個長方形的木盒，頭部像個饅頭形，盒的右邊有一個機捩，可以上鍊。上滿後，那饅頭形的木頭就大震特震，一個人用手摩着它，手震不停，另一個按着我的手，他的手也震動，這樣傳遞下去，五六個人的手都受震。大概前一兩人的手震還得較為劇烈，以後的三四人，只是微動而已，名曰「千人震」，當然是誇大其詞了。

這兩件東西我向大嫂要，但她又不懂我的話，我指手劃腳一番，她明白我之意了，她說了一大堆話，我又不懂，只得找俊宜來傳譯，他是大哥的隨身僕人，曾跟大哥到過北京上海和開封，到過香港、廣州多次，還懂些廣州話。他說：「大嫂說，待你到了汕頭後，大哥分配給各人時，她先留起這兩件給你。你現在已經有很多好玩的東西了，先玩着吧。」鈺恩姪聽說他的娘要留下這兩件給我，就向他的娘撒嬌，不肯給我，要和我爭寵。大嫂好言安慰他道：「你就讓給叔仔罷，他比你年紀小，阿爺說過，到汕頭後，玩具分給他特別多呢，他肯回去，你阿爺很高興了。」俊宜把這些話傳譯給我，但我早已知道內容多少了，因為這個多月來，我跟着大嫂，她叫我十七叔，對人提到我叫叔仔，這些話我是懂得的。回鄉有玩具分派，又和大嫂的感情好，小孩子的心理，貪新忘舊是很自然的，所以我對表伯等人也沒有甚麼留戀了。

「海壇」到了汕頭，接船的人擠滿在碼頭上，都是來迎接大哥的，我和大嫂同坐一頂轎子抬到同濟局巷去（這所房子是父親買下的，樓高三層，地方頗大，有一條露天甬道，通到另外一座房子，一個大廳，我們叫它做「四進」，四進樓上住着大哥的三姨太太和她所生之子名煜恩。四進再出去就是有發行，旁門通嘉發銀莊，皆面臨鎮邦街。從四進起以至嘉發、有發的屋子，都是祖父名下產業，我們稱為公司產業），我們叫同濟局巷的房子為「新厝」（潮人叫屋為厝），但舊厝在甚麼地方呢，我不知道，直到現在還不知呢，大哥的五姨太太現尚健存，她還住在汕頭，如果問問她也許知道。

大哥的房間在二樓東邊，西邊也有一房間，正中是一個大廳，樓下、三樓也和二樓的一樣。全座屋子就是三個大廳，六個房間，一個僕人房，二樓一個浴室，樓下的厨房，設在甬道一邊。自從大哥死後，新厝就沒有人居住，他的家屬全部回澄海，新厝出租，當我第三次回澄海時，才知道是租給代理美孚火油的一家商行。到一九二八年七月，鈺恩收回不租，從萬安街遷回來自住了。這時候是同濟局巷四號，數年後又改為同濟巷六號了。鈺恩一直在此住到一九五二年，土改後此屋沒收入官。

我和鈺恩住在樓下的東邊房間，兩人同睡一床，帶我的女傭巧姐則住在對面的房間。我在汕頭住了多久，現在忘記了，給我最深印象的是我每天必溜往四進玩耍，大哥的辦公地方在四進樓下，我記得最清楚的就是他的辦公桌安置在一個小天井之旁，坐椅之後，有一樓梯通至樓上，一九三五年我在汕頭住了半年，我特地搬了大哥所用過的書案，照舊時我所見的設在天井之旁。回味一下童年時所見。我那時既非辦公，也不是寫稿，而是寫畫。

每到華燈初上，四進就熱鬧起來了，晚晚都有酒席，賓客如雲，吃酒時必定「叫花」（即召妓侑觴），出局的妓女要唱歌，賓客有時也為之擫笛拉絃，以為笑樂。大哥本人擅拉二胡和彈箏，高興時也唱潮州曲或外江曲。往往鬧到很夜才散。在最高潮的時候就是入席吃菜了，客人各召所歡之妓坐在他背後，鬥酒猜拳，謔浪笑敖。一室皆是絲竹與人聲，女眷們就在此時在門後偷看，也是娛樂之一。

在汕頭住了一個時期，我們就往澄海去。我們是坐木船沿梅溪而行的，我只記得在船上坐了很久才到，上岸時，岸邊已經有六七乘轎子在等候了，最奇怪的，還有二十多個穿着軍裝，雙足踏草鞋，手托長鎗的軍士，也排好隊伍歡迎。我不知道為甚麼有這種軍隊，我在香港見慣了有洋人操兵，早已知道凡有兵的人就是大人物，現在有兵來接，大概我的大哥也是大人物了。

我和大嫂同坐一頂轎子，轎子前後各有一個兵士護衛着。大哥的轎前轎後就更威風了，前四個後四個，更有兩個僕人在轎子兩旁隨行。走了不知多少時候才到了縣城裏國公池邊我們的老屋。

到家之後，首先要做的事就是給嫡母叩一個頭，她指定我和她同住在新屋。吃過了點心，嫡母回新屋去，帶着我一同走。我以為我住在老屋，和大哥大嫂在一起的，沒有想到要和嫡母同住，眞出我意外，但又不敢說個不字，只好沒精打采的跟着走了。其實老屋和新屋的距離不過隔着一條小巷而已，大人們走兩三分鐘便可到，不過在當時我還是小孩子，就覺得好像走了很多的路，要巧姐抱我了。

## 在家鄉半年

到底我在家鄉怎樣過生活，我都忘記了，只有幾件事情我記得最清楚。第一是到老屋分玩具。我分到的那一支街燈很高興，拿着它在外埕（潮州、閩南一帶的人，叫院子為外埕，聽說台灣亦如此）走來走去的玩，玩到高興，一下失手摔在地上，燈罩燈胆都砸碎了，滿地都是玻璃。翁平兄連忙拉開我，不要踐踏玻璃片，然後收拾地上的廢物。

第二件事是我住在新屋的南北廳，廳是和嫡母所住的上房相連的，既然是廳，為什麼又住人，我當然不懂。住了兩三個月，巧姐不知何故要回香港，大概是廣府人不習慣潮州的生活吧，別的不說，單是飲食方面就不慣了，潮州人喜食魚腥，廣州人一聞到這種味就幾乎要作嘔。我聽見她說辭工不幹，就哭着不讓她走。她哄我說：「我只回香港見見你的亞姆，就快回來的，回來帶很多食物給你呀。」不知如何，她竟然走了。嫡母指派一個「煑飯姆」（單是燒飯，不燒菜的女傭）晚上帶着我睡。我見到她就討厭，尤其是討厭她纏了小脚，連帶着高跟木鞋上牀睡覺，眞令我作嘔。有一晚半夜我遺尿，那時天氣很冷，我記得她把豆油燈盞點着了，替我換掉尿濕的褲子。

幸喜巧姐不久又回來了，我很高興。她果然帶了很多食物來，但沒有玩具。巧姐把全部食物交給嫡母去分派，家中的小孩子到底有多少人，我不知道，不過分派下來後，我所剩的還是很多。這些食品都是廣州人製造的，風味與潮州的大不相同。有一次，巧姐拿了一碟油浸過煎好了的鹹魚給我下飯，我吃得津津有味。

我問巧姐不再回香港吧。她說：「算你夠造化，我本來打算不回來的了，不過亞姆和你的母親二姑（我們兄弟叫母親為二姑，不知何所取義，後來年紀大了，才知道母親在手帕交中行二，有大姑在，亦嫁香港一個姓羅的有錢生意人。我們叫她為大姨媽，不時來往，聽說近二十年還住在香港）死勸我回來照料你，我不能卻她們的好意，只得又回來了。」

第三件是我居然也讀了三兩個月潮州書，還騙了五兄一支烏龍水筆，又看他放電影。

潮州人很興有所書齋，只要家境過得去的都要有一所，富有的人，往往有兩三所。書齋的用途是作為男人們讀書會客之所，家庭中一個男成員到了十三四歲，多數住在書齋，等到長大了結婚，才住到家裏去的。我們二房的書齋名叫「與竹」（六七年後我再回故鄉，才看清楚齋門外的藍色瓦片砌成「與竹為鄰」四字，而廣州的房子有一個廳的炕上，懸着紅木框金箋寫着「與竹為鄰」的橫額，是夏同龢的大手筆），當時在齋中處館的已有一位老師，我就跟他念了幾個月書，念的是什麼也忘記了。在齋中讀書的有男女童子五六人，伯昂也在內，年紀較長的則有五哥，他名叫秉遠，是過房給四嬸母的，那時他大概十四五歲吧，他住在四房的書齋名叫鄰竹別墅。

五哥和四哥秉達是暹羅的「平妻」（家中人提到她特別恭敬，稱為「暹羅媽」，因為她的地位比象姨太太高，與嫡母姊妹稱呼，而最大的原因是她在曼谷擁有很多財產）所生的，四叔過身後兩個兒子一個結了婚，生下一女就死了，小的一個兒子沒結婚也死去，四嬸就要了下寮鄉同宗的本家兩個兒子做孫子，各立一房。父親可憐四嬸人丁稀少，特地從暹羅帶五哥來給四嬸做嗣子，故此四房派下便有三房人。這樣的過房法本來是很不妥當的，但當時潮州人很興這一套。

管理書齋行政有時也管些園內雜務的有個管家，潮州人叫作「財副」，不知何所取義。商店中辦理帳目的人也叫財副，那麼管家而叫財副，就是管理銀錢帳目之事的了。

我們那個財副名叫陳維棉，是大汕頭鄉人，我們叫他做維棉兄，我年紀小，和他沒有什麼關係，只是要紙筆和習字的白紙簿就向他拿，描字的方格，則由老師書寫。我每逢向維棉兄拿新毛筆時，他總是拿起我的舊筆來寫字看看是否不能再用，如果還可用，他就說：「你的筆還可以用多一個時期呀，你看，我寫出來的字不是很齊整嗎？」除非毛筆眞的不能再用了，他才發下一支新的。這個僱員處處為主人的荷包着想，可省則省，倒是很難得的。

我因為見五哥寫字用的筆叫「烏龍水」，看來比我所用的好得多，有一次我向維棉兄要一支烏龍水（應叫烏龍水筆），他說我只是小孩子，不必用到那麼好的毛筆。我反駁他道：「那麼，為什麼五兄也有呢？」他說：「這是五少爺自己買的，我這裏沒有。而且，你們也用不着要用到那樣好的筆啊。」

原來是五哥自己的私房，我想向他拿一支又不敢。有一日，我見他差人去鄰竹向一個書僮要支烏龍水，不久，那書僮拿來了。我看在眼內。我想，向維棉兄要他不肯，又不敢向五哥開口，不如去騙一支吧。大約過了十天八天，我走到鄰竹別墅騙那個書僮說：「五兄叫我來拿一支烏龍水，你交給我帶去好了。」書僮信以為眞，便從書厨中拿出一支交給我。我得手之後，飛跑回與竹，馬上蘸墨來描字了。用名貴的毛筆寫字，是否眞的寫得好，我不知道，只是覺得有了烏龍水就非常過癮。可惜我的癮似乎只維持了幾個鐘頭，不久便給拆穿了，五兄向我拿回他的筆，但沒有罵我，只說我「人細鬼大」而已。

有一個晚上，五哥從鄰竹拿來一座電影放映機。機身很小，打開後面的機門，放一盞小洋油燈，裝上菲林。五哥叫維棉兄在窗前張一塊白手巾，就算是銀幕了。我站在一旁帶着好奇心觀看，看他們做出什麼把戲。只見五哥左手按着放映機，右手慢慢地搖着機掣，銀幕上就出現了洋鬼子的活動人像。但不很清晰，大概是油燈之故，如果有電燈就會比較好些。

電影收場之後，五哥就說這是四哥從暹羅寄來給他玩的。我聽了眞是十分羨慕，番邦有這許多西洋的玩意，難得五哥又有個親哥哥（我做小孩子時就把兄弟姊妹同母與不同母的關係分得很清楚，在感情上，同母的親切得多。何以會這樣，恐怕又是大家庭中的矛盾。這是必然的事，不足為異），不時寄東西給他，如果我有一個多好。

大約過了一兩天吧，有一晚我在南北廳裏居然也學五哥放電影，把幾個空的火柴盒綁起來做放映機，又不知在什麼地方弄到了幾塊小玻璃片，一塊綁在「放映機」的前部，當作放大鏡，其餘幾塊就用墨筆畫些人、狗之類的畫，算是菲林了。豆油燈盞太大，放不進機箱裏，只好放在機後，以為燈光可以射入機身，從前面的放大鏡把菲林的人物映在粉牆上。這當然是失敗的，但我並不因此而失望，還是設法要引導燈光入機身。後來想到一個巧妙的辦法，巧姐有一條黑褲在牀上，我懂得黑色能蔽光的道理，就拿她的褲子用手圍起來，作帳幕形引光入機身。正在聚精會神之際，一下不小心，褲子的一角給燈火燒着了小許，嚇到我魂不附體，忙將褲子丟在地上，不知怎樣才好。定一定神之後，才用腳來踐踏它，幸喜所燒之處不大，很快就熄了，不過還有一陣陣的白烟冒出來，可巧巧姐及時進來，她還不知我闖了禍，後來見地上有她的褲子，她檢起來一看，燒了一個窟窿，她好像知是我的傑作，帶哄帶嚇的審問，我才子午卯酉的細說原由，氣到她做不得聲，當然教訓了我一頓才讓我上牀睡覺。

這是我有生以來第一次接觸電影機。從此我對影畫戲大感興趣，一九一五年七月，西關大水後，我到香港住了兩個多月，仍住在表伯家中，那時我已八歲了，有胆量走出元發棧大門，跨過窄窄的馬路到元發行玩。當時帳房中有個寫信先生名叫孝臣，人們稱他為「孝臣秀」（秀卽秀才，潮州人稱某某秀才，多畧去才字，古人已如此，可見潮州保留中原的習慣風俗甚多），人很斯文，與其他職員頗有不同，我喜歡和他談笑，他用不鹹不淡的廣州話應付我，我也用不三不四的潮州話應付他，倒也談得頭頭是道。我只記得他說以前在澄海曾敎過五哥念書。

孝臣秀提到五哥，我馬上省起四哥、電影機的事，便央他為我寫一信寄去暹羅，請四哥也寄一副電影機給我。孝臣秀果然伸紙命筆寫了，我親自見他貼上郵票，叫僕人拿去寄出。但等了一年兩年，簡直是石沉大海，一點回音都沒有。我在廣州只有暗中咒駡四哥，卻又不敢向人們提到此事。我想，信一定是收到的，孝臣秀寫的信，已經明明白白說到我是什麼人了。大概他認為我是小孩子，不必理我吧。但過了四五年，我已回澄海定居，自己會寫信了，也曾寫信給四哥，請他買一副寄來。又是等了許久，不單沒有買給我，連信也不覆隻字。我知道四哥不會寫中文信，但他可以叫人寫呀。（據我所知，他在暹羅讀過幾年中文，後來父親帶他往新加坡，叫他讀英文。數年後，父親死了，他沒人管束，就不再讀書了，所以只能畧看中文信，寫就寫不來了。）

至於我接觸「眞正」的電影，則是我回廣州和母親、姊姊弟弟們同住的時候。記得有一晚母親說快些吃飯，吃過了要去坐「環游火車」，從廣州到香港，我曾坐過火車的，但什麼是「環游火車」就前所未聞了。到時我們五母子還有三四個女傭一行到了一列火車，買票入車廂裏，只聽得一片西洋音樂，吵耳欲聾。坐定不久，燈光滅了，火車隆隆震動，好像向前開行了。眼前有風景人物，有花草樓台，一一映入眼簾，耳聽火車行走之聲，眼見車窗外四圍景物，就活像坐火車環遊世界。這就叫「環游火車」。我第一次看到的電影就是這樣的。

我記得過了農曆年不久，我就離開澄海回廣州居住，而不再在香港跟着表伯了。為什麼我記得那麼清楚是在新年後呢？那就是因為有四個雪花白的銀圓做壓歲錢。年三十晚嫡母叫巧姐帶我到她跟前，親手給我四個銀圓做壓歲錢，還吩咐巧姐和我放在肚兜裏（潮州人與繫肚兜，一來保暖，二來可以放東西，我的肚兜是三嫂手製的。我回廣州後，見廣州人沒有這種東西，死都不肯再用，而母親也不喜歡潮州人的生活習慣，也由得我，不加干涉）。巧姐也得到兩個銀圓為壓歲錢，此為異數，家中的男女僕人，只是一元而已。大概她是從遠路而來，特別優待吧。

第二天是正月初一，做兒孫的分次序向嫡母叩頭賀歲，也得一塊錢「利市」。終嫡母之世，壓歲的四塊錢和一塊錢的賞賜，一文不增，一文不減。家中有些守寡的少妾，一年中所得的零用錢無幾，過年時就指望這五個「龍銀」來挹注了。（當時尚無「袁頭」之稱，袁頭是民國三年袁世凱做了正式大總統後下令鑄造的。潮州人習慣叫銀圓為龍銀，則以清代所鑄的銀圓有雙龍的圖案。）

我在澄海住得好好的，為什麼又會回到廣州呢。據我猜想，我是母親的長子，兩個弟弟都在她身邊，而獨有我遠離左右，她當然認為不大好。但以她的地位，又不敢公然寫信去嫡母，以此為理由。大概她曾叫人寫信給大哥，請大哥斡旋其事，也許當日大哥帶我回鄉只是一時高興，並非認眞的，故此母親才敢寫信給他，而他或因一時未便向嫡母提出。然而我竟然能回到生母的身旁了，在我看來確是一件奇事，其實並不奇，只是常情而已。

原來父親的五姨太太盧氏，只養下三個女兒，在大排行中，她們是第九、第十三、第十八。九姊從小就由父親帶往暹羅給姑母做女兒。姑母和父親同是暹羅出生的金氏祖母（祖母是饒平縣後溪鄉人，父名利善）所養下的，祖父有九子二女，大姑母嫁饒平吳煥琳，吳家也是在暹羅發大財的華僑。大姑母婚後不久謝世，沒有一男半女，後來二姑母也嫁吳煥琳為繼室，也沒有生育，故父親在香港帶了九姊、十姊（六姨太太周氏所生，她生十五姊、十九妹及廿三弟）去暹羅給姑母做女兒。姑母的財產甚富，祖父死後，她在暹羅分到一部分家產（當時中國法律，女子無承繼遺產之權的，番邦始有之），吳家又是很有錢的人家，加以姑母善於經商，二十年間，增加財富十倍，因此家中的人提到「暹羅姑」，無不十二分敬仰。（後來姑母螟蛉二子，把她的家產揮霍殆盡，同時，姑母又把大量財富捐給寺院，故晚年生活大受影響。）

廣州陋俗，人死了一定要有兒子買水、担幡，尤其是富貴人家，如果沒有，就認為太丟臉的事。五姨太太旣沒有自己生下的兒子，將來死了，誰替她担幡買水呢？在潮州還容易解決這個問題，因為潮俗對於侍妾簡直不當她是人，稱侍妾為「赤腳」（以別於纏腳之正室）。

（未完）

# 抒情詩的近代傳統（中）

翱翱

最後幾句話當然是自謙之詞，不過那些所謂評論家分析他思想來龍去脈，比他「自己還明瞭」，看來也是事實，無論李氏怎樣自謙，他「已經」早已進入文學史大雅之堂了，我們現在審視的是那時詩作的象徵性程度，下面是李氏詩作「有感」一首：

如殘葉濺
　血在我們
　　脚上，
生命便是
　死神唇邊
　　的笑。

半死的月下，
　載飲載歌，
　　裂喉的音
隨北風飄散。
　　吁！
撫慰你所愛的去。

開你戶牖
　使其羞怯，
　　征塵蒙其
　　可愛之眼了。
此是生命
　之羞怯
　　與憤怒麼？
如殘葉濺
　血在我們
　　脚上。
生命便是
　死神唇邊
　　的笑。㉙

這是我在詩選裏找出自認為比較「象徵」的一首，因為本人特別喜歡第一段殘葉濺血脚上的意象，可是，意象畢竟是意象，雖然還附帶隱喻的傾向，但我們找不到一絲毫的象徵性存在；第二段對生命比作死神唇邊的笑是明喻，第三、四段不知所云，第五段是第二段的强調重複。

如此看來，另一位象徵派大將戴望舒的象徵性强烈得多，我們可看他那首「殘葉之歌」：

　　男子
你看，溼了雨珠的殘葉，
靜靜地停在枝頭，
（溼了珠淚的微心，
輕輕地貼在你心頭。）

牠躊躇着怕那微風，
吹牠到縹渺的長空。

　　女子
你看，那小鳥曾經戀過枝葉，
如今却要飄忽無跡。
（我底心兒和殘葉一樣，
你啊，忍心人，你要去他方。）

牠可憐地等待着微風，
要依風去追逐愛者底行蹤。

　　男子
那麼，你是葉兒，我是那微風，
我曾愛你在枝上，也愛你在街中。

　　女子
啊，你把你微風吹起
我將我殘葉底生命還你。㉚

很明顯地，在上面這首詩內的男女對話裏，「殘葉」的意象組織已成功地造成一種纖弱女性無依無主的象徵，與代表男性的微風相對彼消此長的均衡力，控制全詩戲劇性的發展，在這方面——尤其是象徵方面的表現，戴望舒是比李金髮、穆木天等人較為成功的，更何況以戴氏在法國文字或文學方面的成就（他是我國第一個把法國早期比較文學泰斗保羅·雲·提格亨的「比較文學論」翻譯成中文的人，這本書連英文翻譯也未有），對於波特萊爾，馬拉美，梵樂希等現代派詩吸收較多；我不同意臧克家那種帶有政治性的批評戴氏，第一，他像別人一樣把戴氏冠為現代派，這點容後再述；第二，他攻擊說：「轟轟烈烈的階級鬥爭和民族鬥爭的現實，他們不敢正視，卻把身子躲進那樣一條『雨巷』裏去；不是想望一個未來的光明的日子，而把整個的精神放在對過去的追憶裏去，這是個人主義的沒落的悲傷，這是逃避現實脫離羣象的頹廢的哀鳴。」㉛，不用我怎樣解釋，這套言不由衷的八股只能在屈服於時勢要求的作家心內起了作用，對藝術本身的臻於完美是毫無價值可言的。關於所謂現代派，可能就純粹是從法國的進口品，特指法國現代詩人所寫的象徵派詩風，象徵派源自法國，而在廿世紀初它確實成為一種文學運動，是毫無置疑的，因為他們有着理論與實踐，譬如藍波的宗教經驗，梵樂希的跑回古典音節及詩的音樂美等等。在中國，我們往往有不甘後人的勇氣，人家有的，我們當然亦有，龐德寫了一篇 A Few Don'ts，胡適之也可以來一篇「八不主義」，當然我們可以自豪說我國早於宋朝便已有僧齊己、僧皎然等人的詩話叫人不要做這做那了，也許龐德更是偷取自我們的傳統（以龐德過往對東方風格的巧取豪奪，這項反訴往往能陷龐德於此陷阱），可是無論怎樣，假如我們細讀內容，便發覺意象派教條與齊己等詩話無甚關連，可是胡適博士的「八不」卻使人一看便想起意象派條件。

話說回來，中國詩人的集團意識特別濃厚，這也不要緊，從最早象志成城的文學研究社等開始至現在支離破碎的星座詩社，數量想已及百，最要緊是我們千萬不能從結社發展成派別，換句話說，千萬不能以集團結社來劃分風格，這種劃分在表面看來是順理成章的，物以類聚，可是每一個別生物的生存風格又豈是籠統的以國籍或家族來劃分，由此可見，早期的新詩所謂象徵派啦、自由詩派啦、格律派啦、戰鬥派啦，統統都不是什麼派，因為它們根本便沒有資格成立什麼派別，它只是在當代詩傳統裏分別貢獻出塑成這傳統內的個別因素，就上面舉戴望舒的例子來說，戴氏的詩無疑地是顯示出强烈象徵風格的詩人，可是他並不是什麼中國象徵派，他只是在新詩當代傳統裏提供出一種成功的象徵的詩人，除此以外，並無其他。

抒情詩人何其芳

在戴望舒的作品中，最宜於詩選及為人傳誦的要算是那首「我用殘損的手掌」了，無可否認。這是一首以抗戰為題材的戰鬥詩，在政治意識濃烈的評論家中，更是「一類帶着民族反抗意志和要求自由解放的歌聲」㉜，但是同樣令我們不能忽視的是詩內明顯性的抒情因素，而這種抒情因素仍是來自想像力與象徵性的揉合，開始時，那是一隻現實的手掌，摸索着一張地圖：

> 我用殘損的手掌，
> 摸索這廣大的土地：
> 這一角已變成灰燼，
> 那一角祇是血與泥；

在現實裏，詩人遭受到攊心的失望與傷痛，於是，手掌的象徵遂發展成形而上的超越，想像力的飛馳更是「悲劇性解脫」的原動力：

> 無形的手掌掠過無限的江山，
> 手指沾了血和灰，手掌黏了陰暗，
> 祇有那遼遠的一角依然完整，
> 溫暖，明朗，堅固而蓬勃生春。
> 在那上面，我用殘損的手掌輕撫，
> 像戀人的柔髮，嬰孩手中乳。
> 我把全部的力量運在手掌，
> 貼在上面，寄與愛和一切希望，㉝

淸新，簡鍊，情感與事物結合為一，利用事物的象徵性或是一連串事物的象徵性組合成一條表達個人情感的公式，這些都是戴望舒早時達成的詩意，也就是艾略特一直强調的「主物關連」（objective correalative）。談起「象徵」，「意象」這些老話，在中國傳統古詩內早已經是一條用慣了的「亞朗的手杖」(Aaron's rod)，但在近代，因為語言的變換（從文言一變為白話），更因為某些詩人極力提倡以民間俚語方言，民謠性及敍事性的質素遞高，抒情性陡降，現代象徵風格在詩的表現，正是緊隨着中國一貫的藝術抒情傳統——天（自然，事物）人（情感，感覺）合一的和諧。在語言文字方面的運用，由於牽涉到意象多面的濃縮與壓制，詩的文字開始脫離了早期俗字俗語的變化與鬆散，而的確，詩本來是最貴族化的，這兒所謂的貴族，並不是指平民的對立，而是貴族手中持着一面藝術的扇子，開闔千重。日常語言雖然手中也有一柄圓扇，可是因為沒有經過選擇，雖然扇上的風景山還是山，樹還是樹，但粗枝大葉的瑕疵在所難免。所以，從劉大白的「賣布謠」到臧克家的「老哥哥」，只是一種敍事歌謠體的進步，從個人的呻吟苦痛發展成憤怒的吼叫，抒情度不濃，因為這類詩多由不滿現狀的現實主義出發，寫實作風把詩人的想像潛力破壞無遺，而且客觀的敍述往往使主觀的個性削減，所謂詩的大衆化只不過是削足就履的解決方法吧了。田間的詩是較例外的一個，因為他能把心靈的日常語言投射成耳朵的節奏，無人能出其右，在新詩的抒情節奏上衝出一條新路，在「給戰鬥者」的序詩裏，節奏是那末的短勁：

在沒有燈光  
沒有熱氣的晚上，  
日本强盜  
來了，  
從我們底  
手裏，  
從我們底  
懷抱裏，  
把無罪的伙伴，  
關進强暴的柵欄。  
他們身上  
裸露着  
傷疤，  
他們心頭  
呼吸着  
仇恨，  
他們顫抖，  
在大連，在滿洲底  
野營裏，  
讓喝了酒的  
吃了肉的  
殘忍的野獸  
用牠底刀，  
嬉戲着——  
荒蕪的  
生命，  
飢餓的  
血……㉞

聞一多稱呼田間為「時代的鼓手」，他並且說「當這民族歷史行程的大拐彎中，我們得一鼓作氣來渡過危機，完成大業。這是一個需要鼓手的時代，讓我們期待更多的『時代的鼓手』出現。至於琴師，乃是第二步的需要，而且目前我們有的是絕妙的琴師。」㉟

我並不反對在這時代（或是抗戰時期）出多幾名陽剛的鼓手，可是我認為鼓手與琴師之間，並不是「需要」或是「不需要」的分別，而是「擁有」或是「不擁有」的問題，無論在那一時代，鼓手與琴師並列，因為有人宜於擂鼓，有人適於撫琴，並不是說我們這時代正需要擂鼓的鼓手，其他彈琴的人便馬上放琴在一邊，改行去擂鼓，相反亦是。鼓聲能直接爆炸出生命的原始力，這是「鼓」本身的氣質，如果適合這時代要求，佳。如不適合，無妨；因為鼓就是鼓，琴就是琴，絕妙的琴師在任何的一個時代裏都是絕妙的琴師。

所以，我堅持着卞之琳、馮至、何其芳，都是近代為夜鶯而歌唱的一級琴手，尤其是卞之琳，這個把卡繆的「異鄉人」及波特萊爾的「惡之華」翻譯給中國的抒情詩人，更應該特別提出重新估價，過去的「詩選」及「文學史」均曾有「欺負」卞之琳之處㊱，對卞氏態度稍持公允的竟然是早在一九三六年一個外國人與中國人（Harold Acton和陳世驤）合編的「中國現代詩選」(Modern Chinese Potry)，內裏有卞之琳譯詩十四首；兹後許芥昱在一九六三年編的「二十世紀中國詩選」（Twentieth Century Chinese Poetary)內亦選卞氏詩十四首。總之，無論是陳世驤或是許芥昱，都證明了有學術修養的學者選詩都較濫竽充數的批評家或心存政治或個人偏見的作家為宜，譬如，在一篇「新詩的蹤跡與其出路」的文章裏，作者武斷的批評態度令人吃驚，在論及卞之琳的一首詩「尺八」裏，他強調「我已說過，寫得叫人讀得懂，叫人感到丁香花一樣哀愁的詩也有。然而比之於初期的新詩，則更離平民精神，更少社會價值。至最近又由於與新月派之合流，一方解放了形式上過重的束縛，一方也消淡了意境上過濃的夢影，成為了濁世的哀音。這裏最可代表的詩，是卞之琳的尺八」㊲，如果我們能仔細觀看這首沒有平民精神及社會價值的「尺八」，則不難發覺這「濁世的哀音」正是中國近代抒情傳統裏最優美的聲音：

左：馮至　右：遠千里

> 像候鳥啣來了異方的種子，
> 三桅船載來了一枝尺八。
> 從夕陽裏，從西海頭。
> 長安丸載來的海西人，
> 夜半聽樓下醉漢的尺八，
> 想一個孤館寄居的番客，
> 聽了雁聲，動了仰愁，
> 得了慰籍於鄰家的尺八，
> 次朝在長安市的繁華裏，
> 獨訪取一枝凄涼的竹管……
> （為什麼年虹的萬花間
> 還飄着一縷悽涼的古香；）
> 歸去也，歸去也，歸去也！
> 像候鳥啣來了異方的種子，
> 三桅船載來了一枝尺八，
> 尺八乃成了三島的花草。
> （為什麼年虹燈的萬花間，
> 還飄着一縷悽涼的古香？）
> 歸去也，歸去也，歸去也——
> 海西人想帶回失去的悲哀嗎？㊳

尺八本身是一個象徵，一種鄉愁的人性化(personification)，在中國傳統裏，洞簫本身就是一種哀愁的代表，譬如，「簫聲咽，秦娥夢斷秦樓月」，譬如「春雨樓頭尺八簫」，都是利用這枝長僅尺八的簫笛來象徵量不盡的哀愁。詩開始的兩句明喻，不但合理，更有一種絕句裏對仗的風味，「三桅船」御風而行，按季節而定航程，正如季節鳥循着氣候的變化而往復飛翔。詩人在開始時已表示了他的觀點，三桅船載來的是一枝尺八，一個遊子哀愁的象徵，及至夜半聆及醉漢的另一枝簫聲，不禁遂動了相憐之感；詩的地點很可能指日本，「長安丸」，「海西人」（中國在日本海的西面），「番客」，「長安」（日本的京都），及「三島的花草」。而時間則是在歲末衆人闔家團圓之際——「為什麼年虹燈的萬花間／還飄着一縷凄涼的古香；），因為只有在歲尾的團圓時才格外顯出遊子的悲哀，而這海西人在長安市（中國的長安早便崩塌了）的存在遂成了點綴三島的花草；這種利用洞簫的象徵來一步步顯現出鄉愁的意象轉折，正是抒情詩裏最高度的表現，更何況在白話的文字裏，詩人的各種意象都是古典劃一性的，打破了現代與古代的界限，鄉愁本來就是一樣，只不過發生的時間在唐代或是現代而已。

在另一方面，何其芳與馮至那種溫柔，緩慢，自剖式伸訴的獨白給抒情詩帶來了新的景象，眞的，我在前面已經說過，氣質是琴就是琴手，氣質是鼓就是鼓手，更何況琴主輕柔，鼓主肅殺；輕柔的琴聲更能配合出夜鶯美妙抒情的歌聲，方志彤(Achilles Fang)在他那篇「近代中國詩中從意象主義到惠特曼主義：一種失敗詩律的追尋」("From Imagism To Whitmanism In Recent Chinese Poetry: A Search For Poetics That Failed")指出中國一九一七年開始的新詩革命乃是來自美國意象派的啓發，可是因為白話詩一點都不意象，遂有詩律失敗的後果㊴，方志彤這篇論文刊登於一九五五年，他實在不能忽視從一九一七年胡適之那首「兩個黃蝴蝶，雙雙飛上天」以後，中國抒情詩在何其芳等人手中已變成一個彩色繽紛的萬花筒，方志彤太自囿於龐德的意象主義或愛眉主義(Amygism)，如果胡適的八不主義確實受到美國意象主義啓發的話，我們亦不能要求中國現代詩循着意象主義這方面去改進，從美國意象派的眼光來看，早期新詩當然不夠意象，可是我們又憑什麼要用意象派的成就來要求中國新詩的改進？而的確，在中國新詩的發展過程裏，確屬有過一個時期出現了一些受了日本俳句或泰戈爾風格影響的小詩，如周作人和冰心的詩，可是像冰心的那首「春水」裏面那種「牆角的花！你孤芳自賞時，天地便小了。」那種境界又怎能完成塑造現代抒情傳統的使命？

一九三一年秋，何其芳的一首「預言」宣佈出當代抒情詩預期的方向，無論在文辭或意象的運用，都是流暢而一流的：

這一個心跳的日子終於來臨。
你夜的歎息似的漸近的足音
我聽得清不是林葉和夜風私語，
麋鹿馳過苔徑的細碎的蹄聲。
告訴我，用你銀鈴的歌聲告訴我
你是不是預言中的年輕的神？

你一定來自溫郁的南方，
告訴我那兒的月色，那兒的日光，
告訴我春風是怎樣吹開百花，
燕子是怎樣癡戀着綠楊，
我將合眼睡在你如夢的歌聲裏，
那溫馨我似乎記得又似乎遺忘。

請停下，停下你長途的奔波，
進來，這兒有虎皮的褥你坐，
讓我燒起每一秋天拾來的落葉，
聽我低低唱起我自己的歌，
那歌聲將火光樣沉鬱又高揚，
火光樣將落葉的一生訴說。

不要前行，前面是無邊的森林，
古老的樹現着野獸身上的斑文，
半生半死的籐蟒蛇樣交纏着，
密葉裏漏不下一顆星，
你將怯怯地不敢放下第二步，
當你聽見了第一步空寥的回聲。

一定要走嗎，等我和你同行，
我的足知道每條平安的路徑，
我將不停地唱着忘倦的歌，
再給你，再給你手的溫存，
當夜的濃黑遮斷了我們，
你可不轉眼地望着我的眼睛。

我激動的歌聲你竟不聽，
你的足竟不爲我的顫抖暫停，
像靜穆的微風飄過這黃昏裏，
消失了，消失了你驕傲的足音……
啊，你終於如預言所說的無語而來
無語而去了嗎，年輕的神？㊵

---

註㉙李金髮「有感」，中國新文學大系，第八冊，二四五頁。

註㉚戴望舒「殘葉之歌」，同上，二五一頁。

註㉛「中國新詩選一九一九——一九四九」，臧克家編選，中國青年出版社，一九五六，第二十二頁。

註㉜見上註，第廿三頁。

註㉝見上註，第九十四，九十五頁。

註㉞見上註，第一四八，一四九頁。

註㉟見「聞一多全集」丁集，開明書店，第二三八頁。

註㊱稍提卞之名字而一筆帶過的有李輝英的「中國現代文學史」。未將卞氏詩作選入詩選的有「中國新文學大系」及星洲世界書局編的「現代詩選」。把卞氏視為從藝術主義者急劇轉變入羣衆洪流的有葛賢寧，上官予編著的「五十年來的中國詩歌」。「有的詩成了謎語，像卞之琳的某些作品，有的只剩了一個『美麗』的形式，如同一朵紙花」是臧克家在「中國新詩選」對卞氏詩的評價。更有三流評論家對卞氏的詆罵，如林莽編著的「中國新文學廿年」內說的「卞之琳有詩集『漢園集』（與李廣田、何其芳共出的合集），『三秋草』和『魚目集』，始終是不滿意現實的醜惡，而又找不到可以奔赴的道路，自沉於形式美的漩渦裏的。」眞是莫名其妙的按語。

註㊲屈軼「新詩的蹤跡與其出路」，文學，八卷一期，上海文學社，一九三七年一月，廿一頁。

註㊳原見「大公報詩刊」，此處轉引自屈軼一文，見上註。

註㊴見Achilles Fang（方志彤）"From Imagism To Whitmanism In Recent Chinese Poetry: A Search For Poetics That Failed" U. of North Carolina Studies in Comparative Literature, No. 13, 1955.

註㊵「漢園集」，卞之琳編，商務印書館，一九三六年，第四、五、六、七頁。這本書是三位詩人——何其芳、李廣田、卞之琳的合集。何其芳本人的第一本詩集亦名「預言」，據他後來記述：「我的第一個詩集『預言』是這樣編成的：那時原稿都不在手邊，全部是憑記憶把它們默寫出來。凡是不能全篇默寫出來的詩都沒有收入。這可以說明我當時對於寫詩是多麼入迷。一個人如果不是高度地把他的精力和心思集中在他的寫作上，他是不可能把好幾百行詩全部記住的。」詳見何其芳著「關於寫詩和讀詩」，作家出版社，一九五七，北京，第九十四頁。

何其芳在他的書齋中

# 何其芳評傳 (二)

黎活仁

## (二)從「夢中道路」到延安的道路

### 1. 北京大學的四年

一九三一年秋，二十一歲的何其芳入北京大學①，念的是哲學系。

九一八事變就在這年爆發，整個東北淪陷於日本侵畧軍手中，翌年一月又在上海發動一二八事變，三月泡製了滿洲國，在這麼一個外侮當前的大時代中稍為有思想的青年人，誰都會激起一般狂熱的愛國心，可是何其芳却似乎絲毫不曾受到這時代激流的衝擊。

狹小的世界觀以及個人安定的環境，都使何其芳無法接觸到大時代的動脈的震動，他在「星火集・一個平凡的故事」裏說：

> 到大學二年級，我給我自己製造了一個美麗的、安靜的、充滿着寂寞的歡欣的小天地，用一些柔和的詩和散文，用帶着頹廢的色彩的北平城的背景，用幻想、用青春，而且，讓我嘲笑一下那時我吧，用家裏差不多按期寄來的並不怎樣美麗的匯票。

這時期，他的詩文作品都分別發表在「現代」、「文藝月刊」、「文學季刊」、「水星」、「文學」和「新詩」等雜誌，構成了「燕泥集」、「畫夢錄」、「刻意集」和「預言」的主要內容，在這些作品裏，完全看不到一個知識分子對「危急存亡之秋」的國家一點關切的表示；在「刻意集」的「燕泥集後話」，他自稱是個「流連光景」(出自李煜集中「阮郎歸」詞)的人，在「還鄉雜記」的「我和散文」中，他接受一個批評者的意見，更坦白說自己是一個「拘謹的頹廢者」。

入北大時的何其芳本已有終身從事文學的打算，他覺得文學家也應懂一點人類思想的歷史，文學可以自修，哲學思想恐怕要學一學，所以入了哲學系；但由於對教授教學方法和態度不滿，令他連最後的哲學興趣也消失了。下課後還是沉醉在文學書籍裏，晚上到北京圖書館看書，差不多把當時該館所藏的外國文學譯本都讀完，據「寫詩的經過」所提供其中主要的譯著是屠格涅夫，陀思妥也夫斯基、托爾斯泰、契訶夫、雨果、福樓拜和莫泊桑的小說，霍卜特曼、莎士比亞、易卜生和契訶夫的戲劇。此外他又用英語直接讀英詩人雪萊和濟慈的短詩。

其實給予何其芳更多影响的是法國象徵主義詩人的作品，他對這派詩人的喜愛，是在失學那年中讀了梁宗岱「保羅・梵樂希評傳」一文②而引起的，在「星火集・論工作」一文他這樣說：

> 然而我那時僅僅讀過一年高中，讀過一月多的大學，而又在失學期中，梁宗岱先生那篇評傳是我對法國象徵主義派的作品入迷的第一階梯，我那時非常可笑，並不能直接讀法文的書籍而竟對法國的文學那樣傾心。

入大學後他「讀着晚唐五代時期的那些精緻的冶艷的詩詞，感惑於那種憔悴的紅顏上的嫵媚，又在幾位班納斯派③以後的法蘭西詩人的篇什裏找到了一種同樣的迷醉。」（「刻意集・夢中道路」），象徵詩一般承認是李金髮引領東來的，這類詩的主題多是晦暗的，而歐化語句更使人難於理解內容的意旨，何其芳於技巧上有較突出的地方，他是被認為是把象徵詩披上中國情調的作者，然而所謂中國情調也不過是從殘唐五代詩詞裏借來的個人的悲歡，這期的詩總體而論，「華麗婉約、充滿感情，但脫離現實，他的許多愛情詩是纖細纏綿，充滿溫情的；而其中籠罩着憂郁，慨嘆着『喪失的年華』、『飲着不幸的愛情』的『苦淚』。」（「暴風雨的前奏——新詩發展之三」劉登翰等著，載「詩刊」第十期、一九五九）

何其芳的失戀④，也是這一期作品多添一層晦色的原因，在「寫詩的經過」裏他說：

> 大學生時代我經常有寫詩的衝動的期間不過是一九三二年夏天到秋天那幾個月，有時一天之中，清早也寫，晚上也寫。

正當創作慾旺盛的這一期間，何其芳遭受了愛情失敗的打擊，「燕泥集」初輯收的那些「戀中的徵候」、「季候病」等小詩，也告曇花一現，跟着就是前引評論所述的那些「飲着不幸的愛情」的歎息。「刻意集」所收的話劇「夏夜」，不啻就是何其芳失戀的自述。又在「一個平凡的故事」說道：

> 我並不誇大，也不減輕這次愛情給我思想上的影响。……我的偏愛的讀物也從象徵主義的詩歌，柔和的法蘭西的小說，換成了T、S、愛畧忒的絕望的枯澀的語言，杜斯退益夫斯基的受難的靈魂的呻吟。

在三〇年代，俄國作家陀思妥也夫斯基的作品被介紹得特別多，一些與其作風相似的西班牙、匈牙利和波蘭作家的小說也紛紛得寵⑤，「畫夢錄」受這種影响頗深，他說：例如高爾基的作品中，那時候欣賞的卻是「為了單調的緣故」和「當個人獨自的時候」一類的東西，「畫夢錄」「獨語」那篇「就是讀了高爾基那篇把孤獨描寫得陰森可怕的奇異的散文後寫的。」（「寫詩的經過」）；失戀加上閱讀趣味的轉變是他三二年前後思想內容的分野，尤其對開始寫作的散文有不良的影响，從此「幾乎走入絕徑的『夢中道路』」（「刻意集」序）裏，在「寫詩的經過」他說：

> 我大學生時代所寫的詩和散文大致就是這種情形之下的產物，如果要畧加一點區別，也可以這樣說，那些消極的思想在散文裏比在詩裏表現得更多。這是因為我那些詩大半寫於一九三二年前，那時我受那些鼓吹悲觀，懷疑和神秘主義的世紀末文學的影响還不深，而那些散文卻多數寫得晚一些，是寫不大出詩以後的代替品。

一九三二年後何其芳仍發表了相當數量的詩：包括技巧很為人稱道的「古城」（34年）、「砌蟲」（34年）及「枕與其鑰匙」（35年）。

這一期何其芳的散文發表得最多是在「水星」，他對五四以來的作品不滿意，說願意以微薄的努力來證明每篇散文應該是一個純粹的獨立的創作，不是一段未完篇的小說，也不是一首短詩的放大。（「還鄉雜記・我和散文」）當時與他常常往來的兩位同學中（編按指李廣田和卞之琳），一位正在翻譯着紀德和阿左林等人的文章，而又是「水星」的編輯之一（指卞之琳）⑥，在「我和散文」說：

> 督促着我的正是一個在北方出版的小型刊物，我前面提到的那一位同學，也就是它的編輯之一，常到我的寄宿舍來拿走剛脫稿的文章，而且為着在刊物的封面上多印一個題目，顯得熱鬧些，我幾乎每期都湊上一篇。然而不久刊物停了，我也從大學宿舍裏出去學習着新的功課了。

「畫夢錄」第一篇的「墓」是處女作，但他說並非蓄意為之，「寫的時候就不曾想到散文這個名字。」（「我和散文」），他意「巖」才是「有意寫散文的起點。」（同前），「畫夢錄」最後一篇「靜靜的日午」發表在三五年十二月，而何其芳在是年夏天已畢業⑦，故是發表於畢業之後，但「畫夢錄」中除了這篇和「絃」之外，都寫於大學生時候，論風格可歸入這一期。「畫夢錄」不啻是何其芳個人頹廢的獨語，除了好像「雨前」「伐木」一類作品在描寫方面有高度技巧外，其他都表現出莫名的哀傷，而且內容與詩作重覆的多，也是因為生活內容過於淺狹的原故，世界觀改變後的何其芳對這本書有很多檢討，說：

> 那本可憐的小書，不過是一個寂寞的孩子為他自己製造的玩具。（「一個平凡的故事」）
>
> 如果說那裏面還有一點點內容的話，也不過是一個政治落後的青年的一些幼稚的歡欣、幼稚的苦悶。（「寫詩的經過」）
>
> 九一八事變發生了。接着是熱河失陷，榆關失陷。然而我做着「一些美麗的遼遠的夢」，明白點說，就是胡塗地過日子，直到大學二年級，直到塘沽協定之前的那一度華北局勢緊張，……，因而各學校通知學生離校，因而我也離開北平的頭一天晚上，我還在一個小公寓裏寫着「畫夢錄」的那一篇「黃昏」：
>
> 馬蹄聲，孤獨又憂鬱地、灑落在沉默的街上如白色的小花朵……現在提起來非常感到羞恥，然而那時並沒有一個朋友痛快地罵我一頓，而我所讀的又是那類書籍？」（「星火集」・「論工作」）

何其芳大學生時代還寫過僅有的一個短篇「王子猷」（32年）和僅有的一個話劇「夏夜」（33年），都收在「刻意集」。

離開北大，何其芳當了中學教員，由於週圍不合理的社會現實不斷地刺激和教育，思想漸漸走向「進步了」；他看到被壓迫的農民的悲苦，學生愛國的運動的澎湃，終於從昔日徘徊的「夢中道路」上覺醒起來，當中學教員的三年，是何其芳思想轉變的重要階段。

## 2. 中學教員的三年

一九三五年的秋天到三八年的秋天，中國在日本帝國主義的侵略下形勢更是危殆，各地抗日救亡運動蠭起，文壇也為此而組成統一戰線，一九三七年七月「七七事變」發生，在輿論的壓迫下，正式的八年抗戰開始了，是年十二月南京陷落，無數同胞遭受屠殺；與魯迅三六年病逝，也是同樣令人感到悲痛的事。

這三年何其芳作品發表的報刊據所知有：「文學季刊」、「新詩」、「大公報詩刊」、「文學雜誌」、「文叢」、「川東文藝」週刊（附於「川東日報」）「新少年」和「工作」等。

由於現實的教育，何其芳所看的書，也有很大的改變，他在「寫詩的經過」說：

> 我在大學畢業以後作過三年中學教員。就是在這期間，由於抗日愛國運動的高漲，也由於多接觸到了一些社會生活，我的思想發生了變化。思想上的變化使我當時最愛讀的作家變成魯迅、高爾基和羅曼羅蘭。而這些作家的著作又反過來使我的思想更傾向進步。文學，曾經是它引導我逃避現實和脫離政治的，仍然是它又引導我正視現實和關心政治了。

首先是在天津的南開大學附屬的南開中學⑧任職，學校不遠而令他感觸到的，就是一角無以為殮的窮人的簡單荒涼的墓地；早上紈袴子弟乘汽車上學，而在以遙遠烟囪為背景的黃昏，卻又看到小女童工沿着都市的中心流出來的汚穢的河水的旁邊歸來，在這種强烈的對比下，他與同事之間開始談論着資產社會的罪惡，對於學校也感到不滿，他說：

> 與其說那是一個學校，不如說是一家出名的私人營業的現代化的工廠，因為那裏大批的製造着中學畢業生。……我是一個幫助欺騙的從犯。我是十分的熱情又十分的冷淡。於是所謂學生運動來了，我們遂成了曖昧的「第三種人」。但果然沒有眞正的第三種人的存在：當學生罷課後我們仍然隨着鐘聲到教室裏去對牆壁談話的時候，我們是奉命去以愚頑和可憐感動學生；當軍警也把我們的寄宿舍圍了兩天兩夜，連一封信都無法送出去的時候，我們又與學生同罪了。（「還鄉雜記・嗚咽的揚子江」）

他終於因同情學生而被解職⑨。就在這年——三六年的暑假返四川一行，後來把這次回鄉的感遇發表，編集了「還鄉雜記」。

也是三六年，何其芳的「燕泥集」，李廣田的「行雲集」和卞之琳的「數行集」合組成的詩集「漢園集」經由「商務印書館」出版，同年七月，何其芳的散文集「畫夢錄」經由「文化生活出版社」印行，同年秋天「畫夢錄」與曹禺的「日出」，盧焚的「谷」同獲大公報第一屆文藝獎。

從故鄉四川回來後的何其芳，任教山東萊陽的山東師範學校⑩，那兒的學生跟南開不同，差不多都是農民子弟，生活不富足，學生運動蓬勃，又熱心政治和追求知識，他說和他們在一起，並不感到孤獨；在那兒他再接觸到社會不平等的遭遇：「在那個有着『模範縣』的稱號的地方，農民是那樣窮苦，幾乎要繳納土地的收入的一半於捐稅。……喪失了土地的農民帶着一束農具從鄰縣趕來做收穫時的零工、淸早站在人的市場一樣的田野裏等待着雇主，晚上為着省一點宿店的錢而睡在我們學校門前的石橋上，又到青島去看見一排一排的別墅在冬天裏空着，鎖着。」（「一個平凡的故事」）他說：

> 我非常明顯地感到了這個對比所代表着的意義。（同前）

> 我的反抗思想才像菓子一樣成熟。（同前）

他為這點感觸而寫了一首詩，說：「從此要嘰嘰喳喳發議論」，並「用文字為武器去鬥爭」（「一個平凡的故事」）。他在山東任教一直到三七年「七七事變」直至失業為止。

「還鄉雜記」的最後一篇「樹蔭下的默想」於三七年在「文學雜誌」發表。書卻在三九年才印行。

三七年九月他回到四川，在某縣的師範學校教書，對校方的措施都不滿，同事熱中麻雀，關心職業和薪水更甚於抗戰，留日的校長公開說中國不能打敗日本，中學生讀的仍是古文，暑期讀物是「孟子」和「曾國藩家書」，他覺得學生比他還要「世故」，不久他離開了這所學校，在三八年初到成都去，在那裏表「論工作」一文，抨擊該校種種弊端，自從他走後學生不接受繼任的教員，再聘的雖接受也不滿意，又發生學生挨了訓育一記耳光的事，引起學生全體反對，多天沒法解決；這是他首次利用文學，激發了反抗舊社會一切積弊的力量。

到成都的目的是以為在大一點的地方或者能夠多做一點事情，一方面教書，寫雜文，而且做一個小刊物的發行人，根據三八年六月五日的「抗戰文藝」週刊第七號「文藝簡報」一欄的報導，何其芳主編的叫做「川東文藝」週刊：

> 何其芳在萬縣創辦「川東文藝週刊」，（附於「川東日報」），每週出版八開一小張，用中國報紙印刷，現已出至十六期。

從期數推測，「川東文藝」大約創刊於是年二月，然而成都也並不是理想之地，他的「文章抨擊到濃厚的讀經空氣，歧視婦女和虐待兒童的封建思想的殘餘，暗暗地進行着麻醉年輕人的腦子的工作，知識份子的向上爬的人生觀。」（「一個平凡的故事」），北京陷落後周作人降日，出席了「更生文化座談會」，他寫了「論周作人事件」，「關於周作人事件的一封信」指責周作人，然而他的朋友不是說他「刻薄」就是「過火」，在感到異常寂寞下，寫成了「成都，讓我把妳搖醒」：

> 我像盲人的眼睛終於睜開，
> 從黑暗的深處看見光明，
> 那巨大的光明啊，向我走來，
> 向我的國家走來……

---

註　釋

①何其芳是於一九三一年入北大，「何其芳簡歷及其著作」作一九三二年，誤。

②梁宗岱這篇文章的刊載雜誌名稱一時尚未查到，梁宗岱在「文學季刊」第二期「象徵主義」一文中提到這篇文章的名字，我是根據何其芳「論工作」的內容推測。

③班納斯派——Parhasse（法文）Parnassiano（英文），參考「文藝月刊」劉鑾等人的文章。

④何其芳的失戀是作品更加傾向頹廢的原故，所以有注意的必要，「我飲着不幸的愛情給我的苦淚」是一九三二年六月二十五日寫的「慨歎」詩中的一句，收入「刻意集」。新島淳良「夜歌的告成」作三三年。誤。三三年何其芳的詩作很少，由於寫不出詩的關係，於是轉寫散文。參考「我和散文」

⑤參考「現代」和「文藝月報」的翻譯小說。

⑥這是我就「我和散文」推測的。「水星」雜誌原並沒有注明是誰編輯，「水星」創刊於三四年十月，終刊於三五年六月，正是何其芳畢業之期，與「我和散文」中所說合。一九七二年日本「東京大學東洋文化研究所附屬東洋文獻中心」出版尾上兼英編的「1930年代中國文藝雜誌(一)」有「水星」的目錄，但一卷二期及後附的索引均漏去「嵗」那一篇。

⑦何其芳是於一九三五年夏畢業，「中國人名辭典」作三六年，誤。

⑧這所學校名字何其芳在文集中沒有明言，但可參看：

a、何其芳簡歷及其寫作。

b、何其芳，樓棲氏の講話——整風運動、文化大革命について（何其芳、樓棲氏的講話——關於整風運動、文化大革命）。中國語研究者教育者代表團訪中報告書。藤堂明保等編，釆華書林。日本，一九六六。

⑨參考：（何其芳、樓棲氏的講話——關於整風運動、文化大革命）。

⑩參考：同上。

# 從鷄的「食鳴」看鷄的「社會生活」

## ——科學雜記之一

羅天德

科學小品

白石老人畫鷄雛，常愛用墨作兩雛爭一條深赭色繪的蚯蚓，題上「他日相呼」四字。老人在農家長大，對鷄的生活觀察很深，特別是在餵食時，看到羣鷄咯咯，招呼其它的鷄前來就食，因而有「他日相呼」的畫意。

研究鷄的生活的動物學家們，把這種相呼之聲叫作「食鳴」（food call）。鷄不論雌雄，都作「食鳴」，但並不是每食必鳴，更不是每鷄皆作「食鳴」。鷄羣生活在一個非常重視等級的「社會」之中，「食鳴」足以反映一隻鷄的「社會地位」，也可以說明牠的生活階段。

鷄是富於戰鬥性的禽類。兩鷄相遇，一定會有一場激烈的鬥爭，而且一定要分勝負後停止戰鬥。據說鷄原是在南亞洲森林中生活的野禽，因為好鬥，人們把牠飼養家禽，供作鬥鷄之用。照這種說法看來，自古以來，鷄就有强烈的戰鬥性。

這種天生的戰鬥性，決定鷄羣社會中的等級。兩鷄相鬥，勝負既定，以後如仍在同羣中生活，敗者一定要處處讓勝者，因而決定了等級。一九二二年挪威動物學家薛爾洛甫．艾貝首先證實鷄羣是按等級關係組織起來的。後來人們發現比較高等的動物，都靠等級來維持集體生活中的秩序，鳥類和哺乳動物類中有不少是如此的。

但是，等級關係並不是單獨存在的。它沿着生活史的發展，和性、親子以及其它社會關係相配合而發生作用。有人以一個小繁殖羣（由一雄、一雌開始繁殖成的鷄羣）作對象，從小鷄孵化後起，到十個月以後為止，研究鷄羣的社會生活，發現很多有趣的現象。

繁殖羣由雄鷄、雌鷄和小鷄等成員，以種種關係組織而成。其中各個關係變化的方法不同，因此鷄羣關係中經常有安定的一面和不安定的一面。假使就全體而論，最明顯的關係可以分為三個階段：第一階段是母鷄和小鷄的關係，第二階段是繁殖羣中特有的等級制，第三階段是亂交和等級制的變質。這三個階段可說是鷄羣社會的特徵。

母鷄和小鷄依賴許多本能行動來維持親子之間關係。

母鷄孵化了小鷄，先還是和孵蛋時一樣，蹲伏在小鷄身上。這種「伏窩」（brooding），供給溫度行動，是小鷄生存不能或缺的條件。黃昏以後，母鷄一定要「伏窩」。最初，母鷄即使在白天，除了移動和進食之外，都要「伏窩」。母鷄起立和移動之際，會發出「咯咯」的叫聲，雙翼拖垂着慢慢引導小鷄跟自己走。要是有一隻小鷄沒有跟上來，母鷄會用下垂的翅翼像在扶助似地在牠身邊兜圈子。見到食物後，母鷄發出短促的「咯咯」叫聲來招呼小鷄（食鳴），啄起飼料來使之掉落地上，使小鷄易於就食。遇到有什麼東西走近小鷄時，母鷄會低伸頸項，兩翼向前方伸展，作威嚇狀。對小鷄說來，母鷄給牠溫暖和接觸感。牠們找不到這類「安全」時，會「吱吱」啼叫，那種聲音予人以悲哀、焦急之感。母鷄聽見這種啼聲，會咯咯相呼，尋找小鷄。

親子之間這種本能行動，使為集合而用的信號和反應機構得以充分發達。小雞早熟，在孵化後不久就能獨自走開去，這種呼聲可以防止分散的危險。這一機構通過聲音和聽覺系統發生作用，使人推測到從前野生的雞，多數生活於樹木之上或草叢之中，要靠聲音和聽覺來呼應。在隱蔽之處生活，這種信號和反應的機構頗為有效。

母雞和小雞之間以這樣的本能裝置的活動，不斷進行離散和集合活動，加强相互之間的關係，形成緊密的羣體。像這樣的社會的統合過程的形成，究竟是怎樣學習的，不易了解。從社會的觀點上看，有兩點值得注意：一、由母雞孵化的小雞，不易由人管理。小雞和母雞結合後，對同種的雞，一般尚易適應，但對異種生物，很難有社會性的結合。二、母雞和小雞相處數日後，互相有識別對方能力，在接近其它母親和小雞時，不會混雜。換言之，雞羣在這一階段中，已經在行動上產生分別種類和形成個別的社會關係傾向。

母雞和小雞間的結合，繼續維持幾週後，漸漸消失。母雞由於繁殖生理關係，原有的育雛行動減弱。小雞因為成長關係，原來的親子關係從各方面看都有變化。例如啄散食物，在初期是極明顯的現象，母親即非常飢餓時也要先啄散食物給小雞吃，然後自己開始進食。四、五週後，這情形漸漸減少，終於消失。不過這行動在早期時雖有促進小雞的進食功用，但小雞不久就能獨立啄食，這種行動持續的時間似乎太久，有過度保護之傾向。至於夜間的「伏窩」行動停止時，情形不同。母雞在一天黃昏時，突然停止伏窩，和雄雞同棲於棲木上。於是小雞們發出吱吱啼聲，到處亂走。母雞會從棲木上下來，然後再回上棲木去。這樣上下幾次後，終於還是回復伏窩。這樣情形在傍晚時不斷發生，要幾天後，母雞才決心放棄伏窩。

母雞離開小雞後，不再有育雛行動，但是小雞還是聚集在母雞週圍，保持母雞和小雞之間的集體性，一直要到母雞開始對小雞有攻擊行動時，這種集體性才逐漸消失。

在初期繁殖羣中，雄雞在雞舍環境中的關係如何，相當曖昧。

繁殖羣中的雄雞可說是個「交尾」機器。在母雞不再有性的容受性而進入育雛期之後，雄雞還是一味要交尾。母雞非但予以拒絕，有的甚而對雄雞作激烈的攻擊。但是，雄雞在發現食物時發出「食鳴」和「啄散」的行動，對雌雞及小雞顯然有引誘作用，可能是在開放的環境中防止雌雞和小雞離開雄雞的力量。

雄雞初見到小雞，似乎有新奇之感，會走到牠身畔，伸長頸項，不動地注視。這樣的注視行動要持續數日。小雞非常積極地接近雄雞，靠近牠，但是雄雞除了輕輕躲避外並沒有其它明顯反應。雄雞對小雞保持這樣既不積極保護，又不攻擊的曖昧態度；但是牠的「食鳴」，對小雞會引起反應，而且小雞們進食時，雄雞有抑制自己進食的顯著情形。因此，就廣大意義而言，雄雞對養育小鷄有相當程度的輔助。

但是，雛鷄羣初時還是接近母雞，直到四週後，雄雞和母鷄及雛羣脫離的情形才漸漸終止，也就是鷄的「家庭生活」開始時期。

母鷄一次孵化小鷄，自四、五隻至十一、二隻不等。小鷄在母鷄體下，已養成了集體性。通常到十五、六週時開始有性行為。這時雄雛成熟較早，常要接近母鷄，漸漸有作交尾企圖。這時牠會受到母鷄的反擊。但成熟的雄雛會再反擊，也有交尾成功的。這期間雄雛漸漸成長，對母鷄挑戰以爭取雄雛。這種鬥爭勝利之後，又展開雌雛之間的鬥爭，使鷄羣中母雞的絕對權威完全失去。

# 名韁

陳潞

### 孔丘・盜跖

有人想出名，恨不得所有報紙都密密印上自己的尊姓大名。有人捐出一千萬，連個「無名氏」的不名之名都不要（或不敢要。）

——想出名，不想出名，不敢出名。此時此地，人們對於名，隨便一說就找出三種不同態度。

辛棄疾用幾句詞具體解釋列子的「名無實，實無名」。他說：

「盜跖倘名丘，孔子如名跖；跖聖丘愚直到今。——美惡無眞實。」（卜算子，「飲酒」上片。）

是的，如果當日的盜跖，不名跖而名丘；當日的孔丘，不名丘而名跖，那麼，被譽為萬世師表的是「跖」，被千載唾罵的是「丘」。

名，原是如此虛幻的。可是自古以來，他和實質的「利」屹然並立，成為縛束人情的兩重魔障，所謂名韁利鎖，不相伯仲。據説有人要逃名，要隱姓埋名，其實只表示他們把名看得特別重。只要看看人們在名字上鬧的花樣，可知眞正不愛名的人，實在少之又少。

### 別字・筆名

中國舊式文人多取別字、別號，新式文人多取筆名，一脈相承，大致無甚差異。吾粵有「壞鬼書生多別字」的話，倒也形容恰當。不過，有些並不「壞鬼」的書生，別號也却不少。（「壞鬼書生」，民間對一般吊兒郎當而諸多作狀的酸丁之稱。）

魯迅恐怕要算是最多筆名的作家，他用許多筆名，當時雖有不得不然之處，要亦與傳統上的文人習氣，不無關係。他有一首詩，題贈老友日人內山完造。詩云：「廿年居上海，每日見中華：有病不求藥，無聊纔讀書。一闊臉就變，所砍頭漸多。忽而又下野，南無阿彌陀。」上欵寫着「鄔其山仁兄教正」。內山完造何來此中國化姓名？原來是魯迅戲把「內」字的日語發音寫成「鄔其」，湊上山字，便製成一個典型中國式的別號。由此可見魯迅雅愛此道，隨手卽成妙諦。他自己的筆名更往往含有深意，這正是中國人特有的學問。

近代學人沈曾植，別字子培。「培」字承「植」字而來，二者有緊密關聯。這是起別字的正統方式，例子極多。亦有字與名之間寓「修正」、「補充」作用：宋代詞人劉過，字改之，寓有過則改之意，屬於「修正」；胡適字適之，一問一答，屬於「補充」。至於陳誠字辭修，由「修辭立其誠」而來；李宗仁字德鄰，由「德不孤，必有鄰」而來，這些例子更多不勝舉了。

### 雙聲・叠韻

日本多產作家夢宮龍雄，照中國字音讀起來，四字同韻，很覺得特別。與此同類的有一種動物名：「龍宮翁戎」，是珍貴的螺蛤類海產。還與「夢宮龍雄」同韻呢。

國關片男演員凌雲，本名林龍松。此名雖非一韻到底，彼却是林龍「雙聲」，龍松「叠韻」，在一名中雙聲叠韻俱全，且全名三字都屬平聲中之陽平，唸起來富於「音響效果」，殊不多見。

女演員李麗麗之名，比前例更進一步，三個字都又是雙聲又是叠韻；嚴格說來還三字同音（以國語為準），不過畧有聲調之差。只因取「麗麗」、「莉莉」、「玲玲」、「燕燕」等雙文字名女性很多，易於巧合，「李麗麗」一例的特色倒反覺得尋常了。

筆者曾用「施是時」筆名寫過好幾百首新聞打油詩。報紙上的欄目為「試覗斯詩」，是故意配合着筆名的。這也無非在玩弄一音多聲的把戲，造成

「先入」的恢諧性效果。既然有意造成，七字都雙聲叠韻就不希奇了。

### 藝名・本名

提到演員，難免想到他們「藝名」上的花樣。

「藝名」之稱也許現代才有，「藝名」之實却早已有之。不必稽古，即以近代粵劇老倌而論，便已洋洋大觀。含招笑意義的有「蛇仔利」，「蛇公禮」，「鬼馬源」；以地方標榜的有「金山法」，「上海妹」；以缺陷為特色的有「崩牙成」；以擅長角色為誌的有「小生聰」，「太子卓」；凸出某一方面演技的有「風情杞」，「紮腳勝」；强調扮相之美的有「靚先」，「靚榮」，「靚就」（關德興的「新靚就」不同「靚就」，亦由「新水蛇容」之不同「水蛇容」也）……等。

成長自民間的戲劇，演員「藝名」都富於民間味，否則與觀衆脫離了。此點不獨粵劇為然，近代在上海演滑稽戲的「徐雙呆」、「王无能」等，仍一樣富於民間味；京劇的「叫天兒」（譚叫天後有蓋叫天），「七齡童」（「麒麟童」前身）也是。當然還有許多更富民間味的。

電影女星名「賽珍」、「賽珠」、「賽瑚」、「梅君」、「蘭君」，這時期早過去了。自從「以筆劃少多為序」的不成文法規興起，「姓丁」的明星忽然多起來，造成一片「添丁」現象。另一現象是雙名大為減少。三年前曾做一回有趣統計，某電影公司旗下一百八十四位男女演員、導演中，有一百二十位是單名的。其數約為三分之二。以前張織雲，阮玲玉，宣景琳，鄭小秋……都是雙名，胡蝶、徐來，只屬少數。

目下的影星藝名，極五光十色之致。有不折不扣因襲舊小說裏的人名（像「林冲」，「狄龍」）；有逕直用了美國一位總統的中譯名（像「詹森」）；還有就是紅了一個「菁」字，便使你也菁，我也菁，女也菁，男也菁起來。

單名要起得好，卻也不簡單，因為易於沾上張龍、趙虎、董超、薛霸的味道。水滸英雄單名的多，但他們都有個渾名，映襯起來就有了氣勢，像「豹子頭林冲」。此點似不大為一般人所措意。現在連影片中人物的名字都有不少取得很拙劣的；俠士和惡徒的渾名也常乏生動氣息。這就顯示出編劇者對此亦未加重視了。

有些影星的藝名，用粵語叫起來頗為別扭。像「焦姣」、「妞妞」。前者粵人循本音唸「焦餃」。「餃」豈能「焦」？後者唸成「鈕鈕」，便失掉原來帶着的地方氣息。還存在着長大了是否改名的問題（像「七齡童」後來改為麒麟童）。

麒麟童後來還是用了周信芳的本名，那麼，焦姣名焦莉娜，妞妞本名郭佑華，實在比她們的藝名易於上口。

### 七字・五字

有些外國人的姓名很長，往往在報刊見到記載。所知中國人姓名最長者也達七字之多。一位住在台灣台東縣東勢鎮東關街下城里二七四號的老太太，她的全名是：戴林邱廖阿玉緞。數年前泛亞社曾為此長名發出電訊。看來這名字像頂着幾個姓氏在前。大家知道的故導演馬徐維邦，也為了頂着兩個姓，故合起來有四字。女性不奇，男性就少見了。

五代時有位有道術的人，號神和子。據記載，這位神和子姓屈突，名無為，字無不為。那麼他的姓字是「屈突無不為」。共五字。見宋人蘇轍筆記「龍川別志」。

---

## 寓　　言

### 啄木鳥和樹

啄木鳥飛到樹上，用很尖利的腳爪抓緊樹皮，轉動小小的圓眼睛，向樹身盡瞧。

「不斯文的朋友，抓得我好痛呀！快走開！」樹嚷着。

啄木鳥開始工作了，「篤、篤、篤、……」的响了起來，尖嘴向樹身猛啄。啄破了樹皮，又啄破了樹肉。

「哎喲！好粗暴的野鳥，絲毫不通人情的家伙，你知道我是很高、很美、更有很大用途的樹木嗎？為什麼要這樣對待我？」樹大聲嚷着。

這時，啄木鳥已將靈巧的舌頭伸進樹心，並且拖出一樣東西來。樹葉在旁邊看得很清楚：這是把樹木作食品，身體雖細小而很凶惡的一隻穿心虫。

### 「寫意畫」

牛大哥寫字，不小心打翻了墨水瓶。他很着急的把它扶起，但已有很多墨水把紙面弄髒了。

在旁的小狗連忙安慰他說：「這不要緊。還無意中創造了一幅很好看的寫意畫呢！」

牛大哥瞪着它厲聲說：「你何不再多說一句：『這比齊白石的作品好得多』。這樣豈不更討人歡喜嗎！」

・沙夫・

## 黃冑・少女・毛驢

莫一點

黃冑，河北省蠡縣人，現年四十九歲，個子結實。自少就喜愛繪畫，十四歲那年，曾拜師學習中國畫。隨後，他又跟徐悲鴻先生學習西洋畫中的人物描素，徐氏多以西洋寫實的畫法來描繪中國畫，他還希望提倡中國畫的創新。無形中，黃冑在他的教導下，直接和間接地受了西方寫實主義的影響。據悉，他在學習過程中，曾得徐氏指點了一些畫馬和水墨畫的奧秘。

一九五〇年，他二十四歲，加入了部隊，幷長期追隨着連隊深入新疆、西藏一帶駐守。一九五七年，他創作的「洪荒風雪圖」，榮獲第六屆世界青年聯歡節國際造型、實用藝術展覽會的金質奬。以他那麽年輕，便取得這樣的成就，實在令人羡慕的，無怪北京的「榮寶齋」，在他得奬後不久，複製了他很多作品，一時流傳到國內外。

「文革」初期，曾受到一些批評。

但在一九七二年的冬天，他經過改造後，已恢復在北京的畫室進行創作。筆者去年曾在畫店裏，讀到他的新作，大都如「少女牧驢」那一類的作品，最可喜的是他的水墨畫技巧方面比以往更純熟，並且減少了他一向嬌飾的作風。

黃冑的作品，多以美麗的少女作主題，特別是那些能歌善舞，婀娜多姿的維吾爾族少女、藏族少女、傣族少女、越南少女、哈薩牧人、部隊的年青男女戰士，以及其他兄弟民族的形象為素材。這因為黃冑由於長期在新疆、西藏一帶生活過，自然對那裏的事物和自然景色較為熟悉，加上他對那些熱愛勞動、樸實、樂觀的兄弟民族有着一份深厚的友情，希望通過他自己的畫筆，刻劃出他們的一舉一動。如草原上的一兩個少女趕着驢羣，騎在驢背上回首羞吟答答地張望一剎那的少女，或者是他們在豐收後載歌載舞的喜悅場面，都表露無遺。

既然黃冑在創作方面選擇了新疆、西藏一帶的風土人情作畫材，當然除了人物之外，其次就是那些與人們長久相處和人們的最好幫手——「毛驢」，在這一帶地區，毛驢負起生產、運輸、交通和其他方面的重要角色。因此，黃冑畫驢，依然不斷地畫驢，正是一件很自然的事，而且可以理解的。

黃冑畫的驢，無論一頭或成羣，都經過極其細緻的處理，而且從筆墨裏可以體會到畫家對驢各部份器官、骨骼的深刻認識，所以人們在讀他的毛驢時，都感到生動悅目，惹人喜愛。如他作的「餵驢」，生動地表達了少女與乳驢之間的日常生活中的一段情趣。畫中站立着一位美麗的少女，正把一籃嫩草餵她心愛的四頭乳驢，你看！有兩頭吃着地上的青草，一頭抬頭搶着吃籃裏的嫩草，另一頭則吃飽後，懶洋洋的躺在地上。

黃冑繪畫的最大特點，就是相同題材，總是翻來覆去地畫，筆者認為他的作法可能他本身所創作的東西感到不滿足，或者認為主題未較突出，藉此希望重畫時加以改正不妥之處，力求作品達到精益求精和提高作畫的表現技巧。如今期本刊封面的一幅黃冑近作「學文化」，筆者曾看過三四幅，幾乎都是大同小異，不過以這幅比較明朗、精簡。

總言之，黃冑那清新、活潑、使人感到格外新鮮的少數民族的作品，實在令人百看不厭。他的成就，可說是在創作過程中，長期深入體驗生活，不斷進行寫生、創作所得來的。

# 演而優則導？

於天

## ——我對演員當導演的看法

尙路易杜寧南，這個名字對一般的電影迷相信不會太陌生吧，他那瘦削而粗線條的孔面，那雙深沉幽怨的眼睛，不論担任何種角色都相當入戲，他是一名好演員，這句相信有很少人會反對的。

大約在十一個月前，他所導演的電影「九子連環」曾經在本港上影過，票房不大好，不是那部電影差勁，而只是不合本港觀衆口味，一個父親為他的兒子（犯了謀殺罪）復仇，用不同的手法把九個證人逐一殺死，那套電影手法很新，用半喜劇形式拍攝，沒有多餘的對白，拍攝的畫面和角度相當別緻，故事的內容雖然畧為空洞，但也不失為一部佳作。

談杜寧南的電影的主要原因是為了一點，一個好演員是否可以成為一個的導演呢？筆者的觀感是：一個好的演員不一定能夠成為一個好導演，但一個好導演相反地，如果他是具有「開麥拉」臉孔的話，是可以成為一個好的演員的，如杜魯福和希治閣等是，他們雖然演來木口木面，但大致也能恰到好處地稱職，而不會過份。

外國有不少的好演員皆嘗過做導演的味道，除杜寧南外，另一個法國紅星阿倫狄龍也當過導演，他們只求嘗試，而對導演這個名銜不加强求，因為不是每個人都可以成為明星的，不是每個明星皆可成為演員，同樣地不是每個演員皆可以成為導演。外國演員（不是崇外）在這方面比較有胆面對現實，知道那是自己可為的，而那是自己不可為的。

所以有不少人要算自己是眞正科班出身，學師於某大名導演門下，也很自量在擠身於副車中，成為一個較有權威的影評也不强求成為一個二、三流的導演，自量是一件異常難得的修養，也有不少出色的演員，如李察波頓，羅蘭士奥利花等皆懂得自己的所長及所短，上大學去讀書也不一願一嘗導演滋味。

不是每個導演都是要得過什麽電影院進修資格，取了一個什麽電影碩士或博士的名銜。但有一點是必然的，每個名導演均有其獨特的見解，而對電影的技巧因時代作不斷的嘗試及探討的。當然有不少的導演手法如有神助，他們的幻想力及即興感受較他人强烈，所以在反映事實上，或塑做幻想性人性時均感受較他人突出。這些天才是相當少，但不少名導皆是苦學成功的。

説到由明星轉為導演，本港也有若干個，除一兩個的手法尙較為突出外，其他的眞是不倫不類。唯有要讚讚本港的這些「奇才」「導演」明星，他們眞的不知羞恥為何物，也難怪本港的影迷根本看不起本港的導演。

這個情形的出現可能是香港自命不凡的人太多，也可能是這些明星發覺他們已近人老珠黃的地步，趁着他們還有一點聲望時企圖為自己闖出另一條生路，也可能是他們要製造一些新聞給一些只懂拍照吃喝的娛樂新聞記者採訪，也可能是這些明星愚昧到認為導演的任務只是除教懂自己去演那套戲外，只再教懂女明星如何與自己做對手便行了，而事實上他們本身的演技就是不入流的。

對那一兩個本身稍有演技的演員導演，在偶而為之的情況下，作品也尙可入目，這不一定是他們出色，而只是一般其他導演的水準低而已。但那幾個只靠自己有悅目面孔，但表情生硬的武俠明星，其導演的作品則與他們的眞正的功夫一般——裝模作樣得個睇字。

現時本港的所謂「新秀」導演的一個主要成功要則就——「討好老板（資助拍片）——討好某些「所謂影評人」（製造假消息，假輿論）討好觀衆（製造片房）」。在電影題材方面，又是一遍乳房與拳頭，再加上一些粗俗下流的對白，本港無聊的人多得很呢，上了一次當後仍會上第二次的，要成為一個百萬導演現在不是一件難事，只要放棄藝術的使命，看準門路，往往可以一矢中的，升價為百萬明星兼百萬導演呢。

本港一名頗有名氣的導演曾經説過當他為藝術而藝術的時候，正是他弄到十分潦倒的時候，現在他轉變了路線，設法去用色情電影來討好觀衆，這時反而是他當導演以來，生活過得最佳的時刻，更有人曾經埋怨謂本港是一個沒有文化的地方，此間的人只懂吃喝色慾的事情，電影當然也隨着這個方向走，這是一種十分不負責任的説法，本港的製片，導演及明星已過份地討好觀衆了，而把觀衆的胃口弄壞了，要把這「胃病」醫好，是需要一點時間及功夫的。

在引導觀衆的口味方面，要辦得好是談何容易的事？況且又有多少個本港的導演能担得起這個責任呢？再進一步又有那個製片胆敢冒這個危險？因為所付出的投資未必可以賺得大利的。

目前仍有不少導演其本身對攝影技術是一竅不通的，他們把整個拍攝任務，包括取鏡，角度及攝影機的移動等，完全交給攝影師決定。某個好的角度對某場戲的氣氛是有直接的影响的，況且在很多情況下，取鏡的技巧更往往被利用來表達劇情，電影不是話劇，畫面是極為重要的；而對白僅居次席，一個對攝影機操作沒有認識的導演，只得任由其攝影師擺佈，這樣做，對一套電影的最終成果是有莫大影响的，因為每個好的導演必須盡量利用其手上的一切，以求收取最大的效果。整體性工作是重要的，但一個無能的導演，實為一齣電影中的最大敗筆，導演不應大獨裁，但他需要明白他要什麼鏡頭，他需要有莫大的自信。

別一點要談的導演的是意識，本港的絕大部份導演都不願表露他們的思想意識，他們的影片不能登大雅之堂是有其原因的，不可能説他們沒有，因為身歷影圈的風浪中，和個人對日常生活的感受，皆極可能在某一方面影响其手法的，但本港的導演及所謂名導演的名堂，大多數是一羣銀色記者或影圈專欄作者吹捧出來的。

有兩三個頗有意識的導演，給影評人讚了一兩次之後，便以專家自居，走牛角尖，滿口的電影理論而漸與現實脫離，拍出來的電影第一套可能是好得令人驚奇，第二套尙有些東西看，第三套則成為平平淡淡，一個好導演不是坐着空發理論的，也不是濫拍趨時電影以娛觀衆的。看看薩耶哲雷，這名印度大師，他不是久而拍之的名導演，他的作品可不少呢，但幾乎都是水準之作，對本港的數個（？）為保聲譽而不敢多拍電影的導演，筆者極懷疑這些導演是否僅此而已。

當然過份偏重導演思想意識的電影不可能很賣錢，但相信喜歡這類電影的人亦不少呢，導演有本錢，演員不一定需要名堂大，只要有內容，捧場客也決不會少的，多嘗試及多創作，此間有識的導演們才可以眞眞正正地引導觀衆的口味向上的。

**·文化消息·**

## 山水畫家賀天健逝世

著名山水畫家賀天健，今年八月已在上海去世，享年八十四歲。

去年四月，已獲悉他由於健康的緣故，在家裏養病，絕少作畫的消息。

賀天健，原名丙南，號阿夢，浙江無錫人，少孤，由祖母敖氏將他撫養成人，八歲時已開始畫畫，並得祖母從鄰人處借來「四王」、文徵明、沈石田等人的作品給他臨摹。十五歲時，生活非常貧苦，連燈油也買不起，只好在廟宇裏剁下了蠟燭蒂拿回家點燈。二十一歲時到南京讀書，因經濟問題，迫得綴學。後來，在上海中華書局任圖書編繪的工作。三十歲時，結識了吳昌碩、俞語霜、任堇叔（任伯年的大兒子），在他們的影響之下，漸漸地拋離「四王」等人的畫法，接着對石濤、石谿、八怪粗豪放逸的畫風發生興趣。解放後，一直從事藝術教育的作，還在全國各地進步寫生、創作。

一九六零年，他編著了一本「學畫山水過程自述」的書，內容是將他六十多年來畫山水畫的艱苦歷程和親身體會，作有系統地叙述，對研究及愛好的人士，有很大的幫助，不過，此書已不多見了。

# 龍　哭

談錫永

風風雨雨
與霹靂齊來
曾驚蟄睡的大地
蜿蜒八千里
路壓天低

從黃河躍出
一躍而過鯉魚門
再躍而翻騰天際
閃金的鱗甲
當點滴黃河水

黃河水
飲你
也飲鑽第一星火的
燧人氏，畫陰陽八卦的
伏羲…………
卻都遙遠了
初民的日子

此後偶或太平時
聽鷄鳴犬吠
便携雲携雨
潛於出澗，躍於九淵
為甚麼不飛騰九天？
是怕血流漂杵
土地染一片玄黃
有寡婦哭於夜燈的茅舍

卻依靠戰鼓頻催
他們描畫你
用烽烟描畫你；
印璽腰間如斗大
在火中熔鑄
你便盤虬這方寸地

二千年一瞬
頻仍慘風愁雨；
凝想，秋水注於滄溟
無涯無際無涘
便寧痛哭
中原之外千里
蜷焗於水湄

路，是愈來愈窄了
坐看雲起
囚於水窮處
風塵已然磨鈍牙角
憂鬱若怒濤粘天起
撼動一天星斗
且向你窺視驚移

長吟
沈夜潮音瘖啞
流雲停駐；
望滄溟而未濟
鬱風雨於奔雷

散文

# 已逝的足跡

劉一波

冬日，熱鬧村莊變得很沉寂；連一聲鷄叫、犬吠也聽不到了。

夜晚，大地陷進硬冷與寂寞。躺在被窩裏，聽着外面凛冽北風的呼嘯，想起有誰在村前那條靜寂石板路匆匆趕着歸途，幼小心靈便泛起莫名恐懼。因為媽曾說過，隔村四叔家裏一個婢女，去年冬夜回家，在石板路轉灣的河邊，被一頭餓狼噬去了生命。第二天一早，一個叫阿牛的雇農發覺，已經肢離體碎，只剩下筋連骨及一個依稀可認的頭顱。打從那時起，在心靈中，寒冬深夜便變成了神秘與恐怖世界。

村後那片同伴常聚底沙地，也人蹤渺絕。幾堆硬冷的石頭，幾棵枯枝衰草，還有那堵殘垣敗壁，均孤零零地一任寒風冷雨殘摧。歡愉的笑聲，跳躍的足跡，天眞的言語，一一消失了。每個同伴都綣縮在緊閉大門內的天地，用懷念牽掛友情，渴望陽光快些到來，走出狹小的囚籠，重會友伴。別老是呆在家中去數昔日一同玩耍的快樂。

環繞村莊圍牆外的池塘，春天水面伸滿青蛙的頭，突出的兩眼，多疑地窺伺，平靜如鏡的水平線稍為一動，那些頭就迅速竄到水底去了。許久許久，才又看到牠們一個一個的露出水面。

較大的少年，用雨傘上的鐵骨，磨鋒一端，另一端按挿在一枝丈來長的青竹上，做成一支標槍，持在手上，在塘中小心潛游，眼看快接近青蛙，向前一擲，水面泛起鮮紅，勝利者興奮舉起標槍，槍端串着青蛙，兩腿在陽光下痛苦地伸動，這時，爬在圍牆觀看的孩子拍掌歡呼了。

然而，不知怎麼，我每每覩此，心裏總有着說不出的難過與淒涼。

我喜歡與最要好的同伴宗跑到河邊去挖魚洞，大約三四尺深，四方形，在洞的四壁再挖上小洞，拾來最好的瓦筒，有次序地放在小洞內。然後用板、草、沙封好洞蓋，在近水底的洞壁裝上一個圓徑三四吋的竹筒做洞口，引水進洞。魚，特別是鰍魚，喜歡蔭涼，會竄進洞內乘凉，而且留連忘返。四五天後，封洞口，掀開洞蓋，潑乾洞水，便發覺壁小洞的瓦筒內住滿「來客」。捉到鰍魚，與宗平分，有時碰到單數，宗總讓我多一尾。

炎熱夏天，雨水多，河水漲，危險。媽不准我再到河畔去了。我與宗便到屋後一個菓園去玩。這個菓園是我家的。我們喜歡玩椏义，從大人那裏知道最好的椏义是橢圓形；不僅準確，同時不怕彈子打中柄子反彈回來傷及臉鼻。菓園有各類的花草樹木，一任我們選擇。看到適合的樹枝，把它拗成橢圓形狀，用繩綁住，幾天後斬下火烤，使其形狀固定，小心削去多餘地方，一個好的椏义也就完成了。不過我與宗的眼界奇差，縱使用最好的椏义也從未打下一隻鳥。

我們又捕捉有顏色的昆虫、小動物，口渴了，大嚼龍眼和火紅的石榴，有點酸味的杧果，又甜又香的菠蘿。把各種各樣的樹籐糾纏在一起，編織成床。倦了嗎？躺上搖呀搖呀的休息。一次我們打賭看誰找到最大的葉，贏了做大哥，小弟要聽大哥話，結果誰也有輸贏；宗找到最小的葉子，我也找到最大的葉子。

夜間，菓園是一個充滿神秘的地方，我們設想有許多妖怪出沒。但夜合花的芳氣到夜晚才放射，嗅着隨夜風送來的濃郁的香味，我們耐不住好奇，幾次都去想一探究竟。一晚我趁外婆搖着扇子講故事疲倦了打瞌睡的時候，同宗大着胆子，靜靜跑到菓園去，初初望見婆娑的樹影，像羣魔亂舞，很是胆怯。然而夜合花香味越來越濃，宗說：「日間看過那兩個蕾，一定全開了。」

於是，我們不顧一切，爬過牆頭，因為外婆也不准我夜間到菓園去，不給鎖匙，宗首先跳下，輪到我時，右腳踏着的一塊牆磚鬆了，一個不留神，跌下去，腿肚被樹枝劃上了血痕，痛得直不起腰來。宗看見我許久無法站起來，以為跌斷了腿，急得哭起來。後經我說明傷處，他才破涕為笑。並提議取消繼續探險。

秋天，黃葉紛飛，滿眼肅殺。菓園再不是留連之地，更廣濶的天地是村前一些無垠的田野。秋收後，田野乾硬，綁着一個個稻草人，正好是孩子們捉迷藏的好地方。天黑，數十個同伴，在田野追逐歡笑。我們幻想出許多神仙故事，扮着故事中的角色，學着舞台的工架，唱自己發明的調子，引得路過的大人頓足大笑。

有誰能留得住時間的消逝呢？長大我與宗都愛上文學，讀到一本好書，互相介紹、互相借閱，互相朗誦各人幼稚的詩作，我們常常秉燭夜談，共剪西窗。

後來，我與宗來到香港，起初我們還經常相聚；談文學、談創作，談夢。在灣仔一條橫街的大牌檔，我們以很低的價錢消磨大半夜，然後帶着微熏，唱着歌離去。那時，收入雖少，但對未來充滿了希望。

我與宗幹過許多行業，由這個地區轉到另一個地區；再由另一地區返回原來的地區，香港、九龍、新界，幾乎每一個角落都有我們的足跡。我們突然覺得生活並不簡單，我們不再做夢了。可是我們仍然相聚，訴說白天中遭受的痛苦、白眼與歧視，互相安慰、鼓勵，然後懷着友情溫馨互道晚安。

一晚，我與宗沿着司徒拔道前行，嗅着從天主教墳場那邊飄來的野花香，他突然停下來，緊握着我的手，望着我許久說：「有一件事情請你原諒我，你答應嗎？」

我從來沒有看見過他這樣子，我有點手足無措，我不知如何回答，我只呆呆的望着他。他說：「我决定放棄理想，不再談文學，我不再是你的同志了。」

我知道他對未來已感絕望，我內心有着說不出的痛苦；他不應這麼快便敗下陣來，幾年來，我看到許多朋友，為了生活，放棄他們的理想，我以為宗不會，因為我看不出，也聽不到。他一向比我堅强。我無言以對。這晚我陪着他默默走盡司徒拔道；默默分別時，望着他登上三等電車的背影，感到有說不出的蒼涼。回到工作的店子，躺在硬冷而狹隘的板床上，心裏像有個東西在咀嚼，整夜睡不着。

以後，我們又轉換了幾次職業，轉換了幾次環境，生活的傷痕在我們身上越來越深了。漸漸我們由少見面而至無暇見面了。一年後，他終於悄悄的跑到美國去了。他去美國，我一點兒也不知道，後來一位在美的同鄉，剛巧與他在同一間華人餐館工作，寫信回來告知，我才知道，幾次想寫信給他，但提起筆，望着眼前的白紙，又不知從何說起。因為我知道七八年顛沛流離的生活，友情已不再在他心中燃燒了。

一九七四、九、十六。

**·文化消息·**

## 本年度諾貝爾文學獎又起風波

今年的諾貝爾文學獎，瑞典皇家學院已宣佈頒贈給瑞典作家七十四歲的詹森（Eyvind Johnson）和七十歲的馬丁森（Harry Martinson）。皇家學院稱道他們對文學的貢獻，以及他們作品中表現了「捕捉瞬間與反映宇宙」的寫作技巧。這兩位作家將共同獲得十二萬三千美元的獎金。

這項消息公佈之後，世界文壇的反應平淡，未見有什麼動人的評論，反而在瑞典本國，新聞界與文學界掀起了强烈的反應。有一位少壯派的瑞典作家戴爾布朗克（Sven Delblanc）公開發表談話，認為把「諾獎」贈給這兩位「老作家」，無異是一場「災難」，諾貝爾文學獎所享有的國際聲譽，將因此而成為世人的笑柄，戴爾布朗克不客氣地說：「就算是皇家學院存心自我毀滅，也大可選擇一種比這樣丟人更高明的方式。」

詹森和馬丁森的作品，大抵世人不大知道，因此經此風波，多少引起國外的注意和評論，可是戴爾布朗克的話是否公平，也不得而知，我們且拭目以待，看這兩位文學獎的新得主是否眞的如戴氏所言的一文不值。

## 所謂瀟洒

小戴

我十五歲的時候認為：瀟洒是一頭亂髮一件破棉襖一條在風中飄拂的舊圍巾。

我十八歲的時候，碰上一羣愛互贈高帽的傢伙，他們常常互相豎起姆指讚歎：「××眞夠瀟洒！」他們所謂的瀟洒是什麼呢？是對女孩子不在乎，是考試不刨筆記。

如今，我也常聽人家讚歎：

「某某不關心名，眞瀟灑！」

「某某不在乎利，眞瀟灑！」

「某某不爭奪權勢，眞瀟灑！」

他們以不慕名不逐利不嚮往地位權勢為瀟洒。

然後，我想，瀟洒就是這般的嗎？

不僅於此吧！一定不僅於此。

我想，對虛名、財富、權勢等等漠視，是淸高而已，還不算是瀟洒。

瀟洒應該是：

嗜好名利財富而能坦然於貧窮和藉藉無名；

恐懼錯誤而能勇敢地面對錯誤；

貪戀生命而能從容就義；

還有，愛人變心，知道愛人的新歡比自己更適合她（他），能咬牙面露笑容地悄然隱退。

## 母親有時候

小魚

有時候我覺得母親也很難瞭解，她是同時兼備新和舊思想的人。舉個例：她不信宗教鬼神，只相信人為力量，又很迷信，她相信別人為她的祈禱和祝福，一定會靈驗的。她相信好人好報，壞人惡報之說。她對一夫一妻的婚姻制度不置可否，但她極主張一個女人一生只應愛一個男人。

她很重視物質生活，當父親生意失敗，全家由大房子搬到貧民窟時，她在搬運貨車上哭個不亦樂乎：她從未做過家務！但第二天，她就開始適應那裏的生活：每天上下一百多層石階到小菜塲買菜；每個晚上到公衆水喉輪候自來水；活得比誰都習慣自然。

母親很為她的美麗自豪，尤其直到現在「這一把年紀」，她的皮膚居然還比她的女兒們細嫩出色。

她常常告訴我們說她從前在家鄉前後左右十里的女孩子，要數她最漂亮！我們笑她吹牛，說：「誰那麼閒，逐家逐戶將女孩子來比較？」

有時，母親也會無意中透露她少時的醜事，她小學常常逃課，中學時，是全校女學生中最高大，但成績最鴉鴉烏的學生。

我們喜歡聽她年輕時候的羅曼史，和父親的戀愛過程，但她從不提這些。

她是個最不懂浪漫、不會營造氣氛的人。中秋節的晚上全家圍坐賞月聊天，她突然站起來，四處找出髒衣服被單，嘩啦嘩啦地洗。

她也會有幽默的時候。

有一天，我在書桌上看到一張留條：「二小姐：令尊翁請我轉告你，下星期的父親節，他什麼也不需要，但我認為他應該有一件新襯衫。母字」

·短篇·

·創作·

# 熟食攤裏的燭光

羅維明

耀琛從學校側門裏走出來，沿着那有各式各樣的店舖的行人道，走向郵局。前面的街道瀰漫着一層灰塵，像早晨的薄霧，遮掩着遠處的建築物和更遠的山。路傍到處是挖路的工事。已經是中午，不見有掘路的工人，祇有一部推土機停在街沿。周圍是石礫泥土，堆在窟窿的邊緣。耀琛打從洗衣店前橫過馬路，剛好有一輛公車開出，捲起漫天微塵。

他從信箱裏取出一封信，凭在郵局門前的鐵欄杆，就住光讀着。隱約間，學校的鈴聲穿過浮游的灰塵傳出來。

街道一下子佈滿了人。一輛計程車响着鈸在人羣裏穿竄而過，又捲起連天的灰塵。耀琛離開郵局，經過剛才的洗衣店，裏面乾洗機的蒸汽忽然往街外噴出，前面幾個女孩急急的向傍躲閃。走過咖啡店前，耀琛朝裏頭張了張，一羣男孩向他招手，他回應後繼續往前走。飯店裏面已經坐滿了人，還有人捧着書本到處找座位。三、四個人成列的阻在前面，慢慢走着，耀琛放慢腳步跟在後面。街道彷彿全是灰塵的世界。

一輛車從旁掠過，耀琛用手掩住咀鼻繼續前行。一爿西藥店內，有個黃頭髮的女人正餵一個小孩吃飯。水果店內，疏疏落落的坐着人，幾籮香蕉擺在門前。耀琛經過一間麵店的時候，聽到有人在喚他。

他回轉身去，看到珮蓁和蘭卿站在對面書局門前，向他招手。耀琛待一輛公車越過後，才奔過馬路，來到她們面前。蘭卿和耀琛談了幾句，就說要先回宿舍。耀琛愕然望着她的背影。蘭卿走遠後，珮蓁拉着耀琛來到隔壁的冰菓店，兩個人就坐在裏面談話。

耀琛回到家裏，宜昌正在穿衣服，他在衣櫃裏東翻西找，取出一件紅色毛衣。耀琛走過去，坐在床沿，隨手拿起擱在床頭的雜誌，看着封面那個裂着咀笑的女孩，然後又扔回去。宜昌正穿上那件套頭毛衣，耀琛問道：「剛回來還是要出去？」宜昌答道：「要出去。」聲音從毛衣裏傳出來。

「外面的灰塵很大。」耀琛說着，走到桌前，翻開桌上的日曆本，算着日子。宜昌側轉身，說：「漢寧今晚請喝酒，你知道嗎？」耀琛問道：「為甚麼？」他把日曆本放下，又說：「我不知道。」宜昌正在鏡前梳頭，說：「呃，他拿了獎學金，你不知道？」頓了頓，又說：「好像是四千塊，他說要請大家喝酒。」

耀琛沒有說話，把信擱在桌上。宜昌坐在床沿穿鞋。耀琛又問：「那志達呢？他也申請的。」宜昌便說：「他，他沒有。」耀琛奇怪道：「怎麼搞的？」

耀琛到浴室去，洗了把臉，回來時宜昌還未走，卻在書桌上，不知找些甚麼。耀琛躺在床上，抱着頭，發愣的望着天花板。

「收到信了？」宜昌問道。耀琛說：「唔？啊，收到了，剛來的——那邊學校沒給獎學金，怕又去不成了。」宜昌還是站在桌前，翻着一疊疊紙張。街外有一輛機車蓬蓬的馳過。

「我剛才碰到珮蓁，」耀琛說。宜昌轉過身來，問道：「祗她一個人？」耀琛頓了頓，說：「還有蘭卿。」

宜昌又問道：「她最近怎樣？」耀琛沒有回答他這個問題，卻說：「文彬最近常常喝酒？」

「聽說是的，」宜昌走到衣櫃旁，拿出一個背包，把手中的紙張放進裏面，邊道：「前幾天碰到克儉，還聽他說起才曉得。克儉說還陪他喝過幾次。」

耀琛奇怪道：「珮蓁怎會知道？不曉得蘭卿知不知道？」他欠起身，靠到牆壁上。

宜昌坐在椅子上，說道：「文彬說畢業後立刻就走，就是因為這樣？」

耀琛說：「他是這樣講，大家都不相信。」

「這就難說了，」宜昌說：「他不講，誰曉得他心裏想些甚麼。」搖搖頭，又說：「當初他說要留下來，還不是為了蘭卿。」

耀琛沒有說話。宜昌站起來，邊說：「好好的又鬧翻，幹嘛？」

宜昌拿起背包，走到門口：「你下午到學校去的話，去找找稚明，跟他們說今晚十一點半。」耀琛說：「到時吃晚飯吧。」

宜昌走後，耀琛又躺回床上，盯着牆壁上那張卜狄倫的海報。過了很久才翻身下床，把信拿過來，再次讀着。

一輛機車駛進巷口停住，車上的男人把頭盔拿下，掠一掠頭髮，然後扭熄了火，在跨座位上，把機車推進橫巷。巷子兩傍儘是用帳篷和木架搭成的熟食攤子，有些縮在騎樓或舖子裏。爐子朝着店門。每家店前總停了腳踏車或摩托車。熟食攤子把燈光亮得像一堆堆火焰，紅通通，而且混和着從店子裏湧出的縷縷蒸汽，也混和着各種聲音：喝酒的猜拳聲，喧鬧的人聲，收音機播放布袋戲的鑼鼓聲，電視機的歌聲、臼水聲、油鍋裏的爆灼聲……。他推着機車，逐家的在門前張望，直找到最後一家去才停住，下車來到店裏買了瓶酒，納進懷裏，然後開車離去。

耀琛站在一家熟食攤子的門前，怔怔的望着外面。爐子旁邊，立着個炒菜的女人。她撒了把鹽進鍋裏，爆出連續的嗤嗤聲。冰櫃就在旁邊，擺滿了海鮮和肉類，上頭還壓着冰。耀琛望着對面水餃舖裏的宜昌，他正從店裏出來，手上端着個盛滿水餃的碟子，另一隻手拎住一袋花生。

耀琛把宜昌手裏的碟子接過來，就朝裏面走，邊嚷道：「水餃來啦。」

店內角落處，有兩個穿着棉襖的男人在靜靜吃酒。桌上放着兩盤小菜和一瓶紹興酒。棉襖上留有殘舊的漬痕和綳裂的碎線。文彬和志達還有其他人圍坐在近門的方桌，正在放肆的大聲說話。桌上堆滿殘有餘羹的碟子，歪歪亂亂的叠着。十來個褐色的啤酒瓶擱在桌底，空空的，愣愣的被遺棄在陰影裏。

「幫個忙，漢寧，很燙。」耀琛對其中一個說。漢寧一邊說話，一邊把碟子移到另一張空桌去。耀琛把碟子放妥，白色的水餃還冒出熱騰騰的蒸汽。有人在斟酒。有人說：「你們還未來，我一個人就喝了兩瓶。」漢寧問：「麻油呢？」耀琛正想要坐他對面的志達去拿，卻看到他的臉像映着爐子裏的火焰般殷紅。宜昌已經站起來，說：「我去拿。」

這個時候，巷裏的燈光咔的一聲統統熄掉，黑暗突然罩過來，彷彿一陣風，刮滅所有的光明。

「停電啦——」

巷裏立刻騷動起來，聲音此起彼落的鬧了一陣，然後慢慢靜下來，繼續剛才的喧鬧。黑暗裏，祗有瓦斯爐子藍色的火焰在跳躍，隱約還看到朦朦朧朧的人影。

「怎麼會停電的。」耀琛說。

「好嗶，這才過癮，黑一點，好玩。」坐在他身傍的文彬隨即答腔，邊拿起筷子夾起一隻水餃，夾不牢，跌在桌上，又立即夾起它，送進咀裏。

「老板，有沒有蠟燭。」漢寧向剛從裏面房間出來的一個男人問。老板裂着咀露出一排燻黃的牙齒，亮一亮手中握着的幾根紅燭，說：「有，我來把它點着。」

幾家攤子相繼點燃蠟燭。現在，巷裏先前的燈光已經消失，換來微弱搖紅的燭火，影影綽綽間還可以看到到處擺放的物件和人。誇大和摺曲的影子投在牆壁棚架帳篷和水門汀路上，又重重叠叠互相落成一塊。風一來，各處的黑影不期然哆嗦起來。

「來來來，兄弟，酒還是要喝的。」文彬推了耀琛一把，他正恍恍惚惚的望着桌上搖幌的燭光。火焰冒出熟蠟的香氣來。耀琛抹了把啦，望着文彬。他正在斟酒，然後舉起杯來，說：「誰跟我乾這杯。」

「來，來跟我——。」有人說。

宜昌從外面進來，端着兩碟醬油。坐下來，第一句話就說：「全都黑掉了，我看外頭也沒有燈。」

漢寧問道：「整個鎮？」有人說：「這一趟真是夜黑風高。」文彬斟完了酒，把空瓶子放在枱底，對剛說話的那人說：「克儉，去拿兩瓶來吧。」

有人嚷道：「糟糕，等一會要摸黑囘來。」耀琛說：「咦，你怕黑嗎？」那個人又說：「我——忘了戴眼鏡。」惹得衆人大笑。文彬對剛說話那人說：「稚明，喂，你當心等下碰上燈柱。」大家愈發笑得厲害。克儉把兩瓶還淌着水的啤酒重重擱在桌上，笑着說：「哈哈，外面在修路，碰不上燈柱，也會掉進溝裏去。」稚明發窘地阻止：「夠啦，夠啦——。」

耀琛說：「路的確難走，下雨就全部是泥漿，半步路都走不動，不下雨又全變成灰塵，髒得要命。」宜昌接着說：「還不是照樣能走。」他望着耀琛，耀琛不知說些甚麼，無可奈何的聳聳肩膊。燭光的顏色浸着衆人的臉孔。投在牆壁上的影片和貼在上面的日曆及符紙混在一起。耀琛環顧衆人，大家都不在意的繼續說話。

文彬和克儉對飲，兩個人一杯接一杯的灌着喝。有人說：「人家出錢，你們賣命。」

志達一直沒有說話，靜靜的喝着酒。耀琛看着他，發覺他的臉色愈發酡紅，因道：「醉啦。」宜昌搖搖他。志達幌了幌，才說：「沒有。」宜昌說：「我送你囘去吧。」志達掙開宜昌的手，說：「不用了，沒有醉。」

耀琛笑笑。宜昌也笑笑。

慢慢的有人迷迷亂亂在哼着歌。風不知甚麼時候刮起，颼颼的從巷口直通巷尾，掀起地上的報紙，甚至吹起來刮着地面跑。微弱的燭光一搖一幌，使顫動的黑暗偶然跳躍起來。

文彬抓了把花生進口嚼着。漢寧用兩手圍着燭芯，就着火，點了根煙，又遞給宜昌點。文彬也要了根，啣在唇覗，煙枝隨着下顎的活動上上下下。漢寧斟完酒，然後問耀琛道：「你收到通知了罷？」耀琛正在抽煙，蹙着眉，吸了兩口，吐掉才輕輕答道：「唔，今天才收到。」漢寧又問道：「那你畢業後就走？」耀琛答道：「我也不知道。」有人說：「你們有沒有人要留下來，找事情。」文彬說：「讀書是沒錯的，也不必那麽害怕社會，對不？」耀琛看着他們一問一答，半句話也說不出。

志達靠在牆上，耀琛看着他微醉的神情。有人說：「別那麽傷感，喝酒吧。」

耀琛走出去，踱向巷口。身後的聲音、顏色、氣味漸漸離他很遠。他站在街沿，看着漆黑的街道。現在已沒有一輛汽車，也沒有行人。冰凉的夜寒，吹着他微溫的臉頰。兩傍的建築物，彷彿是漆黑的布幕掛在街沿。

農會旁邊的行人道堆滿許多酒罎，靠着巷裏的光線還可以看到它的輪廓，一頭小狗瑟縮的蜷伏在前面。耀琛沿着行人道漫漫走着。天空上湊巧沒有星，黑暗籠罩了整個市鎮。

對街停着兩輛壓路機，旁邊是修路工人的臨時木寮。耀琛經過雜貨店和彈子房門前，走往對街。四下沒有人，也聽不到人聲，只有他走在崎嶇的路面，踩過碎礫沙石時的聲音。

過了馬路，來到一根電線杆前停住。商店早已關了門。遠處漆黑的暗影裏有熒弱的燭光，是另一條巷子裏熟食攤的光明，是警察局裏守夜的警員的光明。微弱的光明離這兒很遠很遠。耀琛坐在水門汀上，凭着電線桿，愣然望着遠方的街道……

隔了很久，耀琛就藉着遠遠的光看錶，長短針架在一點四十七分左右的位置，他仔細看了會，發覺腕錶在那時候便停住了。

耀琛囘到店裏，文彬正在起鬨，迫着稚明喝酒，稚明一味拒絕，說：「別找我，我喝不了那麽多。」又說：「你去找他喝好了。」有人說：「不行，你們還未來，我已經喝了兩瓶。」宜昌抿着咀在笑，漢寧也在笑。「不找你，只要稚明，」文彬把一杯酒推給稚明，說：「有種的，跟我乾了這兩杯。」稚明笑道：「算，算我沒有種，好了吧。」惹得衆人大笑。有人踢翻枱底的酒瓶，跌得玳玳瑯瑯的。耀琛忽然想起甚麽，便道：「文彬，你最近天天在喝酒？」

宜昌望着耀琛。文彬把杯子放下，撫着杯沿，說：「沒事情，喝喝酒而已。」又說：「也沒甚麽不可？」

「我今天碰到蘭卿，還有珮棻，珮棻要勸你不要再喝了。」耀琛說。

文彬沒有說話。

隔了一會，大家又談着別的事情。耀琛看看宜昌，又對文彬說：「幹嘛要這樣，你不是說過不在意嗎？」

文彬忽然擺擺手，說：「有些事情要看時間，你知道嗎？」

耀琛不再說話，他轉向宜昌，問道：「幾點啦，我的錶停了。」宜昌沒有帶錶，文彬也沒有。

稚明推推志達。有人說道：「快三點啦，該囘去睡覺了。」

耀琛站起來，拍拍文彬肩膊。兩個人相視而笑。燭光映着他們緋紅的臉。

宜昌說：「大家來多謝漢寧請客罷。」

——一九七三年五月於台灣木柵

·趣味讀物·

# 談　鬼　說　狐

堅賢

鬼，給人們的印象，總是不好的。只要人們一談起有關鬼的事件，臉孔上免不了露出驚恐的神色，心裏也跟着不安起來。

鬼在靈魂學中雖然一直是一個謎，可是它卻一直被繪聲繪影的傳說着。作為現代人，大部份已不相信鬼。但在東方的中國，有很多描述鬼怪的書，在西方也有很多鬼的傳說。夜間，在荒郊野外，有時會看到綠熒熒的火光，忽隱忽現，飄來飄去，人們就會說是「鬼火」或「鬼打燈籠」。還有人說鬼會給人托夢。人們根據夢見的東西，可以預見自己的吉凶禍福。比方說，夢見吃梨子，就暗示將要同親人離別；夢見掉牙齒，將要死去親人等等。有人還編了講夢的預兆的書，叫圓夢書，許多人都舉出鬼托夢的一些事實證明相當靈驗。

鬼的來源可以遠溯到原始人羣時代。這是人們對捉摸不定的自然力的各種錯誤的、幻想觀念的一部分。鬼魂是脫離了肉體的靈魂，它有時被認為可以變形，可以附着其他東西，人們不能隨便與它發生關係，要與它發生關係就需要通過宗教的途徑。人們並認為鬼魂有它們自己生活的世界，鬼魂也具有同人們一樣的慾望；而他們主觀上又認為死者的鬼魂與部落仍維持着一定的關係，認為這些鬼魂仍在監視着部落成員或家庭成員的行動或暗中參與着這些行動，有的則認為活人的行動要對死者負一定的責任。因此，有些原始人羣中就形成一種習慣；如果部落有重要的事情，或遇到困難，就要祈求死去的部落成員的鬼魂的幫助，事情順利完成之後還要對它們答謝。另一方面，人們如果違犯了部落的規則和風尚，也被認為對不起已死去的部落成員，要受到鬼魂的懲罰。

在原始社會裏，鬼魂也被分為善鬼和惡鬼。對於善鬼，人們採取各種辦法盡可能地去討好它們，使它們不作惡於己，只作祟於敵人。當時人們認為，在人間作祟的惡鬼，大都是不滿而死或死後生活未能得到快樂所致。

我國古時也有這種說法，如「左傳·昭公七年」中說：「匹夫匹婦雖死，其魂魄猶能憑依於人，以為淫厲。」因此，認為必須用供祭的辦法來使作惡的鬼魂滿意，使它們有所歸宿，即「鬼有所歸乃不為厲。」

有一些原始部族認為鬼魂與人雜居，對於厲鬼除了採取討好的辦法之外，主要是用各種魔術式的物件來驅除它。例如，我國台灣高山族有人認為惡鬼最怕香茅草，常用它來驅除鬼。對於善鬼，人們通常採取親近和依賴的態度，有些部落或個人凡遇到重要事情時都在事先向善鬼問卜，在得到善鬼允許後才開始行動。人們並有驅逐惡鬼的事實，其事蹟散見於古籍的很多：

「關於無螃蟹。元豐中予在陝西，聞秦州人家得一乾蟹，土人怖其形狀，以為怪物。每人家有疾瘧者，則借去掛門戶上，往往遂愈。不但人不識，鬼亦不識也。」（「夢溪筆談」）

「方俗立春前夕，貴賤家家放擲熬豆，號呼曰鬼外福內。此未審起于何時，蓋原于儺者也。『禮』季冬儺於國中，儺逐疫鬼也。『論語』所謂鄉人儺是也。漢世謂之逐除。『荊楚歲時記』云：「十二月，村人並繫細腰鼓，戴胡頭及作金剛力士以逐疫。然擲熬豆未之有所稽。」（「隨意錄」）

大概在唐朝，民間就流行有鍾馗捉鬼的故事。最初的傳說是這樣的：唐明皇有一夜夢見大小兩鬼，那個小的偷了楊貴妃的紫香囊和唐明皇的玉笛逃跑，那個大的把小的捉住，吞進肚裏。唐明皇問大鬼道：「你是甚麽人？」那大鬼自認是鍾馗。唐明皇醒來，便叫畫家吳道子畫了一幅鍾馗像。從此，民間也紛紛描摹，鍾馗就被認為是驅邪治鬼的大神了。

民間又相傳人死之後，放入了棺材裏；苟屍心中對木心，上對天心，那末，屍體就要變成僵屍。變成了僵屍以後，每到夜裏，就要像活鬼似的出來作怪。我們假使被他追着抱住了，定死無生的了。

私家筆記中，記載這怪事的很多，如前人的一段筆記載：萊陽宋玉叔為部曹時，租住的私邸甚為荒落。一夜，二婢奉太夫人宿廳上，聞院內撲撲有聲，像裁縫在噴衣一樣。太夫人促婢起，穴窗窺視，見一老嫗，短身駝背，白髮如帚，冠一髻，長二寸許，周院環走，竦急作鶴狀，且行且噴，水出不窮。婢看得愣住了，回去告訴太夫人，扶夫人到窗下去看個明白。這時候，老嫗忽已逼臨窗外，直噴櫺內，窗紙盡裂，三人都倒死在地上。後來家人細察女鬼的沒處，掘深三尺餘，漸露白髮，又掘之，得一老嫗屍，面肥腫如生，擊之，骨肉皆爛，皮內都是清水。

這一則有關僵屍的故事，雖然使人想起覺得毛骨悚然，但我們覺得世上的一切妖鬼，都是令人感到厭惡與醜怪的東西，也是不會受人歡迎的怪物。

程十髮爲「儒林外史」的鬼故事插圖之一

與鬼常被人一起並論的，那就是狐狸。狐狸古來視為靈怪動物，所以關於狐狸的記載，在古書中甚多，而明清筆說小說中，尤常述及。清代蒲松齡的「聊齋誌異」，就以談狐說鬼見稱。他在自敍中說到聊齋故事的來源時說：「……雅愛搜神，喜人談鬼，聞則命筆，遂以成編，久之，四方同人，又以郵筒相寄，因而物以類聚，所積益夥。」可見他的許多談狐說鬼的故事，不但是就近的記錄工作，而且得到遠處的「四方同人」的文字上的幫助；還有如清人的「夜雨秋燈錄」（作者天長宣鼎）和「螢窗異草」（作者長白浩歌子），這兩書的談鬼說狐，顯然是受了「聊齋誌異」的影响。

據說千年的狐狸能成精，能變成人形。狐狸的原性，古籍多有記載，如：

「狐，北方最多，今江南亦有之，江東無之，形似小黃狗，白鼻尖尾大，日伏於穴。夜出竊食，聲如嬰兒，氣極臊烈。其性疑，疑則不可以合類。故狐字從孤。常疑審聽，故捕者多用置，蓋妖獸鬼所乘也。」（「本草綱目」）

「袪狐狸法：妖狸能變形，惟千百心枯木能照之。可尋得年久枯木擊之，其形自見。」（「農政全書」）

「狐惡其類，鬼所乘也。一名玄丘校尉，千年變淫婦。」（「獸經」）

至於狐狸惑人的傳說，種種不一。明人謝肇 制「五雜組」說：「狐之不魅婦人者，狐陰類也，得陽乃成，故雖獨狐，必託之女以惑男子也。」

「玄中說」中說：「狐五十歲能變化為婦人。百歲為美人，為神巫。或為丈夫與女交接，能知千里外事。善蠱魅，使人迷惑失智。千歲卽與天通，為天狐。」

清人筆記小說中，談狐異的很多，其中如「青眉」一篇，講述一個多情狐女，協助她丈夫逃避豪霸的奸計，平安地返回故鄉。

到底世間有沒有狐狸成精這回事呢？動物學家告訴我們：狐狸是一種珍貴的毛皮獸，晝間睡覺，晚間出而覓食，性多疑。五歲以上的老狐，多躲在野外的墳墓間，掘遍死人的棺材，作為牠們的窩舖，捕捉野兎及田鼠作為食糧。牠們越老越狡猾，因此捕捉狐狸，頗為不易。由於牠們多在野外墳墓活動，因而給人一種陰險、神秘的感覺；更且牠的出現，多在夜間，尤以荒野山谷中為多。人在黑夜通過荒郊時，有恐懼心，所以易引起精神的異態，而起幻覺或妄覺。狐狸大約只有十二年左右的壽命，又何來千載狐狸成精的謊話呢？

姑妄言之　姑妄聽之

# 悶夜談鬼

劉　永

一個悶熱的深夜，我與三位友人在青山灣一幢近海的別墅作客，我們與主人A君坐在露台上，望着神秘的夜色，聽着四週吱吱唧唧的虫聲，A君突然問：「你們相信鬼嗎？」

我們不知如何回答，因為在我們之中，幾乎每個人都經歷過一次無法解釋的神秘遭遇。於是A君提議每人將自己那一次遭遇講出來。

首先是B君說，他是新界鄉間小學的教師，一次新搬進一間近廁所的宿舍居住，第二天醒來，竟然睡在廁所門口的地上，起初他以為自己夢遊，沒有告訴任何人，怎知一連三天都是這樣，乃說給其他同事知，這時候其他同事才告訪他，原來那間房，是專給新來的同事住的，因為舊的同事個個都經歷過這樣的怪事，所以無人敢搬進去住，如果沒有新同事來，便只好把它丟空。究竟為什麼有這種事情發生？則沒有人可以解釋。後來B君也只好向校長提出要求，搬到另一間宿舍與另一位同事同住了。那間房，據B君說，後來被校方改做儲物室。但如太夜，仍沒有人敢到那兒去取物的。縱使日間，胆小的女同事，也需要兩個人以上才敢去。不過他們從來沒有見過鬼魂出現，胆怯全由上述怪事所造成。

主人A君是一個地產經紀，是我們朋友之中最富有的一個。他說一次深夜十二時，當時天際飄着微雨，他與一位地產商往上水看完一個地盤回來，當的士駛抵大埔滘猛鬼橋時，即發生奇事，的士以時速四十里行了十五分鐘，從窗外望出去，所處的地方仍然是猛鬼橋，的士就像一步也沒有行過。這時的士司機拉開褲鍊，拉出不文之物，的士才駛了過去。的士司機說鬼最怕男性陽具及女性月經帶，故此他這一招產生了效果。使的士安然駛過曾浸死十九個學生的猛鬼橋。

C君說，他一次送女朋友回家，駕着私家車返回淺水灣的寓所。路經司徒拔道，在朦朧的月色中，看見一個身穿白長裙，胸揷紅玫瑰的年輕女子，站在墳場那邊的馬路向他揚手，他知道她想搭順風車。在如此冷靜的深夜，是應該幫助她的。於是他把車停下，讓她上了後面車廂，然後問：「小姐，你住在那兒？

「我住在玫瑰新邨。」她答。

但當C君駛抵玫瑰新邨，車還未停下，掉頭看看時，後廂一個人影都沒有。他不相信她會在汽車開行中開門跳下，他再回想他看見她時她的臉色是如此慘白，根本找不到一絲人血。還有她回答他時的聲音，那種聲音就像有一口痰塞在喉嚨迸出來那樣，他當時就覺得奇怪，這樣年輕的一個女子，發出的聲音竟如此難聽。

他越想越害怕，飛車回到家裏，通夜閉不上眼，有一段長時間不敢從那條路回家，寧可繞遠一點也得打從大坑道回去。C君是富家子弟，從英國讀完書回來，一直都不曾找工作做，整天吃喝玩樂，我們叫他做「花花公子」。他為人洒脫，絕不以為逆。

同C君相反，D君是一位出身貧苦家庭的青年，能夠留學美國，全靠自己的努力。他說一晚，與幾位中學時代的同學喝了幾杯酒，大約凌晨一時返回家裏，疲倦得連澡也不洗就躺到床上去，剛一閉眼，聽到厨房有斬瓜砌菜及擺動碗碟的聲音，嘈得不能成眠，他懷疑係老鼠，一肚火的跑到厨房去，然而他愣然了，他看到一個長頭髮，穿着白袍，沒有下半截的女人背着他站在厨房的窗下。D君向來以大胆見稱，同時從不信邪，乃喝問對方是何方神聖，破口大罵。這時年邁的母親，也被他的罵聲驚醒，跑出來看個究竟，與他一齊看到那女人。嚇得直打哆嗦。後來D君拿起掃把，正要打去之際，眼前恐怖的怪現狀突然消失了。他的母親說，家裏很乾淨，若果有鬼，是他從外面帶回來的。

E君還很年輕，十八歲剛過，長長的頭髮，白嫩嫩的臉，說話帶點兒害羞，頗像女人。他也說了一件令他莫名奇妙的事，那年，他父親病重，一天早上，他像往日一般揹上書包返學，他是住在六樓的，沒有電梯，當他打開門，即見樓梯轉角處映出一片白色衫角，快步趕上前，那衣角不見了，跟着又出現五樓的梯角，於是他加高速度追去，一直追到地下，那奇怪白色衫角才消失。但始終不見人影。當天中午，還沒有下課，便獲得學校通知，說他家人有電話來，他父親逝世了。叫他立即回家。他回到家裏，問一下家人父親逝世的時間，剛好是他追那白衫角不久的事。

喪事結完，他將發生的奇事講出，信邪的人認為那塊白色衣角是一個鬼，去索命巧合碰上了他，被他追跑了，後來他離去，那個鬼又折回頭，故此他的父親還是死了。

也有人說，如果他知是鬼魂索命，把它趕跑了後仍然站在門口守住，使它不得其門而入，他的父親或許不會死，或者把時間拖得長些。

我沒有經歷過這樣的遭遇，不過童年時候，黃昏或半夜，突然被許多鑼聲及人們呼喚某人的名字的聲音所驚覺，那時候母親便說，村前××被鬼藏起來了，現在個個都到墳場去敲鑼吶喊，一會鬼被嚇跑，××就給找回了。

直至長大，碰到想看的事情不再被大人管住了。一日，天剛黑，村長忽然面如土色的大叫，說他女兒去放牛，沒有回來，牛倒在墳場找到了，懷疑女兒被鬼藏了起來。大家於是拿起銅鑼，我也跟了去。在墳場四週一面呼叫失蹤者的名字，一面打响手中的鑼。

這樣喧鬧了約一小時光景，還是不見失蹤者出現，正當人們開始感到絕望，有人發現她坐在一個新墳的背後，神志模糊，扶起她時，像喝醉了酒，東倒西歪，站立不穩。跟着便是嘔吐。嘔出來的是一個個的湯圓般大小的泥塊，一條條蚯蚓及黃水，這些東西嘔清了，才陡然清悟過來。人們問她為什麼這樣，她說有一個人很好心，看見她肚餓，給她一碗湯圓及一碗麵吃，後來就什麼也不知道了。

我們又談了一些驅妖捉鬼傳說與趣事，我們認為看過「驅魔人」，方知天主教驅鬼原來是如此這般。比佛教及道教簡單得多，不過其與鬼博鬥的艱苦則與道教相同，同佛教有異。佛教不是與鬼鬥法，而是將鬼超渡，使其投胎，或達極樂世界，頓然彷悟含寃受屈之際，不再作祟，是一種感化方法。

佛教驅鬼往往動用一百幾十高僧，在驅鬼過程中，有一項施法叫「蒙山施食」，在黃昏時候展開。因為四處游蕩的鬼，大都是餓鬼，餓鬼的形相是「喉細如針，肚大如埕」。

「儒林外史」鬼故事插圖之二

由於喉細如針孔，縱使滿桌佳餚美酒，到頭來還是吞不下。故此僧人在給予餓鬼祭五臟腑前，必需先施「開喉」之法，然後「施食」。鬼吃飽了，當然得乖乖地接受安撫，接受引渡，不再遺禍人間。

這一法的來由，是因師祖在蒙山寺院落腳，一日晚課時候，突被許多聲音困擾，步出寺門一看，原來山腳有許多餓鬼在哭泣，在慘叫。祖師動惻忍之心，給予施食。同時發覺這些肚大如埕的餓鬼，喉細如針。乃施法替其一一開喉。再給予超渡。

十餘年前，差餉物業估價署鬧鬼，在「蒙山施食」的一法中，有一位在現場採訪的記者說，他感到陣陣冷風，聞到臭味。那位記者發揮進一步想像力，指臭味就是在大吃大喝的鬼身上發出來，不過凡人看不見耳。是耶！非耶！就很難講了。

道士捉鬼，沒有那麼多法門。三枝香燭。一度靈符，一柄桃木劍，便可以與鬼鬥個不亦樂乎了。最緊要的還是那柄桃木劍，相傳桃木鎮邪，把它制成利劍，威力當然更强，更使邪妖有所害怕了。

以桃劍驅妖，應出自「桃花女鬥法」。桃花女與一位法力無邊的茅山師父鬥法，各展其術，結果拉個平手。茅山師父乃準備在她結婚洞房那晚，放出五鬥取命，因為桃花女受本身約束，是不能帶任何法寶進入新房。

桃花女也知道茅山師傅一定會在那晚害她，思量許久，想起父親對她說過，桃木可以驅邪，於是用桃木削成劍，帶在身邊。果然洞房那晚，茅山師傅父放出五鬼奪命，被她以桃劍破法，驅去五鬼。

道士與天主教一樣，對鬼都採取鎮壓與消滅的手段，故遭到鬼的强烈反抗；在對峙中各展奇謀，各施法門。搞到飛沙走石，天翻地覆。有時候失敗的並不一定是鬼怪，這樣，捉鬼者便得另請法術比自己更高明的師傅。所以說，道士捉鬼，與天主教神父一般，均須經歷艱苦的博鬥，同樣禁止生人進入道場，以免分心或被鬼遷怒傷及旁人。

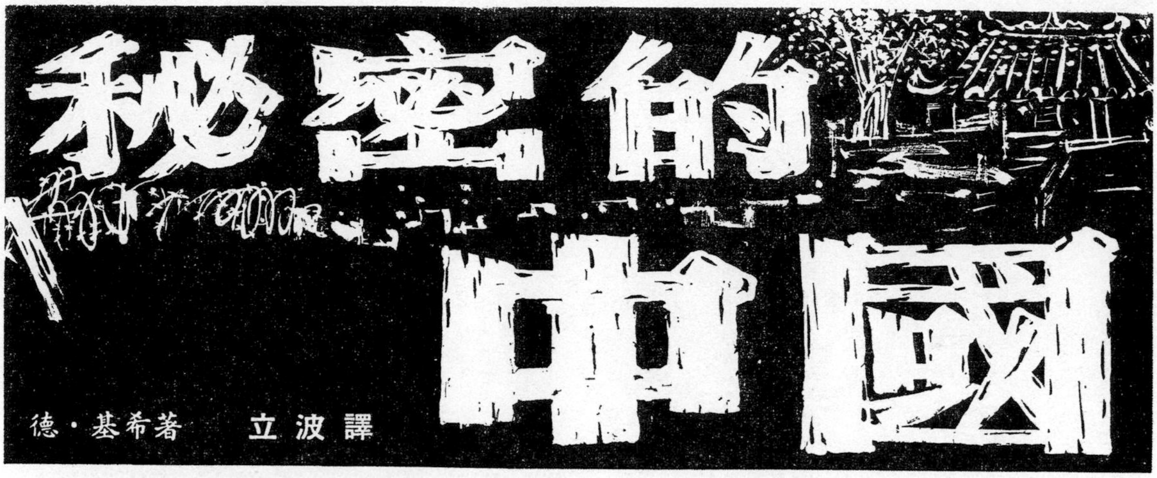


# 金融投機

## （一）金

要求金子的呼號從九江路，這條中國的華爾街傳播出來，遠遠的，傳到四鄰之外。

沒有一個快要溺死的人會這麽尖銳的叫喚，沒有一個快要餓死的人會這麽貪食的悲泣，沒有一個被人痛打的人會這麽絕望的痛叫，沒有一個酷刑的犧牲者會這麽悲痛的狂號的。

比較上，其他大城市的經紀人的尖叫是靜肅的專心的。一切其他交易所，比起上海來，都是可愛的平和的避難所。要是我們曾經作過別樣的斷言，要是，譬如，我們把喧囂的首位授與了芝加哥的小麥交易所的話，那末我們會帶着我們深深感到悔憾的表白，在上海標金交易所的集議會上撤消這個的。而且相信要是我們把喧囂的世界獎給與了上海金業交易所的話，我們永遠沒有撤消它的道理。

以前在這裏，金子並不是為了它的物質價值被交易，而是當作了一種生產手段的。中國金匠的基爾特每天在這裏集會，以便依據供給和需要，來規定他們的原料的價格。

有賴外國人，中國的金匠得到了下面這種暗示，就是金子不能靠工作去獲利很多——但無疑的可以靠着投機和通貨調濟。目前在交易所引起黃金狂熱的金子，不適宜的製造，這單單是為了它大抵是根本並不存在的緣故。就是存在，它的成分(0.978)也和中國金匠用來製造東西的成分（0.992）有着不同的程度，因此也就有着不同的價格。不，交易金子，並不是製造用的金子。

不過，這個交易所，依然保存着金業還沒有以它自己的原料開始投機的時代的某些獨特的遺物。它的普通的顧客沒有人在歐洲的證券交易所，而且也常常在中國的街道上所碰到的那種肥胖的滿足的臉孔。喧嘩的，最纖弱的蒼白的年輕人。在另外的地方和其他的環境之下，人會把他們當做異教徒的火葬堆前的一些中國式的有宗教狂的和尙。

我們是在這世上無雙的金業交易所，房屋和這樣一個高貴的地方差不多不大相稱，木板代替了鑲木細工的地板，木棚代替了電話筒，赤脚苦力代替了穿制服的僕人，掃帚和水桶到處擺着。

經紀人和銀行家所雇用的事務們，手裏拿着電話筒，靠在竹梯上，或者手裏拿着電話筒，坐在欄杆上。

彎曲的，交义的，大大的張開的許多手指騷擾着，許多的聲音鬧成一片。金子價格每次一角的不斷的起落，發生得這樣的迅速，使得那發光的牌上的十進算法的數字，永遠的停留不住；七二八·二——不，現在是七二八·三了——不，七二八·四了——不，七二八·五；角位數不絕的不定的，像一個羅盤的針一樣的往來的擺動。

金子是贏得物，銀子是賭金。在一切其他的交易所，金子是穩定的，只有在這通貨是銀本位的中國，銀子老是保持着（在局部的意味上講）穩定，而金子的價值却有變化。對於這個交易所以外的世界，當然，這裏產生的金子的價格，就是銀子的價格。

以輝耀的數字在玻璃板上顫動，閃耀和上下跳動着的，是標金換銀兩的瞬間的兌換率。金子一錠上海值美金二三八元。「銀子一錠值多少呢？」甚麼時候？是你問的時候呢，還是我回答的現在？價格每一秒鐘都有變化；在這裏，在九江路，它是在指談中傳種，在發光的數字中降世。

在中國，金的產量不多；它要從國外運來。當等價有盈餘的時候，一種法定的外國通貨的金幣輸運了進來，來化做標金的賭注籌碼。但要是貨幣價值的時運轉到相反的方向的話，於是——金塊由中國國立銀行裝運着，開始重新轉到了外國，而且重新鑄成了貨幣。（去年有價值一千九百萬元的黃金，由中國運到了美國。）

銀子可以說是中國的通貨；可是一切都憑靠着金子，一切的人都追求着金子，不僅是邊景（邊景卽法文Coulisse之譯意。Coulisse讀音如Coolies苦力基希常常藉着字音的聯想來幫助行文的便利，譯成中文，就無法表現出來。）上的苦力們，就是遠遠離開了這搖搖欲動的地板的大小市民們，也是一樣。

大小市民們和他們家族所有的身上的裝飾，僅僅在兩次投機局面的間隔期間，用來裝飾他們的身體。在其他事物上的技術傳統是這樣豐富的這個國家，寶石匠的技術，是幼稚的；寶石都不蒙使用。愈是精良的，愈是純淨的，便愈是金屬，要是，在九江路，金價上漲的話，於是在遠遠的九江路的闊人就買掉他的戒指，他的第一個姨太太的手鐲和他的老婆的髮飾，而且偸偸的慶祝着他從出賣中得到的超出原價的每一塊銀子。要是，在世界市場，銀子漲價了，於是，他重新替他自己，替他的新的第一個姨太太，替他的第二個姨太太，而且，在某些時候，甚至於替他的老婆，購買許多首飾；但這一次是新造的首飾，因為舊的已經在黃金缺乏的時候被鎔化了。

是誰把這樣一種猛烈和好戰的氣質賦與了中國人的！天哪，是怎樣的一種戰鬥！在十足的混亂當中，攻擊和肉搏在這裏那裏雜亂的起伏，因此，要知道誰是朋友，誰是敵人，或是形勢怎樣了，是不可能的。只有經過許多的觀察和查訪以後，人才能夠解明這個錯雜的戰列。

這裏——戰鬥的弧陣，「純正的投機」。進攻部隊的每一名士兵都伸出了他的右手；手是一枝高舉的連發槍，連發手槍的雙胴——中指和食指——瞄準了對手的胸脯，交易，不然要你的命！

單獨的聲音的叫喚：我要！
單獨的威嚇的叫喚：你讓！
打到電話筒去的指間電報：他讓！
羣衆的聲音的叫喚：我們要！
羣衆的威嚇的叫喚：你們讓！
羣衆的指間電報：他們讓！

一種簡單的，沉着的，常態的投機買賣。我們買進來，為的是要在玻璃板上的十進數字升上一點的瞬間，再賣出去。你們賣出來，為的是要在玻璃板上的十進數字轉下了一點而瞬間，再買進去。

第二個弧陣很緊張，金子在右邊虧損，銀子在左邊；漲在兩者間的戰鬥部隊，都竭力想把對方抛出濠塹，銀子的濠塹。離這裏不遠，在證券交易所，也許正在這個瞬間，一兩紋銀沒有相當分量的標金有利。快！快！為了再賣掉它，取了它罷。

第三個弧陣比第二個弧陣還要緊張。在金子和金子之間，戰鬥者爭奪着每一呎地盤；金子是金子，但當你是一個經紀人的時候，就有着值得爭執的差別。用右手，用聲音的糜費傾向着右邊把金條買進（以英鎊計），就像你的生命靠着取得它們一樣，同時，用左手，用聲音的糜費，傾向着左邊把它賣出（以英鎊計），就像你的生命靠着出脫它們一樣。

當你要變更你的買賣的時候，不管英鎊的價值，那交換率，是漲或是落，你的生命的確靠着它。你的生命，這裏所有的人的生命，所有這些興奮，絕叫，呼號，掙扎，吶喊，前進，後退，發信號的人們，它們的生命和那憑着電話和通信器同他們連繫着的他們的夥友們的生命，都憑靠着玻璃指示器上的那些十分之一。

所有人的精力都集中去變更小數點後面的數字，却沒有一個小數點的生產價值被創造了。

## （二）銀

使交易所不絕的狂熱的金條，寫在貸借對照表裏的銀兩——它們差不多都是抽象的價值。付欵既不用金條、也不用銀兩。

沒有甚麼人的口叮噹的响着銀兩，沒有一兩銀子在櫃台上敲得作响的。千千萬萬的紳士每天計算着千千萬萬的銀兩，但他們手裏從來沒有拿過一兩銀子。另外一方面，千百個工人手裏每天拿着千百兩銀子，但他們從不用銀兩去計數。

通貨單位是銅元的工人，鑄造着銀兩；通貨單位是銀兩的紳士，把銅元抛掉。因為畢竟，銅元太重了，壓穿口袋，而且抵不上一個小錢。銀兩更重，一錠三十一格蘭姆，它們眞會壓穿你的口袋——但是除非你是銀行裏的地窖，你就根本不會携帶它的。而且就是你不得不携帶它們，你也斷然不會把它抛掉，因為畢竟它們每兩要値中國銀幣一元四角。

現在，我們已經知道了關於具體的銀兩的種種情形，它是用甚麽東西鑄造的，它在甚麽地方可以找到，有多少重，値多少銀幣。而現在使我們驚訝的是：單一的銀兩根本不存在。

工人辛苦鑄造，以便藏在地窖裏的東西是銀兩的倍數。不錯，工廠的工人和銀行裏的職員把這種倍數稱做一兩，但它却是一兩的五十二倍：它是一個重三十一格蘭姆，五十二倍，値五十二個一元四角的銀的東西。

作為成分的銀兩融化在裏面的這種混合的整塊，是在工廠裏鑄造的。在造幣廠嗎？不！因為銀兩不是鑄幣，因此鑄造它的工廠不是造幣廠。在國立鑄造廠？又錯了。對於國家這樣極端重要的工作實在不能委託給國營企業和國家的官吏！在這個國家裏面，對於國家這樣極端重要的工作，是通通委託私人企業的。製造貨幣是一件不可草率的事體。

現在，銀圓在中國變得很流行了，銀兩的鑄造是成比例的在低落了。這國家裏有二十億銀幣，却還不到兩萬萬銀兩。「爐房」都要關門了，要是你要看看那還在高速度的開工的一間工廠的話，那你要趕快去。

那原料，那重三十二個啓羅格蘭姆的銀塊，是從英美運到中國來的。首先是到鑄造所。一個黏土爐繼着一個黏土爐，每一個爐都掩着泥土，這樣，只有一個洞，讓原料傾入，讓爐口敞開；木炭在下面徐徐的燃燒着。

一個原始的風箱，由一個苦力用一種原始的方法拉着，通過一個竹管送風進去。當銀塊藉着木炭，火夫和拉風箱的人，燒到白熱的時候，它被人放在一個鐵砧上，用斧頭砍十八下，分裂十八塊。每一塊，大概有一個銀錠那麽大（自然，是一個銀兩的五十二倍）現在放在爐上鎔一刻鐘，銅（百分之十六）被參雜了進去，於是這種合金被倒進了一個模型裏。

用一個鐵槌擊了兩下，在上面留了兩個印子作標記——鑄造廠的名字和火爐的號數。要是顧客發現了甚麽缺點，那鑄造者就要付點暗中活動的錢。要是鑄連者發見了甚麽缺點，那照顧鑄造這塊銀錠的黏土爐的工人就要解職。這就是這兩個印子的意義………

工人把那保護他們的臉孔和頸子，使不致於灼傷的毛巾，在一個巨大的水桶裏浸濕。但是水桶並不是為了這緣故擺在鑄造所的中央的，把它擺在那裏，是準備給那完成了的鑄造物投了進去，使它冷掉。

銀塊每次投進水裏的時候，好像飛濺的波浪打過一條着火的船一樣，在這水火的交戰中，水汽噴了起來；於是波浪平靜了，火熄滅了，水汽消逝了。

這種船現着紅色，好像浴在月光下面一樣，再度從水裏出現出來。深紅色慢慢的褪去了。這種小船的沉重的船體是純淨的銀子，甲板的表面微微呈波狀，像細絲一樣。「細絲」是廣東話，意思是精細的絲絹「細絲」（紋銀又又稱細絲銀，基希以為是銀錢的表面像絲，所以有這樣的稱呼，但另外有的人說，這種銀子因為純淨，熱時可以抽成細絲，故云。）也是中國話對於銀兩的稱號。

於是，這種銀絲的船並排的擺在乾船塢裏。辦公處審查了它們，提領了去。「阿哈，國家的當局，財政長官管理着私人生產者！」一點也不是這樣，你歐洲人，提領它們的辦公處是私家的，是一種商業的機關。鑄別銀子的純度不用化學的幫助；有經驗的中國人的眼睛，儘可以憑着銀色去確定千分之一以內的銀量，這一暫的結果和重量都用墨寫在龍骨上。

現在它可以開始它的偉大的旅行了，從一家銀行的地窖旅行到另外一家銀行的地窖。

## （三）銅

**我愛多量的金錢**………（德國學生歌）

………**但是我祇有黄銅**（中國事實）

在每一條馬路的每一個轉角，銀錢兌換商開設着他們的圍着鐵欄的店舖。他們一像所有中國商店的商人一樣——被他們的許多兒孫，外孫和女婿圍繞着。

在招牌上，這種銀錢囚舍的所有主，宣布他們可以兌換美金、日金和英鎊；他們寫出每天的兌價，在抵貨運動中，他們外表上在牌上的日本貨幣上，畫了一條線。

雖然有這種兌換索引，但上海的銀錢兌換商所經營的外國票據的生意，正和被年輕的耶穌基督趕出廟堂的他們的同業所經營的一樣少。耶路撒冷的銀錢兌換商把大洋換成小洋，買賣或施捨需要這麽樣，上海的銀錢兌換商把銀洋換成角洋和銅板。

（未完）

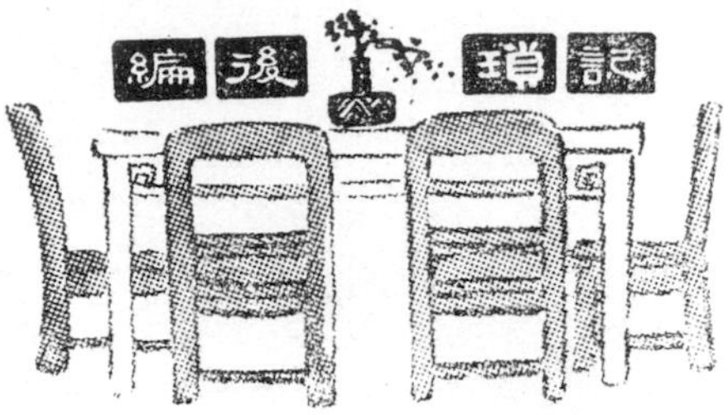


●本月十九日是魯迅先生逝世三十八周年紀念，我們特刊出幾篇有關的文章，作為小小紀念的特輯。其中有魯迅先生早年的一篇演講稿，對于當時流行國內的所謂革命文學，有所批評，奇怪的是這一篇講稿，從來未見收入他的全集中，故讀過的人恐怕不多，我們作為特殊的資料刊出，以供研究魯迅先生的讀者參攷，「近代中國木刻運動是『現實主義』還是『表現主義』？」是一篇研究魯迅先生與美術有關的新見解，由版畫家梅創基先生執筆，梅先生年來對現代中國美術界的史料整理，甚感興味，這一篇是他整理史料的「副產品」，他提出了有力的證據，足以支持「表現主義」的說法，這問題是否值得討論，有待讀者的反應。此外尚有沈西城先生介紹魯迅與內山完造的交往，因為文章太長，將分期刊出。

●本期另一珍貴的文學史料，是成仲恩先生交本刊發表的「知堂老人給我的信」，計有三百封之多，全未經發表過，我們除向成先生表示感謝之外，將陸續刊出，以饗本刊讀者。

●本期的小品文章，特別精彩，談文史的有林熙先生的「民初絕版筆記經眼錄」，文簡意賅，無異是筆記文學一個精要的書目，讀者可作為購書的參攷。陳潞先生的「名韁」，漫談姓名的趣味，舉例絕妙，是一篇雋永的逸品。科學小品則有羅天德談鷄的社會生活，這種文章最難寫，既要有豐富生活知識又要有文學筆調，才能說得趣味盎然，引人入勝。劉一波先生的散文和兩小無猜集，也各具風格與韻味。喜讀小品的讀者，不宜錯過。

●談錫永先生的新詩，讀過的人都留下深刻的印象，這期剛剛在截稿前寄到，即趕排呈給讀者欣賞。值得一提的是羅維明從台灣給我們寄來一篇精彩的短篇創作「熟食攤裏的燭光」，此篇筆調精鍊細膩，刻劃青年人的性格和反映現實問題也十分突出，是一篇難得的創作。

●於天先生談演員當導演的問題，寓意深刻，也許有人讀了不以為然，但這問題確實值得自我覺醒。「鬼話連篇」純是給讀者調劑的消遣而已。嚴肅性的論文在此不能一一介紹了。

●由于稿件多，篇幅少，有些文章只好稍後才刊出，請作者原諒。為了容納更多作品，下期開始，將增加篇幅八版。


# 波文月刊

第一卷　第三期

一九七四年十月號

Po Wen Monthly

Vol. 1 No. 3 October 1974.

出版兼發行者：波文月刊社
香港皇后大道東252號
電話：5-753618

社長：黃孟甫

編輯：波文月刊編委會
區惠本　葉關琦
莫一點　黃俊東

主編：黃俊東

美術：莫一點

排版者：忠誠排字植字公司
香港灣仔船街34號二樓
電話：5-270842

承印者：四海印刷公司
灣仔聚賢里4號4樓

總代理：波文書局
香港皇后大道東252號

總發行：同德書報社
九龍砵蘭街269號
電話：3-962751

每月十五日出版・零售每冊港幣二元正

一

魯迅與木刻青年談訶勒惠支版畫（木刻）——黃永玉作

魯迅小說「藥」插圖之一（木刻）顧炳鑫 作

魯迅像　（套色木刻　　　刀鋒　作

4

# 聊齋故事「賈兒」插圖

程十髮 作

# 波文

第一卷 第四期
1974年11月號

一本唯一能容納不同立場和不同見解的綜合性雜誌

目 錄



圖片：封面彩圖：「牧鹿圖」 程十髮作
封 底：「玄鵠」 吳作人作
封面內頁：聊齋故事「賈兒」插圖 程十髮作
封底內頁：「程十髮插圖畫選」

# 話劇在香港的發展

容宜燕

### （一）萌芽・蓬勃・沈寂

香港的話劇，是繼承著中國話劇的傳統而發展的。

中國的話劇，歷史不算長，如果由清末光緒三十二年（一九〇六年）李叔同（即弘一法師）等在日本東京組織「春柳社」公演「茶花女」算起，到現在，也不過六十八年的歷史。光緒末年（一九〇八年）香港的劃則師胡邍林糾合了當地志同道合富有愛國思想的青年人，組織了「琳瑯幻境社」，排演白話戲（當時稱為白話戲，不稱話劇）。目的是鼓吹革命，喚醒僑胞。稍後香港商人馮達行、梁硯田等也組織了「清平樂社」，提倡白話戲，進行宣傳反淸運動。一九一九年五四運動前後，上海進步的知識分子，在話劇方面，開始有中國題材的劇本創作，演出方面，完全仿效西洋的舞台方法。因為這是新形式的戲劇，對中國舊劇是一箇革命。它的演出，頗能一新觀衆的耳目。由淸末至民初這一階段，是中國話劇的發軔時期。

一九二四年上海「南國社」崛起，是教授、學者、作家、詩人、大學生和愛好藝術的靑年集合起來組成的純粹話劇的團體，經常排演自己編撰的劇本，在各地巡迴演出，把新型戲劇介紹到大江南北；在中國話劇史上，顯然地起了先導作用。影響所及，中國各大城市的知識分子，紛紛組織話劇團體，進行演出，有助於社會教育。

一九二九年「廣東戲劇研究所」(KWANG TUNG INSTITUE OF DRAMA）在廣州成立，造就了不少劇藝人材：華南的劇運，接着廣泛地展開，使粵語話劇（CANTONESE DRAMA）有別於粵劇（CANTONESE OPERA）成為一種獨立的戲劇體系。香港密邇廣州，得風氣之先，迅速地把這種新藝術形式接受過來；特別由於教育人士的熱心提倡，粵語話劇便在香港拓展，成為教育戲劇的一大支柱。一九三〇年李達人等組織「欖鎮劇團」，上演話劇，備受歡迎。

由一九二四年到一九三零年間，是中國話劇拓展時期，也是香港話劇的萌芽時期。

一九三一年「九・一八」事件爆發，日軍强佔我東三省，使我國陷入國難時期。全國民衆展開救亡運動，情況熱烈，如火如荼，此時我國的話劇工作者也掀起了「國防戲劇」的浪潮。這時期的戲劇，配合大時代的現實環境，適應大衆的需要；把演劇活動伸展至每一角落，成為喚起民衆最有效的藝術形式。在香港，話劇的熱心分子，同樣地積極去推動救亡戲劇，提振起僑胞的愛國熱情，讓大家廣泛地受到這種戲劇藝術的思想的感染，激發起大家踴躍捐輸、獻身救國的熱情，救亡戲劇成為香港人士精神食糧的一部。學校多設立「話劇組」，如模範中學、培正中學、文化中學、華僑中學、英皇中學、梅芳中學等，都曾致力於話劇的活動與演出。

社團方面，如「香港基督教青年會」，「華人文員協會」，「香港政府華員會」，「春秋業餘聯誼社」等，均有劇社或劇團

中英學會中文戲劇組演出「紅樓夢」

組織，紛紛上演救亡劇，其中「香港政府華員會」的「華員劇團」，在那期間接連上演「放下你的鞭子」、「死裏求生」、「鳳凰城」、「明末遺恨」、「黑地獄」、「李香君」等名劇，用國語或粵語先後在孔聖堂或高陞戲院上演，並請港督為贊助人（當時港督羅富國爵士暨夫人亦曾一再蒞場參觀），將救亡戲劇介紹到國際人士之前。其中「黑地獄」一劇，並曾在大埔戲院及九龍城露天廣場作普及性演出，後者雖值隆冬雨夜，廣場上觀衆數千人，被激發起熱烘烘的愛國情緒，並不因為下著砭骨的冷雨而離去。這時期話劇的題材，影响及於粵劇，如馬師曾上演的粵劇「洪承疇」等，也渲染了救亡主題的色彩。

中英學會上演古裝歷史劇「李太白」全體演員合照

抗戰期間，國內話劇團體紛紛來港公演，用國語演出的，有唐槐秋的「中國旅行社劇團」、金山的「中國救亡劇團」、李景坡、姜明等的「中藝劇團」；用粵語演出的，有胡春冰的「第一劇團」、黃凝霖的「洪流劇團」、「黑白劇團」等；他們的演出，在導演手法上，演員的台詞上，演技上，舞台裝置上，燈光技巧上，以至化粧、服裝等都非常認眞和精心考究，給此間的愛好戲劇人士帶來一系列內容充實的戲劇課程。劇目計有：「雷雨」、「日出」、「原野」、「家」、「夜光杯」、「梅蘿香」、「北京人」、「逃難到香港」等；尤其是「中救」的「台兒莊之春」和黑白的「黑地獄」等，更掀起此間洶湧的國防戲劇浪潮，創香港話劇有史以來的空前盛況。

「李太白」演出場面之一（最右爲作者，飾演唐明皇）

值得一提的是那時學校和社團的公演話劇，不少是籌募義欵，獻金救國的。

由一九三一至一九四一年，這十年來是中國話劇的興盛時期，同時也是香港話劇的蓬勃時期。

一九四一年十二月八日，太平洋戰爭爆發，那年的聖誕節，香港淪陷，話劇工作者多逃亡到大後方，其中熱心分子更組織劇團在粵、桂、湘、滇等戰區巡迴演出，將粵語話劇作出廣大而有力的貢獻。留港的劇人受環境的限制，只能偶然地上演「雷雨」、「梅蘿香」、「女店主」、「還君明珠雙淚垂」等文藝劇，點綴香港劇壇的寂寞。

在香港淪陷期間的三年零八個月，可以說是香港話劇踏入沈寂時期。相反的，正是中國話劇在大後方及戰區作全面性展開的時期。

### （二）更生・成長

戰後的香港話劇，是接受了戰前話劇的成就而發展的。粵語話劇方面：「春秋業餘聯誼社」和「中華基督教青年會劇藝社」相繼恢復話劇活動；國語話劇方面：留港劇人組織的「建國劇團」、「中原劇團」、「聖藝劇團」、「影人劇團」等也不時公開演出；各學校的戲劇組亦紛紛成立，每年作三數次的演出。

一九四九年教育司署主辦校際戲劇比賽，中小學參加的頗為踴躍。評判員由教育司署物色聘任，均屬義務職；第一屆評判員為馬鑑教授和筆者（尚有三位，一時記憶不起）。一連舉辦了十屆。本港戲劇界先進如胡春

中英學會演出「樑上君子」

冰、譚國始、鮑漢琳、李援華、梁崇禮、柳存仁、黎覺奔、雷浩然、黃澤綿、黃宗保、李陳勁秀、沈厚堅、吳冰先生等均曾被聘為評判員。校際戲劇比賽，初期中小學混合舉行，後來才劃分中學組和小學組，參加的更為踴躍。中學方面：如皇仁、英皇、伊利沙白、培正、同濟、聖士提反女校、聖保羅、香島、培僑、民生、德貞等；小學方面：如香島道官校、廣東道警員子弟學校、北角官校、東院道官校、九龍塘、慈幼、聖士提反等；他們的演出，都曾獲得一致讚揚。這項比賽，對教育戲劇無異滙成一條有力的洪流。但一九五九年以後，這項已舉辦了十屆的校際戲劇比賽，便沒有繼續下去；直至目前，仍沒有恢復辦理的跡象，這是令人惋惜的！

由於國內環境的變遷，話劇界人士留港的頗多，大家聚集在一起，基於主觀的愛好和社會人士的屬望，商議共同推進此間的話劇活動。當時「中英學會」原有「中國文化組」的設立，馬鑑、陳君葆、簡又文諸先生外，加入了胡春冰、姚克、黃凝霖、黎覺奔、馬文輝、柳存仁、陳有后、譚國始諸位先生，要在香港話劇藝術方面作出新的建樹。一九五二年五月二日獻演魏如晦的「碧血花」，「中文戲劇組」便代替了「中國文化組」，在中英學會成為一個獨立單位，正式展開中文戲劇的工作。

「中英學會中文戲劇組」是戰後香港話劇的一個歷史悠長、人才薈萃、本身具有學術性同時有優良成績的戲劇團體，每年至少有兩次盛大公演，上演多幕長劇。劇本多由組中人員自己編撰或改譯，歷次演出，都獲得社會人士一致好評。馬鑑、胡春冰兩位主席篳路藍縷，艱難締造，為「中英」奠下了鞏固的基石。他們先後作古人後，組員大會公推筆者担任主席職位。連任三屆後，推選鮑漢琳先生繼任。鮑先生蟬聯三屆後，高浮生、朱瑞棠和鄭璇三位先生也曾先後接任。「中英」每次公演，均收大衆化的票價，從不為自己作籌欵演劇，貫徹不牟利宗旨。由於組裏各委員、組員的精誠合作，加上社會人士熱烈支持，使組務日趨發展。該組更協助本港各戲劇團體和各學校戲劇組工作，亦曾舉辦戲劇講座，致力於推動此間的劇運。

說到大專學校的話劇活動，在此期間也積極展開。香港大學曾上演過「日出」、「楊娥傳」、「雷雨」、「娜拉」、「求婚」等劇，其中「雷雨」一劇，是用英語演出；羅富國教育學院曾上演過「家」、「日出」、「孔雀胆」、「英雄與美人」、「在水之湄」等劇；文商學院曾演出「虎符」；葛量洪師範學院曾上演「少奶奶的扇子」；由於大專學生的知識水平高，理解能力強，演出成績均有可觀。

此外，知名劇人唐若青、洪波、黃河等組成的「影人劇團」，用國語上演；盧敦、張瑛、黃曼梨等組成的「星聯劇團」，用粵語上演；每屆公演，都很賣座。

一九五二年五月留港劇人聯合起來公演革命歷

羅富國校友會上演「家」

中英學會演出「錦扇緣」

校際戲劇比賽，皇仁中學演出「正氣歌」，獲得冠軍。

史劇——「黃花崗」，先後在太平戲院和普慶戲院演出，規模龐大，陣容鼎盛，工作態度很認真，顯示出此間戲劇工作者的大團結，為當前的劇運注射一口强有力的興奮劑。

由一九四九年至一九五五年間是戰後香港話劇的更生時期。

一九五五年至一九六〇年，香港有「藝術節」的舉辦，每年藝術節，都有中外劇團公演戲劇，藉資響應。「中英學會中文戲劇組」從不間斷地每屆參加演出：一九五五年公演胡春冰編導的「紅樓夢」和姚克編導的「清宮怨」；一九五六年公演熊式一編導的「西廂記」；一九五七年公演胡春冰編導的「錦扇緣」；一九五八年公演胡春冰編導的「美人計」；一九五九年公演胡春冰編導的「李太白」；一九六〇年公演柳存仁編劇，鮑漢琳導演的「紅拂」；以上都是大場面、大製作的古裝粵語話劇，富有東方色彩，把傳統的中國劇藝，融會西洋的舞台技術，一爐共冶，介紹給國際友人，使香港藝術節之花，成長得更繁茂，開放得更絢爛，傳達得更廣遠。

其他的戲劇團體，也有參加藝術節演出的，但不是像「中英」一樣每屆都參加，有些祇某一屆參加，有些第一屆參加湊湊熱鬧而已。國語話劇方面，參加的有「香港劇藝社」姚克編導的「西施」，「綜藝劇團」的「大馬戲團」和「北京人」，演出成績都獲得觀衆好評。他如粵劇、京劇等也有參加演出，極一時之盛。

但很可惜，一九六〇年以後，據說因為藝術節的經費入不敷出，「藝術節中央委員會」便公佈不再舉辦了。

一九五六至五八年間，「中華基督教青年會劇藝社」曾舉辦「戲劇展覽」。在香港，可以說是創舉，一連辦了三屆，業餘劇團和學校戲劇組參加的都很踴躍，假九龍青年會露天劇場舉行，協助各單位解決演出場地的困難，參加的單位，一年比一年增加，展出的劇目很多，對劇團互相觀摩，提高演出水準，有一定的貢獻。一九五八年以後，也沒有繼續舉辦了。

一九六〇年以後，在香港每年經常公演話劇的團體——「中英學會中文戲劇組」、「中青劇藝社」、「春秋業餘聯誼社」之外，著名的有「香港業餘話劇社」；該社在一九六一年以後，每年經常有一次至三次公演，它擁有知名的劇作家和優秀演員，排演也很嚴格，演出經常獲得讚美，是香港劇運的一支勁旅。此外，「世界戲劇社」、「銀員劇團」、「香港劇藝社」、「嶺東劇社」、「中國學生週報劇社」、「大專學生公社戲劇組」、「香港話劇團」等，均以粵語演出；上演國語話劇的有「香港戲劇協社」、「香港戲劇社」和「影人劇團」等，對香港的劇運，各單位都盡了很大的力量去推進，一時劇壇呈現着欣欣向榮的景象。

一九六六年起，「香港專上學校學生聯會」每年均舉辦「戲劇節」，參加單位有香港大學、聯合書院、崇基學院、新亞書院、羅富國師範學院和九龍工業專門學院。他們從觀摩中爭取經驗，從競賽中獲得進步，演出成績，一年比一年提高。近數年來，每一參加單位均上演自己編撰的劇本。以上各大專院校，除每年參加戲劇節演出外，也常在校內進行院際、級際或系際戲劇比賽，或舉行對外的公演。

演劇情況近年特別蓬勃：大專院校方面，有港大劇社舉辦的「田漢戲劇欣賞」演出及介紹世界名劇演出；中文大學崇基學院、聯合書院、新亞書院和羅富國教育學院等校劇社先後舉辦多幕長劇和獨幕劇的演出；浸會書院、華僑書院和清華書院的劇社，對話劇運動也努力推進，分別公演中外名劇；中學方面，也多數有話劇活動，每年在校內舉辦班際戲劇比賽，新法、協恩、伊利沙白、聖保羅、培中、眞光等校，並曾在校外公演；一般的演出水平，漸見提高。由此足見學校戲劇顯然地肩負起香港劇運的支柱任務。

劇本荒是香港話劇界存在著的問題，中英學會、戲劇藝術社、聯青社、大專學生公社、女青年會、鐘聲慈善社、校協劇社等團體，曾先後舉辦劇本創作比賽，由主辦機構聘請專家評判，入選的佳作，多適宜於上演，可惜沒有出版發售，否則必有助於劇本荒問題的解決。

近年來有一個很好的現象值得一提：就是香港市政局每年舉辦多次普及性的戲劇演出，邀約劇社担任上演劇目，香港業餘話劇社、中英學會中文戲劇組（現已更名為中英劇社）、香港普及戲劇會、香港戲劇協社、世界戲劇社等均曾被邀演出。這種由政府舉辦的普及性演出，廉收票價，每劵一圓，讓觀衆減輕負担；而演出的劇社也毋須繳付大會堂場租，既有利於廣大觀衆，更有利於戲劇團體，眞是「一舉兩得」。希望這種普及性演出，繼續舉辦下去，其有助於青年的康樂活動和未來香港劇運的發展，是肯定的。

「校際戲劇比賽」評判員會議。由左至右：陳有后、梁福和、容宜燕、劉選民、譚國始、柳存仁。

由一九五六年至現在，是戰後香港話劇的成長時期。

## （三）展　望

從一九四五年到現在，快要三十年了，從表面上看起來，香港的話劇總算是逐步發展；但無可否認，這發展不免感到緩慢，和香港的工商業以至攝影藝術、電影藝術的發展相比，顯然較落後得多。假如在此間期，缺少了學校戲劇做支柱，話劇在香港將不免更為減色。話劇要開拓新的局面，需要新血補充，戲劇工作者應該有朝氣，有衝勁，尤其要有忘我的努力精神。這責任現在要落在年青一代的肩担上。因為老一輩的劇人，奮鬥了幾十年，應當退居在幕後支持，扶掖後進，讓接班人迎頭趕上去，繼續向前邁步。除了戲劇工作者自己努力外，希望政府當局也予以協助和支持，使工作能夠順利地推進。

近年香港政府當局和社會工作者，對於青年康樂活動已提高認識和注意，用各種方法引導和鼓勵青年從事正當的課餘或工餘的文娛活動。戲劇是一種綜合藝術，把文學、歷史、地理、社會、美術、音樂、舞蹈、勞作、演講、朗誦等一爐共冶，凡此種種，不特並行不悖，而且相得益彰。至於戲劇學中，又分編劇、導演、演技、唸詞、舞台裝置、燈光、道具、化粧、服裝、效果等各部門的學問和技術，均需要深入研究。同時為求體驗現實生活，更可以引導青年人深入社會各階層去觀察，從而對社會與人生作更進一步的了解；對青年人的思想與行動，有良好的幫助。為鼓勵青年人參加此項有意義的戲劇工作，我以為目前在香港應每年一度公開舉辦「戲劇展覽」和「劇本創作比賽」等文化工作，讓在學青年或工作中的青年去參加。我想，這不只對青年課餘或業餘時間作正當而有意義的安排，對於劇藝的提倡和演出水準的提高，都有極大的助力。這工作由市政局、教育司署、社會局、青年商會等個別主辦或聯合舉辦，都是適當不過和輕而易舉的。

劇運的推進，人才和場地都是重要因素，香港集中了不少優秀的戲劇工作者，他們獻身於劇運，基於主觀的愛好，只要有好戲可演，都不避艱辛，不辭勞瘁，對於指導年青一代，大家都善誘善導，任怨任勞，有此條件，關於人才問題，是可以迎刃而解的。但因為場地的缺少，限制了許多業餘劇團，尤其是學校劇社的演出。大會堂的音樂廳和劇院，租值昂貴，而且很早便已預定告滿，不容易獲得租用的機會。照目前的情形來看，香港很需要建立「青年劇場」，廉費租與或免費值給非牟利的戲劇團體，讓他們可以多些機會進行演出，這對於青年康樂活動和民衆教育都是有助的。

政府當局既然注意到青年問題，我想，「青年劇場」的設立，應該是急不容緩的！更是責無旁貸的！

歷史是人所創造的，香港話劇發展史將要由年青一代戲劇工作者繼續振筆寫下去。展望香港劇運，只要大家同心協力，排除萬難；政府當局能夠加以扶植，將來有光明的遠景，燦爛的前途，是可以預期的。

（翻譯文學史話）

# 莎士比亞的作品在中國

戈寶權

莎士比亞不僅是中國人民熱愛的外國古典作家之一，同時也是對中國話劇運動有過相當影響的外國劇作家之一。根據有關的資料，介紹一下他的戲劇作品和詩歌在中國翻譯與流傳的情形。

根據現已發現的各種史料來看，莎士比亞的名字最初是由外國教會人士介紹過來的。遠在 108 年前，卽淸咸豐 6 年（1856），上海墨海書院刻印了英國傳教師慕維廉譯的「大英國志」①，其中在講到伊利沙伯女王時代的英國文化盛况時曾說：「當伊利沙伯時，所著詩文，美善俱盡，至今無以過之也。儒林中如錫的尼、斯本色、拉勒、舌克斯畢、倍根、呼格等，皆知名士。」此處提到的舌克斯畢，卽係今天通稱的莎士比亞。光緒 8 年（1882）北通州公理會又刻印了美國牧師謝衞樓所著的「萬國通鑑」，其中也提到莎士比亞：「英國騷客沙斯皮耳者，善作戲文，哀樂罔不盡致，自侯美爾（荷馬）之後，無人幾及也。」

莎士比亞的名字更頻繁地被介紹過來，主要是淸末民初的事。這正是「戊戌政變」（1898）前後的時期，當時崇尚西學和倡議譯書的風氣有如風起雲湧，梁啓超等人更主張翻譯外國政治小說作為維新的武器。如光緒22年（1896）上海著易堂書局翻印了一套英國傳教師艾約瑟在1885年編譯的「西學啓蒙十六種」，在「西學畧述」一書的「近世詞曲考」中就介紹過莎士比亞：「英國一最著聲稱之詞人，名曰篩斯比耳。凡所作詞曲，於其人之喜怒哀樂，無一不口吻逼肖。加以閱歷功深，遇分譜諸善惡尊卑，尤能各盡其態，辭不費而情形畢露。」光緒29年（1903）上海廣學會刊印了英國傳教師李提摩太主編的「廣學類編」（「Handy Cyclopedia」），在第一卷「泰西歷代名人傳」內也介紹過莎士比亞：「沙基斯庇爾……世稱為詩中之王，亦為戲文中之大名家。」同年上海又出了兩種石印本的「東西洋尙友錄」及「歷代海國尙友錄」，前一書中稱：「索士比爾，英國第一詩人」；後一書中稱：「光緒30年（1904）上海廣學會出版了英國傳教師李思・倫白・約翰輯譯的「萬國通史」，在「英吉利志」卷中也提到伊利沙伯時代的作家，並舉出莎士比亞的名字：「其最著名之詩人，如夏克思芘爾，瓌詞異藻，聲振金石，其集傳誦至今，英人中鮮能出其右者。」同年10月出版的「大陸」雜志中印有「希哀苦皮阿傳」。此外在名人傳記中介紹莎士比亞的，如光緒33年（1907）世界社出版的「近世界六十名人畫傳」中有「葉斯壁傳」，光緒34年（1908）山西大學堂譯書院出版的「世界名人傳畧」中也有「沙克皮爾傳」。

我國晚淸思想的幾位代表人物——嚴復、梁啓超以及稍後的魯迅先生，也都在譯著中提過莎士比亞的名字。如嚴復在光緒20年（1894）譯成出版的赫胥黎著「天演論」的「進微」篇中，提到「詞人狹斯丕爾」，並加了小注：「狹萬曆間英國詞曲家，其傳作大為各國所傳譯寶貴也。」他在光緒23年（1897）開始翻譯的斯賓塞爾的「羣學肄言」中，也曾數次提到莎士比亞的名字。梁啓超在「戊戌政變」之後出走日本，主編「新民叢報」，曾在光緒28年（1902）5 月號上發表「飲冰室詩話」，其中說：「近世詩家，如莎士比亞、彌兒敦、田尼遜等，其詩動亦數萬言。偉哉！勿論文藻，卽其氣魄固已奪人矣。」光緒33年（1907）魯迅先生在日本用筆名「令飛」寫成的「科學史教論」及「摩羅詩力說」兩文中，都提到莎士比亞的名字，並指出介紹莎士比亞的重要性。

綜觀以上所述，遠從1856年起，很多人用各種不同的譯名介紹過莎士比亞，但都畧而不詳，直到民國 5 年（1916）孫毓修方在「歐美小說叢談」（商務印書館出版）一書中對莎士比亞的生平和戲劇作品作了較詳盡的介紹。至於我們今天通用的「莎士比亞」這個譯名，則係始自梁啓超的「飲冰室詩話」，如以年代計算，也已是七十多年的事了。

莎士比亞的戲劇作品，最初是通過英國散文家查理士·蘭姆和他的姊姊瑪麗·蘭姆改寫的「莎士比亞故事集」（舊通稱「莎氏樂府本事」），以譯述的形式介紹到我國來的。光緒29年（1903）上海達文社首用文言文翻譯出版了這本書，題名為英國索士比亞著「澥外奇譚」，譯者未署名。卷前的「叙例」中寫道：

「是書為英國索士比亞（Shakespeare ，千五百六十四年生，千六百一十六年卒）所著。氏乃絕世名優，長於詩詞。其所編戲本小說，風靡一世，推為英國空前大家。譯者遍法、德、俄、意，幾於無人不讀。而吾國近今學界，言詩詞小說者，亦輒嘖嘖稱索氏。然其書向未得讀，僕竊恨之，因亟譯述是編，冀為小說界上增一異彩。」

這本書共翻譯了十個故事（七個喜劇，兩個悲劇），各成一章，題目採用了章回體小說形式。各章的題目是：第一章「蒲魯薩貪色背良朋」（「維洛那二紳士」）、第二章「燕敦里借債約割肉」（「威尼斯商人」）、第三章「武厲維錯愛孿生女」（「第十二夜」）、第四章「畢楚里馴服惡癖娘」（「馴悍記」）、第五章「錯中錯埃國出奇聞」（「錯誤的喜劇）、第六章「計上計情妻偸戒指」（「終成眷屬」）、第七章「冒險尋夫終諧伉儷」（「辛白林」）、第八章「苦心救弟堅守貞操」（「一報還一報」）、第九章「懷妬心李安德棄妻」（「冬天的故事」）、第十章「報大仇韓利德殺叔」（「哈姆萊特」）。

就在本書出版的第二年，商務印書館又出了林紓和魏易用文言文合譯的同一著作的全譯本，題名為「英國詩人吟邊燕語」（簡稱「吟邊燕語」），列為「說部叢書」之一。林紓稱這本書為「神怪」小說，而且為每篇故事都取了古雅的傳奇式的題名，如「威尼斯商人」為「肉劵」，「羅密歐與朱麗葉」為「鑄情」，「哈姆萊特」為「鬼詔」，「李爾王」為「女變」，「奧瑟羅」為「黑瞀」，「暴風雨」為「颶引」等。這個譯本也正像林譯的其他小說一樣，流傳很廣，影响很深。如汪笑儂當時曾寫了「題『英國詩人吟邊燕語』」廿首」②。顧燮光在「譯書經眼錄」中評介道：「吟邊燕語」一卷，英莎士比亞著，林紓魏易同譯。書凡二十則，記泰西曩時各佚事。……作者莎氏為英之大詩家，故多瑰奇陸離之譚。譯筆復雅馴雋暢，逡覺豁人心目。然則此書殆海外「搜神」，歐西述異之作也夫。」③我國當時上演的莎士比亞戲劇作品，多取此書為藍本，改編為台詞。郭沫若後來在 1928 年寫成的「我的童年」一書中，也曾回想起這本書給予他的深刻的印象：「林琴南譯的小說在當時是很流行的，那也是我所嗜好的一種讀物。………Lamb 的「Tales from Shakespeare」（蘭姆的「莎士比亞故事集」）林琴南譯為「英國詩人吟邊燕語」），也使我感受着無上的興趣。它無形之間給了我很大的影响。後來我雖然也讀過「Tempest 」（「暴風雨」）、「Hamlet」（「哈姆萊特）、「 Romeo and Juliet 」（「羅密歐與朱麗葉」）等莎氏的原作，但總覺得沒有小時所讀的那種童話式的譯述更來得親切了。」④

早年莎翁中譯本之二

早年莎翁中譯本之一

繼此之後，林紓和陳家麟又用文言文譯述了莎士比亞的五種劇本的本事，其中四種：「雷差德紀」（「理查二世」）、「亨利第四紀」、「凱撒遺事」（「裘力斯·凱撒」）於1916年發表在「小說月報」第 7 卷第1—7期上；「亨利第六遺事」於當年4月印成單行本，列為「說部叢書」之一⑤，「亨利第五紀」則作為林氏的遺譯，發表在1925年第12卷第 9 —10期的「小說世界」上。這幾種譯文，只保留了莎士比亞原著的故事梗概，而且又是採用小說的形式，當然就無法看出莎士比亞戲劇作品的眞面貌了。

莎士比亞的戲劇作品，直到1919年「五四」運動以後，方被用白話文和完整的劇本形式介紹過來。首先是田漢在1921年譯了「哈孟雷特」，發表在當年出版的「少年中國」雜志上。1922年作為莎翁傑作集」第一種由中華書局出版。書後附有譯者「以自己的好尚為標準」草擬的莎士比亞十種傑作集的選題。1924年他譯的「羅密歐與朱麗葉」又作為「莎氏傑作集」第六種出版，可惜其他八種劇本均未能譯成。

繼田漢的譯本之後，莎士比亞的幾種代表的戲劇作品，均先後被譯為中文。除發表在刊物上的不計外，僅就印成單行本的來說，有誠冠怡譯的「陶冶奇方」（「馴悍記」，1923）；曾廣勛譯的「威尼斯的商人」（1924）；邵挺譯的「天仇記」（「哈姆萊特」的文言本，1924）；邵挺和許紹珊合譯的「羅馬大將該撒」（文言本，1925）；張采眞譯的「如願」（1927）；鄧以蟄譯的「若邈久嫋新彈詞」（「羅米歐與朱麗葉」，1928）；繆覽輝譯的「戀愛神聖」（「溫莎的風流娘兒們」，1929）。1930年是莎士比亞劇本翻譯出版較多的一年，有戴望舒譯的「麥克倍斯」、張文亮譯的「墨克白絲與墨夫人」、顧仲彝譯的「威尼斯商人」、彭兆良譯的「第十二夜」。此後還先後出版了袁國維譯的「周禮士凱撒」（1931），余楠秋和王淑瑛用文言詩體合譯的「暴風雨」（1935）及曹未風譯的「該撒大將」（1935）。

就在同一個時期，靠了庚子賠欵建立的中華教育文化基金董事會也組成了「莎翁全集翻譯會」，翻譯出版了八種莎士比亞的劇本：「威尼斯商人」、「奧賽羅」、「如願」、「李爾王」、「馬克白」（1936）、「暴風雨」（1937）、「丹麥王哈姆雷特之悲劇」（1938）、「第十二夜」（1939）。

莎士比亞的詩歌作品，在「五四」運動以後也被陸續譯成中文。譯者中有邱鍠、梁遇春 、 丘瑞曲、張晉臣、朱湘等人。朱湘譯得較多，共12首，收在1936年商務印書館出版的「番石榴集」中。長詩「維納斯與亞當尼」則有曹鴻昭的譯本（1934）。這個期間也曾有人用詩體翻譯了莎士比亞戲劇作品片斷，如朱維基譯的「烏賽羅」發表在1929年的「金屋」月刊和1933年的「詩篇」月刊上；徐志摩譯的「羅密歐與朱麗葉」發表在1932年的「詩刊」和「新月」上。

在這裏應該指出的，就是隨着莎士比亞的戲劇作品不斷被譯成中文，「新月派」的文人學者如梁實秋等，「第三種人」如杜衡等，都大譯莎士比亞的戲劇作品或大寫其論莎士比亞的文章，他們多是用資產階級的觀點來介紹和評論莎士比亞，這不能不引起魯迅先生的憤慨。於是魯迅先生在 1934 年用筆名苗挺先後寫了「莎士比亞」及「又是『莎士比亞』」等文（見「花邊文學」），對這些資產階級文人學者進行了駁斥。

1937年抗日戰爭爆發，儘管廣大的國土淪陷，文藝工作者却未間斷過。特別應該指出的，就是曹未風、朱生豪等人，在艱苦的條件下堅持着系統地翻譯莎士比亞戲劇作品的工作。

曹未風（1911—1963）遠從1931年起就開始翻譯莎士比亞的戲劇作品，他是我國計劃翻譯莎士比亞全集的第一個人。他譯的「微尼斯商人」等十一種劇本，曾以「莎士比亞全集」的總名先後由貴陽文通書局在1942—1944年間出版。抗日戰爭勝利後，上海文化合作公司在1946年又用「曹譯莎士比亞全集」的總名出版了其中的十一種劇本。

在同一個時期內，朱生豪也開始翻譯「莎士比亞戲劇全集」的工作。朱生豪（1911—1944）是位年青的翻譯家。他從1935年起就開始搜集莎士比亞著作的各種版本，加以比較研究，並着手進行翻譯。他先譯了「暴風雨」、「威尼斯商人」、「仲夏夜之夢」、「第十二夜」等劇，到了1937年上半年把九部喜劇都已譯完。這年抗日戰爭爆發，日寇侵佔上海時，他在半夜裏從寓所倉皇走出，就只帶了一部原文的「莎士比亞全集」和一些稿子。此後由於輾轉遷徙，生活不定，翻譯工作也無法行。1941年12月太平洋戰事又起，日軍侵入上海租界，他只得避居老家嘉興，從此在貧病交迫和敵僞統治的惡劣環境下，閉門不出，按原定計劃進行翻譯，直到1944年12月病逝時為止。其間共用了十年的功夫完成了三十一種劇本，只剩下五種半未譯完。朱生豪翻譯莎士比亞的劇本的態度是旣認眞而又嚴肅的，因此他的譯本在當時也是較好的。朱生豪將莎士比亞的作品，分為喜劇、悲劇、雜劇、史劇四大類，其已譯成的二十七種劇本，於1947年由上海世界書局分為三輯出版（1949年再版）。

在抗戰期間和抗戰勝利後，莎士比亞的戲劇作品也被譯成各種單行本出版。特別是1944年，重慶的幾家出版社曾出了好幾種譯本：如曹禺譯的「柔蜜歐與幽麗葉」、柳無忌譯的「該撒大將」、楊晦譯的「雅典人台滿」等，1948年商務印書館還出了「黎琊王」。此外，柳無忌、梁宗岱、戴鎦齡等人都翻譯過莎士比亞的詩歌作品。柳無忌的譯文見1942年重慶大時代書局出版的「莎士比亞時代的抒情詩」，梁宗岱譯的「莎士比亞的商籟」，散見上海及重慶的報刊。1943年重慶大時代書局還再印了曹鴻昭譯的「維納絲與亞當尼」。

1949年全國解放和中華人民共和國成立以後，在莎士比亞翻譯者和研究者的前面展開了一片廣闊的天地。曹未風繼續他抗日戰爭期間沒有完成的工作，重新校閱了他所譯的劇本。在1955年至1962年間，上海新文藝出版社（後改為上海文藝出版社）

先後出版了他譯的十二種莎士比亞的劇本。據他在「翻譯莎士比亞札記」中說，他從1931年春天就開始翻譯莎士比亞的作品，前後近三十年。可惜他在去年病逝，未能把這個工作完成。朱生豪翻譯的莎士比亞的戲劇作品，也由北京作家出版社改編成「莎士比亞戲劇集」，分為十二卷，於1954年出版，除過去世界書局已出的二十七種之外，又增加了他的遺譯四種，共三十一種。

與此同時，在劇本方面相繼出版的還有：曹禺譯的「柔蜜歐與幽麗葉」（1954）、呂熒譯的「仲夏夜之夢」（1954）、張采眞譯的「如願」（1955）、卞之琳譯的「哈姆雷特」（1956）、吳興華譯的「亨利四世」（1957）、方重譯的「理查三世」（1959）、方平譯注的「捕風捉影」（「無事生非」，1953）、「威尼斯商人」（1954）和「亨利第五」（1955）。在詩歌作品方面，屠岸譯了「莎士比亞十四行詩集」（1950），方平譯了莎士比亞的長詩「維納斯與阿童妮」（1952）。此外，近年來用馬克思列寧主義的觀點來研究和評介莎士比亞戲劇創作的論文也開始常見於報刊上。

為了紀念莎士比亞誕生400周年，人民文學出版將朱生豪舊譯的「莎士比亞戲劇全集」，請吳興華、方重、方平等人進行校訂增補，重排出版；並請方平重譯了「亨利五世」，方重重譯了「理查三世」，章益新譯了「亨利六世」（上、中、下三編），楊周翰新譯了「亨利八世」，使這套書合成全壁。全書共分為十卷，按牛津版「莎士比亞著作全集」的次序排列，並附有精印的插圖四十餘幅。此外人民文學出版社還編印了一卷「莎士比亞詩集」，其中收張若谷譯的「維納斯與阿都尼」、楊德豫譯的「魯克麗斯受辱記」、梁宗岱譯的「十四行詩」（154首）、黃雨石譯的「情女怨」等四首雜詩。這兩種集子的出版，標誌着我國翻譯與介紹莎士比亞戲劇作品和詩歌作品的工作進入了一個新的階段。

1964年3月15日於北京

---

①此書係英國人托馬士・米爾納原著，先緒7年（1881）又有上海益智書會本。

②原載「大陸」第3年第1期（1905），現收在中國戲劇出版社編輯的「汪笑儂戲劇集」第298—302頁及阿英編的「晚清文學叢鈔・小說戲曲研究卷」第588—590頁。

③見1935年杭州金佳石好樓印的顧著「譯書經眼錄」卷7第11頁，並見阿英編的「晚清文學叢鈔・小說戲曲研究卷」第539頁。

④見「沫若文集」第6卷第114頁。

⑤此書後有郭象升的訂正本，題名為「紅白玫瑰戰爭紀」，列為山西教育學院叢書之一，出版年代不詳。

紀念一位文化戰士

# 連士升在香港的一段日子

林　熙

連士升兄謝世，不經不覺已是一年了，每想起去年七月接到他的死訊後，我震驚之餘，竟日沒精打采，好像失去了甚麼寶貴之物永遠不能找回似的，所以沒有心情寫點文字去哀悼他。現在離他故世已一周年，悲懷早已減殺，不免借枝拙筆來說說我們三十多年的交情，也算是紀念他一番。

事情得回溯到一九四〇年。這年的八月我從海防挈婦將雛狼狽歸來，在香港的一份固定職業失去了，手中僅有的現錢，不過港幣一百多元，重新租一個房間，購置家具雜物等等開支，戔戔百餘元之數，所存無幾，要維持一個月的生活，大感困難。在我離開香港那段時間中，舊同事嚴既澄已在榮記洋行做了「委員」（榮記洋行是國民黨海外部的「筆名」，避免港當局干涉也。部長為吳鐵城，他為了救濟一些沒有投向汪僞組織的文人，特設一個編審室，派他們做委員，寫些海外社論，免費供應海外報社，又出版一些定期刊物，每人月拿薪水一百元，已頗不俗。一九四一年初，陸丹林靜悄悄的告訴我：「榮記已決定派你做委員了。」我說絕對不會有的事，我對抗戰無功，何來此「殊榮」？他說：「千眞萬確，你不可不信，他們說你在中國晚報編副刊，打擊敵僞，伸張正義，理應照顧云！信不信由你。」但二月後，海外部因經費問題，撤銷編審室了），不免去拜訪他一下。

到了編審室，則見嚴既澄正在和一班同事高談濶論，其中有祝秀俠、龍大均、祝百英等人。既澄介紹我和連士升相識，我們只一握手，沒有深談。我靜坐一邊只和既澄談海防近事，士升聽說我從海防回來，就問到海防的一般情形，那時候滇越路早已被法國人封鎖，我們要到昆明無法取這捷徑了。我問士升是不是想入昆明，他說不是。

連士升生前送給作者的照片

我們一羣人擺完龍門陣後，就往對面的美利權吃下午茶，然後各自散去，我就回去灣仔的六國飯店。兩日後，我已在堅道的列拿士地台租到了一個房間，忙着搬家，有五六天沒有到榮記了。一日下午，我在羅便臣道下巴士，正要橫過馬路，忽見士升也從同一巴士下來，我們就在路邊立談片刻，這時候，我們才交換住址，原來他住在般咸道清風台，離堅道不遠。他知道我也曾住過北京幾年，便和我談北京的風土人物，他是燕京大學畢業的，而我也有明友是燕大的教授和學生。有此種種關係，我們談起來特別親切，彼此的友誼增進了不少。

自此之後，我和士升兄幾乎每日下午都在榮記見面，因為在榮記辦事的朋友頗不少，他們有些在別的部門工作，不便我在那裏談天說地，嘻嘻哈哈，尙論古今，月旦人物，但在編審室就不同了，委員們個個都是飽學之士，四點鐘左右，他們陸續來上班，無公可辦就各擺龍門陣，熱鬧非常，別一部分的職員，久聞編審室諸公言不及義，有時也蕩進來參加一份。到了將近下班，有時餘興未闌就往香港大酒店或美利權吃下午茶。這一時期之樂，為人生難得。

一日，士升約我和幾個朋友在一家酒店的餐廳吃午飯。座中有一年青人，臉龐瘦瘦削削，談吐不俗，我很欣賞他，在談話時，我覺得他的普通話不十分純正，知道他一定是潮州人，便請教他「貴邑」。他尙未及答，士升兄就說：「你們都是潮州人啊，我以為你們早已相識呢。」於是我們才「尊姓台甫」一番。這個年青人便

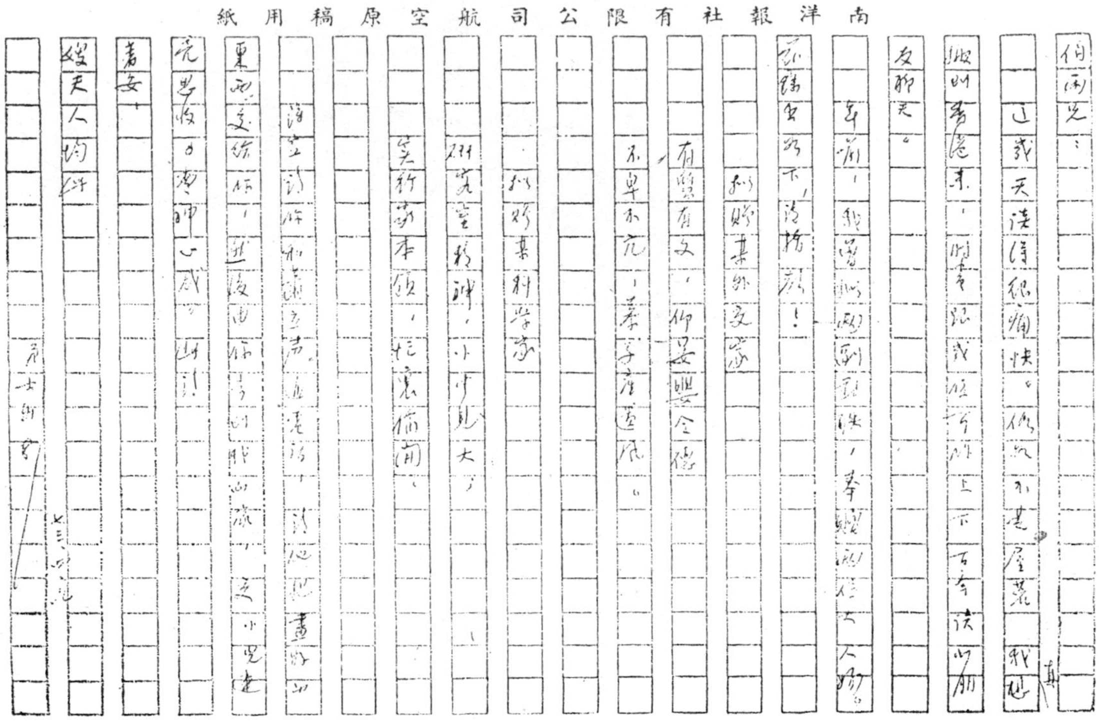


**去年連士升致作者書簡的手迹**

是今日鼎鼎有名的饒宗頤教授。席散後，我單獨和宗頤在大道中邊行邊談，才知道士升請客是他結婚後補請幾個未及邀請的朋友。第二天我忙刻了一方石印，作圓朱文「連士升」三個字，邊欵刻上他結婚的日子，作秀才人情，算是賀禮了。

士升知道我中國晚報那一份職業不足以維持生活，兩年來欠我的薪水和稿費已頗可觀，我久已想辭掉不幹，但因為和一班同事相處得很好，尤其是和總編輯李炳峯、主筆黃伯飛都很有交情，實在捨不得離開，只好想法子找一份兼職。好得我在中國晚報是編副刋，晚上在別家報紙做這翻譯電訊或編港聞（當時香港報紙的本港新聞，大都在十一時左右便截稿）都可以辦得到。有一次士升對我說他可以介紹我到另外一家有規模的報館工作，我多謝他的好意，但只能半信半疑，因為士升是福建人，和本地報界沒有甚麼關係，未必能成事實，但朋友一番好意，熱心幫忙，我是衷心感謝的。

過了幾個月，一點消息都沒有，我本有心理準備，也不感覺失望，我的正業是寫稿，中國晚報的編輯只是我的副業而已，所以我也不急，見到士升也絕不提起。有一日，我到榮記聊天，然後和士升到德忌笠街的波士頓餐室吃茶，吃完了一同漫步行上堅道。在途中他對我說，他有一位朋友梁寬，新近進工商日報做總編輯，他已和梁君講好了，介紹我做翻譯或編輯都可以，不日梁君會約我見面。

大約兩三天後吧，梁君約我晚上到他的報館一談，他說報館因財政問題，在目前不想添人，副刋主編人也由他本人兼職，以省開支。他打算大大改革副刋內容，約我專為副刋寫稿，他還打算出一個專題性的副刋，登載比較硬性的文字，每期要我寫五千字。他說這樣比起在報館當個職員好得多了。這當然是我求之不得的，我又多一道財源了。

這時候，士升又編輯「國際通訊」，是一個專載國際政治經濟的周刋，以繙譯為主，他約我為特約撰述，由他選定了文章交我繙譯。我幹了一年這類文墨的工作，對當時的國際政治經濟，和一般關係都畧有心得，這是拜士升之賜，使我感到良友之難得。

香港為日寇攻陷後第二年春間，士升避居越南，從此有五六年不相見。一九四八年我在星島晚報工作，我編的是副刋，所以在白天上班，有一天忽然在報館碰到連士升行色匆匆，只說他趕返新加坡，我們只是談幾句，他忙到連通信地址都沒有給我就握手言別了。

一九五三年四月，我開始為新加坡的南洋商報副刋寫小品文，常在該報駐港辦事處談天，它的經理人是陸上行，有一次我問他知否連士升在新加坡的「中興日報」做的甚麼工作，陸君說：「他老早不在中興了，前兩年加入本報，現在做的是主筆，還編「星期樂園」。奇怪得很，我的稿經常在「星期樂園」登出，為甚麽不見他有信來呢？我也不便寫信給他，甚麽原因我也莫名其妙。

下一年的二月，忽接士升來信，他說他現在編南洋商報的副刊「商餘」，又兼編「星期樂園」，約我多寫些稿寄去。並說，不日寄上他的大著「回首四十年」和「西方英雄譜」，請我批評。從這一年起，我們就時通音問，一直到他去年謝世，我們足足通了二十年信，雖然遠隔千里，但人卻好像在香港一般，情誼沒有絲毫受到影响。

士升身體孱弱，近十年曾動過幾次醫學上的大手術，從鬼門關逃過來，他有信給我說僥倖得回條命，此後當更致力于文化學術工作，希望為中國文化稍盡點責任，一息尚存，此志不懈。當他未退休前，我常勸他趁身體未衰老，頭腦還靈活之前，回祖國訪問一下，必定得到許多寶貴的學問，有助於他的寫作的。但當時的環境似乎尚不許可，所以他心嚮往而久久不能成行。以後我也不再提及了。

去年四月三日，收到士升三月卅一日發出的信，說他在四月二日趁飛機來香港，當日下午可到，叫我和他的內兒羅牧接頭，就知道他住在哪裏了。直到四月四日上午，才找到羅君的電話，一談之後，知道士升就住在他家裏，我和士升便在電話中談了幾句話，約定下午和陳君葆一起去看他。我們見面之後，覺得彼此的年紀都大了，訂交時不過三十二三歲，現在有資格「翁翁」之聲了。士升精神還很好，一樣的健談，只是行動已呈老態龍鍾之象。我心想，以他這樣的身體要回國遊遍名山（他說要到泰山、華山、武夷山一遊，以償多年心願，回新加坡後寫一部名山勝水的書）恐怕力不從心罷。第二天我們幾個朋友和他在美蘭餐廳吃下午茶，我去接他來赴約，見他上落梯階手腳都顫騰騰的需要人扶，我就問他：「你要游山玩水，能爬攀上高山嗎？」他笑笑說：「當然可以，我見到祖國山川，精神一旺，華山之險，如履平地，何況還有我的女兒在我左右，她可以照顧我呢。」（他的長女在北大畢業後，在北京工作），我聽了只有佩服他老當益壯，希望他能如願，寫出許多好文章給我們欣賞。

他在香港那九天中，我和他差不多每天都有見面。他定期四月十一日往廣州，我十日下午去看他，一同往中環吃茶，然後逛書店。分手時，他說他可以坐的士回去，不必我陪他了，說後他給我一封信，我待他上車後打開一看，寫的是：

伯雨兄：這幾天談得很痛快。假如不是屋荒，我眞想搬到香港來，時常跟幾位可作上下古今談的朋友聊天。年前，我曾擬兩副對聯，奉贈兩位大人物，茲錄出如下，請指教：

擬贈某外交家

有質有文，仰晏嬰令德；

不卑不亢，纂子產遺風。

擬贈某科學家

研究室精神，小中見大；

實行家本領，忙裏偸閒。

此請著安！嫂夫人均此。弟士升頓首。七三、四、九

這是他給我最後的一封信了，我得把它好好地收藏起來。六月二十日夜裏，士升來電話，說他回來了，第二天中午我約他在美心餐廳吃飯，問他有沒有游山玩水，他說沒有，只在北京住了一個月，但到過蘇杭南京。至於為甚麽沒有上山，據說主管游覽事宜的人對他說，因為交通工具缺乏很不容易為他安排個人去游山玩水，勸他暫時不要去。但照我看來，交通工具未必是有問題，恐怕是他們見士升步履不便，上落梯階都要有人在旁扶持，讓他們父女登山，實在不放心，故此對他這樣說罷。

六月廿二日，我和士升在中區吃午飯，他說在我家附近有一個跌打醫生羅秋，前天曾給他看過左臂受傷之處（他在南京跌傷的），要我和他一同去，但他又記不起街名和門牌，只記得對面是一間女校。我們坐汽車到了禮頓道希雲街口下車，問了幾處商店，才知羅秋在伊榮街廿九號三樓。從樓下走上三樓，士升覺得很吃力，我只好扶着他一級一級的走上去，走到一個拐彎，就站下來休息一下，回來時又是一樣。

羅秋醫生說他的手臂可無事了，開些藥給他帶回新加坡服食、敷貼，以後不需再吃藥了。下樓之後，為他雇了汽車回家去。我心在想，幸而士升沒有游玩祖國名山，如果爬上泰山，恐怕在山腳就摔傷了。

士升本打算從國內出來在香港多住十天八天，多會些朋友才回新加坡的，住了四天，便歸心似箭，大抵是因為臂傷要早些回家去得多些溫暖。他是六月廿四日起程的，廿三晚，他的幾位舊同學請他在同興樓京菜館吃飯，我在陪席之列。這一晚他高興極了，答應了寫一篇「五城記」給「大公報」發表，講他對北京、上海、蘇州、杭州、廣州的觀感。可惜兩星期後他突然謝世，文章沒有寫成。

一九七四年十月十二日

東瀛雜憶

# 書城漫步話神田

李沆

到東京旅行而不遊神田，對愛書的人來說，不啻是虛枉彼行。

在明治三十五年左右，神田這一帶的書店已差近百間，到了四十五年（一九七〇），隨着街道和建築物的面貌的轉變，該處的書店中心亦稍微向西推移。舊的老字號很多雖已結束營業，但新興的書肆，卻伴着日益蓬勃的出版界顯得有增無減。單是神田神保町這面積比東京大學本鄉校園還小的地方，就積聚了八十多間各式各樣的書店，加上比鄰西神田、三崎町、小川町及駿河台等較小地段的同業，總數合起來當在百間以上。

神田保町位於今日千代田區的北端。從羽田機場出發，先要坐單軌電車到浜松町，然後改乘山手線的火車，在秋葉原站（電器燈飾市場的中心）再轉搭開往新宿的中央本線車，在首站御茶之水或次站水道橋下車都可以。坐地底火車的話，可由銀座站先乘車到日本橋（有名的「丸善書店」的所在地），再轉別線到九段下。若想改用公共汽車，市內亦有數線通行。神田不但書店多，銀行也不少；而千代田區原是皇居的所在地，東接銀座，西鄰新宿，儼然是日本東京都的心臟地帶，交通自然十分方便。

日本經營出版的商號，有的稱「社」，如「新潮社」、「講談社」、「二玄社」及「中央公論社」等；有的稱「堂」，如「三省堂」、「弘文堂」及「東京堂」；有的稱「書房」，像「筑摩書房」、「三一書房」和「勁草書房」等；有的則稱「書店」，例如「岩波書店」、「角川書店」及「青木書店」，而販賣書籍的商店亦然。其中直稱書店的畢竟佔了大多數，有時可能在堂名後再附加上書店稱號。在神田一帶，即有專售美術書和錦繪的「一心堂書店」，專賣影劇書刊、海報及相片的「西澤弘文堂書店」和專售語言學書及音樂書刊唱片的「紗學堂書店」等。至於稱「書房」的，則有專營江戶時代古書及浮世繪的「大屋書房」，和只售佛教古籍的「小林書房」等。其他的異名，像稱「社」、稱「屋」、稱「房」、稱「館」、稱「堂」及稱「閣」的，以前還比較常見，現在不是湮沒無聞，就是僅餘寥寥可數的三數間。不過今天在駿河台下，有一間叫「書泉」的書店，規模名副其實相當大，樓高數層，而每層分門別類，除了較偏門的外文書和較僻的參考書外，一般的日文書刊，它都應有盡有。

神田書店的最大特色，就是百花齊放而多彩多姿。別區的一般書店，不是規模太大就是面積太小，不是存貨太重量就是內容太不重質。分佈各區的「紀伊國書店」，論規模確是首屈一指：像坐落新宿的其中一間，就比香港的辰衝大上十倍，而較似本地的永安公司。要買新書，這種大型的書店自然是個好去處；但書籍的種類實在太繁多，一般的教科書和新刊的普通書刊它雖然不會缺乏，較專門的特殊書刊，尤其是較舊刊行的，它卻不一定有現貨供應。大商店的傾向，大體來說雖云質量俱佳，但若單挑一類貨色來考究，則無論質量，都可斟酌。神田的書店，規模比起別區的小書店不算太優勝，但由於各有專營而兼販舊刊，價格相宜而便利大衆，一方面貴精不貴泛，另一方面重質亦重量，所以合起來既能免除一般小書店的平凡之弊，並且又補救了大型書店的徒具規模而虛有其表。

喜愛讀書和藏書的人，很多時亦是懂得逛書店的人。在日本東京逛書店，到「紀伊國屋」和「丸善」的那一種感受，和留連於神田神保町的那一種情趣，就有顯著的不同。前者是單純、現實而被動的，後者是豐富、理想而主動的。前者好像飲杯機器提煉的蒸餾水，雖可立時止渴，卻屬淡而無味；後者恍似品嚐高山流下的清溪水，雖然費時費力，卻是其味無窮。跑進「紀伊國屋」或「丸善」，在樓梯、電梯和自動扶梯上，處處都見人頭湧湧。店內盡是沿牆延列的書架和分散中央的書攤。書籍被陳列得秩序井然，有的以科目分排，有的以發行者歸類，林林總總，真令人目不暇給。穿著制服的店員在收銀機旁忙着工作，因為看書翻書的人固然多，買書的人亦不少。讀者想找書可以詢問，粗看認為合意便即時買下。這裏瀰漫着現代的氣息：光線充足的大堂，應對流俐的女職員和工作熟練的男職

一個外國女學生在「北澤分店」看日文書

工，以及數目驚人至不可統計的新書刊。這裏沒有鄰近的第二間大書店，沒有滿地是封塵舊書的閣樓，沒有餵着孫兒吃飯的年老女店主；這裏缺少平價的書、線裝古籍和舊的學術雜誌，以及浮世繪、肉筆原稿和文豪筆迹。這裏有的在神田差不多一定可以找到，這裏沒有的在神田卻永遠發掘不盡。所以神田實在是愛書人的寶藏，堪稱書城而無愧。

日本的出版刊物，自然以日文的為主。神田大部份書店所售賣的，當然亦是日文書籍居多。由於新刊圖書的數量實在驚人，所以在一些書店的玻璃櫥窗內陳列的，卻不是最近新書或者本月新書，而是連續添增的每日新書。書的類別，除可分為自然科學、人文及社會科學、文學藝術和語言學等外，還可以就其用途和對象，別為參考書、辭典、兒童圖書和衛生保健等書。神田的書店，每年循例印發一頁簡畧的介紹，不單繪圖指明每間書店的位置，而且也將各店的業務專門交代得清清楚楚。有了這頁指南在手，對地質、鑛物和化石有興趣的讀者，自然會探訪一丁目的「大久保書店」；有心研究海陸空軍用書的人，亦曉得走到二丁目的「文華堂書店」去參觀。而專門收藏名家墨跡的風雅之士，也當不會忘記到「飯島書店」一行。如果只是要求普覽和泛觀的話，則無論打從水道橋沿東京齒科大學直向岩波大廈行起，或是改由御茶之水路經明治大學轉向大道出發，櫛比鄰次的店舖準會令你留連忘返，而琳瑯滿目的貨色自然使你衷心讚嘆。三島由紀夫小說的初版本和限定本，這裏有豐富的蒐集；永井荷風全集的平裝、精裝和豪華裝本，這裏有系統性的珍藏。你甚至可以翻閱到芥川龍之介親筆署名的遊記，並且透過他的精練文字，如夢如幻地重臨舊日的中國。

神保町早年原是隸屬神田區，區內專營漢籍的有名書店，在戰前和戰後都首推「文求堂」。「文求堂」的主人田中敬太郎，以往既直接從中國輸入大量的線裝古籍和近代書刊，同時亦於日本刊行不少語文教科書、學術著作和翻譯。僑居日本的中國學者傅芸子（傅惜華之兄）的學術著作，經由他刊行的卽有一九四一年的「正倉院考古記」和一九四三年的「白川集」。昔時「文求堂」在中國的發行網也相當廣：北京琉璃廠的「來薰閣」，和上海北四川路底「內山書店」，都有經售它的書籍。它還發行一份文求堂書店目錄，直至現在仍是一份珍貴的資料，可惜現在已經很難見到；因為「文求堂」在一九六〇年左右雖然仍然存在，但由於經營方面後繼無人，未幾這間多年來喧赫一時的老字號卽告歇業。今天倘要探求「文求堂」刊行的書籍，在神田似乎只有一處可以找到：那就是近年在神保町蔚為漢籍總匯的「內山書店」。

現在神田的「內山書店」為內山完造的弟弟所開設，主要是經銷中文圖書雜誌與報紙文具，以及一切有關中國研究的日文書刊。店中很多店員都會說流利的普通話。「內山書店」早年存入的中國書刊相當豐富，所以在文革後中國出版業陷入停滯時，海外的一些絕版書刊都可以在它那裏買到。而自從一九六九年著名的「大安」書業公司關閉後，「內山」更成為出售「大安」書籍的中心。「大安」多年來翻印的都是中國出版的書籍和雜誌。「內山」既然擁有這些存貨，加上源源從香港不斷運來各種原版書和翻版書，所以在中文書方面不愁沒有供應。但「內山」注重的大抵是新刊的漢籍，若要蒐求線裝古書，就得轉訪「山本書店」、「松雲堂」和「誠心堂書店」。

這三間書店的格局比較老式，店員亦不懂中國話，其中只有「山本」一家比較專營漢籍。「山本」所存的線裝書數量相當多，並兼營台灣出版的叢刊和文史哲書籍。十多年來，它仍然是神保町內傾銷古代漢籍的重鎮。「松雲堂」的古籍存放得較為凌亂，其中日本古版本比中國的多而精。它基本上

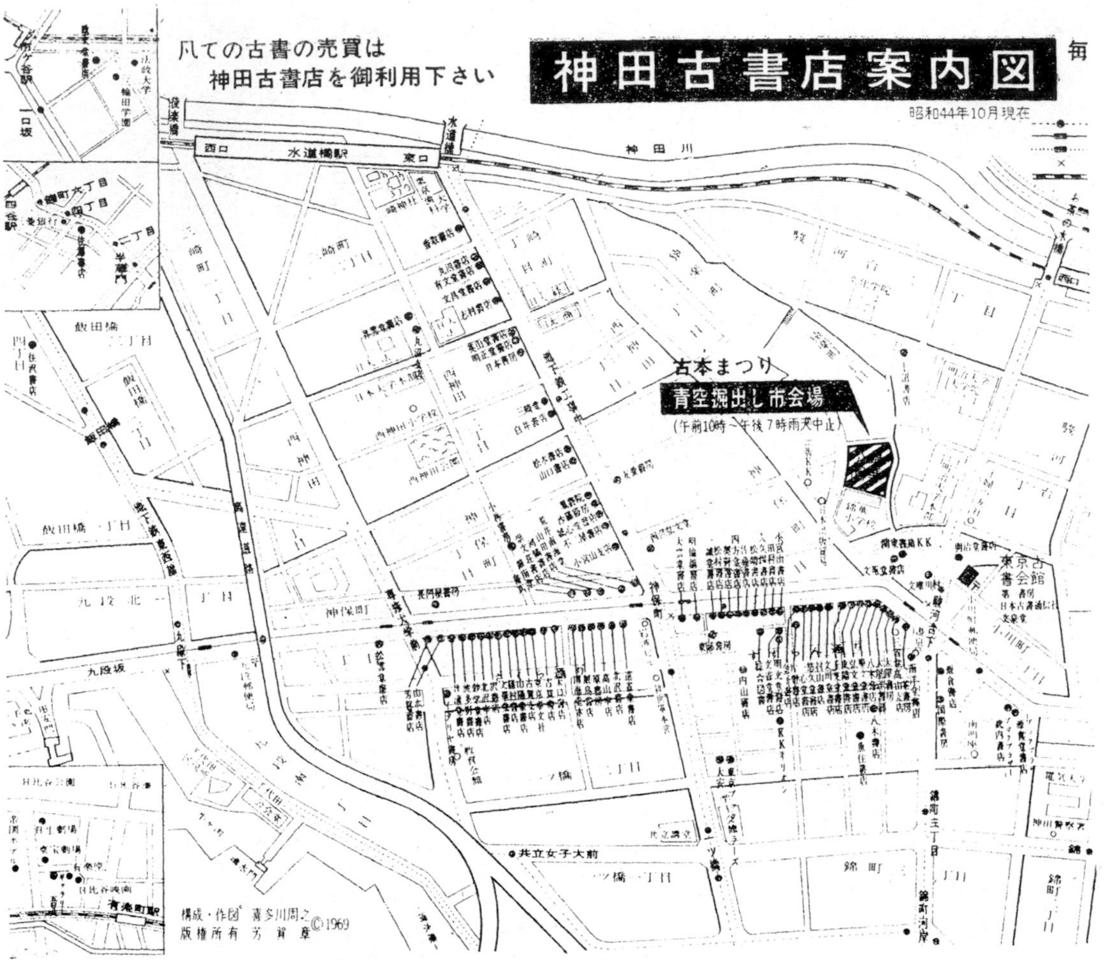


**神田神保町書店位置佈圖**

注重日本方面的源流，所以自己重刊的一册墨憨齋主人（馮夢龍）的「笑府」，所用的底本就是原文已佚於中國本土的和刻本。至於在「誠心堂書店」出售的和漢古典書籍，宗教和書道方面的書比較突出。有一年「誠心堂」購入一套完整無缺並保存如新的百衲本二十四史，轉手時只以台灣翻版那一套的三倍市價賣出，令一位外國的研究者喜出望外。這套史書後來被運往歐洲，繼續落籍生根於異鄉。

神田的書店，近五年來又有頗大的變遷。書店的數目，聽說已大大減少；因為區內的擴建和發展，在在都迫令這一帶的書林要去蕪存菁。物競天擇而適者生存，經營落伍者自然慘遭淘汰，而講究效率的才會大有作為。在現代社會崇尚實利的浪潮的打擊下，偏重人情味的神田舊書店雖然有的已不支倒閉，但其中有基礎的幾間，亦一定會勉力繼承和發展它們過去的光榮業績。時至今日，在水道橋附近雖然聳立起新的國際豪華大酒店，在御茶之水聖橋這一面，建築古雅的「湯島聖堂」仍然保持着它的莊嚴。「聖堂」內的中國古書和文物，每天都吸引了一些知音的訪客。愛逛書店的人若遊神田，如不曉得前往「聖堂」見識一下那些仍未找到買主的明版小說，想亦總會步到「岩波書店」和「三省堂」翻翻最新出版的語文字典和袖珍文庫。找蘇聯和東歐書刊的會跑去「極東書店」，看英文法文書的會溜進「北澤本店」。目前神田的書店容或比全盛時期差減了，但由於本身在歷史上有深厚的根源，而社會上亦有支持文化的永恒動力，神田儘管不斷在變，局面總不會像以前東大附近本鄉那一帶書肆的一落蕭條。有機會到神田，你只要一訪「一誠堂書店」，領署一下那種恢宏的氣象和明淨的風貌，鑑賞一下那些罕見的册頁和浩瀚的文獻，你就會明白，「一誠堂」七十年來的信用的聲譽，豈是容易失墜，而神田的令人難忘與陶醉，又豈是偶然？

一九七四年十月二十日

# 魯迅與內山完造（下）

沈西城

## 戰難時的生活

一九三零年，國民政府浙江省黨部發出逮捕「墮落文士」的命令，箭頭指向魯迅，乃是很明顯的了；魯迅東避西躲，連得筆耕生涯也因而受了不少的阻碍。不過風險雖多，致命的還不曾來到。那年三月，魯迅在中國左翼作家聯盟大會上發表了演說後，行動就一直受到監視，由於形勢吃緊，魯迅一家祇好避到北四川路內山書店的二樓上去過日子。翌年一月十七日，柔石等等在上海被捕，牽連所及，魯迅自身也在「命不夕保」矣。二十日，魯迅一家得了完造的援手，暫時移居日式旅館「花園莊」；「魯迅日記」一九三一年一月二十日條目有云——「二十日晴。上午寄中學生雜誌社信，答鄭振鐸。午後內山書店送來『浮世繪傑作集』（第四回）一帖二枚，計值十六元。下午偕廣平携海嬰並許媼移居花園莊。」行色匆忙，可見當時時局之緊逼也。

一九三二年「一・二八」戰事驀起，魯迅處境益危，完造見此，即招魯迅一家住在北四川路三樓的樓房內。據小澤氏所著「內山完造傳」云——「魯迅時受了完造的幫忙，住在北四川路三樓的樓房裏，彼是跟三弟周建人夫妻同住的；這房子面朝日本海軍陸戰隊司令部，二十八日夜裏，魯迅正在執筆時，電燈突然消滅。接着有許多機車由陸戰隊的院子裏馳出，向南駛去。至此日軍向十九路軍的攻擊終告開始。不久槍聲響起，越來越激烈，紅火線在飛舞。魯迅用來寫作兼臥室裏的書桌旁邊，有一彈貫穿而入。危機逼近，一家十人，包括周建人夫妻，接受了完造的建議，搬到內山書店的二樓上去。後來戰火蔓延，經過一個禮拜後，一家大小又搬到三馬路的內山書店分店去。」查「魯迅日記」一九三二年二月一日至五日的條目，皆呈空白，僅在六日項中記云——「六日舊曆元旦。曇。下午全寓中人俱遷避英租界內山書店支店，十人一室，席地而臥。」魯迅一生寫作甚勤，即便是些微小事，亦難在疏忽之列，以「一・二八」戰役來說，目覩其狀，抑且身歷，殊無不記之理也。倘云其時身處顛連，不克記述，日後亦大可補記；區區不逾一個禮拜的事，斷無可能會在記憶中失去，此中因由，頗値深思。近人亦有對此事加以憶疑併行文來作臆斷者，謂彼於此烽火中，非避亂於內山書店，實則隱居在日本海軍陸戰隊司令部內，其文引上海閘北一帶地理環境作依傍，輒加推敲，得此聳人結論，思之亦非無由也。小澤正元著「內山完造傳」一書「魯迅，固持上海之『戰場』」卷中對完造有此描述云——「戰爭開始時，住在內山書店的中國友人知己，因想到安全地帶去，便來求完造保證通行之安全。完造在內山書店的名片上寫著『此人乃我摯友，我能保證其身分』，持此便可得通過步哨線的便利。」在這段記載中，使人深思者端在「安全地帶」這四字上，倘照當時「一・二八」戰亂環境上說，在華界地帶里的內山書店實在不能算是個「安全地帶」，炮彈無情，那管你什麼「內山」不「內山」的

魯迅與內山完造攝於上海

，完造旣有本領可憑一張名片便能使人越過步哨線，要把魯迅一家移到「安全地帶」，確不是難事，但問題是此「安全地帶」，究竟何所指而云乎哉？鄙人實不知之。

## 飽受壓迫

「一·二八」戰役於五月五日因中日停戰協定而告停火後，國民黨政府對言論自由底壓迫也就採取了更為殘暴的政策。魯迅為了抗拒，遂於翌年（三三年）一月，參加了由蔡元培等人所發起的「民權保障同盟」的組織。這年六月，同盟的中心人物楊杏佛遇刺逝世，魯迅處境雖危殆，仍由許壽裳作伴，冒雨前去送殮；歸後，魯迅難掩悲愴，成詩一首云——「豈有豪情似舊時，花開花落兩由之；何期淚灑江南雨，又為斯民哭健兒。」此詩才氣縱橫，難怪許壽裳要許之為龔定庵耳。

這時期的魯迅，飽受壓迫，寫好的作品沒處可供發表，即使改易筆名，結果仍多被檢了出來；「魯迅書簡——致日本友人增田涉」一書中，一九三三年十一月書簡中有云——「再者，最近我的一切作品，不問新舊全被秘密禁止、在郵局裏沒收了，好像打算把我一家全餓死。」生活困厄，可見一斑。危難的日子持續不斷，魯迅於「一·二八」戰役中所居之舊寓雖無多大毀壞，惟「一過四川路橋，諸店無開張者……如此情形，一時必難恢復，則是否適合居住，殊屬問題。」（致許壽裳的信）故於越一年（三三年）的四月十日，魯迅一家又暫住上海施高塔路大陸新邨九號（即且介亭），這座房子是完造名義下的一所樓房，環境頗佳。

可是魯迅避難的「暮苦」運却不曾因搬家而得洗淨殆盡；一九三四年八月，又因了內山書店某個店員的被捕，被迫躲在完造家中。「魯迅日記」一九三四年八月廿三日條目云——「二十三日晴。熱。午後寄『動向』稿一篇。寄母親小說五種。下午居千愛里。」千愛里即完造之家也。打從一九三零年三月起以迄三四年八月下旬止，魯迅之能每遇凶險，皆獲趨吉而解，得諸完造助力可謂不少。這一段往事，我寫了近二千字，長篇累牘，可把看官們弄得發悶了矣，祇不過，魯迅與完造間的關係，以鄙人愚見，也當然是以此四年間最為重要；今人研讀魯迅，多喜從彼之著作著手，或耽於其雜文，或溺於其小說，或醉於其思想理論，唯獨對彼之與人往來，與及日常生活，鮮有著墨者（即有記載，亦不外限乎褒貶，或帶有濃厚感情作用者也），這未免不是「憾事」耳。

## 可貴的友誼

許著「魯迅回憶錄」「內山完造先生」卷云——「來而不往非禮也，魯迅有時也替內山做些工作。例如鹿地亘夫婦被日本政府釋放後，搭戲班的船到了上海，在生活感到困難的時候，找到了內山，內山先生首先就想到魯迅，介紹他見面，叫他翻譯中國作品到日本去，得些稿費以維持生活……更早些的增田涉，也是內山夫婦親自帶到家裏，向魯迅介紹認識的，自後每天為他講解『中國小說史畧』，進行了幾個月……其它如日本歌人山本初枝女士的認識，以及無數的日本朋友的往來等等，多數都是通過內山先生的介紹而來的。」魯迅不獨替完造的朋友辦事賣力，即使對完造本人，也是特別照顧的。一九三五年，完造所撰第一本隨筆集「活中國的姿態」由東京學藝書院出版，魯迅特意以日文為之作序文。完造那時滯居中國已逾二十載，早年倘佯長江一帶，對中下階級生活，輒有多窺，以之入書，自非不學無術者所能望其項背；惟魯迅在序文中亦有所批評云——「所以也想添幾句壞話在這裏。其一，是有多說中國的優點的傾向……還有一點……就是讀起那漫文來，往往頗有令人覺得『原來如此』的處所。」（見「且介亭雜文」集）外國人看重中國的地方，在於本國人看來，適得其反正是劣處的所在，過去便多有，反正每人觀點不同，吾們不來依單照收，多自躬省察悟，亦是有意義的事也。

一九三一年，魯迅詩贈完造云——「二十年居上海，每日見中華；有病不求藥，無聊才讀書。一闊臉就變，所砍頭漸多，忽而又下野，南無阿彌陀。」這詩引證含蓄，殊不易解，近日聞有高田淳氏大著「魯迅詩話」一書，頗有好註腳，惜手邊缺此書，無由說白，至深可嘆。不過，單從此詩表面大畧看去，說的無非也是當時變幻莫測中國之可悲光景，這樣的心底話兒，向著異國人藉詩文來抒洩，苟非知已，安能如此？毋怪乎魯迅逝後，完造要發悲鳴耳。這類悲鳴，在完造著作中如「上海夜話」裏，每可見到，現在抄錄一則以作為本文的結束。其文云——「我曾說他（魯迅）是一個在日本古代武士底骨骼上附貼著中國肌肉的人，又說他是一個極之偉大的預言者，這祇消看他每日的言動，就不難看出他有著跟日本古代武士相彷彿的地方者。彼之不屈不撓，即使怎麼樣的權勢金錢，亦是沒有法子的。而且，他還是一個通情理的人呢！」

# 魯迅先生是美術理論家、導師還是「媒婆」和「褓姆」？

## ——談「魯迅論美術」之二

梅創基

## （一）

在魯迅的文學生涯中，有許多地方是與美術息息相關。在當時，一批美術青年否定了他們所學的一套「學院派」的方法，特別是「創作木刻」，根本沒有前人足可借鏡的經驗和訓練方法的情況下，魯迅就姑且充當了「媒婆」和「褓姆」的角色，他所做的建樹性的工作，是應該加以肯定的。

事隔三十年後的今天，本來就應該進一步去總結和反省。恰恰相反，很多人還把帶有「時」和「空」局限性的」語錄」或看法一成不變的引用，給予不切實際的評價，其中不乏有歪曲魯迅的現象。

在魯迅很多有關美術的文章中（大多見於談話和書信來往中），筆者以為最有深度和代表性的，能稱得上是見解精辟的是他的「隨感錄四十三」：

> 美術家固然須有精熟的技工，但尤須有進步的思想與高尚的人格。他的製作，表面上是一張畫或一個影象，其實是他的思想與人格的表現。令我們看了，不但歡喜玩，尤能發生感動，造成精神上的影响。
>
> 我們所要求的美術家，是引路的先覺，不是「公民團」的首領。
>
> 我們所要求的美術品，是表記中國民族知能最高點的標本，不是水平線以下的思想的平均分數。㈠

對於魯迅這樣精辟的見解，普遍都在「進步思想」和「公民團」等現代字眼上捨本求末的大做文章，套上了無產階級的階級意識。這裏僅舉其中張望在「魯迅與青年美術工作者」一文所作的解釋：

「我們可以看到魯迅迫切企望能培養出德才兼備的，將來能成為『引路的先覺』的青年美術家來，他所厭惡的那些沾染着濃厚的剝削階級的思想意識，根本缺乏『進步思想和高尚的人格』的『公民團的首領』的所謂『藝術家』。」㈡

請不要忘記，魯迅所寫的「隨感錄」是在一九一八年，在他來講，這種無產階級的階級意識可能還不太明確。只要不想維持和滿足於現狀，想要變革就意味着「進步」或「革命」，並不是那一權貴和政黨的專利品。所謂「公民團」的首領，是指專為權貴和政客搖旗吶喊的附庸和嘍囉走卒而言。正如某些人仕所說的「歌德派」。

其實，中國「文人畫」很重視這句話：「人格不高，畫格不高」，其作品不是客觀對象的表現，而是作者自己主觀思想人格的反映。可以看出魯迅是受了那含有很濃厚的「唯心主義」的「文人畫」的影响。

在現代西洋的藝術觀而言，藝術是純個人的事，不太重視魯迅所說：「造成精神上的影响」。任何偉大的藝術家，都不是順流而是反潮流以致領導潮流的「先知先覺」，魯迅所言的「引路先覺」，說的很確切。

所謂藝術「是表記中國民族知能最高點的標本，不是水平線以下的思想的平均分數。」我個人所理解，引用哲學術語是「形而上」不是「形而下」。所以，不要把魯迅的文章含義看得太狹窄。

## （二）

在對待民族繪畫遺產時，牽扯到「舊形式的採用」，魯迅也有很可貴的意見：

自然，舊形式的採取，或者必須說新形式的探求，都必須藝術學徒的努力實踐，但理論家或批評家是同有指導、評論、商量的責任的，不能只斥他交代未清之後，便可消遙事外…

……這些採取，並非斷片的古董雜陳，必須溶化於新作品中，那是不必贅說的事，恰如吃用牛羊，棄去蹄毛，留其精粹，以滋養及發達新生的體，决不因此就會「類乎」牛羊的。㈢

在評介魯迅論美術的文章中，大多數作者都想突出魯迅個人，斷章取義而不引用前半部。最重要也是魯迅的觀點，舊形式的採用從理論到實踐大都有責任。反而引用最多，也是最具體和有問題的部份，這部份是：

……我們有藝術史，而且在中國，即必須翻開中國的藝術史來。採取什麼呢？我想唐以前的眞迹，我們無從目睹了，但還能知道大抵以故事為題材，這是可以取法的；在唐，可取佛畫的燦爛，線畫的空實和明快，宋的院畫，萎靡柔媚之處當捨，周密不苟之處是可取的。米點山水，則毫無用處。後來的寫意畫（文人畫）有無用處，我此刻不敢確說，恐怕也許還有可用之點罷……㈣

每個藝術家都有自已不同藝術的道路，這關乎每個人的氣質、學養和實踐中領悟出來的。不可能由別人指出來，結果變成了包辦代替，走的是別人的路不是自已的路。

就藝術和學術的立場，具體一點的說法，魯迅所認為的：「宋的院畫，萎靡柔媚之處當捨」和「米點山水，則毫無用處」，這說法是頗值得商榷。

「魯迅論美術」一書的作者張望在「米點山水」中，就下過如下極不高明的注解：「……此派專以水墨點染，玩弄筆墨趣味：僅適宜描寫繪烟雨瀰漫的情景，但此種畫法不能普遍採用，因而不為魯迅重視。」㈤無形中暗示了魯迅的看法是錯誤的。

中國畫不但具有悠久的歷史，而且精深博大，觸及的問題非常複雜；當然不宜把問題一筆勾銷。「米點山水」可以視為經驗的總結和筆墨的鍛練。在魯迅給李樺的信中說：

……我以為明木刻大有發揚，但大抵趨於超世間的，否則有纖巧之憾。惟漢人石刻氣派雄大，唐人線畫，流動如生，倘取入木刻，或可另闢境界也。㈥

魯迅筆下的「為藝術而藝術」的「頹廢派」比亞玆萊的插圖作品（「莎樂美」）。

如果當成「公式」，不是活學活用或自已領悟，李樺就是刻得出來，也會變成了「魯迅的境界」；又同「米點山水」沒有什麼分別。

藝術家的作品，除了他本身的氣質和學養之外，同他所處的「時」和「空」也有關係。他們對於所謂的「時空」如友人所言：「是瞎子摸象」。易言之，藝術家的人生觀藝術觀是「頹廢派」，你想要他的作品表現出不頹廢就等於是壓抑了他的意志。衆所週知，李後主的詞，宋徽宗的工筆花鳥畫，魯迅筆下的「為藝術而藝術」和「頹廢派」的比亞玆萊所作的黑白畫㈦，及挪威「精神底陰鬱」的蒙克㈧等等，都不能抹殺他們在藝術上的成就或價值。

如果一位藝術家，他不滿現實而不想做「歌德派」來粉飾太平；不作諷刺便是流露出悲憤，要嗎就逃避現實走向「萎靡柔媚」。相反，也可能不是消極的逃避，而是太平盛世的「醉生夢死」。所謂的「宋院畫萎靡柔媚之處當捨」只適合悲憤的「魯迅型」的人，充其量只能算一廂情願的看法，客觀上是帶有局限性。

## （三）

魯迅對中國畫雖然很愛好，並作某種程度的研究。但是他的理解不夠深刻，其中還帶有成見，把問題說得太絕對。形成了在文章之中，出現了被否定的又加以肯定，試舉以下兩個相反的看法來印證。魯迅在不同文章中表示

圖為李樺一九三五年作的「老漁夫」。魯迅給李樺信中說：「先生之作一面未脫十九世紀德國橋梁派（表現主義早期的畫派一編者按）的影响。」

魯迅在美術方面很重視功能和影响，對於普及形式的插圖、漫畫、連環圖畫等大力提倡，這種苦口婆心是值得讚許。在文字方面卻出現了「矯枉過正」和强詞奪理的現象。

在「連環圖畫」辯護的幾篇文章之中，是針對「第三種人」蘇汶的嘲諷而發的，因為手邊沒有蘇汶這方面的進一步資料，所以姑且不談。僅從魯迅收在「南腔北調」、「且介亭雜文」、「論第第三種人」和「濤聲」等四篇文章來討論，為了尊重魯迅的原意，還要看看他自己的說法：

> 我們的繪畫，從宋以來就盛行「寫意」，兩點是眼，不知是長是圓，一畫是鳥，不知是鷹是燕，競尚高簡，變成空虛，這弊病還常見於現在的青年木刻家的作品裏……
>
> 要極省儉的畫出一個人的特點，最好是畫他的眼睛。我以為這話是極對的，倘若畫了全副頭髮，即使細得逼眞，也毫無意思㈨

> 我並不勸青年藝術學徒蔑棄大幅的油畫或水彩，但是希望一樣看重並努力於連環圖和畫報的插圖：㈩

前一句末的「這弊病還常見於現在的青年木刻家的作品裏」，可見不完全是批評青年木刻家。中國畫以想象作補充的「寫意」手法是屢見不鮮，兩點就是眼不是咀，一畫是鳥不是飛機，河裏沒有倒影不會成為路，這都是手法而已。更主要的是精神實質，如對事物的觀念，追求嚮往的境界，作筆墨間的耕耘等等。

也應該承認，某些中國畫仍有「公式化」的現象，若不是「一竹竿打翻一船人」是不能一概而論。前一句的「競尚高簡」就是後一句的「即使細的逼眞，也毫無意思」的最佳解釋。當然，這是相對而言，並不是絕對的。

## （四）

就魯迅幾篇文章中，為了把連環圖畫拉到藝術這一邊，在證明的過程裏，把其他藝術創作同連環圖畫弄到混淆不清，並沒有作嚴格的區別。中國畫的「文學性」或有故事情節的「連續性」，文學作品中沒有連續的情節只限於造型「繡像」，西方畫家作品中的同一個意念不同作品的「組畫」或「連作」，同一題材不同形式的「變體畫」；同今天公論的「連環圖畫」，在層次的高低，藝術手法的明顯與含蓄，有無境界、靈氣、韵味，為了客觀易於接受，還是為了主觀藝術家的伸訴等等，表面或形式可能相近，實質差異很大。

站在西方現代藝術角度，藝術要擺脫以往的歷史上造成宗教、政治、科學的「副產品」的局限性，獨立成一種不負有說教的任務或功能性質的「純藝術」。假如蘇汶等人認為「連環圖畫」不是藝術，只是角度不同而已，並沒有什麼錯。

不錯，魯迅所說的文藝復興時代米開朗琪羅和達文西畫過類似「宗教連環圖畫」的「亞當的創造

」和「最後的晚餐」。那是當時歷史所造成的局限，他們的偉大不是因為畫了「宗教連環圖畫」，而是擺脫了「宗教連環圖畫」那一套膚淺的說教，反映出了當時的「人文主義」的精神和自己的東西。嚴格來說，魯迅所認為的連環圖畫：「但卻能產生出米開朗琪羅，達文西那樣偉大的畫手。」是不正確的。

可能會有人反問，如果一個畫家去畫連環圖畫又會怎樣呢？如果畫出來是為了「俗人」（勞苦大衆或一般的小市民）看的，那是名符其實的連環圖畫，成為西方畫家筆下的小丑所寓意那樣：娛樂別人失去了自己，藝術性就算有也是微乎其微。假若是為了自己的所謂「雅人」，變成了自己同自己講故事，純是「自我一番」，其本身價值就超越了連環圖畫，評價就不會給連環圖的分數了。這種矛盾是永遠存在的，當然還有其他的因素，不可能是絕對。

近數十年來，版畫能夠成為與油畫和彫塑等同一地位的獨立藝術，是因為擺脫了「挿圖」和「複製」的局限性；並且進一步脫離畫家和彫刻家的業餘之作，而成為一種專業性的版畫家。雕刻家的作品，最怕是同「工藝品」混為一談，這意味着藝術品是有其本身特點和局限性的。

就記憶所及，在六十年代中國內地的美術學院裏，曾經有學生把自己的「創作」，畫成連環圖，就被老師斥為「格調不高，不是美術學院的任務」。這可作為當時「普及」和「提高」的一種分野吧！相反，中國內地仍然有畫連環圖畫，因為魯迅的提倡而自我陶醉一番的現象㈡。

## （五）

魯迅先生在自己的作品中，有些小說就寫的很含蓄，有的地方很晦澀，一般讀者未必看得懂，其中還使用很多不同的藝術手法。但是對美術作品卻要求盡量讓大家看得懂，兩者之間並不十分相稱。雖然還沒有淪落到徐悲鴻所說：「沒有人懂的東西就不是好東西。」㈢那樣無知，起碼是重視了「普及」卻忘了「提高」，無形中將藝術作品的「功能」降低。例如魯迅覆羅淸楨的信中說：

> 我想：「先生何不取汕頭的風景、動植、風俗等等，作為題材試試呢。地方色彩也能增加美和力，自己生長其地，看慣了，或者不覺得什麼，但在別地方人，看起來是覺得非常開拓眼界，增加知識的。例如「楊桃」這多角的果物，我偶從上海店裏覓得，給北方人看，他們就見所未見，好像看見了火星上的果子。而且風俗圖畫，還於學術上也有益處的。㈢

前文提到，西方現代藝術觀是不承認藝術品有「功能」，更不重視影响的效果如何。「增加知識」和「於學術上也有益處」是教科書的責任，藝術家是不理會的。就算在藝術作品發現了於科學或學術有益的東西，那是你們「找上門來的」，與藝術家無關。套用劉海粟的口吻：「藝術是不做科學的『下女』！」

反過來看，用「辯證唯物論」的「現實主義」的藝術觀，不但講藝術有「功利」，而且還要顧及影响或效果如何。並不是任何事物都可以成為作品，要看可否塑造「典型」，作者有沒有「健康的情緒」，一覽無餘呢還是產生潛移默化的功能呢？「現實主義」的作品也不會希望功能太低，不講藝術本身的特色，去搶教科書和圖片的「生意」。

毛澤東在「延安文藝座談會上的講話」一文裏，在普及和提高關係上說：「普及工作若是永遠停止在一個水平，一月兩月三月，一年兩年三年，總是一樣貨色，一樣的『小放牛』，一樣的『人、手、口、牛、羊』，那末，教育者和被教育者豈不是都是半斤八両？」㈣所以，藝術是不能「削足適履」的。

在本港出版的「魯迅與美術」一書裏，作者在「魯迅怎樣看待靜物畫」中就這句話上做文章，想要「兜」回來，我看結果是徒勞而無功。因為西方現代藝術家的「靜畫」，觀念上根本不在「靜物」，而是作者自己的思想、觀念、情緒等，中國「靜

為魯迅所喜愛並計劃出畫集屬於「表現主義」的「精神底陰鬱」愛德華・蒙克作品。

物畫」也不是這麼回事。

總而言之，畫家是應該有自己的東西，否則會淪為「匠人」式的「畫工」。誠如魯迅所說：

「間亦有畫工所作，而乏韻致，固無足觀。」㉘

## （六）

這裏，筆者就學術和藝術理論的立場，從較高一點的層面上去提出不同的看法。並不是有意要「拆」魯迅的「台」，同魯迅臉上抹黑，更不想扮演一隻「蒼蠅」去吸魯迅的「血」。因為魯迅三番五次的承認：

關於繪畫，我本來是外行，理論和派別之類，知道是知道一點的，但這並不足以除去外行的徽號，因為所知道並不多。㉖

我愛版畫，但自己不是行家，所以對於理論，沒有全盤的話好說，至於零星的意見，則大畧如上。㉗

作紹介文字，頗不易為，一者因為我雖愛版畫，卻究竟無根本知識，不過一個「素人」，在信中發表個人意見不要緊，倘一公開，深恐貽誤大局……㉖

確實如此，魯迅的美術思想是沒有一個完整的體系，沒有一個根基和一套完整的程式。所採用的是「頭痛醫頭，腳痛醫腳」的不徹底的「挖肉補瘡」的辦法，所反對和主張相互矛盾。由於提倡「藝術大衆化」的口號，從不同的角度到深淺和層次都帶有局限性。所謂「雅俗共賞」是「俗人」能看到一個層次，而「雅人」又看到另一個層次，完全為了「俗人」無疑是等於藝術家去改行做「革命家」或「傳教士」。

作為歷史資料，魯迅的論美術是篇寶貴的資料。㉙視為美術理論而言，從更深一點的層次，用長遠的觀點，花太多的時間去研究似乎不大值得。他的成就在於文學方面，美術只是出於他的酷愛和鑑賞，每個人都有專業和責任，在有限的精力下，很難做到面面俱圓。魯迅對美術的認識雖不算外行，也不能說是他的專業或所長。

話又說回來，魯迅在美術中，雖然有不少值得商榷之處，並沒有削弱了他在人們心目中的威信或地位。他在近代中國美術史上所担任的翻譯介紹式的「媒婆」的角色，在沒有專門人材的情況下確實盡了做「褓姆」的責任。

魯迅臨終囑咐他的兒子：「萬不可做空頭的文學家或美術家。」㉚想不到他死後直到今天，還會有人把廉價和不實際的「美術理論家」大帽子往魯迅頭上戴。把他那些不成熟的意見拿來引用以致歪曲，似乎是對魯迅莫大的諷刺。

---

㈠一九一八年，收「熱風」，今見「魯迅論美術」第六頁，張望編，一九五六年，「人民美術出版社」。

㈡見「美術」月刊一九五六十月號，「紀念魯迅先生誕生七十五週年特輯」，第九頁。「人民美術出版社」。

㈢一九三四年，收「且介亭雜文」，今見「魯迅論美術」第六十五頁，張望編。

㈣同上。

㈤同上第六十頁。

㈥一九三五年，覆李樺的信，「魯迅論美術」，張望編。

㈦一九三一年，魯迅：「上海文藝之一瞥」，見「魯迅論美術」，第三十六頁，張望編。

㈧「魯迅全集」第十五卷第一五三頁，一九三八年，「魯迅先生紀念委員會編」。

㈨見「美術」月刊一九五六年十月號，「紀念魯迅先生誕生七十五週年特輯」，第十一頁。

㈩一九三二年，收「南腔北調集」今見「魯迅論美術」第五十八頁，張望編。

㉑參考「美術」月刊一九五六年十月號，第三十二頁，魯迅先生給我的啟示，趙宏本作。

㉒中國畫家叢書之「徐悲鴻」十八頁，范曾作，上海人民美術出版社，一九六二年。

㉓一九三三年，覆羅清楨的信，今見「魯迅論美術」第一五八頁，張望編。

㉔毛澤東「在延安文藝座談會上的講話」第五十七頁到五十八頁，一九六七年，人民文學出版社。

㉕陳烟橋著，「魯迅與木刻」第三十四頁，一九五〇年，開明書店。

㉖一九二九年，致「近代美術史潮論」的讀者諸君，今見「魯迅論美術」，張望編。

㉗一九三五年覆李樺的信，今見「魯迅論美術」第一八六頁，張望編。

㉘一九三五年覆李樺的信，同上書第一八四頁。

㉙胡蠻：「中國美術史」，一九四八年，「羣益出版社」。

㉚見「美術」月刊一九五六年十月號，「紀念魯迅先生誕生七十五週年特輯」，第十二頁。

# 吳梅村佚詩八首

端木蕻良

多年前，我曾在廠甸買了個舊抄本，吳梅村詩抄殘卷。當時，我看它筆致流動，必不是一般抄本。因為我曾在友人家中見過吳梅村的字聯，那是商務印書館影印的，他們如何鑒定是眞迹，不得而知。這個抄本與字聯筆迹很相似，我買它時，也有那種想法，是不是吳梅村的筆迹呢？待拿囘來一看，上面有引「銀齋雜說」「新世說」「西河詩話」等文，作為注解，這自然不會是吳梅村的手抄本了。但是，我將它和吳梅村詩文集對校，卻發現這抄本比刻本多出八首詩來。這使我大為驚奇，驅使我連忙去查別的本子，看看是不是也都沒有收入。

我們知道，最早出版的吳梅村詩文集，詩部是顧伊人原編，刻版時吳梅村六十歲，三年後他才逝世。據說這集子曾經他親手訂定過。後來的本子大都是拿這個作為祖本。它有錢謙益序本與無錢序本兩種。無錢序本，當是原刻，據清廷「軍機處奏准抽毀書目・梅村詩文集」條中說：「錢謙益序一首，書一首，仍應抽毀。」可以知道。我再去對其它的本子，梅村詩箋注，吳翌鳳撰（滄浪吟榭校定本）；吳詩集覽，靳榮藩集（凌雲亭刻本，中華書局聚珍本）；梅村家藏稿（董氏誦芬室本，涵芬樓景印本）；吳梅村先生編年詩集，楊學沆箋補（太昆先哲遺書，俞世德堂鉛印本）；梅村集，任光奇重校（弇山鐸署重刻本）；吳詩箋，程穆衡箋（北京圖書館藏傳抄本）；我所能見到的這些本子裏面，都沒有抄本多出的那八首詩，這就益發使人納悶。

現在多出的八首詩，都是吳梅村咏物幻詩裏面的，在尤侗著的百末詞中說「梅村作物幻八詩，予謂其題近於詞，為小調足之。」尤西堂全集清名家詞中百末詞（開明版）都有這條小序。

這裏說「物幻八詩」而沒有說八首，是很可注意的。在我所見到的本子裏面，都沒有「物幻詩」字樣，只有小題，每題一首，共合八首。惟獨抄本中每題兩首，共合十六首，我說多出來的八首詩，就是每題的第二首。

抄本每題兩首，後附尤侗唱和的西江月，低兩格抄錄，詞句和「百末詞」所載全同。前面有總題「咏物幻詩」四字，一般刻本都沒有這個總標題，只有程穆衡箋本有「物幻詩」三字總題。很有可能尤侗見到的物幻詩是不只八首，所以他說「物幻八詩」，而不說「物幻詩八首」。

在北京圖書館藏的程穆衡傳鈔本裏面，有兩點也值得注意，第一，在總標題「物幻詩」下面，程注道：「惟物幻詩，實剏於此，非惟工麗，兼每首俱有寓意。」第二，在第八題「蓮蓬人」下注道：「聞諸前輩，此章公能謂也！」楊學沆箋補本也引用這話，並標出「程迓亭曰」。

程穆衡是太倉人，乾隆二年進士。他自己說他作梅詩箋注的經過道：「余曾讀其全集，有契於心，輒箋其下，積數百條。丁巳入都，卷帙叢殘，赫蹏散沒。適先生曾孫砥亭聞而徵之余家，旣歸，而惜其裒然者在紙堆也。因排纂之，以寄砥亭。且闕所未詳，竢諸參訂。」

在他自起的「凡例」上面也說，「先生曾孫砥亭，𦗟（聰）儁博雅，有志先集，凡有訪求，殷然惠敬。書中所載，以翊案二字別之。」

由此看來，程穆衡說「咏物幻詩」是寓意詩，恐怕是有根據的。

尤侗阳末詞裏，有一首西江月咏新嫁娘道：

月下雲翹卸早，燈前羅帳眠遲。今宵猶是女孩兒，明日居然娘子！

小婢偷翻翠被，新郎初試蛾眉，最憐妝罷見人時，盡道一聲恭喜！

這是入骨的諷刺當時賣身投靠新貴的。同樣的，尤吳兩家的物幻詩也都是諷刺詩。尤侗和咏的物幻詩繭虎道：「浴罷恰如得子，纔成便可封侯，採絲束縛掛枝頭，停向盤龍欲鬥！」這也是罵那些新奸驟貴的。而在新發現的吳咏繭虎詩裏，也有此意，原詩道：「縷縷絲皆同豹飾，斑斑文遍綴蠶衣，形模案勢眞能肖，縛艾徒傳掛戶扉！」這正是罵那些遺臣，彩衣打扮，去給人家裝門面的可悲可恥。恐怕也是由於這些，怕羅織入罪，所以才被删除。本來，物幻詩就是詩謎，它得費一番猜測，才曉得他指的是什麽。既可往這面猜，也可往那面猜。而吳詩裏面，恰巧就有譏刺，最易出毛病。而就每題下的第一首來説，多半都還是就物咏物，可是到第二首便有得發揮了，因此，就未免離題太遠。為了逃避起見，便把第二首都删削去了。這只是我的臆説，是否眞是這樣，還待研究。現在將八首各本不載的詩介紹在下面，是否別本也未曾收入，請讀者們有以教我。因為，我所見到的，决不會是吳詩的全部板本，比如，程穆衡提到的錢湘靈評本，我就無從見到。

## 吳梅村咏物幻詩

### 繭　　虎

故事良辰詎可違，巧裝新鮮出閨闈。
剪將筐上飛蛾脫，製就釵頭猛虎威。
縷縷絲皆同豹飾，斑斑文遍綴蠶衣，
形模案勢眞能肖，縛艾徒傳掛戶扉。

### 茄　　牛

還是裝成老特成，戲牽几案作春畊，
耳因露潤眞能濕，色自天生卻類騂，
棄入高厨如觳觫，蒸為清供附犧牲，
夜來鼷鼠防侵食，乾蒂看猶兩角橫。

### 橐　　鶴

俄將枯質化胎仙，雙翅翩翩自儼然，
血肉盡除惟有骨，塵氛未脫尚留羶，
巧裝貴擬軒車上，近玩卑從耳目前，
匕箸棄餘眞像出，薛公圖書不須傳。

### 蟬　　猴

出土凌高脫殼新，山公形態擬來眞。
轉丸智更能升木，齊女名應喚楚人，
噪柳竟成啼峽狀，緣藤全失吸風神，
危挫幸免螳螂捕，猶作驚弓抱樹身。

### 蘆　　筆

折取汀蘆搦管宜，戲將揮洒效臨池，
雁銜好作天邊字，虫蝕曾題葉上詩。
猶向中山當渚上，退為高塚是霜時，
斷帘敗筆皆堪用，藩溷還教置不遺。

### 橘　　燈

大顆匀圓選最良，明燈巧製照閨房。
摘來園叟千頭盛，造出佳人十指香，
燃火赤皮同映日，添膏朱實類含漿，
綴珠剪彩懸花葉，何似天成不待裝。

### 桃核船

規模渺小體仍全，刳木依稀古聖傳。
擇取空留天上月，造來疑泛水中仙，
絕勝縮地瓌瀛竹，堪擬隨波太乙蓮，
安得時時多載酒，奇珍妙手製青田。

### 蓮蓬人

手劈空房未棄捐，人形製就態翩然，
精魂豈轉三生石，胎孕眞從九品蓮，
紺色衣疑裁谷縠，淸香身似染爐烟。
長裙曳地腰肢束，有恨無情自可憐。

這幾詩裏面，有些句子，諷刺意味是很明顯的。比如：「棄入高厨如觳觫，蒸為清供附犧牲。」「巧裝貴擬軒車上，近玩卑從耳目前。」「危挫幸免螳螂捕，猶作驚弓抱樹身。」「燃火赤皮同映日，添膏朱實類含漿。」這一方面是刺世，一方面也是諷己。他在與這詩同時作的「戲咏不倒翁」詩裏面，雖然把自己比做不倒翁，但心中卻充滿了啼笑皆非的感情。而最慘痛的，是在臨終之前，説自己「一錢不值」。尤侗是能了解他的人，在和他咏不倒翁詩中曾説：「半醉半醒粧强漢，三眠三起弄頑童。還愁一跌成虀粉，化作人間亡是公。」認為對他們的未來的迫害還是有的。

我想，現在不是解釋這些詩的時候，我只想解决一個問題，就是想來探討這些詩是否過去佚失的。因為，對吳梅村，這寫出一代史詩的大手筆，如能得到點滴的新資料，對今後研究他，也會是有好處的。

# 民初絕版筆記經眼錄　　林　熙

**（十二）清代野記**　梁溪坐觀老人著，作者不知為誰，有一說是張祖翼。所記皆清代朝野遺聞佚事，特別詳於咸同光宣四朝。從文字中看來，作者似乎也是官場中人物，故有些記事皆經身歷。書凡三冊。

**（十三）稗史叢書**　上海文明書局發行。此書是收集各種筆記成為一帙，共二十九冊，分為七輯：（一）古今宮闈秘記、（二）古今閨媛軼事、（三）古今情海、（四）太平天國軼聞、（五）清代聲色志、（六）清代野記、（七）康熙南巡秘記。

**（十四）曼殊室筆記**　梁啓勳著。梁為任公胞弟，北京大學教授，工於詞學，此書乃集其北京「晨報」所刊者而成，印數極少，出版後不久即售罄。梁君字仲策，一九六五年十一月死於北京，年九十，死前陳一峯為印其「詞學通詮」，交香港上海書局出版。

**（十五）夢蕉亭雜記**　陳夔龍著。作者貴州人，字筱石，進士出身，官至直隸總督。辛亥後在上海做遺老。書分二冊，木刻，非賣品。一九二四年溥儀被逐出故宮，陳氏乃作此書，皆記朝野故事，及自身所歷。他做過兵部司員、順天府府尹、江蘇巡撫、湖廣總督等大官，故所記多為第一手材料。一九二六年初到上海時，即蒙以此書相贈，四十年來珍藏敝笥。陳氏是一九四八年八月死的，年九十三。

**（十六）蜷廬隨筆**　王伯恭著，作者安徽盱眙人，名儀鄭，早年在朝鮮與袁世凱同事，袁做總統，也招呼他做一個小京官，甚不得意。此書記朝鮮事頗可參考；對袁世凱也時加譏諷。本名「蘭隱齋筆記」，先在北京某報發表，民國十年始改此名印行，無出版及代售的地方，我所得的一本是在地攤花五毛錢買的。

**（十七）諫書稀庵筆記**　陳恒慶著。上海小說叢報社印行。此書原題「清御史陳慶湝著」，又題曰：「著作者濰縣陳慶湝。」作者自序說：「余告歸後，年近七十，飽食終日……悶坐無聊……乃即目所見，耳所聞者，振筆錄之，無以名之，名之曰歸里清譚。丁巳夏時十月朔日，諫書稀庵主人記。」丁巳是一九一七年。陳恒慶是光緒十二年丙戌科進士，與徐世昌同榜。書中談到賽金花在北京時，曾至其相府請安，相府指道光朝協辦大學士陳官俊，作者乃其姪孫，故知其名為恒慶，並不叫慶湝。

此書述北京朝官名士故事，社會瑣聞，皆極有趣，雖然有時所說有張冠李戴之誤，但皆以親自聞見者居多，故甚有價值。其錯誤之處，大概因年老善忘，信筆書成，未加詳考之故，不能以其有小眚而貶抑之也。

**（十八）信美集**　周瘦鵑輯，凡二冊。所集有張岱杉、陳小蝶的筆記（陳後改名定山，今在台灣，今已近八十），陳蝶仙的諧綴、酒令，袁寒雲的舞經、葉子譜。（陳蝶仙名天虛我生，小蝶之父。）

**（十九）消閑集**　周瘦鵑輯，內容有陳灨一的睇嚮齋逞臆談、周南陔的綺蘭精舍筆記，柴小梵的瞻簃零墨、程善之的四十年聞見錄。

**（二十）碎瓊集**　周瘦鵑輯，內容有袁寒雲的三十年聞見行錄、天虛我生的新年樂譜、王西神的菊影樓話墮，周瘦鵑則譯有華盛頓的童年日記。

**（廿一）雯玉集**　周瘦鵑輯。是專記一類事物的筆記，有華吟水的說珠、談橘、豆腐逸話等篇。

**（廿二）洹上私乘**　袁克文著。克文為世凱第二子，號寒雲。民國十年至十一年，他在上海寓居時，他的盟弟主編「半月」雜志，他就寫了這篇連載文字，刊登了好幾期，後來印單行本，仍由大東書局出版。此書記他的父親一生行事，旁及其嫡庶母、兄弟、姊妹數十人的名號言行甚詳，今日在國際著名的科學家袁家騮，名亦在其中。卷末附「圭塘唱和詩」，是袁世凱退居洹上村養壽園時，和一班幕僚清客所作的詩篇。民國十六年，北伐軍到了上海，通緝袁克文，並禁止此書流通。其實此書只是記袁氏一家的故事，沒有什麼反國民黨之處。不久，南京的新市長馬超俊登台，也邀請袁克文入京唱戲，同伸慶祝，通緝之事，不了了之。（按：克文所作的短篇筆記甚多，印成單行本者只此一種。一九二〇年他為「晶報」三日刊所作的「辛丙秘苑」，述清末民初朝野故事頗詳，刊出後極為讀者贊賞，可惜也沒有印成專書。我現在託人找到當年的「晶報」，將該文抄出付印，年底可以出版。）

**（廿三）述德筆記**　毓盈著。原署「十丈愁城主人撰」。毓盈字損之，清宗室。他的哥哥是清末軍機大臣、貝勒毓朗。毓朗為西太后寵臣。卷末有毓朗跋語說：「述德筆記，吾弟紀實之作也，先考淸德，賴以流傳於世，偉矣。……辛酉孟夏，餘癡生跋。」（按：辛酉是一九二一年，下一年陰曆十一月，毓朗即逝世。）

書凡八卷四冊，卷一首列其父定愼郡王（溥煦）行述。以下各卷都是記毓朗本人的事情，對於他的品行學問政績，贊不絕口，跋語所云：「惟對於余多溢美之詞」，倒也不是假話。不過書中所記淸末十餘年間北京朝政，均可作參考，尤其是當隆裕太后與攝政王同時秉朝政時，親貴之爭，及隆裕之偏袒妹夫載澤（時任度支部尙書，抓財政大權）等事情。從跋語看來，似係毓朗口述，而由其弟筆錄者，亦自傳的另一格也。

**（廿四）退醒廬筆記** 海上漱石生著。作者眞名孫玉聲，年青時入上海「新聞報」、「申報」為主筆，在報界工作十九年，後來退出，以賣文消遣。他寫小說即以海上漱石生為筆名，較著名的小說為「海上繁華夢」，銷路達十餘萬冊。這部筆記是他中年以後的作品，所記多為上海書畫家、藝人等軼事，其中雖也記神怪迷信，但我們不妨拋棄這一部分不看。書分上下卷，兩冊，民國十四年十一月上海圖書館出版。線裝，連史紙精印。

**（廿五）淸季野史** 胡寄塵輯，民國二年四月，上海廣益書局出版。書分二卷，卷一：羅癭公「中日兵事本末」、「庚子國變記」、「拳變餘聞」，蔣芷儕「都門識小錄」。卷二：王无生「述庵秘錄」、劉識微「故宮漫載」、遠生「淸室餘聞」及無名氏「慶親王外傳」。附錄有：胡蘊玉：「多鐸妃劉氏外傳」、「二百六十年漢人不服滿人表」（胡蘊玉即胡樸安，寄塵之兄也）。

此書大都是輯自報章、雜志的文字，「慶親王外傳」是譯自上海泰晤士報的。書中各文，自以「都門識小錄」、「述庵秘錄」、「故宮漫載」為最可貴，淸室餘聞則錄自名記者黃遠生的通信稿，後來亦在「遠生遺著」中見之。

**（廿六）民國野史** 李定夷輯，一巨冊。書分六輯：（一）壽星集、（二）遺老集、（三）官場瑣語、（四）試院現形、（五）裙釵韻語、（六）社會怪談。所記都是民國成立以來朝野各種風趣之事，讀之輕鬆有趣，甚為可喜。如壽星集中記民國三年（一九一四年）袁世凱壽辰、馮國璋夫婦雙壽、粵巡按署慶壽誌，都是當日政界偉人的「喜事」。粵巡按使是李開侁，在廣州為其母雷氏作八十生日大壽，廣東政客齊集一堂，可見當時官場酬應的情形。

**（廿七）弢園隨筆** 史念祖著。念祖字繩之，江都人，此書是他的門人周肇祥在他死後印行的，時已在民國六年（一九一七年）了。念祖年少時未嘗讀書，咸豐末年，在英翰麾下攻打捻軍，以軍功擢任司道巡撫。當他在甘肅做按察使時，因審訊俞應鈞擅殺回民十八人一案，力主司法獨立，不受總督干預，以此大忤左宗棠之意，把他劾去。晚年在東三省總督趙爾巽幕。趙氏在貴州任石阡知府時，史念祖方為布政使，很賞識趙的才幹，保升貴陽府，不久升安徽臬司，故對史有知己之感。爾巽任盛京將軍時，向西太后保薦他，就常與他一同出關。書中記他半生經歷戎行事甚詳，對於西北民風、經濟，皆有詳述。葉景葵「卷盦書跋」謂：「所叙戰績，皆甘苦有得之言，從古未有披堅執銳之夫，能下筆萬言，自寫其疆場生涯者，倘非余親見原稿，必疑為幕僚捉刀，或後人鋪張之作矣。」

念祖詩文皆有可觀，尤擅公牘文字，他辨俞應鈞殺孔才一案，有致左宗棠一稟，警策可誦，而筆鋒亦極犀利，故為左不喜。

**（廿八）南亭筆記** 李伯元著，民國十二年二月，上海大東書局出版，校訂者胡寄塵。書分十六卷，一冊。所記皆為淸代名人軼事，文筆淺顯，易於閱讀。李伯元以「官場現形記」一書著名於時，不過，這部書所記的名人故事，時有「烏龍」，以之為消閑談物尙可，至於作為史料，則非其選也。

**（廿九）鐵冷叢談** 劉鐵冷著，上海民權出版社印行。劉氏於淸末民初在上海「民權報」以文字鼓吹革命，為袁政府所忌，遂改出版「民權素」月刋，劉與蔣著超為編輯。內容有八十多篇，約十萬言，在民國初年曾再版多次，為一時暢銷之書，不過內容甚蕪雜，有價值的記載甚少。

**（三十）涵秋筆記** 李涵秋著。作者江都人，民國初年以「廣陵潮」小說著名於時，數年間曾再版十餘次，可見為讀者喜愛。此書為袖珍本，共二冊，國學圖書室印行。作者死於民國十二年。李涵秋似乎還有其他單行本筆記，但他是小說家，非散文家，故無足觀。

民國初年絕版的筆記，何止千百，現在就手邊所有及記憶所及，只能列舉三十種，將來有機會再把遺漏的寫出來，詳細介紹其內容，對讀書界也許有些微幫助。　　（下）

一九七四年八月十一日，燈下。

# 古代希臘人的衣著及飾物

伯容

從希臘古代的雕刻藝術中，仍可清晰看到古代希臘人的服裝

關於人類衣服的質料與式樣，端視其所居環境的氣候，及其所已達到的文明程度如何而定。自然古代社會裏，衣服也有所謂風尚，不過古代衣服風尚的轉變沒有現在那樣迅速罷了。

全希臘的衣着服飾大致都是相同的。不過披着的多寡卻是隨着經緯度的高低而有差別。

通常希臘人所穿的衣服卽係所謂外衣 （tunic）或襯衫（chiton），這些乃是屬於穿着的衣服，跟兵士穿的護胸甲或現代的襯衫相仿。

荷馬時代（公元前九世紀）以蔴為衣料。穿者如果無需從事打獵或打仗，則其所穿的外衣便做到長曳及地。就是晚到四五世紀的時候，凡是參加宗教宴會的都要穿上長可及足的蔴質襯衫。荷馬時代只有獵人、農人、匠人和將士才穿短的襯衫。到了熙熙攘攘的五世紀時代，大家才覺得貴族化的長衣不切實際，於是採取了一種短的多立克式（Doric）的襯衫，作為正常的服裝。材料方面卻常是採用毛絨的，而不是蔴質的了。因為希臘出產亞蔴到底並不多，而綿羊則舉凡山坡地帶都可以牧養。窮人的外衣是用粗毛絨做的；富貴人家才用得起阿的加（Attica)、麥迦拉(Megara)、米勒塔斯（Miletus）等地區所出產的精細毛絨。

男人的外衣往往不帶袖子。披垂肩際以至肘際那一段剛好構成一種袖子。這種外衣乃是他們唯一的衣服，就是希臘人普通在家裏也是穿上這些的。

女人穿的襯衫，雖然性質上大致雷同，可是細節上還是有些分別。女人衣服多帶袖子，不過以半袖的襯衫為通常的服裝。腰帶只限於襯衫，不過有的時候襯衫和外衣也用腰帶，間中也有穿有袖而無腰帶的襯衫的。胸前還加上緣邊。

襯衫上再加披上一幅布，通常往往是披在一邊肩膀上的，這叫做長方形的外衣。長方形外衣乃是荷馬時代一種叫做 Chlaina的長衫的遺風。這幅布披過肩後一直垂到小腿，然後把摺疊在肩膀地方的布用扣針扣住。因為穿起來摺疊得太厚，故稱為雙料長衫 Double Chlaina。在經典時代長衫乃是一幅長方形的毛絨，長寬的比例大概是七與五之比。穿者如果想使右臂便於活動的話，可以捲起搭上左肩上不必讓它垂下右臂，妨碍活動。

斯巴達人凡是過了十二歲的都以長方形外衣為通常服裝，可以摺疊為兩下成為荷馬時代的雙料長衫。斯巴達人貼裏面不再穿襯衫，卽富紳之流出門

古代希臘武士的服裝

也就只穿上這麼一套。

有一種短外套乃是壯丁們（十八歲至二十歲）服軍役和參加遊行時穿的特殊衣服，亞的克（Attic）的騎兵也是穿的這種服裝。這種衣服作用像圓形斗篷或披肩，搭過背後和左肩，通常長可及腰，有的時候或者還要低點。也有在右肩或前面加扣的。右臂袒露俾可以活動自由，以便驅車駕御或是執握槍矛。為要避免衣裾隨風飄颺，妨碍御者，故此他們往往要在短外套的裾角上墜着一塊鉛塊或是土塊。天氣嚴寒的地方，像特雷斯人（Thracians）所住的地方。冬天他們必需穿上長可及御者足部的外衣。

婦女外衣在式樣、顏色、裝飾上的變化，較男士們者為多。婦女的外衣有 chlanis 和 xystis 之別，可是其總稱還是外衣（himatia）。披起來像披肩，有時候還蒙過全身和頭部。少女和新娘出現於大庭廣衆的場所常常還披上頭紗。

運動員全身裸露，只在腰際捲纏着外衣而已。凡是工人階級的人都裸露肩部，就是一般靜坐的斯文人也是這樣。勞動者往往卸御外衣，而另外穿上一件佩上腰帶的衣服，像一種襯衫，不過上部的形式像外衣，纏繞背部和胸部，一端夾在右臂底下，只在左肩上扣緊。這麼一來右臂和右肩便成為裸露而不致妨碍工作了，因此這種衣服稱為袒露便衣。希臘中部粗野的山居人，他們所穿的盡是些用野獸皮做的衣服，同時又把有毛的那一面朝外。牧人通常以山羊皮為衣服。奴隸在毛絀襯衫之外，還加穿上一件皮緊身胴服，有時兵士也作這樣的裝束，以代替金屬質的胴甲。馬哥農尼斯人（Macrones）穿髮織的外衣。漁人和水手有時候穿上一種草類編織成的民初衣服。大張的山羊皮或綿羊皮的毯子稱為 sisyra，可用做牀墊，也可作為寒夜包裹身體取暖之具。

襯衫和外衣的顏色，因穿者的愛惡而有不同。不過襯衫大抵總是採用的。穿深顏色的多屬於鄉間和城市裏的勞動階級。喪服用黑色。每逢節期富有的人往往喜愛穿紫色的長方形外衣，暴君時代的雅典最盛行這種衣服。

婦女所穿的衣服，染成種種顏色的，尤其普遍。經常採用的顏色計有紅、黃、藍、綠、蘋果綠、蘋果黃、蛙綠和番紅花色等。有時也用純色加橫直間條紋，最盛行的是白地或黃地加紫色間條。婦女們出現於宗教性或節期集會的場合，常愛好穿上繡織有花朶、星和其他圖案的衣服。

鞋履並不被認為是必需品。下自販夫走卒，上至哲人學者，在街上不穿鞋履的，並不算是有失觀瞻。凡應邀參加宴會和同樂會的客人，當他坐上臥椅之前，總是把他所穿的皮凉鞋脫掉的。希臘人穿的皮凉鞋，正跟我國勞動分子所穿的「千里馬」一樣。及後再根據戰士們的脛甲，才慢慢演進到製造成為靴子。希臘人當時已精於染皮和製皮的技術，不過工作粗陋點罷了。戰士行軍的時候，穿的是生牛皮靴子或生皮鞋子。這些靴子和鞋子都是單用一塊皮，連足踝都給裹綑起來的。這叫做Karbatinai。有些皮凉鞋，在足的兩旁和正面都加上一塊皮，有點像室內用的便鞋或拖鞋。這些似乎也有一個名稱叫做Krepldes。由於這種鞋子才演進到用束帶和扣子的正式鞋子。這麼一來，各地方的鞋子便因各地而得名了，如小亞細亞科羅鳳（Colophon）製造的一種流行的鞋子就叫做科羅鳳尼亞；斯巴達出有一種男士們穿的 Lakonikai 鞋。婦女們所穿的有波斯鞋子和錫西容尼安鞋子（Secyonian），至其所具的特點已無從稽考了。社會名流有時也別創一種特殊的鞋子式樣，故此這類鞋子也會因他們的名子而得名的，我們通常所聽到的就有所謂亞西卑厄德士（Alcibiades）和伊菲克勒忒士（Iphicrates），猶如現代有一種稱為布魯撤（Bluchers）的半統靴，即是因當年普魯士元帥布魯撤 Blucher（1752—1819）而命名的一樣。田野工作者如農夫獵戶他們却多用靴子，靴面高達足脛。有一種叫做科多諾斯（Kothornos）的農夫們所穿的靴子，卻是沒有左右腳之分的。

男女的頭部裝飾比現在的拘束得多。希臘人大多數是留長頭髮的。未老先禿似乎很少見。某種特殊行業，像鐵匠，他們需要一種沒有帽邊的皮帽子，大多數是用狗皮做的，有點像陳舊的睡帽。這種帽子又叫做氈帽 felt 或狗皮帽 dog-skin 。水手和工匠也往往戴上這類帽子。

特雷斯人有一種狐皮帽，可以遮蓋頭部和兩邊耳朵。偶然也有用草類編成的一種像現在的草帽。旅行家、獵人、使臣、掌禮官，和信使所戴的帽子叫做 petasos，其特點為寬邊低頂。舊式的petasos則是尖頂的，帽邊前後翹起。後來才變為或高或低的圓冠狀，帽邊也寬狹不等。常是前後的帽緣比兩邊的寬。兩邊綴有帶子，可以把兩邊反下來貼住耳朵，帶子就結在下頷。這樣帽子才不致於給風吹掉。

婦女們旅行時雖然很多頭上遮有東西，或者也戴一種像 petasos 的帽子，可是一般的觀念總認為婦女是不必戴帽子的。長方形外衣和胴衣的上端可以往上拉來披蓋頭面。婦女們常用頭巾來遮蓋頭部，往往裝束得像現代女性的鑲邊便帽一樣。

大抵野蠻人總認為飾物遠比衣服還主要。如黥刺的習俗便是。故此由希臘歷代所用的飾物種類和愛好的程度，可以準確窺察出希臘文明的盛衰隆替。荷馬時代半東方式的金質和銅質首飾，如耳環、頸鍊或金領子，和各種扣針；金或銅的手鐲和手釧；鑲嵌瑪瑙的金戒指；艷麗的腰帶，有時配有一大串的纓綫。有時還在外表加綴上些金製的圈子、星和玫瑰花等飾物。這些都是屬於荷馬時代的飾物。可是到了雅典的經典時代，當時的人業已把前人的飾物花樣改變了許多。他們不再佩帶手鐲子；佩帶耳環的竟成為異邦人的一種標誌。雅典人所保留下的一項飾物便是戒子。希臘人在盔甲上常點綴有許多羽毛飾物，有縫的艷麗的胸甲，和使用畫有圖畫的盾。希臘人無論老幼都喜歡拿手杖。甚至連兵士和戲子手裏也都拿有才杖的。尤以有曲柄的手杖為時尚。

婦女界保存有許多飾物，像束髮帶及各種樣子的耳環便是。她們喜歡用一種薄木片或孔雀羽毛做成的扇子。在驕陽之下走路，希臘婦女也喜歡拿着一種陽傘，形狀大致跟現代婦女們所用的可以開合的陽傘相像。

---

## 狐狸也來了 （寓言）

吳 岩

獅子一向是獸類中的大王。誰都知道，獅子是憑着殘暴維持自己的統治的；但獅子卻迫於大勢所趨，也口口聲聲的大談民主，而且隆重地頒布了「王法」，嚴格規定每四年必須選舉大王一次。而獸民們竟以為四年以後，就可以擺脫各種殘酷的削剝和壓迫了。

獸民們的樂觀是有根據的：狼和狐狸之類，固然會選舉獅子做大王；但牛和羊卻絕不會選舉獅子，而牛和羊是多數，是穩操勝算的。

然而獅子大王也很樂觀。到了該正式舉行選舉的那一年，獅子大王聽從狐狸的獻策，規定每個選民在投票之前，要經過一番測驗。

當牛來投票的時候，臨時監票官狐狸就問：

「你可知道，你身上有幾根毛？」

當羊來投票的時候，臨時監票官狐狸就問：

「你可知道，你身上有幾根毛？」

誰知道、誰數得清自己身上有幾根毛呢？於是狐狸就吆喝起來了：

「連自己身上有幾根毛都不知道，你們還有什麼資格當選民呢？你們這些該死的東西，眞是該死！」

死是大家都害怕的。牛羣和羊羣，都嚇得逃跑了。

於是，老虎、狼、豹和狐狸都來投票；於是，獅子就被一致地選舉為大王了。

獅子大王立刻派狐狸做它的軍師，而且把這位新上任的軍師大大地誇獎了一番：

「計策眞巧妙，眞狡猾，哦，哦，你眞不愧為狐狸啊！」

狐狸卻並不太高興。狐狸十分眞誠十分痛切地答道：

「大王啊，像野獸一樣殘暴，像狐狸一樣狡猾，這兩句流行幾千年的話，現在可已經過時了！難道大王沒有看報嗎？美國密士失比州舉行選舉的時候，黑人選民都要經過「憲法」的測驗，問題是：一塊肥皂有多少泡沫？……哦……我給大王獻的策，其實不過是這種把戲的翻版吧了。——大王，我狐狸認輸了，落伍了。我已經不配做軍師了。」

---

# 插圖之話

鄭振鐸

本文是鄭振鐸早年介紹插圖版畫藝術的一篇專文，雖曾收入其所著「黃昏的觀前街」一書，但此書早已絕版，迄未見重印，此文也不見編入別的書中，故特予轉載，以供參攷。原文甚長，有一部份談現代和外國的，嫌其不夠全面，經已刪去。

## 插圖與飾圖

插圖是一種藝術，用圖畫來表現文字所已經表白的一部分的意思；插圖作者的工作就在補足別的媒介物，如文字之類之表白。這因為藝術的情緒是可以聯合的激動的；我們讀了一首好詩，鮮不在心上引起一種圖畫或音樂的暗示的。譬如「人跡板橋霜」一首詩，立刻便可以使我們引起了一個冬天的寂寥的村道，一道清溪，一條架於溪上的板橋，那時，偶然有一個人經過這個板橋了，而他的足跡便清楚的印在鋪滿板橋的白霜上面。這是如何可愛的一幅圖畫呀！畫家便從此受到了感動，從這幾個文字中，實現出些平行的觀念，僅能用他的媒介物，即圖畫，來傳達，或傳達得更好的。古人謂：「王摩詰詩中有畫，畫中有詩」即是此意。音樂家亦是如此：「春江潮水連海平，海上明月共潮生，灩灩隨波千萬里，何處春江無月明。」這便可以使他彈奏出一節朦朧、幽靜、浩莽而又略帶些感傷的情緒的調子來。同樣的，音樂或圖畫，也可以暗示着詩歌。多少的音樂調子是富於詩意的，多少的圖畫是可以使我們在線與點及色彩間，看出欲溢於紙或布外的詩意來。從這個相互聯絡的情緒制御着各種藝術間，而插圖便發生了。所以插圖的成功在於一種觀念從一個媒介到別一個媒介的本能的傳運；愈自然，愈少於有意的做作便愈好。

飾圖（Illumination）卻與插圖不同。插圖的功力在於表現出文字的內部的情緒與精神，飾圖則僅為用來裝飾文字的外形而已。所謂飾圖，便是用圖畫來飾美寫的或印刷的書本的，或用顏色及金（偶然也用銀）來作飾美文字的圖案的。然而有的飾圖，卻亦為表現文字的一部分情緒與觀念的插圖所組成的；這使飾圖有了更有趣的更深摯的意味。然其本意則僅在飾美書本而不在重現在文字裏的情緒與觀念。

飾圖的來源是極古遠的。「耶穌」紀元前十五世紀所有的「埃及死書」之紙草的寫卷上，已飾了很鮮明的顏色繪成的畫來飾美它了。其後在中世紀，這種技術更為精進；教士們閉在僧院中，鎮日無事；使用了全副精力來抄書，來繪了許多飾圖在書內的四周與文字中了。近代的書本，多趨重於插圖，而有飾圖者漸少；然有些貴重的書本卻仍然有着很美麗的飾圖的；有許多西方的書本，其每章的頭一個字母，往往是特別的大，往往是用圖案來裝飾它，這便是飾圖留在普通書本中唯一的痕迹了。

在中國飾圖是極不發達的，只有插圖，是我們很早的就有了的東西。

插圖與飾圖還有一個大分別；插圖常時趨重用於實際功用，如博物書之插繪動植物形狀，以及物理化學書之種種附圖都是；飾圖則絕無這個實用的觀念，它的本意在於把文字及書本裝飾得美麗可愛些，而它的結果也就在使文字及書本加上了一襲很美觀很可愛的衣服，毫無實用的目的。

## 花紙與畫片

插圖是與圖畫的藝術同其古遠的。初民社會的人已有了藝術的衝動；我們看西班牙所發現的壁畫，其牛與鹿的姿態生動，並不下於近代的作品，當時民家對於英雄有許多傳說，對這宇宙諸現象及諸神，又有許多的神話，而這些英雄的傳說與神話，便為最初的畫家作圖畫的資料。這便是插圖的最早者。其後，文明一天天的發達了，畫家的取材，不復囿於傳說與神話以及自然物，且進而從人類的眞實歷史以及文學的來源中取得他們的畫材了。

宋本「列女傳」插圖之一

不喜歡圖畫的人，可以說是絕無僅有。我們當孩童及少年時代，都要經過圖畫迷的一個長時期；「三國誌」「西遊記等的插圖是我們所喜愛的 。有時 ，我們得到了一匣的水彩畫顏料。於是我們便在這些插圖上西塗東抹着。關雲長的臉，我們把他畫得紅紅的；孫行者的虎皮裙是染上了黃色。張飛與猪八戒的黑臉，卻使我們躊躇了許久，無法去畫，因為墨筆一抹上去，全部黑線構成的圖象便要泯滅無形了。金錢豹哪咤一類的圖象，卻使我們有機會很用心的用各種顏色把他們東一堆西一筆的塗上去。我們的心沈醉在這個工作裏，彷彿我們便是一個大畫家，在作着不朽的壁畫或畫卷。有時，我們得到上海流傳來的花紙，那上面有一部電車在行駛着，幾輛人力車在旁邊拖着，還有一部馬車追逐在電車之後；那新奇的車子，那顯明的色彩，那複雜的人物，都使我們感到無窮的興味，如入了另一個世界。到了紙煙匣中的畫片一出來，那又把我們的全部精神吸引去了；那些繪畫得極精緻，色彩染得極複雜，還有華麗閃動的金色間雜在上面的「三國誌」人物圖，「封神榜」人物圖，「說岳全傳」的人物圖，「英烈傳」人物圖以及「說唐傳」人物圖等等，比起木板或石印的小說中的插圖來，那眞不知勝過多少倍。他們的孫行者，那瘦頰尖嘴的臉，神氣活現的，那虎皮直綴，虎皮裙，於黃色黑色之外，還用着金色畫着圈圈，當作虎皮的斑文。白袍小將薛仁貴，全身的素靜的銀白色，手裏使着銀槍使我儼然如見他的凜凜的威儀。英雄無比的岳雲，使着兩柄大鎚；頭插雙雉尾的陸文龍使的是雙槍。一個個英雄都是活潑潑的人似的出現於我們之前，那又是另一個美的幻想的世界了。於是我們天天都孜孜兀兀的在搜集這些紙煙匣裏的畫片，向會吃煙的親戚長輩要，向同伴們用別的東西交換，向小店裏去購買。那時，我們有了一百張兩百張的這一類畫片，我們便如富翁似的可以向同伴們闞富了；如果他們有了一張兩張我們所沒有的畫片，我們心裏便異常的難過，總覺得是一種缺憾，要想了種種的方法去得到它。在沒有得到它之前，我們的心裏總是不安逸的，有如缺失了生命中最不可少的東西。

而這些畫片使我們對這些民衆小說更感趣味。這便是插圖的大功能之一。

## Botticelli 及其他

近代的插圖差不多與印刷的發明是同時產生的。這些時代的插圖是精於藝術的技巧而又是補足文字所不易傳達之意的。公元十五世紀之末，威尼斯（Venice）地方印出了歐洲的第一本插圖的書，即 The Poliphili Hypneratomachia鮑狄西里（Botticelli）所作大詩人但丁的神曲的插圖，雖然不是成為書本式樣的，在插圖史上卻極為重要。文藝復興時代，金屬雕刻與木板雕刻技能之突飛的進步，使許多文藝復興的畫家更高興的去作插圖。那些插圖或為他們自己雕刻，或由他們繪成而經別的人雕刻。如波拉約洛(Pollajuolo)曼特那（Mantegna）米契朗琪羅（Michelangelo）諸人所作的插圖，在插圖藝術上是有很高的地位的。公元十五世紀的德國派畫家，更有力於插圖的工作；許多這時的這派畫家，到現在還聞名者，差不多完全由於他們留下來的雕刻於木板上或銅板上的插圖。此後，著名的插圖作者，時時有之。英國的詩人勃萊克（William Blake）亦以畫家名，其「約伯記的插圖」（Illustrations to the Book of Job）是很有聲望的。公元一八五七年，英國的插圖史又添了一個新紀錄，那一年是莫克遜版(Moxon)「丁尼生集」及委爾莫特（Wil

「列女傳」插圖之二（傳為顧愷之所作）

mott ）的「十九世紀詩人」（Poets of the Nineteen Century）二書出版之時。這二書裏有了好些插圖，那都是出於有名的作家，如羅賽底（Rossetii）、米拉士（Millais）、白朗（F. N. Brown）諸人之手的。這些人就是所謂“Pre-Raphae lite”派的雜誌，即定期刊物之發達，使插畫作者更有發展其才能之機會。這些作家中，儘有不少好的。狄孚（Defoe）的「倫敦大疫記」（History of the Plague）的插圖是謝爾特（F. Shields）作的；佐治·依里奧特（George. Eliot）的大作「羅摩拉」（Romola）的插圖是李夫登（Leighton）作的；這都是很可讚美的不朽之作。大小說家莎克萊（Thackeray）曾為他自己的作品插圖，那更有一種可紀念的價值。照相術的發明與印刷的進步，使插圖漸漸的捨棄了舊式的木雕或銅雕而改用新的工具，但最近，雕刻的插圖似乎又有了復興之勢。許多插圖是捨棄很進步的照相與印刷的技術的應用而回到用木雕銅雕。住於美國的有名的插圖作者 Ruotolo 新近為 John Macy的「世界文學故事」（Story of World's Literature）作插圖，便是用木雕的。

「三教搜神大全」插圖之一（元刊本）

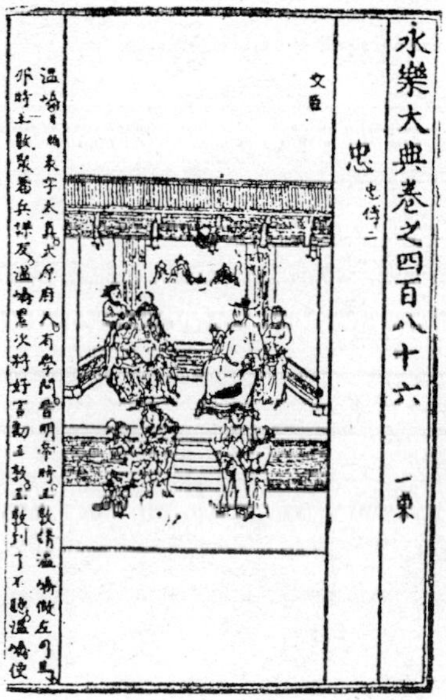


「永樂大典」忠傳的插圖

## 黃金時代之中國

中國的插圖藝術也起源得極早。相傳屈原被放逐，彷徨山澤，見楚有先王之廟及公卿祠堂，圖畫天地山川，神靈琦瑋僑皇及古賢聖怪物行事，於是畫其壁，向而問之，作為「天問」；這故事雖不足信，而插圖作者之在漢以前即已有之，則甚可信。存於「金石索」中的驚人的漢武梁祠石像，便有許多是插圖性質的。到了晉之時，有顧愷之者，善畫像；今宋本「列女傳」之插圖，即相傳是他畫的。今複製一圖於上；雖然刻工是很幼稚的，繪工似乎也很粗率——這當然由於後人翻刻之結果，——然全圖的氣韻卻很不壞。唐時李公麟以善於作圖出名。他的插圖，傳於今者還不少；「九歌圖」即其一。又仇十洲繪的「飛燕外傳」圖，相傳便是仿李公麟之原作的。

杞梁妻仇英作明刊本「汪輯列女傳」插圖之一。

宋時之插圖，傳於今者不多；畫院派之畫雖盛極一時，相傳那時且從古詩中取出了一句，叫他們去畫，畫得最合於詩的意境與神趣者便可以獎賞，然這些圖成為書本的或插繪於印刷的書本中者則絕少見。

元時的插圖也不多見；我曾見一部元刊本的「三教搜神大全」，那裏面的插圖很不少，差不多每一個神便有一個圖像；刻工與繪工都很好。長沙葉氏刊「麗樓叢書」，曾重刻此書，收入其中。然經過一次翻刻，原圖的神彩便走失不少了。左上是此書的一圖紫姑神，今用鋅版複做出來者。（係用葉氏翻刻本重做者，原刊本見到後即為他人所購去，今不知在何處。）

明之初葉，解縉等編纂「永樂大典」，其中有不少插圖，不知是複模原來插圖的，還是他們自己創繪出來的。今舉其中「忠傳」的插圖之一以為一例。

明之中葉及末年是中國插圖史上的黃金時代；今所能得到好插圖，當以這時代為最多；而這時代不僅繪圖的藝術極為精工，即雕刻的藝術亦到了前莫與京，後莫與京之佳境；像富春堂所刻之諸傳奇，其插圖之刻工算是很粗率的，然氣勢卻很不壞，底下是一幅「昭君出塞圖」，見於富春堂刊的「和戎記」第三十九折中，那一行人顰額含悲之狀是寫得很入神的。

仇英、唐寅、陳洪綬諸人是這時的大畫家，他們所作的插圖俱很不少，仇英的「汪輯列女傳」插圖，是有名之作。傳謂王世貞輯的短篇小說集「豔異」編，卷首有十二幅插圖亦為仇英所繪。近來發見「金瓶梅」插圖二百幅（每回二圖）絹本精繪，相傳亦為他所作，因為是原繪的手稿，不曾經過刻工之手，所以更有精神，更細膩。

昭君出塞圖

唐寅的「西廂圖」是很使我們留戀的；「文學大綱」上曾複做一幅，寫的是張生遞一簡給紅娘叫他轉致鶯鶯。那樣活潑潑的神情是中國畫上所不常見到的。

陳洪綬的插圖更多；他的「離騷圖」見於「四庫總目提要」，今有與蕭雲從所繪的「離騷圖」合為一部的石印本。他的「西廂記」圖，附插於明刊「西廂記」之卷首的，尤為工細可愛，秉之雕刻師是有名的項南洲。相傳他還作「水滸」圖，但我未見。

此外作「水滸圖」而有名者有杜堇；亦此時左右人。「文學大綱」裏亦曾採用入數幅。

這時刻書之風極盛；雜劇傳奇以及小說向來未有刻本或雖有刻本而不精者，在這時都有很好的刻本，並加以很優美很工緻的插圖。不幸這些作圖者多為不知姓名之畫家，刻工亦多未署名，不能使他們在中國美術史，或繪畫史上佔一個適當的地位。

在其中，雜劇傳奇的插圖，最使我們滿意。臧晉叔編選的「元人百種曲」每一曲都有插圖二幅，全書共有二百幅圖，每一幅都是很工緻而有氣勢的，即在商務印書館影印本裏，也未失去原來的精神與面目。那裏有好幾幅關於三國故事的圖；在連環計的一劇裏，把貂蟬和呂布畫得如何的好，貂蟬是柔媚的女性，呂布則為追逐於他的慾望之後的勇莽少年，那裏有好幾幅關於隋唐故事的圖；在「單鞭奪槊」的，尉遲恭赤身騎着馬，雄猛的提了單鞭追去救護秦王，而秦王卻正在為敵人所追逐，危急萬分之際；這幅畫表現那時那麼緊張的局勢，是如何的有力，那裏有好幾篇「水滸」故事的插圖，作者把梁山泊一羣英雄，把李逵、把燕青，一個魯莽的男子，一個精細的勇士，尤其寫得好。這些都不是我們少時所見那些香煙匣子畫片那樣的僅以色彩之複雜見長的，也不是我們所見後來的坊刊本「三國志演義」諸插圖那樣的委靡無生氣的。

沈泰所輯的「盛明雜劇」初二集，是研究明劇的人主要的研究資料；每集共三十個劇本，每劇亦有插圖二幅；兩集共有插圖一百二十幅。這一幅的插圖，也並不是草率不費功力之作品。初集有武進董氏的翻刊本，見者較多；其中如「木蘭從軍」，如「昭君出塞」，如「紅線女」，如「崑崙奴」諸劇，所表現的差不多沒有一幅不好。二集因僅有原刊本，外間絕少見到。我曾在坊賈處，見到一部殘本，把附在卷首的六十幅的插圖，細細的看了一遍兩遍，還不忍放下手來。這書武進董氏亦在翻刻，將來大家總有見它的機會的。

陳眉公評刊本「玉簪記」圖之一（劉素明刊）

鄒式金繼沈泰之後，輯選「雜劇新編」（一名「新劇三編」），實即「盛明雜劇」之第三集，因在清初所輯，故不復仍用「盛明新劇」之名，其中選及尤侗、吳偉業之雜劇。所選劇本亦三十種，每種亦有插圖二幅。原書我未見，僅見殘本一冊，即卷首所附六十幅之插圖，完全沒有散失。眞可謂眼福不淺。

明人雜劇之另刊本，傳於今者不多。我曾以高價獲得一部梅鼎祚的「崑崙奴」雜劇，那是相傳曾經徐渭所改削的，有袁中道之一序，與「盛明雜劇初集」所載者文句頗多不同。其中附有挿圖四大幅，一幅寫崔生初至郭府，紅綃妓捧絳桃一碗進；一幅寫崑崙奴殺了狗，負崔生入第三院，更夫在院外酣睡，紅綃妓在房內焦急的等待着，而崑崙奴與崔生已到了院內階前。這一幅畫得最好。再有兩幅是很細膩的野外寫景。一幅崑崙奴侍隨崔生與紅綃同到野外遊散，遇郭家人；一幅畫崑崙奴辭別崔生而隱去，他們為他餞行。

汲古閣刊本「六十種曲」，可惜沒有一幅挿圖。這是一個大缺憾。然如富春堂所刊「目蓮救母和戎記」等等，挿圖卻頗不少。其他如傳為李卓吾評刊之「浣紗記紅梅記鳴鳳記」等等，陳眉公評刊之「玉簪記繡襦記幽閨記」等等，還有名為秦淮墨客校正，唐氏振吾刊行之「雙盃記葵花記」等等，汪廷訥所著之「環翠堂樂府」數種，以及其他個人所著所刊的傳奇，都附有不少挿圖，都極精工可愛，使讀者對於這些書增添了不少的興趣。

傳為李卓吾所評刊之傳奇，我藏有五種，此外尚有四種，其中一種是重複的，所以至少有八種。這八種傳奇的挿圖，比起富春堂所刊劇的挿圖來要精細些，而比之幾部較好的刊本則已遠為不及。「浣紗記」是李評劇本中最有名者，其第二齣所挿之圖，「范蠡初遇西施」，已刊入「文學大綱」中，可作為這一派挿圖的代表。

陳眉公評刊的劇本，我藏有三種，其中一種「幽閨記」，有

「投桃記」挿圖

「葵花記」挿圖

明刊「題塔記」之一幕

暖紅室的複刊本。然我想總數決不止這幾種。今舉「玉簪記」第十一齣的挿圖作為一例。這些圖刊得也很細。雕刻工曾於各幅圖上署名，最多者為劉素明的一個，其他則以印本模糊，辨別不出其姓名了。

「環翠堂樂府」，我曾藏有「義俠記」一部，又曾見有「投桃記」一部。那畫工與刻工都是臻於上等的。左圖是「投桃記」第五齣的挿圖，人物的神情，房屋樹木的佈置，都很可使我們讚賞。到了明朝以後之挿圖，刻工這樣用心的工作，畫家這樣諧和的佈置，便絕少看見了。

唐振吾所刊的劇本，在我的藏曲中，僅有「雙盃記」一種，後又借到一種「葵花記」，挿圖都不少，也都不壞。刻者與畫者都未署名。今複製「葵花記」第三十二齣的挿圖一幅於左。

我藏有明刊本任誕先的「靈寶刀」一劇，是萬曆間林於閣繪梓的，那挿圖眞不是一言兩語所可讚賞出其好處的；原圖旣是氣韻高峻，而雕刻者亦甚精心從事。「文學大綱」曾複製其二圖，頗可於此窺見其美好處之一斑。

書林楊居寀刊的「紅梨花記」，亦為我所藏的明本戲曲之一，其中挿圖很不少；背景的佈局異常得宜，人物亦各有神情表現在臉上，不像中國向來之一千個美人都是一樣的臉，一樣的文雅而至於不動感情的臉的圖畫；第六齣的挿圖，寫兩個人相爭吵，一個立在門內指罵，一個人在門外用左手掠起右手的袖口，氣冲冲的彷彿就要撲過去打一樣，一個女子在攔阻着他，背後是幾個閒

人在鼓動，在助興。這一幅尤為我所喜。

明刋的「梁狀元題塔記」之插圖，專在房屋內部的背景裏，畫他的人物，如「題塔」一齣，畫的是塔之內部，香殿有一半可以看見，一個文人立在左壁，提了筆在牆上題詩，一個文人仰了頭立在旁邊看着。這樣的佈局是不很容易的。

臧晉叔刋的「四夢」，是大為一般學曲者所不滿意的。但如果他的擅改「四夢」之原文的刋本是不足道的，至少，他的刋本裏所附的插圖卻是不朽的。我藏有「四夢」裏的「邯鄲記」一種；其插圖背景都取得很大，因此，人物便顯其小；每個人都只見臉部的輪廓，不見眉目，然神情卻由全身的姿態上完全可以表白出。這樣的畫法是與我所見其他的插圖上的畫法是不同的。雖然只用圓圓的一二筆，勾勒出人物的臉部，而放在繁縟或淸遠的大背景裏，只覺得是調和可愛，並不見其粗率，正如漫畫似的，雖然是寥寥的幾筆而已足夠了。在其中，我最愛的是兩幅；一幅寫的是盧生剛由李翁手中接到了枕頭，坐在旅舍榻上，正要睡下去。他的馬在旅舍外立着，旅舍的招旗在空中飄拂着。這是他將入夢之時。再一幅寫的是他的馬還依然的立着，旅舍的招旗還依然那樣的在空中飄拂着，甚麼多是一樣，只有盧生這時卻正從夢中醒來，欠伸着，欲掙扎的坐起。那樣的迷亂驚詫的神情呀，眞欲流動在紙與木板之外了，雖然作者不過用了寥寥的幾筆來寫。

要將明刋傳奇之插圖一一舉出是不可能的，上面不過就我個人所見的畧畧的説説而已。如能有藏曲家將他們所藏的這些明刋傳奇一部部付印，則更可以宣傳明人插圖作者及雕刻者之如何精工，如何高貴也。

「玉玦記」「酖喜」一幕

在明刋小説一方面，插圖亦甚為他們所注意。一部小説往往是有大規模的好幾十幅或好幾百幅。一幅幅也都是一筆不苟的刻工與一刀不苟的刻工所構成的。我曾見明刋的「隋煬豔史」，四十回中，每回都有兩幅圖，那些圖有的地方是很大胆的，如春畫似的，有的地方則極綺麗榮華之致；寫宮殿，曲折深奧，寫人物，鬚眉畢現，寫曲橋流水，則氣韻高雅，寫山色樹影，則翠意欲流：差不多無往而不得其宜。有一幅插圖，寫楊素和楊廣同坐池邊釣魚，映着日傘及池柳，風度益為瀟灑。畫上的楊素正將釣桿往上一拖，要看是否釣到了魚，那種暇逸幽雅的神情是溢出了紙外。

「金瓶梅」的一個明刋本，也附着插圖，每回二幅，共二百幅，眞是很可觀的繁夥，在那裏，插圖作者把當時中等以上的富豪階級的家庭狀況及享用、服御等等，都捉在圖上了。我們可以在那裏見到了四百餘年前之人物衣冠，社會狀態，起居飲食，房屋結構。其中也有着不少幅大胆之作。「文學大綱」曾複製其一幅刋於中。大約明人對於一切享樂都是用全力去追求的，尤其對於性的一方面是很放縱的，所以這些大胆之作，在那裏為最多，而幾部著名的淫書也大都為那個時代的產品。

幾部短篇小説集的插圖也很可以一談。原刋本的「西湖二集」，每篇有一幅插圖，這些圖都是很精雅的，圖之後各有題辭。原刋的「石點頭」和「醉醒石」也都

「吳騷合編」插圖之一（汪成甫刊）

有插圖，也是每篇一幅圖；我藏的這幾部短篇集，版本都不大好，然即在模糊的間有斷爛的印本之中，原圖的好處卻仍未有完全失卻。

不僅明刊的雜劇傳奇及小說有許多插圖，即明刊的戲曲選若「怡春錦」，若「徵歌集」，散曲選若「吳騷合編」，乃至尺牘集若「一扎三奇」，亦俱有很好的插圖附在裏面。

「終宵錦被閑半床」（項仲華刊）

「怡春錦」為冲和居士選，分禮、樂、射、御、書、數六集，每集選傳奇十餘齣，每齣大都有一圖（有時為題字，無圖。）這些插圖的筆調頗一致，想是特為此書而作，並非由各種傳奇原本選印的。人物的神情都很能表達得出。背景也很勻稱，筆調則融和而清秀。試以所選「浣紗記行春」一齣的插圖與李卓吾評刋本「浣紗記」同齣的插圖比較觀之，李圖描寫范蠡正在溪邊閒步，突見對溪有一個絕世的佳人在浣紗；背景廣大而遼遠，人物較小而無可表白其神情。這書的插圖則描寫范蠡正與西施在交談，已浣的紗放在地上籃內，溪水瀰瀰，溪邊桃柳爭春，遠山近岩，互相襯托着，人物很大，可以在紙上見到其神情了。還有「玉玦記」的「猷喜」一齣插圖，表現得更好。今複製一版，刋於上頁。這裏有四個人物，一是妓女，一個是由狎客而變而為小郎的男子，一個是新到的狎客，一個是新狎客的童僕，每個人都有不同樣的表情。背景的佈置也很好，決不是浪費的無謂的烘托；譬如屋角有一泓的江水顯出，這並不是閒筆，乃因劇中鴇母以鴆酒殺了小郎之後，有「後邊水閣，正近大江。等到更深，推下水去，」的幾句話而寫的。

「徵歌集」為向未為人所知，向未為編書目者所著錄的戲曲選集。我所藏的這部書，只為卷一一册，（全書不知有幾卷）共選載「荆釵記」三齣，「白兎記」二齣，「幽閨記」四齣，「草蘆記」一齣，「香囊記」二齣，「金印記」六齣，每齣有插圖一幅，共十八幅。僅在此十八幅圖中，我們已經很為其精美的繪畫與雕刻所驚奇了。如果能把全書都得到，則眞可算是一部難得的奇書與美術書，僅插圖一部分，已夠使它不朽了。這十八幅插畫，作者未署名。雕刻者亦未署名，然看其筆調之統一，可知其為一個人所作的，一個人所雕刻的。在「金印記」插圖之一的「位高多金」一幅，父母喜容滿面，兄嫂引咎自責，季子揚眉吐氣，其妻亦驕態畢見，幾乎每個人都有深刻的表情。

「吳騷合編」是一部抒情詩集，以抒情詩集而附有好些插圖，那正如編者序上所說，是古今的創舉。我看見過三部的「吳騷合編」印本都沒有我所藏的那一部好。我的一部，文字是一個一個的清晰異常，插圖則一勾一勒，乃至美人之髮，雕闌上之花紋，都一條一條的看得很清楚，毫沒有模糊斷裂的痕跡。點與線是那樣的細，眞是比蠅蹰還小，比蚊翼還薄，我很驚奇不知雕刻的技能乃精美至此。最好的，還在於水與雲的雕刻法。這兩種東西都是流動的，不像雕欄砌柱，假山房屋之為靜物，容易寫得好，只要是精細，只要

「重門慣臥金鈴犬，卻叩花房未敢前」（項南州刊）

「一札三奇」插圖之一

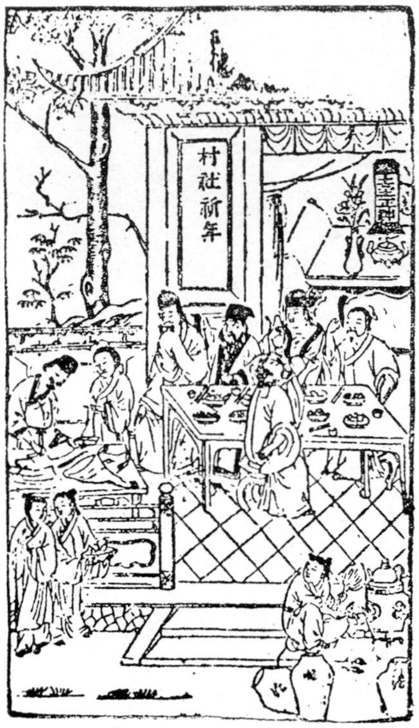


「廣寒香傳奇」插圖之一

是工整。別的雕刻印版，對於水，總是千篇一律的魚鱗形的水紋，重重疊疊的畫着，毫無生動之意，這書裏所刻的則為洄漩宛曲而有活動之意的水波；別的地方刻着的雲，也是死的，靜立於天空上的，一痕一痕的如鋼之堅，如竹桿之直，如規繩之曲，這書裏所刻的，則欲斷還連，欲舒而還卷，綿綿的，流蕩的，瀰漫於山谷之間，意態萬千。底下是「曉天啼散樹頭鴉」一幅畫，汪成甫刊的；乃取之於這部書的卷二中。其中的雲與水，頗可代表上面所說的話。這部書的畫者不知何人，雕刻家則俱有署名——除了其中三四幅外——但不外下列的四個人。

一、項南洲　二、項仲華　三、汪成甫　四、洪國良

我很想多做幾幅，恐怕太浪費了篇幅，只於此再復製項仲華雕的一幅「終宵錦被閑半床，」和大雕刻家項南洲所題的一幅「重門慣臥金鈴犬，欲叩花房未敢前。」南洲作的一幅，水波亦作鱗形，卻甚有生動洄漩之意，小橋下之水，畫得尤好；春漲盈盈，為和風所吹動而瀰瀰作皺紋；見之儼如立在小溪邊了。

「一札三奇」凡四卷，每卷有一幅插圖，我尤愛其「村社祈年」的一幅，今復製刊於上；圖裏共有十個人，有的在煽火，有的在猜拳，有的在切肉，有的在階下端菜上來，有的在舉壺，有的醉而相戲。描寫農村不常有的宴會，敬神之後的暢懷痛飲之宴會，甚為神似。

## 粗畫與劣版

經了明末之流寇的大亂，繼之以滿洲人的入關，文化為之掃蕩無遺，插圖之黃金時代，遂成過去，不復再來。清人所刊之小說傳奇，多半沒有插圖，即有之，亦愈益趨於簡陋，幾無一可觀者。乾嘉以上，尚畧有明人遺規，乾嘉以後，則幾乎所作者，人不像人，獸不像獸，如玩童之塗牆，如初民之隨意勒石之作；至於論及全畫之神韻，全局之佈置，人物之情態，描狀之精工，則非所語於此時代。例如咸同間之袖珍本小說，那一幅插圖是畧畧的有意思的？是畧畧的可以使我們不起一種惡感的？例如在這時刊的一本「金瓶梅」，其插圖亦不少，且是翻刊明刊的，論理應該畧畧像樣，而竟乃粗鄙萬狀，不堪寓目，所有人物，已俱辨不出其為人矣。又如「四遊記」，其圖亦為翻古版的，而也簡率之極，不能成畫；如「華光大敗」一幅，乃是其中最好者，古作之筆勢與格局，依稀猶在，而背景及人物之眉目手足，乃至點線勾勒，一切都不可追求了。當時所刊之傳奇，如「雙忠廟」，「珊瑚玦」諸作，其插圖亦極不美觀，幾個人物，頭顱往往比身軀還大！還有如「補天石傳奇八種」，荊山民之「紅樓夢散套」，亦俱有插圖，而皆不見佳，畫工雕

「詩」要創刊了。
我們需要
明朗的
敢於創新的
面向現實的人生的
作品。
歡迎
大家寄來。
每月十五日截稿。
刊出後，
贈送當期五份。
「詩」的編輯
地址：香港九龍又一村
達之路三十號

快將出版　敬請賜教

工，俱草率之至，還不如沒有插圖的好。

前面是「廣寒香傳奇」的一幅圖，在這時已算是很高明的，然較之明人所作，它是如何的陋拙呀！幾個美人的頭頸極細，身材很長，而頭部乃特大，極不相稱，我很疑心她們的身體不知能載得起如此重笨之頭部否。在康熙中刊的一部「西湖佳話」，乃是原刊本，卷首附有十幅左右的彩色插圖，這是我所見唯一的具有彩色套版印的插圖的小說。顏色的配置很不壞，「平湖秋月」一幅，用深淺二套黑色木版套印，頗可顯出秋夜之淒明的月湖之景色來。但有一二幅，在山水之背景裏，卻畫上了幾個人物，那便是大大的失敗了。有一幅，記得是「蘇堤春曉」吧，背景極廣漠，而在堤上，卻有三個人席地而坐，舉杯相酬酢，堤之大，幾乎為三人之身體所佔滿，廣大的背景中，又幾乎為這一段堤佔了三分之一。這是如何的不相配適呢！還有一幅，彷彿是「斷橋殘雪」吧，卻更可笑了。背景畫得很調和，很可愛，卻不幸加上了兩個人物，一個老人騎在驢背，一個童子跟在後邊；驢小而人大，幾乎要把驢背壓折了，而二人與驢，與斷橋比較起來，卻又顯得格外的偉大；老人和驢剛跨上橋，而已佔滿了全個橋面了。

但即在此衰落的時代，也未嘗全無光明可見。四雪草堂刊的「隋唐演義」，附有插圖一百幅，每回一圖，卻沒有一個圖不好，據褚人穫在凡例上說，乃是趙同文所繪，而由王祥宇、鄭子文二人所雕刻的。圖像「意景雅秀」，而「鏤刻精工」，是很不易得的。

冰絲館刊印的「還魂記」，是很著名的一部書，記中所附的插圖亦是很用心雕刻的；在清人所刊傳奇中，這算是最精美的一種。

汪氏振綺堂刊的「瓶笙館吹簫譜」所附的幾幅插圖，雖似簡拙，而很有意致，亦為這時代不易得見之作。

改琦，字七香，是這時的一個大畫家，以善於作插圖有名；其所作「紅樓夢」人物圖，精秀絕倫；寫晴雯，寫黛玉，尤為傳神。又有任熊，字渭長，曾繪「列女酒牌」，「劍俠傳圖」，「於越先賢傳圖」等，亦為這時極有名之插圖作者。這幾部書的插圖，雕刻工夫亦俱不壞；「紅樓夢圖」尤刻得精細，每個人物的一絲一髮，衣上之一襞一縐，俱很用心的刻出，是近代不易得之作品。此外，再沒有甚麼可注意的插圖作者出現；雕刻者卻早已被視為鄙下之工匠，更無署名於插圖上之可能了。

直到了清末，吳友如又起來而從事於插圖之寫作。他的時代，卻為印刷術初介紹入中國之時代，所以他的插畫，除了我所見的一部在「三國志演義」卷首之插圖以外，其餘的都是利用石印來代替木版雕刻的。這一點是他與以前的作家絕異的。近人貴池劉世珩刊行「暖紅室所刊傳奇」數十種，其插圖大都為翻刊舊本之所有的；有的很好，這可想見舊本之佳；有的很簡陋草率，這又可見舊本之不很高明；還有，舊本未見有插圖，而暖紅室本有者，這可見乃是編者加上去的，這些圖也俱很不雅秀。

# 我創作連環畫和插圖的一些體會

程十髮

本文是著名畫家程十髮自述他從事繪連環畫和插圖畫的體驗和心得，曾發表在國內的報刊上，但海外讀到的人不多，現特予轉載，以供喜歡美術的讀者參考。

抗日戰爭時期，我在上海美專國畫系學畫。當時學校沒有人物畫課程，我學的是山水和花鳥畫。畢業後，為了生活到銀行當僱員，只有在業餘畫些山水、花卉、人物畫，主要是臨摹，不是創作。後來生了病，在松江老家養病數年，看些畫論，繼續臨摹一些古代作品。自從全國解放以後，開始接觸到黨的文藝政策，感到普及工作很重要，於是嘗試畫連環畫。當時也曾到農村參觀土改，在思想上也有所體會，創作了一幅「反黑田」的年畫。拿到上海，受到同志們的鼓勵。以後我就開始搞連環畫工作。

創作第一部連環畫「野猪林」共一百多幅，當初眞是困難極了。構圖和人物形象很難掌握，畫出來的人盡是半截人（只有上半身）。創作第二部連環畫「金田起義」，在構圖上比第一部有些長進。以後又畫了幾本連環畫，但質量都較差。1952年春天畫了「葡萄熟了的時候」（根據同名電影劇本編繪），這本連環畫在技巧上比以前有一些進步。

1952年秋天，我參加到華東人民美術出版社工作。到了出版社以後，和許多搞創作的同志在一起鑽研學習，還看到不少繪畫資料，條件比以前大不同了，在創作上提高了不少。為了創作反映農業合作化的連環畫「老孫歸社」（與丁浩同志合作，由楊兆麟同志創作腳本），曾到山東省農村搜集材料。這本畫冊也得到社内領導和社會上的鼓勵。1954年，接受了畫「儒林外史」插圖的任務。「儒林外史」是傑出的中國古典諷刺小說，人物性格複雜。外文出版社約稿給我三年的創作時間，還組織了幾位同志給我寫稿。我認識了給「儒林外史」作注解的張慧劍同志，他給我分析書中的人物性格和如何在插圖中刻劃的問題。我受了這許多啓發和幫助以後，常常想盡量把人物性格刻劃好，並且做一些準備工作，如歷史資料的考證等。雖然「儒林外史」寫的時代離現在很遠了，但在舊社會裏那些附庸風雅、趨炎奉承的人物我是見過的，那些不學無術的假名士我也認識一些，我塑造的一些人物的形象就盡量把他們作為影子，有的就是我的親戚。如王玉輝當他的女兒為丈夫殉節以後，大笑出門口而去，還道：「死得好！死得好！」但心中矛盾痛苦到了極點。畫這個人物不是很簡單，我想到我妻子的祖父就有些像王玉輝，他受封建禮教毒害很深，我就借了他的形象。畫王冕穿戴屈原式的衣冠陪母親在湖邊游玩寫畫時，開始總畫不好。後來回憶起我們以前在松江泖湖春游的情景，產生了新的意境，畫起來就順手了。起稿時我也應用了模特兒

「儒林外史」插圖

，但並不受他的限制，我可以把肸子畫成瘦人，總之要符合我所要描繪的人物性格。給「儒林外史」畫插圖，初稿有一百多幅，定稿只有二十幅，淘汰了好多幅。從這次創作中又學到了不少東西，總結經驗，感到從整個插圖來說，正面人物沒有反面人物畫得好。作品還有一個缺點是構圖雖然發輝了刻劃人物的作用，但比較拘謹，也缺乏中國古代版畫描繪人物的大胆誇張和自由發輝的藝術特點。以後我想從古代的版畫裏及古典的繪畫中，汲取構思方法和表現方法。不久就畫了一冊連環畫「畫皮」，作了另一種嘗試。

魯迅小說「孔乙己」的插畫

那是1955年肅反運動時，學習文件經常看到把暗藏反革命分子比作「聊齋志異」裏的「畫皮」。我想，是不是可以用連環畫來表現「畫皮」這個故事。領導同志知道我的意圖後，鼓勵我以中國畫形式來畫。我曾認為，用中國畫形式來畫連環畫也是將普及和提高統一的一種方法。這樣胆子大了，想試試看。「畫皮」中的主角王生是個是非不分的人，而且意志薄弱，容易墮落。在舊社會遇到這樣的人也不少，在我的朋友裏就可以找到影子，我理解這樣的人物，所以描繪起來并不十分困難。在表現形式方面，因為我很喜歡金冬心、羅兩峯的作品；羅兩峯喜歡畫鬼，筆觸古拙，我參考他的畫法，畫筆也比較笨拙一些，人物形象也較誇張。完成「畫皮」之後，又畫了幾本中國畫形式的連環畫如「姑娘和八哥鳥」、「孔乙己」等。

1957年春，我隨美術工作團到雲南德宏傣族景頗族自治州寫生。邵宇同志鼓勵我在當地畫傣族生活連環畫，並在當地創作。我受到邵宇同志的啓發和幫助，畫了傣族著名民間長詩「召樹屯」的連環畫。雖然這是民間故事，但也須在生活中尋找線索加以想像。孔雀公主是傣族人民最美麗的象徵和最崇高的理想。在一次晚會上，看見芒市小學一個女學生，她的形象是傣族少女美的典型，我就請她給我當了孔雀公主的模特兒，在這基礎上加以想像和誇張，畫其他人物也一樣。因在當地畫，方便不少，我盡量吸收傣族的生活、如背景中運用了當地古代建築。同志們看了我的「召樹屯」畫稿以後，都認為構圖較大胆新鮮，其實也沒有什麽秘密，主要是從生活中去吸取養料，只有到生活中去吸收才能使構圖取之不盡，用之不竭，有新的意境。例如有一幅畫描寫七個孔雀公主在金湖裏洗澡的畫面，不是我憑空想像得來的，傣族姑娘穿着長裙在河裏洗澡是生活中常見到的景象，而我還不能表現得完美，但較憑空想像就有些不同了。從創作「召樹屯」以後，我在創作方法上又有些體會。我感到中國畫和西洋繪畫的構圖方法是有所不同的，不再拘泥於解剖、透視的束縛，而設法表現我從生活中感受來的意境，也注意到如何渲染和誇張形象諸問題。

在雲南邊區回來後還畫了反映傣族農業合作化的連環圖「菠蘿飄香的季節」和另一族民間長詩的連環圖：「南亞班和詔三路」（人稱傣族的梁祝），也是運用了上述創作方法畫成的。由於我技巧和主觀上的關係，這些創作都算是嘗試，談不到成熟，而且有明顯的缺點，主要是功力差，在抓形象時還不夠正確和深刻，常常滿足於表面上的美感，待在以後實踐中逐步來克服和糾正。

我現在在上海中國畫院工作，除了畫連環畫、插圖外，主要創作單幅中國畫。我現在僅有的一些表現方法，主要是解放後在畫連環畫、插圖中鍛煉出來的，這麽多年來，畫了四五千幅連環畫（包括插圖），在普及工作中提高了我的中國畫技巧。1957年夏天，我在上海舉行雲南寫生畫展時，顧炳鑫同志（過去在出版社一同工作過）看了畫以後，對我說：「你有這些寫生基礎，都是虧得畫了連環畫！」這句話我一直記在腦子裏。我畫連環畫、插圖，都像對待中國畫，盡量運用中國畫的創作方法，試圖把我們民族、民間的繪畫表現方法應用到連環畫、插圖中去，增加它們的新的風格新的藝術形式。我曾有意識地學習明清的版畫，尤其是陳老蓮和任渭長的表現長處，注意用線，如為郭老的「蔡文

雲南民間故事「召樹屯」插圖

「姑娘與八哥鳥」插圖

婭」畫了十二張插圖，在風格上也作了新嘗試。

我所畫的連環畫，有些是自編自繪的，如「畫皮」等，也有別的同志編腳本。我認為編寫腳本可以和繪者分工。但作為一個繪製連環畫的工作者，自己到生活中去發掘題材也是必要的，這樣在文字和形象的契合上會得到更好的效果。自己編不好，沒有關係，再請教編腳本的同志幫助，一樣能行得通。我繪「召樹屯」有這個體會。「召樹屯」題材是我選擇的，在剪裁長詩片段上由吳兆修同志給我加工，化了不少力氣。

回顧多年來創作連環畫、插圖獲得的經驗很少，簡單地敘述如上。最後我還想說明一點，創作首先必須保持嚴肅的創作態度，到生活中去研究生活，從而取得感受，再加上勤學苦練，向古今中外遺產學習，並且虛心傾聽羣衆意見。每一個新的創作任務開始的時候，都應該從頭學起，不要太相信自己的一套老辦法，這樣才有可能隨時畫，隨時有創造新的面目出現，總結經驗，有所提高。

## 畫片說明

**封面彩圖：「牧鹿圖」　　程十髮　作**

以擅於描寫兄弟民族生活為題材的人物畫家程十髮，現年五十三歲，上海國畫院成員之一，據悉他身體一向不大好，但對創作非常認眞和用功。過去他曾臨摹陳老蓮、曾鯨的作品，後來從這些風格中跳出來，特別是他的人物畫，在國畫的推陳出新方面取得很大的成就。

這幀以兄弟民族為素材的「牧鹿圖」，不但筆墨奇特古拙，而且畫面極為幽美抒情，洋溢着濃郁的地方色彩和生活情趣，充分發揮了他創造性的繪畫的風格。（番禺葉氏珍藏）

**封底：「玄鵠」　　吳作人　作**

本來是出色的油畫家，而現在以畫水墨熊貓見稱的吳作人，現年六十六歲，他除了創作以外，大部份時間都是寫生和體驗生活。他速寫了許多珍禽走獸的形象和牠們飛、鳴、食、宿的姿態。

以玄鵠作主題，在他的作品中比較少見，況且造型古樸，筆墨渾厚，構圖淸新。為吳作人在中國水墨畫的發掘、研究、創新方面的佳作。比以往更邁進一步。

**封面內頁：聊齋故事「賈兒」插圖**

**程十髮　作**

**封底內頁：「程十髮插圖畫選」**

（請參閱「我創作連環畫和插圖的一些體會」一文）

# 「踏遍青山人未老」的吳作人

莫一點

中西畫家吳作人，時年六十六歲，現任「中央美術學院」的副主任。在他十九歲時就讀於「私立蘇州美術專科學校」。一九二九年，曾遠赴巴黎。一九三一年，又由巴黎到比利時專攻油畫，在學習過程裏，深得尼德蘭畫派傳統的精髓，所以早期的作品，帶有一些傷感和呈現了北歐生活的情調、自然風貌和地理條件所影響的特色。所謂北歐情調的畫風，是指當時北歐一帶的畫家所追求的藝術意趣，均求其狀物的逼眞和描繪上的精細，甚少理會畫中的「意境」。不過，吳作人後期的作品，因受中國傳統文化藝術的薰陶、現實生活的影響和意會到中國的油畫，必須在外來的技術基礎上要走自己的道路，於是畫風逐漸起了變化，形成了那抒情、淡樸，使人樂於接受的風格。

一九三六年，回國後即任南京「國立中央大學」藝術系的教師，那時他才認識了徐悲鴻，聞說他們的感情甚篤。一九四六年，得徐氏提拔，任教於「國立北平藝術專科學校」，其時，他對中國畫發生興趣，極之尊崇齊白石的畫風，常在徐悲鴻面前表示要跟白石老人學畫，並請徐氏介紹齊白石給他認識。當時的齊白石，名氣雖大，但很孤立，原因是齊白石的作風一向不因襲古人，他有他個人的獨到的地方，可是在當時中國畫壇，仍然存有仿古的風氣，獨創性是不會很受人重視，所以招致當地主張仿古的老畫家對他的嫉妒，只有徐悲鴻常跟他交往，不但尊崇及重視他，而且還幫了他很多忙，無怪白石老人在徐氏逝後曾說：「我生平眞正唯一的知己就是徐悲鴻。」這是他內心的眞情流露。誠然，吳作人、李可染得齊白石在中國畫的啓發、教導，有亦賴於徐悲鴻。

吳作人及其夫人蕭淑芳在麥積山石窟寫生

吳作人正式嘗試中國水墨畫的創作，是五十年代才開始的。他有幾方壓角的閒章，頗有意義，如「踏遍青山人未老」、「願得遍觀天下名迹」及「飛摩蒼天」，都是表明了他對藝術的方針和志趣。近十多年來，吳作人除了培養新人外，還經常與他的妻子蕭淑芳遨游康藏高原，大江南北，共同進行創作速寫，他們除了寫生之外，又進行調查中國文物和對我國古代藝術遺產做了不少整理和研究的工作。吳作人的速寫很注重用筆、用線。他使用炭筆受中國畫和書法的影響很大，他發揮了炭筆的豎、臥、橫、掃、直、引、旋轉等多種的筆法，能與毛筆的摟離撇捺相媲美。

吳作人的中國畫，多以翎毛、走獸為題材，如西藏的犛牛、熊貓、山鷲、駱駝、玄鵠、鶴、金魚等。而以熊貓入畫最見稱。他可算是個首創者，他畫的熊貓，比在內地動物園裏看到的更加生色，更加可愛。他畫熊貓的用墨濃淡掌握得很好，墨暈的效果顯出了牠的毛茸上的質感，淡墨和濃墨交錯的地方，尤其顯出了墨色變化的奧妙。同時，無論畫任何一種的翎毛、走獸，每每都是筆墨淋漓，或寥寥幾筆，便能表現出牠們形象的眞確感和巧妙地抓住了牠們轉瞬即逝的性格特徵的多種動態，這是他平日得力於對物象的深刻觀察和認識，以致形成他個人在中國水墨畫的一個嶄新風格。

舞　東　風　　　　　　　吳作人　作

# 抒情詩的近代傳統（下）

翱　翱

很明顯地，我們可以看出新詩發展到「預言」這首詩時，白話文已完全掙脫了文言或是舊詩表現句法的舊包袱，而正式的建立了新文學的傳統。在詩內我們看到很多歐化的句子，像「那歌聲將火光樣沉鬱又高揚，火光樣將落葉的一生訴說」，這些句子亦確能在內涵擴張的過程裏準確地抓着比較複雜的情感，更進一步而言，利用了形式的解放，詩人可以重複着更强調性的語言來指示他聲音的情緒，譬如：

告訴我那兒的月色，那兒的日光，
告訴我春風是怎樣吹開百花，
燕子是怎樣癡戀着綠楊，

「告訴我」的重覆是詩人心中渴切的追求，隨着追求的發展遂將詩內的空間擴充；「那兒的月色，那兒的日光」是突破時間的重複，强調着時間的擴充；「怎樣」吹開百花及「怎樣」痴戀綠楊是焦點的强調，不但表達了詩人心中渴切要追求的細節，更重複顯示出不同焦點的移動。這種擴展白話語言到它本身最堅韌的程度充份顯示了白話詩體的成就，如果用文言來表達，最多亦不過流於「春風開百花，燕子戀綠楊」的俗套而已。

如果再仔細一看，此詩的形式也是經過作者精心設計的，何其芳本來就是追求「現代格律詩」的起步者，至今亦不遺餘力，關乎詩的形式的討論問題，我將在下一章細述。在「預言」一詩裏，全詩共分六段，每段六行，在每段內，第一句與第二句押韻，第四句與第六句押韻，或是一、二、四、六句連韻控制了每段的統一性。在這兒，我們值得注意的是陰陽韻的運用，我們知道，在西方，陰韻(feminine rime)或是雙韻(double rime)是一個包含有兩音節的韻，第一音節為重音，第二音節為輕音，遂做成一種溫柔優美的輕聲，故名陰韻；而陽韻(masculine 'rime)則是句末的音節重音押韻，聲音高吭而雄剛，故名陽韻。中國雖然是一個單音節為語言的民族，但並不就是說中國文字就是單音節的，我是可以說基本字(character)是單音節，但組成「一個字」(word)時卻不祇是單音了，可能是雙音或三音，譬如，「神」與「神祇」基本意義上是一樣的，但「神」是單音，「神祇」却是雙音，在音响方面便有了分別，無可否認，詩是一種音樂的語言，音响的效果牽涉到選詞用字本來的涵義，於是在同一意義的字彙表，雙音與單音的分別便有着很大的變化，在我看來，雙音字的運用，尤其是用在押韻方面，很接近西方的陰韻，雖然在抑揚方面，現代詩並未能準確地顧及輕重的分別，但是和單音字的押韻放在一起時，雙音韻顯得陰柔，而單音韻卻顯得陽剛，譬如，在「預言」的第一段裏，開頭四句的末尾字都是雙音——「來臨」、「足音」、「私語」，「蹶聲」，做成一種溫柔而輕緩的語氣；末尾兩句的押尾字都是單音「告訴我，用你銀鈴的歌聲告訴『我』，你是不是預言中的年輕的『神』？」，卻變成一種固執而剛强的口氣了。我在這裏必須再加闡釋的是上述的陰陽韻並不是要和西方的陰韻和陽韻來比較一番，因為東是東，西是西，語言本質的基本不同已是事實，西方的陰韻絕對不會是東方的陰韻，但是在聲响與意義的契合方面，我發覺了在中國近代抒情詩裏，雙音節或三音節的文字由於形式的解放後遂有了更大的自由，在運用上更提高了抒情的氣氛。

方志彤在討論中國近代詩主流時集中在意象主義及惠特曼主義方面的基本觀點是正確的，可是，如果把郭沫若標榜出來用作中國惠特曼精神的代表無疑有損惠特曼的美國精神，無論郭氏怎樣在某些方面酷似惠特曼（譬如，方志彤說廿五這數目就是一個很巧合的數目啦）㊶，「高度的枯燥無味」(deadly dullness)才是郭沫若詩的最好按語，事實上，郭氏有些詩中模仿惠特曼的口氣的唯妙唯肖的，但像龐德所說，我們看惠特曼不能單是看他表面的東西呀，很可惜，郭沫若學到的就是惠特曼最表面性的反抗語氣，中國現代戰鬥精神的表揚呢就說不到了，譬如，下面是郭沫若一首慣用同風格的詩「天狗」：

陳世驤（左）與卞之琳（右）

我是一條天狗！
我把月來吞了，
我把日來吞了，
我把一切的星球來吞
　了，
我把全宇宙來吞了，
我便是我了！
我是月的光，
我是日的光，
我是一切星球的光，
我是X光綫的光，
我是全宇宙的 energy的總量！

我飛奔，我狂叫，我燃燒。
我如烈火一樣地燃燒！
我如大海一樣地狂叫！
我如電氣一樣地飛跑！
我飛跑，我飛跑，我飛跑！
我剝我的皮，
我食我的肉，
我嚼我的血，
我嚙我的心肝，
我在我神經上飛跑，
我在我脊髓上飛跑，
我在我腦經上飛跑，
我便是我呀！
我的我要爆了！㊷

全詩一無詩味，更是語無倫次，我們所得到的印象——正如詩內所表現的，是一條肚餓發亮的瘋狗，亂咬着自已，最後「轟」一聲，大概是腦充血「爆炸」死掉了。現在郭氏身任中共重臣，想不再會怎樣賣弄洋墨了，早期的郭沫若，好像是如果不在詩內弄幾個洋文，便不足以表示他是留學過外洋的詩人似的，譬如，「我是全宇宙的 energy 的總量」，「萬籟共鳴的 symphony」，「彎彎的海洋好像 Cupid 的弓弩呀，」「力的 rhythm喲！」，簡直肉麻得使人起鷄皮瘩，其實誰不懂得「力量」或「節奏」這些字句，又有什麽需要用洋文不可呢？聞一多曾指出上述的弊病㊸，但聞氏卻非常崇拜郭氏，在他給梁實秋的信札裏，他更斷然說「創造除郭田（按：指郭沫若田漢）個人外無人才」，其實聞一多何用自謙，他本人雖然不屬創造社人馬，但蛛絲馬跡中，聞受郭之影响是鉅大的，而隱然有青出藍之趨勢，聞一多早年在芝加哥，與愛眉、羅威爾；哈莉埃·夢露；卡爾、桑德堡等人交往，回中國後，遂溶冶意象主義的古典風與中國不三不四的惠特曼風於一爐，做成了近代抒情詩狂放而精緻的一脈，開闢了高度藝術性的新浪漫詩風，如此以格律而言，他的詩比徐志摩平穩，以「時代精神」而言，比郭沫若收斂而耐人沉思，以戰鬥性而言，比艾青，田間等人來得雄渾，他的那首「一句話」才是一種正統帶有民族性熱情的模型。

### 一 話 句

有一句話說出就是禍，
有一句話能點得着火。
別看五千年沒有說破，
你猜得透火山的緘默？
說不定是突然着了魔，
突然青天裏一個霹靂
　　爆一聲：
　　　「咱們的中國！」

這話叫我今天怎麼說？
你不信鐵樹開花也可，
那麼有一句話你聽着：
等火山忍不住了緘默，
不要發抖，伸舌頭，頓脚，
等到青天裏一個霹靂
　　爆一聲：
　　　「咱們的中國！」㊹

音響方面的效果已經先聲奪人，「禍」、「火」、「魔」、「中國」、「可」、「爆」都是帶有短促而嚴厲的「o」及「a」的爆炸性母音，「霹靂」更是帶着叠韻中的短母音「i」，無論在字義或字形，都帶有雷霆萬鈞之勢。在「說出就是禍」與「能點得着火」的誇張聯句中，抒情的主觀成份增高，帶來了高度的戲劇性，這種抒情的戲劇性，正是郭沫若有½，徐志摩有½的總和。而在詩內所有戲劇性誇張的發展過程，只不過是簡單的帶來一種現實——「咱們的中國」，由繁複而趨向單純的實物，正是詩人自內而外的擴張，換句話說，詩人心靈的各種想像與幻覺不斷擴展，而現實的焦點(中國)控制了他的擴展度，不讓其分散，於是像望遠鏡的兩道鏡頭，最後視線終於集中在一個物件焦點上，可是在物件的擴大過程裏，詩人遂牽涉及誇張、象徵、意象及情緒激動的演變過程。這種成就，正是戴望舒的「我用殘損的手掌」，或是艾青的「雪落在中國的土地」所不斷追求的。

五四文學運動的最基本目標無疑是要打破舊傳統的束縛。把它放在與舊傳統束縛的對立地位的話，它是一股反動力，但它用來作為反動的本錢——譬如，白話文字、西方句法及文化影响……並不是代表了一個新的傳統出現，而是一種加於過往傳統的增量(increment)，假如它眞是一種增量的東西，則無所謂新的比舊的好，或是舊的不行而要新的來取代之的需要了。

因為白話詩的確是自古體詩衝出來的一項突破，所以彼此的關係（內容的及形式的）並不密切，所以在文學史的章回裏，白話詩的興起可算是乾淨俐落的一章，與詞曲等彼此藕斷絲連的密切關係相比，便大有分別了。由於這種分別，常常使人誤會為一種新傳統或文化的興起，這是十分不幸的。

在這一章裏，我企圖在抒情詩的範圍內重新勾劃出它本身應有及應代表的特色，及中國近代抒情詩的發展方向與趨勢，在我舉出有限的幾位詩人及詩作裏，我並沒有意思去表揚他們為大詩人(major poets)或領導者，而我更相信優秀的抒情詩人更不止前述的幾位，可是，當文學史著作的厚度隨着歷史的年歲而增加時，我們批評及抉擇的標準又在那兒呢？我常覺得，歷史是無情的，它不斷的生存着觀看，管你什麼當年瀟洒風流，劍橋哈佛，多棒的人，經過幾十年後，如果你經不起歷史的考驗，仍然會一腳把你踢走。如此一來，入選者又能有多少人呢？

在抒情主派裏奔流的趨勢，新血球的興起代替舊的是必然的事，但無論血球現在怎樣殘舊，它過去所貢獻出來的仍然值得我們公正的衡量，最顯著的例子，是胡適，因為他不是一個盜火者，他只是告訴我們那兒有火了，可是在那時的感覺卻又是何等的溫暖，至少，他帶給了我們希望。眞正帶火與光給我們的人應該是馮至、聞一多、何其芳等人；當然，本文無意一一細述他們盜取天火的經過，只能稍作一種抽樣介紹，把他們的火種燃亮，重新照到他們的汗流滿面的表情。

---

註㊶見方志彤一文，同註㊴。

註㊷郭沫若「天狗」一詩，見「聞一多全集」，第四冊，四五五頁。

註㊸見「聞一多全集」第三集內「女神之地方色彩」，第一九七頁，聞一多說「女神還有一個最明顯缺憾，那便是詩中夾有可以不用的西洋文字。「雪朝」「演奏會上」兩首詩逕是中英合璧了，我們以為很多的英文實沒有用原文底必要。」

註㊹「中國新詩選」，臧克家編選，中國青年出版社，第三十五、三十六頁。

# 聽雨樓回想錄

（四）　　高伯雨

**前文提要：廣州陋俗，人死了一定要有兒子買水、担幡，五姨太只有女兒，又剛有病，因而作者又由澄海回到廣州。**

當時妾侍不能與正室及正室的子女，甚至自己所生的子女同坐一桌共食，待他們食後才食。如果她們生有兒子，死後可以開喪，倘沒有，在病危將死之前，還要把她搬出另外一屋待死，死後草草成殮，一切「從簡」，掩埋就了事。廣州就不同了，不論她有沒有兒女，照樣開喪辦事，不過沒有嫡室那樣隆重罷了。

父親死後下一年，大兄曾到廣州存問家庶母，安排各事，當家的是四庶母葉氏（十年前才在澄海謝世，年近八十），大概她曾把廣州那些死人俗例向大兄講過，並問他將來五、八兩位姨太太死後，誰給她們「做事」（即做買水担幡的孝子）。聽說大哥指定我和五姨太太做事，廿四弟和八姨太太（她姓劉，也是十年前在澄海死去的，七十多歲了）做事。

我之忽然又回到母親跟前，就是民國二年（一九一三）春間五姨太太病重，四姨太太忙通知大兄，命我趕快出來，以防她一斷氣就有人做事。這樣我就由巧姐帶着我，另外一個男僕人伴送到了汕頭，大兄又派一個到過香港廣州的老誠可靠的夥計，伴我往廣州。我記得當時坐的海輪叫「海澄」，我和巧姐在頭等艙，船開行後不久就風浪大作，船身不斷搖擺，跟着我就嘔吐了。還好，這次坐海輪只嘔了一下而已，半夜後，船已穩定，似乎風平浪靜了，我餓起來，要叫牛奶麵包吃，但船上頭等艙的洋人規矩，過了晚上十一點就沒有人侍應，反不如二三等艙有買辦的人招呼。既然沒有東西可食，巧姐只好從網籃中找出一盒餅乾（也是洋餅乾，汕頭只有洋餅乾出賣，當時還沒有中國資本的餅乾也），開了給我充飢。在船上一晚的事，我所能記得的只此而已。

船到香港，我在表伯家中住了幾天，等候母親從廣州來帶我回去。不知怎的，巧姐沒有跟着去，而是一個和母親同來的好姐。大約兩天後，我們就趁省港船「香山」號上廣州。我們和陳家的人上落省港，多數要趁「香山」號的大艙，因為人多，行李多，在大艙可以多佔地方，比甲板上的頭等房自由得多，並且大艙裏人多熱鬧，船開行後，就不斷有人登場講故事，唱龍舟，賣藥，四五個鐘頭的航程很快就過了。還有「香山」號有個辦房的職員叫做森哥，經常為高陳二家帶物件書信上落，有了森哥在船上照應，十分方便。森哥的形貌至今我還能想像出來，他長得很高，身材瘦削，頸核特別高大，這是一個特徵。

# 西關大屋

我的父親和春泉表伯都在廣州西關蓋有房子，兩家的房子相連着，如果從隔牆開一道門，便可互通往來的。所謂西關，即是廣州未拆城垣以前的西門。我家在西關十八甫的富善西街三巷。這條富善街是清光緒中葉以後才有的，根據老一輩的人說，富善街的前身是當日西關大富豪伍家的花園大厦。這所大厦的花園很大，其中有亭台樓閣，假山水榭固然不在話下，甚且還有一個戲園，可容觀衆數百人。我家的房子就是舊日戲園和假山的一部分，陳家的是荷池、花園的一部分。我家的地勢較高，陳家的較低，乙卯年（民國四年，公元一九一五年）西關大水，我們要避水遷往樓上居住，樓下水高三尺，而陳家的水則高至四五尺左右，這就看得出了。舊時廣州的大富之家有所謂「潘盧伍葉」四姓，伍家失敗後，把房子變賣，當時就有人組織了一個財團把它買下。但房子太大，一時未易賣出，後來才想到一個「分割」的法子，把大厦拆為平地，闢為富善街，街裏面又分為富善西、富善東。而富善西街則分為頭巷、二巷、三巷。東西街口各有柵門，日夜有人看更，晚上十一點左右就關柵門，出入的人限從東邊的街門，保安措施頗為周密，除柵門外夜裏還有更夫在地面、屋頂巡邏打更呢。

劃分地段出賣後，果然不久就銷售一空了。頭、二巷的房子蓋得不大好，小型的佔多數，三巷的房子以坐北向南的那一列最好，一律是大厦式、三便過的大房子，坐南向北的對之如小巫見大巫。我家在三巷尾，到此便路不通行了。巷尾粉牆上有人用白粉寫着「路不通行」四個大字，二十年來都沒有移去，最後一次所見是一九三七年二月，還是白雪雪的四個大字呢。

在我家右鄰的陳家，佔地比我家小一些，但一樣是大厦式房子，同時蓋造，同日入伙的，當建造的時候，表兄陳殿臣還在廣州讀書，大約二十來歲了，兩家的人就派他去監工督造。

我對於這所西關大屋有很深的感情，很喜歡它，我在裏面過了整整五個年頭的快樂日子。這些日子是我一生所不能忘懷的。在這五年中哪一年發生了什麼大事，我都記得很清楚。現在讓我來描繪一下這所房子吧。

房子的建築風格，一如廣州當時所流行的。大門的牆基約高三尺，是白石的，牆則是青磚砌成。門前那一部分作凹字形，凹入的部分有三道門，最前的一道門是半截的，有時關着，有時敞開，它的後面是一道梯形的門，從橫面拉開拉攏的，廣州人稱為「躺籠」（躺是躺埋之意），終日關着，裏面的人可以和門外的人面對面談話。這種「躺籠」今日香港有些當鋪仍有之。我小時就喜歡爬上「躺籠」，坐在一條槓上。躺籠之後就是兩扇沉重的黑漆大門。

凹入的部分是大門，左右兩旁仍是磚牆，離地面六七尺之處，貼着一張紅紙墨筆寫的「澄海高寓」四字，澄海二字橫列，字較小，高寓兩字直列，很大，每年年終換揮春時，照例由三哥寫。西關人家不知是不是每戶都如此，但富善街的大都這樣，例如住在我們對門的不家姓龍，就標着「鳳城龍寓」。鳳城是什麼地方，我完全不知，直到二十多年以前才知道鳳城是順德縣。

我們的大門外那個「躺籠」的一旁，又懸掛一個漆底金字的小長牌，刻着「高毓桂棠」四字，據說這個堂名是我們公家的，各房都可以用。「澄海高寓」的揮春，自一九二四年一月三兄死後就沒有找自已人寫，隨便在市上請揮春佬寫個就算，字體很是惡俗，大不如三哥寫得那麼好了。三哥為人不足道，倒是寫得一手好字，但又不肯下苦工，所以沒有什麼成就。

這所房子是什麼時候落成的，我無法知道，當一九三六年我到廣州時，常往隔壁殿臣表兄處坐談，其時他的門前冷落，眞可說是「門可羅雀」的了。我曾問過他我們這兩座大厦是何時建成的，他說他記得清清楚楚是光緒癸巳年（光緒十九年，公元一八九三年）入伙的，下一年便發生甲午中日戰爭，而梁燕孫就是這年點翰林。（殿臣兄和梁士詒、周壽臣都是老朋友）

我們這所房子是三開間，帶一條清雲巷，廣州人說這是「四便過」。其實即是「三便過」，硬把清雲巷說成是一間罷了。據所知，當時父親打算在西關蓋一所五開間有花園的大厦，以為養老之所，因為廣州香港只一水之隔，趁夜航船不過幾個鐘頭就到達，便於照顧生意，而且他還想在廣州開設一家規模龐大的藥材鋪，使南洋一帶辦來的珍貴藥品可以行銷廣州各屬，藉此照顧一些親友使有吃飯之地。後來知道有富善街「新村」之設，趕快派人上省洽購，但已經遲了一步。買到巷尾的一塊地皮，還與春泉表兄對分，所以只能蓋造三便過的房子。父親雖然很失望，但也不以此耿耿於懷，希望日後在蘇州買一所花園來彌補此失。

原來父親在光緒十五年（公元一八八九）入京會試，下第後就連忙南下到上海，與表弟陳子俊一起去蘇州遊玩，住了半個月才回香港，他的日記中曾提到將來要在蘇州購買田產，並擬在上海擴充原有的商業。小時候在故鄉，嫡母常在一班兒孫面前誇獎她的丈夫怎樣了不起，中了舉人（其實舉人有什麼了不起，她還不知道進士是最高的科名呢）不算，還會做生意，賺大錢，算命先生給他算過，他「逢州發州，逢府發府，逢省發省」，所以在廣州蓋房子，做生意。如果不是早死，他已在蘇州買花園，又娶多幾個妾侍，在蘇州又是「一大羣」了。（她用「一大羣」三字來代表「大堆兒女」這五字。）

廣州的房子沒花園，不止是父親的損失，也可說後來那五年我也有損失呢。在七八十年前，父親當然沒有想到一個安份守己，不敢胡作非為的商人厚置田產會招來本人及子孫有殺身之禍的。幸而這所大厦在廣州淪陷期間，給歹徒拆得一淸二光，日寇投降後，已成一片荒地，改為一間小學校的操場了。一九四八年下半年，廣州的房產還値錢，將近年終地產大跌，伯昂姪才入廣州把這塊地皮賣給他的好友杜之紳（在香港經營毛織業發財的人，杜國庠先生的族姪），聽說賣得港幣八萬多元，這筆錢，我們七房兄弟去分，應有萬餘元，但只拿到汕頭電燈公司發出的借據每房五六千元（他是該公司的總經理）。不久潮汕解放，電燈公司的借欵更不必追問了。我說「幸」者，它已成廢地，不是華厦，不會增加地主的罪名，使我們安心許多。

現在我要來追記一下這所「曇花一現」的華屋了。懷舊之情，誰人能免，從小嬉遊之地，回想一二，也是人之常情呢。

從大門進去，第一個就是門官廳，深約六七尺，其後為六扇黑漆板門，中間和右邊那四扇平時不打開，有貴客或喜慶大事才開的，平時只開着左邊的兩扇。門官廳之左安設門官之神（到底是什麼神，我不大了了），下面安設土地神位；右為門房，門公（即門房）和男僕人就住在那裏，但有些男僕人却是回家住宿的，厨子便是如此。過了門官廳就是一個天井（即院子），再進叫做轎廳，右面停放轎子的。廳後又是六扇大門，平時只開左邊兩扇。第一進的地方已經頗大，兩邊為東書房、西書房，東書房的房間在下首，書廳左邊一門通淸雲巷，右邊又有一小門，穿出小門是一個小小的空間（亦有一小門通淸雲巷），通去一個大天井。這東書房是書塾，房間是老師住的。西書房的格式稍有不同，四姨太太住在這裏，下首是一個露天的小天井（轎廳的天井不露天，但上有天窗，下雨時一拉繩子就關閉了。這種天窗在廣府一帶頗流行，別的地方我未見過），中間為小廳，上首則為臥室。

從轎廳轉入去叫作神廳，也就是正廳了。天井之上是一個大廳，右有一小甬道，廳的上面有一神龕，上安神主，從小甬道有梯級上樓，這叫前樓，作一字形，左右兩直劃皆為樓的面積，在樓上這一部分是看不見神廳的，但可以俯視大天井。上了前樓便可走往神龕，神龕的地方很淺，大約只有兩尺左右，堪容一人站着，前面一道闌欄，高尺餘，人在上面，如不小心很容易掉下神廳來的。我小時候就不敢走上神龕（廣州叫作神樓）。神廳背後一房，叫神後房，以雕花木板為牆，分隔着廳房的，而所雕的圖案，又多是通孔，可以望見裏外的，所以神後房的人講話，在神廳可以聽見。三哥房裏就在板牆上施帳幔，但仍可聞人聲。神後房的門設在小甬道上。神廳正中擺一張楠木的長八仙桌，桌左擺一個花瓶，中間宣爐，右為小大理石屏，桌旁各有楠木交椅一。廳之左右則各設楠木椅四張，每兩張之間則置一几。椅上的牆則各懸楠木鏡框四，長方形的。左邊是父親臨米南宮「蜀素帖」的字，我未購得故宮博物院出版的「蜀素帖」以前，就把那首詩看熟，且能背誦了，不過有些字是很潦草，小時候識字無多，念錯了音，例如第一句的「靑松勁挺姿」的「勁」字，我誤以為「動」字。直到一九三三年在上海利利文藝公司（當時代理故宮博物院的刊物）買到「蜀素帖」後，才看淸是「勁」字。我知道父親愛米南宮的字的，但他當時所臨的米字，恐怕是對着帖臨的，那有機會見到眞蹟呢。我現在得見眞蹟的影印本，與眞蹟一樣，我確是比他幸福得多了。

右邊牆上所掛的是畫，記得是當時上海名家張熊畫的花卉，是金箋的，有父親的上欵。三個大廳，只有神廳掛字畫，其餘小廳都空白的，為什麼如此俗氣，我眞想不通，父親在世之日，大概不是如此罷。不過，在新年時候，轎廳也掛些大條幅，都是寫的字，什麼人寫的我記不淸了，只記得有夏同龢寫的長對聯，因為夏是狀元，曾在這屋子後樓住過一年左右，寫下的字很多，故此我對他有深刻的印象。大哥二哥和三哥都拜他做老師，算是世交了。

神廳的左邊是一個上房，隔一個廳，下首又一房。上房住着五姨太太和兩個女兒，下房住着八姨太太，因為她沒子女，所以分配的房間不多。兩房之間的那個廳，有一道門通往淸雲巷。

右邊的兩房一廳是母親和我們四姊弟所住。母親住上房，我們住下首的房，廳上掛有父親楷書寫的四幅條幅，寫的什麼，從來就沒印象，只記得最後幾句是「寫於暹京池樓」。從母親口中，知道池樓是父親的書齋。池樓有花園假山，養有很多猴子。在澄海時，有個男傭人黃海曾跟大哥到過暹羅，他說某次跟父親的一位姨太太到暹羅的廣州女傭，偶然行近猴籠，猴性淫，對着她手淫起來，她羞憤，跑到厨房燒了一壺開水，向一籠猴子淋下去，死傷了五六頭。結果如何我不記得了。這件事對我也是有深刻印象的。

我們的廳上除了那四幅字之外，牆上還懸有鑲了鏡框橫披畫兩幅，一幅工筆龍舟，一幅花卉、白鷴，誰畫的我不知道，到一九二六年八月，我回廣州省親，才知龍舟的一幅是仇英的，花卉的是蔣廷錫，都是父親的遺物，一九二九年我叫母親為我寄往英國。這時候我已稍能鑒賞書畫了，發現這兩幅皆非眞品，故亦不十分愛惜。一九三〇年春間，在巴黎一位學美術的朋友，生活陷入窘境，一班朋友已沒法應付他的借貸了，他不斷飛書來倫敦向我求救，我看這不是個善後之法，便向他建議，如果他肯回國，我可以為他籌措旅費。他答應了。但我當時正從日內瓦旅行回來，花了很多錢，不敢再打電報去香港要，只得寫信去日內瓦給正在應付博士考試的張肖梅小姐，問她可否向那位美國西摩小姐兜售蔣廷錫的畫來救急。張小姐為了急友人之急，鼓着勇氣向西摩小姐婉轉陳詞。西摩小姐說她沒有此能力，不過可以打電報向紐約她的波士（她的老板是波頓太太，富婆也，派西摩小姐和史蒂娜小姐住在日內瓦，為她蒐集關於鴉片問題的材料，給予優薪）請問，如果我决意出賣，先把畫寄給她，待她為我寄去，就算波頓太太不要，放在紐約，不愁賣不出的，並問我要多少錢才出賣。我本來很珍視此畫的，不管它是眞品還是贋作，到底是先人之物，手澤猶存，並不是到了窮途落魄，何致變賣家藏字畫呢？但迫於要幫忙朋友，救死要緊，只好橫了心腸寄去日內瓦了。我不多求，只要一百鎊（當時一鎊為港幣二十一元），足敷朋友還債和旅費就滿足了。不久後，張小姐將一百鎊用掛號信寄到英國，我又用掛號信轉寄巴黎，交給一位友好傅壁白（名馥桂，吉林扶餘縣人，北大經濟系畢業，在倫敦大學深造，一九二九年轉往巴黎大學。九一八事變後，舉家遷入北京居住，壁白則往南京主編「時事月報」，又回北京任北平大學女子文理學院教授，許壽裳所邀也。一九三六年，為上海中央銀行經濟研究處委員。抗日戰爭結束，出任吉林財政廳長，後來任職上海中國實業銀行。解放後未得他的消息。），請他為某君買船票到香港。但某君到了新加坡就登岸，後來與當地土生女結婚，今在馬來西亞經商，發了財，不談美術了。十年前他還來過香港，使我很高興。

至於那一幅龍舟呢，則一向放在張小姐家中，一九三三年才向她取回，當時有位習油畫的朋友周廷旭，在倫敦美術界中頗負時譽，有一次到我家中見了這幅畫便說孫科很喜歡仇英的畫，不妨賣給他，當時我正離開中國銀行，要去北平一帶旅行，一來等錢用，二來亦知所謂孫科喜歡，只是片面之詞，一時不暇深思，便說：「既是這樣，你就拿去試試吧。」（周君當時追張靜江之女，後來不成功，轉追宋子文一個親戚，成功了，故與國民黨「偉人」有往還。一九三八年十一月在巴黎以買軍火一案有欺騙嫌疑，英法皆通緝他，故此他不能在英法居留，更不敢回中國。當時香港大公報曾譯路透社這段消息，「旭」字譯作「樞」」。從此周君移居紐約，為著名畫家，也發了財）從一九三三年八月起，我就沒有見過這幅畫了，到底在「孫科」處，還是仍在周君手上，我也莫名其妙，事隔四十年，以省事為妙！

本來是描繪這所大屋的，忽然又說了一大堆「廢話」，非掉回筆桿不可，於是洎回本題，亦八股中的筆法也。

從神廳後房的甬道可以通出一個小天井，天井的左面，亦通清雲巷。這是最後的一進了。後廳後樓面臨大天井，其右則為大厨房，厨房分三座，前為小天井，有一眼井，中座大厨房，再入為小厨房，有一個大灶。

後廳為三開間，左邊一間是舊日父親用來作書齋的，後來三哥把他改作會客室。中間的大廳有一大木炕，仍是兩邊擺設交椅。父親在省城時，常宴客於此，三哥亦然。右側的一個廳，三哥把它改為臥室，他的三姨太太就住在這裏。

中間大廳的左面有一門，通過這門出去是一條小巷，門的一旁有樓梯上後樓。後樓亦有三開間，外為一個露台，作⌒形，可俯瞰下面的大天井。露台之下有一個⌒形的木架伸出，掩蔽了大天井三分之一的面積，種了常青藤蟠屈架上。但當我稍知人事初住廣州時（以前我到過廣州大約有好幾次，大抵隨父母或表伯母去的，家中是什麼樣子，當然全無印象），却未見有什麼常青藤，空空如也，後來又有人說種的不是常青藤而是葡萄，有一年三哥行經葡萄下，忽然有一條虫掉下來，跌在他的手上。

三哥是最講究清潔的，見了又驚又怒，大發雄威，如西太后發雌威，命太監把西苑的榆樹盡斬伐，所以架上就不見有青翠的葉了。大廳外有臨階，深三四尺，階下有三級小石階，階上設木欄，中間一段空着，以便從大廳出來踏階石而下大天井。左右那兩段木欄，跟着階石作斜形，我最愛躺在斜欄上冥想，或遊戲。大廳門邊兩石柱掛着一對木刻對聯，句云：「菜根風味士夫知；稼穡艱難君子敎」，下署「南皮張之洞」。這當然不是張之洞寫給父親的，如是，當有上欵，大概是從什麼地方翻刻來的。我從七歲起就會念這一聯了，亦知張之洞的名，但不知他乃何方神聖。一九三四年在北京閒居時，故友許同莘先生作「張文襄公年譜」刊「河北月刊」，其初稿中謂張之洞兼署廣東巡撫時，於署後園種菜，築草亭其中，榜一聯云：「稼穡艱難君子敎；菜根風味士夫知」云云。但我記得是菜根一聯為出聯也。家中的一聯，大概從撫署拓出重刻的。一九二九年後，我在汕頭忽見此聯放在地下，收入貨倉，我問人為什麼有此聯，他們說是「少爺」（大姪伯昂）從香港拿來的。我才省起當一九二六年八月我從日本回廣州省親，不見兒時常見的這一聯，我以為四庶母把它毀了，深為不悅，向她詰問，她說去年孫少來省城，命人拿去的，我半信半疑，至此才證實不虛。當時我很生氣，伯昂太過混帳，簡直眼中無人，他居然要管到這裏來了，眞豈有此理！但我也不因此小事而和他爭論。（按：許君字溯伊，無錫人，後來此書單行本於一九四四年在重慶商務印書館出版，一九四六年在上海印初版本。）

我家在廣州的屋子大致上是這樣的。一九三七年七月，母親來香港，住在她築在元朗的齋堂裏，不二月而發生抗日戰爭，就沒有回廣州。下一年六月，日寇大炸廣州，便命看屋的人撤退來香港，十月廣州淪陷，沒有人看屋，被匪徒搶掠一空，最後把樑瓦、磚石都拆去賣了，遂成空地一片。隔壁陳家的屋子也同一命運。

## 在廣州的讀書生活

民國二年（一九一三年）農曆元宵後我回到廣州了，大概當時我已不大習慣講廣州話，所以未有立刻上學。玩了一個時期，便和廿一弟隨同十四姊，妹姐一起在公益中學的附小讀書。妹姐姓吳，名耀文，是契姊的女兒。契姊大概是母親後來在廣州結交的姊妹，我記得母親叫她為「亞星」。當時她倆母女都住在我家裏，傭人稱她為「七姑」。她長得很瘦削，頗斯文，生性好潔，做事認眞，因此傭人們都嫌她「奄占」。吳耀文則很漂亮，臉龐圓圓白白，很吸引人，年約十五六，身肥而不露肉，在我當時的眼光看來，是靚女一名也，可惜她大我七八歲，不然的話，我一定要追求她的。

十四姊和吳耀文在公益大概也是讀小學的，我則讀小學一年級。母親帶我往西關多寶大街（拆馬路後改名多寶路）公益報名，校長名叫杜清持（我當時只知她名杜淸池，一九五六年在香港和故友劉筱雲閒談，因為他很留心廣州故事，就問他識杜淸池其人否，她說只見過一兩面，是個維新人物，他和她的丈夫比較熟些。則此時我才知「池」乃持之誤），她問我幾歲，叫什麼名，我一一答了，她在寫我的名時問印堂的印字，是否印度那個印字，我不知印度是什麼東西，沒有答，母親代答了。

廿一弟和我在公益讀書，同一課室，似乎還同一書案。他的乳名叫炎堂。我們早上七點多鐘吃完早飯就和十四姊、吳耀文由一個女傭一個女婢伴送，走了很多路才到多寶大街的。中午不吃飯，只吃點心，廣州人叫「食晏」。因為廣州人習慣，多在上午九、十點左右吃早飯，十二點、一點上茶樓「飲茶」，貧苦人家就多吃早晚兩頓白米飯，食晏飲茶，只是偶然一試了。我們食晏是由女僕送來的，很簡單，無非是一個甜麵包、或餅乾、西樵餅、小鳳餅，如果有蓮蓉粽半隻吃，算是「盛饌」了。

有一次我不知怎的和炎堂打跤，似乎是抓傷了他的面部，小有血出，校長罰我留堂，下午人人都放學了，看看只剩我一人，這時候才着了慌，大哭起來，幸而不久家中又派人來接，校長下令放人，我才獲得自由。在公益讀書，這件事的印象最深，至於當時讀什麼，就全不記得了。

第二件印象最深的事，就是母親和杜淸持鬥氣，索性命我們退學。那年的「孔夫子誕」，學校當局要大事鋪張來慶祝一番，似乎假座一間戲院演白話劇。凡學生家長捐錢多的，就多送些入場券。我們大概已捐了二十塊錢了，只分到十張門票，我們邀請了兩三個親友還帶了四五個婢僕，已超過十人之數了，母親以為我們四個學生不必門票的，故此才多過十個人，怎知入場時，把門收票的人便和我們爭執，吵起來。杜校長在門外鎮壓着的，見有人吵，便過來問什麼事，不知怎的一手把「羅白媽」推開，當時她的背後背着廿四弟的，幾乎仆倒地上。母親很生氣，說杜校長野蠻，一怒之下就不看戲，打道回府了。於是我們就不往公益讀書，以示抗議。

（未完）

何其芳在書齋中（中立者卽何氏）

# 何其芳評傳 （三）

黎活仁

他說這「像鼓勵自己似的」（「一個平凡的故事」），他感到卽使「不能拿起武器和兵士們站在一起射擊敵人」、「也應該去和他們在一起」（同前），於是在這年——三八年八月從成都出發，步往延安。途中經過了四川的梓橦和白龍江畔的昭化，梓橦之夜他聽到了為窮苦而賣淫和有「成人的正經的臉」（「星火集・川陜路上雜記」）嫖客的對話；在急流的白龍江畔，聽到了為運輸貨物過江時葬身怒濤的一個工人的悲劇，目覩了殉難者父親「用腦袋在石頭上撞」，「妻子奔到江邊要跳水」（同前）的人間慘事，他的筆調是那麼悲愴，但再不是如昔日「流連光景」所自歎「明淨如輕舟」（「刻意集・枕與其鑰匙」）的「空靈得不着實地」個人哀愁，而是繫上了一顆凝重的同情心的感懷。「川陜路上雜記」也是他報告文學作品的第一篇。

大約九月左右，何其芳就抵達了延安。

十月，內收有詩文的「刻意集」經由「文化生活出版社」出版。

## （三）投身革命——一個愛國知識份子的典型

抗戰來了，就算是以前曾經一度據守藝術之宮空談的文藝工作者，在敵人無情的破壞下，也不得不加進家園淪陷的流亡人民的行列，在苦難的歲月中，再激動了他們救國救世的情懷和理想，本來思想傾向前進的就更加熱烈响應救亡的運動，民族的抗日聖戰，使到文藝思想起了不能忽視的變化；由於當時政府的腐敗，以及對文藝改良社會的力量的忽視，更顯得剛鞏固起來的延安共產政府的那種新人事新作風的令人嚮往，一時無數作家和知識份子都到解放區去，投身社會主義的道路，而其中的典型就是何其芳。

何其芳，作為一個唯美象徵主義詩人，與全國有名的「大公報文藝」得獎者，這種思想上的移轉，與及投奔延安的行動，當然引起知識青年的探究思索和不可忽視的反响，而脫離現實的象徵主義與革命性的社會主義是兩條截然不同道路，這樣大幅度的思想上的轉變，在同期的知識份子和作家中還不能找到與何其芳那樣鮮明的例，何其芳的轉變也就常常被現代文學史家引用的「從不革命到革命的知識份子」的典型的例。

從七七事變起，抗日戰爭正式開始以來，經過長約八年的時間，延安的共產政府先協助國民黨政府於一九四五年擊敗日本帝國主義的入侵，但抗戰以來，腐敗的國民黨政府對於愈來愈廣泛受到人民支持的延安政府與八路軍感到日益不安，抗戰勝利的同年八月共產黨主席毛澤東曾經到重慶與國民黨總裁蔣介石為平息內戰而談判，但不久國民黨軍隊便開始對人民解放軍全面進攻，人民解放軍在人民的支持下，只花了抗戰的一半時間便全面解放了內陸，一九四九年一月人民解放軍攻陷北京，十月成立了中華人民共和國。

抗日戰爭除了使八路軍更加精銳化，在文藝理論的建設方面也有重大的歷史意義，討論的重心是在解放區的延安和國民黨統治的重慶，一九三八至四〇年間有文藝的「民族形式」的討論，一九四二年延安展開了整風運動，毛澤東發表了「在延安文藝座談會上的講話」，成為中國文學史上劃時代的文藝理論的文獻，確定了文藝為人民服務的路線，從那時起一直成為現代中國文藝運動的指南。

當何其芳坐在沿川陝公路向延安進發的車上時，還私下想着對未來所見的新環境新事物，要保留批評，可是待抵達那個才建設了兩年、人口剛增至一萬多、一切仍是草創的「青年人的聖城」後，却為之感動不已，覺得應該接受批評的是自己而不是那個「進行着偉大的改革的地方」（星火集。我歌唱延安），才到延安兩天，何其芳便被邀請參加魯迅藝術學院（簡稱魯藝）的座談會，在講話中他談到了對延安的印象，覺得一切都是美好的。兩個月後他寫了「我歌唱延安」，讚美這個新天地說：

> 自由的空氣，寬大的空氣，快活的空氣。
>
> 我走進這個城市後首先就嗅着，呼吸着而且滿意這種空氣。
>
> 這裏沒有失學或失業的現象，沒有乞丐，沒有妓女。（「星火集」）

過了兩年左右，他續寫道：

> 我們知道我們活着是為了什麼。正因為我們認識了個人的幸福的位置，我們才更理解它的意義，也更容易獲得它。在明澈的理智之下，我們個人的問題和苦痛在開始消失，如同晨光中的露水，而過去的生活留給我們的陰影也在開始被忘記，如同昨日的夢。（「星火集」。「論快樂」）

抵達延安未幾，共產黨主席毛澤東在窰居裏會見了他們新來的一羣。

何其芳不久就到「魯迅藝術學院」的中文系任教，那時魯藝的校長是第二任的周揚；何其芳不久入了黨，又當了魯藝的中文系主任①。年代都無從確悉，已知在延安文藝座談會之前，換言之，在一九四二年前已經入了黨②。

### 1　晉西北的經歷

一九三八年九月③，當時一二〇師師長賀龍到魯藝演講，那時何其芳和沙汀正想到抗敵的前線去，何其芳本來便有寫報告文學的打算，沙汀亦有寫賀龍印象記的念頭，兼而又給賀龍的「色彩豐富的講話吸引住了」（「星火集續編。記賀龍將軍」），就決定隨軍到晉西北（山西西北），是年十一月十九日出發，同行的尚有魯藝的同學。

早在一九三七年十二月南京淪陷之前，同年八月四日北平（河北省），九月十五日大同（山西省），十月十一日石家莊（河北省），十一月九日太原（山西省），先後失守，晉冀（山西、河北）的情況就像趙樹理筆下的「李家莊變遷」中所描寫的一樣，農民先是飽受與國民黨閻錫山部隊勾結的地主的剝削，繼又遭敗退下來的國民黨的散兵游勇所擄掠，由於國民黨的不抵抗政策，農村不曾有抗敵的準備，所以侵略的日軍一來，農民又再被魚肉。除暴濟貧的八路軍開到後，晉冀的農民表現了崇高的品質，他們冒死協助八路軍展開游擊戰，雖然犧牲重大，但也使日軍付出雙重的代價。其中激烈的戰況可考參當時丁玲所寫的「一二九師與晉冀豫邊區」④的詳細敘述。

賀龍的一二〇師游擊戰區也是在山西和河北、晉西北、晉東南和晉察冀是當時三個抗日根據地，何其芳與沙汀等先乘車往青化砭⑤（陝西省）到米脂（陝西省），然後換騎騾馬，過臨縣（山西省），十一月二十三日，乘木船渡黃河到山西的尅虎寨，十一月三十一日左右抵達嵐風（山西省）——一二〇師的司令部所在，在這個「安靜的前方的後方」，魯藝的同學分配了工作，何其芳「忙着向一些軍政幹部訪問、談話。」一個八路軍賀龍師中曾經做過地方工作的人訴說：「晉西北在山西是比較落後的區域……，初來時眞困難呢，老百姓一看見戴軍帽的人便往山裏跑。」（「新的山西」）。原來一二〇師是在一九三七年十月開到晋西北的，那時佔領了大同的日軍正在繼續進攻，國民黨「潰退下來的軍隊成了幾十個一羣，幾個一羣的散兵。……他們敲打老百姓的門，搜索食物和金錢，而且打駡老百姓。於是本來就怕軍隊的老百姓都躲到山裏去」。（「新的山西」）八路軍於是組織了「巡察隊」恢復縣城裏的秩序，把山裏的老百姓勸回來，設立哨崗，由地方的工作人員接待散兵，農民因放哨而組織了自衛隊，慢慢部份脫離生產參加了游擊隊和八路軍。

沙汀因為有寫賀龍印象記的計劃，所以有時和何其芳等一同到司令部去聽賀龍談他家鄉和幼年的事，賀龍因沙汀問及，談起他的姐姐賀英——他初次參加民族解放運動的唯一支持者，一個很有組織武裝能力的傑出女性，却不幸在一九二四年湘西的游擊戰中犧牲了。

十二月，從嵐縣再起程向河北出發，通過了同蒲線（大同—蒲口）到靈壽(河北省)，停留七天，作通過平漢線（北平—漢口）的準備，鐵路是敵人所掌握的，所以要做好防禦措施，最後在一九三七年一月到達河北省的高陽縣，與第三縱隊的呂正操將軍會合。抵達惠伯口的那天下午，即接賀龍邀約赴西泗頭去參加一二〇師與第三縱隊的幹部大會，但那時剛碰上一個相當嚴重的形勢，附近的雄縣、霸縣、安國和澤澤等大清河、滹沱河沿岸的重要城鎮都相繼陷敵，當晚會快要終結時敵人已迫近二里，散會後何其芳等又回惠伯口⑥，途中何其芳墮河受傷，是夜一時左右，手術剛完畢後，即隨部隊向南轉移到離肅寧只有十五里的一個荒凉的村落——塞村；離開塞村後又轉往尹莊⑦，駐尹莊時一二〇師在大曹村爆發到冀中後的第一次戰鬥，担任作戰的「六團」勝利完成任務，但由於「六團」的勝利，敵人從河間，蠡縣和高陽增援出擊，大曹村發生更大的戰鬥，終於被擊退，一二〇師擺脫了敵人的合擊陰謀後，向着留班塞轉移，「由於兩次大的勝利，一二〇師已經在冀中人民的信仰中站住脚了。」當時的戰況是幾乎每天不停都有戰鬥，據沙汀的了解是這樣的：「在河北平原抗日根據地的建立上，軍區的同志無疑已經盡過他們最大的努力，成績也很顯著，然而，由於當時環境比較平靜，所有的力量，又幾乎全部消耗在初期混亂的澄清上面，他們在作戰上是比較差，因此喘息未定的一二〇師的部隊便成了眼前敵人瘋狂掃蕩中的主要對象。」（「記賀龍」・五八頁）

一九三九年二月左右，何其芳和沙汀等覺得長期在司令部作客不是辦法，就向賀龍要求工作，沙汀單獨留在司令部，何其芳與大半魯藝的同學則在政治宣傳部的編輯委員會，工作是給部隊編教材和油印報。此後一二〇師繼續隨敵情由任莊、留楚鎮、饒陽與肅寧間的東灣里村、邊關，移至侯村，一方面又藉以擾亂敵人的耳目。在三月中，魯藝的多數同學提出回延安的要求，何其芳同情他們，而他和沙汀也打算不久就回延安，終於在四月中旬，何其芳、沙汀和魯藝幾位同學離開一二〇師，七月左右回到延安。何其芳回到延安後，仍在魯藝任教。

這五個月的行軍的感想，何其芳後來寫了「日本人的悲劇」、「一個太原的小學生」、「老百姓與軍隊」、「七一五團在大青山」（以上星火集）、「新的山西」（未收集）、「記賀龍將軍」（星火集續編）等雜文，和未完的「北中國在燃燒」（「夜歌和白天的歌」），這些作品中都洋溢着一個思想改造中的知識份子對人民大衆努力親近的熱情。這次小小的長征，對何其芳的影响，要具體的說明一下，莫如引用「關於寫詩和讀詩」的「寫詩的經過」中，何其芳自已談及寫作「一個泥水匠的故事」的經過，來作一個估計：

> 一九三九年，有一位從前方回來的八路軍將領到魯迅藝術學院來作報告，他講到了那樣一個故事。聽了以後，我沒有想到去寫它。但是，沙汀同志對我說：「這個故事很動人，你什麼不把它寫成詩呢？」經過他的鼓勵，我也就覺得應該去寫它。……那些婦女的自殺，主人公的被燒死，以及其他場面，都依靠苦思和想像去寫出來的。……如果那時候我沒有到過山西和河北的抗日民主根據地，沒有在八路軍裏生活過幾個月，沒有接觸過一些北方的農民，那首詩是絕對寫不出來的。（「關於寫詩和讀詩」一一二頁至一一三頁）

「一個泥水匠的故事」是王補貴參加抗日軍隊的事跡，後來收入詩集「夜歌」，當時是刊登在一九四〇年一月的「中國文化」創刊號上；水泥匠王補貴，山西人，他的妻子和三歲的兒子在敵人圍村時與其他大部份村人慘遭屠殺，王補貴於是參加了八路軍，做了通訊班長，後來不幸被俘，在酷刑下始終不屈，還斥責皇軍的罪惡，敵人用火刑對待，但王補貴臨刑時不吐一聲哀號，他的壯烈犧牲，使五十個保安隊員為之感動，深夜投向八路軍去。偉大的「黃河大合唱」的作者冼星海那時正任魯藝的音樂系主任，讀了這首詩後「樸素地同時誠懇地」對何其芳說他們應該從文藝反映工農。又說他喜歡「那篇詩裏所歌詠的那個農民的故事」，並打算採入他正在寫的民族交響樂中去，他說音樂是什麼都可描寫的；冼星海是何其芳去前方時（一九三八年底）從武漢到延安的。一九三九年春作「黃河大合唱」、「生產運動大合唱」、「犧盟大合唱」等歌曲，何其芳說冼星海那種飽滿奔放的創作能量，令他們文學系的同事為之羨慕不已，可惜冼星海一九四〇年五月離延安赴蘇聯，延安要到新秧歌運動起時才再恢復他走前所播植下來的處處歌聲，更可惜冼星海從此一往不歸，在抗戰勝利之年，一九四五年的十月三十日以肺病長逝莫斯科醫院，享年僅四十一歲，後來何其芳寫了「記冼星海先生」，懷念這位偉大的表達了民族心靈的音樂工作者，與及那一段情誼，「記冼星海先生」一文發表在一九四六年的「周報」第十九期時，尚有一篇「星海先生年譜紀畧」，是現在的「星火集續篇」沒有收錄的。

至於沙汀的回憶錄「記賀龍」在一九三九年十月便寫成了，在當時的「紅旗飄飄」上發表過，一九五八年九月中國青年出版社有單行本。何其芳和沙汀的紀錄都有互相補足的地方，當然沙汀的「記賀龍」較詳細得多了。

（未完）

---

**註：**

①參考「何其芳、樓棲氏的講話——關於整風運動、文化大革命」。

②根據何其芳覆新島淳良的信。參考何其芳的「文藝講話」（何其芳與「文藝講話」）中國關係論說資料，1965年7月—12月，第2分冊——文學、語學、藝術——論說資料保存會　日本　一九六五

③一九五二年新文藝出版社的「星火集續編」一四九頁「記賀龍將軍」首句：「第一次看見賀龍將軍是一九三九年九月……。」「三九」無疑應作「三八」。

④載「延安集」　丁玲著　人民文學出版社　北京　一九五四

⑤何其芳到晉西北及河北的經歷主要是根據下列的資料，如果沒有特別的地方，則不加注明：

a．「新的山西」　「大公報文藝」　香港　一九三九年九月十三日

b．「日本人的悲劇」、「一個太原的小學生」、「老百姓和軍隊」、「七一五團在大青山」　（「星火集」　何其芳著　羣益出版社　上海　一九四九）

c．「記賀龍」　沙汀著　中國青年出版社　北京　一九五八

d．「記賀龍將軍」　（「星火集續編」）　何其芳著　新文藝出版社　上海　一九五二

⑥⑦何其芳的「記賀龍將軍」分別作惠北口和尹家莊，今從沙汀「記賀龍」四五頁及五〇頁改。沙汀當時是有做筆記的，何其芳則只從記憶追述，故從沙汀所記；又可參考「記賀龍」書前的「八路軍挺進冀中形勢圖」，該圖中尹莊又作尹村。

---

三十年代詩抄

## 小詩二首

史衛斯

### 山居

門外無叩門的啄木鳥，
山徑未逢緣客掃，
我的思念高臥得這樣舒適，
春陽光搖老日月。

一燈、一影、一囊、一壺，
肅肅之聲，只是我靈魂的足步，
你聽我：醉時高唱一章詩，
山雨欲來又止。

### 曝書

誰家曝冬於窗外，
我曝一曝記憶如曝藏書，
看老人策杖流憩於小橋，
我的陽光是一肩遮風帽。

銅壺也為我手足騰舞？
總有一天我要烹鶴焚琴！
曝一曝記憶遂斃了千載書蟲，
我的陽光是一卷「談龍」。

（一九三六年「新詩」第三期）

# 何其芳的文字美

盧柏棠

何其芳的文字美，是排衆而出的，風格獨特。他的用句、安排，婉約秀麗，處處皆顯匠心，讀來如賞醇醪，薰然欲醉。早年他只寫了幾本薄薄的書。詩作是「燕泥集」。這個詩集是「漢園集」一書中三部份詩作中的一部份，其餘兩部份是李廣田的「行雲集」和卞之琳的「數行集」。何其芳的另一本詩作，是「夜歌和白天的歌」。此詩集中表露的情感，是熾熱而粗獷的。

散文形式的文章，才是何其芳所特長的。這類書本，他出過「畫夢錄」、「刻意集」、「還鄉日記」、「星火集」、「西苑集」等。其美麗的文筆，盡匯於前兩書中。

大概是一九五九年間，人民文學出版社出版過何其芳一本散文選集，內容不外是他過去僅有的幾本書的一些文章。在這書的序中，他曾如此的呢喃：「那些成熟得比較早的作者，那些很有才能的作者，大概是不會有我這樣的經驗的。而一個平凡的人；當他的生活或他的思想發生了大的變化的時候，他所寫的東西的內容和形式往往不是他很熟悉的，就自然會反而顯得幼稚和粗糙。這就是說，他還需要成長和學習的時間。在那些時候，由於否定了過去的風格而新的風格又還沒有形成，由於否定了過去的藝術見解而新的藝術見解又還比較簡單，只是强調為當前的需要服務，只是强調內容正確和寫得樸素，容易理解，而且由於沒有從容寫作的時間，常常寫得太快，太容易，這也是一些原因。現在看來，只講求藝術的完美和不講求藝術的完美，都是不行的。」

我曾於很多個晚上，斗室孤燈下，將散文選集中的文章和以前版本的文章仔細校對，相比並讀，一個字眼一個標點的小心追蹤，發覺其間很多苦心經營、刻意雕琢的有着濃郁的頹廢思想而又瑰麗的詞句，毫不客氣，大刀濶斧的刪去，他可曾痛心？又把其中一些句語，改向更合詞藻性，態度認眞。這種情形，他於序中亦有所解釋：「那時候寫的短文，內容太壞的自然沒有選；就是入選的幾篇，也仍然是帶有當時的思想落後色彩的，只是今天看來過於刺目的謬誤的地方，我畧為作了一些刪節。」

「畫夢錄」裏，「獨語」的一篇文章中，有如此的文字：「冥冥之手牽張着一個網，人如一粒蜘蛛蹲伏在中央。憎固愈令彼此疏離，愛亦徒增錯誤的掛繫。誰曾在自己的網裏顧盼，跳躍，感到因冥冥之絲不足一割遂甘願受縛的悵憮嗎？」於散文選集是一字不留。另外，「黃昏」一文，有數行是：「一列整飭的宮牆曼長地立着。」接着的句語給刪去了，它原本是：「是環繞着一些彫殘的華麗的古代夢，抑是一些被禁錮的幽靈們的怨嘆呢？」。「夢後」這篇文章的開首幾段，在選集中亦完全不採用，因它實在很美，我們且來欣賞其中兩段：「夢中無歲月。數十年的卿相，黃粱未熟。看完一局碁，手裏斧柯遂爛了。倒不必遊仙枕，就是這牀頭破敝的布函，竟也有一個壺中天地，大得使我迷惘——說是歡喜又像哀愁。……有些人喜歡白晝。明知如過隙駒，乃與之競逐，那眞會成一個追西方日頭的故事吧，以渴成終。不消說應該佇足低徊一會兒之地喪失得很多了。我性子急躁，常引以自哀矜，但有時也是一個留連光景者，則大半在夢後。」

「刻意集」書中的一篇「夢中道路」，有如此纏綿的描述，雖然它在選集裏同被割掉：「對於過去我以前總是回顧又回顧，一直到望不清楚了我還留連。但現在我似有了一種解脫的智慧，當我回頭用柔和的目光撫摩我破碎的夢時我並不帶着傷感，雖說這樣繾綣，這樣悵憮。」

何其芳的志趣不單只在於纖美的傾訴、憂鬱的嘆息，他之令人好感，還是在於其具有一份熱誠的愛國，愛人民的感情。這份感情，每個人都會具有的，分別在於有些給沉重的生活壓迫得遲鈍了；有些於沉迷聲色犬馬中遺失了。就算你還具有，在我們生活的地方，為了種種關係，不得不把這份心事隱藏着。偶然和良朋知己共話時，才會滔滔而論。現在，良朋知己又有多少？我們生為中國人，不容易暢談中國事，因這會涉及自己對政黨的歸向問題，左右為難。三緘其口，最是上策。

何其芳對此中情懷，又怎樣流露呢？他對於貧乏的生活不抱怨，並表示，一碗陳舊的或者甚至於帶着砂的小米煑出的飯和那種用水煑的又苦又酸的乾菜，亦啖之而甘。他寫道：「中國人的平均的生活水準實在太低了，我們只應該取這樣的一份。」這已經不是一個柔和的、愛編織純粹美麗圖案的何其芳。他有着堅强的意志，博愛的精神。

## 晨光

小戴

你離去，之前我毫無消息，曉得的時候，你離開很久很遠了。乍聽消息的一剎那，我有些詫異，詫異自己全無悲喜，甚至，半縷惆悵也沒有。怎麼可能呢？

因為你，我買了一些書。希望藉此了解一小方兒你的世界。你不是很愛書的嗎？

曾經有些假日，巴巴的守在電話旁。一遍一遍的心跳，一遍又一遍的失望。你一定逛街去了。便趕到街上，在灰塵與煩躁間游走。然後，又疲倦地忖度：你是否會搖電話給我？於是，又匆匆地趕回家。碰巧有不留姓名的電話來過，就深深懊悔，痛恨自己按捺不住。

最壞的是，主動的搖電話也不敢。撥通電話，卻發不出聲。否則，無論如何，也清清楚楚。

或許，是暗地自樂於那曖昧不明的、自以為的悲苦裏吧！

而如今，我幾乎木然的接受你遠去的消息。怎麼可能呢？

由是我驟然醒悟，有好些少年時代的渴望，都隨着季候的更迭而減褪了顏色。

就像晨間陪伴我上班的陽光，在毫無神氣的步伐踐踏下漸漸地老了冷了。

# 兩小無猜集

## 青春小鳥

小魚

老編為這一版取名謂「兩小無猜」，每當翻到這個欄版頭，看到那兩個梳小辮子的女孩時，就更覺得自己實在很不「小」了。非但不小，有時更覺得自己是老了。

如果這句話被長輩聽見，準得挨罵：「年紀輕輕，世界圓的扁的還未看清楚，就喊老！」嚴重一點，可能會說：「一點年青人的朝氣也沒有。」

但是，有時我眞的感覺到自己是老了。

尤其，在街上或巴士上，見到一羣一羣穿校服的學生，理直氣壯地笑鬧叫嚷，而感覺已再沒有這種權利和心情的時候。

又尤其發覺自己是一名最忠實的聽衆——聽正讀中學五年級的妹妹在信口雌黃地批評她的數學老師如何可惡、生物老師又如何「陰濕」的時候。

替老師取渾號、無緣無故大笑 ， 都是年輕人許許多多特有的權利之一。年輕變成年老時，沒有人禁止你那樣做，只是你已經失去了那種心情，那種天眞。

有一首歌：「太陽下山明朝依舊爬上來，花兒謝了明年還是一樣的開……」一首很好聽的歌，常愛和朋友一同唸口簧地唱，因為它的旋律美。最近一次唱這首歌，忽然覺得悲哀起來；最後那兩句，「我的青春小鳥一去不回來，我的青春小鳥一去不回來！」那是無法挽回的。

# 知堂老人給我的信

·成仲恩·

**一九六〇年十二月十四日**

——十三日寄出一信，想已收到。日本小說集已經找着了，玆特另封寄呈，請賜察收。「草枕」並非郭君所譒譯，乃出崔萬秋君之手，出版已久，當時曾有一冊，但早已失落了，據人說譯得不甚好，夏目此書本來殊不好譯也。承賜好物，恐有浮沉，但此不過有如此預感耳，或僥倖得達亦未可知。

**一九六〇年十二月二十日**

——郵包計程當到，但不知係寫何名字，如寫作周啓明，則因已收到過一次，即犯一個月內兩次之禁令，又須退還矣，因為此通用之號易於犯重也。前此乞賜寄精神之食糧，玆又有請求，知有寫太陽族之小說，乞為在香港書店一找，無須往東京去「注文」，書名為「太陽的季節」，著者石原愼太郎，新潮社出版，或在其文庫內。

**一九六〇年十二月廿七日**

——奉十九，二十日手書併聖誕賀箋，謝謝。前寄蒲饌已有三星期之久，迄未到達，恐又付浮沉矣，深為可惜。屢次承寄食物，被「原則上」不允許，未知悉已退還寄件人否？獅子文六的書想無問題，日內或可送到，唯曹君所著「北行三語」，則凡寄兩次，均遭沒收了。曹君著書，其中想無違碍文句，不知因何犯郵禁也。

**一九六一年一月三日**

——廿八日手書敬悉。上旬所惠物之小包，前日始到其一，今日取到乃知係是蒲饌，喜甚感甚。奈良漬尚不知如何，抑在其次矣。食物通關雖不易，但尚能通過幾個，書物反似沒有這樣容易，獅子文六尚在浮沉中，不知「太陽的季節」能運氣較好否也。魯迅筆跡只餘抄稿，玆附呈一件乞賜察入。

「許氏志怪」沙門竺僧瑤，得神符，尤能治邪，廣陵王家女病邪，召瑤治之，瑤入門，便瞋目大罵老魅不守道，敢干犯人，女在內大喚，云人殺我夫，鬼在側曰，吾命盡於今，可為痛心，因歔欷悲啼，又曰此神也不可爭，傍人悉聞，於是化為老鼉，走出中庭，瑤入撲殺之。御覽九百三十二。

右為魯迅輯錄古小說鈎沈手稿，時民國初元距今已五十年矣　一九六一年一月二日　知堂附記

**一九六一年一月九日**

——頃得四日手書，敬悉一一。知又承寄下磯自慢等，但不知能順利到達否也。各種不到品物，便爾失踪，思之甚為可惜，尤其是那廣東月餅，深可惋惜耳。「太陽的季節」已到來了，看了一遍，雖然「太陽族」的思想感情得以約畧了解，唯其「競技」的背景，覺得極為遠隔，今仍將原書奉趙，請賜察收為荷。魯迅筆跡只找到多年前的一紙，因他晚年在滬，我處也得不到他的手跡也。

**一九六一年一月十七日**

——四月所寄之小包，居然於十四日到着矣。付出關稅一元二角，領到磯自慢，充滿海邊的香味，眞堪自慢，又一種則名實相符「好吃得緊」。前寄還「太陽的季節」，想已收到，生平與「競技」無緣，故於此不感興趣，雖然於太陽族的胡鬧的意思尚能了解。

**一九六一年二月三日**

——得十七、二十及廿六日手書，不及覆為歉，因等待「奈良漬」之消息也。該小包於昨日竟「免稅」送達，深為感謝，唯「山葵漬」則或因檢查時脫漏，已不見矣。唯多年之後，得嘗此風味，已至為難有，敢望其他乎？看此情形，或者「赤味噌」亦有希望見賜送到，亦未可知也。「夫妻百景」經歷多日，亦蒙同時寄到似在遊歷各地，並非沒收，承寄獅子君所著書二冊，至為感荷，大約只要放寬期日，總亦能到，因此二書書名平穩，別無可疑之點也。

**一九六一年二月七日**

——廿六日手書敬悉。獅子文六小說二冊，居然於昨日送到，亦甚感謝郵局也，獅子小說通俗而

「面白」至為難得。前書說及誤譯「烏爪」，此甚有意思，記得「沉默之塔」亦有類似的例，而世間崇拜聖人，向無人注意亦可笑。「赤味噌」甚所欲得，企予望之。

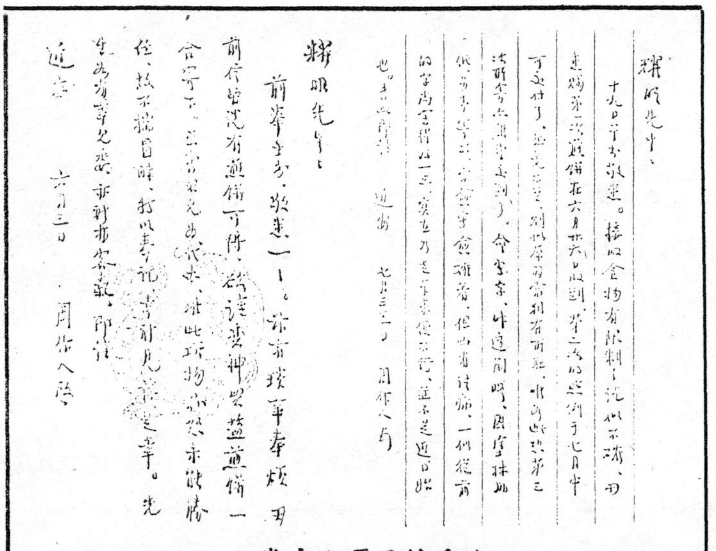

知堂老人原函的手迹

## 魯迅錯譯的一句話　成仲恩

讀了新生晚報一月五日十三妹專欄「有註解的墳」，談及魯迅的謠譯，覺得很有意思。女士指出魯迅把生物學認作「生學」，演繹法譯作「外繒」，持平而論，也眞教人不能不生「老頭子的造詞用句眞是生僻」之感。就說那厨川白村的兩本名著「苦悶的象徵」「出了象牙之塔」罷，經他老先生譯出，唸起來着實拗舌贅牙，相信懂得日文的人是會寧可讀其原作的。前些日子，偶閱「謠譯短篇小說選」第一集（商務版），更發現了他在芥川龍之介所作「鼻子」一篇譯文中，擺了一個令人啼笑皆非的烏龍。文中有一句是「他喝過黄瓜煎出的湯」，原文明明寫着「烏瓜」兩個字，但老先生不知如何竟異想天開把「烏瓜」兩個字，當作「烏鴉的腳爪」，把整句認作「他喝過烏鴉腳爪煎出的湯」（見「謠譯短篇小說選」第一集七九頁三行）了。不過話得說回來，筆者草這篇小文乃就事論事，人孰無過，當然與魯迅的「偉大」無關，相信素以俯首甘為孺子牛自命的老先生地下有知，也不會以孺子的冒犯為忤吧。坦率說，單就日文謠譯中文的技巧而言，魯迅乃弟知堂老人、謝六逸、查士元諸先生似乎更擅勝場，未知高明以為何如？談起謠譯，筆者平生最佩服葛祖蘭先生所說過的幾句話；願意寫在下面與從事譯述工作的同文共勉。——嚴緩道先生曾說過譯書要做到信達雅三個字才好的話。我以為要做到這三個字，就非把腦漿大絞特絞不可，做到了一個信字，往往做不到達字。因為日語的句調，和我國的不同，對於日語算是信了，但是對於國語，卻不能算達。即使信了達了，卻又未必即算雅。一次塗改，兩次塗改，甚而至於十幾次的塗改，勉勉強強做到了雅字，但是又未能把它的神連帶傳出來，在緩道先生或者把這個神字，包括在達字裏面，可是他沒有下過界說。我也始終不敢說，達了，就並它的神也傳出來了。所以我對於譯小說這件苦工作，要把我所說的傳神的「神」字這個狗尾，續在緩道先生所說信達雅的貂的上面去。譯者倘然能夠做到信達雅神四個字，那就可算是上乘的認筆了。

**一九六一年二月十三日**

——承賜寄之赤味噌，經過半月的寄遞，已於十一收到郵局通知，納稅一元八角，業已領收，至為感荷。今晨早速製味噌汁嘗之，此地雖有黃醬，但似係雜豆所製，且現今只有黃稀醬，做湯乃是另一路道也。今得嘗到眞正「御御御漬」，實出尊賜，實屬難得之至，謹此致謝。

**一九六一年二月十六日**

——接誦手書，併蒙惠賜海苔珍品，不勝感荷。承詢錢君住址，係此地西四受璧胡同九號，希轉告。谷崎君亦已直接有信來了。

**一九六一年二月廿日**

——再三乞求，先生既不責其貪，用敢再進一步，請代購下列之書，寄下為幸。一、坪田讓治童話集，二、浜田廣介童話集，三、壺井榮童話集，四、木下順二著「夕鶴」，五、赤鳥傑作集。

此外尚有小川未明的一冊及坪田的其餘著作，則已有了，故可以無須。承寄示古川久關於狂言的介紹，拙著承其過譽甚屬有愧，近奉命又有增訂，則依照俄譯篇目加添在內，唯俄譯所用原本並非最完善者，故亦可能的加了更換別的底本，但因紙張缺少的關係，譯成雖已久而出版則尚無期耳。

**一九六一年二月廿四日**

——如市上有售「蒲燒」者，乞再為買寄一次，用周信子的名字寄下。關上放寬食品之說，尚無所聞知，唯以近日情形徵之，似已不似前此之嚴……（下畧）　　（二）

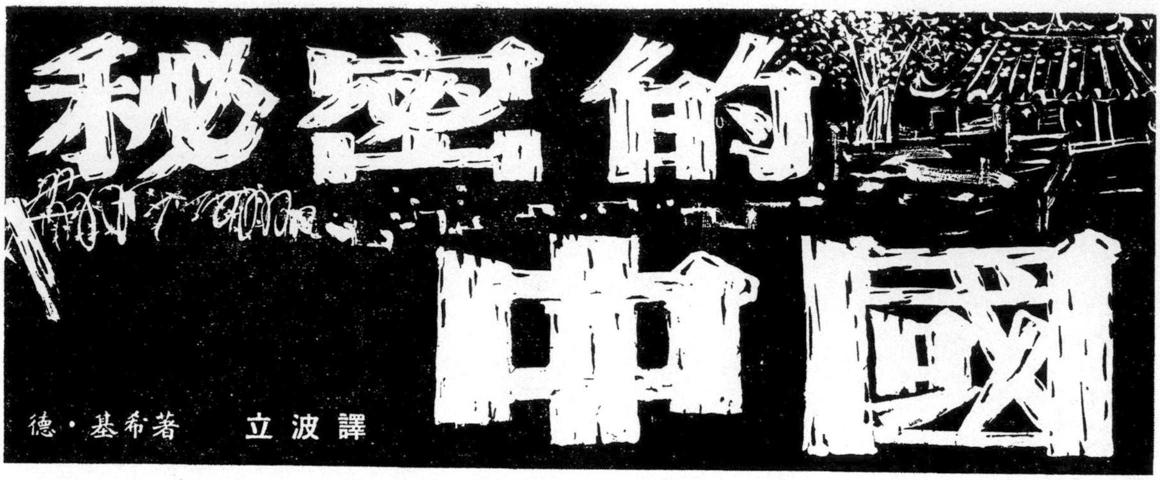


## 金 融 投 機

目前中國一金元約合德國一馬克，但它不止值一百個和芬尼同樣的銅元；它值得多些，值二千九百文——用話來說，每一塊銀洋要換到銀圓一樣大而且和銀圓一樣重的銅元二百九十個。

在滿洲，甚至於有五文銅元——信不信由你，一塊銀洋你可以換到五百八十個銅元；另外一方面，在北平，使用雙銅元，但它們抵不上普通銅元的兩個，只有一個半。在這樣困難的情形之下，在你偶然需要一點零錢，或是在你不需要零錢，不要讓你的口袋裏裝滿了零錢的時候，你要去兌換的事，是容易理解的。一方面，誰願意整天馱着銅板呢？另外一方面，誰又能夠希望賣票人，報販或是黃包車夫的車上帶了一塊中國錢的所有的找頭呢？不要怕！錢兌換商會從鐵櫃裏把你的一塊錢的等價，都作成銅元付給你——要這樣，笨重的重量會很快的使你完結，不，銀錢兌換商考慮了人類身體的能力，給你五個雙銀角或是十個單銀角。只有零頭，所得着銅板，也許是二三十個——這要依據着兌換率和銀價的搖擺，依據銅元的苦力每天都要受到犧牲的神秘的不可思議的物事。

有大洋和小洋的，可是兩見都可能是小的欵項。大洋是意味着銀洋的分數是和它的倍數一樣的多。在大洋，十張一角的鈔票常常等於一元，或者，十元的鈔票等於十元，可是，小洋就沒有這麽簡單了，一角和兩角的銀角的價格，不斷的漲落。

二千五百年以來，中國的貨幣是制錢，歐洲人叫它做Kesh。一千個 Kesh 合一兩銀子，這是有孔的青銅錢，是從遠古起直到世界大戰時止的貨幣。一九一五年日本人一船一船的制錢收買了去——槍炮工業對於就是取着最卑賤的形式的銅和錫，也是並不鄙棄的。日本從中國督軍手裏收到制錢，而督軍們卻又從中國人民手裏勒索了來。現在，制錢是不大看見了，雖然每一個銅元上面還是留存着「當十銅元」的堂堂的題記。

在中國，差不多每一省都自造貨幣，在每一個城市裏，洋價都不相同，到處的銀錢兌換商人的組合，都很興旺和繁榮。苦力得的工資是銅元；電車賣票收入的是銅元，賣票人把大批的銅板放進布袋裏，又把布袋放在乘客的座位下面，中國人付給黃包車夫的車資是銅元，工人和他的老婆、兒女、嬰兒坐着獨輪小車從工廠回到家裏去的時候付出的車錢是銅元，街頭小販，街頭戲子，乞丐，他們只能得到銅元——這是最重的貨幣，也是最難購到的。

於是「愛情」想起了發行代替銅元的紙幣。「愛情」可以這樣做，因為只有從「愛情」手裏，人才會接受代替硬的紙幣，在我們的面前擺着一卷這樣的愛情貨幣，「杜開泰」錢莊可以兌換，「王鳳泰錢莊」等等。

中國的「愛情」居處的姑娘，在和她的客人分別的時候，把這種當十、二十、四十銅元的紙幣遞給他，去表示她對於他的造訪的感謝，去免掉在她的身邊弄疲憊了的他，回家去待步行的勞苦，她想她的有禮貌，一定使他把所有的現錢給了她，而他身上沒有一個了。

所有的黃包車夫都接受這種紙幣，就好像它們是法幣一樣，所有的人都知道這種紙幣………

# 一個印度人指揮交通

他輪流的開關着紅色，黃色和綠色的燈光，他的頭上纏着紅色，黃色或綠色的頭巾，要是頭巾是一種不同的顏色的話，它和指揮交通的燈光的類似，就要損害了。印度人在公共租界的一切重要的十字路口指揮着交通。

其他的印度人，日夜的在銀行、百貨商店和寫字間的房子看門。這兩種人，巡捕和司閽巡捕，都穿着一種英國式的緊身的制服大衣，頭巾下面綁着一把梳子，腰帶上面插着一把小刀，手臂上帶着一隻手環，而且穿着一條亞麻布的短褲——這是他們的宗教的四條規律，在這之上還得加上第五條，那就是沒有什麼人，也沒有什麼東西，沒有刀子，沒有理髮匠，沒有老婆，也沒有小孩子，會觸一觸那蓬亂的長着的鬍鬚。

有許多私家的司閽巡捕纏着一條黑色頭巾，這這是十字街口有着較高的位置的他們的同事們所得不到的一種特權。實際上黑色頭巾在私家的司閽巡捕也是禁纏的，但是他們聲言那不是黑色，而是深（很深！）藍色。這是英國放任的，英國讓他們把黑色稱為藍色，英國曾有經過一種黑頭巾的經驗。

不管他們的頭巾的色度是怎樣，是淺或是深，印度司閽巡捕，塞克教徒們都携帶着馬槍。這些時候是公共租界的嚴重時期；亞洲的被榨取者隨時可以起來反抗從歐洲來的他們的榨取者：司閽巡捕自身是不夠的，縱令他們是龐大的，有鬍鬚的印度人，他們還得有火器。

塞克教徒無疑是極端的魁偉的。在法租界做巡巡捕，用一個燈罩當帽子的瘦瘦的安南人，和在「中國地界」用一根甘蔗指揮交通的中國人，都比不上他們。當一個塞克教徒在海關的前面的人行道上巡邏的時候，每一個人都繞一個灣——沒有人願意被他疑心是在圖謀襲擊的。

這些褐色的巨靈就這樣的守護着他們的殖民地主子們的制度和金錢，無情的，殘酷的盡着他們的職責。而這個就是上海的中國人憎恨他們的印度巡捕的道理。

上海的中國人憎恨他們，也為了另一個原因。有許多塞克教徒感染了上海的精神，那種沒有限度的榨取的精神，感染了他們在裏面充當女像支柱的那些建築物的精神，一朝拋棄了他們的巡捕的職業，投身於商業。他們以很高的利息借錢給中國人，他們的手裏滿握着期票，他們每天整天的留在法院裏。殖民地資本的守護犬，殖民地人民的吸血鬼。

從前有一個時候，這些塞克教徒們扮演了另外一種腳色。那不是在這里，那是在西北印度，在旁遮普。自從十五世紀聯合起來反抗回教徒們以後，他們就在一種民主的親睦中住在阿木里昔爾的金廟的四週，信仰一個唯一上帝，廢棄了等級制度和靈魂遷移和偶像崇拜和寡婦焚燒。他們對於想要破壞他們的獨立的敵人的每一個進攻都與以英勇的抵抗。他們的宗教師（Curu）中的一個有一次被俘虜了，被帶到了回教皇帝之前。除了是一個非教徒的領袖的罪過以外，他還被控告在被護送的時候，曾經把他的頭轉向他的征服者婦女閨房的那一方面。「我轉過頭去」宗教師回答他的敵人皇帝道，「向着西方，從那裏白種人會渡過海來，而且要是我們不聯合起來的話，他們會把你們自己和我們都變做奴隸。」

他們預言中了，不列顛渡過海來，把塞克教徒和印度教徒和回教徒通通淪為了奴隸。人血流遍了旁遮普在非羅斯來沙爾有三千英國人被塞克教徒殺死了，在非羅斯・普爾被殺了八千。在那些日子，塞克教徒沒有被配置在小樓上，而且他們不能夠用那目前從南京路的燈台上照射出來的電氣探照燈去照透叢林的黑暗，他們沒有使用他們目前用來使銀行不受亞洲的危害的六發連珠的馬槍。

塞克教徒被征服了被降服了，變成了，英國的兵士。不久，英國的塞克教徒的部隊就射擊了他們的反叛的同國人；他們射擊了伊拉克，埃及和緬甸各民族，而且在世界大戰中他們射擊了他們的主子們的歐洲的敵人。

但是獨立的觀念還潛伏在舊的塞克教徒的部落裏。他們需得被放在更嚴格的督察之下，被奪去獨立自主的最後的殘餘。他們的廟宇（Gurdwaras）是一向由公衆管理的——現在印度政府委任了由牠自己所認可的牧師來充任廟宇的監守者，而這些人，專制而又腐敗的，立即開始拿着廟產為所欲為了。於是在一九一九年塞克教徒又反叛了。他們戰鬥着，為了要求廟宇歸還公衆，為了他們的舊的民主制度的恢復——為了殖民地無論怎樣都不能忍受的什麼事情。在蘭克哈拉薩希普，在加里華拉巴格在阿木里昔爾的公園裏，英國的機關鎗屠殺了好幾百男人女人和小孩。

偵探部英國的網羅世界的密探網，查出了Akali

，一個黑頭巾團體，是塞克教徒的有着宗教狂熱的衝鋒隊，而黑頭巾的纏戴被禁止了，犯了這種禁例的，要被處死刑。一九二二年哥羅卡巴格的那種光景造成了世界文學中尋找不到的一首消極的降服和積極的殘忍的敍事詩。每天有整千整萬的塞克教徒故意纏着黑頭巾——蒼蒼白髮的老人成年人得了獎章的世界大戰的老兵，年輕的孩子——都自動離開阿木里昔爾和旁遮普的其他的村落，走到哥羅卡巴格在那里任他們鞭撻。他們一排一排的坐在地上，當英國的軍隊攻擊他們的時候，他們唱着他們的歌：

Wahiguru，Wahiguru，Wahiguru Ji……
Satnam ，Satnam ，Satnam Ji……

上海的馬路是彎曲而又狹窄的，有的電車路沒有軌道，汽車在黃包車中間呼呼的飛駛，十二個苦力拖着一輛笨重的貨車，一直橫過公共汽車的路線——指揮交通的巡捕須得沒命的留神。這些日子是嚴重的戰爭的時期，日本人正在轟炸這城市，國際聯盟鄙夷中國人，災難和憤慨是巨大的——巡捕須得沒命的留神着。可有這樣的瞬間麽，當交通的波浪，澎湃在他的脚邊，當他十足的像一個被岩石封閉的島嶼，十足的像英國，硬而又筆直的站在那裏的時候，戰鼓的急擊，短棍的毆打，和那隻歌：

Wahiguru，Wahiguru，Wahiguru Ji……
Satnam ，Satnam ，Satnam Ji……

却浮上了他的腦海可有這樣的瞬間麽？

你碰到了下差的塞克教徒們的時候——在塞克教徒們居住的，而那裏的商店的招牌也寫着梵文的武昌路，你可以從塞克教徒們的口裏聽到各種各樣的事情。譬如，在那裏他們會告訴你，有一個巡官的的確確是十足的公吏，十足的巡捕，十足的英國的，就為了這個緣故，他被其他的塞克教徒看成他的民族的叛徒，被他們憎恨。在一九二九年的某一天，他在跑馬廳被槍殺了。他們逮捕了嫌疑犯。他們竭力想藉着各種應有的酷刑從他口裏得到關於他的朋友或正兇的一些什麽。他們沒有得到什麽，於是他們把他絞死了。一個非列濱的革命家被疑心為這次暴行的主謀人，但因為他們非常清楚的知道他們在法院裏不能證明什麽，因此有一天晚上，幾個英國包探襲進了他的住屋，捉住他在開斯威路砍了他的頭。第二天，藉口「有在開斯威路謀殺嫌疑」逮捕了八個革命的塞克教徒。這個計謀被報章輿論揭發了，因此那八個麻煩的人物的死刑祗好作罷。

有的時候，有力的不列顛會無力對付牠所壓迫的民族。頭巾，不管牠是黑色或是深藍色，或是任何其他的顏色——下面的思想，有力的不列顛都不能壓制牠們。

不列顛祗能夠定下殖民政策。在馬來聯邦，——它强迫整千整萬的減低了中國苦力工資，因此，整千整萬的馬來人和印度人被逐出了錫鑛、麻栗木鋸木廠和種稻農場，陷入了失業和飢餓。在不列顛的直轄殖民地和被保護國，存在着中國不大存在的物事，巨大的中國僱主。他們是船主，米廠主，旅店主，妓寮主人，他們用了歐洲人榨取中國本國人的同樣的方法去榨取他們所在地方的本地人。

這就是印度人和馬來人把中國人當做「黃色魔鬼」來憎恨，而在中國的中國人又憎恨那些在上海監察他們，鞭打他們，勒索他們的金錢的印度人的緣故。

這就是殖民政策，全憑着暗探和絞刑吏，竭力想防止任何種類的國際的接觸來維持它。「汎太平洋職工聯合會的書記局」是非法的，它的職員們被處了死刑，或是被判了終身懲役去磨死。

但它還是繼續的存在着，非法的。

# 士兵墓地的吉原

參與了追悼陣亡的儀式以後，我們留在虹口，在那裏用了晚膳，上了幾個咖啡館。在這惹人煩惱的戰場上，處處都是冒烟的廢墟，淺藍色的燈光誘人的從一家酒店裏透露出來。在外面，我們還可以嗅到正在腐爛的屍體的漠然的香味，在裏面，一個日本姑娘的發散美妙的香氣的頭，倚偎在她的舞伴的胸懷裏。在下午，我們祭奠死者，到晚上，我們和生者作樂。就在第二天，要是我們竭力想去回想我們這些印象的話，它們融成一片。

下午在祭奠的死者之中，有那作為非常特別的英雄的「肉炸彈」，這是帶着手榴彈彷徨着，在一次襲擊中國陣地時被炸死了的一羣兵士。在一個給東京的電報裏，司令官說明這次意外是由於放炸彈的時間上的一個錯誤，而且已經開始作最嚴密的審查；可是，當戰地通信員報告他們在這裏有了一種自願犧牲生命的模範的時候，這個就變成了當局的意見。

追悼儀式，官長參加了，他們中間的幾個，後來我們在娛樂場裏看到了祗是沒有下午那些高級長官，白川總司令，野村海軍總司令，大野將軍，植松將軍都參加了祭靈儀式，在那裏他們露出莊嚴的臉色坐着，像是深深的給感動了。

鐵板覆蓋着屍灰，題着白字的深藍色的旗幟環繞靈位的四圍，前面有一個飾着菊花的祭壇，花環沒有束絲帶，替代它的是一塊顯着字的牌子。

夠奇妙的是，追悼會場是一家日本人的茶樓的花園，這是一個在三年以前，連樓台亭榭和花壇通通燒毁了的茶樓——一次舊的，偶然的失火鄰接着新的，故意的縱火，在那一次，在那次平和時節的火災中，牆壁和大門都沒有損壞，那樣圍着門牆的一塊房屋的基址，用做追悼場所，非常的適合。

變成戰場以前，虹口區密密的散佈着日本人的酒館，茶樓，跳舞場和其他的夜間娛樂處。一九三二年一月廿八日，這些場所都關了門，但是現在牠們又很快的滋長來，了，而且更多更稠密；在廢墟的中間一種新的夜生活繁盛着。

祭司穿了一件飾着花朵的橙黃色的長袍，僧帽在他那剃得光光的，骨骼很寬的臉孔的上面閃着金光。三個人在侍候着，他們都像祭司一樣，穿着寬大的綢衣，他們幫助他，把微紅色的麵糊和一碗一碗齋飯陳設在祭壇上。

這是死者的食物，在同一天，在同一區裏——就是在上海公共租界北面邊界——我們看見生者在吃着完全兩樣的食物。薄切燒——讀做——Siyaki——是黃色人種的一種菜肴，紐約人以為是日本國菜，正像美國的酒家稱「雜碎」（Chop-Suey）是中國國菜一樣。日本人常常帶着特別的嚴肅吃薄切燒。浸在醬油裏的肉片，洋葱，蔬菜，在客人面前的淺鍋裏茲茲發响，當其餘的還繼續在燒煎着，濺着水的時候，客人就勇敢的開始下箸了。男子都蹲在席子上，下女站在在他們的旁邊繼續不斷的米酒斟滿小杯，把生的肉片投進鍋裏去。

日本紳士，在晚上出門的時候，總是不帶妻的，可是，這追悼死者的祭典，却容許了女人參加。他們站在門口，在每一個進來的人的面前深深的鞠躬三次。同聲的吟頌着，憂傷的轉動她們的念珠，那單獨的玻璃球像戒指上的眞珠一樣，停留在中指上。會場裏甚至於也有穿華麗的和服，束着紅花腰帶的藝妓；他們的頭髮塗了油，梳抹得挺直，銀的珠箔在黑色的髮髻之間閃爍着。

裝飾華麗，輕言巧語的藝妓向那奉令參加儀式的軍官們獻茶，其他穿灰褐色和服的女人不能這麽優雅的這件事。藝妓和非藝妓都穿着分為兩道的白襪，一邊三個腳趾，一邊兩個——所謂分歧的腳套——而木屐，名叫「下駄」。

用祭物，祈禱，音樂，和芬芳的香料，祭奠着陣亡的兵士。祭司和助手用整齊的步伐繞着方場行走，他們念着俗界的會衆裏的沒有一個人懂得的，聖奠的詞句，而且把花花綠綠的紙頭，擲到每個墳墓上。

回到祭壇前面時，大祭司繼續進行奠祭的典禮，他的助祭用銅鑼，皮鼓和手鈴奏樂。奇異的樂器是 Tsshinelle 他們不僅有叮叮相擊的聲音；牠們也有亂彈和烏烏之聲，也許是彈力反動的結果吧。這些都融成了一片，而這個又像鼓聲一樣的隆隆震响。為什麽日本跳舞場的爵士樂隊那樣奴性的拘泥着通常的黑人樂器，拘泥着 Banjo, Saxophone 和其他樂器呢？他們為什麽不加上Tshinele去豐富他們的樂器的種類呢？爵士樂的演奏節目，固然很奇妙，却祗能由於這種革新的變化而改善——在「Ich bin Kopf bis. Fuss auf Iiebe Eingestellt,」「我是從頭到腳浸在愛情裏」這歌的每句之後，繼續着一陣銀樣的烏烏之聲。

舞女唱着上面那歌，不是用德文原文，也不是是日文翻譯；他們卻用英語唱着「Fall in Love Again……」。他們都能夠說很好的英語，他們知道跳 Rumba 舞（Blues, 這種第三階段的舞蹈，他們早拋棄了。）他們一大半穿西裝，但是——我們的一個舞伴這樣告訴我們——這不過是去年文開始的。在這點上，日本歐化，比任何地方都要遲一點。因為日本姑娘的腿子，窮了短衫很難看。日本姑娘的腿子是她們最大的弱點。她們的祖先交叉着他們的腿子坐在席子上是太長久了。

祭奠完了。最高級官員正現出一副莊嚴的面貌，向祭物走去。不錯，獻祭的不是他自己，可是他一樣是獻祭了。他取了這種莊嚴的神情是因為他在想着他的可憐的陣亡兵士，同時也是因為他的臉差不多觸着了開麥拉。攝影記者參加了喪禮，乘着一輛運貨汽車及時的來到了的事，我們忘記提了嗎？這是佛徒外加軍人的影戲。

在開麥拉的面前，這臉上的憂愁的皺紋是很深的。憂愁一定會製成一張動人的影片；像是封數到沒有預料的一擊般，在戰爭中，人要被殺的認識，似乎已蒙將軍的把握了，野村海軍總司令像一個肥胖的，精疲力盡的軍醫一樣的望着；他的東洋指揮刀——那刀柄占着刀的長度的三分之一——很少賦與他以一種稱雄中國領海的日本軍隊司令官的勇武的容貌。（未完）

●香港的話劇活動，雖然歷史悠久，但由於缺乏文獻，以致沒有一篇完整的史料，讀者想知道一個大概的情況，大有不知如何問津之感。戲劇前輩容宜燕先生，給我們撰了「話劇在香港的發展」一文，對於香港劇運史實，有概括性和系統性的敘述，使我們知道香港的劇運與中國話劇的傳統發展是一脈相通的，而一些戲劇前輩的努力推動，無異使話劇種籽得以萌芽成長。不過，作者指出劇運的推進，人才塲地是重要的因素之一，現階段的戲劇人才並不缺乏，而塲地卻顯然不足，故提議設立「青年劇塲」，這是急切而需要解決的問題，因為香港話劇要繼續發展，非賴年青一代戲劇工作者不可，而缺乏青年人可供使用的塲地，無疑阻碍了話劇的活動和發展。作者在文章的結論，頗值得大家深思。

●連士升逝世已經週年了，對於這位燕大出身的文化工作者，此間的年青讀者也許比較陌生，但他在南洋的文化界卻是名聞遐邇。林熙先生回憶他一些往事，多少可以幫助我們了解這位文化人的生平和性格。本來想附錄連士升寫他的父親的一篇短文，因篇幅不能容納，留待下期刊出。

●李沆先生曾在日本居住多年，暇時以訪書為消遣。現以他豐富的體驗，寫成這篇娓娓而談的隨筆，凡是喜歡訪書的讀者，讀之當有親切之感。

●一位資深的教育工作者，給我們寫了一篇介紹古希臘人的衣着和飾物，對於這個文明古國的風物，增加我們不少知識。

●我們比較偏重於現代中國畫家的介紹，程十髮是現階段頗有成就的畫家之一。多年來他致力書籍插圖的創作，有友人從國內抄錄了一篇他自述創作插圖的體驗，資料很珍貴，故特別轉載，以供喜歡程十髮作品的讀者參考。

●本期雖然增加篇幅，但就排出的文章依然多了二十多版，迫得順次留在下期才能與讀者見面，這些文章的作者包括有明川、陳潞、劉一波、曹懋績、何福仁，蓬草、吳振明等，也有一些文章來得遲，下期才發排，對於熱心支持我們的作者，我們除了感謝之外，只有抱歉了。

●由於條件的限制，我們要改革的地方仍然沒有改進得滿意，但我們一定不斷求進步，請讀者不吝賜教。

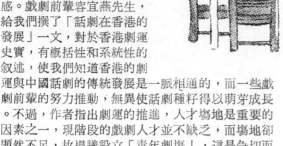

# 波文月刊

第一卷　第四期

一九七四年十一月號

Po Wen Monthly

Vol. 1 No. 4 November 1974.

出版兼發行者：波文月刊社
香港皇后大道東252號
電話：5-753618

社長：黃孟南

編輯：波文月刊編委會
區惠本　葉關琦
莫一點　黃俊東

主編：黃俊東

美術：莫一點

排版者：忠誠排字植字公司
香港灣仔船街34號二樓
電話：5-270842

承印者：四海印刷公司
灣仔聚賢里4號4樓

總代理：波文書局
香港皇后大道東252號

總發行：同德書報社
九龍砵蘭街269號
電話：3-962751

每月十五日出版・零售每册港幣二元正

# ·程十髮插圖畫選·

（聊齋故事）「畫壁」

「阿Q正傳」

「蠶花娘子」

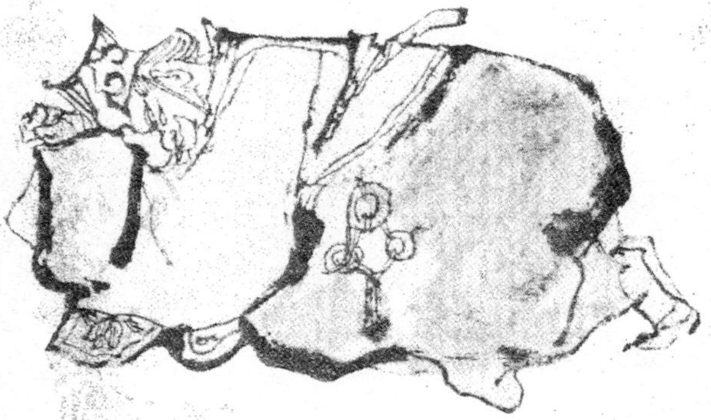

「打龍王」

玄鵠

吳作人

# 波文 5

# 現代畫家速寫近作選

幹校的鴨羣　　李平凡

紡織女工舞　　苗　地

相　撲　　阿　老

# 波文

第一卷 第五期
1974年12月號

一本唯一能容納不同立場和不同見解的綜合性雜誌

## 目錄



圖 片:封面彩圖:「節日」(版畫) 李平凡作
封面內頁:現代畫速寫近作選
封 底:「神秘的阿富汗」 日、甲斐大策作
封底內頁:驢背吟詩圖 (明)徐 渭作

# 評高壽昌的「經濟的自由主義」（註）

▲ 黃展驥

## 壹、前言

高文既以「經濟的自由主義」為題目，可是，它對該題目及文內的另三個關鍵性概念：（一）「經濟自由」；（二）「自由經濟」；（三）「自由經濟制度」並沒有正確的界說，也沒有指出這幾個概念之間的關係。特別是「自由經濟」一詞，它的意義最為含糊費解！從文內脈胳中，筆者猜想它有時意謂「自由經濟制度（或政策）」；有時又意謂「經濟自由」；有時却不知它意謂什麼。加上它在文內出現數十次之多，所以全文讀起來混亂費解，極難把握到它的中心思想。

筆者準備先界定「經濟自由」、「自由經濟制度」、「經濟的自由主義」，而把「自由經濟」視為「自由經濟制度」的簡畧寫法；繼而引出和摘出高文若干段文字畧作評析。至於高文對馬克斯主義存有的嚴重偏見與誤解，則為本文處理範圍之外；再者，高文其它若干較末節的地方如「積極自由」「消極自由」等，也有費解之處，也畧而不論。

## 式、三個定義

### 一、「經濟自由」

「經濟自由」是甚麽呢？我們認為它應該是：「有隨意運用經濟的技術可能性」。它包括從「免於經濟拮据」這個基本的經濟自由起，以至「消費、購買、貿易、投資、企業等自由」。

此外，「經濟自由」另有一廣被接受的定義，我們認為它是蹩扭的，我們不能接受的。

### 二、「自由經濟制度」

在學術政治圈子裏，它有一個廣被接受的定義，就是「一種基於放任政策的經濟制度」，也就是「法律上不干涉個體的任何經濟活動，除了稅收等，和除非該個團體的經濟活動直接會侵害別人甚至羣體的經濟活動」。

我們認為這個定義是適當正確的。既然它又是廣被接受的，大家對它已有一致的了解，所以它是上述高文裏四概念中，唯一有理由可畧而不舉出其定義的。

### 三、「經濟的自由主義」

它分為理想性與方法性兩部份：在理想目的方面，我們認為它應該是使廣大羣衆起碼獲得的基本經濟自由；至於方法手段方面，我們可以從自由放任的經濟制度，以至各種不同程度的計劃經濟制度，視乎當時社會的不同需要而實施。

事實上，對「經濟的自由主義」一詞的定義，存在着若干不同於我們的說法。他們可限於目的上的達到一小撮人的最大經濟自由為滿足，甚至包進了剝削的自由；他們也可限於方法上的讚成放任的經濟政策。可是，我們可看到，實施放任的經濟政策最容易導致一小撮大資本家擁有極大的經濟自由，以至包括對廣大羣衆剝削和奴役的自由。所以有些經濟的自由主義者往往不顧甚麼目的與手段，他們就是放任經濟政策的擁護者和希望自己一小撮人獲得絕大經濟自由的自私自利者。我們應該揭露這類經濟自由主義者，羣起而攻之。

讓我們引出高文的整個前言原文如下，其中加上筆者一些按語：

## 叁、引文與評析

### 一、引錄高文前言

讓我們引出高文的整個前言原文如下，其中加上筆者，一些按語：

自由主義實踐的歷史是從宗教到政治，從政治到經濟，而自由經濟是自由主義中最重要的部分，可以說，近代自由主義的歷史是一部爭取自由經濟的歷史，即現在自由主義的主要目標也完全集中於爭取自由經濟的實現。（按：上文「自由經濟」一詞出現了三次之多，它們究竟意謂「放任經濟政策」，抑或意謂「經濟自由」？上文既說「自由經濟是自由主義中最重要的部份」「現在自由主義的主要目標也完全集中於爭取自由經濟的實現」，所以它大概在指我們認為目標性的「經濟自由」！如果不依從我們的解釋，它另有甚麼解釋呢？）然而自由經濟的要求是隨着社會經濟的轉變而轉變的；社會經濟不是一成不變，自由經濟的內容和範圍自不能今昔相同。（按：這裏，我們認為把上文兩個「自由經濟」解釋為「經濟政策或制度」，會有較易的理解。）所以歷史上前一期所獲的自由經濟，反成為後一期爭取自由經濟必須解除的束縛；後一期所爭取的自由經濟，勢必變革前一期自由經濟的內容。（按：上文頭一次出現的「自由經濟」，我們應同時用「經濟自由」與「放任經濟制度」來代替它；它的第二和第三次出現，應改為「經濟自由」；它最後的一次出現，應改為「放任經濟制度」。例如，把上文改為「前一期賴以獲得經濟自由的那套放任經濟制度，反而成為後一期爭取經濟自由的障碍，它甚至導致後一期的經濟縛束；後一期要爭取經濟自由，勢必變革前一期的放任經濟制度。」則較易了解明白了。）同一名為自由經濟，因時代有先後，經濟環境各別，其爭取的對象不同，本質亦異，不可一概而論。因之如果我們今日討論自由經濟不能把握自由經濟演變的史跡，或者欲以十七八世紀的自由經濟的制度，於二十世紀五十年代發行再版，那更是時代錯誤。（按：上文頭兩個「自由經濟」改為「經濟的自由主義」，第三個改為「經濟制度」，則似有較易的了解。）

其次，經濟的自由主義有其最高指導思想的根據；此最高指導思想是一時代思潮的主流，時代思潮有起伏，此最高指導思想亦有變異。所以我們研討經濟的自由主義，應把握其思想的源流，明瞭其根據的脈胳，以分別其得失，評定其價值，這也是應有的研究態度。

老實説，我們研究經濟的自由主義，應該從經濟的自由主義發展發的歷史去認識自由經濟思想的演變；本過去以測將來，亦可以推究今日我們所爭取的自由經濟應該是甚麼，而不是甚麼；則本篇簡要的叙述，或者對於現在處在自由中國的談論自由經濟一點微末的貢獻。（按：上文頭一次的「自由經濟思想」可改為「經濟制度」；它第二次出現在「我們所爭取的自由經濟應該是甚麼」，可改為「我們應採用甚麼樣的經濟制度」；最後出現的則可改為「經濟政策」。）「見「海」書199—200頁）

### 二、高文前言的重寫

讓我們把上段總結一下，把高文整個前言改寫如下：

自由主義實踐的歷史，是從爭取宗教自由開始，繼而爭取政治自由，直至近代，目標却轉移集中於爭取經濟自由。社會在演變，歷史前期賴以獲得經濟自由的那套放任經濟制度竟然導致後期的經濟縛束。所以，今天廣大羣衆要獲得基本的經濟自由，則應先考察和把握社會演變的過程，以建立新的經濟制度來取代舊的經濟制度。

上段改寫後的文字當然不是盡善盡美、白璧無瑕；但總算把費解難懂的原文縮減為四份之一，而在內容方面又沒有太多的遺漏，希望能使廣大讀者閱讀時節省許多寶貴時間精力。在下面，我們摘錄高文若干段文字，特別是修改其中的「自由經濟」等詞，以便於隨後的討論。

## 肆、摘錄與討論

### 一、高文摘要

個人主義的放任經濟制度是初期資本主義經濟發展的動力；英國為資本主義之母，而放任經濟制度的建立也就首先在英國出現。約在十六世紀之末的封建時代，基爾特在都市工商業佔重大勢力；他為要排除同業間無益的競爭，謀各成員的機會均等，於是對同業規定種種限制：如購買原料，勞動時間，職工工資，販賣市場，共同設施等等都加以嚴格限制其自由活動。當時又以提高關稅，限制或完全禁止輸入，為對外貿易政策的基準：如英國的穀物條例，穀物關稅之例，使國際貿易受舊有法令的束縛而不能展開。於是新興的工商業者起而要求解除這種對內對外的束縛，終於爭取得放任經濟政策的實施，促成了英國資本主義經濟突飛猛進。（見「海」書200—201頁）

### 二、討論

資本家們已擁有經濟能力，社會環境也已有足夠的條件供給各種經濟活動與發展，對他們唯一的障碍就是基爾特的縛束和舊有法令的縛束。這等縛束一旦解除了，資本家們便獲得空前的絕大經濟自由，帶來了當地整個社會的興盛，也導致工人和白領等廣大羣衆獲得基本的經濟自由。

### 三、高文摘要

當時以放任經濟政策構成理論體系的，就是以斯密・亞當為代表的正統派經濟學。斯密・亞當主張尊重個人的利己心，各人追求自己的利益，是以「看不見的手」引導最大利益歸於公衆，而形成私利與公益的一致。他說：

個人私的利害與熱情，自然而然使他們將資本投向於社會最有利的用途。他們基於自然選擇，將大量的資本投於此等用途的時候，則這方面的利潤率便低下，他方面的利潤率便提高，使他們立即變更投資到利潤率過大的產業上面，這雖然沒有何等法律的干涉，而人類私的利害與熱情，自然將所有的資本能盡量的適合於社會全體的要求，分配於社會所經營的各種用途，使其與社會全體的利益相適合。（國富論）（見「海」書201頁）

### 四、討論

對社會有點體驗的人，都深深地知道：人際間和諧合作要成為可能，最難克服就是個人的自私自利心。它長期地被教育、法律、教條、道德等薰陶和縛束，尤其是當它被縛束得透不過氣的時候，如果能在一段短期間內稍為放鬆一下，如斯密・亞當之所以提出者，或可帶來人類幸福。但如不能在短期間內密切注視作迅速的調整，重行加以限制，則私利之心便有如洪水泛濫成災，一瀉千里而無法收拾，之後帶來的大災禍，遠遠地得不償失。斯密・亞當的錯誤，就是犯了極端的忽促推廣，有如嚴禁吸鴉片太久了，偶然發現幾個病患者吸食之後有好處，便把吸食鴉片解禁了，禍害便無窮了。

斯密・亞當的理論值得被批駁的地方很多，其所產生的禍害也是有目共覩，筆者不願再多費筆墨。最後一點值得提的，就是從上段文字我們可看到他的個人主義和經濟的放任主義是有作為手段的成份的，它們也在指向「能盡量的適合於社會全體的要求……使其與社會全體的利益相適合」！只可惜，他的方法除了短期奏效之外，便事與願違；我們再看下面的引文摘錄，便可看到禍害的一斑。

### 五、高文摘要

從個人主義的放任經濟制度所產生的「自由競爭」，結果便演成大魚吞小魚，大企業淘汰小企業，於是社會財富集中於少數人手裏，社會就有大多數的貧窮人；因之，消費不能隨生產增加而增加，發生生產過剩，勞動失業，這樣一來，各人追求自己利益的結果，並不與社會全體的利益適合，反之造成社會的貧困和極度的貧富懸殊，私利與公益無法取得一致。……其最激動的事實，就是勞動者生活的惡化，如工作時間沒有嚴格的限制和規定，疾病的防止與衛生的講求都不俱備，一般工資多以實物支付，婦女與極幼小的兒童被雇用作坑夫等等，這當然根據自由契約，自由的擇業而來；但所謂最大多數的最大幸福的原則，根本為此等事實所否定。於是從一八三三年起，政府開始以法規限制放任經濟的流弊。同時，一八七三年全世界發生經濟恐慌，英國國內的自由競爭的激化，物價下落，交通業的不景氣，國際貿易的恢復無望，對於自由貿易有力的修正意見漸漸抬頭，這些事實的教訓，無論就人道主義說，或就經濟利益說，放任經濟政策的本身不能不重新檢討。

十九世紀末葉，英國政治學者格林倡導新自由主義；對於個人主義放任經濟政策向來所排斥的國家干涉和國家保護，極端反對。他主張私有財產必須限制，勞動者由國家保護，實開創了二十世紀的英國以租稅政策使財富的再分配的方法和社會安全制度的先聲。（見「海」203—206頁）

### 六、討論

放任經濟制度使社會財富愈來愈高度集中於一小撮人手裏，大資本家富可敵國，經濟自由更是空前的大，更加肆意剝削壓迫廣大羣衆！

政治學者格林反對放任經濟政策，主張私有財產必須受限制，勞動者由國家保護。這樣便限制了大資本家部份經濟自由，減輕他們對廣大羣衆的經濟壓迫，開始對廣大羣衆基本經濟自由有點保障。

從上所述，我們可看到格林所謂的「新自由主義」（或「新經濟自由主義」），在目標方面要使廣大羣衆獲基本的經濟自由，否定貧富懸殊，使財富較平均地重行分配；在手段方面，他否定舊自由主義所採用的放任經濟政策而提出某一程度的計劃經濟政策以達其目標。

由此可見，我們在第二節界定的「經濟自由主義」，實際上是與格林及若干其他學者心目中的「經濟自由主義」是吻合的。

## 伍、引文與重寫

### 一、引文

讓我們隻字不易地再引出高文三段作為結尾，隨每段之後，皆作一改寫：

個人主義的自由經濟現已變成不自由經濟了。但因為個人主義的自由經濟沒落，遂否定經濟的自由主義的終結，那是錯誤的見解。經濟的自由主義還須向新的方面發展，以解除個人主義的自由經濟的束縛，爭取更自由的經濟之實現。（見「海」書207頁）

### 二、上段的重寫

個人主義的放任經濟制度已導致廣大羣衆的經濟拮据。但因此而否定經濟的自由主義那個理想目標（即謀求諸個體享有基本的經濟自由），却是錯誤的。所以，經濟的自由主義須要不斷地改變它的經濟政策或制度，以解除前期放任經濟制度所帶來的經濟縛束，以謀求廣大羣衆獲得經濟自由之實現。

### 三、引文

資本主義經濟體制的存在，即是政治上的特權和經濟上的獨佔形態依然存在，有了特權和獨佔的存在，即是經濟自由的大障礙物。况且今日所要求的經濟，不能以個人主義，資本主義的經濟自由範圍，如企業自由，勞動自由，消費自由等等，即認為滿足；這些經濟上的自由是資本主義經濟的產物，是支持資本主義經濟的機能，不應以此為爭取自由經濟的止境，必須擴大自由經濟的藩籬，變更自由經濟的性質，不鑽入資本主義經濟的舊圈套，這就不能不嚮往社會主義的自由經濟。（見「海」書208頁）

### 四、重寫

有了資本主義的特權獨佔，就構成廣大羣衆的經濟拮据。今日我們所要求的經濟自由，不應以個人主義、資本主義的限於一小撮人獨佔的，如企業自由、剝削勞動力的自由，豪華消費自由等。這些都是資本主義經濟的產物，是支持資本主義經濟的機能；自由主義者不應以此為理想目標，必須變革經濟的制度，不要再鑽入資本主義那個放任經濟的圈套，這就不能不投向社會主義的計劃經濟。

### 五、引文

社會主義的自由經濟，不是為某一階層獨有的自由經濟，更不是為支持社會經濟機構而作成一種機能的自由經濟；而是人人能享受的自由經濟，人人能從自己的切實生活中去享受的經濟自由，從少至老，沒有失業、飢餓、貧困之虞，從經營到所得，沒有特權、獨佔、剝削的害處，要達到這種目的，自不能不有計劃。（見「海」書211頁）

### 六、重寫

社會主義的計劃經濟政策，不是為了特權階層獨享經濟自由，而是為了人人從實際生活中享受到基本經濟自由……。

## 陸、餘話

西方學術政治圈子裏，不少學者把「自由」局限於「人際關係」，把「經濟自由」說成為「免於人為的對經濟活動的强制」；更嚴重的，甚至說成為「免於法律上對經濟活動的强制」。這麽一來，「經濟自由」與「自由經濟」（制度）」幾乎要變成同義語，人們把兩者混而為一也沒打緊了，也無乎高文把「自由經濟」一詞兼收和取代了「經濟自由」一詞了。我們懷疑高文就是承受了西方這一嚴重錯誤，以至把文中出現數十次的「自由經濟」弄得如此含糊費解！

筆者在本文企圖澄清「經濟自由」與「自由經濟制度」之分別，特別分辨它們的目標性與方法性，然後據之以界定「經濟的自由主義」應該是甚麼。根據我們這樣界定之後，而重寫高文，希望藉此避去高文的糾纏費解而又能顯露出高先生心中的本意；我們又希望本文能做個小榜樣，推動文化圈內公開互相評論增益的風氣，使本乎思想方法的求眞辯難精神得以發揚展開，羣策羣力，使學術思想得以盡去糟粕，剩下一點點精華，以便於大家容易吸收和實踐。（1974・11・15　崇基哲學系。）

註：（1）「經濟的自自由主義」一文收在「海耶克和他的思想」那個文集裏199至213頁。「海」書為殷海光、夏道平、高壽昌等學人合著，1965年12月25日出版，文星叢刊180。

（2）讀者如對本文有興趣的話，可參看筆者另文「『經濟自由』與『自由經濟』」（崇基校刊第57期，1974・12）。這兩文有極密切的關連性，並讀對內容的了解有很大的幫助。

# 從隨筆看豐子愷的兒童相

明川

在中國，如果提起豐子愷，人們往往稱他是個著名的漫畫家，而把他的隨筆作品放在第二位。其實，如果嚴格說起來，眞正能反映他性格的，他的隨筆比漫畫，來得更具體更眞實。

他的性格是怎樣的？那不妨引用吉川幸次郎在三十多年前對他的一段評語看看：「我覺得，著者豐子愷是現代中國最像藝術家的藝術家；這並不是因為他多才多藝；會彈鋼琴、作漫畫、寫隨筆的緣故。我所喜歡的，乃是他的像藝術家的眞率，對於萬物豐富的愛。」①那兒可以尋到眞率？什麼最能表現對萬物豐富的愛？豐子愷認為只有小孩子身上心中才有。因此，他最羨慕的是「孩子們的好眞、樂善、愛美的天性」。而「天上的神明與星辰，人間的藝術與兒童」，也實實在在地佔據了他的心。其實，他不但欣賞、了解、欽羨兒童，淸楚一點說，他本身就具有一顆赤子之心，和活在一個兒童世界裏。在他的漫畫集中，最可以反映他這性格的是「兒童相」部份，看過子愷漫畫的人，誰會忘記畫筆下的童眞？現在，讓我們也試從他的隨筆裏，看看他自己的兒童相吧！

## 「不隔」看兒童

人都有過童年，但當成長了，往往便用成年人的眼光去看小孩子；硬拉小孩子跟隨自己的想法過日子，這種做法的理由是「為他們好」。可是，沒有童眞的童年，或者沒有童年的一生，是多麼可悲可歎！也許，有些成年人是眞的想了解小孩子，但卻站在成年人的立場去了解，於是犯了「終隔一層」的毛病。豐子愷從不這樣了解兒童，所以所了解的比常人深切，而由了解之後發出的欣賞和欽慕，就更可寶貴了。

四個由三歲到九歲的孩子，在炎夏傍晚吃着西瓜，有什麼好看？他就看出一種「生的歡喜」來了。三歲小孩「一面嚼西瓜，一面發出一種花貓偸食時候的 ngam ngam 的聲音來」，在他耳中便變成音樂。而五歲孩子說「瞻瞻吃西瓜、寶姊姊吃西瓜、軟軟吃西瓜、阿韋吃西瓜」，在他眼內，就是一首把感情翻譯而成的詩。普通人可能認為這太膚淺可笑了，但他卻衷心稱讚他們能「全部精神沒入在吃西瓜的一事中，其明慧的心眼，比大人們所見的完全得多」②。

對於小孩子的「搗亂」行為——例如爬到書桌上「拿起自來水筆一揮，洒了一桌子又一衣襟的墨水點；又把筆尖蘸在漿糊瓶裏。他們用勁拔開毛筆的銅筆套，手背撞翻茶壺，壺蓋打穿在地板上……」一般人自然很難忍受，就算不痛打一頓，也難免罵上幾句。只有他會認為喝止或「要求孩子們的舉止同自己一樣」是乖謬的，因為「大人的舉止謹愼，是為了身體手足的筋覺已經受了種種現實壓迫而痙攣了的緣故。孩子們尙保有天賦的健全的身手，與眞樸活躍的元氣，豈像我們的窮屈。揖讓進退規行矩步等大人們的禮貌，猶如刑具，都是戕賊這天賦的健全的身手的。」③對於小孩子的不肯安定、不肯忍耐，不能忍受「悶」的痛苦，他有一種很合理的解釋：那是「不頹廢、興味最旺盛」④的表現。正因此，他認為「兒童的遊戲，猶如成人的事業」。

怎樣才是眞率？一對小孩子在互相爭着認自己比對方好，大人就會認為這是不懂謙讓的「童蒙」，只有他才敢如此大胆，承認昏蒙的該是大人們，因為大人「心中明明認為自己好而別人不好」，但口中不說出來的謙讓方法，在「形式上是滑稽的，在意義上想來是虛僞的、陰險的。」⑤小孩子「常稱心而言的」就是眞率。小孩子由於「花生米翻落地了，自己嚼了舌頭了、小貓不肯吃糕了、失手打破了玩具，自己跌倒了，不想坐長途火車；要回家去；」都會悲傷痛哭，這哭就是眞率，對孩子有特殊的效果，「大人說哭有什麼用，原是為了他們的世界狹詐的緣故」⑥。

他更一再通過兒童的眼去看世界：既看出了廣大、眞相的一面，也可以反映了成人世界的「順從、屈服、消沉、悲哀、和詐僞、險惡、卑怯」扭曲一面。他常通過小兒子瞻瞻的眼，看到許多大人們無理的行為，但也看到許多物象眞相。也許他是個畫家，所以特別對物象造型有强烈反應，當「一個

一九三六年豐子愷攝于杭州

小孩子曾經發現開蓋的鋼琴的相貌，好像露出一口齊整而潔白的牙齒的某先生；墨水瓶姿像鄰家的肥胖的婦人」，他就嘆佩「孩子比大人，概念弱而直觀强，故所見更多擬人的印象，容易看見物象的眞相」。「天地間最健全的心眼，只是孩子們的所有物，世界事物的眞相，只有孩子們能最明確，最完全見到」⑦，而大人的心眼已經被斲喪了，像個「可憐的殘廢者」。

對於孩子們無所不能的「兒戲」，他是多麼的細心欣賞！不單在漫畫裏，在文字上，也已經無數次描述小孩子怎樣的眞打破一切世間限制：「一張櫈子在請酒時可以當桌子用、搭棚棚時可以當牆壁用，做客人時可以當船用，開火車可以當車站用」。「看見了天上的月亮，會認眞地要求父母給捉下來；見了已死的小鳥，會認眞地喊牠活轉；兩把芭蕉扇可以認眞地變成他的腳踏車；一只籐椅子可以認眞變成他的黃包車」⑧。這就是廣大自由，是值得企慕的天眞。在他的隨筆裏，十分容易找到一首首兒童世界的讚歌。

## 「不染」的童心

豐子愷寫這些隨筆的時候，早已超過三十歲，能夠如此眞切地欣賞跟自己年齡相距得那麼遠的兒童世界，完全因為他本身具有一顆童心，才可以整體地投入，也正因這緣故，他的行動，就往往像小孩子一般。他會像孩子般愛變動：「我在貧乏而粗末的自己的書房裏，常常歡喜作這個玩意兒；把幾件粗陋的家具搬來搬去，一月中總要搬數回。……那時候，我自己坐在主眼的座上，環視上下四周，君臨一切，……我統御這個天下，想像南面王的氣概，得到幾天的快適。」⑨這不是童心麽？他會像兒童般愛幻想：「躺在床上，從枕上窺見窗外的星……立即似乎身輕如羽，翱翔於星空之間」⑩。孩子的心緒是那麼的飄蕩不定，改變得像風吹浮雲，他何嘗不一樣呢？在山中避雨，正悶得發慌；但一下子在小茶店裏借了胡琴，便興緻勃勃地跟小孩子唱和起來，到頭來連自己也弄得十分趣味⑪。本來在出門坐船辦事去時，心情是鬱鬱的；但看見十八里運河，正有無數農夫在踏水車。鬱鬱的心情，立刻便被這種人與自然間的劇戰——天地間一種偉觀所感動，忽然變成驚奇激動了⑫。他會一大清早，蹲在階沿上，看螞蟻怎樣努力搬動一塊鑊焦，為牠們着急、興奮、緊張。以上種種行動，在許多成年人眼中，不是一個十足的「兒童相」嗎？

## 可慨的成長

由於他有一顆童心，對成人的世界，就很自然地有一份恐懼；或者應該説是討厭。他不止一次嘲諷和指摘成人世界的虛假，種種人為的揖讓進退行動，都變成一種令人難以忍受的場面，也可以説是「戕賊健全身手的刑具」。儘管他這樣厭惡成人世界，但時光並不客氣，他畢竟也漸漸老去；而受他歌頌的兒童，也在眼前漸漸成長了。這一點，實在帶給他無限的悲哀。由他的悲哀，我們也可以看出他是如何留戀那份童心了。

到了三十歲，只不過壯年的開始，但他已經怕「老」的來臨，憂心忡忡地說：「雖然明明覺得自己的體格和精力，比二十九歲時全然沒有什麼差異，但三十這一個觀念籠在頭上，猶之張了一頂陽傘，使我的全身蒙了一個暗淡的陰影。」⑭心理上有「兒童相」，生理和生活環境卻無法擺脫「大人相」，做成了很大的矛盾，也平添了無限的苦惱，這點他自己是很明白的。因此，他說：「我自己明明覺得：我是一個二重人格的人。一方面是一個已近知命之年的、三男四女俱已長大的、虛僞的、冷酷的、實利的老人；另一方面又是一個天眞的、熱情的、好奇的、不通世故的孩子。這兩種人格，常常在我心中交戰。雖然有時或勝或敗，或起或伏，但總歸是勢均力敵，不相上下，始終在我心中對峙着。為了這兩者的侵畧和抗戰，我精神上受了不少的痛苦。」⑮大概為着協助後一個性格得到勝利，他會時刻回憶童年的一切，以求滋潤自己的「童心」。因為從「眞率的兒童生活中夢見了自己過去的幸福，覓得了自己失去的童心」⑯，是一個方法，但終夠不上回憶自己童年的眞切，他的作品中，有着無數情深欵欵地追憶兒時生活的文字。他敘述祖母每年大規模養蠶的情況，吃桑葚，走跳板的樂事。他忘不了站在書桌旁、等着愛吃蟹的父親給他一隻蟹腳的日子。跟隔壁豆腐店的王囝囝學釣魚，躲在扶梯底下的半桌上學塗畫，都是令人神往的生活小趣。他更不斷地提起自己的長輩：豪爽而善於享樂的祖母，只懂看書吃酒的父親，辛勤的母親、專給他家做絲的七娘娘，每天買枇杷和軟糕給人吃的蔣五伯、為他解決不少畫上疑難的姊姊女僕紅英、溫而厲影响他一生思想的李叔同老師、憂家憂國憂友憂校憂店憂世滿是愛心的夏丏尊老師……在長輩「面前」，他便會年青起來，童心常在了。有時候，他感到很弱，希冀着父母親的安全感，故在他的孩子，被花貓捕鼠所嚇，直奔投到他懷裏時，不禁慨歎：「我在世間，也時時逢到貓與老鼠大戰的恐嚇，也想找一個懷來奔投。可是，到現在還沒有找到。」⑰

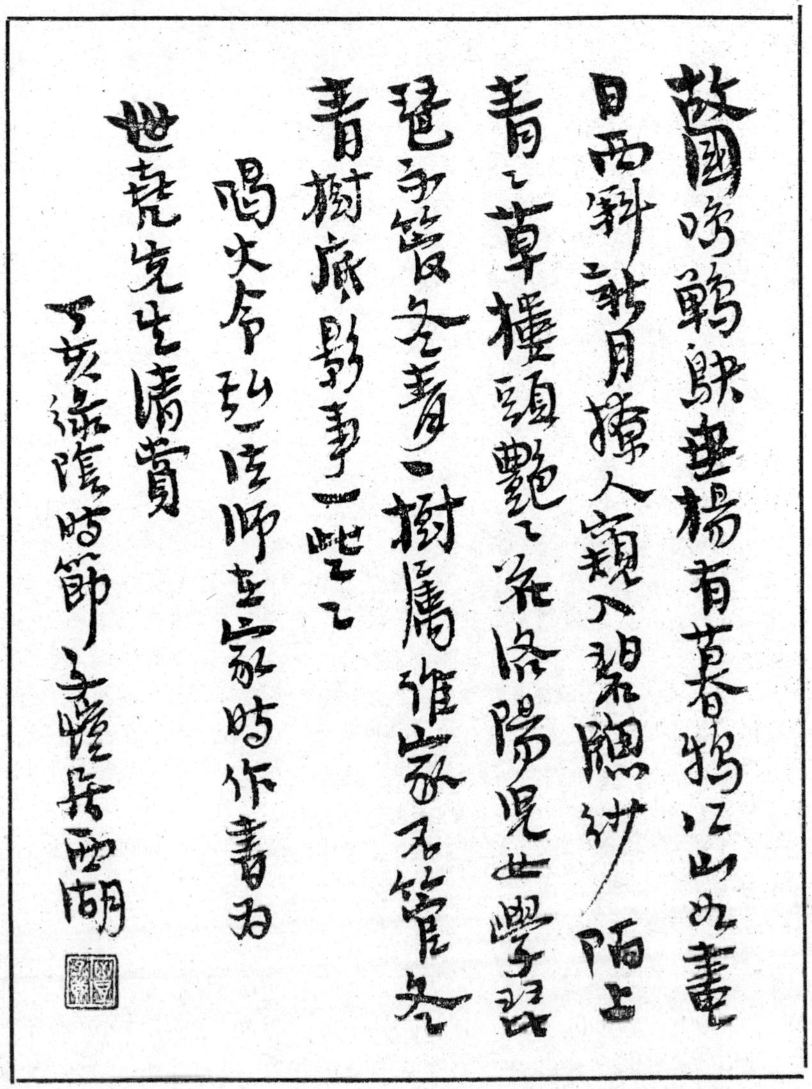

豐　子　愷　手　迹

對於孩子們的長大，他的感慨就更深了。他認為長大就是走出了人生的黃金時代：「我的孩子們！我憧憬於你們的生活，每天不止一次。我想委曲地說出來，使你們自己曉得。可惜到你們懂得我的話的時候，你們將不復是可以使我憧憬的人了。這是何等可悲哀的事啊！」「但是你們的黃金時代有限，現實終於要暴露的。這是我經驗過來的情形，也是大人們誰也經驗過來的情形。我眼看見兒時伴侶中的英雄好漢，一個個退縮、順從、妥協、屈服起來，到像綿羊的地步，我自己也是如此。後之視今，亦猶今之視昔。你們不久也要走這條路呢！」⑱他一再感歎脫離黃金時代，走向成人世間去是「往日的一切雄心和夢想已經宣告失敗，開始在遏制自己的要求、忍耐自己的欲望」⑲的悲哀。對兒女奔向成長，他有無限的不放心，「因為這好比把妳從慈愛的父母身旁，遣嫁到惡姑家裏去」⑳。

## 根本的回歸

他既然懼畏成長，但事實又無可逃避，實際成長了，那怎麼辦？為了對抗成人世界的虛偽、冷酷、實利，他提出一種返璞歸眞的方法來。他說：「我看見世間的大人都為生活的瑣屑事件所迷着，都忘記人生的根本：只有孩子們保住天眞，獨具慧眼，其言行多足供我欣賞者。」㉑天眞就是人的本性，有了本性就是大無畏的大丈夫氣慨。故他「覺得孩子們都有丈夫氣，大人比起他們來，個個都虛偽卑怯。又覺得人世間各種偉大事業，不是那種虛偽卑怯的大人們所能致，都是具有孩子們似的丈夫氣的人所建設的。」㉒這正是「大人者不失其赤子之心」的意思。因此，在物欲功利的成人世間，如果能夠像「千萬條陌生細柳，條條不忘根本，常常俯着首顧着下面，時時藉了春風之力，向處在泥土中的根本拜舞，或者和牠親吻。」㉓「高而不忘本」是值得讚頌，人長大了能返璞歸眞地保持「兒童相」，也是是一件可喜的事情。豐子愷很愛八指頭陀的一首詩：「吾愛童子身，蓮花不染塵，罵之唯解笑，打亦不生嗔，對境心常定，逢人語自新，可慨年既長，物慾蔽天眞。」㉔正好借來表現他對「本」的嚮往。

## 結語

許多人對豐子愷的文章，存了一種很深的誤解，認為很幼稚。他自己早就說：「我企慕這種孩子們的生活的天眞，艷羡這種孩子們的世界的廣大，或者有人笑我故意向未練的孩子們的空想界中找求荒唐的烏托邦，以為逃遁現實之所。但我也可笑他們的屈服於現實，忘卻人類的本性。」㉕的確，在一個擾擾攘攘的世界中，我們如果能夠保持一種孩子的天眞，即時刻有點兒童相，是一件幸事。故豐子愷的兒童相是一種返回本性的積極方法，而不是消極的逃避。也許，在目前世代說天眞，就等如說夢話。甚至可能有人會認為「天眞」只不過是「無知幼稚」的代名詞。也罷，讓我借豐先生一首詩中的四句，作為本文的結束。

泥龍竹馬眼前情，瑣屑平凡總不論，
最喜小中能見大，還求弦外有餘音㉖。

一九七三年六月初稿
一九七四年十月改畢

---

**註：**

①見吉川幸次郎譯「緣緣堂隨筆」的「譯者的話」。一九四〇年大阪　創元社出版。
②「兒女」　一九二八年作　見「緣緣堂隨筆」
③「兒女」　同上
④「閑」　一九三四年作　見「車廂社會」
⑤「從孩子得到的啓示」　一九二六年作　見「緣緣堂隨筆」
⑥「談自己的畫」　一九三五年作　見「車廂社會」
⑦「顏面」　一九二九年作　見「緣緣堂隨筆」
⑧「談自己的畫」
⑨「閑居」　一九二六年作　見「緣緣堂隨筆」
⑩「天的文學」「緣緣堂隨筆」
⑪「山中避雨」　一九三五年作　見「緣緣堂隨筆」
⑫「肉腿」　一九三四年作　見一九五七年北京人民文學出版社出版之「緣緣堂隨筆」
⑬「清晨」見「緣緣堂再筆」
⑭「秋」　見「緣緣堂隨筆」
⑮「讀『讀『緣緣堂隨筆』」　一九四九年作　見北京版「緣緣堂隨筆」
⑯「談自己的畫」
⑰「隨筆五則」
⑱「給我的孩子們」　見「子愷畫集序」　一九二三年作
⑲⑳「送阿寶出黃金時代」　一九三四年作　見「車廂社會」
㉑「談自己的畫」
㉒「談自己的畫」
㉓「楊柳」　一九三五年作　見「車廂社會」
㉔「談自己的畫」
㉕同上
㉖「豐子愷畫集代自序」　一九六三年　上海人民美術出版社出版。

# 散文的朗誦藝術

容宜燕

## 一、釋義

朗誦，是朗誦者通過誦材把它的內容和所蘊藏的意思、情感，用清晰、明朗的語調表達出來，或者傳達給聽衆去欣賞；這是一種語言學，是一種聽覺藝術。朗誦者為著音韻的諧適，節奏的分明，句法的整齊，便於誦讀起見，多選韻文——詩、詞、歌、賦、曲等——為題材，其實，散文更要朗誦，更值得去朗誦。什麼是散文呢？凡文章不專用對偶又不叶韻的，都屬於散文。散文不拘形式，包羅萬象，只要言之有物，寫得優美，它所具有的感染力，並不在韻文之下。一篇優美的、內容充實的散文，我們通過朗誦，可以培養民族道德，激發愛國精神，傳播學術思想，灌輸科學新知，抒發內心感受，轉移社會風氣，加强語言訓練，提高寫作技巧，……功能的廣大與卓越，不是三言兩語所能賅括。近年來，此間「校際音樂及朗誦節」，已經將「散文朗誦」列為獨立項目；並且增加「散文集誦」、「散文對答朗誦」等項目，儼然和「詩詞朗誦」分庭抗禮，可以說：中文朗誦在香港又向前邁進一步。

## 二、基本原則

但要唸得好，具備感人的力量，必須通過嚴格的訓練才可以成功。現在列舉十項基本原則供大家參考：——

①**文體區分**——一篇誦材到手，先閱覽一遍，研究它的體裁：是議論文還是說明文？是描寫文還是抒情文？是應用文還是紀叙文？務必分辨清楚，然後進行研究朗誦的方法。

②**作者查考**——作者的時代背景，寫作動機，文章風格，作者在當時文壇上的位等，儘可能的加以查考。

③**內容分析**——首先要領會全文的中心思想，然後畫分段落，揣摩每段大意，段與段之間的關係；先對整篇文章作初步分析，然後進一步深入地去理解，找出主題所在，並照顧全文的脈絡。

④**詞句研究**——為使朗誦時聲音的長短、高低、强弱、緩急和停頓發而皆中節，詞句的意思，一定要深入地探究。詞句的性質、組織不同，朗誦的聲調亦隨之而異。例如：（甲）詞句的性質——陳述語的聲調要平直；疑問或詰問語的聲調要由低而高；答述語大多是由高而低；祈求語的聲調要緩和；命令語的聲調要明朗，收音要速；感歎語要緩慢、低沉等。（乙）詞句的組織——（子）讀號（，或、）要和下文相接，停頓的時間要短；（丑）分號（；）表示文意的類似、並列或相反，上下的分句要各自一氣讀，停頓的時間比讀號畧長；（寅）句號（。或・）表示一句終結，要有停頓，停頓的時間比分號畧長；（卯）冒號或總號（：）表示引起下文或總結上文，（：）號的地方要重讀；（辰）破折號（——表示夾注、忽轉他意或表示引起下文或總結上文，上句收音要急促，下句連接要響亮。

⑤**詞語連讀**——字是聲音的單位，詞或語是概念的單位，我們朗誦時要將概念淸楚地表達出來，詞或語要連在一起讀，不要一字一地唸出來，更不要把它分割。

⑥**讀者訂正**——方塊字一箇字有好幾箇讀音，不同的讀音，代表不同的意義。讀音錯誤，不特可以引致自己和聽衆誤解，不能欣賞和體會到作品的眞正意義，更可能把作品的主題弄得含糊不淸。因此，朗誦者要注意字的四聲，儘可能要求讀音正確；遇有疑難，隨時翻檢字典，詞典或詩韻，以求減少謬誤，同時避免誤解。

⑦**發聲練習**——朗誦是一種聲藝，不少人口齒伶俐，吐字淸晰，音色優美，這些都是具備了朗誦底優越條件的；他們練習朗誦，自然是事半功倍。但一般人通過學習，接受指導，是可以逐漸將缺點矯正的；尤其是發聲方面，經常接受訓練，也可以使聲音的幅度增廣，高低、强弱，控制自如：高聲誦讀，不致感到刺耳；低聲讀誦，也不致低沉到不易聆聽；在運腔使調方面，不力竭聲嘶地呼，而能夠流暢自然，具備感人的力量。

⑧**風格辨別**風格是指作者在作品上所表現的個性或特點，因每箇人的性格、氣度、學養不同，際遇、才識有別，故表現於作品上的特質也因人而異。文章有陽剛和陰柔的分野，雄壯的、慷慨的、激昂的文章，朗誦時應加音勢，有時要一氣呵成，才能表達出氣勢的磅礴；幽靜的、傷感的、纏綿悱惻的文章，朗誦時要宛轉含蓄，有悠揚跌宕之致，才能表達出情韻的深長。其它尙有冲淡、飄逸、婉約、豪爽、謹嚴、憤世等等不同的風格，不特每一作家不同，甚至同一作家某一時期或某一篇文章亦各具特性，朗誦者在誦材到手時，應加以辨明不可輕忽。

⑨**情感表達**朗誦者要傳達作者深厚的情感，聲調要配合作品的內容注入情感纔加以表達。朗誦是朗誦者對作品的再創造，他以代言人的身份，把作者的思想、感情直接訴諸聽衆，引起聽衆心弦的共鳴，故面部的表情和眼部的傳神，在朗誦進行中也應當加以注意，必要時，不妨配合手部和頭部等動作，但要出之自然。

⑩**姿勢糾正**朗誦時，身要直，頭要正，要運用目光表達，不可搖頭擺身，彎腰曲背，胸部要挺，務求開展舒暢，呼吸自然，還要態度安詳，從容不迫，這樣，發聲運腔，便毫不費力，誦讀作品，可以歷久不疲，給予聽衆以良好的印象，從而提高他們欣賞的興趣。

## 三、朗誦示例

為了具體地介紹散文朗誦的藝術，特列舉下面的例子供愛好朗誦者參考——

**（例一）**

特別着眼點或前後相關連、照應的字、詞或語，發聲都要提高些，或讀時加以著重，例如：

「夫諱，始於何時？作法制以教天下者，非周公、孔子歟？周公作詩不諱，孔子不偏諱二名，『春秋』不譏不諱嫌名。康王釗之孫，實為昭王；曾參之父名晳，曾子不諱昔。周之時有騏期，漢之時有杜度，此其子宜如何諱，將諱其嫌，遂諱其姓乎？將不諱其嫌乎？」

——韓愈：「諱辨」

以上是「諱辨」的第三段，辨「嫌名」不但不諱，亦有一定不能諱的，歷引經傳來證明。「諱」字是點題，「嫌名」是這一段文章的着眼點，可旁加・點，誦讀時加以著重。

按李賀的父親名晉肅，譭謗李賀的人說：賀不應舉進士，主意在「為犯嫌名律乎」一語。朗誦此段「春秋不譏不毀嫌名」及「將諱其嫌，遂諱其姓乎？將諱其嫌乎？」數語，讀時聲調應提高些；至「釗」和「昭」，「晳」和「昔」，都是關連照應的字，朗誦時也應著重。

以上是屬於音的輕重。

**（例二）**

命令句，疑問句或詰問句，讀時用昂上調——前低後高，例如：

（A）「官命：『促爾耕，勗爾植，督爾穫，蚤繰而緒，蚤織而縷，字而幼孩，遂而雞豚』。」

——柳宗元：「種樹郭橐駝傳」

以上是小吏到鄉村對民衆的呼告，是屬于命令句，朗誦時每句前低後高。

（B）「為肥甘不足於口與？輕煖不足於體與？抑為采色不足視於目與？聲音不足聽於耳與？便嬖不足使令於前與？」

——孟子：「梁惠王章句上」

以上節錄「齊桓、晉文章」數句，是孟子因齊宣王說「將以求吾所大欲也」，故提出這五項疑問，是屬于疑問語，朗誦時每句都是前低後高。

（C）「威后問使者曰：『歲亦無恙耶？民亦無恙耶？王亦無恙耶』？

「使者不說曰：臣奉使使威后，今不問王，而先問歲與民，豈先賤而後尊貴者乎』？」

國策：「趙威后問齊使」

以上節錄威后問使者語及使者反問威后語，威后提出三個問題，讀時每句都是由低而高；使者的反詰，是一個問題，讀時一連數語由低逐漸提高。

上述均用昂上調，可記上△號作標識。

**（例三）**

祈求句或答述句，讀時用降抑調——前高後低，例如：

「門者怒曰：『為誰』？則曰：『昨日之客來』。則又怒曰：『何客之勤也！豈有相公此時出見客乎』？客心耻之，强忍而與言曰：『亡奈何矣！姑容我入』！」

——宗臣：「報劉一丈書」

以上節錄門者和客人的對話，門者的詰問語，語調由低而高，客人的答述句，也是祈求句，讀時都逐漸低沉——用降抑調，可記上▽號作標識。

以上是屬於聲的高低。

**（例四）**

叱責語氣的句子或慷慨激昂的句子，朗誦時句的頭部宜加强，例如：

（Ａ）「爾貢包茅不入，王祭不共，無以縮酒，寡人是徵；昭王南征而不復，寡人是問。」

——左傳：「齊伐楚盟召陵」

以上節錄管仲責楚使之詞，是屬于叱責語氣的句子，讀時句的頭部宜加强。

（Ｂ）「以五千之衆，對十萬之軍，策疲乏之兵，當新羈之馬。然猶斬將搴旗，追奔逐北，滅跡掃陣，斬其梟帥，使三軍之士，視死如歸』。」

——李陵：「答蘇武書」

以上李陵自叙初征匈奴的戰功，漢軍以寡敵衆，以弱敵强，卒獲勝利，是由于將士用命，視死如歸所致；是屬于慷慨激昂的句子，讀時句子的頭部宜加强。

以上可記上Ｖ號作標識

**（例五）**

表示不平，熱誠的句子，讀時句的尾部加强，例如：

（Ａ）「家本秦也，能為秦聲；婦趙女也，雅善鼓瑟；奴婢歌者數人，酒後耳熱，仰天拊缶而呼烏烏。其詩曰：『田彼南山，蕪穢不治，種一頃豆，落而為萁，人生行樂耳，須富貴何時』？是日也，拂衣而起，奮袖低昂，頓足起舞，誠荒淫無度，不知其不可也」！

——楊惲：「報孫會宗書」

以上說明楊惲自述及時行樂的原因，駁斥孫會宗來信所說——「大臣廢退，當闔門惶懼為可憐意，不當治產業，通賓客，延稱譽」的論調，是屬于表示不平的句子，朗誦時，句的尾部宜加强。

（Ｂ）「夫僕與李陵，俱居門下，素非能相善也，趣舍異路，未嘗銜杯酒，接殷勤之餘歡。然僕觀其為人，自守奇士，事親孝，與士信，臨財廉，取與義，分別有讓，恭儉下人，常思奮不顧身以狗國家之急，其素所蓄積也，僕以為有國士之風」。

——司馬遷：「報任安書」

以上節錄數語，太史公說明自己救李陵，是因李陵為人賢德，奮身報國，己與李陵平素沒有私交，沒露出一腔熱情，是屬于熱誠的句子，朗誦時，句的尾部加强。可記上Λ作標識。

**（例六）**

表示莊重的句子，朗誦時用彎曲調，中央部份加强，例如：

「昔聖王之處民也，擇瘠土而處之，勞其民而用之，故長王天下。夫民勞則思，思則善心生；逸則淫，淫則忘善，忘善則惡心生。沃土之民不材，逸也；瘠土之民，莫不嚮義，勞也。」

——左丘明：「敬姜論逸勞」

以上節錄數語，是因為文伯勸母安逸，故敬姜以逸與勞訓子，是屬于莊重的句子，朗誦時首尾稍弱，中央部分加强。可記上◇號作標識。

以上是屬於句的强弱。

**（例七）**

含有仁慈、悲哀、委婉等情感的句子，須緩讀，例如：

（Ａ）　「汝父為吏，嘗夜燭治官書，屢廢而歎。吾問之，則曰：『此死獄也，我求其生不得爾』。吾曰：『生可求乎』？曰：『求其生而不得，則死者與我皆無恨也，矧求而有得耶！以其有得，則知不求而死者有恨也。夫常求其生，猶失之死，而世常求其死也』。」

——歐陽修：「瀧岡阡表」

以上是太夫人復述崇公在處理死獄時，必設法為死囚求生，藹然仁者之言，纏綿悱惻，這是含有仁慈情感的句子，應緩讀。

（Ｂ）　「嗚呼！汝病、吾不知時，汝歿、吾不知日，生不能相養以共居，歿不能撫汝以盡哀；殮不憑其棺，窆不臨其穴。吾行負神明而使汝夭，不孝不慈，而不得與汝相養以生，相守以死。一在天之涯，一在地之角；生而影不與吾形相依，死而魂不與吾夢相接。吾實為之，其又何尤！彼蒼者天，曷其有極！」

——韓愈：「祭十二郎文」

以上是韓愈對十二郎之死，深自引咎，表達出無限傷痛的情感。「汝病吾不知時」六語，極為沉痛，一層比一層加深，一連下六個「吾」字，正是引咎自責處。這一段以慟哭寫成文章，哀痛欲絕，是含有悲哀情感的句子，須緩讀。

（Ｃ）　「王曰：『雖然，必告不穀』。對曰：『以君之靈，纍臣得歸骨於晉，寡君之以為戮，死且不朽；若從君之惠而免之，以賜君之外臣首，首其請於寡君，而以戮於宗，亦死且不朽；若不獲命，而使嗣宗職，次及於事，而帥偏師以修封疆，雖遇執事，其弗敢違，其竭力致死，無有二心，以盡臣禮，所以報也』。」

——左丘明：「楚歸晉知罃」

以上叙楚子送知罃返晉之前，問知罃返晉後怎樣報答自己，知罃的答覆是自己如獲生還，必盡為臣之禮，盡忠於晉，亦即是不負楚君釋放返晉的恩惠，即所以報楚君。答語極得體，極有力，但詞句委婉，朗誦時要緩慢。

上列三則，下記上——（長幼線號作標識。）

（例八）

含有豪放、愉快、或驚愕等情感的句子，須急讀，例如：

（A）「今張君不以謫為患，收會稽之餘功，而自放山水之間，此其中宜有以過人者，將蓬戶甕牖，無所不快！而况乎濯長江之清流，挹西山之白雲，窮耳目之勝，以自適也哉！」

——蘇轍：「快哉亭記」

以上寫亭主人張夢得胸懷曠達，將無往而不快，作者發揮主題（快哉）的旨意，文筆輕快酣暢，宜急讀。

（B）「獨念方山子少時，使酒好劍，用財如糞土。前十九年，余在岐下，見方山子從兩騎，挾二矢，遊西山，鵲起於前，使騎逐而射之，不獲；方山子怒馬獨出，一發得之。因與余馬上論用兵及古今成敗，自謂一世豪士。今幾日耳？精悍之色，猶見於眉間，而豈山中之人哉」？

——蘇軾：「方山子傳」

以上寫方山及少時的豪邁氣慨，用追叙法，借過去的事實，作現實的反映。由「獨念」至「一世豪士」，是含有豪放等情感的句子，須急讀。「今幾日耳」以下，頓挫生姿，轉為緩讀，是「急脈緩受」。

「余謫居於黃，過岐亭，適見焉。曰：嗚呼！此吾故人陳慥季常也，何為而在此！方山子亦瞿然問余所以至此者。余告之故，俯而不答仰而笑。」

——蘇軾：「方山子傳」

以上節錄數語，是作者和方山子在岐亭邂逅，彼此均感驚詫，是屬于含有驚愕情感的句子，須急讀。

上文急讀部分，可加－（粗短線）作標識。

以上是屬于氣的緩急。

關于散文朗誦的實例，上面舉了（A）着眼點，（B）命令句，（C）疑問句，（D）講問句，（E）祈求句，（F）答述句，（G）表示叱責句，（H）表示慷慨激昂句，（I）表示不平句，（J）表示熱情句，（K）表示莊重句，（L）表示仁慈句，（M）表示悲哀句，（N）表示委婉句，（O）表示愉快句，（P）表示豪放句，（Q）表示驚愕句，共十七個例子；但文章的筆法、句法、語調千變萬化，自然很難全部包括，不過，朗誦者明白了這些基本的法則，細心地體會，不斷地深入研究，把誦材朗誦至純熟，自然熟極生巧，懂得去處理，唸起來恰如其分，達到預期的效果了。

## 四、餘論

### ①散文朗誦要注意文氣

詩詞朗誦要注意音韻，散文朗誦則要注意文氣。韓愈說：「氣盛，則言之短長與聲之高下者皆宜」。可見「氣」和「聲」是有着密切聯繫的。到了清代，桐城派作家提倡「因聲求氣」的理論。劉大櫆說：「音節高，則神氣必高；音節下，則神氣必下。故音節為神氣之迹。一句之中，或多一字，或少一字；一字之中，或用平聲，或用仄聲；同一平字，仄字，或用陰平、陽平、上聲、去聲，則音節迥異。故字為音節之矩。積字成句，積句成章，積章成篇，合而讀之，音節見矣；歌而詠之，神氣出矣」。這都是啓示我們從朗誦字句中，悟到文章的音節；再從音節中，進而領畧到文章的神氣。文章的精妙、奧秘，蘊藏在字句聲色之間，我們只有在字句聲色中玩索，此外便無處尋找了。姚鼐更指出，我們學文章，必須朗誦。他說：「大抵學古文者，必要放聲疾讀，祗久之自悟；若但能默看，即終身作外行也。」因為默看，只運用視覺欣賞，朗誦則除了視覺外，還增加了聽覺的感受，且透過理解，用喉吻誦讀出來，更能表達出文氣，使神氣活現，從而體會得更加深入。曾國藩說：「如四書、詩、書、易經、左傳、昭明文選，李、杜、韓、蘇之詩，韓、歐、曾、王之文，非高聲朗誦則不能得其雄偉之概；非密詠恬吟，則不能探其深遠之趣。二者並進，使古人之聲調彿彿然若與我之喉舌相習，則下筆時必月句調凑赴腕下，自覺琅琅可誦矣」。上述三位桐城派作家都主張詩文要朗誦，特別是散文，要熟讀才能吸取文氣。

### ②默讀與朗誦

近年來，仍有部份國文教師偏重於詞句的講解，在講解之前或後，指導學生默讀，便算盡了講授的工作，並不注意到課文的朗誦。其實讀音的正確，詞句的情煉，音節的優美，文筆的抑揚頓挫，意境的深遠含蓄，假如不通過口的誦讀，耳的諦聽，是不容易領會，更談不到深入理解的。因為優美的文章，都是寫得有聲有色的：色方面我們還可以從講授中解釋明白；但是聲方面，則非高聲誦讀或恬吟密詠是無從體會出其中的奧秘。古今名作、名句，是作者經過深入的觀察，縝密的構思，千錘百鍊才寫出來的，我們一定要熟讀才能把它吸取過來牢牢地記住，隨時可以供我們運用；假如教師只是講解一遍，學生只是默讀一遍便算完成了教學的過程，豈不白白糟蹋了偉大而優秀的作品？

曾國藩論求學：「看者涉獵，宜多宜速；讀者諷詠，宜熟宜專；看者日知其所無，讀者月無忘其所能；看者如商賈趨利，聞風即往，讀者如富人積錢，日夜摩挲，但求其久；看者如攻城拓地，讀者如守土防隘；……………」他把「看」和「讀」分析得清晰而扼要，我們自然明白為什麽好的文章除默讀之外還要朗誦了。

### ③朗誦有助於創作

朗誦名著、名句，固然可以充實自己的學養，同樣，自己的作品，透過朗誦，也可以悟到、選字修詞、練句的工夫。歐陽修的「相州晝錦堂記」，開首二語：「仕宦而至將相，富貴而歸故鄉」是名句。相傳原稿沒有兩「而」字，六一先生經多次諷誦後，每句中間加上「而」字，比原稿「仕宦至將相，富貴歸故鄉」，音節更佳，句語更婉轉，意境也更好了。范仲淹的「嚴先生祠堂記」，歌詞結尾二句，相傳原稿是：「先生之風，山高水長」。不特聲韻更鏗鏘，意境也更覺空靈，且「風」字從孟子「聞伯夷之風者，頑夫廉，懦夫有立志」來，這個「風」字渾成而有出處，替該篇文章生色不少，這都是朗誦自己的作品有助於創作的例子。

### ④朗誦有助於教師的講解

教師講授國文，解釋和朗誦同樣重要，有些詞句想盡辦法無法解釋得明白的，通過朗誦，聲入心通，登時可以使自己和學生都有所啓發一心領神會，把文章蘊藏着的微妙底感情或哲理接受過來，因此更提高朗誦和探究的興趣，進而更深入的去理解。這就是前人所謂：「大凡讀書，多在諷詠中見義理」的意思。

關于「散文朗誦」，上面提出了些淺陋的意見、原則和例子，供愛好朗誦者參考和商榷，也是「就正有道」的意思。我認為優美的文章，熟讀深思，鍥而不捨地去鑽研，不特可以充實自己的學養；在寫作時候，對構思、選字、修詞、鍊句各方面都有所啓發，在施教方面，遇上艱深的詞句，晦澀的含義，也可以迎刃而解；這在國文的「教與學」都有一定幫助的。

---

## 從一位「水墨畫家」執毛筆的姿勢說起

靈犀

閒來偶然看到了一幅現代水墨畫家畫畫時的照片，頗覺有趣，此君頭斜斜，身斜斜，筆斜斜，不知他的足和心，到底斜抑或「無斜」。起初以為他手中執的是原子筆，但經再三的觀察之下，發覺他手中執的明明是毛筆，但何以執成那麽怪，眞費心思。後來去請教朋友，他說這個傢伙的執筆法很像小孩子執筷子般。不過，我始終認為他既然在香港有了名氣，而今又設擂台大談「水墨畫」，不至連執筆也執成那樣不三不四，或有可能他故意向讀者開玩笑，擺出一副破舊立新格來寫他的「水墨畫」亦未可知。

此時此地，有些人雖然裝模作樣地畫畫，但連執筆也弄不好，卻以「專家」、「教授」自居，可謂笑話之極。不過，我亦曾看過有些水墨大師，連毛筆也沒有都行，何妨管它什麽正確與不正確，反正畫的是「現代水墨畫」，只要把水墨潑在宣紙、麻紙、甚至報紙上，變「雲」、變「霧」、變「月亮」、變「巉巖」、染與「不染」就只有天曉得，難道說它不是畫嗎？奈何！

我國的書法和繪畫藝術，除了筆墨、構圖、意境等等之外，對於「執筆」、「運筆」亦很講究，古人謂：「執筆在手，手不知運，運筆在腕，腕不自執」。還有執筆要「五正」，所謂「五正」，第一要「筆正」——是指運筆時，筆桿要對着鼻尖，尤其是用中鋒筆。第二要「頭正」——頭部要端正，頸骨要挺直。第三要「身正」——身體為重要的支柱，因此要四平八穩，背骨直豎，不偏不倚。第四要「足正」——雙足按地，用作承持身體的重心，左右腳前後放者最穩，若兩足左右分開比較差，吊腳、叠足、交义腳就不合規格上的要求了。第五要「心正」——是指書寫之前，腦海裏要去除雜念，全心全意地寫。上述的五點，無非是利便自己書寫時，得以通暢自然。當然，尙有其他許多繁復的執筆學問，簡單來說，執筆皆宜乎虛拳實掌，五指密密的環着筆桿，拇指和次指之間搭成鳳眼的式樣，這可使筆桿穩固而有力。

---

歷史漫話

# 是誰扼殺了中國的文化？

曹懋績

歐洲到了第五世紀，原有燦爛的希臘及羅馬文化給日耳曼族所摧殘，其後又被教會所壓抑，因而陷入了文藝黑暗時代。直至十五世紀中葉，因學者的覺醒及努力、文藝才開始復興，漸漸發展為今日之文明。這就是西洋史上所稱的 RENAISSANCE。我國則早自秦大統一以後，便即陷入了文藝黑暗時代，但經過了二十多個世紀，到今天還未復興。五四運動雖然露出曙光，可惜一閃即逝，至今還是一片黑暗！

春秋之世，由於封建制度的崩潰，孔子因得乘時開壇講學，推行了平民教育，把貴族專制的教育制度推翻了，我國的學術才得大躍進。從這一角度來看，孔子的確是個偉大的先師。到了戰國時代，各國競圖王霸，因而爭相羅致人才，由貴族專政一變而為布衣卿相；於是人才蠭起，更造成一個百家爭鳴，百花齊放的局面；十家之學，一時湧現，成為我國文化最燦爛時代。迨贏秦滅了六國，統一天下後，剝奪了人民言論著述的自由，各家學術才聲沉光滅，文藝從此陷入黑暗時期，一直到現在，猶未復興。由於這是起自始皇之焚書坑儒，後世便一致認定是扼殺中國文化的兇手。

據漢書藝文誌諸子畧所載，有目無書的很多，這些書的亡佚，後人多歸咎於秦火。秦始皇的焚書坑儒，對我國學術文化的發展，當然有打擊，但影響實在並不很大。然則扼殺中國文化的劊子手究竟是誰呢？我的答案則是——儒家之徒——我這種說法一定引致許多人反對和抨擊，但我的理論是有事實作根據的，絕非標奇立異，嘩衆取寵。其實，筆者未做教師之前，看法也和世人一樣，及執教之後，不得不作深入探討，才發現自己的錯誤呢。漢書的作者班固，乃屬儒家，相信是沒人不同意的吧。我就最欣賞他對儒家的批評。他在藝文誌諸子畧篇裏說：

孟子是那惑者辟者羣中的第一人

> 儒家者流，蓋出於司徒之官，助人君，順陰陽，明教化者也。游文於六經之中，留意於仁義之際，祖述堯舜，憲章文武，宗師仲尼，以重其言，於道最為高。孔子曰：「如有所譽，其有所試」，唐虞之隆，殷周之盛，仲尼之業，已試效者也。然惑者既失精微，而辟者又隨時抑揚，違離道本，苟以譁衆取寵，後進循之，是以五經乖析，儒道寖衰，此辟儒之患

儒家以人性為本位，一切以人的立場為出發點，所以班固認為儒家在十家之中，於道最為高，我完全同意。至於「惑者既

失精微，辟者又隨時抑揚，違離道本，苟以譁衆取寵，後進循之，是以五經乖析」之說，班固身為儒家之徒，竟能作這樣客觀的批評，至堪敬佩，我更完全同意他這一說。由於儒家之學，於道最為高，所以我國的學術思想，一直都是以儒家的為主流，雖然儒家之徒，幾乎不是惑者就是辟者，以致五經乖析，儒道寖衰，還是支配了中國二千多年，至今仍在拼命掙扎。在那惑者辟者羣中，第一個，而且是最重要的一個就是孟子。他是最著名的死硬派。他反對儒家以外的任何一家的學說，尤其是對墨家非禮樂，倡兼愛，尙功利之說，大施撻伐，甚至斥兼愛為無父無君，要同道起來滅此朝食。以致墨家之學，始終抬不起頭來，否則，登陸月球的壯舉，說不定我們早已實現呢。

孟子高托着堯舜禹湯文武周公孔子的大招牌，到處宣揚鼓吹，後進循之，知識分子由是絕口不談功利，祇談仁義了。結果，功利固然是不振，可惜仁義也不見得好到那裏去；整套廿五史所載，除了其中有幾個轟轟烈烈的人物，幾件轟轟烈烈的事情外，還不是一場胡塗，令人掩卷太息！

賣花讚花香，原是人之常情，但祇許自己馳騁，不許別家立足，就不應該了。本來，聖人是不攻異端，於道無所不容的，但孟子則剛好相反，儒家之徒受了他影響，對別家之學便都視為異端邪說了。這樣，文化又焉得不衰落？所以，我常覺得，儒學之能成為中國學術思想的主流，支配了中國二千多年，孟子是最大的功臣，但中國文化之局限於儒，奄奄一息，不能把戰國時代的光輝發揚，孟子卻是最大的罪人。

孟子的學說雖然偏而且激，卻也有它的眞理，不可因此便抹殺他在學術上的貢獻。以他前無古人的雄辯，遊說諸侯，應可獲售，以行其志的，何以會到處碰壁呢？那祇要一讀他的著述，就可了然。例如他見梁惠王，王問他何以利吾國，這原是很合情理的，孟子卻說：「王，何必曰利，亦有仁義而已」，像這樣硬繃繃的，潑冷水的回答，任誰也會不喜歡的吧。這簡直像在熱戀中的情侶，神知昏迷，祇談愛情，拋棄了麵包一樣。不想想，沒有麵包，根本便沒條件談情說愛。他到處碰壁，不是活該的麼？

大聲疾呼「復古復古」的韓愈　　追隨着韓愈搖旗吶的歐陽修　　南宋又出了個偽人，他就是朱熹。

單是孟子的言論，如果沒人推波助瀾，是不會造成後來的黑暗局面的。不幸的是，到了漢代，出了個更豈有此理的大儒董仲舒，竟向武帝提出罷黜百家，獨尊儒術的惡策；而儒術對統治者來說，是最高明的治民之術，便立即被武帝採用了。孟子點起的一把火，勢已熊熊，現在加上政治的高壓力量，就沒法不燎原了，於是便造成了儒學一枝獨盛（不是秀），其它的奇花異草都萎謝了。獨盛的一枝，如果開得燦爛，散發出芳馨，雖嫌單調了些，及不上百花齊放的多釆多姿，還不太要緊；可恨的是，它開來開去都是那老樣子，不祇沒有新品種出現，而且愈開愈小，甚至變成畸形。散發出來的再不是芳馨，而是令人作嘔的霉腐氣味，有些更變成沼氣呢！

漢書董仲舒傳：少治春秋，考景時為博士，下帷講誦，弟子傳，以久次相授業，或莫見其面，蓋三年不窺園，其精如此。進退容止，非禮不行；學士皆師尊之。

又其答武帝制，有：「臣謹案春秋之中，視前世已行之事，以觀天人相與之際。……

請想想，困在一間多大也不會大到那裏去的書齋裏，三年不窺園，他的天地就是那頂多不會超過一千方尺的地方，他的視野有多大？而他更把整副精神放在春秋那本經上，看到的，想到的祇是些古董，與書齋外的廣大世界和現實世界完全隔絕，那他的一切意識和觀念究竟有多少價值就不言可知了。而他卻藉以觀天人之際，又以之傳弟子，而學士皆師尊之，中國的文化又那得不倒退啊！

一般來說，人存政舉，人亡政息，歲成定例，但由於罷黜百家，獨尊儒術這惡策的腐化力量太大了，終有漢一代，竟然一直蔓延開去和蔓延下去。到了中唐，又再冒出一個死硬的韓愈來，高舉衛道和復古的大纛，寫了一篇原道，說別家的道都不是道，德都不是德，祇有他一家的才是眞道德，而且還譏笑大哲老子坐井而觀天，眞可謂狂妄到極。這還罷了，他的胡塗更無可比呢。試想，以一個為萬物之靈的人，而且是一個高級知識分子，身為一州之長，竟然至誠地以雙牲去祭那絕無靈性而兇殘的鱷魚，不是天下奇聞麼？眞難怪清末兩廣總督葉銘琛在城頭大擺屎桶陣去尅制洋鬼子的大炮了。俗語說，秀才遇着兵，有理說不清，兵是人，且非理可喻，向鱷魚說理，簡直是發神經喇。至於他的文章，蘇東坡讚他文起八代之衰，後人認為韓愈足當之而無愧，但在我看來，他是文開五代之衰才眞。不是麽？歷史是前進的，復古便是開倒車，自韓愈以後，歷五代而至宋元明淸，我國的文學便祇在古文裏兜圈子，直至晚淸，也祇兜出個：文中不可入語錄中語，藻麗俳語，板重字法，隽語、佻巧語、用字造句，必須淸眞雅正的桐城派來；假如不是梁任公出，創造了新民體，把纏腳臭布剪斷了；又假如沒有個胡適之出，大力提倡白話文，我們現在不是還要讀像林紓體的小說，嚴復體的論文麽？如果不是韓愈大聲疾呼「復古，復古」，喊出個歐陽修來，領導着三蘇父子和王曾搖旗吶喊，宋朝的語錄體一定會大行其道，發展為白話文，不致拖延了八九百年，要胡適來提倡，白話文學早已開出了燦爛之花了。

一個韓愈已經夠糟了，想不到更壞的還在後頭。到了南宋竟又出了個僞人朱熹。我說他是僞人，是因為他提倡人人要把自然的本性加以人為的改造。他最具影響力的著述是四書集注，但中庸章句裏首兩句，他解得就大錯特錯。他根本就不懂天命，性、率性，和修道的眞正意義。卻說：「命猶令也，性卽理也。天以陰陽五行化生萬物，氣以成形，而理亦賦焉，猶命令也。於是人物之生，因各得其所賦之理，以為健順五常之德，所謂性也」，簡直是玄之又玄。因他的誤解，以致說出：「人不可有一毫人欲之私」，和「人人要做聖人」的傻話。他不曉得想想，人如沒有一毫人欲之私，那還成個人？人人如做了聖人，那會變成個什麽世界？孔子說：「若聖與仁，則吾豈敢」，他卻要人人做聖人！

他唱的調子可說高絕了，但他自己呢？某書載云：

> 唐仲友知台州，營妓嚴蕊色藝出羣。朱熹提舉常平，與唐有嫌怨，指唐與嚴有姦，捕嚴入獄，拷訊不認，百般迫供。獄吏謂嚴曰：「你就認了，不過判杖，何必不認，致多受苦」。嚴說：我也知沒有大不了，不過雖死也不肯冤枉人。

眞的朱熹原來是這樣的呀！可是，歷代之所謂大儒，倒是以他的言論影響最大，因為此後的科舉，便以四書為必考科，而四書的義理，則以朱注為本。於是儒家之徒，除了對孔孟之外，他是最被尊重的一個了。從此，中國的知識分子，父教其子的，兄教其弟的，都宗師朱熹，而我國的學術文化，也從此給四書五經壓制着，動彈不得，直至五四運動爆發，才得鬆綁了。

附記：這篇連載文章，是1960年我在某校教歷史時的講稿。為了不想讀者誤會我要做現在大陸厲行批孔捧秦運動的尾巴，特此註明。

# 內山書店的今昔

沈西城

近讀小澤正元氏的「內山完造傳」，覺得很有點兒意思，很想動手來迻譯，可是匆匆翻閱一過，似又感覺到這原本就不是鄙人力量所能及的；現在正値溽暑苦熱、陋室淺隘，就是讀半卷書，汗已能濡背，譯書玆事體大，又豈可任意為之！想來這是自家的不幸，能閱書半卷，已屬福份，他何能妄求哉。福薄祿淺，大概只有抽削剝製一途，尚能可行，蓋以其頗能省事，且亦不倦庸軀賤體焉。

## 內山完造的少年生活

原書裏有一條叫做「大阪・京都時代」的回目、佔頁三十餘，寫的都是有關內山完造童年以至少年的生活。倘使準備迻譯全書，這是上佳資料，奈是不佞量力而為，貪圖快便，此處只擬約畧說明，詳細經歷，留待「室不湫隘，汗不濡背」時，方才做去。讀者諸君，幸祈原宥。

明治十八年（一八八五年）一月十一日，內山完造生於日本岡山縣。自山陽本線之笠岡驛乘井笠輕鐵到終點井原後，再坐公共汽車，沿小田川北行四公里，即可見後月郡芳井村（現為芳井町），此便是內山完造的故鄉。童年時代，內山完造過得並不愜意。生下第二十日，家逢惡火，一燒傾盡；五歲入學，成績平平。到了中學時代，完造向學之心，更趨淡滅。求學之志既泯，躭在家裏自然不是辦法，唯一出路便是從商而已。後月郡芳村，地處偏僻，除了務農，或者是在村役所內找差事外，要來從商，談何容易；因之，完造只有向外面尋發展。也許是他的造化，經過家族會議後，完造的父親決定送他到大阪學生意去。

上海內山書店

完造離鄉別井時，年紀不過十三，有此「闖天下」之心，可說全得自中學時代校長多賀定市的鼓勵；餞別宴時，多賀氏市曾賦以詩云「業不成就不還鄉，人生何處無青山」。完造在學校裏，是出名的頑皮學生，多賀氏非但不以此見怪、反而多所慰勉，可謂「慧眼別具」耳。完造充當學徒的商店叫做大塚商店，專營外國衣料，賤價買入，高價沽出，這生意法門是那個時期流行的手法，完造看在心裏，滿不是味兒，日後一直做下去，更覺店主刻薄的可恨，於是聯同店伴要求加薪。結果，丟了差事，於事亦無補益。失業的完造，生活頓成窘境，幸賴友仙工場的老闆元生氏帶携，暫時棲身於其處。然而完造始終不是慣於做食客的浪蕩子，過了一段時日，自覺之味，便怏怏然買棹回歸故里去。

這時完造業既不成，得不到家庭的見諒乃當然的事，尤其是完造的父親，思想陳舊，常以此為恥，逼得自尊心强的完造，自毋親處取了盤川，作第二次的出走。

茫茫天涯，無路可走，完造奔向大阪，訪舊戚親朋，所遇皆為冷淡面孔；到了後來，仍舊是元生氏的荐引，進了京都堺町的赤野商店，首過掌櫃的生活，這是明治三十四年（一九零一）秋天的事情，完造是年方十六。

赤野商店的老闆赤野三次夫妻，篤奉基督、完造耳濡目染，積久成習，閒時也就到禮拜堂做禮拜去。在這段時間內，完造認識了影响他一生很大的牧野牧師。牧野虎次當時乃為同志社大學總長、其人有遠見，日久與完造相往還，頗有提拔之心。一九一三年三月十日，禮拜做完之後，便召完造入牧師室交談。牧野問——「你將來準備做甚麼？」完造答——「事實上我已厭倦從商，將來還是想做一個傳道者。」牧野說——「幹嘛不喜歡從商呢？」完造說——「商人好亂說，不如此，就做不成生意，這便是我厭惡的原因之一。」牧野又問——「如果有不用亂撒誑的生意，你願意去幹嗎？」完造說——「有這樣的生意嗎？如果有，自願意一試。」這生意便是推銷參天堂的大學眼藥到中國來。

一九一三年三月二十日，完造乘春日丸自神戶出海；同行者有參天堂經理三田忠行，出差員中原照夫，見田癸已郎，與及參天堂上海代理店日信大藥房的經理伊藤松風等五人。二十四日，完造抵上海；此後三十年的異國生活，與中國新文化的生長發展，皆有「唇亡齒寒」不可割裂的關係，其中尤以「內山書店」在上海創立，更為五四文壇上的盛事。本篇題曰「內山書店的今昔」，著意處便在講述上海「內山書店」成立的經過，與及今日東京「內山書店」的發展情形，唯沒有昔，安能有今乎！現在且讓吾等來作五六十年前的追憶吧！

## 上海內山書店的的創立

據說，內山書店的眞正創立者，是完造夫人井上美喜子。一九一四年，完造來中國後的第二年，完造又回到京都去；牧野牧師見他僕僕風塵，居無定所，心中生憐，便來替他作媒，介紹了井上美喜子跟完造相識。往來頭一年中，兩人感情便已達不可分離的地步。一九一六年正月兩家在牧野家中共結秦晉之好，婚後相偕回上海定居。

美喜子生於京都伏見，其父經營投機生意失敗，使伊成了負担家庭的主要脚色；生活於祇園花街（花柳界），令伊苦不堪言，幸賴牧野開導，信奉了基督，宛似待溺人兒，瀕危抓得了浮木，方始慶幸生還也。

完造回到上海，稍事休息；五月，為了要瞭解排日運動的實況，出發到各地旅行，首先到了杭州、紹興、寧波，接著自蘇州、無錫、常州、鎮江、南京、蕪湖溯江而上，到了漢口、沙市、宜昌、長沙、常德、南昌諸地。處處排日風潮雖熾烈，却沒有故意侵害日本人生命的事情。這年下旬，兩口子在上海渡過，時勢險惡，眼藥水生意亦大壞。翌年（一九一七）八月，完造到廣東、香港旅遊，更自汕頭、厦門遠渡對岸台灣觀光視察。

完造雖然是生意人，對婦女問題，由於早就得到基督文明的開導，有著很是前進的看法。他認為婦人問題中心裏應連帶有經濟的獨立，日本女性受男性壓逼之最大原因，端在乎經濟之不可獨立，若然自食其力，則大可逃離此種壓逼矣，是以為人妻者必要握有經濟權力方可自由生存。完造對此不獨想想為然，即使對著參天堂的年輕同事，亦不時加以開導啓發，這在當時軍國主義盛行，女人命賤如螻蟻的年代，確是難能可貴的。

內山書店，即是由乎美喜子得到完造這樣的感召，抑且加上完造因了生意多不在家，閒居聊賴，總想找點事情來為人服務的衝動中成立起來的。當時，上海已有三間日本書店，唯是代理基督書籍的可說絕無僅有，完造受了友人勸誘，同時又想為閒在家中的美喜子謀事，便向參天堂的老闆討人情；老闆見此事跟生意無抵觸，便爽快答應了下來；接住，完造憑了牧野的介紹，跟警醒社攀上生意門路，於是乎內山書店便在北四川路魏盛里小弄堂地下板間擇吉開張了，那是一九一七年的事。初開張時，陳設簡陋，又因缺乏本錢，書架也只好以啤酒箱蓋切塊嵌鑲代之，百多冊僻書，列陳其上，境况凄凉；後來，業務漸好，完造補增書本，不再偏於基督，間亦販賣一般書籍矣。

內山書店後期成了海內外知識文化人心目中最具分量的書店，其由撇開內外情勢變化關係，各方需求日籍書本亟殷外不談，美喜子之誠實接物，乃是主因之一也。其次，完造夫妻敢於信賴大衆，服務大衆的精神，想也是最重要的因素吧！我們隨便讀一則魯迅日記，大都可見著內山書店的服務態度，比如在一九三一年七月二十二日的條目中所云一「二十二日曇。午後內山書店送來『浮世繪傑作集』（十一回分）一帖二枚，直十六元。」賣書還要送上門，求諸香港，確不多見。

完造經營內山書店的手法，還有一點為別人所不能及者，即在其肯對任何人都予以信賴也；男女不拘國籍，都可先取讀後惠鈔，即使拖賬匝月，也不會登門催索，這在那時代的上海，營業方針，可謂驚世駭俗。走筆至此，忽然想起了一段插話，順便記在這兒，聊博一粲。日本戰敗，完造夫妻被逼回到日本去，有人問他，老闆你可糟了，偌大一筆中國書欵子，何處去收？完造道欠我欵子的中國人一個都沒有，倒是日本同胞所掛的賬，往往使我欲哭無淚呢！問者為之語塞。

上海內山書店創設伊始，一切規模不備，唯是，不出三數年間，卽發展為上海第一書店，其由前已誌述，然而這跟完造童年以及少時代的一段經歷，蓋亦不無一點關係也。

## 東京內山書店的現況

東京內山書店，在我居留日本時是常到之地；週末無聊，總會到那兒逛去，看看書，聊聊天，倒可以消磨大半時日。有時，香港的朋友要找一點有關新文學資料的秘本，在香港買不到，內山書店大多可以提供服務，快捷便利，包管令人不會失望。

上海的內山書店，格式何如，吾生也晚，未曾得覩，近日讀得蕭銅先生鴻文「我也到過內山書店」，管中窺豹，畧得梗概，其文云——「大約是一九四四年的冬天，我也到過上海的內山書店……書店的橱窗中，陳列著一些日本書刊，推門進去，靜悄悄的，沒有一個店員，也見不到一個顧客。架子上，排滿了日本書刊。這是一個冬日的下午，書店光線不足，陰沉沉的，一派悽淸景象。這是日本書店的特色吧？……我看看書，慢慢溜到後面；在一道日式屏風後，擺著一張小圓桌，兩把舊籐椅，一個日式火盆中，燒著木炭；坐著一壺熱茶……裏頭，有一間日式小屋，一個穿和服的日本老太太，正坐在榻榻密上縫補衣服……我猜她是內山完造的太太。」這個補衣服的老太太，大概便是美喜子了。越一年（一九四五），美喜子卽因病逝世於上海。

我所見到的東京內山書店，格式與諸舊日相比，當然有了頗大改變耳，至少，店中已無「悽淸景象」，顧客盈庭，往往可以把人擠得叫悶。幾架巨型冷氣機，每遇此景，照例發揮不出任何力量，想尋屏風後面的小圓桌，兩把舊籐椅已是近乎妄想，此刻連屏風亦早付闕如，况乎桌椅？店末有櫃台一張，較入口處者稍大，裏面恒常坐著穿和服的老太太，敢情不是美喜子矣。我買書的事情，一逕由這位老太太代辦；有陣子，袋口缺錢，我就坐在櫃台旁看她理賬。現時，買中國書籍的日本人越來越多，老太太由乎年紀，許多時，面對各類海內外訂單，顯得方寸大亂，這時候，

晚年的內山完造

自店後辦公室中往往會走出一個年青的男人來加以幫忙，包書收欵，手法輕靈；看年紀，三十出頭四十不到，架黑邊眼鏡，國語說得字滑腔圓，問他姓名，答曰內山籬，再詢及跟內山完造的關係，則在伯姪之間，然則老太太可能便是片山松藻——內山嘉吉的夫人——耳。不過，雖然見面多，却不曾請教過老太太的姓氏，是以此處只是限乎猜測而已。

時移勢易，一切都趨現代化，東京內山書店亦無例外，自一九六八年由神田一橋搬來神保町鈴蘭里（路名意譯，原文平假名）自置樓宇後，店內東洋風味幾已喪失殆盡。入門雖仍可見日本書籍，惟是井井有條，無復書店應有之散亂風格耳。店左書架，長約二十來呎，高達十呎，上面所陳俱為日本書籍，店中央亦置一書架，體積畧小，分作兩邊，左邊仍列各類日本書籍，夾雜些許中文秘本，與店左者望衡對宇，右邊則雜陳中文書籍；店之右面，便是擺放中國專門書的大書架，體積與店左者同，裏面以魯迅先生著作擺列最多，次為郭沫若、郁達夫等，間亦有周作人、沈從文之著作，多由香港運來發售。店面不大不小，若香港商務印書館之四分三，所收書籍，林林種種，可稱神保町內所有售賣中文書籍書店中最齊備者，四大書架，再加上樓上四層倉庫，其規模可想見之矣。

## 東京內山書店的創辦

「內山完造傳」一書中，除了提及上海內山書店外，連帶及便，也介紹了東京內山書店成立的經過。這段事實，談過的人大概不多，加上自己跟東京內山書店有個一段來往，感情作祟，忍不住要來稍作說明，俾便補上文之不足。

東京內山書店主要創辦人，自然是內山完造，但實際上的主持人却是完造的幼弟嘉吉夫婦。在未提到東京內山書店成立之前，這兒先要補叙一段有關嘉吉夫婦認識的經過歷史。完造夫婦在京都有一個心愛養女，本為好友出星商會親戚，一向在同志社女學校讀書，後來不知何故，突然患上了肋膜炎，屢醫無效，便到上海養病。完造延鄰家石井醫生診治，一方面拚命替她進補，搞了不少時日，病況始有起色。這少女聰敏非常，不但可助店裏業務，尋且還會做賬，是以完造夫婦視之如拱璧，寵愛有加。病癒之後，便在上海居

留下來。

完造有兄弟七人，幼弟嘉吉，幼即寄養四國丸龜叔父之家，完造從小便到商店當學徒，故而兄弟從不曾見過面，一直到完造到了上海安定下來，方才有書信來往。一九二七年夏天，完造匯上盤川，招弟來上海一遊，這才是兄弟兩人的正式晤面。自此以後，完造對這個有志於彫刻的弟弟便時時賜以經濟上的援手。

一九三一年，嘉吉第三次來上海時，還是日本成城學園小學的美術教師，此趟崔護重來，為的除了應魯迅先生之邀，為其弟子十三人講習木刻外，主要還是跟完造養女片山松藻的婚事。這樁婚事，一切由完造夫婦作主，擇好黃道吉日，在三馬路楊州菜館「新半齋」設筵十桌，宴請各方友好，包括魯迅、郁達夫、鄭伯奇，以及塚本助太郎，出星商會夫婦等；席間，完造發表了幼弟婚訊，舉桌騷然。魯迅日記亦有記其事云——「八月廿二日晴。熱。上午作翻譯畢，同照相。並分得學生所贈水果兩筐，又分其半贈三弟。下午得詩荃信，一日發。晚內山完造君招飲於新半齋，為其弟嘉吉君與片山松藻女士結婚也，同坐四十餘人。」嘉吉夫妻歸國之前一日，魯迅書詞幅送贈，詞為五代詞人歐陽烱所作，詞云——「洞口誰家，木蘭船繫木蘭花，紅袖女郎相引去；遊南浦，笑倚春風相對語。」魯迅日記亦云——「七日晴。松藻小姐將於明日歸國，午後為書歐陽烱『南鄉子』詞一幅。」嘉吉結婚，魯迅、郁達夫皆為賓客，完造面子之大，可想見焉。

面子大，當然是書店生意好的關係；生意好，再進一步便要擴充營業，這是人之常情，完造自不例外；他看準形勢，決定把業務伸展到日本去。那時，東京書店所售賣的中國書籍，都是一些漢學專門書，範圍自漢、唐、宋起以迄元、明、清，而一般教材，亦不過是江戶時代儒者所撰的日本漢文書而已，至於新文學書籍，內容涉及中國人民覺醒過來，與諸帝國主義相頡頏的書籍，根本還沒有為日本人所知悉，也就談不上有專門店來代理出售了。

恰巧那時，嘉吉因成城學校動亂被牽連而受驅逐，徬徨間無所依靠，很想找點事做。完造便找嘉吉夫妻商量，小夫妻自是忙不迭的答應下來，於是籌備工作便告展開。一九三五年，覓得居處祖師谷大藏附近的一爿麵店作店面間，東京內山書店便告開幕。

祖師谷大藏隸屬世田谷區，那時還是鄉下地方，內山書店開在那裏，賣的又是跟漢文性質完全不同的東西，自然就惹不起一般學者的興趣了；故此開業以還，生意不大好。那時候的常客，據嘉吉夫妻記憶，大概有岡崎俊夫、武田泰淳、竹內好、小野忍、松枝丈夫、千田九一等一班中國文學研究會的會員，再加上一部份留日中國學生，也常來瀏覽，算是替小書店添上些微熱鬧；另外還有些特殊顧客，也常來串門子，那便是巡警，他們不喜歡新思想，要來加以干涉，但是這種干涉終歸註定要失敗，東京內山書店依然發售這種書籍，而這班巡警倒過來，却攤手投降了。

一九三七年，有人願作支持，東京內山書店便從舊址搬至神田一橋救世軍大厦的小巷裏。這時因七七事變關係，留日中國華僑跟學生愛國心重，亟想知道祖國一鱗半爪的消息，因而多聚集在內山書店裏，搜購華文報紙書籍。此刻貴為中國訪日團代表之孫平化及蕭向前二氏，那時便正是內山書店的常客。

太平洋戰爭末期，海運緊逼，寄送郵包，往往有失，東京空襲更是日益猛烈，神保町、錦町一帶，房屋多焚於一炬；內山家族大多避歸岡山故里，只留嘉吉獨守店面。戰鼓頻催，內山書店生意却是大好。戰爭過後，上海內山書店被接收；一九四七年完造更被國民黨政府遞解出境，送歸日本，東京內山書店便成為其唯一之安頓所。一九五九年九月二十日，內山完造死於訪中國途中，他一生與內山書店間的關係，至此亦告一段落耳。「死者已矣哉，門庭依舊在，憑欄思故人，舊事不可再」。歪詩一首，以資追懷，感時傷逝，悽過山陽聞笛矣。

專題訪問

# 大衆傳播媒介的探討和認識

## ——訪問報紙、電視、電台的負責人——

梁志群　郭志強　張淑兒

本文爲「港大」社會系學生集體採訪，原刊於港大社會系系會所刊行的「號刊」（The Voice）九月號上，因該刊不公開發行，讀者不多，而這篇專題訪問對於目前大衆傳播媒介的介紹，頗有助于一般讀者的認識。茲徵得該刊同意，特加專載，在此僅向該刊仝人表示謝意。

### 引　言

這次專題訪問是對香港大衆傳播媒介作一個初步的探討。基於時間、人力及物力之不足，故未能對香港大衆傳播事業作一全面性的反映，但我們希望能藉着此番訪問來提高同學們對這個問題的興趣，進而作深一步的研究及認識。

我們認為認識問題，總要以客觀的態度及實驗的精神，主動地去接觸及探討；而我們相信這次訪問是符合上述條件的嘗試。

香港的傳播媒介，委實不可勝數，而我們日常所接觸到而滲透力最大的要數電視、電台及及報紙。至於我們之所以選擇這六個機構作為是次訪問的對象，是基於我們討論後的結果。我們承認這個選擇帶有主觀的成分，但我們相信同學們不會否認這六個機構在香港的傳播事業中是有相當的地位和代表性。

這次訪問共分三部份：即電視、電台及報紙。電視及電台的訪問題目是獨立的。而報紙的訪問問題是經過標準化的。故向四間報館所問，問題都是一致的。無線電視台、香港電台、成報及星島報的答案是採訪後經整理及得到有關機構同意後才刊登。至於南華早報及大公報則用書面作答，我們不敢妄加修飾，已原原本本地登出。

**報紙**：成報負責人何先生
South China Morning Post
大公報負責人
星島報業編輯周先生★

### （甲）報紙的功用、目的、行政及責任問題

問：作為大衆傳播媒介之一，你認為報紙有何功用？

成：報紙主要是傳播。本報向以不偏不倚立場，向廣大讀者負起「言責」工作態度。

S:* To inform the public is the major function; it may also entertain and instruct, but basically it should make its readers aware of what is happening in the world, why, and what its effect might be. It is also to help sell products through advertising.

大： 我們認為，報紙是對廣大羣衆進行宣傳教育的一種工具。不管有意或無意，一切宣傳最後都不免對它的宣傳對象起教育作用，好的或壞的教育作用。

星： 這個問題的答案，相信任何新聞傳理系的教科書都可以找到。星島報存在已三十多年，它的存在價值是社會——讀者所賦予的，它的存在就足以證明它的功用了。

問： 貴報發行的主要目的為何？（請依其重要性列出，）又貴報之行政方針如何？請解釋貴報的行政如何達到貴報發行的目的？

成： 純粹是新聞的報導，將社會及國際所發生的事報導給一般的讀者。而本報純係商業機構，主要是廣泛地爭取讀者。

S: Our objectives are to tell our readers what is happening in Hong Kong and abroad; we aim to develop an informed readership in the hopes that this will be reflected in intelligent public discussion of issues that arise. Rather than tell the readers what to think, we present a range of opinion (including our own) as well as facts, and let the reader make up his own mind.

大： 「大公報」是中國人民的報紙。它是為人民服務的。我們首先着重向廣大的中國同胞宣傳愛國主義。

星： 星島報是份商辦的報紙，當然要賺錢。而敝東家發行星島報業，足足虧本了十一年，才開始賺錢。由此可知敝東家發行報紙的目的，也不盡在賺錢。本報的目標，狹義地説是側重於服務香港社會，希望盡量做到對香港有所貢獻。

問： 貴報讀者主要是那階層的人？

成： 任何一份報紙，如單純以一階層為主，銷路就不能廣泛。

S: Our readers are people who read English well; they usually have a good standard of education, and thus are frequently holders of important government and commercial positions. Our readership also includes a large number of students who use the newspaper in the classroom.

大： 由於歷史的淵源，我們的讀者以知識分子和工商人士為多，其他各階層的也不少。

星： 我看每個階層都有罷，説得清楚些，報紙也是商品，多些階層就多些讀者——這是報紙存在，發展的支持力量。

問： 貴報的篇幅如何分配？是否純以迎合讀者為主？（希望能供給統計數字。）

成： 假如以十個版而言，新聞佔六個版，二至三個版是小説或簡短輕鬆的報導，其他是廣告。起初做的時候不能知道這種分配能否迎合讀者，但是經驗累積就能知道讀者需要甚麽。加上本報銷路日漸增加，就知道我們走這條是對的。

S: The SCMPost is clearly divided into news (subdivided into local and overseas), features (including editorial opinion and other columns of opinion), sports and classified advertising, with a separate business section. The percentage varies from day to day, depending on the nature of the news; the size of the newspaper varies depending on the advertising content usually.

大： 我們的發行範圍遍及五大洲數十國，讀者包括外籍而認識中文的人士。此外，我們還出版每週一次英文版。

我們經常出版兩張半，有十個版面。大體是重要的國內國際新聞（通稱要聞）和香港新聞（包括體育新聞），各佔五分之一點五；即三個版面，而經濟新聞（包括交通船期）和副刊，各佔五分之一即兩個版面，此外還有廣告。

星： 本報通常有廿四版：電訊四，港聞六，新界新聞一，副刊四，經濟一，體育一。由於本報廣告多，所以廣告的篇幅也不少。

問： 貴報對於選擇新聞有何準則？

成： 我們選擇新聞會攷慮其重要性及普及性，而且我們會不偏不倚，決不作誇張的報導。

S: News is selected on the basis of what is considered most important; this judgement is made by several people and is based on the widest possible experience. The selection of the major items is usually done at a conference of the Editor, Chief Sub-Editor and News Editor. The usual criteria apply: overall importance, its importance to Hongkong reader.

**大：** 我們對新聞、文章的取捨標準，主要是看它對人民有利無利。我們不贊成「有聞必錄」，事實上任何報紙都不可能「有聞必錄」。

我們不追求聳人聽聞。我們的原則是實事求是，力求準確。我們寧慢而準，以時間服從準確；不片面求快，以準確服從時間。

**星：** 我不敢說我們的新聞絕對準確，但敝報報導新聞是以忠實為主；只重事實，不重誇張。而一切的新聞選擇都以其影响重要性為原則。比如尼克遜水門案和最近某女星自殺兩則新聞，同一天的新聞互相比較，當以尼氏事件為重。

**問：** 有些報紙為了吸引讀者而誇大地報導？貴報有何批評？該等行為是否有損辦報的道德？

**成：** 這樣的做法是絕對沒有用的，報紙主要是能爭取全面讀者。怎樣決定能否爭取全面讀者，就是要能深入家庭。

S: Exaggeration cannot be justified at all. However, it is necessary that some items receive larger headlines or occupy more space because they are more important. Sensationalism for its own sake is inexcusable and dishonest.

**星：** 請原諒我不敢批評其他報紙的辦報道德，但至少星島報盡量做到不以誇張為手段。我們希望能利用我們的傳播工具對社會作出更多貢獻。

**問：** 貴報在香港傳播事業或報界中的地位如何？又担當一個什麼角色？

S: The SCMPost is the most important English-language newspaper in Hongkong and plainly is the most influential. It is obviously one of the major newspapers in the Colony, regardless of language. It is not the largest, but it carries more weight, especially in business reporting. Its influence is not restricted to English readers, for it is used as a source by other newspapers and is often used as a guide to opinion on matters of local controversy. In this way it helps form opinion in a large sector (and the most influential) of the community.

**星：** 這問題是須要由讀者來評價論定，我們絕不能自定我們在報界的地位。就角色而言，限於中文方塊字的條件，我得承認本報祗能做到一份地方性的報紙。但本報的美洲航空版已成為全美國總銷量最多的中文報，紐約時報也曾報導它的奇速發展。就國際報業而言，由於本報董事長胡仙小姐曾任國際新聞協會主席，而若干電訊社曾引述本報的報導，所以，不少國家對星島報亦畧有所聞的。對於年青一代，我們盡量加以訓練和培養。就吸收訓練青年報人而言，本報在全港各中文報中可說是最多的了。

**問：** 可否簡介一下貴報的成就及如何影响讀者？（如閱讀水準，社會意識各方面）？

**成：** 本報是香港中文報中銷路最多的報紙，主要原因是本報非常普及而且報導忠實。

S: The SCMPost helps consolidate opinion, either for or against, and this has an influence on determining policies. It can support policies it favours and help explain them, or it can oppose them and pose good reasons for this opposition. In this way, it can sometimes help modify policies or at least stimulate constructive discussion of them.

**星：** 敝報的成就由讀者來衡量好了。近年來本報銷路顯著增加，至於對讀者的影响也很難具體說明；不過，本報新聞報導的方針一向都不誇大，力求盡量做到對社會負責，對市民有益，至於銷路如何就不必理會了。對於讀者閱讀水準的問題，本報亦有研究。如新聞寫作是否為讀者接受呢？我們亦曾有探討。我認為現在叙述新聞應改變以往的方式，社會是日新月異的，叙述的形式也須要變化。最顯著的是應盡量節省讀者的時間，使他們能以最經濟的時間得知事實。同時，報導應以深入淺出，使各階層的市民更易獲知事實。

---

**註：** * 排名以訪問先後為次序

* In case of SCM Post the questions were asked

in English. For the sake of convenience, the questions in Engleish are not printed out and in case of any controversy, we shall refer to the original English version.

## （乙）報導立場及態度

問：在國際政治上，貴報採取甚麼立場？

成：我們純係中立的而且絕無政治背景。任何消息我們祇求忠實報導，我們是不偏袒任何一方面的。

S: We are uncommitted and independent.

大：在國際問題的報導、評論上，我們最主要的一條是：團結全世界人民，反對霸權主義和强權政治。

星：至於立場問題，我們可以說是純粹的商辦報，對於新聞事實，我們一定會盡力爭取的。

問：貴報對香港政府及其行政採取什麽立場及態度？

成：祇要合理，我們自然是贊同的

S: Also we are uncommitted and independent.

星：正如我剛才說過，本報但求對社會負責，對讀者盡忠。例如十多年前政府曾認為本報所報導的某宗案件與其行政尊嚴有所衝突而委任百里渠法官組織一人委員會審查有關情形，經過一年多的調查，裁定本報是基於人道立場而報導。由這事件，可反映出政府亦容許在可能範圍報導。

問：貴報社論所採取的態度為何？

成：國際事件，我們向有評論。至於港聞方面，如何是不合理的，我們的立場是站在香港市民方面，因為我們也是香港市民。

S: We are impartial and uncommitted and free to criticise whenever necessary.

星：本報的社論，純粹是站在大多數市民的立場，為市民說話，反映大多數人的意見。

問：貴報與政府新聞處有何關係？

成：與任何一間報館一樣。新聞處是代表政府機關，將發生的事公佈給報館，及供給一些新聞資料或立法局通過的議案。總括來說，政府新聞處所供給的祇是一般性的新聞。

星：政府新聞處時常與報紙聯絡，提出政府的態度，但並沒有企圖左右我們。而我們認為不對的亦會提出來，對於新聞處提供的消息，有時我們亦不一定採用，因為我們是有自己獨立的採訪組。比方立法局會議，敝報會派專人採訪，隻字不用新聞處的資料。

問：貴報如何致力促進文化和教育的推廣？

成：本報主要方針是普及和適應一般大衆。所以採用比較普及的寫稿方法。而副刊方面，用的是比較新的或諷刺的寫法，這一類稿的性質是對市民作一些側面性的提供。我們會提高讀者的閱讀水準，但不是迅速的提高而須要假以時日地提高。又我們亦有一部份是趣味性介紹外國的事物如新發明及最近發生的事情。

S: We have Newspaper in Classroom, and numerous cultural articles.

星：在促進文化和教育上，我看本報亦盡了些微力量。例如每年本報都有徵文比賽，工業訓練等，這些對於文化和教育是有關係的。

問：貴報對「讀者來函」所採取的態度及反應為何？又有沒有特別設有讀者來函專欄。

成：基本上本報是沒有讀者來函專欄。但如果讀者有來信，我們會綜合意見反映出來。

S: We have Reader's letters and Telephone complaints.

星：本地所設讀者版極歡迎讀者來函發表意見及投訴，本報會盡可能全部刊出，至於未便公開的投訴，本報會將資料送交有關部門。

## （丙）新聞自由及外來力量對報業的影响

問：你認為香港有沒有新聞自由？試申述之。

成：香港新聞自由是有的 ， 而且相當適中和配合。

S: Hongkong has one of the freest media in Asia; a good part of it, however, exceed this freedom and tips into excess. The law is the main restrain on the media, not administrative action. The best newspapers in Hongkong are among the best anywhere; the worst are probably as bad as it is possible to be. There is freedom of political and religious comment, freedom to pursue items of interest—the only barriers are those that the law erects and supports (like the right to privacy; libel, etc.)

星： 有。香港新聞是有自由的，在相當範圍內，使人感覺到滿意。

問： 政府的干預程度怎樣？有沒有特別檢查制度及條例去針對報紙的印制？貴報對現存的制度及條例滿意否？或有什麽批評？

成： 政府對報紙沒有干預（指不違背出刋法例）。其實，在香港代表任何政黨的報紙都有。除了在戰前，政府並沒有正式檢查制度。

S: The Government does not interfere in the SCMPost—it can only do so on the grounds of "national security". However, the Government, or its members, can suggest how certain items of news might be handled—but the SCMPost is under on obligation to accept these suggestions. If it does, it is because it had made its own evaluation of the matter and reached the same opinion. There is no censorship as such, although certain items might be given out on the basis of confidentiality (not to be published, or not to be attributed). The law contains certain restrictions (against libel, pornography, inability to report matters still subject to the courts, inability to report juvenile and divorce court cases, ete). Most of these restrictions are useful and do not infringe on the public's right to know. There are cases when the law interferes, but these are fairly rare; in certain cases defiance can be justified on the grounds of public interest, but these are few.

星： 除了在抗戰期間，香港從開埠至今有多年都沒有特別檢查制度。對於現存的新聞條例，我感到滿意，雖然本人一直從未顧慮過新聞條例的管制。對於一定的新聞道德上自我約束，也是須要的。

問： 政府之干預會如何阻碍報業發展？

S: The situation does not arise. The worst that the Government can do is to withhold information; this can prevent a story being published or will mean only part of a story can be published.

星： 敝報從未受過政府的干預，辦報在香港都是在自由競爭下發展。

問： 經濟來源的問題，如何影响貴報的報導篇幅分配、行政等等。

成： 本報收入主要是廣告，但本報的新聞篇幅每日都是絕對不會因廣告多而縮少，我們注重的是讀者。本報擁有很多廣告，但我們不是廣告第一，而我們亦主動地限制廣告。如果內容貧乏而影响將來的銷路，廣告亦將受影响。如果某報紙不暢銷，廣告商就不會在該報刋登廣告。

S: Most of the financial resources of the company are from advertising and sales of the newspaper. These have little influence on the content of the paper except that the newspaper size varies with the amount of advertising carried. An advertiser cannot influence what goes into the news columns; if what an advertiser says is news, it will be published as news, not because an advertiser says it.

星： 本報經濟來源主要是廣告。雖然廣告是我們的主要經濟來源，但廣告絕不影响本報新聞處理，亦不會因廣告而忽畧對讀者的服務。

問： 讀者對貴報批評多否？貴報如何接受讀者的批評？該等批評如何影响貴報。

成： 我們經常有這一類的批評，但我們會很小心去選擇，因為我們讀者衆多，所以不能太過隨便地接納外間的批評。

S: The SCMPost is sometimes criticised by readers. Each criticism is studied to determine if it is, in the newspaper's opinion, valid; if it is, changes are made. However, if we disagree (as we do over recent criticism that Watergate is boring and has been over-covered), we continue our policies.

大： 我們的原則是開門辦報。我們認為，報紙是要靠大家來辦的，只靠報紙本身的幾百工作人員，不可能辦好報紙。我們經常重視讀者的意見和來信；每隔若干時間，並主動廣泛徵求各方面的意見，作為改進工作的參考。

星： 我們時常都接到讀者的批評，有時接到讀者來信投訴報導中有錯字；又例如升中試放榜後，有讀者來函說號碼縮印得太小等，我們都感到有改善的地方，並尊重讀者的意見，採取適當的改善。

**問：** 貴報的新聞來源如何？又有沒有因來源短缺而令貴報不能準確及迅速報導？

**成：** 每一間報紙的新聞來源都是屬於秘密的，恕我不便公開。但至於國際新聞，我們有電訊機及傳眞的設備。新聞來源我們絕不缺乏。

S: The SCMPost has varied news sources—its own reporting staff; some correspondents; overseas news agencies; various feature and picture agencies. China is an area where news coverage is inadequate because of restriction on foreign correspondents and the internal structure of the news agencies.

**星：** 本報從未有新聞來源短缺的現象，我們有七十多名記者，在香港報章來說，是最多的了。當然我們仍然覺得未能顧及全面報導。例如最近我們稍為著重廉政公署活動的報導，而較早時則著重撲滅罪行的進展。本報極力避免陷於偏見，卻永遠站在正義的一邊。至於報導不像電視電台的迅速，這不妨碍報紙的存在價值，因為彼此性質根本不同，我們在深度報導上做功夫，卻不是電視電台所容易做得到的。

## （丁）報業競爭及發展

**問：** 你認為香港的報業，是否已到「飽和」的情形？

**成：** 日晚報現在超過四十份。報紙的總銷量「飽和點」是有的，但一間報紙的飽和點是沒有的。一份報紙能得到大量的讀者擁護，銷路自然會增加。

S: Hongkong is saturated with newspapers. There are too many. The numbers might decline if costs rise too high, but there is room for much consolidation. By stetching potential advertising revenue over too many outlets, the better newspapers are hurt by a revenue crunch which prevents them developing as they might or could.

**大：** 以一個四百多萬人口的城市而有六七十份報紙，任何一個人都可以對是不是「飽和」下一個結論的吧。內容是不是能使人「飽」，那自然是另一回事了。

**星：** 我個人認為香港的報業還未達到「飽和「的狀態，雖然目下有七十多份報紙在競爭，但相信報業還有前途。因為香港人口有四百多萬，但報紙總銷量還不及一百萬份。我以為這根本不是「飽和」問題而是社會教育的問題。

**問：** 香港的報業競爭情況如何？又競爭怎樣影响貴報印刷？

**成：** 我們未曾受競爭影响過。因為我們從未疏忽過，每日廿四小時都在努力工作中。

S: Competition in the English-language field is limited, but the SCMPost does compete also in certain areas with Chinese readers. Competition is keen to intense and this is reflected by the style and type of coverage given.

**星：** 我想香港的報業競爭將會演變到以質為主，讀者的眼睛是明亮的，對於巧取和純粹誇大的報導將會被摒棄。至於說到競爭對本報的影响，由加價後我們的銷路仍持續增加便可看得到了。

**問：** 貴報將來的發展將會怎樣？

**成：** 社會怎樣發展，我們便會跟着走，如文化水準提高，我們會配合地改變及適應。

S: Much depends on the future of Hongkong; when it grows and expands economically, so can the SCMPost and other newspapers. It needs revenue to maintain its expensive staff and equipment, so much depends on the business climate. As readers become more educated and more fluent in English, the newspaper will continue to grow in circulation and influence. Rapid growth is unlikely — slow and steady, but upwards is the trend. As for the content and composition of the newspaper, this will change as the demand changes.

**星：** 對於未來發展路線不是我所能告知的。在本港，星島報的設備可以說是最新最現代化的，我想，一份報紙應不斷求更新，應跟着時代潮流邁進。

## 電視：香港電視廣播有限公司製作經理鍾景輝先生

**1、** 作為香港大衆傳播媒介之一，電視（以貴台而言），在傳播事業中所扮演的角色為何？

**答：** 電視在近年來的發展非常迅速，在社會佔着非常重要的地位，任何那一種大衆媒介的傳播都不及電視快捷及廣泛而又有大的影响力。總之，可以肯定的説，電視是担着一個極重要的角色。而以TVB而言，担任的角色有娛樂，新聞報導及教育等。

**2、** 請畧述無線電視台創辦的主要目的，及衡量一下開辦時及至現在兩者的距離。

**答：** 從過去到今日，TVB的製作目的都是要吸引觀衆收看。像任何的商業電視，我們都是以娛樂為首，如歌唱，舞蹈等。其次，就是報導，如新聞及討論性質的節目。再者，就是教育節目。開辦初期，我們朝着這個目標走，現在和將來也是為此，在未來的日子中，我們會根據現在和社會環境的需要，而對節目的製作方針作出適當的改進。

**3、** 除上述數點外，TVB有否製作一些帶有政治性及社會批判性的節目，及有沒有刻意提高香港文化水準？

**答：** 在政治立場上，我們都依據香港政府，採取中立態度，而對於一些社會問題，則視乎問題本質及個別節目性質而言，TVB有批評的節目，有建設性的提議，而當然亦有諷刺性的短劇，如七十三、歡樂今宵和多咀街等。至於文化方面，我們已不斷在提高節目水平上下工夫。但是，節目內容絕對不能脫離觀衆太遠，而我們亦要攷慮到大衆能否吸收。所以，製作一定要能接觸觀衆，而水準又要保持某個程度，但又不會過份高深。

**4、** 請簡畧介紹TVB製作節目的標準，為甚麼要製作某一個節目，是否純以迎合觀衆為主？

**答：** 這可從三方面解釋：第一，本台會注重節目分配平衡，對於娛樂，報導及教育節目都有一個適當的比率。第二，則注重對象問題，觀衆的需求及愛好。最後就是市場情況，也就是一個節目的營業及贊助問題。

**5、** 對於一般節目的製作態度，貴台會否因要迎合觀衆，而流於嘩衆取寵或過份誇張？

**答：** 這要視乎節目的內容和性質而定，比方以戲劇而言，為着加强戲劇及趣味性，就不能不誇張一些。同樣，諷刺性的節目亦因要使劇作者容易表達而會較為誇張。但對於新聞報導這一個節目，我們則採取忠實而中立的態度。

**6、** 可否解釋電視節目會如何影响觀衆？

**答：** 簡單來説，電視節目接影响香港市民的生活方式。而間接亦會影响市民思想方面，如紀錄片會增加市民的知識，又新聞報導會使市民對香港社會及國際大事有所認識。

**7、** 在電視節目製作過程中，最主要有甚麽困難及障碍？

**答：** 這問題相當廣泛，而要以個別節目而論。但基本上概可從三個角度而討論。第一，就是節目製作的技術上問題，如戲劇節目中劇本的短缺。第二則是對象的問題，電視的接觸面非常之廣，又因香港觀衆的興趣，嗜好和教育水準分別很大，故電視節目很難適應每一位市民。第三則是市民及經濟的問題。其中，製作娛樂節目最為困難，因為要完全適合大衆要求是一件非常困難的事。所以，製作電視節目的關鍵就是要在規限的時間、能力及人力物力內，辦得最好。這也是辦電視最有趣及最有吸引力的地方。

**8、** 除上述的障碍外，有沒有其他外來力量足以影响電視製作？首先想討論的就是有關香港政府對電視台的影响力，究竟香港政府有否一個正式的電視檢查制度？

**答：** 電視亦有一個規定的正式檢查制度，在TVB開台之初，政府派給本台一本詳細的播影規例(名叫PROGRAMME ORDINANCE)。又電視台所播映的片集，是要經過政府的電檢處檢查。但片集在電檢處通過後，TVB本身會作最後一次檢查。因為播映後引致的後果，是完全由TVB負責的，而TVB本身亦應對觀衆負起責任。

**9、** 你認為政府現存的檢查制度是否適中，你又對現存的制度有何批評？

**答：** 我認為檢查制度是應該有的，而我亦不覺得現存之檢查制度有太嚴謹的現象。

**10、** 除政府外，其他最主要的阻力為何？

**答：** 經濟。簡單來説，沒有錢，便沒有製作費，沒有充足的製作費怎能有好的節目製出。

11、一般性的輿論及觀衆批評會否是節目製作的阻力之一？貴台對這些評論態度為何，又貴台從那幾方面搜集「公衆反應」及「批評」？

答：輿論和批評不算是一種阻力或障礙，事實可算是一種建設性的提供及意見上的調查。我們經過攷慮後是會加以接納的。至於公衆反應及批評最主要來源有四：第一，本台聘請香港調查」（MARKET RESEARCH）為我們做調查。第二則用「香港電視」作為本台與觀衆的溝通，香港電視可以説是本台的官方刋物。第三，我們經常收到讀者來函而從這些觀衆來信每半年作一次統計。第四則是報章的反應，我們常會攷慮這些反應。

12、有些人説電視不倚靠廣告而生存，節目的質素才改善及水準才能提高，你的看法如何？

答：對於一個商營的電視機構而言，根本無可能脫離廣告，無廣告就不能生存。故此我反對這種説法。要有好節目，便不能不依賴廣告作為製作費的來源。

13、但會不會因為廣告商的關係及其對經濟來源的控制使節目流於過份通俗或空洞？

答：我相信這種看法是先後倒置，因為通常先有好節目，才有觀衆。觀衆多，節目受歡迎，廣告商才會被吸引。以商業電視台而言，有三樣事是不可分割的，一就是廣告商的錢，二就是觀衆的多少，三就是節目的質素。電視台節目的質素好，廣告商才會用錢支持，觀衆才會多。觀衆多，廣告商才會花錢去投資，電視台才有錢去製作更好的節目。如此類推，有如一個循環系統一樣。因此並非廣告影响節目，而是節目好才有廣告，而且節目的製作決定權最後仍在ＴＶＢ當局，而廣告商只會參加意見。况且，廣告商不會用錢去購買一些低劣的節目。此外，我們亦承認好節目應具有教育性，但是我們做節目是有一定的政策，一定要以觀衆為中心，先以娛樂的節目去吸引他們收看，進一步才能達到報導及教育的目的。這種方法很明顯是針對中下階層的觀衆。

14、香港在不久將來會有第三家電視台的設立，廣告的來源很可能不能容納三間商營權構。故貴台在强烈的競爭之下的發展會怎樣？

答：既然三家都是商營電視，最終目的仍是一樣——以好的節目吸引觀衆，爭取廣告。三家電視台的廣告分配，並非平均的分配，而電視台能主動做好節目，去爭取更多的廣告。故此ＴＶＢ將來的發展主要是以做更好的節目為本。此外，在份量上亦會增加，又播映時間亦會增長。再者，在節目分配上亦會跟隨觀衆的知識水平及要求而更改。總而言之，就是在「質」和「量」上下功夫。

## 電台：香港電台負責人之一

1、廣播電台事業之主要功用及目的為何？

答：電台與其他觀衆媒介一樣；在傳遞消息方面担任一個重要的角色。其次，香港是一個轉變得很快的社會，電台除了報導這些轉變，還要將變化的原因，背景及對變化的評論向大家報導。再其次，就是和電視一樣，提供一些娛樂性的節目。至於教育方面，以香港電台為例，供給的不是課室教育，而是成人教育的新趨勢，一種所謂（ Cotinual Education ），即指人無論到了那一個年齡，仍要受教育，以應付社會的需要。

2、以上述幾個重點，可否依其重要性作一排列？

答：電台採取一個平衡的態度，不會偏於某一方面，我們不會太着重娛樂性。但單純報導，亦不可能。當然亦不能過份注重教育方面，因不是絕大部份人喜歡收聽的。

3、貴台的對象主要為那一階層的人士？

答：一般而言，對象是大衆，不論成人或兒童，婦女或年青人，我們都有特定的時間及節目安排給他們。至於所謂大衆，在香港是指入息不高的人及那些住在公共樓宇的居民。當然，亦會安排一些較高趣味性的節目，但大多數節目的對象仍是本港中下層人士。

4、請簡畧介紹香港電台的歷史。

答：香港電台成立已有幾十年。一九二八年即開始廣播，是香港第一個電台。最初由一個委員會（Commission）管理，後交由郵政司處理，跟着棣屬於政府新聞處。至五十年代則成為一獨立的部門為政府機關之一，但新聞資料方面，則仍由新聞處代編。直至去年四月初，ＲＨＫ本身才成立一個獨立新聞組，自己編排新聞。

5、請問政府建立香港電台初期的目的和現在的目的是甚麽？

答：廣泛來説是覺得有此需要。在那時候廣播是一種新興事業，而很多國家的政府都創辦廣播電台，故香港政府成立香港電台。又以現時而言，電視興起，故政府感覺得到有需要成立香港電台電視部，成為香港電台的一部份。

6、可否解釋一下香港政府如何管理香港電台，又貴台之內部組織為何，如何受政府影响？

答：以整個政府來説，RHK和香港政府新聞處一樣是向 Secretary For Home Affairs 負責，卽現在的民政司黎敦義先生（Mr. Dennis Bray），廣播處長是本台的最高負責人。RHK本身内部的組織可分為：中文台、英文台、電視部（負責製作電視節目給二間電視廣播公司），工程部（由大東電報局負責）。電台内大多數職員都是公務員，當然亦有藝員。

7、香港電台與其他政府機關的關係怎樣？

答：關係當然相當密切，我們有很多資料都是由其他機關得來。比方我們每日都有播出警務處的節目，卽「警察通訊」節目。我們又和民政司署合作一些空中問答之節目。又「漁民一週」是和漁農處合作的 。 公共事務（Public Affairs)節目中討論有爭論性的問題時，我們一定會找到有關的部門諮詢，或直接參加討論播出，彼能更明瞭事情之眞相。

8、貴台和新聞處的關係如何，又貴台新聞來源除新聞處外，有否獨立採訪？

答：我們與新聞處的關係非常密切。大家是 Sister Departments 。不過新聞的來源並不是完全由新聞處供給，譬如國際新聞就不是來自新聞處。本台有獨立採訪，但只限於本地新聞，國際新聞則由國際通訊社如路透社供給，和報紙一樣。

9、作為一個廣播電台，同時又是政府一部份，工作方面有甚麽特色或遇上甚麽困難及矛盾？

答：一方面為大衆傳播媒介之一，一方面為政府機關，自有其困難之所在，特別在我們公共事務節目方面。不過我們有一定的政策和原則。比方在新聞報導方面，要報導準確，快捷，持着公正的立場和不偏不倚的態度。至於在公共事務方面，我們身為政府機關，當然有義務去報導政府的政策、活動及意向。對於爭論性的問題，我們亦會盡量將負責的民意反映出來。總而言之，對於有爭論性的問題，我們的政策是採取平衡的態度，不會偏幫某一方面。

10、貴台對本港政府政策所採取之立場為何？貴台對政府政策有沒有獨立評論？

答：本台是政府的一部份，在政府行政方面當然是採取香港政府的立場。本台是政府電台，是政府的一部份，因此是沒有獨立的評論，但我們有義務去解釋政府的政策，至於在解釋政府的政策方面，政府的立場便是電台的立場。我們會將政府政策在公共事務節目中客觀地解釋及不偏不倚和公正地報導。至於新聞報導，自有其事實眞相，新聞不能是好的也不能是壞的，我們當然應該確實報導。

11、除了解釋政府政策外，貴台有否注重反映民意及設有一些如公衆辯論的節目？

答：當然我們亦有義務去反映民意，我們亦有此類節目製作如中文台的「街談巷議」、「空中論壇「、「電話説心聲」、「縱横談」等，電話是開放的，又是卽時播出，任何人都可以打電話表達意見及討論問題。

12、在此類節目中，如與政府立場相對的意見，會否播出？又政府會不會接受參加者的意見？

答：我們會播出所有來電聽衆的意見，播音與電視是沒有經過檢查的。至於他們的意見亦有時會由政府會透過民政司署將意見搜集。

13、貴台有否負起所謂「政治教育及傳播」的工作？

答：我們感覺到香港市民對於公共事務的問題不十分注重，我相信我們電視台的「針鋒相對」，能鼓勵市民對公共事務問題勇於發言，及對社會問題多些批評，同時亦能作多一些實質上的提供。我們亦有在節目中鼓勵市民去參加市政局選舉投票。總括來説，電台有在市政上的參與及公共事務的批評作相當的鼓吹作用。

14、對於你上述所提供「針鋒相對」之類節目，不少聽衆感到有敷衍的性質，你認為如何？

答：一般來説，我們沒有可能得到結論，特別是爭論性大的問題，可能永遠得不到你所喜歡的結論。

15、貴台有沒有負起文化傳播的工作？

答：有。總括而言，整個電台就負有文化傳播的責任。狹義而言，我們有播出有意義的歌曲，又在星期六我們有介紹香港管絃樂團的節目。我們亦有準備每月舉辦一次公開討論，由絃樂隊的負責人通過電話與聽衆討論樂隊演出之優劣，是非常公開及民主的。

16、如聽衆對貴台作出批評，你們的態度會如何？

答：我們有一節目名叫「郵箱二百號」，聽衆無論對我們的節目及藝員的讚彈，我們都會播出。

17、廣播電台會如何影响市民？

答：有人聽就有影响力。各方面的節目中，或多或少，我們都有些聽衆，所以電台是有一定的影响力。比方電台時常播某一種音樂，便會影响到音樂的趨勢。但至於產生甚麼影响，則視乎個人接受而言。至於聽衆的意見，亦會受電台影响，而電台的影响力由於深入家庭傳到每個人的耳朵可能其他媒介更大。

18、既然電台有相當大的影响力，那麼政府對播音有沒有「檢查制度」？

答：電影有檢查制度，但播音與電視則沒有受檢查，電視節目則受政府的「節目標準」節制。

20、香港電台分中英文台，二者有否分別。

答：除了語言不同外，其他如新聞、公共事務的政策，節目都一樣，在娛樂性節目方面，二台有些不同，英文台的音樂節目較多，自己製作如話劇等節目較少。他們有利之處，是有ＢＢＣ供給已製好的節目，可以省回很多製作功夫，而中文台每週要製作十個話劇。在音樂方面，英文比中文唱片多出很多倍。

21、電視的興起，如何影响貴台？

答：很明顯地，本來，晚上是我們的黃金時間，但現在晚間的節目較少人聽，而日間及早上聽衆反而多。而且電台節目只可聽，不能看，這是一種缺陷。所以在晚上我們是無法與電視競爭。我們現在主要是着重日間的節目，同時多設一些聽衆可直接參與的節目，使聽者和參加者同感興趣，譬如教育性的節目，發問者的問題和教師的答話及討論一同播出，這樣會較為生動。

22、政府會不會建立一個獨立電視台？

答：電視部現在實際上已是一個台，因我們有播映室直接播映節目。二家商業電視台每日可以劃出時間來播映我們的節目。我們的節目有「針鋒相對」、「警訊」、「少年警訊」、「觀點與角度」、「獅子山下」，和一些紀錄片。英文台有'Spectrum' 'Viewpoint'和一些紀錄片。但這些節目每日播映時間不到一小時，故我們是有潛力去製作更多的節目。

23、貴台不受商業影响，請問政府每年財政預算撥多少給電台？會否因缺乏競爭而影响節目的質素？

答：這個在政府財政預算中有公佈，不過以我所知，香港電台所佔不多。ＲＨＫ雖不如其他電台要考慮商業問題，但我們會保持一定的水準，況且廣告商只重視節目是否多人收聽，而不太注重節目性質。至於競爭方面，事實我們遇到的競爭越來越大，有二家電視台，加上未來的第三間，還有商業電台。

24、可否衡量一下貴台及其電視部的成就？

答：民衆的意見是很難估計的，要由專業人士才能作評論，不過我們相信我們現時的工作方向和採取的政策是對的，最近有統計，電視部製作的節目相當多觀衆，每晚都有百多萬觀衆，在受歡迎的節目的前數名。

25、香港電台及電視部的發展將如何？

答：電視部正向以彩色播映方面發展，至於電台，很多人要求身歷聲廣播，但不會在今年內實現。

## 後　記

每件工作的過程，不一定經過詳細的策劃；凡事的最原始的概念的形成，恐怕是最偶然的了。今次的採訪行動亦然。

決定做這次專題訪問非常倉卒，而事實上我們對這問題的了解並不深刻，但我們均感到值得嘗試。幾次開會，再三討論、參考，終作出初步計劃，得到互相同意後，採訪隨作即開始……

正因為步驟不一定是週詳和正確，所以釘子碰了不少。話倒要説回來，因為刺得越痛的釘子，它帶來的教訓亦越大，經驗亦越深。回味之餘，不覺得益不少。

這次採訪不一定有價值。不過，我們期望它足以供有興趣的同學一塊踏腳石，對香港的大衆傳播事業，作進一步的研究。

# 讀書與買書

陳　潞

偶然寫點稿子，偶然收點稿費，於是乃可偶然買點不太貴的書。年來就仗了這些偶然，居然撐起了個小小局面的書齋。

常覺得不特讀書有趣味，買書這事情也滿有趣味。儘管你對當前社會抱着多大悲觀，當你踏進一家書局，看到仍有許多人在那裏摩挲，在那裏沉醉，在那裏流連，你自然會恢復若干信心，覺得社會可悲程度不如所想之甚。

## 應該擯棄的觀念

進書店看書，看了不買；說到這情形，有人愛用「揩油」兩字。個人不喜歡這兩個字，不論用在甚麼地方。蘇曼殊一封信有兩句：「此處有酒可賒，無油可揩。」這是所記得曼殊句子中最不喜歡的。料想他執筆時，只着眼於「賒酒」和「揩油」相對得巧，所以信筆寫出而已。

從書店偸書的人，往往被稱「風雅賊」，以示高於一切匪徒的身份；然則大大方方在裏面披覽一番的，豈可遽詆為揩油？方今香港許多行業的店夥，相率以白眼看人態度對待顧客，唯有書店，還保留着點優良傳統。竊以為此種傳統應由店客兩方合力保持下去，大家徹底擯棄掉「揩油」這個極端要不得的觀念。

進書店「博覽羣書」，當然是一種樂趣。可惜自己近年已無此樂，多數是節約到一點時間，匆匆進店一轉，「身形」像走馬燈般，眼光配合着四處「掃描」，有了目標就腳步暫停，拿起三翻兩翻，合則留，不合則去。如此以一周天為限。這樣買到的書，就有回來細看之下不大滿意的，也有回來發覺原已有了此書，買重了的。

記得戰前在上海，有段時間每天徒步十里，到四馬路商務印書館看幾個鐘頭書。那才是實實足足根本不存購買觀念的看書。商務到底是商務，店夥們決不會在整理書籍時對「看客」推推撞撞，也不會偏揀「看客」站在面前的櫥子嗚鑼喝道地開門關門，驚天動地的拿東拿西；店方還闢了一塊潤落的空間，設下兩張只畧小於乒乓桌的書檯，配備舒適的椅子，「以便讀者」。

## 讀而不買的先師

著「論衡」二十餘萬言的東漢學者王充，書中問孔刺孟，奮軍與聖賢相軋、才學不可謂不大。范曄的後漢書王充傳，說他「家貧無書，常游洛陽市肆，閱所賣書，一見輒能誦憶，遂博通衆流百家之言。」謝承的後漢書述謝夷吾上書肅宗，舉薦王充之言，說他的才學：「雖先世孟軻孫卿，近漢揚雄、劉向、司馬遷，不能過也。」

千多兩千年前的洛陽書店是甚麼樣子的？我們很難懸想。可以斷言的一點，是書籍都卷帙繁重，與今日大不相同。那就是說，當日在書店看書，決無今日輕鬆；王充不但去「閱」，還在那裏記誦。傳記中説他「好博覽而不守章句」，原來有此原因。

古往今來的讀書人，如此「遊學」於書店中者一定不少，若果成立了學派，少不得奉王充為開山老祖；若是有個「讀而不買同道會」，也少不得奉王充為先師。而他也的確具備享受俎豆馨香的資格。

## 好書好比美人

作為一個愛讀書的人，無力購買所愛的書，是件十分痛苦的事情。須知「讀」和「擁有」是雙重享受。譬如美人，只能「眼皮兒供養」的不消説得，就算能夠「心坎裏溫存」，也萬不如娶了回家，與她廝守一輩子。

好書比之美人更可愛的地方是不會嫉妬，別説「金釵十二」，就算「佳麗三千」也决保太平無事。而且美人很快就會紅顏不駐，而書籍則往往久而愈妍。

## 兩種事業的消長

在此地唱愛書的調子，許多人是聽不入耳的。猶記自己十年前出版過一本期刊，有次以新書珍重致贈一位友人，竟使他倏然色變，出現尷尬場面。原來那天是賽馬日，而今之愛馬者多諱言與輸同音之一切品類；我竟於是日送上新書，雖未蒙視作粵人口中之「攞景」或滬人口中之「觸霉頭」，辭色中已顯出不勝「掉（讀棹）忌」之至。

經此教訓，一面不敢冒冒失失的送書給人，一面益感在香港搞出版事業之不易。而雖然如此，也常在不自量力地妄圖提倡風氣。記得好幾年前，香港美術博物館在大會堂舉辦過一回「讀書樂」圖片展覽，我那時任一本大型畫報編務，曾連續三期選刊展出中不少世界各國有關讀書的圖片。知道影响力不大，亦管鼓吹之責而已。

此刻，香港的「賽馬事業」正突飛猛進，次數增加之外還拓展了時間（跑夜馬）；拓展了投注方式（三、四重彩與電話投注）；還在計畫拓展地盤於沙田。至於出版事業，則正給若干因素所威脅，退縮了陣地（不少書店因租金昂貴而一再遷離熱鬧市區）；因紙價影响而縮減了印數；因經濟蕭條影响而縮減了銷路。

以上的消長，似在方興未艾，有心世道者大概要為之冷了半截。這是氣數，在此地而言，恐怕是不易挽回的了。

## 偶然與不太偶然的趣味

還是説點有關買書的趣味吧。

幾年前，辦事地點在中環，經常進去的是中環幾家書店。近年辦事地點在銅鑼灣，經常進去的是銅鑼灣的幾家和北角的一家；偶到中環，已有人地生疏感覺。月來幾次從報上廣告知悉中環某橫街新設一書店，心猿意馬不已，一日適到該區某報館收稿費，歸途中找到那小店子。很快地在店裏走了一圈，沒有收獲，要走了，有點不甘心，瞥見近牆有個攤子是先前忽畧了的，走過去看看，竟揀到三四本似未在別處見過的書。——我所謂「別處」，其實亦無非銅鑼灣、北角那幾家而已。

稍可述者，一本是屈向邦著「廣東詩話」，論詩之外，對鄉邦人物、文獻，還多所記述。另一本是深具特色，全冊手書製版的「粵語同音字典」（馮因獵著）。

就在買到了這些書的第二天，波文雜誌第二期出版，拿起一翻，在五十二頁「文化消息一束」欄，「粵東詩話作者逝世」標題，赫然映目。始知那位屈先生是番禺沙亭人，高齡八十，在柯甸道漫步時為汽車輾傷足部，進院後以心臟病死。

屈向邦原來是屈翁山的同鄉，還可能是他的後人。那麼，論列的精當，涉獵的廣博，都是有所紹繼的了。至於「廣東詩話」與「粵東詩話」的分別，是前者為合正續編而成的洋裝本，後者為未增入續編前所刊行的，所見為連史紙線裝本，印刷與釘裝都很可愛，定價也不高，本想買的，結果為了實用性（有續編，有目次，翻檢方便）而選取前者。

「廣東詩話」有篇惠陽廖恩燾懺盦寫的序文。那位廖恩燾，原來就是我曾多次為文稱頌其廣東俗語詩的「珠海夢餘生」廖鳳舒，廖仲凱之兄也。他的廣東俗語詩集，名「嬉籠集」，我早知而未獲一覩。前年獲收藏甚博的劉體志博士寄贈一冊；前月在銅鑼灣某書店又買到不同版本的一冊。今並「廣東詩話」一序與書中有關若干條所記，這才「拚合」到一個較為眞實的廖鳳舒輪廓。

「廣東詩話」——「粵東詩話」——「波文」——「嬉籠集」——「新粵謳集」（廖的早年集子）……

這是有着無形連繫而大可以追尋的。

「粵語同音字典」——「德藝字典」——「粵江流域人民史」（內有論及粵省方言篇章）——「嬉笑集」——「新粵謳集」……

這是另一系統而亦大可追尋的。

不過，我一向所持的，是並不積極追尋的態度，而是偶然遇到也就偶然買一些。這就是本文開頭所謂「偶然買點不太貴的書」了。而這也就是偶然的趣味了。

有次在某書店閣樓扶梯間遇到一位先生。是時該店正在大減價，有幾種特價新書減到八折以下。我去的時候是減價的最後一天晚上，說實在話不無一點搶購性質，而我是抽空而往的，「可用時間」並不充裕，所以和那位先生雖然「狹路相逢」，也止於點頭招呼；但自此之後，此君在我心目中的地位，却提升了好幾級。

他是一家廣告公司的「華人經理」之類，以前對他的印象，只是並不浮薄，做事親力親為。想不到他晚上居然在一家大減價的書店出現。按「理」，他出現的場所「該」是夜總會、餐廳、酒家之類才對。

又有一次，地點也是書店，書店也在大減價中，並且時間也是晚上。這次遇到的是一位在報館當翻譯（英譯中）的女孩子。

女孩子下了班，不逛公司而逛書店的能有幾人？所以，見到她時口裏雖然只說了幾句不相干的話，心裏却在肅然起敬。

以前有位同事，平日被人尊敬的程度殊屬不高。然而，有次聽他說到有關書籍的話，知道他雖然愛賭如命，却不但不嫉書如仇，家裏還擱着一架半架的書，間中也會跑一趟半趟的書店。我自此對他括目相看，以為在此時此地而言，亦庸俗中姣姣者矣。

蝸居在廉租大廈。容書之地，無非支牆作架，畫地為齋。架中自己視為命根子的東西，若舉以贈諸鄰家，定皆視為碍步擋風「阿堵物」。自念如此與世相「違」，眞不知伊於胡底也！

# 電腦語言與人類語言

吳振明

## ——電腦與人之二——

我們都知道人類的語言是一種用來傳遞思想的媒介，任何一種語言，無論中文、英文、法文、或德文，都只不過是一套約定俗成的符號，經賦予意義，就可以用來裝載思想或傳達意義。我們若要示意給他人時，除了其他手勢、眼色等等，語言就是最可靠最適當不過的示意媒介了。同出一轍地，若我們要告訴電腦去計算很什麽，或核對某堆數據，我們就要用一種只有電腦才懂的語言，編寫一套「計算程序」(Program)，這個程序只不過是由一堆由指令(Instruction)所組合起來，而每一個指令就是一個電腦語言的句子，命令電腦去執行計算程序的某一部份。當電腦完成了所有的「指令」後，這個計算程序便完畢了。本文目的主要討論電腦對語言的理解與人類對語言的理解的異同。

### 語言認同的能力

當代最偉大的語言學家洛姆・亢斯基（Noam Chomsky)認為人類具有「語言認同」(Linguistic Recognition)及「語言創造」(Linguistic Generation）的能力，前者卽是把一句句子分析成主辭、動辭、謂辭等等，從而去了解其中含義。後者卽是依照有限的文法規則去無限量地創造句子，我們日常生活中的交談、演說、言論、文章等等，都不外是句子創造的不同變奏。電腦和人最相似的地方，除了上次所述的存貯系統的結構及功能仿似人類的大腦及神經系統之外，電腦還擁有語言認同與語言創造的能力。

由於電腦只能以0與1的方式去存貯和運算資料，因此一切資料（包括「指令」本身在內）輸入電腦時，均以0與1的形式存儲在磁圈內。現時一般的電腦（如IBM 360，System 3）都是以一連串的八個0或1去代表一個字母或數，或任何符號，例如11 00 0001代表A，1100 0010代表B，1111 0010代表2，1111 0100代表4，0110 1111代表？0101 1011 代表$等等。每一個1或0稱之為「二進制數據」(Binary Digit，簡稱BIT）。電腦的存貯系統乃由無數磁圈所組成，每個磁圈可容納一個二進制數據，而每個磁圈被組合成一個獨立的「二進制單元」(Byte)，四個「二進制單元」構成一個「字」(Word)，一個電腦存貯系統的大小，均是以「字」作為衡量的單位。

在電腦發明的初期（四十年代）一個「計算程序」就是由一連串的0與1的二進制數據寫成的。舉個簡單的例子，若要電腦去計算Z＝X＋Y這條公式。假設A代表「加」的指令，L代表「輸入」，ST代表「存貯」。LX便是把X「輸入」電腦的存貯系統去，LY便是把Y「輸入」電腦的存貯系統去，AX便是「加」X，AY便是「加」Y，STZ意謂把Z「存貯」起來。（Z是X，Y相加後之總和）。一個用「二進制數據」寫成的「程序」去計算Z＝X＋Y時，便要寫成如下的樣子：

1101 0011 0000 0000 1111 0001 1111 0101
1101 0011 0000 0000 1111 0010 1111 0111
1100 0001 0000 0000 1111 0001 1111 0101
1100 0001 0000 0000 1111 0010 1111 0111
1110 0010 1110 0011 1111 0001 1111 1001

一條簡短得像Z＝X＋Y的公式要翻譯成上述的一大堆的0和1，一個更複雜的計算過程就繁雜瑣碎不堪了。這些用0與1寫成的計算程序統稱為「機械語言」(Machine Language)，因為它對人類看來費解得很，但對電腦本身而言，則淺白得多。

當電腦作進一步的改良時（五十年代初），這種「機械語言」被另一種較象徵性的語言所取代了，例如上述的例子，可寫作如下的方式：

| | | | | | |
|---|---|---|---|---|---|
| L | 15 | A | 17 | 0023 | Y |
| L | 17 | ST | 19 | 0025 | Z |
| A | 15 | 0021 | X | | |

L 15意謂把X輸入第21個「存貯位置」(Address)內，（15是21的十六進制）。L 17把Y輸入第23個「存貯位置」內。A 15是把X加起來。A 17是把Y加起來。ST 19是把答案存貯在第25個「存貯位置」內。這稱語言通稱為「組合語言」(Assembler Language)，是將一條運算公式分散為一堆個別的「指令」，當個別的指令輸入電腦內部後，再由「組合器」(Assembler)將之結合為一項完整的指令。「組合語言」對人類而言，是較易於理解，但對電腦本身卻意義不大，因為這些指令在輸入電腦的存貯系統之後，再由「編譯器」(Compiler)將之翻譯為0與1的基本二進制數據，電腦才懂得去運算。

「組合語言」的弊端在於「程序設計人」要分配「存貯位置」，規定某一個數據要放在某一個存

以二進制數位寫成的機械語言密碼表

| EBCDIC | Bit Configuration |
|---|---|
| NUL | 0000 0000 |
| SOH | 0000 0001 |
| STX | 0000 0010 |
| ETX | 0000 0011 |
| PF | 0000 0100 |
| HT | 0000 0101 |
| LC | 0000 0110 |
| DEL | 0000 0111 |
| | 0000 1000 |
| RLF | 0000 1001 |
| SMM | 0000 1010 |
| VT | 0000 1011 |
| FF | 0000 1100 |
| CR | 0000 1101 |
| SO | 0000 1110 |
| SI | 0000 1111 |
| DLE | 0001 0000 |
| DC1 | 0001 0001 |
| DC2 | 0001 0010 |
| TM | 0001 0011 |
| RES | 0001 0100 |
| NL | 0001 0101 |
| BS | 0001 0110 |
| IL | 0001 0111 |
| CAN | 0001 1000 |
| EM | 0001 1001 |
| CC | 0001 1010 |
| CU1 | 0001 1011 |
| IFS | 0001 1100 |
| IGS | 0001 1101 |
| IRS | 0001 1110 |
| IUS | 0001 1111 |
| DS | 0010 0000 |
| SOS | 0010 0001 |
| FS | 0010 0010 |
| | 0010 0011 |
| BYP | 0010 0100 |
| LF | 0010 0101 |
| ETB | 0010 0110 |
| ESC | 0010 0111 |
| | 0010 1000 |
| | 0010 1001 |
| SM | 0010 1010 |
| CU2 | 0010 1011 |
| | 0010 1100 |
| ENQ | 0010 1101 |
| ACK | 0010 1110 |
| BEL | 0010 1111 |
| | 0011 0000 |
| | 0011 0001 |
| SYN | 0011 0010 |
| | 0011 0011 |
| PN | 0011 0100 |
| RS | 0011 0101 |
| UC | 0011 0110 |
| EOT | 0011 0111 |
| | 0011 1000 |
| | 0011 1001 |
| | 0011 1010 |
| CU3 | 0011 1011 |
| DC4 | 0011 1100 |
| NAK | 0011 1101 |
| | 0011 1110 |
| SUB | 0011 1111 |
| SP | 0100 0000 |
| | 0100 0001 |
| | 0100 0010 |
| | 0100 0011 |
| | 0100 0100 |

| EBCDIC | Bit Configuration |
|---|---|
| | 0100 0101 |
| | 0100 0110 |
| | 0100 0111 |
| | 0100 1000 |
| | 0100 1001 |
| ¢ [ | 0100 1010 |
| . | 0100 1011 |
| < | 0100 1100 |
| ( | 0100 1101 |
| + | 0100 1110 |
| | | 0100 1111 |
| & | 0101 0000 |
| | 0101 0001 |
| | 0101 0010 |
| | 0101 0011 |
| | 0101 0100 |
| | 0101 0101 |
| | 0101 0110 |
| | 0101 0111 |
| | 0101 1000 |
| | 0101 1001 |
| ! ] | 0101 1010 |
| $ | 0101 1011 |
| * | 0101 1100 |
| ) | 0101 1101 |
| ; | 0101 1110 |
| ¬ | 0101 1111 |
| - | 0110 0000 |
| / | 0110 0001 |
| | 0110 0010 |
| | 0110 0011 |
| | 0110 0100 |
| | 0110 0101 |
| | 0110 0110 |
| | 0110 0111 |
| | 0110 1000 |
| | 0110 1001 |
| 7/12 | 0110 1010 |
| , | 0110 1011 |
| % | 0110 1100 |
| _ | 0110 1101 |
| > | 0110 1110 |
| ? | 0110 1111 |
| | 0111 0000 |
| | 0111 0001 |
| | 0111 0010 |
| | 0111 0011 |
| | 0111 0100 |
| | 0111 0101 |
| | 0111 0110 |
| | 0111 0111 |
| | 0111 1000 |
| 6/0 | 0111 1001 |
| : | 0111 1010 |
| # | 0111 1011 |
| @ | 0111 1100 |
| ' | 0111 1101 |
| = | 0111 1110 |
| " | 0111 1111 |
| | 1000 0000 |
| a | 1000 0001 |
| b | 1000 0010 |
| c | 1000 0011 |
| d | 1000 0100 |
| e | 1000 0101 |
| f | 1000 0110 |
| g | 1000 0111 |
| h | 1000 1000 |
| i | 1000 1001 |

| EBCDIC | Bit Configuration |
|---|---|
| | 1000 1010 |
| | 1000 1011 |
| | 1000 1100 |
| | 1000 1101 |
| | 1000 1110 |
| | 1000 1111 |
| | 1001 0000 |
| j | 1001 0001 |
| k | 1001 0010 |
| l | 1001 0011 |
| m | 1001 0100 |
| n | 1001 0101 |
| o | 1001 0110 |
| p | 1001 0111 |
| q | 1001 1000 |
| r | 1001 1001 |
| | 1001 1010 |
| | 1001 1011 |
| | 1001 1100 |
| | 1001 1101 |
| | 1001 1110 |
| | 1001 1111 |
| | 1010 0000 |
| — | 1010 0001 |
| s | 1010 0010 |
| t | 1010 0011 |
| u | 1010 0100 |
| v | 1010 0101 |
| w | 1010 0110 |
| x | 1010 0111 |
| y | 1010 1000 |
| z | 1010 1001 |
| | 1010 1010 |
| | 1010 1011 |
| | 1010 1100 |
| | 1010 1101 |
| | 1010 1110 |
| | 1010 1111 |
| | 1011 0000 |
| | 1011 0001 |
| | 1011 0010 |
| | 1011 0011 |
| | 1011 0100 |
| | 1011 0101 |
| | 1011 0110 |
| | 1011 0111 |
| | 1011 1000 |
| | 1011 1001 |
| | 1011 1010 |
| | 1011 1011 |
| | 1011 1100 |
| | 1011 1101 |
| | 1011 1110 |
| | 1011 1111 |
| PZ 7/11 | 1100 0000 |
| A | 1100 0001 |
| B | 1100 0010 |
| C | 1100 0011 |
| D | 1100 0100 |
| E | 1100 0101 |
| F | 1100 0110 |
| G | 1100 0111 |
| H | 1100 1000 |
| I | 1100 1001 |
| | 1100 1010 |
| | 1100 1011 |
| ⑀ | 1100 1100 |
| | 1100 1101 |
| ⑂ | 1100 1110 |

| EBCDIC | Bit Configuration |
|---|---|
| | 1100 1111 |
| MZ 7/13 | 1101 0000 |
| J | 1101 0001 |
| K | 1101 0010 |
| L | 1101 0011 |
| M | 1101 0100 |
| N | 1101 0101 |
| O | 1101 0110 |
| P | 1101 0111 |
| Q | 1101 1000 |
| R | 1101 1001 |
| | 1101 1010 |
| | 1101 1011 |
| | 1101 1100 |
| | 1101 1101 |
| | 1101 1110 |
| | 1101 1111 |
| RM 5/12 | 1110 0000 |
| | 1110 0001 |
| S | 1110 0010 |
| T | 1110 0011 |
| U | 1110 0100 |
| V | 1110 0101 |
| W | 1110 0110 |
| X | 1110 0111 |
| Y | 1110 1000 |
| Z | 1110 1001 |
| | 1110 1010 |
| | 1110 1011 |
| ⑁ | 1110 1100 |
| | 1110 1101 |
| | 1110 1110 |
| | 1110 1111 |
| 0 | 1111 0000 |
| 1 | 1111 0001 |
| 2 | 1111 0010 |
| 3 | 1111 0011 |
| 4 | 1111 0100 |
| 5 | 1111 0101 |
| 6 | 1111 0110 |
| 7 | 1111 0111 |
| 8 | 1111 1000 |
| 9 | 1111 1001 |
| ⫩ | 1111 1010 |
| | 1111 1011 |
| | 1111 1100 |
| | 1111 1101 |
| | 1111 1110 |
| EO | 1111 1111 |

Figure 27. Configurations, Extended Binary Coded Decimal Interchange Code (EBCDIC)

貯位置之內。如上述例子，X被指定放在第21個「存貯位置」內，Y被放在第23個「存貯位置」內，Z則放在第25個「存貯位置」內。

當「組合語言」作進一步的發展時，便產生了「高層次語言」(High Level Language)。例如把上述例子用「複傳」高層次語言寫出來時，便可寫成：

```
    Read(1,101)X，Y
101 Format(2F5・2)
    Z＝X＋Y
    Write(2,102)Z
102 Format(F5・2)
```

該「運算程序」第一項是把X和Y輸入存貯系統去，第二項是告訴電腦X和Y佔多少個數位（F5・2意謂這個數目最多佔五個位，而小數點後可有兩個數位）。第三項是公式的運算。第四項是把答案印出來。由此可知，所謂「高層次語言」是把一個指令簡化成一種接近人類日常生活的語言，因此使人類較易理解。

歸納起來，電腦語言可分析為三大層次：最基本的層次是「機械語言」（如上述的0與1的例子），進一步的層次是「組合語言」，更進一步的層次是「高層次語言」。通常「機械語言」是屬於「低層次語言」(Low-Level Language)，「組合語言」是屬於「中層次」(Middle-Level Language)。所謂層次高低的劃分，主要是根據人類的理解能力而定，即是說，低層次語言對人類最費解，而高層次語言對人類最易了解，但對電腦來說卻剛巧適得其反。因為電腦沒有抽象的思維，對抽象語難以理解，而「中層次語言」比「低層次語言」抽象，「高層次語言「又比「中層次語言」抽象，換言之，高層次語言乃最抽象，對電腦則最難理解。

## 語言層次的變換

語言學家亢斯基把人類的語言劃分為「表層結構」(Surface Structure)與「底層結構」(Deep

Structure）；前者是我們日常所用的約定俗成的符號，後者不外是我們的思想，或抽象的思想變為具體的語文表達出來。把思想變換為語文，就要經過一套變換的程序。這個程序牽涉及很多因素，其中包括有語言學的，語意學的，心理學的，及生理上的等等。亢斯基的最偉大成就就是把這個變換程序發掘出來，（可參閱其經典作Syntactic Structures, 1957）。亢斯基把人類語言的文法作如下的界定：

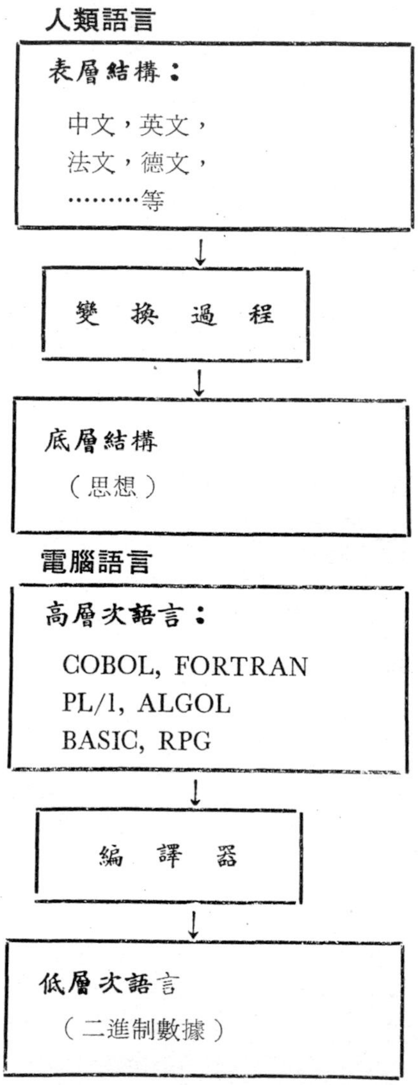


$$G=(V_n, V_T, P, S)$$

（G代表一個體系的文法，Vn 是表層結構，VT 是底層結構，S代表句子，或單一的字彙，P就是一組文法規則，功能是把語言從「表層結構」變換為「底層結構」，或相反。）把語言從「表層」變換到「底層」去，就是「語言的認同」；若從「底層」轉變到「表層」去，就是「語言的創造」，前者可寫：

$$P_1=\{ V_n \rightarrow V_T \mid V_n= A, B\cdots\cdots N, V_T= a, b\cdots\cdots n$$

後者可寫作：$P_2= V_T \rightarrow V_n \mid V_T= a, b\cdots\cdots n, V_n= A, B\cdots\cdots N \}$。

若把亢斯基的理論套用在電腦的語言上去時，我們會察覺電腦的高層次語言等如人類語言的「表層結構」，其「低層次語言」等人類語言的「底層結構」，其變換的過程是靠編譯器將之從「高層次」轉變到「低層次」去。而另一方面我們的大腦能夠將抽象的思維轉變為具體的文字或符號，那末人的腦子不就是電腦的編譯器嗎？

人類的語言因國家或文化羣體不同而互異，電腦的高層次語言，亦因應用目標的不同而大有分別，高層次語言主要有下列九種：

Cobol（通用商業語言）；PL/1（電子計算語言一號）；Algol（邏輯計算語言），Fortran（複傳計算語言）；Basic（基本計算語言）；Rpg（報告創造語言）；Snobol（史諾坡語言），Lisp（列斯蒲語言），和Apl（A類電子計算語言）。

這些不同的語言都是依照不同的應用目標設計出來的，例如 Cobol 專為商業上的用途而設計，Fortran是專去解決科學上的數學問題，PL/1 和 Algol乃介乎上述兩者之間，Snobol及 Lisp 都為語言學和文學上的需要而發明出來，Basic及 Rpg 乃間接衍生自Fortran，Apl 是一種專為遙遠電腦控制站而發明的語言。

人類的語言這麼多，但我們可用不同的語文去表達同一的思想同樣地，電腦的高層次語言雖然種類這麼多，但實際用途大同小異；即是說，可以用不同種類的語言寫成同一的計算指令，去做同一的工作。舉個簡單的例子，當我們要把一些資料或數據輸入電腦時，我們要寫一個指令，控制電腦去輸入此數據，這個指令可用不同的語言寫成下列互異的形式：（〔 〕號內乃語言種類的名稱）

L1：A←N〔Apl〕
Read(1，101)N〔Fortran〕
Read N〔Basic〕
Get List(N)；〔PL/1〕
Read N-File〔Cobol〕
'Inreal'(I，N)〔Algol〕
Ratom(N)〔Lisp〕
Cardsin(N)01〔Rig〕

雖則高層次語言不同，但編譯器卻能將之譯成同一的「低層次指令」，去做成同一的工作。

# 從吃飯說起

羅天德

## ——科學雜談

一般人常以體重來作健康的標準，認為只要體重增加，就表示身體强壯。中國人請客吃飯，往往要客人多添一碗飯，也是出於「吃飯可以增加體重」的看法。但是，多吃並不能增進健康；體重增加也不一定表示身體强壯。科學家用老鼠作實驗，只餵米飯和麪包之類的澱粉質食料給老鼠吃。老鼠體重照樣增加，餐餐吃得很飽；但是過了一個時期後，病了，未幾就死去了。

飲食不在乎量，而在乎是否適當。吃飽，但是所吃的東西不足以維持健康，雖然體重增加，也沒有用處。飲食營養專家研究的，就是什麼樣的飲食才合乎人體健康需要的問題。要瞭解這問題，先要知道我們為什麼需要飲食。

我們的身體活動，無論是走路、說話，甚至眼睛的閃動，都需要「能」。「能」(energy)也有人叫作「精力」，是我們完成任何動作時都需要的能力。飲食把我們需要的「能」，不斷地供應給我們身體器官來應用。飲食供應熱能，也供應肌肉活動所需的能。凡是維持體溫和肌肉活動的食品，叫作「活動能供應食品」。此外，還有「成長能供應食品」，供應我們在成長和恢復體力時所需的能。

一個人在出世時不過幾磅重，到一歲多時就會重到二十多磅。同時，高度也會增加。這就是「成長」。我們知道一個人的成長，在某幾年中快，某幾年中慢。一般說來，在初中時代，是發育期，也是成長最快的時期。每一個人的成長過程不同，但在發育期間一定要格外注意飲食。一般在這期間，食量增加，符合身體細胞和組織成長的需要。

但是，在這時期中，一方面要注意攝取合適的飲食；另一方面更要知道避免不良的、對身體有害的飲食。烟酒之類的東西含有損害細胞及組織的物質，應該避免。

「成長性食品」除了幫助成長外，還有恢復作用——修理或者替換用盡了的細胞的作用。我們舉幾次手，並不吃力，但是在這動作中已經消耗了小量細胞，要加以替換補充。我們的身體不再成長之後，身體細胞仍舊要替換補充。我們作運動、呼吸、心臟跳動等，都會消耗細胞。疾病時所消耗的更多。這樣被消耗的細胞該用什麼飲食來補充，以後將加以討論。

飲食另外還有一項重要作用，比成長及替換的作用更為重要。它有調整體內器官活動，維持身體正常機能的作用。這種有調整和維持作用的東西，叫作「維生素」，種類雖多，需量却很少。可是，假使身體中缺乏這些微量的維生素時，肌肉活動就會不靈活，神經系統也可能不能靈活。例如身體活動一定要有極少量的維生素乙一 (Vitamin $B_1$)。假使常作肌肉活動，就該攝取維生素乙一。骨骼的成長，需要微量的維生素丁 (Vitamin D)，缺乏這微量的丁種維生素時會引起疾病。例如佝僂病就是骨骼發育不佳的結果。這病會造成弓形腿。一個人沒有維生素，無論身體和精神，都不能保持應有的活潑生動狀態。

那麼，我們是否可以為食物下個定義呢？什麼是食物？大多數科學家認為：凡是人類攝取的飲食，可以完成下列工作而沒有傷害作用的，就是食物：一、能製造身體細胞，供應細胞成長及修補所需材料。二、供應肌肉活動及體熱所需的能。

因此，少年發育期中的飲食，特別要注意取用能製造細胞和增加能的食品。除了這種食品外，更要有適當的休息，多在新鮮空氣中作運動。有適當的飲食、運動和休息，就能夠保持身心健康。

我們的食物是從什麼地方來的呢？食物不外是植物或者動物。像日常吃的水果和蔬菜，是植物；鷄、猪、魚之類的肉食，是動物性的食物。但是，再加細分時，不難發現食物的兩大來源：一、土壤，或者土壤中所含各種化學物質；或者是：二、從陽光中來的能。動物吃植物或其它動物；植物可以從其它植物，或者從動物，或者從陽光、土壤、水及空氣中取得食物。在這種種情況之中，動植物都是從食物中吸取自己成長過程內所需要的物質，而這些物質正是動植物成長時同樣需要的物質。

這些物質是什麼呢？首先，讓我們看看製成人體的物質是什麼？假使你體重是一百磅，那麼你的身體構造中種種物質所佔重量，大致有如下面的情形：

| 物質 | 重　量 |
|---|---|
| 氧 | 六十五磅 |
| 碳 | 十八磅 |
| 氫 | 十磅 |
| 氮 | 三磅 |
| 鈣 | 二磅 |
| 燐 | 一磅 |
| 鉀 | ○・三五磅 |
| 鹽 | ○・三磅 |
| 硫 | ○・二五磅 |
| 鐵 | ○・○四磅 |
| 鎂 | ○・○一磅 |

此外，還有很少量的其它重要物質，例如氟，含量極少，但有防齲齒作用。

木匠造屋，要用種種材料。我們整個身體的建造，要有上表所列舉的種種材料，缺一不可。這些材料中、碳、氧、氫和氮是四大主要原料，也是我們必須從飲食中以及呼吸中攝取的東西。我們吃的肉類、蔬菜、牛奶、雞蛋和水果，是食物的不同形

*Indiana University* HORIZONS OF KNOWLEDGE *Lecture*

**CHIANG YEE**

Author *Chinese Calligraphy, The Chinese Eye*, and *The Silent Traveller Books*.

**"CREATIVE AFFINITY BETWEEN CHINESE POETRY AND PAINTING"**

*Wednesday, October 16th, 8:00 P.M., Ballantine Hall 109*
(To Be Illustrated with Slides)

*EXHIBITION*

*Chiang Yee's painting and calligraphy will be included in an exhibition in the Indiana University Art Museum October 15th to the 19th, along with other Chinese scrolls and albums on loan from the Cleveland Museum of Art and private collections.*

Sponsors: *Comparative Literature Program*
*East Asian Languages & Literatures*
*Fine Arts Department*
*Horizons of Knowledge*

## 蔣彝筆下的邱吉爾像

蔣彝在早年旅居英倫時，曾畫過一張邱吉爾的素描像，頗受英國人的歡迎。由於邱氏是一傑出人物，備受國人的敬重，政府當局在戰時嘗把這幅畫像印了千萬份，分送給人民，以滿足英人對這位英雄的崇拜。

INTERNATIONAL PRESS-CUTTING BUREAU,

GLASGOW HERALD

13 FEB 1942

*Through Chinese Eyes*

This drawing of the Prime Minister is by Mr Chiang Yee, a Chinese writer and painter, whose "Silent

Traveller" series of books dealing with scenes and experiences in Britain is now well known.

Mr Chiang Yee, who has lived in England for several years, has written a booklet entitled "Britain at War" and is also responsible for many of the illustrations. The booklet has been distributed throughout Free China.

The picture of Mr Churchill reproduced here is from the cover.

式。我們從其中吸取人體所需的原料。我們的消化系統把食物分解成連還細胞和供應的原料。

我們再深入研究食物的來源時，會發現無論是動植物，都要依靠土壤和水。我們從土壤、水和空氣中，找到很多人體的原料。

我們先看看空氣的組成情形。空氣中有百分之七十八是氮，百分之二十一是氧，百分之零點九是氬，另有百分之零點一中有百分之零點零三是二氧化碳，百分之零點零七是水蒸氣及其它氣體。我們在吸氣時，肺部會吸收空氣中的氧，因此在呼吸時已經可以取得身體所需的氧。

空氣中幾乎有五分之四是氮，但是人體無法直接從空氣中取得氮。我們從所吃的植物及動物中取得氮。沒有氮，身體無法製造細胞；因此在沒有氮的情況下，人就不會成長。

空氣中的二氧化碳，是我們呼氣時從肺部排出的。動物和植物都會排出二氧化碳，只是動物排出的多些。植物非常需要二氧化碳，但是大量的二氧化碳則對動物有害。不過，從人體構造原料中，我們看到人（動物也是如此）是需要碳的。動物無法從空氣中取得碳，牠們不能直接從空氣中取碳。

可是植物却能直接從空氣中攝取碳。綠色的植物從葉孔中吸收空氣中的二氧化碳，從其中取出碳來變成自己的食料。我們（以及其它的動物）在吃植物時取得身體所需的碳。

從週圍環境中攝取碳、氫、氧、氮和其它物質來製造食物的，只有綠色的植物。人類和動物都沒有這種本領，因此非靠綠色植物（或者間接依賴以綠色植物為食料的其它動物）來取得各種必需原料。要是沒有綠色植物，所有的動物都難以生存。沒有植物，人類也無法生存。

植物的根部從土壤處吸收水，再從水中攝取其它食料。我們知道水是由兩份氫和一份氧合成的，但是除了氫和氧之外，它還有其它礦物質。換句話說，我們以下列方式來取得身體所需的礦物質：一、從土壤中到植物中，從植物再進入人體中。二、從土壤到植物，從植物到動物，再從動物到人——像我們吃牛羊肉時的情形。

我們在吃一隻橙的時候，會說它太酸，或者很甜。酸和甜是我們所熟悉的滋味，而像橙那樣的水果，不論酸或甜，都含有重要的、維持和供應精力所需的糖。我們的身體活動，特別需要的是葡萄糖（glucose）。 水果中除了葡萄糖外，還有果糖（foructose），又稱左旋糖。這兩種糖的構造和普通食糖不同。

綠色的植物在菜部製造植物糖，然後把它們分送到植物各部份去。這類植物糖是用碳、氫和氧作原料造成的 。 植物要有陽光和綠葉中的葉綠素（chlorophye），才能把那些原料製造成植物糖。植物用去少許自製的糖作為食料，那剩餘的糖轉變成澱粉，儲存在根、莖、種子或者葉部。

澱粉也是供應精力的食料。我們吃的胡蘿蔔、甜菜、馬鈴薯、玉蜀黍、豆類之中，所含澱粉頗多。這類植物就是在把自己製過的糖變成澱粉後儲在根部、莖部或者葉部之中的。我們從植物中既可以取得糖類，又可以取得澱粉——因此，如果和蔬菜，還有米麥之類的食品，是糖類和澱粉質的主要供應來源。

澱粉類和糖類，都是由碳、氫和氧製成的。前面説過，氫和氧是水的成分。因此，由碳、氫和氧組成的東西，又叫作「碳水化合物」（carbon hydrate）。 凡是含有糖和澱粉的食品，都是碳水化合物。米飯、麵包、巧克力（朱古力）、冰淇淋（雪糕）、馬鈴薯之類的食品，都含有很多的碳水化合物。此外像糖果、果醬、水果和蔬菜，也有不少糖和澱粉，都是富於碳水化合物的食品。

糖和澱粉質——碳水化合物——是「燃料」，是供人體的「燃料」的食料。原來它們進入人體後，傳到身體細胞中，和氧相結合時，會發生不見火燄的「燃燒」，發出熱來。這種在細胞內發生的緩慢的「燃燒」，叫作緩慢的氧化，產生熱，但沒有火燄。在這緩慢的氧化過程之中，碳慢慢氧化，使人體得到「能」，供肌肉活動和所需熱量之用。

除了碳水化合物外，另有一類食物，叫作「脂肪類」。我們烤麵包後，塗上黃油。麵包是碳水化合物，黃油是脂肪。這兩種東西，都給我們熱能。

脂肪分為動物性和植物性兩類。牛油、猪油之類，是動物性脂肪。脂肪類食物提供的能更多於碳水化合物。同量的脂肪和同量的碳水化合物比較時，前者供應的能二倍於後者。

那麼，為什麼我們不多吃些脂肪呢？脂肪雖然是碳、氫和氧化合而成的，但是合成的形式不同，難以為人體所消化吸收。除了在寒冷地帶生活的人們需要較多熱量而要多吃脂肪類食物外，一般人不該吃太多的脂肪。

食物中還有一種要素，叫作蛋白質 （protein）。鷄蛋中含蛋白質多。牛肉也含有不少蛋白質，假使食物中只有糖類澱粉和脂肪，可以幫助我們活動，却不能幫助我們成長。沒有蛋白質，細胞就無法製造原生質 （protoplasm）。蛋白質也是由碳、氫和氧造成，但是另外有那十分重要的原料——氮。人體沒有氮，就無法製造新的細胞。

蛋白質也分動物性和植物性兩種。鷄蛋、牛乳、瘦肉、魚類，含有動物性蛋白質。我們吃這些含蛋白質多的食品，就可以取得身體成長所需的氮。

空氣中含氮佔五分之四。土壤之中也含有不少的氮。動植物都無法從空氣中攝取所需要的氮；但是綠色植物有某一種細菌的幫助，可以從土壤中取得氮。這種細菌本身是極細小的植物，能從空氣中吸收氮，轉變後供植物吸收。我們看花生或豆類的根部，有許多小塊，像是小瘤子一樣，就是這種細菌聚集之處。這類植物由動物食用，把氮供應給動物。

我們燒菜時常要加少許食鹽。食鹽代表我們飲食中另一要素——礦物質。我們的身體不可缺乏礦物質。平均體重每二十五磅中，有一磅是礦物質。我們為什麼需要各種礦物質？我們該從什麼食物中取得什麼礦物質？下面的簡表提供了解答：

鈣：製造骨骼及牙齒。牛乳、黃油、乳酪、鷄蛋。綠色及黃色蔬菜如菠菜、白菜及胡蘿蔔中均含有鈣質。

燐：製造骨骼及牙齒。乳類製品、鷄蛋、綠色及黃色蔬菜。

鐵：形成血液中之血紅素。蛋黃、肝臟、水果、綠色及黃色蔬菜。

碘：製造氧化過程中所需一種物質，防止甲狀腺腫大。海產食品、蔬菜、碘化鹽。

鹽：身體組織需要。作為調味料加在各種食物之中。

礦物質多數存在於土壤之中，因此從土壤中生長出來的植物中往往含有礦物質。我們知道食鹽可以從海水中取得。海水中還含有其它不少礦物質。海洋之中可以取得含碘和含鎂的物質。土壤中含有的礦物質，像鐵或鈣，也可以在井水中發現。

維持健康，還需要其它各種礦物質，包括：硫、鎂、錳、銅和鉀。許多種維生素丸中，加入這類礦物質去。其實，人體需要這類礦物質，為量極少，日常食物中如肉類、蛋類以及海鮮中，有足夠的供應。

我們的身體要利用攝取的食物時，一定要有相當充分的水。植物要經常澆水才能生存，人也非有水不可。水是氫和氧的化合物，但是人體需水並不是要用它的氧和氫。水的眞正作用是把食物中的礦物質運送到細胞中去，再從細胞中把那些廢料運送出來。要維持健康，每天至少該喝玻璃杯六杯到八杯的水。

為什麼我們要喝這樣多的水呢？首先，我們的體重，大約有三分之二是水分的重量。人體所需的礦物質，不少在水中可以找到。每一個細胞，內部和外圍都有水。我們的細胞幾乎有九成以上是水，而我們的血液，大部份是水。同時，我們每天把體內的廢料排洩出來時，也需要很多的水。沒有水，我們的腎臟、腸和汗腺，就無法把體內廢料排出來。當然，我們除了從飲料中取得水分外，還可以從食物中取得水分。許多食物，特別是水果和蔬菜，含有很多的水分。

在人體中，血液中的水把食物中的養料傳送到各器官處去。這些養料，先要溶化，然後和血液一起流通傳送。許多物質在水中溶化，但也有些物質是不溶化的。像食糖和食鹽，很容易溶化。但是我們把澱粉放進水中去時，會發現它並不溶化，水中浮沉的全是微粒。澱粉不能溶化，先要轉變成可以溶化的物質，溶化之後才能進入血液和細胞中去。人類的小腸腸壁上有特別的細胞，會把澱粉之類不溶化的物質變成溶化的物質，由血液吸收之後運送到身體細胞中去。

於是，我們知道，飲食之中，要有碳水化合物、脂肪或者油類、蛋白質、維生素和礦物質。像這類東西，就是科學家所說的「營養素」。飲食之中，凡是能增進精力和助長發育成長的物質，都叫作「營養素」。

一個人的血色欠佳，精神不振，或者兒童們的發育不好，通常都是飲食中缺乏營養素的結果。我們按含營養素的種類來分列出一些食品的項目：

**一、蛋白質：**

牛乳、鷄蛋、魚、豆類、乳酪、肉類、家禽、乾果、麥類。

**二、脂肪油類：**

肉類脂肪、黃油、人造黃油、植物油、猪油。

**三、碳水化合物：**

糖及各種糖果、澱粉類、麪粉、蛋糕餅乾、馬鈴薯、麪包、米飯、根類植物。

**四、礦物質：**

一、鈣及燐：牛乳、乳酪、綠色蔬菜、橙橘類、蛋黃、馬鈴薯、家禽類、蠔蛤。二、鐵質：綠色蔬菜、甜薯、豆類。三、碘質：魚及海鮮類、碘鹽

這些營養素，在日常飲食中源源不斷供給人體需要，維持健康，配合適當的運動和休息，使我們精力充沛，發育完滿。

# 知堂老人給我的信

·成仲恩·

**一九六一年二月廿六日**

——承賜「狂言的世界」，甚感。此正所欲得，因對於狂言竊所愛好也。佐佐木博士大著則因無直接關係，故雖甚佳，卻並無欲得的意思。「新文學的源流」另書寄上，所鈐印章及此信末尾所用，皆係白石所刻，此外有一二小畫，則已售出矣。白石卒後畫甚居奇，詩書亦同一律，易得之說，未嘗聽到，在此時期似未可獲得也。

**一九六一年三月五日**

——得廿三日手書，敬悉一是。承賜寄「狂言的世界」已經收到，拙著承著者過奬，甚為慚愧。近又有增譯，乃係由文學出版社命，將俄譯各篇悉數加入（增譯本久已成，唯因用紙缺乏之故，故尚出版無期），唯俄譯本係用狂言記原本，微嫌不甚足信，乃盡可能的改用別本，而此間難得參考書，仍恨多有欠缺也。「狂言的世界」中有兩葉，前承寄下，頃已用了膠水粘上，已成完璧矣。感謝盛意，萬可宣言。朝日或讀賣一九六〇年度新聞報導寫眞集，如港地有售者，希見寄一冊為荷。

**一九六一年三月九日**

——附呈照片一紙，請賜察收。此係本年二月所照，枯木朽株呈其本相，回顧五五年照相，猶未脫盡油滑之相，此像雖老醜，卻是病後眞我，故以奉呈尊覽，不虞見笑也。

**一九六一年三月十一日**

——前承惠賜海苔，於本月三日始行收到，當時頗訝其郵遞遲緩，今奉惠書，乃知第二次重行寄出，查香港小包重一公斤者本可寄遞，其退回不審以何理由也。報載谷崎君舊病復作，幸得無事，唯究屬可慮，據報說今年已七十三歲了。一九四一年過京都，曾見面一次，前後已二十一年矣，誠不勝今昔之感也。

**一九六一年三月十四日**

——八日手書已拜見了，戰後出版現已無多餘，只寄上伊索寓言一冊，乞察收。前此寄信，附上拙照一紙，想已哂收，持與五年前所照相比，頓覺衰老不堪，但此亦是老病之後的眞面目耳。

**一九六一年三月十七日**

——見六日手書，擬以「能狂言」見惠，唯拙譯狂言工作已了，故可無需，否則正缺此種資料也。近頗有意於搞「膝栗毛」，方與出版社接洽，尚未有頭緒，如不成則譯譯希臘之「路基阿諾斯之對話」耳。此信箋係陳師曾模寫姚茫父藏塼畫像，師曾多才藝，下方鈐印亦其所刻，朱文亦仿塼文也。

**一九六一年三月廿日**

——十三日手書誦悉。松枝君譯「瓜豆集」另封寄上，乞察收，又附有一戸君所譯「苦茶隨筆」一冊，此書經戰前日本檢查官注意，內有兩處加以「削除」（即「窮袴」中第六五至六六頁，又「芳町」中一二七至八頁），今所寄一冊，尚係完璧本也，譯者寄贈「削除濟」本，則留為紀念，故未能寄上。日前有在港友人寄下二小包，相繼收到，未曾觸犯一個月內只准寄一次之禁，似前此所云食物禁制放寬，或係實有其事歟？

**「窮袴」第六五——六六頁**

貞節帶是什麽東西呢？那可就很難說，這須得看圖才容易明白。簡單的說是丁字帶，略如犢鼻褌，而是用金屬製的，較古的只有前頭一片，或用象牙做，但是普通那種前後兩片的卻都用鐵或銀製造，分作數節，中用鉸鏈，套在鐵片的腰帶上，用鎖一或三鎖好，其鑰匙自然拏在別人的手裏。前後兩片中間各開一孔，周圍做出許多細而尖的鋸齒，裏面襯以紅的或別的天鵝絨，片上鑽小孔用線縫住。有些講究的都雕出花紋，或題詩句。德國藹耳巴哈伯爵藏品中有一條帶子，前片上部雕作一裸體女人。一隻狐狸攀了尾巴正從她的腹下鑽過去，女人用左手一把抓住尾巴，其下有德文小詩四句，大意云：「住了，小狐狸！我抓住了你。你老是從這裏走過去！」再下即紡錘形的孔，左邊雕一衛兵，手執節鉞在站崗，右邊是些卷花圖樣。後片上部雕一女人坐在男子膝上，鳩首密談，下有詩四行云：「唉，讓我告訴了你罷，女人們是老吃那袴子的苦。」這裏稱之曰袴（BRUCH），令人想起窮袴來。這帶制作精工，可以和世界著名的在巴黎克呂尼博物館（MUSEE DE CLUNY）那兩條相比。

**「芳町」第二三七——二三八頁**

芳町（Yoshicho）是日本東京的一個地名，在德川時代(一六〇三——一八六七)是「像姑」——稱作 Kagema——的薈萃之區，所以在諷刺的風俗詩川柳裏芳町二字便當作她們（？）的代名詞了。日本的像姑，不能如琴言那樣見賞於學士大夫，過訪的人大抵都是些武士道的武士，假扮作醫師的和尚，（因為醫師大概是僧形，即緇衣削髮，雖然不算出家，）以及公侯府裏的女官。文學上特別有一類論文小說，韻文方面則川柳時常說起，其他歌俳便有點避之若浼了。古川柳有一句云：Seni Harao Kaete Yoshicho Kiakuo Tori 即是說最後的一項——招待女客的，但是文句卻不很便於直說了。明治維新以來，此種風雅的傳統遂絕，現在的「伶官」大抵專門演藝。我於光緒末年（一九〇六）初次到北京的時候，還得親見相公們豐采，第二次（一九一七）來時彷彿也不見了。

**一九六一年三月廿三日**

——另書寄上「希臘女詩人薩波」一冊，請賜察收。此係戰後初次出版，雖然是在上海寓中倉猝編成，卻頗自覺得滿意，但只初版三千冊，且已早絕版，不可多得矣。

## 知堂日記（一九四九年）三則

**八月二日，晴**

上午出外買郵票餅乾。寄芳子信。起關於薩波稿，下午了。洗浴。八十六度，夜尚凉。

**八月四日，晴**

上午抄文了，編成希臘女詩人薩波共約五萬六千字。下午得廢名三十日信。洗浴。

**八月八日，晴**

上午王心笛來訪，贈旅費二萬元。嗣羣來取薩波稿去。廷義來。得北平廿六日信，廢名、耀辰廿七日信，永芳六月四日信。小峯夫人來，送旅費二萬元，榆生來贈一萬元。

**一九六一年三月廿五日**

——得十八日手示，知谷崎先生病情好轉，甚為喜慰。手弄核桃可治高血壓，亦祇是中醫傳說如此，實際有無效驗，則不可知也。香港有此物否，已為求得寄去乎。

**一九六一年三月廿七日**

——蒲燒已經收到，謝謝。又承賜寄瑞典製魚，更深感荷，唯此外尚有請求，祈勿笑其「俗」也。香港有一種罐頭「猪油」，雖無味而有實用，且稅並不高，一罐只課稅一元四角餘，敢請賜寄一罐，用信子的名義寄下可也。有一本書擬以奉贈，頗近於自己鼓吹，幸忽見笑，唯此版已難得，手頭亦只餘此一冊矣。

**一九六一年三月三十日**

——二十日手書已拜讀，承賜寄北海之魚亦於今日奉到，且蒙未課關稅，亦幸甚矣。知又賜魚鬆等物，甚感嘉惠，而日前上書又請求「豨膏」，眞可謂得隴思蜀，唯口腹是務，幸勿見笑也。兒童集事詩在拙詩集內，原擬託新地社出版，而現已擱淺，鄭子瑜君多年關心，擬為在新加坡刊行，方在商議中，如得出版，當先呈覽耳。拙詩既不成其為詩，即或出版亦難得銷行，唯私意得借此謄寫，可以分贈友人，亦屬得計，為此仍擬災之黎麥也。

**一九六一年四月七日**

——得卅一日手書，重蒙惠賜海苔，不勝感謝，此次郵寄似並無曲折，已於今日收到矣。老妻臥病經年，得到故鄉珍品，感何如之。谷崎先生已經康復，至可慶幸，最近尚有創作，可見精神甚好。命為尊譯作序，深為惶恐，非敢以病軀推托，實因對于文學不曾有所了解，以藏拙為佳，至於語不中肯，唐突作者，抑猶其次耳，尚祈亮察為幸。

**一九六一年四月十二日**

——前得廿四，五及廿七，八手書，聆悉一一。承寄下「夕鶴」等書五冊，已照收到，可請釋念，唯寫眞報道集未到，其能到與否亦未可知，容後再奉告耳。賜寄食品多種，至昨日始奉到新進漬一罐，乃係免稅，魚肉鬆可能寄到，玉露則准進口否亦在疑問之列，唯罐頭猪油前次在郵局見有人領取，知其允許通關也。檢舊書見拙譯「擬曲」有一冊上蓋「查禁」木戳，不知係什麼時代，但深感有趣，故以寄贈，此書或尚有舊書可得，唯有此木戳者慮不易得耳。（三）（未完）

# 長勝武士

小戴

在那個國度裏，沒有人不曉得長勝武士。長勝武士饒勇善戰，從未敗陣。

凱旋歸來，人們擠塞街道兩旁高聲歡呼；國皇對他大大嘉奬，更為勝利設下筵席。一夜，一次大大的勝利之後，國皇如常地設下慶功宴，不過，這次宴會比以前的任何一次盛大。國皇頒給長勝武士的奬賞，也是意外的豐厚。

武士在筵席上承受許多許多讚美和恭維，驕傲地喝光大杯大杯的酒，然後，醉倒在餐桌之上。那夜，全國上下，沒有清醒的壯漢。人們忘形地狂歌、鬧酒、喧嘩。黎明時分，長勝武士被清晨的輕寒驅醒，他揉揉眼睛，滿目盡是橫七豎八的醉漢，那姿態，恍如戰場上橫死的戰士。

他驟然惶恐起來：「有永不敗的戰士嗎？」他反覆地問自己：「眞有永不敗的戰士嗎？」下一次的戰爭裏，他或許血洒沙場，他或許鎩羽而歸。但他不能迴避。一個武士的命運，就是戰場上的命運。他贏得愈多，以後輸得愈慘。當他戰敗，誰再會關心他呢？讚美是遙遠的；青史上的名字，是虛空的。

武士憂愁地回家，在門前碰着等他回來的妻子。武士彷彿自言自語地說：「假如我戰敗……」他底妻子毫無猶疑地綻開溫柔的笑靨：「我會織布。我會奉養你，正如你奉養我一般令我快樂。」小手可愛地在空中比劃着織布的模樣。因而武士感覺他獲得了從未有過的勝利。為了他妻子柔軟的小手，他將會更勇猛地走上戰場。

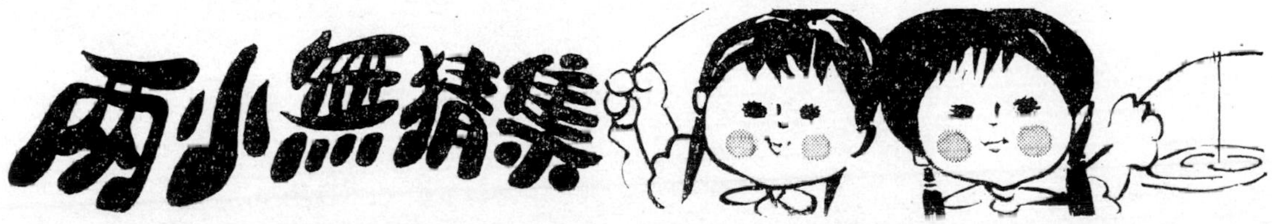


# 香港實在壞透了

小魚

人人都說香港是個烏煙瘴氣的社會；沒人情味、人人為名為利互相傾軋、罪案如山、政府貪污……太多了。

人人都在罵香港的教育制度壞；每年被逼接受塡鴨的學子不知幾許，由小學到大學，健康正常的孩子被塡鴨教育逼得變形……

香港這樣壞香港那樣壞，人人都在掀她的瘡疤，把她最壞的一面翻出來展覽、添色。

電影、電視，一趟又一趟，反反覆覆不厭其詳地喊：香港實在壞透了！

有一個十五歲的小女孩，是英中三年級學生，她是個聰明的孩子，香港許多不平等的問題她都知道，她自認比許多同齡的人思想成熟。

她「看透了」香港，家庭的教育抵不過外界的教育，她看不起學校爭飯碗的老師，升級和分數她不當一回事，她看不起用功的同學，她認為用功的同學目的只是求名求利；她的成績很壞，學期結束，成績報告是留級，當受到家人責備時，她說：「我不願做塡鴨式教育的犧牲品。」

女孩在外面出了事，一次與些志同道合的同學開舞會，被警察大批帶上警局當阿飛案辦理。女孩的家人將她担保出來，家人被她氣昏了頭，女孩卻說：「假如我們有錢，就不用上警察局了。」

# 屍體

·創作·

劉一波

黃昏有霧，濕氣更濃了。

小玲輕輕推開窗孔，向外窺伺一下，慌忙縮囘來，對媽說：「那個死屍還在路上。」

媽抹抹手，皺起眉頭，走近窗下，向外看看，說：「一天了，還在那裏。」

「媽，我有點怕，天快黑了。」

媽摸摸她頭，在火爐旁邊的板櫈坐下，開始用沙紙擦去早上拾囘來的刀子的銹。

「爸為甚麼還不囘來？」小琴問，走近媽的身邊。媽望望枱上的鐘，說：「快囘來了。」「我怕那個死屍會起身。」小玲說，身體貼近媽的腿。「那有這囘事。」「電視那個午夜怪談節目，不是說那個死屍會轉身嗎？」「那是做戲呀！」「媽，不要擦那刀子。」「為甚麼？」「我怕聽到那種聲音。」媽放下刀子，把她摟在懷抱：「乖乖，別胡思亂想。」

小玲突然驚叫一聲，恐懼地望着大門。媽也陡然站起來，因為他們聽到外面有聲音。

媽走近門口去，被小玲叫住，小玲嚷：「別打開那門。不！」媽乃走到窗下，小心推開窗孔，向外面看了又看。外面很靜，除了稀霧，及朦朧的遠景，甚麼東西都沒有。「是甚麼聲音？」小玲眨着大而靈活的眼睛疑懼地問。「甚麼也沒有。」媽說。坐囘那櫈子上。媽有點胖，背後衣服已濕透了汗。「可是……」「也許是我們太緊張，聽錯了。」媽不讓她說下去。「不會的。」小玲肯定地說。「或者是隔壁四叔囘來吧！」「天黑了，爸怎麼還不囘家。」小玲又問，顯得很焦急。用力捏弄着垂在胸前的孖辮子。

媽又望望枱上的鐘，說：「是呀！平日他早就囘來了。」她順手把電燈扭亮。滿屋子都是光影。她開始有點担心。

「媽，你聽。」小玲緊張起來。媽瞥了小玲一眼，站起身，走近大門口，豎起耳朵，靜聽一會。說：「像是人走動的聲音。」

「不知是不是有人來搬屍。」小玲忖測着，額角開始滲出冷汗。「讓我看看。」媽推開窗孔，很快放下手，一面去開門一面輕輕地說：「是爸囘來。」小玲轉憂為喜。爸推門進屋，大大抖了一口氣，用手掌抹抹額上的汗粒，道：「好熱的天氣啊！」隨着倒進臥椅，伸長兩腿喘氣。媽白了他眼。他笑道：「今天走了許多路，很辛苦呀！」媽遞給他一把葵扇，問：「從那一條路囘來？」「對面那一條。」「有沒有看見那死屍？」「有。」「很恐怖吧！」「不，像睡着一個人。」「傷得很重吧？」「沒有。」「那不是謀財害命了。」「不像。」「

好好一個人，怎麽會死在路邊。」「誰曉得。」「昨夜你有沒有聽到有人叫救命。」「我睡得像猪，聽不見，你呢？」「沒有。」「小玲，你呢？」爸問，慈愛地扭扭她白嫩的臉。

小玲搖搖頭。惶惑地望着他。

「來，爸爸抱你，不用怕。」爸說。

電燈突然熄掉，屋子黑如墨。小玲驚呼一聲，撲進爸的懷抱，媽連忙在黑暗中找到兩支蠟燭，燃着。屋子才又了光，微弱的火焰在輕風吹動下掩映，一層詭秘的氣氛籠罩着整間屋子。使他們有一種莫名的不安。

爸推開小玲，走到茶櫃拿出電筒去檢查電燈的總掣，一會，說：「掣壞了，讓我去叫人修理。」

「不。」媽忙阻止道：「天黑了，不要到外面去。櫃桶還有兩支蠟燭，用完明天再說。」

這時候突然有人拍門，媽與小玲嚇得跑進睡房去，爸順手拿一枝棍子，走近大門，喝問：「誰！」

「是我，隔壁陳四。」

「啊啊。」爸打開門，一陣濕霧吹進來。陳四堆着滿臉笑容跨進門檻，說：「霧越來越大了。」

「唔，」爸關門時，望了那條路一眼，由於霧濃，死屍衹剩下一個朦朧的影子。悶熱的天氣，也有了絲兒的風。路那邊的一排松樹，於夜裏發生蕭蕭的聲音。一兩點鬼似的螢火，在霧中半明半滅地閃動着。各種各樣的虫叫，使這墳墓般靜寂的一帶，更叫人感到可怕。

媽與小玲從睡房走出來。

「四叔！」小玲伶俐叫道。「乖！」陳四揑揑她的辮子說：「你越長越好看。」媽這時，倒了一杯茶遞給陳四，陳四客氣地接過說：「那討厭的東西還在。」「一天了，總不見有警察路過。」媽有點氣憤的說。「警察？這裏僻靜，三日難得一見。」爸說。放下手上的棍子。「我躭心會臭。」媽說。「不會這麽快吧。」陳四說。他是個四十歲上下的人，眼睛很小，臉子很圓，手掌也很肥大。「很難說，天氣這麽熱。」媽說。顯得有點憂慮。「如果發臭，正好吹向我們這裏來。」爸說。「是呀！」陳四掉過頭來問：「有沒有看過那死屍。」「看過。」爸答，表情有點怪。「大約甚麽年紀？」「六十歲，樣子很瘦，看不到傷痕。」「今早去看過的人，都這樣說。」「我想是病倒的。」爸說：「昨夜你有沒有聽到甚麽聲音。」「好像聽到有人呻吟，我想起身去看，後來想想，這種事會給自己帶來麻煩，所以……」

「有沒有其他人聽到。」爸截住他的話問。「許多人都說聽到，但他們都沒有……」「可憐呀！他的家人還不知道哩。」媽突然傷感起來。「媽，我聽同學說過，死了的人會報夢，今晚他一定會報夢給家人知道，叫家人來收殮他的屍骸。」小玲天眞地說，家裏多了一個人，她沒有先前那麽害怕了。

「我想我們應該想一個辦法。」爸咬咬咀唇說。「你是說報警。」「唔！」「有誰願意呢！」「比方……」

「啊啊！」陳四慌忙說：「很夜了，我得先走了。因為我在家裏還有事辦哩！」他不等爸講完，已自己開門走了出去。

外面的霧濃得伸手不見五指。夜更深了。路那邊甚麽東西也看不見了。

媽關好門，回過頭說：「這麽大霧，夜回家的人踏到了死屍也不知道呀。」

「別說得那麽恐怖。」爸說，發現地下的小刀，問：「從那裏來的。」

「在門外的渠邊拾回來的。」

「快把它抛掉。」爸忽然緊張起來。

「你怕是……」

「別嚕嗦。」

「你不是說那死屍沒有傷痕嗎？」

「總之是惹麻煩的東西，留不得。」

「我想沒干事吧。」

爸有點憤怒，不再跟媽講話。他從枱上那起一塊布，用布蒙在掌上，拾起生了銹的小刀，大力把它抛出窗外。

# 黑咖啡的日子

蓬草

早上，很多時天還未亮我已醒了過來。同房的人仍睡得稔熟，我不想太早吵醒她，我靜靜的轉過身，面向牆壁，有時會想著一些甚麼事情，但有時甚麼也不想。

到八點鐘的時候，我小心翼翼的爬起床，儘量悄然的洗漱。但是，每次我仍要皺着眉頭，聽著無可抑制的「花花」水聲响嚷，小房子裏的四堵白牆，像賭氣似的把每一種聲音激盪開來，我用毛巾擦著濕濡的臉，偸偸觀看室內的人，她已經在打著呵欠。

「早！」

我們笑著，一天便這樣開始了。

喝一杯熱騰騰的黑咖啡，咬兩片塗滿果子醬的烘麵包。

「下一回我們買草莓的那一種。」她說。

我們都愛果子醬，各式各樣的，早餐吃最好。有時饞嘴起來想吃乳酪，但總覺得奢侈了一點。

抵受不住引誘時，她或我，瞧著發薪的日子，買了一大塊好吃的乳酪回來，「看，這是甚麼？」

我們用小刀子把它切成一小片一小片的，「這些留在晚上吃。」

早餐後，我在牆角坐下來，抽一口煙，看我的書。

她安靜地寫著一點甚麼東西，有時畫畫。

在做著這樣的事情時，我們是背向著對方的，但我們都知道：「背向」的姿勢，也有親切和諒解的意思。

我們懶得要命，兩餐儘量在大學飯堂吃。不用煑菜，不用洗碗，比神仙還更快樂，至於吃得好不好，不是大問題，心情愉快，比甚麼食物更使人健康。

她說：「唉，我好像胖了！」

但我們還是繼續吃很多很多果子醬，麵包和乳酪，喝一杯又一杯的黑咖啡。

飯後沿著林蔭大道漫步，有時躺在草地上曬太陽，聽外國男孩子的歌聲和吉他聲。

學校的管理員跑過來，「你們別把草壓死好不好？」大家沒好氣的站起來，瞅著他的身影一沒，又全躺下了。

那邊廂，一羣人圍著一個散發傳單的青年。

誰也不管誰，我們就做自己喜歡的事情。

晚上，如果有一齣好電影以看，這天便是最美滿的了。

我們看英瑪褒曼看維斯康堤看愛森斯坦看費里尼。……，這些片子有法文字幕（總比聽法文對白好）。很對不起哥達，今時今日仍「聽」不懂他的電影，其實，為了電影，也値得下苦功把法文學好。

但是，我們的法文……唉！

沒有辦法，我們互相忍受對方的蹩腳法文，也替在場聆聽的外國朋友難受。他們還要說：「你們進步得好快！」

我們也曾分別抱著字典看完加繆的「瘟疫」，也曾痛苦無限的強逼自己看報紙。

一同做了這許多的事，有快樂的，有不大快樂的，有傷心的，有眉飛色舞的，日子一天一天的擦落了。

那時已知道一切將會流逝，匆匆的看也看不清楚，談不上「找」著一點甚麼。

但還有甚麼要求呢？這神仙似的、或者乞丐似的生活，我們共同渡過了。想念著我們的小房間，那一束從梵高墓地附近檢回來的草，那一個在嚴寒的冬天為我們帶來熱鬧的壁爐，爐架上的一小瓶乾花，幾支毛筆，一卷畫，一叠家書。

這，便是我們的日子。

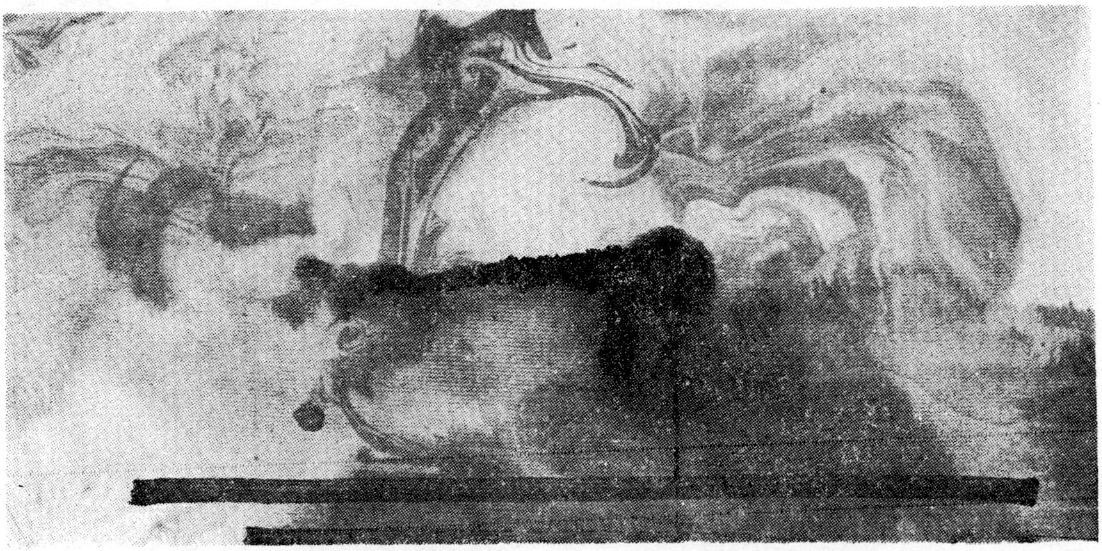

# 他們說我也是抽象大畫師

陳　岱

近幾年苦鬥商場，總算皇天不負苦心人，讓我撈個半把，能在半山區買層樓，四千多尺的廳廳房房，傢俬地毯，瓶瓶罐罐收拾得一塵不染，也算對得起祖宗了，佈置停當，坐下點好烟斗翹起二郎腿，自我陶醉一番。猛然醒起怎麼四壁空空如也的？總得掛上些什麼才夠派頭哪！于是思忖着買幾幅立軸、橫披、壓鏡之類吧，粗畧點一下數，非要十來幅才能壓得住；還要大幅些掛什麼好？俗語說「識時務者為俊傑」，現在還掛什麼山水、花鳥之類的東西？未免太老朽，自然是抽象派最新潮啦！

有日偷空往各畫廊走一走，到底是中國人，總覺得抽象國畫最合脾胃，一問價錢乖乖，十來幅非得五六萬元不辦，老實說我這只撈個「半把」之人，怎麼吃得住啊？連日來動足腦筋，總想不出一個法子弄到這筆錢；眞所謂「窮則變、變則通」，果然鬼神來通之：自己動手！

「有冇搞錯？」沒有搞錯。

先父素喜丹青，故我從小便與夾宣、松油烟、狼羊毫、端硯為伍，此其一。

再者我又不是要畫石濤、八大或是畢卡索馬蒂斯，壓根兒我就沒學過一筆畫。而且說到臨了，他們也只不過是「具象」畫家，畢卡索儘管新派畫裏形象還在嘛，老實說他們都已經落伍了，唯有這一「抽象」，可說什麼都不是，也什麼都是。妙就妙在這裏。信不信由你，想當年自己不過十歲左右時，便已經是抽象派畫家囉！

聽我道來：小時候調皮，本少爺高興了，便叫佣人先把墨磨好，然後端盆水來，把水搞動一番，命人將墨滴入水中，那墨便隨着流轉動蕩的清水浮離迴旋，那眞個變化無窮，你說它像雲彩吧？比雲彩俊俏；像木紋吧？比木紋柔美。而且是瞬息不變，看它變到合本少爺心意了，便把宣紙往水面一覆，即時揭起，那一瞬間的變幻就都完全在紙上了；烟霧繚繞、虛無飄渺。

也時常趁先父不在家，溜進他的書房，把他作了廢的畫稿拿來「玩墨」，玩法可多了，大書畫筆醮飽了水又醮點墨乘勢一揮，稍不稱心就揉作一團；也許又把它舖平了掃焦墨，再潑上些髒水，顏色也拿來糟蹋一番，眞是淋漓盡致，痛快到了家。

這些頑童時代的拿手，如果留了下來，到今天

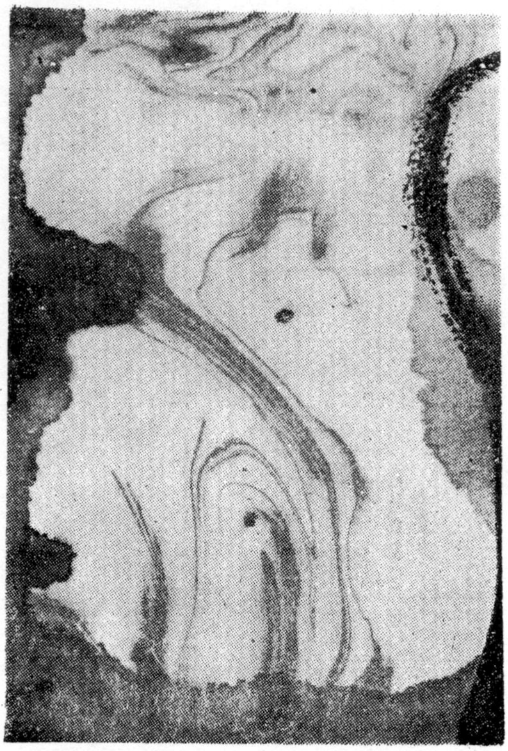

不成了抽象派傑作了嗎？為時也不晚，現在馬上動手過其「抽象畫」之癮吧，便即刻去文具店買了數十張宣紙，兩支大號排筆、學生來用的青年牌墨汁和幾瓶水彩顏色，到此便萬事具備，只等「靈感」了，所謂靈感，也即是等我老婆孩子皆已高臥之後動手而已。

幾隻朱古力鐵盒子盛好清水，排筆往下一浸再蘸一下濃墨，在宣紙上橫筆一掃，快了可以留下「飛白」，慢了水色迷漫，一派浩瀚；間中頓一頓便又多一層變化；喜歡豎着拖也行，加一二滴斑點上去也可，總之是豐儉隨意、悉聽尊便。

又或者揉縐了再舖平，快速掃焦墨，復拖以淡墨，層次豐富，這也有意想不到的效果。玩什麽花樣都行，就看你招兒有多少，肯不肯發揮想像力：點、擦、噴、刷、印……隨着高興玩。想不到四、五個晚上，幾十張宣紙全報了銷。

第二天選了十幾幅送到裱畫店，囑咐用最上等的材料裝裱，配上大鏡框往家裏四壁一掛，哈，這氣派之大就不用提了。並且，我還給每一幅按上個「抽象」題目，如「暈」、「廻」、「拙」、「律」、「玄」等等。

上星期太太便特地在家開了個小型派對，賓客們見了滿目「抽象」沒有一個不嘆為觀止的，認定是天才的稀世之作，競相問我：化了多少代價、何處購得，哪幾位大師所作。嘻嘻，本錢才一百多元，連裱工總共不過六七百元，作者便是本大師也。他們都讚嘆不止，說有眼不識泰山，原來抽象畫大師在此！

我是個老實人，再說老友面前還擺什麽架子？因此，我便前前後後、原原本本大爆我這「抽象畫大師」的內幕，爆完後，賓客們才如夢初醒，無不作躍躍欲試狀。其中一個年青的阿甲道：「這一本萬利的財大可發它一發，幾個晚上的功夫，六七百元的本錢，便來了五六萬元之譜，哇！我今晚也回去抽象一番。再留長頭髮和鬍鬚，吊隻烟斗、穿件邋遢衣服……哈哈」

到是阿乙老成持重，他道：

「老弟呀！你回去畫便畫，自我欣賞也不壞，可千萬別裝蒜，我世姪有個朋友便是個如假包換的抽象派畫家，展覽會標價五六千一幅不出奇，可是三年不開張，開張吃半年，這餘下的兩年半你怎麽挨？」

於是阿丙阿丁也來七張八嘴，我趕緊煞住，只告誡他們一點：回去無論你怎麽搞都行，最緊要的是弄完了送去裱；不裱不像畫。佛要金裝、人要衣裝，畫要裱裝。不過也有人不識時務，總不肯承認抽象畫是畫；對這種不懂藝術的人可以不必理會。

願天下有心人皆來大筆一掃畫其抽象畫，美化人生，你我有責呀！

東瀛誌異

# 閻王殿

李道子

聖武天皇臨朝時，讚岐國山田郡有一戸叫做布敷臣的人家，布敷臣有一女名叫衣女，生來體魄强壯，一向很少得病。某年，郡內流行疫病，衣女不知何故染上了；兩老人家急得忙了手腳，便到疫病神那兒焚香頌拜，祈求衣女早占勿藥。

過了幾天，某晚衣女自昏迷中陡地甦醒過來，對着娘親訴說夢見了疫病神——夢中疫病神這樣對衣女道：「你家裏頭的人在我面前誠心祈求，那樣的信任我，我當然願意助你一臂之力，祗不過這樣一來，便得牽涉另一條人命。你可知道有誰家女兒跟你同名的嗎？」衣女答道：「知道，鵜足郡那兒便有跟我同名的少女。」「那末就請指引我去吧！」這樣說着時，疫病神伸手摸了一下睡着的衣女——就在被摸着的當兒，衣女與神已浮游於天空中。須臾，兩人到了鵜足郡衣女的家門前。時已入夜，裏面的人還未就寢，衣女正在厨房裏不知洗滌著什麼。「就是她。」山田郡衣女說。疫病神自掛在腰帶上的紅袋中取出像鑿子那樣又長又尖的工具來，闖進裏面去，對準鵜足郡衣女的額頭便刺下去。鵜足郡衣女受此一刺後，整個兒就倒在床上呻吟不已。山田郡衣女看到此情形，一嚇便醒了過來，可是說畢經歷後，便又昏去不醒人事了。

轉眼三日，衣女毫無甦醒的迹象，兩老人家也開始絕望了。然而，就是在那時候，衣女竟張開了眼，說起話來；同時，又從床上爬了起來，瘋狂似地打量着屋子的周圍。接着，衣女跳出房子，喊道：「這不是我的家——他們不是我的雙親。」……

一些不可思議的事情又發生了。

鵜足郡衣女因受了疫病神鑿刺而死。雙親自是傷心不已，請了檀那寺僧侶來打齋超渡，接著並把遺骸在郊外火化。之後，幽魂朝冥途走去，到了閻王老爺面前。閻王一見此少女，立卽喊道：「這豈不是鵜足郡衣女嗎？陽壽未盡，因何到此？速送回娑婆世界(人世界)去吧！現速傳山田郡衣女來。」鵜足郡衣女聞言哭於閻王老爺跟前道：「大王，我死已及三日，今時我體已化為灰燼——再難回復舊體矣。」無上威嚴的閻王回答說：「你用不着担心，朕賜回你山田郡衣女的身體吧！——那少女的魂魄不久便可來此。你體早已化為灰燼之事不用放在心上，賜你山田郡衣女之體豈不更好？」說畢，鵜足郡衣女之魂立卽便走進山田郡衣女的身體裏去。

山田郡衣女的雙親，眼見女兒自床上跳起，一面狂喊——「這不是我的家」，還道女兒是因病成狂，於是自後追趕嚷道：「衣女，你往那兒去呀！——等一等，你有病在身，可不能這樣奔跑啊！」衣女那裏肯停半步，一直走到鵜足郡死去的衣女家門前，闖了進去，看着屋內一對老人；行了禮後，喊道：「呀！眞高興回到家裏……爹娘，你們老人家可別來無恙吧！」老人家不知伊乃誰家女兒，吃了驚，以為是瘋人闖進了門。驚魂甫定，做母親的便壓着嗓子溫柔地向衣女問道：「你從何處來的？」衣女答道：「我從陰間來。」——「我是你的女兒衣女呀！剛從陰間回來，可是現在軀體變了樣子呀！娘呀！」於是衣女一五一十道了前由，兩老人家聽畢，頗是非常驚喜，變得反而有些迷糊起來。不久，山田郡衣女的雙親摸索而至，見此情形，便來商談如何善後。四個老人家不斷要衣女重覆敍述經歷，抑且追問不停，可是任憑怎樣的問，衣女回答一如往昔，於是乎四個老人家不得不表相信矣。接着山田郡衣女的母親便說出病中女兒得見奇夢的故事，語畢，向鵜足郡衣女的父母道：「我們都知道我女兒現存魂魄本是你家女兒的，但是如你所見軀體則屬小女，因之，此少女應為兩家所共有，從此，就當作我們兩家的女兒，可好？」鵜足郡的兩老人家，自無異議；此後，綠楊移作兩家春，兩家相處，再無異事。

---

**後記**——近來很喜歡翻弄一點有趣味的書籍、比如傳奇神怪一類，大多是貪它看時不傷眼神，抑且事後，卽使不存於記憶，亦無傷大雅；本篇卽是在讀得古谷綱武所編「小泉八雲集」上卷某一條目後，有所感而記下者。據條目下云此則本源自「日本靈異記」卷一第十二回目，小泉八雲據此用英文重寫；我所依賴的是田部隆次——卽小泉氏之學生——的日文譯文；全篇故不作直譯，在轉折處，滲進適合大家容易理解的文體，這樣作法，用意在容易轉述故事，反正這不是「文學」，想來大概亦無大碍吧！

# 聽雨樓回想錄

（四）　　高伯雨

**前文提要：作者幼時在廣州公益中學的附小讀書，後因母親與杜校長鬧意見，因而退學。**

不知過了多久日子，天冷了，一日，忽聽說大哥在潮州死了，死於何年何日，當時我不知道，直到第三次回澄海，拜他的忌辰才知是十一月十四日（陽曆十二月十一日）。大哥死前半月左右，我們一家人到香港，辦理大姊淑文出嫁。她的出嫁日期是十一月十六日，而大哥則死於十四日，本應改期，遲多一兩個月才辦喜事的，但男家不同意，認為不過死個哥哥罷了，雖說「長兄為父，長嫂為母」，但死的人並非在香港，似可變通辦法。結果如期舉行，只是省了請客和鼓樂吹打。

我們辦喜事是在堅道租了一座三層樓的房子的，廣州的家人全都來了，到出嫁那天，我和廿二弟亞牛（後命名介文，四庶母所生）一齊做「舅爺」，坐在轎子送嫁。男家姓莫，姊夫名叫莫慶，聽說在大學堂讀書。我記得送嫁時，新郎新娘的轎子並行，沿堅道又再上一斜坡，然後又下來回到堅道，直到莫家。為什麼這樣，後來聽人說，因為男家也在堅道，兩家相隔不過十多座房子，所以要繞遠路一走，比較好看一些。

莫家是香山縣大族，他們一家在香港已有年所，並且子弟亦多在太古洋行辦事，有些還做了高級職員如買辦之類。大姊夫今尚健在，已八十四歲了，是足球界元老，現在每天還到他的保險公司辦公，一到下午，就忙於應酬，歌場舞榭，常見其蹤影，玩到午夜一兩點才興盡回家，數十年如一日。大姊死於一九二三年，不過二十六歲，結婚已十年了。下一年五月，莫姊夫有事到汕頭，順便入澄海叩拜岳母大人，還給她照了一幅相，又請介祥堂兄為他操機，攝他侍立嫡母一旁。後來聽說，姊夫到澄海擬向嫡母求婚，以十三姊淑容為繼室。但不知為什麼沒有提出，大概一時難說出來。但他到廣州晤四庶母時，曾露此意。十三姊久聞「親家奶奶」向有難伺候之名，大姊受的磨折夠多了，堅決反對。大姊夫始終沒有再娶，却有一妾，早在大姊死前討的。（大姊是三姨太太孫氏所生，三姨太太早父親死四五年，她生下三哥一個，大姊則是螟蛉的，父親沒有女兒，故特准也。十三姊之生母，已在一九一六年謝世，故大姊、十三姊均由四庶母撫育，為她們安排出嫁。）

曾國藩常歎自己的「坦運」不佳（這是他創出來的，言其坦腹東牀，無一合其心意也），父親在死後幾年才有女婿，似乎他的「坦運」並不怎樣理想。不過大姊夫做過一番事業，已極難能可貴；二姊夫婚後三年，因病迫得離開天津交通銀行，兩年後死去，英年凋謝，很可惜。二姊淑言含苦茹辛，三十年後兒女能自立，現仍在香港享晚福。大、二姊夫是最出色的了。十四姊夫於一九三一年和十四姊離婚，其人不足道，一九三六年十四姊在上海和劉永年醫生結婚。十五姊夫鄭子銘是個誠樸老實商人，無可訾議，今在廣州，十五姊則在十五年前死了。十三姊夫只是個「二世祖」，祖業花光後，香港淪陷，回到廣州，四十歲才出來眞正找事情做，已經吃虧了。其實曾國藩的令坦們，並不怎樣不成器，從俗人的「升官發財」觀點來論，也有一個做到巡撫呢。（聶緝槼是曾的幼女夫婿，官至江蘇巡撫，上海的「聶中丞公學」是他捐貲建立的。）父親的「坦運」似乎也不讓於「曾武邪」了，可發一笑！（「武邪」之美謚，乃左宗棠所上。）

話說我在公益退學，又送了大姊出嫁，已是一年將盡，我怎樣過新年的，毫無印象，只記得沒有四個龍銀做壓歲錢，那是記得淸淸楚楚的。過了新年，我又有記憶了，我們一家人除了廿四弟外，一同在德才女子學校念書。我們一羣中，我的母親、十四姊、廿一弟和我，但沒有吳耀文「妹姐」（在廣州音這個「妹」字，不念作姊妹的妹字音，而念作「靚妹」「妹丁」的妹音），為什麽沒有她，大概因為契姊和她已不再住在我家了，所以沒有去，到年尾我才明瞭過來，原來她結婚了。這一年的年尾我還在她家裏住過半個月左右呢，以下再談到。

母親年已廿七，還和小兒女逐隊入學堂念書，為蘇老泉之發奮，倒是一件令人高興的事。如果她被關在澄海故鄉，就沒有這自由了。母親對於唱歌最有興趣，每日上學之外，星期日還入城在進取學校跟一個姓霍的音樂教師學唱歌和彈風琴。這位霍先生在日本習音樂回來的，他只是星期日在進取學校（他是否該校教員，我不知道）教一班學生，男女皆有，似乎是速成班，三個月就畢業的。我記得畢業時，還拍有一張師生同聚的相，霍先生立在中央，他有兩撇威廉鬍子，看來很神氣，母親站在風琴一旁，這張相一向擺在母親房中。

一到星期日，我們就高興了，天剛亮就起床，先吃早飯就跟母親一起進城往進取學校，因為母親嫌我們頑皮，生怕闖禍，不得不帶了去。而這餐早飯，又比平時的一餐特別好吃，吃的是臘味飯，有臘腸金銀臘腸、臘鴨，和平常的早餐菜大不相同，我往往吃完一碗又爭着先添飯，恐怕一慢，就給人吃光了。因此，我為這頓早餐改名為「禮拜餅」。

德才是一間女子學校，但也收年紀小的學生，我讀的是國文，歷史教科書，有彩色圖畫，又容易懂，記得教科書中有孫中山就任臨時大總統這一句，「大總統」三字，我們一羣頑皮的學生故意讀成「大屎桶」，然後呵呵大笑，有一次給校長黃君毅女士聽到了，惡狠狠的跑進課室，問是那一個帶頭這樣讀的，但乃有人應她。她不得要領，只好悻悻而出。（黃校長和杜校長也是當日廣州教育界女名流，她還在城裏主持復禮女中呢。）

在德才一年中，有一件事我到老還記得的，就是我最先和異性做朋友（以今日香港人的奇怪習慣而言，叫做「女朋友」，將外國人的東西硬搬過來而成奇俗，亦趣事也）。同學中有何瑞蘭、何瑞蕙兩人，大約十二、三歲，比我大四歲左右，長得很漂亮，令人可愛，我總是找機會親近她們，往往和她們一同携手唱歌，唱「卿雲歌」（袁世凱公布的「國歌」，一直唱到「三民主義」代替了它），又唱「文明結婚」、「雪中行軍」等歌曲。有一次我和何家姐妹扮文明結婚，我做新郎，瑞蘭做新娘，瑞蕙做「大襟姐」，暫假講台做結婚禮堂，而以台上那張月眉形的桌子（教員所用的，上面放叫人鈴、粉筆、書本，下面空的，沒有抽屜）做新房。禮成，雙雙入台下行洞房之禮。早在兩三年前我已明白，夫婦的關係是什麽了，以為男女同床，必係夫婦，他們在蚊帳裏必有一些不告小孩子的事的。當我六歲時，還住在表伯家中，有一晚將睡而尙頑皮的時候，有個女傭名叫仙姐的，長得眞有仙人之美，大概她是來替巧姐工的，她見我還不肯上床就叫，我快些睡，她也要上來睡了。當時香港很少蚊，偶有一二，亦不足為患，所以蚊帳常桂着而不大用。但我却堅持着要放蚊帳，仙姐不肯，她說這樣熱的天氣又沒有蚊，放來做什麽。我一定要，她問什麽理由，我說不放我不睡。她就說：「為什麽放了你才睡呢？」我衝口而說：「我地係兩公婆吖嗎！」

仙姐聞言又羞又惱，要去伯母處告我。我知道闖下大禍，不敢出聲，馬上躲上床，乖乖地睡覺了。

我們在德才只讀了一個學期，下一學期又不在德才，而在另一間叫覺覺中學了。我仍然是讀小學，學到什麽呢？可說一無所得，認識的字不多，如果要說有所得，只是學會唱歌。一來這一功課比較合小孩子的胃口；二來，母親喜歡唱歌，她又買了一架風琴，晚上沒事，她練習歌唱，教我們跟着唱，她一面彈風琴伴着。因此，我在家中唱歌唱出了名，有時候四庶母、細嫂(三哥的侍妾)，二姊都會叫我唱，給我一些餅食，我就樂于高歌一曲。我最喜歡唱的歌有四、五首，其中一首叫「雪中行軍」的詞句激昂奮發，佐人雄思，使人人有從軍保衞國家之想。現在我只記得開頭那幾句「哥哥手巾好作旗，弟弟竹竿好作馬，鄰家兄弟拿槍來，去到山中演兵馬。山中大雪……」而已。這首歌大概在民國初年很流行的。

有一次不知怎的三哥忽然差人來叫我去唱歌，我一向不喜歡他，他也不喜歡我的。做哥哥的他，從來就沒有關心過我們的教育，當我們如路人，他所關心的只是他的侍妾桂喜。在廣州家中都是婦孺，只有他是一個成年的男子，這一年（一九一四年）他已廿六歲了，如果他是個會做人的人，應該調護於衆庶母之間，設法和她們及其所生的子女——即他的弟妹相處得融融洽洽，這才夠的上是一家之主。但他不然，他在家中除了出門經過神廳到轎廳坐轎子之外，他的腳步所至，只是神後房轉出來行往他的會客廳那一小塊地方而已。這就是他個人的天地。

三哥叫我去，我不肯去，平時行近他的客廳外面遇見了他，他一聲「三哥」，他只從鼻子裏哼一聲，還瞪着他的大近視眼的白眼球對我，好像嫌我在他跟前現形的。現在為什麽「皇恩大赦」，召我到客人之前唱歌娛賓了。我當然想不出，但母親叫去，不得不從。唱完後，他還叫我們翻觔斗，打大翻，然後每人賞一盒雲片糕。

民國九年（一九二〇年）三、四月間，他往暹羅一轉，不得不回澄海一行向嫡母講講該地的生意如何 。 其實他懂得什麽生意，無非去曼谷花錢。我記得他在年頭時有信給嫡母，懇求她給他二萬參加暹羅一項什麽生意，當時嫡母拿着他的來信念給我們聽，還說他整日躲在省城，不出來管管生意，但終於准他在元發盛行舜記名下支二萬元。（元發盛是祖父在暹羅所設的米行，父親字舜琴，所以凡他個人名下存欵或生意股份都用「舜記」為號）他得此恩惠，不得不先回澄海一行，然後歸心似箭的飛往二娘身邊。

一日，吃過午飯後，書齋上沒有閒人，三哥正坐在圓桌前調藥，見我走過，就叫我上前，用廣州話問我：「十七，咁冇規矩，點解見咗我都唔叫。」的確，我見了他簡直視若無睹，因為我年事稍長，不必怕他了 。 我故意用潮州話答他，使有人經過也懂，我說：「我叫你你從來都不應， 大模斯樣，我當然不叫啦！」於是他又翻翻白眼，我則直樂。

我們在覺覺小學只讀了一學期書，仍然是母親帶着十四姐和我，二十一弟同往上海，早晨吃過了飯才往學校，午餐只是吃點心，由兩個十四、五歲的婢女湘雲、翠瓊輪流送來，吃的無非是麵飽、粽子或向茶香室買兩三樣點心。天冷時候，改點心為白米飯，每人一碗，配以臘味。

在覺覺小學這一學期，是我最快樂的時光，校舍比公益、德才好得多，百花園樹木，那個花園相當大，還有些假山，飯堂是一個有玻璃窗的屋式亭子，我們吃午飯就在裏面，更可喜的還有三架千秋，一下了課我就和一羣女同學爭着去打。其中有個女同學名叫盧幗俠，長得很漂亮活潑，她大約比我大三歲左右，當我小弟弟般看待，她每逢見我和人家爭千秋，她總是叫我不要爭，她可以和我一齊打，於是她叫我在千秋板上坐穩，她左右兩腳分開踏在板上，畧把腰彎幾下，千秋已送上半天高了。她的辮子隨風飄蕩，粉臉泛出紅霞，滿額都是汗水。她還是打個不停，打到高興時就唱歌。這種情景到今後還能想像得出。當時我很愛慕她，認為她是女人中最美最可愛的一個。下一年我雖然不在覺覺念書了，但還是想念她，我到今日還常常在想，她既是廣東人，如果有一日在香港的社會中，碰到一個親友他們的母親或祖母名叫盧幗俠者，我一定會追問她是否曾在廣州的覺覺女校念過書。假如眞是六十年前的位盧小姐，我一定要去拜候她的，即使她已是雞皮鶴髮的老婦，我還是把她看作是一九一四年的那位風姿綽約的小姐看待。

一九一五年夏間我往香港住了兩個月左右，曾央元發行的那位孝臣秀才為我寫一封信去問候盧小姐。孝臣秀才倒也懂得小童的心理，果然為我寫了。他問我信封怎樣寫，寄到哪裏去。這一問，我是沒有法子答他的，我簡直不知她的住址何在，怎樣寄去呢。但我也忒痴，對秀臣秀才說，不必問她的住址，只在信封上寫着「省城盧幗俠小姐收」，同我貼好「士担」（郵票），拿去寄了，我的心意就表達了。孝臣秀才一笑，果然照辦。這封信到了羊城，當然是以「死信」對待的了。

學期未完結前一個月，大約是陰曆十一月初吧，我們又請了半個月左右的假。這種假說起來也頗有趣的。原來七叔父暉石要嫁女，辦喜事，我們一家人都要到他家裏住下來幫忙，趁熱鬧。我在廣州前後只不過住了六年，而且年紀很小，對於風俗習慣，一向都沒有注意到，長大以後，偶然到廣州，也不過小住十天，辦完了事就走了。所以對於廣州的婚喪風俗，只知一二，還是小時候親身經歷的。現在特寫一章來談談我童年所見的嫁女風俗。

## 送　嫁

懿莊堂姊是七叔的長女，她的母親是排第二的姨太太，自從養下她和她的弟弟介素後，七叔便把她丢在澄海，不許她在香港居住了。到了懿莊姊十六、七歲時，七叔為她擇婿，選中了一個許瑞鋆（字公遂），他的父親名梅坡，聽說是潮州揭陽人，一向在省港做生意，瑞鋆生長在省城，不懂潮州話的，這時候他大約是十八歲，在北京大學讀書，請假回來結婚的。七叔特來廣州，在西關逢源大街租了一所三開間的房子來辦喜事，我們一家在香港的六房、八房，在廣州的二房的人，大都「傾巢而出」，到七叔處襄辦喜事，只有我的二姊淑言沒有去，因為她比懿莊姊同年大一個月，做姊姊不宜親臨妹妹出嫁。

廣州人辦喜事眞是勞民傷財，樣樣都依正「古禮」去做，所謂「三書六禮」要依樣做齊，固然不在話下，還要加上地方上的習慣如開歎情、燒豬、禮餅等，不一而足（王湘綺於同治初年到廣州，寫信給他的太太說廣州人娶婦以得處女為榮，然後以燒豬明告六親，沾沾自喜，恬不知羞，風俗之惡，歎觀止矣云云），所以往往要「熱鬧」一個多月才結束喜事。

全家人都忙於辦事，我是小孩子却是最得閒的人，冷眼看人們忙的是什麼。但我又是這所屋子裏最快樂的人，第一是不用上學，第二是母親沒有管得那麼嚴肅，由得我屋前屋後亂走，高興時也白跑上二樓，甚至走到大門外和隔壁的小朋友遊戲也可以。更難得的是每天晚上都有酒席，早餐的一頓飯則是厨子弄的，也大魚大肉，豐富異常。因為七叔是揮霍慣的，一天沒有酒席、妓女、清客在左右，就覺得很寂寞，所以即在嫁女時候，他還在東書房召妓侑觴，和一羣酒肉朋友喧囂達旦。據說這一次他嫁女，除嫁粧奩不計外，單是辦喜事等等費用，就花去三萬多元。有人說其實用不了這許多，不過是他得寵的三姨太太「打斧頭」罷了。三姨太是廣州泮塘姓的小姐，家中頗有兩個錢的，但不知為什麼肯嫁人作妾。她還纒着小脚的呢。侍妾中有小脚的很少見。她很講究口腹之慾，就是在病中，還要叫厨娘弄一兩味可口的肴饌，不理醫生的警告。嫁女後五六年以霍亂死在廣州。

（未完）

## 畫片說明

**封面彩圖：「節日」(版畫)　李平凡　作**

李平凡是國內很有名的畫家，近年還致力於描繪中國水墨畫。

「節日」構圖新穎，設色鮮艷，人物刻劃入微，從他們的臉孔看來，便可體會出他們在歡樂的時刻中，內心流露出無比的喜悅和天眞瀾漫的性格。總的來說，此畫充滿一片喜氣洋溢的節日氣氛。

**封底：「神秘的阿富汗」　（日）　甲斐大策**

阿富汗這個沙漠國家，到處充滿神秘，還有許多離奇怪誕和罪惡的勾當存在各地城市及村莊。

甲斐大策是個喜歡旅遊寫生的日本名畫家，他每到一處地方，均用誇大的筆觸來描繪當地的風土人情，因此寫來特別生動自然，傳神悅目，使讀者有置身其間的感覺。

**封面內頁：現代畫速寫近作選**

李平凡、苗地、阿老都是國內有名的速寫畫家，他們經常深入生活，反映現實，嚴肅認眞地寫作出許多好的作品，深受廣大美術愛好者的歡迎。

**封底內頁：「驢背吟詩圖」（明）徐渭　作**

徐渭，字文清、文長，號天池、天池生、天地道人、青藤老人、青藤道士、漱仙、鵬飛處人。浙江山陰人，明朝正德辛巳年生，為明代最傑出的寫意水墨畫家，精畫山水、花鳥、人物、魚虫。他的學問極為淵博，工詩文、草書等。曾一度神經錯亂，把妻子殺死，被判入獄，又以鐵錐自刺入耳而不死。

**封底內頁：「荷花水鳥圖」**

**（清）八大山人　作**

八大山人，是明朝的宗室，明太祖朱元璋的第十七子寧獻王朱權的後裔。江西南昌縣人，他的原名叫朱統鍌。明朝滅亡後，他改名換姓，字箇雪，號人屋、何園、雪个、个山、个山驢、驢漢、屋驢、書手、由椏、八大山人等。他落欵方式很奇特，他把「八大」兩字緊密聯綴在一起，「山人」兩字也同樣如此，看來很像「哭之」或「笑之」的字樣，來寄以國破家亡之痛，以致哭笑不得，曾出家為道士。據說八大山人的面色微微帶紅，小鬍鬚，患有口吃病，後變成啞子甚至瘋顚。

他的作品筆墨豪放，意境高逸，不拘成法。

**波文書局** 香港皇后大道東二五二號地下 Tel. H-753618
252, Queen's Road East, G/F., Hong Kong
**Po Wen Book Co** P.O. Box 3066, Hong Kong

**龍蟲並雕齋瑣語** 王了一著・波文書局・1973年重印・（據觀察社1949年版）・195頁 8.00

王了一（王力）出身於清華大學研究院。留學過法國，返國後歷任國內著名大學的教授。早年翻譯過不少法國文學作品、但他的聲譽遠不及後來對於音韻學和語言學的研究。令人感到意外的是抗戰期間，他為「觀察」雜誌寫了很多出色的小品文，並出版了這部博得好評的「龍蟲並雕齋瑣語」。曹聚仁在「文壇五十年」中評論本書：「他所寫的比吳稚暉的更凝練，比魯迅更活潑，比周作人的更明朗，可以說是自成一家。」

**五四運動之史的評價** 陳瑞志著・生活書局 1935年・418 頁。

要目：第一編導言——從西方文藝復興說到東方文藝復興。第二編東方文化停滯之史的動力：①東方與西方的阻塞；②孝的宗教之發展；③述而不作的一貫精神；第三編西方東漸與東方的沈淪；④鴉片戰爭前的中國社會經濟；⑤資本主義侵畧的序幕；⑥國民經濟不振的原因；裏應外合的日禍；第四編、趕上歧途的民族運動。⑧原始暴動的演進；⑨民族運動之曲線的發展；⑩民族運動之曲線發展（續）；⑪變例的民族運動中的奇蹟；第五編劃時期轉變的來臨；⑫扳轉時代的動力；⑬啓蒙工作的回顧；⑭啓蒙工作的回顧（續）；⑮革命主力（續）；⑱國民經濟廢墟上的社會文化；⑲國民經濟廢墟上的社會文化（續）；第七編・結論・本書於抗戰前夕出版，故流通極少，只有周策縱教授在其所著的「五四運動史」中給予本書極高的評價，並大量徵引本書的文字。本書為研究中國近代、現代史、文化史、五四運動史、新文學史的巨著。

**中國傳統思想總批判** 蔡尙思著 棠棣出版社1950年・215 頁 12.00

要目：傳統思想的創立——周漢的儒家、傳統思想的演變——宋明的理學、傳統思想的掙扎——淸末民國的舊派、孔學的眞面目、大同主義不出於儒家考、程朱派思想的批判、陸王派思想的批判、宋明理學相同的缺點、道統的派別和批判、封建派與資本派的合流、等。附：自記——我的奮鬥與轉變。

**中國傳統思想總批判補編** 蔡尙思 棠棣出版社1950年・106 頁 8.00

要目：梁漱溟思想的評介、馮友蘭思想的批判附專論：馮友蘭論儒墨批判、錢穆的復古論、賀麟的復古論、等。

**宣傳皇帝秘聞——我的前半生初篇** 潘際坰著 200頁圖片 8 頁 6.00

目次：1.宮廷軼事。2.寓公生涯。3.傀儡滋味。4.蘇聯囚居境遇。5.獄中傳奇。本書是很好的傳記文學，趣味盎然，史料價值亦高。

**我的前半生**（1—3） 溥儀著 542頁圖片27頁 12.00

**民主主義與社會主義** 張東蓀著 觀察社1948號103頁 5.00

本書就理論與歷史將民主主義與社會主義合併討論。對民主主義與社會主義的基本概念——如自由、民主、平等、公正、理性等給予闡論。

**寶馬**（詩集） 孫毓棠著文化生活社1939年184頁 10.00

本詩集除了收入史詩「寶馬」外，還收入作者的詩36首。

**北京掌故** 譚文編著 上海書局1974年 4.70

**掌故漫談**（上下） 餘子著 大華出版社1974年733頁 20.00

餘子先生對淸末民國以來之掌故秘聞極為熟悉；所寫之掌故均可靠，可讀性很高。徐復觀和高雨的前序中，給予本書很高的評價。

**我們的讀者遍天下**

世界五大洲越來有越多的讀者利用函購辦法，向本局購書和享用本局的各類文化服務。請把你的地址寄給本局，你就可以每月收到油印圖書目錄。

○○○○○

**函購辦法**

一、讀者專賬：凡海外讀者一次匯存本店港幣三百元即可開戶，每三月照來往情形結算一次。

二、未開戶者：可來函指定所要之書，加上郵費，寄來足夠支付之欵項，本店即把書掛號平郵寄出。

何其芳在書齋中（中立者即何氏）

# 何其芳評傳 （四）

黎活仁

## 2.「民族形式」的討論①

幾乎與何其芳到晉西北的同時，延安的文藝界便展開了文藝的「民族形式」的討論。「民族形式」的提起，斷然是由蘇聯方面得到的示唆。蘇聯有過「社會主義的內容，民族的形式」的號召，但蘇聯的「民族形式」是說參加蘇聯共和國的各個民族對於同一的內容可以自由發揮，發揮為多樣的形式，目的是以內容的普遍性揚棄民族的特殊性。在中國所被提到的都有不同，在這兒我相信不外是「中國化」或 「大衆化」 的同義語，目的是要反映民族的特殊性以推進內容的普遍性。（郭沫若「民族形式商榷」）②，這次論爭是「大衆文藝」理論的進一步的發展，由於抗日戰爭爆發以來，如何運用文藝對廣大人民宣傳的問題成為文藝界最急需解決的事項，在衡量舊文學形式與五四以來新文學孰重的當兒，也順帶討論到近代文學革命以來文藝界從未詳細分析到的五四文學與傳統文學的血緣關係。

在一九三八年十月，共產黨主席毛澤東在中共擴大六中全會上作了「中國共產黨在民族戰爭中的地位」的報告，其中「學習」一段提到「民族形式」的問題，「學習」一文的要旨是說：一切有相當研究能力的共產黨員，都要普遍地、深入地研究馬克思、恩格斯、列寧、斯大林的理論，研究馬列主義時，必須把馬列主義的國際主義內容與中國作風和中國氣派緊密地結合起來，必須把馬列思想和中國具體特點熔合為一體，並通過一定的「民族形式」去表現和應用，「洋八股必須廢止，空洞抽象的調頭必須少唱，教條主義必須休息，而代之以新鮮活潑的，為中國老百姓所『喜聞樂見』的中國作風和中國氣派。」（毛澤東 「學習」）③對待當前運動的情況和趨勢，以及從孔子到孫中山以來的歷史遺產，都要用馬列主義去批判研究，今天的中國是歷史的中國一個發展，不應割斷歷史來分析。要把這樣研究心得，去教育那些文化水準較低的黨員。

當時延安的文藝工作者首先在延安的刊物「文

藝戰線」和「中國文化」上把這個問題與文藝理論結合起來研究，稍後又傳到重慶，重慶的「新華日報」和「文學日報」都召集過座談會，在重慶展開之後就出現了分歧。先是向林冰寫了「論民族形式的中心源泉」，「民間形式的運用與民族形式的創造」和「再論民族形式的中心源泉」等文章，論點有二：

（1）向林冰首先把當代的文藝分為舊「民間形式」和「五四」以來的新興「文藝形式」，認為當代文學「一方面移植了先進國家的新興文藝，另一方面又高揚了大衆自己的民間文藝，此二者相合，便造成了當時文學革命的中心支柱。」④（「再論民族形式的中心源泉」）

（2）發展「民族形式」文學應以「民間形式」為「中心源泉」，「『五四』以來新興文藝」，是「畸形發展的都市產物」，是「大學教授、銀行經理、舞女、政客以及其他小「布爾喬亞」的適切的形式」，所以「只應置於副次的位置，即以大衆現階段的欣賞力為基準，而分別的將入於民間形式中，以豐富民間形式自身。」（「論民族形式的中心源泉」）⑤

向林冰把舊「民間形式」和「『五四』以來新興文藝形式」對立起來看，全是忽畧於新文學的歷史發展，全是忽畧了新文學興起以來的反封建的歷史現實主義的豐功偉蹟，新文學首先運用民間流行的白話文與支配着文壇的士大夫言語——文言文展開殊死戰，當時舊派文人曾企圖以政治迫害，但白話文終於戰勝了一切危難，跟着又對長久毒害着青年的孔家店思想猛烈地批擊，以後無論在形式上的特破創造與及新思想的傳播，都可見到新文學對新時代的貢獻，這又豈是部份畸形人物的產物和傳來的西方思想所能概括；在「民族形式」討論中，何其芳、周揚、羅蓀和郭沫若等都能注意五四新文藝與民族文化革命結合的這一點，又分別從五四新文藝中的舊文藝形式的演化痕迹來說明舊文學與新文學的血緣關係，論定五四運動以來的新文學是舊文學底正當發展（何其芳「論文學的民族形式」）⑥。承認外國文藝影响雖大 ，但只是外在的因素；他們這樣從各方面仔細的尋求答案，很明白是較全面的了解到新文學的歷史，就能清楚認識「移植形式」論的片面和謬誤了。而舊形式與新形式究竟不是水火不容，是不應該對立起來看，讓我們重溫一九三四年魯迅論「舊形式的採用」的話吧！

「舊形式的採用」的問題，如果平心靜氣的討論起來，在現在，我想是很有意義的。……內容和形式不能機械的地分開，也已經是常識。還有，知道作品和大衆不能機械的地分開，也當然是常識。舊形式為什麼只是「採用」……就是為了新形式的探求，採取若干，和「整個」捧來是不是不同的。……這採取的主張，正是新形式的發端，也就是舊形式的蛻變。……自然，舊形式的採取，或者必須說新形式的探求，都必須藝術學徒的努力的實踐，但理論家或批評家是同有指導、評論、商量的責任。」（且介亭雜文）⑦

但在「民族形式」討論過程上並沒有人注意到上述的話，由於向林冰「把大衆化問題簡單到只是『民間舊形式』的利用（所謂「舊瓶裝新酒」），以至完全抹煞了『五四』以來的一切新文藝的形式。」（茅盾「在反動派壓迫下鬥爭和發展的革命文藝」）引起以葛一虹為首的「保衛五四傳統」的另一極端，他們在「保衛『文藝形式』的名義下堅守着小資產階級文藝的小天地——其所保衛的是『形式』，實際上是深恐藏在這種形式下的內容受到損害。」（同上）。

當時在重慶的胡風曾經收集這次論爭的文章，編成「民族形式討論集」，在一九四〇年又自寫了「論民族形式問題」一書，「不僅企圖總結當時重慶文化界在這個問題上的爭論，而且把當時延安的同志們的意見一律當作批判的對象。」（何其芳：「現實主義的路，還是反現實主義的路？」見「關於現實主義」第十五頁。），胡風也不同意向林冰的以「民間形式」為「中心源泉」的，他是屬於「保衛五四傳統」的一派，但卻又是「移植形式」謬論的支持者，他在「對於五四革命文藝傳統的理解」用他的「移植形式」論批評了何其芳、周楊、羅蓀和郭沫若等，而又有所發展：

以市民為盟主的中國人民大衆底「五・四」文學革命運動，正是市民社會突起了以後的，累積了幾百年的世界進步文藝傳統底一個新拓的支流。⑨

而對「民間形式」的利用，胡風態度是完全否定的，他在對民間文藝的理解說：

現實主義的作家雖然應該深徹切研究民間文藝，但並不是為了要「運用」它底形式，而是為了要從它得到幫助，好理解大衆底生活樣相，解剖大衆底觀念形態，選擇大衆底文藝詞匯。⑩

「民間形式」是不是那麼不值呢！就是當時其他「保衛五四傳統」者都大抵承認新文學尚未達大衆化，在新文學伸展不到的廣大的人民之間，「舊形式」和「民間形式」文學仍然有其巨大的影响力，（參攷葛一紅的文章）如果自稱是一個「現實主義的作家」又怎能忽視這種力量！一九五三年由林默涵和何其芳掀起的批判胡風思想的運動，其中胡風對「民族形式」文藝的曲解，也是重要的一環。

郭沫若的「民族形式商榷」是這次論爭中分析最詳細而又有具體可行見解的一篇文章，向林冰又曾錯誤把「喜聞樂見」解釋成「習見常聞」，若果如此，那末一切形式都應該回復到鴉片戰爭以前。小脚應該恢復，豚尾巾也應該恢復，就連鴉片烟和吸烟的各種形式都早已成為「中國老百姓所習聞常見」，而且是不折不扣的中國所獨有的「民族形式」，也有其合理的存在，那中國豈不糟糕！（「民族形式商榷」）可見「喜」字是有批判性和選擇性，郭沫若的見解是非常敏銳和可貴的。在同文中又提出與衆不同的預想，說民族形式文學將來「一定是多樣的形式，自由的形式。……在……既成部門之外，還要產生些新的部門，新的形式出來。……因此有一部分的朋友要求今後的詩須有一定的『成形』，我們認為那也是對於『民族形式』的誤解。」這點一直都未受到大家注意，解放後一九五四年，何其芳發表「關於現代格律詩」，一九五八年發表「關於新詩的百花齊放」，主張在新民歌之外，另就現代漢語的特性建立格律新詩，當時很多人在保衛新民歌的立場上加以反對，引起全國性的「新詩歌的發展問題」的大論爭，無疑這又是「民族形式」文藝理論認識的餘波。

此外「文藝月報」：「文藝的民族形式問題座談會」上潘梓年的發言記錄⑪，內容接觸到「民族形式」的「深」與「廣」——即推進文藝大衆的過程中的所遇到的提高和「普及」的矛盾，潘梓年拿白居易那種要求「婦孺都解」的寫作態度來說明，認為應該在「普及」過程中不忘「提高」，也是這場論爭的收穫，後來在毛澤東「在延安文藝座談會上的講話」中得到更詳細的闡論，以上都是何其芳在一九四二年後所寫的文藝理解中經常提到的。

「民族形式」的討論是何其芳參予文藝論爭的開始，一九四二年以後，何其芳幾乎放棄了他熟習的文藝創作，「以黨在文藝戰線上的一個領導人的身份從事了理論批評的工作和組織工作（的），（是以黨底理論批評家甚至黨底發言人的身份和羣衆見面（的）。」（「胡風意見」書第三頁）⑫這次論爭對何其芳在文藝領域上的轉移，很有值得注意的地方。

「民族形式」的討論，「由於那是在延安文藝座談會以前，當時不僅在重慶，就是在延安，在這個問題的討論中是曾出現過一些不恰當的意見的。」（何其芳「關於現實主義」，「現實主義的路，還是反現實主義的路？」第十五頁）何其芳當時寫的「論文學的民族形式」也有不合的地方，思想上靠近「保衛五四革命文藝傳統」那一極端，一九四四年，他在學習「整風運動」後寫的「關於現實羣衆化問題」中自我批判說：

> 一九三九年討論民族形式的時候，有的同志指出新文藝還不能為廣大的羣衆接受，這的確是對新文藝作者將了一軍。然而那時我和幾位同志卻用這樣一種說法來辯護。我們說，「為大衆」本來就有兩種，一種是為他們寫的，他們直接能夠享受；還有一種則是站在他們的立場，替他們說話，然而他們不能享受。前者指所謂大衆化的通俗作品，後者指左翼文學運動以來的新文藝。可惜這一道最後防線當時沒有被突破，假若有人這樣繼續問下去：「您們有什麼充分的理由可以自信能夠代表他們呢？您們既然是不準備讓他們享受的，只是替他們說說話，這豈不是一種恩賜觀點，一種上等人同情下等人的人的態度嗎？還有，你們既然承認有兩種寫法，為什麼你們偏偏專門搞後一種，寫您們的新詩，新小說，而不大歡喜用心寫一些他們能夠懂的東西呢？，不知道我們當時將何以回答。」（「關於現實主義」第七七頁）

一九四六年在重慶因茅盾的「清明前後」和夏衍的「芳草天涯」二劇引起的「文藝與政治」結合的討論，何其芳針對胡風和馮雪峯所煽動的政治與文藝分離論寫的「關於現實主義」一文中又說：

> 抗戰中間，延安和重慶都曾提出過文藝上的民族形式問題，當時兩地都有些人也是用「只是强調現實主義就夠了」這種說法把它打了回去。當時我也是這種說法的贊成者之一。（「關於現實主義」第九九頁）

何其芳在整風運動以後所寫的文藝理論，一方面自我批判了不正確的舊觀點，另一方面，由於當時在新、舊形式的運用的的問題上一直沒有得到調協，「在延安文藝座談會上的講話」的基礎下，再結合當時文藝運動的實況，何其芳仍然不斷在探索着、研究着這個紛爭不已的「民族形式」問題的懸案。

## 補　筆

①新島淳良氏的研究對我很有幫助，但理解上常有不同，部份已寫入注釋中。此外他的「文藝講話前的何其芳」一文尚提到何其芳早期作品發表的刊物有「作家」；又何其芳到延安後先在陝北公學習了兩個月的事，因為還未從其他資料求證得到，所以未有寫入，此誌。

---

註釋

①由於看不到胡風編的「民族形式討論集」，文中的資料引自下列各書：

a、「中國現代文學史參攷資料」第一卷下冊，北京師範大學中文系現代文學改革小組編，高等教育出版社　北京　一九五九　包括下列幾篇：

（一）「中國共產黨在民族戰爭中的地位」、「學習」　毛澤東　第七二四——七二六頁

（二）「對舊形式利用在文學上的一個看法」　周揚　第七三〇——七四〇頁

（三）「民族形式商榷」　郭沫若　第七四八——七六〇頁

（四）「對於五四革命文藝傳統的一理解」　胡風　第七七九——第七八四頁

（五）「對於民間文藝的理解」　胡風　第七八四頁

（六）斯大林論無產階級的文化是社會主義的內容和民族的形式，「文學理論學習參考資料」，北京師範大學文藝理論組編　高等教育版社北京一九五七

b、關於向林冰、葛一虹、潘梓年三人的意見分別引自下列兩文學史：

（一）「中國新文學史稿」（改訂本）（下冊）王瑤著　新文藝出版社　上海　一九五二第二三——二八頁

（二）「中國新文學史初稿」（下冊）　劉綬松　作家出版社　北京　一九五六　第四九——六二頁

c、其他參考資料：

（一）「民族形式是發展的」　「文學概論」　劉衍文著　新文藝出版社　上海　一九五七　第一三三——一三四頁

（二）環繞「民族形式」的論爭　阪口直樹　「野草」第十四、五號　中國文藝研究會日本　一九七四年四月

②引自①/a/（三）。

③引自①/a/（一）。

④引自①/b/（一）。

⑤同④。又黃繩的「當前文藝運動的一考察」說新文藝是「畸形發展的都市的產物，是大學教授，銀行經理、舞女、政客以及其他小「布爾」的適切的形式。」引同④。

⑥引/自①/a/（四）。

⑦「且介亭雜文」（注釋本）魯迅著　今代圖書公司出版　香港　一九六八　第十四——七五頁。參考①/c/（一）。

⑧引自①/b/（一）。

⑨引自①/a/（四）。

⑩引自①/a/（五）。

⑪參考①/b/（二）。

⑫「胡風意見書」　「文藝報」印　附「文藝報」發行本　北京　一九五五

---

植松將軍好像一個留着尖尖小鬍子的木瓜。

他們一個跟一個的走上去，用他們的手指。在祭壇上的一個木盒裏畧探一探，把那敬神的香料虔敬的舉得齊額，然後放在供祭的菜肴上。水蒸氣雲霧樣的上升着——這整個的時間，影片攝影師都在搖動機柄。將軍們的背後，是參謀部僚屬，參謀部僚屬的背後的是高級長官，高官的背後，是下級長，大家都依着「嚴格的依照等級而又不拘形迹的次序」。他們向這些在中國陣亡的日本祖國的防衛者表示當最後的敬意，遵守這個到處一律的軍令：「參加故退職少校 N.N. 喪禮之第三中隊全體官佐，望於明日下午四時在營前列隊。不參加者，定予嚴懲」。

下級官佐在獻祭的時候，雖在攝影技師看來，並不值得攝影，但他們也裝着莊嚴的臉孔，因為在喪禮儀式中，理應如此：不錯，還有來賓——甚至於還有一位外國新聞記者。——這些外賓，會不愉快的出其不意的，看見他們就在同天晚上，在隣近的娛樂場，他們的臉上呈着和下午的莊嚴相差很太遠的神態。軍官們也熟諳最時髦的跳舞，而看着下午的那些粗魯的武士，到晚上，都是怎的能夠「從頭到腳浸在愛情裏，」能夠和着馬琳。黛德利的哀歌舞蹈，那是一種開懷的快樂。

雞尾酒是巧妙的攙和的；亡者前面的供祭的菜肴之上，一縷縷烟霧高高的升到空中：這是祭物在天上徼幸的記號：獻祭的紙片在溫和的三月的微風裏，從一座墳墓飛到另一座墳墓的飄着。在小口路，在虹口的偏僻馬路上，戰場上的吉原正在營業：廉價的日本燈籠和廉價的日本姑娘排列在門口，在招誘活的兵士們，那些死者的同伴，到妓寮。

## 死　　刑

一個人在劊子的手裏死了：血從他的頸上匯成一條長長的，寬濶的水流湧溢出來。生命從一個早就好像已經死了一樣的人的身上飛迸了。

那天早晨，空幻的，黃色的面孔變了灰，他從囚車裏面飄落下來，他的腕上帶着鋼的手拷，他的長長的，消瘦的身體穿着一件灰色的中國衣裳。他的上身歪斜的，好像教堂墓地的風裏的幽靈一樣的飄走……。

當我等待他來的時候，我並不想去摹擬他的相貌和姿態；我知道，殺人犯總不會生着牛頸子，也不會生着突了出來的下巴和陷了進去的前額的。但是這個人是格外的不像一個殺人犯；他倒像是已經被人殺了的——不像一個還要人家幫助他從生命遷移到死亡去的人。

莊開英（譯音）的肩，腿，甚至於連他被拷着的手，都痙攣着，當他們押他走進地方法院的旁邊的囚室裏，走進今天被提出來受審判，在在忍耐的，心神不定的等待他們的命運的其他三四十個人中間的時候。他無論怎樣——他是用不着忍耐的，心神不定的等待他的命運了：他死了，他不能夠逃出這種死亡情況了。押解他的兩個巡捕，留在那沒有他們，已經周密的被守衛着的鐵門的外面。因此，他可以像同等人中的一個同等的人一樣。混在那些不是他的同等的人羣裏，他們沒有注意到他們中間的一個，已經不過是一個幽靈。

突然間，鐵門鄭重的敞開了。傲慢的，作威作福的，生命取着一位巡捕的形式，進了進去。帶了一串叮叮噹噹的鑰匙，生命走到了莊開英的面前。於是別的人都知道了………

歐洲人不斷言死對於中國人不算什麼，或者至少沒有對於我們一樣的關係重大麼？「這些人就刑的時候，都笑着」。在外面，一個三道頭這樣的告訴我。

唔，生命快要從他的死體上飛迸了的莊開英，口半張着，嘴角掀起，這個，和他的顫動的說話，他的全身不斷的痙攣，配合起來，像要使人想到，他是愉快的，但是莊開英眞正愉快麼？或者，激動他的嘴巴和身體的，是恐怖嗎？——這些問話，都沒有意思，不過一息息工夫，我們就要看見他從生命走到死亡去，是愉快的呢，還是含着眼淚的？

死對於他的同難者意義怎樣，我們已經看見了：當生命，具着一位巡捕的形象，帶了一串叮叮噹噹的鑰匙走到他的面前的時候，從每個角落裏，他們的眼睛，好像來福槍口一樣，對準這個判決了的人。三道頭，一個蘇格蘭人，他在上海法院服務很久了，他可以用中國話問犯人在就死以前要吃什麼。莊開英要吃熱的肉饅頭，冷的魚，飯和湯，還要香烟。

在審判廳，地方法院開庭了。本來，死刑不是一個小案件：但是這個法庭不過問一問被判死刑的人還有沒有話說，要不要法院送一封信給他的親戚或朋友。

莊開英被帶到被告席。他比他的同難們優越：他不是一個被吳的囚人，他是一個被告以上，判決以上的人，他是一個判決已經執行的囚徒。他的身體在木的被告席上漠然的痙攣着。莊開英坐在包探們的長凳上的時候，看見了一個朋友，他首先對他說了一些話，於是又對法官說了一些話。

他在問候他的朋友嗎？在罵他嗎？在供認他的罪惡嗎？在申辯他的無辜嗎？我都不知道，他，掀起的嘴角，他的肩膊的痙攣和屈曲，沒有說明什麼：而公共租界的會審官，通常總是藉着一個翻譯的幫助，替工局部警務處的案卷保存所錄下被告和證人的每一句話，現在也沒有翻譯什麼，莊開英已經不再使人感到興味。他完結了。

莊開英對法庭沒有什麼最後的話要說，因此他可以被帶到院子裏去，那裏已經替他擺好了一張沒有舖桌布的桌子，一盒廉價的香烟抛給了他：他的手還沒有解除鐐栲的時候，他撕開了香烟盒，點起了一枝烟，自從犯罪以來——他犯的是竊盜和槍殺襲擊他的司閽巡捕的罪——他也許從來沒有抽過一次烟罷。

而且也許沒有飽飽的吃過一頓飯罷。木的筷子飛到他的口邊，挾着一塊塊的魚肉，送着倒了菜湯的飯。中國的迷信，說饅頭可以使得到來世的路，比較的容易。又是一枝香烟。他把那裝着剩下來的香烟的烟盒拿給一個巡捕。要吧？你不要嗎？——聳了聳肩，莊開英把烟抛在桌子上，有一枝烟落在地上了。當他彎腰去檢的時候，他想起了；檢牠起來沒有意思。五分鐘以前。他是怎樣貪饞的要抽牠——當生命流湧到了盡頭的時候，情境是變得很快的。

他被捕的時候，從他的身上抄下來的財物，一小包包着，遞還了他；四十四個銅板，一張當票一枚鑰匙。莊開英用中國式的計數法，一五一十的從這隻手遞送到那隻手的數着錢，他蹙着眉毛把當票凝視了很久；於是他愼重的撕了當票，把錢放在桌子上。

走吧！莊開英顫動了一下，站了起來，扯起他的衣袖，伸出他的兩手，叉着，去讓巡捕再給他帶上手栲。於是這個消瘦的人爬上了巨大的囚車，第二輛車跟着，車夫座位的旁邊，安放着一架機關槍。「這是規矩」，在第二輛車裏坐在我旁邊的副捕頭，指着機關槍，這樣的說。「實際上衹有在我們押解政治犯的時候，那東西才有意義」。

「哦，我的天。差不多每個禮拜！當然，祇是共產黨，有一個歐洲人也許快要槍決了，那名叫牛蘭的，你知道嗎？」

是的，我聽見過這牛蘭——歐洲的報紙，叫他做Ruegg。你想會在什妳時候槍決？

「鬼知道。六個月以前，就該處決的。因為打仗，報紙上又這樣的鬧，討厭的黃種人老遷延着。現在他們還要公開的審判哩！」

副捕頭激怒的喝了一口威士忌。他的激怒是可以了解的。公共租界的巡捕房捉了一個人，把被捕的人交給中國人，因此，他們要宣告他死刑。以後公共租界就把被判決的人在牢監裏，最後，把他交給中國人執行槍決。這些討厭的黃種人怎敢遲遲的不執行他們的職務！

我們的車子駛過法租界，經過逸園跑狗場，橫過蘇州河。車子在一座新的房子面前停住了，房子的面前，依照政府房屋的慣例，有一對石頭獅子守衞着。副捕頭走到裏面去請一位中國官吏來監刑。因為，畢竟，這是一個「純粹的中國人的死刑」。

就這樣，一個死了的人乘着車子向死亡駛去，但是沒有一個人知道：讓路給我們疾馳而過的車子的黃包車夫不知道：用一種拉長的喉音叫賣他們的貨物的街頭小販子不知道：用竹匾担挑着東西，一半唱，一半哼着一種兩人合奏曲的工人不知道：蹲在伙食攤上的人們不知道：站在兌換店的鐵檻前面的人不知道：讓街理髮匠在剪頭，在挖耳朵的人不知道。在我們面的車子裏那個人沒有向車外看。對於他，他這已經死了，又正向死亡馳去的人沒有什麼要看了。

副捕頭又喝了一口威士忌。「像這樣的死刑要花很久的時間嗎？」我問他。

「你還沒有看過一次嗎？」他把他那長頸酒瓶從他脣邊移開，驚訝着我的問話，因為他已經參與過好幾百次死刑的執行了：「一次也沒有嗎？」

我承認：一次也沒有。

「唔，這不要花很多的時間。至少一般是這樣。如果犯人立刻願意施洗的話，進行就快，但是………」

你說什麼？我不懂……你說「施洗」麼？

「不錯。每一次執行死刑的時候，都有天主教神父到場。有許多犯人最列不願意聽一句改宗的話，但是神父不肯干休，於是他們困惱了，順從了，順從了。祗有政治犯頑固。其他的人都答應施了洗。」

不可能！而且為什麼特別是天主教神父來呢？在中國，一切種類的宗教和宗派互相競爭着。耶穌教派和基督教科學家，教友派和蘇格蘭聯合自由教派，衞斯力美以美教派和救世軍，都在收買靈魂，地圖和軍事秘密；他們都建立教堂和汽車站；他們都對那些受他們施洗的人預約約天國的禮祉，對那些由他們保了險的人預約着發生意外時的扶養費。在中國土地上，他們代表着耶穌基督的王國和亨利福特的王國。

甚至於佛教徒也來到了這個佛教流行了千年的國土——那是日本的佛教徒，基督教牧師為着歐美國家和商業的利益所担任的角色，日本想以佛教徒來担任。

因此，有着這樣多教堂，每一個規定了一條進天國的唯一無二的保險的路——為什麼這些判處死刑的人恰恰採取了天主教這條路呢？告訴我，副捕頭，為什麼恰恰是天主教神父呢？

「我不知道。」

胡說，我心裏想，是威士忌在副捕頭的身體裏面說話罷。羅致了在就刑以前兩分鐘的中國罪犯，對於教堂有什麼好處呢？胡說。

車子繼續的馳走，馳過商店和手工匠的店舖。在一個十字街口，我的臉轉到了右邊，而且好像是出於偶然一樣，我用手掩住了我的臉；我不願意被認出來。因為左邊有一家舊書店，書店老闆不知道——或者他知道？——他的經常的中國主顧賣給了他一些什麼小冊子。英文，德文，俄文。可是，他知道就在同一天，這些書要被另外一個常來的主顧買去，而他買去看完了，又會賣給他的書店裏。除了違法的革命書籍以外，他也和其他舊書買賣者同樣，收藏着華英字典和華德字典，教科書和文法。

要是我的書店裏的朋友看見了我和一個穿制服的副捕頭並排的坐在一輛車子裏，跟在一輛囚車的背後馳走的話，他們會怎樣的想呢？而且要是這位穿制服的副捕頭，注意到了讀書和買書的中國人同一個歐洲人是朋友的話，對於他們會產生怎樣的結果呢？他們立刻會走上我們前面那輛囚車所循的路。讀書會要走上斷頭台，但是不讀也沒有救；我們伴送的這個死人的到刑場去，並不是因為他是一個讀書的人的緣故。

我們在沼澤一樣的稻田中間彎彎曲曲的馳走，馳過磚砌的棺材。黃浦江上，民船的風帆在五月的微風裏滿滿的張着。一張寬濶的拱門打開了。這門為了一個死人來打開，這並不是第一次：這門通到監獄和刑場。我的同伴指着一塊草地：那就是行刑的地方，那就是死人的就死處。

暫時，他還留在囚車裏。擺出一張桌子。小孩子們在沙地上遊戲，在爬到樹上去。我們的車子到來的時候，他們招手叫了其他記多孩子來。一個公家照相師鄭重的，辛勤的解開他的三脚架，把牠架好。「現在每個人在死前和死後都要拍照」，他們這樣告訴我。「以前中國人僅僅派一個代替的人來替死，兄弟或兒子，有時或竟是他們出了錢買來替死的苦力」。

中國官吏在裁判席上坐了下來；巡捕站在四邊，——確確實實，劊子手站在他們的中間。在那發出可愛的香氣的綠色草地中間的小石子路上，囚車開了過來；車裏坐着一個等待着死人的死人。為什麼他們不開始呢？

「神父還沒有來。」

這是用威士忌做了早餐的副捕頭有意和我開玩笑：因我從來沒有參與過中國刑的執行，他想愚弄我，說有神父來！　　　　（未完）

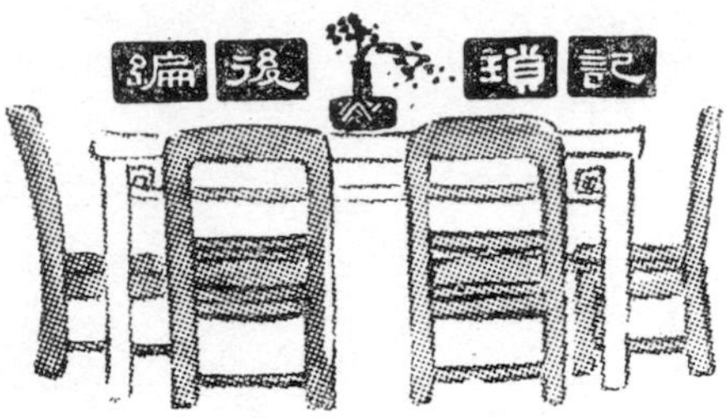


●容宜燕先生繼上期給我們撰寫「話劇在香港的發展」專文之後，本期再撰寫另一篇專稿「散文的朗誦藝術」，我們非常感謝他的賜稿。此間的「校際音樂及朗誦節」，已決定增加「散文集誦」、「散文對答朗誦」等新項目，因此這篇「散文的朗誦藝術」發表出來，相當合時，凡有興趣參加比賽的讀者，都可拿來細讀和參攷。容先生年來專心研究朗誦藝術，早已著有專書，本文專針對散文朗誦而發，尤有新見。向來的朗誦者為了方便起見，多選韻文的詩詞歌賦和戲曲的題材，其實，散文更要朗誦，它與我們的現代生活息息相關，更值得大家去注意和去朗誦。本文雖是談散文的朗誦藝術，卻是提出最具體和最實用的散文朗誦原則。

●黃展驥先生寄來一篇書評，據說他定稿達三個月之久，我們歡迎這種嚴謹的寫作態度，他所挑選的一部書，容或有許多讀者不感興趣，但黃先生的態度和評論的問題，仍然值得注意。

●明川先生所發表關于豐子愷的文章，為數甚多，但多以論述他的生平和漫畫，這一篇卻是從另外一個角度來介紹豐先生的獨特之處，凡是喜歡豐先生作品的讀者，本文不宜錯過。

●香港的傳播介，由於各有自己的立場，因此所走的方向和處理新聞的態度，當然各有不同，一般讀者未必能夠明瞭其背景，港大三位同學的專題訪問，所找到的對象極具代表性，而且負責答覆的代表人也極為嚴肅和坦率，因此，這篇訪問稿雖然長一點，但仍然值得轉載給讀者參攷。

●本期的散文和隨筆以及小說，仍然保持着可譯性的風格。科學小品和電腦介紹，希望年青的讀者有興趣，以後本刊仍盼望多登些知識性的科學小品文字。

●知堂老人的信，因為首次發表，許多讀者追着來譯，並要求我們多登一版，本期因為稿擠，不克照辦，本來有些插圖，也一併留在下次擴大篇幅時刊出。

●本刊所刊登的內容是較為嚴肅的文章，而且受了許多條件的限制，不能像消遣性的刊物那麽暢銷，那是意料中事。新年之後，我們將把內容大事革新，並且改為雙月刊。我們的工作人員太少，大家忙于生活，實在不能抽得較多時間來工作，因此改為雙月刊較為合適，待將來大家安排得出時間，當再改為月刊。

新年之後的第六期革新號，將于二月中出版，敬請讀者注意。


# 波文月刊

第一卷 第五期
一九七四年十二月號

Po Wen Monthly
Vol. 1 No. 5 December 1974.

出版兼發行者：波文月刊社
香港皇后大道東252號
電話：5-753618

社長：黃孟甫

編輯：波文月刊編委會
區惠本 葉關琦
莫一點 黃俊東

主編：黃俊東

美術：莫一點

排版者：忠誠排字植字公司
香港灣仔船街34號二樓
電話：5-270842

承印者：四海印刷公司
灣仔聚賢里4號4樓

總代理：波文書局
香港皇后大道東252號

總發行：同德書報社
九龍砵蘭街269號
電話：3-962751

每月十五日出版・零售每冊港幣二元正

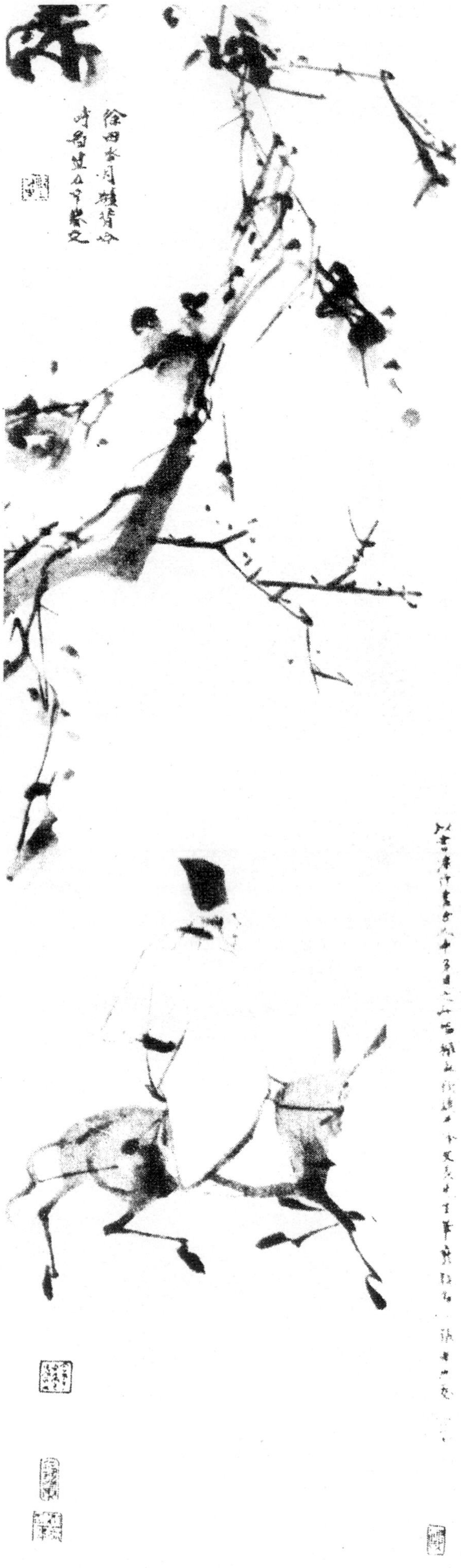

▶驢背吟詩圖

徐 渭（一五二一年—一五九二年）

▶荷花水鳥圖

八大山人（一六二六年—一七〇五年）

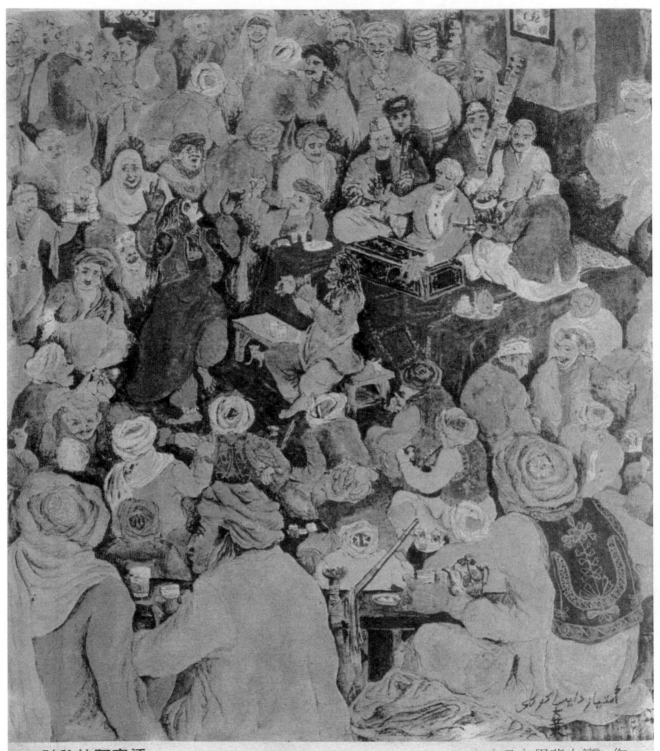

神秘的阿富汗　（日）甲斐大策　作

# 波文


數位重製・印刷　秀威資訊科技股份有限公司
http://www.showwe.com.tw
114 台北市內湖區瑞光路 76 巷 65 號 1 樓
電話：+886-2-2796-3638
傳真：+886-2-2796-1377
劃　撥　帳　號　19563868　戶名：秀威資訊科技股份有限公司
讀者服務信箱：service@showwe.com.tw
網　路　訂　購　秀威網路書店：http://store.showwe.tw
網路訂購：order@showwe.com.tw

2019 年 11 月
全套精裝印製工本費：新台幣 3,000 元

Printed in Taiwan


*本期刊僅收精裝印製工本費，僅供學術研究參考使用*


9 980000 000013 03000

# 讀者回函卡

感謝您購買本書，為提升服務品質，請填妥以下資料，將讀者回函卡直接寄回或傳真本公司，收到您的寶貴意見後，我們會收藏記錄及檢討，謝謝！

如您需要了解本公司最新出版書目、購書優惠或企劃活動，歡迎您上網查詢或下載相關資料：http:// www.showwe.com.tw

您購買的書名：＿＿＿＿＿＿＿＿＿＿＿＿＿＿＿＿＿＿＿＿

出生日期：＿＿＿＿年＿＿＿＿月＿＿＿＿日

學歷：□高中 (含) 以下　□大專　□研究所 (含) 以上

職業：□製造業　□金融業　□資訊業　□軍警　□傳播業　□自由業

□服務業　□公務員　□教職　□學生　□家管　□其它＿＿＿

購書地點：□網路書店　□實體書店　□書展　□郵購　□贈閱　□其他

您從何得知本書的消息？

□網路書店　□實體書店　□網路搜尋　□電子報　□書訊　□雜誌

□傳播媒體　□親友推薦　□網站推薦　□部落格　□其他＿＿＿＿＿

您對本書的評價：(請填代號　1.非常滿意　2.滿意　3.尚可　4.再改進)

封面設計＿＿　版面編排＿＿　內容＿＿　文／譯筆＿＿　價格＿＿

讀完書後您覺得：

□很有收穫　□有收穫　□收穫不多　□沒收穫

對我們的建議：＿＿＿＿＿＿＿＿＿＿＿＿＿＿＿＿＿＿＿＿

＿＿＿＿＿＿＿＿＿＿＿＿＿＿＿＿＿＿＿＿＿＿＿＿＿＿

＿＿＿＿＿＿＿＿＿＿＿＿＿＿＿＿＿＿＿＿＿＿＿＿＿＿

＿＿＿＿＿＿＿＿＿＿＿＿＿＿＿＿＿＿＿＿＿＿＿＿＿＿

請貼
郵票

11466
台北市內湖區瑞光路 76 巷 65 號 1 樓

**秀威資訊科技股份有限公司　收**

BOD 數位出版事業部

............................................................................

（請沿線對折寄回，謝謝！）

姓　　名：＿＿＿＿＿＿＿＿　年齡：＿＿＿＿　性別：□女　□男

郵遞區號：□□□□□

地　　址：＿＿＿＿＿＿＿＿＿＿＿＿＿＿＿＿

聯絡電話：（日）＿＿＿＿＿＿＿＿（夜）＿＿＿＿＿＿＿＿

E-mail：＿＿＿＿＿＿＿＿＿＿＿＿＿＿＿＿